제도와 행위

배병룡 엮음

정용덕 · 권향원 · 김명환 · 김영대 · 김용운
김태은 · 이신용 · 하민철 · 한승주

도서출판 대영문화사

머리말

제도에 대한 연구는 오랜 역사에 걸쳐 이뤄졌다. 과거에 법학은 말할 나위도 없거니와 정치학을 비롯한 사회과학들도 주로 제도를 분석하고 비교하는 학문이었다. 그러나 20세기 초까지만 해도 제도 연구는 헌법을 비롯한 공식 법규와 그것에 의해 규정된 정부 구조를 비교 혹은 시계열로 분석하는 이른바 구(舊)제도주의가 주류였다. 오늘날 전통적인 제도 연구를 규범적이고 구조주의적인 원초이론(proto-theory) 수준인 것으로 평가 절하하는 이유다. 자연히 전통적 제도 연구는 20세기를 풍미한 논리실증주의의 주요 비판 표적이 되었다. 사회과학 분야의 행태주의 열풍 속에서 제도 연구는 한물간 연구 주제 혹은 접근 방법으로 간주되었다.

20세기 후반에 이르러 행태주의 또한 여러 측면에서 비판을 받기 시작했다. 1960년대 중반 이후 신행정학의 주창자들은 행태주의가 특히 가치의 문제를 연구 대상에서 배제함으로써 발생하는 한계에 주목했다. 그들은 공공 문제를 연구하는 데 피할 수 없는 주제인 민주성과 형평성 등의 가치를 학술적으로 다루기 위한 접근 방법을 모색했다. 때마침 출간된 존 롤스(John Rawls)의 『정의론』 같은 규범철학은 물론이고, 현상학이나 비판이론 등 유럽의 주관주의 패러다임을 수용하고 행정학 연구에 적용하려고 했다.

1970년대에는 공공선택 이론가들이 행태주의 비판에 합류했다. 그들 또한 행태주의 이론가들과 마찬가지로 객관주의 패러다임과 방법론적 개인주의를 적용했다.

그러나 분석 대상인 개인 행태의 동인에 대해 근본적인 차이가 있었다. 행태주의가 개인의 동인에 대해 개방적인 반면, 공공선택론은 자익(自益)을 추구하는 합리적 인간만을 전제로 공공 선택을 설명하려고 했다. 신고전주의 경제이론에 바탕을 둔 이 현실주의 접근 방법은 신우파(New Right) 정치 이데올로기의 이론적 토대가 되어 마침 경기 침체라는 시대적 조류에 힘입어 2008년 미국발(發) 금융위기가 발생하기까지 적어도 한 세대가량 미국에서 주류 패러다임으로 자리 잡았다.

1970년대 이후 미국 경제의 불황은 공공선택 이론과는 또 다른 학문적 조류를 탄생시켰다. 이른바 '국가 되돌려오기(Bringing back the state in)' 학파가 그것이다. 이 학파에 해당하는 이론가들은 공공정책 과정에서 국가를 종속변수로 간주해오던 미국의 전통 다원주의 시각에서 벗어나 국가가 독립변수로서 활동할 수 있다는 점에 관심을 기울였다. 1970년대에 두 차례에 걸친 '오일 쇼크(Oil Shock)'를 수습하는 과정에서 나타났듯이, 나라마다 국가의 특성, 즉 국가성(stateness)이 다르며, 그로 인해 공공정책의 양식과 성과에 차이가 있을 수 있음에 주목했다. 더 나아가 제2차 세계대전의 승전국인 영국과 미국은 경제 침체에 허덕이는 반면에 패전국인 독일과 일본은 승승장구하는 이유를 국가성의 차이에 의해 설명하려고 했다.

국가에 대한 관심은 제도의 연구를 신제도주의의 이름으로 다시 활성화시키는 계기가 되었다. 무엇보다도 국가를 단일의 행위자(unitary actor)로 보는 경우에 당면하게 되는 아킬레스건인 물화(物化, reification)의 문제를 극복하는 데 결정적으로 도움이 되었다. 국가를 제도들의 집합체로 보고, 그 제도들의 구조적 특성을 분석함으로써 국가성의 차이를 설명하는 접근 방법이 그것이다. 새로이 대두된 제도 연구, 즉 신제도주의는 국가의 독립변수적 특성 분석에도 유용했다. 공공정책의 결정 및 그 결과를 개인(혹은 개인들 간)의 행태(혹은 합리적 선택)의 결과로 설명하던 행태주의(혹은 공공선택론)에 대한 반(反)명제가 그것이다. 공공정책－즉, 국가의 사회 개입－이 관련 행위자들의 행태(혹은 합리적 선택)에 의해서가 아니라, 기존하는 제도의 당연성, 경로의존성, 혹은 유인 체계에 의해 좌우된다고 보았다. 이는 곧 제도들의 집합체인 국가가 독립변수가 될 수 있다는 존재론적 토대를 제공하는 것이다.

이 책의 서문에서 자세하게 서술되고 있는 것처럼, 이와 같은 행태주의에 대한 반명제로서 시작된 초기의 신제도주의 연구는 그 후 반전을 통해 개인의 주관적 행위 혹은 객관적 행태에 의해 제도 또한 변화할 수 있음을 지적하고 있다. 초기 신제도주의 연구가 행태주의의 원자론적 개인주의의 한계를 지적하기 위해 구조(즉, 제도)의 독립변수적 측면을 강조했다면, 후기의 신제도주의 연구는 개인의 능동적인 측면을 다시금 강조하고 있는 것이다. 그러나 이처럼 독립변수로서의 개인의 능동적인 역할을 강조한다고 해서 그것이 곧 신제도주의 이전의 행태주의나 합리적 선택이론으로의 복귀로 오해할 필요는 없다.

결국 제도적 구조와 개인의 행태(혹은 합리적 선택)는 상호 영향을 미치면서 동시에 변화하는 동전의 양면이다. 이 동전의 양면이 단지 분석 수준에서만 구분되는 것인지, 아니면 존재론적으로 구분되는 것인지의 논의가 남아 있을 뿐이다. 제도의 독립변수적 측면을 강조하는 경우, 신제도주의 이론가들은—전통적인 제도 연구와는 달리—제도가 행위자에게 구체적으로 어떤 기제를 통해 영향을 미치는가에 대해 분석한다. 개인 행위의 독립변수적 측면을 강조하는 경우에도, 신제도주의 이론가들은—행태주의 연구와는 달리—개인들을 둘러싸고 있는 제도의 맥락을 동시에 염두에 두면서 양자 간의 상호작용을 분석한다. 이처럼 제도(구조)와 행위(개인)의 연계, 미시와 거시의 연계를 통해 신제도주의는 사회 현상의 규명에 기여하게 된다. 국가라는 거시적 분석 단위와 행위라는 미시적 분석 단위 사이에 제도라는 중범위 분석 단위를 설정해 양자 간의 매개를 꾀한다.

대개의 사회과학이론들이 그래 왔듯이, 제도 연구도 서구보다 20년가량 늦은 시점인 1990년대부터 한국에서 신제도주의에 대한 학계의 관심이 일기 시작했다. 주로 행정학, 정치학, 사회학자들의 비공식 연구모임이던 '거버넌스와 신제도주의 연구회'가 2000년을 전후해서 그 동안의 연구 결실을 모아 세 권의 책을 대영문화사에서 차례로 펴냈다. 『신제도주의 연구』(정용덕 외 8인 공저, 1999), 『합리적 선택과 신제도주의』(정용덕 외 8인 공저, 1999), 『거버넌스 제도의 합리적 선택』(정용덕 외 13인 공저, 2002)이 그것이다. 그 후에도 제도 연구자들은 각자 관심 있는 세부 접근 방법과 연구 대상을 중심으로 각자 심도 있는 연구를 지속적으로 수행했다. 2013년 가을 한국사회과학협의회가 이와 같은 분과 학문별 연구자들의 업적을 발표하고 학제적으로 토론하는 학술 세미나를 '제도와 국가 발전: 공공 부문'(9월 13일) 및 '제도와 국가 발전: 시장 및 시민사회 부문'(11월 29일)으로 나눠 두 차례 개최했다.

드디어 2014년에 이르러 제도 연구 모임이 한국행정학회 제도연구회로 정식 출범해 좀 더 적극적으로 활동할 수 있게 되었다. 배병룡 초대 회장은 지난 2년 동안 연구발표회를 꾸준히 개최해 회원들의 연구를 독려하고 그 결과를 축적해 왔다. 그 첫 번째 결실인 이 책을 펴낸 배병룡 회장님과 회원들의 노고에 깊은 감사와 아울러 축하의 말씀을 드린다. 1990년대 이래 열악한 출판시장에도 불구하고 제도 연구자들의 결실을 지속적으로 출간해 준 대영문화사 임춘환 사장님께 감사한다.

2015년 12월

정용덕

(서울대 명예교수, 금강대 석좌교수)

차 례

머리말 ………………………………………………………… 정용덕 3

서문: 제도와 행위 ………………………………………… 배병룡 **17**

제 1 부 제도와 행위에 관한 이론적 논의

제 1 장 조직 정당성, 정당화, 그리고 제도화 ……………… 배병룡 **53**

제 1 절 서론 ………………………………………………… 53
제 2 절 정당성의 개념과 기능 ……………………………… 55
제 3 절 정당성의 유형 ……………………………………… 60
제 4 절 정당화 활동과 전략 ………………………………… 65
1. 정당화 주제와 주체 / 66
2. 정당화 활동 유형과 전략 / 69
제 5 절 정당화 과정과 제도화 과정 ………………………… 75
제 6 절 정당성 및 정당화에 관련된 쟁점들 ………………… 80
제 7 절 요약 및 결론 ………………………………………… 83

제 2 장 제도적 동형화와 형식적 동형화 ………………………… 김용운 87

제 1 절 서론 …………………………………………………………… 87

제 2 절 제도적 동형화와 형식적 동형화의 이해 …………………… 88

1. 제도적 동형화의 개념 및 특성 / 88
2. 제도적 동형화의 두 가지 유형: 실질적 vs. 형식적 동형화 / 91

제 3 절 제도적 환경에 대한 조직 대응과 동형화 …………………… 94

1. 제도적 순응과 조직 간 동형화의 차이 / 95
2. 조직의 전략적 대응과 동형화 / 96

제 4 절 동형화 연구 동향과 향후 연구 과제 ………………………… 99

1. 동형화 관련 연구 동향 / 99
2. 향후 연구 과제 / 103

제 5 절 결론 …………………………………………………………… 106

제 3 장 상징주의 · 해석주의 행정학 연구 전략:
신제도주의의 '정당성 관리' 개념을 중심으로 … 권향원 108

제 1 절 문제: 행정조직 정당성 관리 연구의 의의와 빈곤 ……… 108

제 2 절 시각: 행정조직의 정당성 관리와 행정학적 함의 ………… 110

1. 행정조직 정당성 관리의 개념 / 110
2. 정당성 관리를 위한 해석적 · 상징적 활동 / 113
3. 행정이론적 기원 / 115

제 3 절 모델: 행위자 중심 해석 · 상징 활동 분석틀 ……………… 117

1. 해석 활동 차원 / 119
2. 상징 활동 차원 / 121

제 4 절 전략: 경험 연구 접근 경향과 방법론 ……………………… 124

1. 해석 활동의 연구 접근 / 124
2. 상징 활동에 대한 연구 접근 / 127

제 5 절 결론: 의의와 제언 …………………………………………… 130

제 4 장 조직 간 제도설계의 다양성에 관한 다수준적 접근 방법: 조직사회학적 제도론 관점에서 ························ 김명환 132

제 1 절 서론 ························ 132

제 2 절 다양성에 관한 연구의 정당성 근거로서 조직 간 동형이론의 한계 ························ 134

제 3 절 제도설계 다양성에 대한 개념화 ························ 137

제 4 절 조직 간 제도설계 다양성의 접근법들 ························ 139

1. 구제도주의: 셀즈닉의 전통 / 139
2. 신제도주의 내에서의 최근 연구들 / 141

제 5 절 개념 틀의 구축을 위한 기본 전제들 ························ 145

1. 세 가지 접근법에 대한 통합적 논의 / 145
2. 독립 및 종속변수로서의 제도 / 148

제 6 절 포괄적 개념 틀의 구축: 세 가지 접근법의 통합 ························ 149

제 7 절 결론: 함축적 의미와 한계 ························ 154

제 5 장 두 가지 환류, 그리고 내생적 제도 변화: 종합부동산세를 중심으로 ························ 김태은 156

제 1 절 서론 ························ 156

제 2 절 이론적 배경 ························ 157

1. 제도 변화를 설명하는 기존 접근과 한계 / 157
2. 역사적 제도주의, 그리고 내생적 제도 변화 설명을 위한 새로운 접근 / 159
3. 변화 저항적인 제도의 변화를 위한 설명 / 162

제 3 절 종합부동산세 제도의 변화 요인: 두 가지 환류 ························ 168

1. 긍정적 환류(자기강화 요인) / 168
2. 부정적 환류(자기붕괴 요인) / 173

제 4 절 변화 요인에 따른 제도 변화의 결과 ························ 180

1. 부정적 환류(자기붕괴 요인)에 따른 종합부동산세의 완화 / 180
2. 긍정적 환류(자기강화 요인)에 따른 제3의 제도의 결합 / 181

제 5 절 결론 ······ 185

제 2 부 제도와 순응적 행위

제 6 장 제도 환경에 대한 조직 대응 방식으로서 분리와 위선: 공공기관 혁신평가를 대상으로 ······ 김명환 191

제 1 절 서론 ······ 191

제 2 절 제도 환경에 대한 조직의 대응 ······ 193
1. 제도화와 제도 환경 / 193
2. 제도 환경에의 조직의 대응에 대한 사회학적 신제도주의의 설명 방식 / 195

제 3 절 혁신평가와 이에 대한 공공기관들의 대응 ······ 201
1. 공공기관 혁신평가 / 201
2. 혁신평가에 대한 공공기관들의 인식과 대응 / 204

제 4 절 남겨진 문제들과 재이론화의 필요성 ······ 211
1. 제도 환경과 기술 환경의 관계 재설정 / 211
2. 제도 환경에 대한 조직 대응의 다양성 / 212
3. 제도설계와 조직의 순응 / 214
4. 위선의 윤리적 측면 / 214

제 5 절 결론: 논의와 시사점 ······ 216

제 7 장 성과급 제도에 대한 공무원의 대응: 근거이론의 적용 ······ 한승주 218

제 1 절 서론 ······ 218

제 2 절 성과급 제도에 관한 이론적 논란과 실증적 연구의 한계 ·· 220
1. 성과급 제도의 효과에 관한 이론적 논란 / 220

2. 선행 연구를 통해 본 실증적 연구의 한계 / 222

제 3 절 연구 방법: 근거이론의 적용 224
1. 분석 방법과 그 타당성 / 224
2. 조사 대상 및 자료 수집 / 227

제 4 절 성과급 제도에 관한 공무원의 대응 분석 229
1. 근거 자료 분석에서 도출된 개념 및 범주들 / 229
2. 범주의 연결을 통한 이론적 통합 / 237
3. 근거이론의 적용을 통해 나타난 공무원 대응상 특징 / 249

제 5 절 결론 251

제 8 장 정책문제 해결기구의 설계와 제도화: 김대중 정부 시기 노사정위원회를 중심으로 ..... 하민철 **253**

제 1 절 서론 253

제 2 절 정책문제 해결기구의 설계와 제도화 과정 256
1. 정책문제 해결기구는 합리적 설계가 가능한가? / 256
2. 정책문제 해결기구 설계의 전략적 선택 논리 / 259
3. 정책문제 해결기구의 설계, 문제 해결, 그리고 제도화 / 262

제 3 절 정책문제 해결기구로서 사회적 합의 시스템 264
1. 정책문제 해결기구로서 사회적 합의 시스템의 의미 / 264
2. 사회적 합의 시스템의 제도적 규칙과 설계 전략 / 267

제 4 절 노사정위원회의 설계와 제도화 과정 271
1. 1기 노사정위원회: 문제 해결 성공과 제도적 정통성 확보 / 271
2. 2기 노사정위원회: 문제 해결 실패와 제도적 정통성 위협 / 277
3. 3기 노사정위원회: 제도적 지속성의 강화와 문제 해결 능력의 저하 / 282

제 5 절 노사정위원회의 설계와 제도화 과정에 대한 해석 290
1. 노사정위원회의 설계 전략: 위험통제의 거부 지점 배치 / 290
2. 노사정위원회의 모순적 제도화 과정 / 291

제 6 절 결론 294

제 9 장 의회의원 후보 공천 방식, 의회 상임위원회 제도 그리고 사회보장법 구조: 한국과 독일 비교 ······ 이신용 **296**

제 1 절 서론 ······ 296

제 2 절 이론적 배경 ······ 298

1. 상향식 및 하향식 의회의원 후보 공천 방식 / 298
2. 의회 상임위원회 제도 / 301
3. 사회보장법 구조의 의미 / 303
4. 의회의원 후보 공천 방식, 의회 상임위원회, 사회보장법 구조의 친화성 / 305

제 3 절 한국과 독일의 의회의원 후보 공천 방식, 의회 상임위원회 제도, 사회보장법 구조 ······ 308

1. 독일의 의회의원 후보 공천 방식, 의회 상임위원회 제도, 사회법 구조 / 308
2. 한국의 국회의원 후보 공천 방식, 국회상임위원회 제도, 사회보장법 구조 / 316

제 4 절 결론 ······ 325

제 3 部 제도 변화와 자율적 · 적응적 행위

제 10 장 국가, 농협 및 조합원 간 관계에서 제도적 구조의 변화: 정치적 · 사회적 · 경제적 위기와 그 매개 ······ 배병룡 **331**

제 1 절 서론 ······ 331

제 2 절 이론적 배경과 분석틀 ······ 333

1. 한국 농협의 국가조합주의적 전통 / 334
2. 제도적 구조의 변화, 정치적 · 사회적 · 경제적 위기와 그 매개 / 336

제 3 절 농협 관련 법률 및 제도의 개혁 사례 ······ 340

1. 6·10 시민항쟁, 신농협법의 대폭적 개정 및 기타 개혁 사례 / 340
2. 농업 위기(우루과이라운드 협상) 및 외환위기(IMF 경제 체제)와 농협 개혁 사례 / 344

제 4 절 제도 변화에 대한 해석과 제도적 구조의 특성 ············ 350
1. 정치적·사회적 위기와 그 매개자의 기능 / 350
2. 경제적 위기와 그 매개자의 기능 / 353
3. 제도적 구조의 특성 / 355

제 5 절 결론 ············ 359

제 11 장 제도의 유사성과 이질성의 원인에 관한 연구: 적기 시정 조치 제도를 중심으로 ············ 김태은 **361**

제 1 절 서론 ············ 361

제 2 절 이론적 배경 ············ 362
1. 제도 형성(변화)의 압력 요인으로서 동형화 / 362
2. 선행 연구와 한계 / 365
3. 새로운 접근의 제시 / 367

제 3 절 적기 시정 조치 제도, 그리고 제도 형성 원인 ············ 371
1. 적기 시정 조치 제도 / 371
2. 제도 형성의 두 가지 압력 / 373
3. 두 가지 변수와 이질성의 정도 / 383

제 4 절 적기 시정 조치 제도 형성 원인에 따른 결과 ············ 383
1. 동형화의 압력과 제도의 유사성 / 384
2. 내생적 제도 압력과 제도의 이질성 / 386

제 5 절 결론 ············ 391

제 12 장 제도의 변화와 지속 요인에 관한 연구: 한국의 법조 인력 양성 제도를 중심으로 ············ 김태은 **393**

제 1 절 서론 ············ 393

제 2 절　이론적 배경 ···· 394
1. 신제도주의와 역사제도주의 / 394
2. 역사제도주의와 제도 변화 / 395
3. 새로운 접근의 필요성 / 398
4. 연구 분석틀 / 400

제 3 절　법조 인력 양성 제도의 변화 압력 요인 ···· 402
1. 기존 법조 인력 양성 제도의 비의도된 결과 / 402
2. 외부 환경 변화와 압력 / 405

제 4 절　법조 인력 양성 제도의 변화에 따른 제도의 형식적 전환과 결과 ···· 407
1. 형식적 전환을 위한 행위자(대법원)의 역할 / 407
2. 제도 변화의 최종 결과 / 415

제 5 절　결론 ···· 420

제 13 장　공공연구기관 거버넌스 구조의 제도적 변화: 과학기술 분야 정부출연연구기관을 중심으로 ···· 하민철 · 김영대　422

제 1 절　서론 ···· 422

제 2 절　공공연구기관의 거버넌스 구조에 대한 이론적 논의 ···· 425
1. 공공연구기관으로서 정부출연연의 개념과 연구 대상으로서 중요성 / 425
2. 공공연구기관의 사회적 책무와 역할 정립 / 428

제 3 절　공공연구기관의 거버넌스 구조 분석을 위한 프레임 도출 ···· 432
1. 공공연구기관의 거버넌스 구조의 유형 / 432
2. 정부출연연의 거버넌스 구조 분석을 위한 프레임 / 439

제 4 절　우리나라 정부출연연의 거버넌스 구조의 제도적 변화 ·· 440
1. 공공연구기관 거버넌스 구조의 새로운 실험: KIST 설립(1966) / 440

2. 실험의 성공과 거버넌스 구조의 원형 형성:
정부출연연 설립 확대(1970년대) / 443
3. 거버넌스 구조의 원형 수정:
정부출연연 통폐합 구조조정(1980년대) / 445
4. 거버넌스 구조의 새로운 원형 형성:
급진적 제도 변화(1990년대) / 447
5. 거버넌스 구조의 새로운 원형의 안정화:
미세 조정(2000년대) / 450
6. 거버넌스 구조의 제도적 변화 종합 / 451

제 5 절 결론 …… 452

참고 문헌 / 455
찾아보기 / 501

서문: 제도와 행위

배병룡

1 신제도주의 연구에서 제도와 행위

일반적으로 제도주의에서는 제도가 인간 행동에 영향을 미치는 중요한 독립변수라고 가정한다. 이 가정 하에 1970년대 중반부터 발달해 온 사회학적 신제도주의, 정치학의 역사적 제도주의, 경제학적 신제도주의는 공통적으로 행태과학에 대한 반발로서 신제도주의를 전개한 것이다. 행태주의에서는 집합적인 사회적·정치적·경제적 행태를 개인 선택으로 간주하는 반면, 신제도주의자들은 사회적·정치적·경제적 제도를 단순한 개인 선택의 집합으로 보지 않고 개인의 선호는 집합적 선호에 의해 결정된다고 주장했다(DiMaggio & Powell, 1991: 1-38; Immergut, 1998: 5-38).

한편 신제도주의자들은 인간의 사회적 행동이란 원자적인 개인 수준에서 설명될 수 없으며 제도적 배열과 사회적 과정을 통해 설명될 수 있다고 주장했다(배병룡, 2008: 37-55). 사회학적 신제도주의는 당연성이라는 문화적 틀의 개념 속에서 인간 행위에 대한 제도의 영향을 주장한다. 역사적 제도주의에서는 제도의 경로 의존성 개념의 틀 속에서 제도가 인간 행위에 미치는 독립변수로 가정한다. 경제학적 신제도주의에서도 사회 구성원들은 기존의 제도적 틀에 구속되어 합리적으로 행동한다고 주장한다. 이와 같이 제도를 인간 행위에 영향을 미치는 독립변수로 간주할 경우 인간은 제도에 대한 순응적 행위를 할 따름이다.

그러나 사회학적 신제도주의에서는 초기 연구 이후 10여년이 지난 즈음 제도화의 역설을 논한 디마지오(DiMaggio, 1988: 3-21)가 제도의 형성과 변화에서 정치적 행위자들이 작용함에 따라 제도는 종속변수로 간주될 수 있다고 주장했다. 이와 같이 제도에 작용하는 행위자(actor)나 동인(agency)은 신제도주의 연구에서 또 하나의 중심 주제로 연구되어 왔다. 사회학적 신제도주의에서는 디마지오(DiMaggio, 1988: 3-21) 이후 올리버(Oliver, 1991: 145-179)가 제도에 대한 조직의 반응 유형들을 묵종, 타협, 회피, 저항, 조작으로 구별해 행위자의 소극성에서부터 능동성에 이르는 연속선상의 반응을 나타냈고, 1990년대 중반 심층적으로 이뤄진 조직의 정당화 논의에 나타난 전략적 정당화(Suchman, 1995: 571-619), 집합행동에 의한 제도 변화(Ingram, 1998: 258-276), 2000년대 초부터 본격적으로 이뤄져 온 제도적 혁신가(institutional entrepreneur)(Maguire et al., 2004: 657-679; Hardy & Maguire, 2008: 198-217)와 제도적 작업(institutional work)(Lawrence & Suddaby, 2006: 215-254; Lawrence & Dover, 2015: 371-410), 그리고 제도에서의 권력 문제(Lawrence, 2008: 170-197)를 다루는 학자들이 행위자들의 능동적 역할을 크게 강조한다.

한편 경로의존성을 중시한 역사적 신제도주의에서도 제도의 변화를 논의해 왔다. 제도 변화에 관한 초기의 논의는 주로 전쟁이나 중요한 역사적 사건의 심각한 충격을 변화의 원인으로 간주하고 그러한 사건을 통해 변화된 제도는 기존 제도와는 다른 단절적인 균형 상태의 모습을 띤다고 주장했다(Krasner, 1984: 223-246). 예를 들면, 1987년 6·10 시민항쟁에 대한 반응으로 이뤄진 정권담당자들의 6·29 민주화 선언 이후, 국가, 농협 및 농민조합원의 관계가 권위주의적 구조에서 민주적 구조로 전환된 경우다(배병룡, 2002: 179-215). 그러나 제도적 역동성을 중시하는 역사적 제도론자들 내 다른 제도론자들은 행위자들이 기존 제도를 유지시키면서 기능을 새롭게 하는 방향에서 제도의 점진적 변화를 가져온다고 주장함으로써 행위자의 역할을 상정한다. 이와 같이 역사적 제도주의에서 행위자의 역할을 중시하게 되면서 1990년대 후반 이머거트(E. M. Immergut) 같은 학자는 해석적 또는 구성적 시각을 강조해, 자아성찰적 행위자는 제도의 영향을 받는 가운데 자신의 관념과 목적 달성에 유리한 선택을 할 뿐 아니라 미래의 개선을 위해 제도와 같은 주변의 맥락 환경을 형성해 나아가고 자신의 정체성과 이익을 구성한다고 주장했다(Immergut, 1998: 5-30). 한편 이머거트 이후 2000

년대 중반부터 역사적 신제도주의 연구자들은 제도 변화 및 행위자의 역할을 크게 강조해, 제도의 내생적 변화를 주장하고, 제도와 행위자의 상호작용, 제도 변화 기제의 형성, 제도 변화를 위한 정치적 행위자들의 상호작용, 제도 변화 행위자들의 유형(Streeck & Thelen, 2005: 1-39; Mahoney & Thelen, 2010: 1-37; 김태은, 2011: 27-56)에 관해 깊은 논의를 해 왔다.

다른 한편 경제학적 신제도주의에서도 역시 행위자들의 역할을 중시한다. 제도의 창설, 유지, 변화는 개인들과 조직들이 계산해 선택한 결과이며 제도의 형성과 변화에 대한 연구는 방법론적 개체주의를 수용할 필요가 있다고 주장한다(배병룡, 2008: 37-55). 제도적 관성이 제도의 지속에 중요한 역할을 수행하는데, 심지어 제도가 주어진 환경의 요구에 적합하지 않더라도 그것의 변경에 드는 비용이 그것의 변경으로부터 오는 기대 이익보다 클 때는 존속한다(DiMaggio & Powell, 1991: 1-38). 노스(D. C. North)와 토마스(R. P. Thomas)에 의하면, 새로운 제도의 형성은 개인이나 집단이 그로부터 얻는 기대 이익이 그것의 창설에 필요한 기대 비용보다 클 때 이뤄진다(길인성, 1994: 74). 이와 같이 제도의 창설, 유지 및 변화에서 경제학적 신제도주의는 경제성을 중시하는 동시에 개인이나 조직의 행위를 능동적인 작인으로 간주한다(North, 1998: 247-257).

이상과 같이 신제도주의의 각 분파에서는 후기로 갈수록 제도에 대한 인간 행위자의 작용을 강조하고 제도 형성, 유지뿐 아니라 변화에서 행위자와 동인을 중시해 왔다. 한국에서 이뤄진 제도 연구들도 제도 형성뿐 아니라 제도 변화에서 행위자들의 역할과 상호작용을 서술하고 분석해 왔다. 그 저작들 중 일부가 이 책에 실려 있다. 이 책은 제도에 작용하는 행위자의 역할을 강조하고 있으며, 특히 제도에 대한 행위자의 대응 정도에 따른 행위 유형(순응, 저항 등)을 중심으로 행위자의 역할을 서술하고 분석한다. 물론 행위자 이외의 다른 여러 요인들, 예를 들면 정치적·경제적 위기와 같은 동인이나 다른 동인이 제도 형성이나 변화에 작용하는 점들이 각 장에 서술되어 있다.

다음에는 이 책에 실린 각 장들을 분류하고 각 장의 주요 내용을 제도와 행위의 시각에서 먼저 이론적 논의의 장에 해당하는 제1장, 2장, 3장, 4장 및 5장을 소개한다. 이들 중 5장은 역사적 제도주의에서의 제도 변화에 관한 이론적 논의를 수행하는 동시에 경험적 연구를 포함하고 있고 나머지 장들은 주로 사회학적 신제도주의와 관계된다.

2 제도와 행위에 관한 이론적 논의

• 정당화 및 제도화와 행위

배병룡 교수가 저술한 제1장은 『한국자치행정학보』(2015: 243-272)에 게재된 「조직 정당성, 정당화, 그리고 제도화」는 사회학적 신제도주의의 고전적 주제인 조직의 제도화에서의 정당성 문제를 기존의 중요한 문헌들을 망라하고 검토하면서 작성한 글이다. 배병룡 교수는 이미 1999년에 사회학적 신제도주의에 관한 검토 논문을 작성하는 가운데 신제도주의의 기본 논리를 두 가지, 즉 제도 채택의 인식론적 기초로서의 문화적 인지(당연성)와 제도 채택의 유용성 논리로서의 사회적 정당성으로 구별하고 후자를 조직의 제도화의 결과(기능)로 중시하고 있다(배병룡, 1999: 118-137). 이러한 기능으로서의 조직 정당성은 사회학적 신제도주의 창안자인 마이어와 로완(Meyer & Rowan, 1977: 340-363)이 조직의 제도화의 결과로 제시한 정당성과 자원 획득, 그리고 그것들이 가져오는 효과인 생존이라는 인과적 과정을 제시한 것 중 한 부분에 해당한다.

초기 신제도주의 논의에서는 조직의 정당성에 대한 논의는 주로 조직이 사회에서 확립된 제도를 채택하는 경우 사회로부터 정당성을 획득할 것이라는 논의에 그쳤고, 그에 대한 깊은 이론적 논의나 경험적 연구가 드문 편이었다(Meyer & Rowan, 1977: 340-363).[1] 그러나 이후 1980년대 초에 이르러 마이어와 스코트(Meyer & Scott, 1983: 199-215)가 정당성에 대한 깊은 이론적 논의를 시작했고, 1995년 서치맨(Suchman, 1995: 571-610)이 조직 정당성의 연구(유형, 전략 등)의 새로운 전기를 마련했으며, 1991년에 발간된 『조직 분석에서의 신제도주의』(Powell & DiMaggio, 1991) 단행본 이후 중요한 단행본인 2008년의 『조직 제도주의』(Green et al., 2008)에서 조직 정당성 주제를 매우 중요한 주제로 취급했다.

제1장에서 배병룡 교수는 기존의 다양하고도 핵심적인 조직 정당성 문헌들을 검토·정리하는 가운데, 정당성의 개념 및 기능, 정당성의 유형, 정당화 활동 유형 및 전략을 제시하고 정당화 과정을 제도화 과정과 결부지어 논의했다. 또한 정당성에 관한 이들 주요 주제를 검토하는 가운데 나타난 중요 쟁점들을 발굴해 그에 대한 논의를 수

1) 한편 그 당시 자원의존이론에서도 조직의 정당성 획득이나 상실에 관한 논의를 하고 있었다(Pfeffer & Salancik, 1978).

행했다. 이러한 논의의 핵심은 다음과 같다.

먼저 조직 정당성은 무엇인가라는 개념 정의를 하는 가운데 제1장에서는 존슨 외(Johnson et al., 2006: 53-78)를 따라 사회적 실재에 대한 구성적 시각을 따른다. 즉, 정당성이란 조직들이 사회적 대상을 문화적 신념, 규범 및 가치에 일치하도록 해석한 것이고, 이는 집합적 과정을 통해 이뤄지며, 인지적 차원, 규범적 및 처방적 차원을 보유한다. 한편 조직 정당성은 다양한 기능을 지니는데 외부 압력으로부터의 조직의 보호와 조직에 대한 신뢰, 자원 획득, 그것들을 통한 조직의 생존과 효과성을 증대시켜 준다. 이와 같은 정당성의 사회적 기능 및 정치적 기능과 그것을 통한 경제적 목적 달성으로 인해 조직 제도주의 문헌에서 정당성 문제를 중시하고 다루고 있는 것이다.

다른 한편 제1장에서는 다양한 정당성 유형을 검토한 후, 특히 서치맨(Suchman, 1995: 571-610)의 정당성 유형을 상세하게 소개하고 있다. 이는 서치맨(M. C. Suchman)이 분류한 정당성 유형이 매우 포괄적이고 많은 문헌에서 인용하고 있기 때문이고 한국의 저자들에 대한 상세한 안내를 염두에 둔 것으로 보인다. 슈만의 정당성 유형은 크게는 실용적 정당성, 도덕적 정당성, 인지적 정당성이고, 그 각각은 행동 차원과 본질 차원, 그리고 시간적 차원(일시적, 지속적)에 따라 12가지로 분류된다. 제1장에서는 정당성 유형을 인지적 정당성, 도덕적 정당성, 그리고 사회정치적 정당성으로 구분하는데, 사회정치적 정당성이 실용적 정당성을 포함하는 것으로 보고 있다.

제1장에서는 정당화 활동 유형과 전략을 다루는데 정당화 활동이란 정당성의 획득, 유지, 보수와 같은 행동이고, 정당화 전략은 정당성을 획득, 유지 또는 보수하기 위한 전략이다. 사회학적 신제도의의 초기에는 조직이 환경 속의 제도에 순응해 그것을 채택하면 정당성을 획득한다는 제도적 순응 방식을 중시했다. 그러나 능동적인 정치 과정으로서의 제도화 논의가 이뤄진 후(DiMaggio, 1988: 3-12) 정당성 활동에서 전략적 방식(예를 들어, 인상관리)이 언급되어 왔다. 서치맨은 세 가지 정당화 방식(기존의 제도적 질서에 순응, 조직 자신의 적합한 환경을 선택, 환경의 구조를 변경함)을 제시하는데, 이들 중 두 번째와 세 번째가 전략적이고 그중에서도 세 번째가 더 능동적인 전략이다. 한편 제1장에서는 1990년대 말부터는 질적·해석적 연구 방법의 영향으로 정당화 전략에 담화(narrative) 전략이 상당히 도입되었음을 소개하고 그 전략이 오늘날까지 활발하게 전개되고 있음을 보여주고 있다.

제1장의 특징 중 하나는 조직 정당성에 관한 기존의 다양한 주제들을 상세하게 소

개, 정리해 주고 있는 것 이외에 정당화 과정을 제도화 과정과 밀접하게 연결시켜 논의하고 있는 점이다. 즉, 톨버트와 주커(Tolbert & Zucker, 1996: 175-190)의 제도화 과정의 세 단계, 존슨 외(Johnson et al., 2006: 53-78)의 정당화 과정의 네 단계, 그리고 그린우드 외(Greenwood et al., 2002; 58-80)의 제도 변화의 여섯 단계에 나타난 각 정당성 유형을 제시하고 있다. 즉, 각 정당성 유형이 제도화(또는 제도 변화를 통한 새로운 제도 탄생) 단계에서 형성되고 있는 점이다. 이러한 단계별 정당성 유형의 형성은 정당성의 유형이 시간의 흐름에 따라 위치지어지고 또한 제도화의 성숙 정도에 따라 달라진다는 점을 나타내 주는 점에서 의의가 있다.

끝으로, 제1장에서는 정당성과 정당화에 관련된 몇 가지 쟁점을 제시하는데, 그것들은 정당화 주체의 범위를 어느 정도로 할 것인가에 관련되고, 비공식적으로 제도화된 행위(예를 들어, 부패 관행)의 정당성 여부를 검토해 보아야 한다는 점에 관련된다. 다른 쟁점들로는 현재는 정당하지 않지만 이후에는 정당한 것으로 인정받는 잠재적 정당화 주체의 인정 여부를 규명해야 하는 문제, 각 정당성 유형 간의 충돌 문제를 해결해야 하는 문제, 그리고 정당화의 각 단계에서 각 정당성 유형의 상대적 비중 등의 문제 등이다.

• 제도적 동형화와 행위

제2장은 김용운 박사가 저술한 것으로서 「제도적 동형화와 형식적 동형화」다. 동형화(isomorphism) 주제는 초기 사회학적 신제도주의 연구의 선구 역할을 한 유명한 디마지오와 파월(DiMaggio & Powell, 1983: 147-160)의 논문에서 최초로 다룬 주제다. 김용운 박사는 기존의 다양한 조직의 동형화 주제에 관한 문헌들을 검토하면서 제도적 동화화의 개념과 특성을 논하고, 동형화를 실질적 동화화와 형식적 동형화로 구분하며, 나아가 그 각각의 동형화를 발생시키는 기제를 설명하고 있다. 그리고 제2장에서는 제도적 환경에 대한 대응과 동형화를 논의한 후 동형화에 관한 연구의 동향과 향후의 연구 과제를 제시한다.

조직의 동형화란 구조나 운영의 측면에서 조직들이 서로 유사해지는 현상을 의미한다. 즉, 각 조직이 정당성을 획득하기 위해 환경이 그 조직에게 요구하는 제도적 압력에 순응함으로써 조직의 변화가 발생하고 그러한 변화가 조직들 간에 확산되면, 그 결과로서 조직들이 서로 유사해져 제도적 동형화 현상이 발생한다는 것이다. 한편 마이어와 로완(Meyer & Rowan, 1977: 340-363)은 만일 조직이 채택한 제도가 능률성과 충돌하고 그것을 저해한다면 그 둘을 단절시키고(decoupling) 그 제도를 형식적인 전시물로 남겨둘 필요가 있다고 주장했다. 이러한 현상은 이후 형식적 동형화로 명명되었다. 그리고 실질적 동형화는 조직이 채택한 제도를 능률성이나 다른 목적을 위해 실제로 시행하는 것을 의미한다. 동형화는 그것이 형식적이든 아니든 하나의 사회학적 현상으로서 매우 중요한 사회학적 신제도주의 연구의 측면을 차지하기 때문에 디마지오와 파월(DiMaggio & Powell, 1983: 147-160)의 논문 출간 이후 수많은 동형화에 관한 연구가 이뤄졌다.

제2장에서는 먼저 제도 환경을 두 가지, 즉 범사회 부문(societal sector)과 조직의 장(organizational field)으로 구별하고 그 각각에서 전개되는 동형화 압력을 논한다. 범사회 부문에서는 재화와 서비스의 기술적 속성(투입-산출 관계)이 조직에 대한 압력으로 작용해 동형화가 발생하지만, 조직의 장에서는 조직들이 사회적으로 구성한 상호 네트워크가 압력의 장으로 작용하므로 동형화 압력의 원천은 조직들 내부에 존재한다. 이와 같은 좀 더 전략적인 행위자적인 관점은 사회적 구성을 추구하는 조직의 능동성을 나타내는 것으로서 조직들이 제도적 환경으로부터 오는 압력을 그저 수동적으로만 받아들인다는 마이어와 로완(Meyer & Rowan, 1977: 340-363)의 초기 아이디어에서 진일보한 것이라고 제2장에서는 주장한다.

그 다음 위에서 언급했듯이 제도적 동형화를 실질적 동형화와 형식적 동형화 두 가지로 구별하고 그 특징과 발생 기제를 언급한다. 실질적 동형화는 조직의 전략적 선택이든 그렇지 않든 제도적 압력에 대한 조직의 순응으로 나타나는 실제적인 의미의 동형화이고 형식적 동형화는 전략적 선택에 의해 나타나는 표면적인 동형화다. 여기서 실제적이란 의미는 조직이 채택한 제도를 실제로 시행한다는 것을 의미하고, 형식적이란 의미는 조직이 채택한 제도를 시행하지는 않고 전시용으로만 간주해 장식물로 남겨놓은 현상을 의미한다. 그런 의미에서 후자는 조직의 위선에 해당하기도 한다(김명환, 2009: 155-178; 2015: 89-115).

이미 마이어와 로완(Meyer & Rowan, 1977: 340-363)의 초기 아이디어에는, 만일 조직이 채택한 제도가 능률성과 충돌할 경우 그 둘을 단절시킬 필요가 있다는 주장이 담겨 있었다. 한편 형식적 동형화를 가져오는 다른 계기는 조직이 복수의 제도적 압력 사이에 충돌이 있는 경우인데, 이때 조직은 복수의 충돌하는 제도들을 채택해 어느 하나는 장식물로 남겨놓는다.

조직들이 제도를 조직의 장에서 선택의 여지가 없는 하나의 사회적 사실로 수용하는(즉 조직이 순응하는) 과정에서 나타나는 동형화에서, 조직들이 동일한 정도로 동형화하지 않는 현상이 발생하는데 이에 대해 제2장에서 논의한다. 그 한 이유로서는 제도적 압력이 조직들에 내재화되기는 하지만, 시간적으로나, 공간적으로나, 지역적으로나 조직들 간 경쟁이 전개되는 점이다. 또한 조직들이 단순히 제도를 완벽하게 모방할 수 없을 수 있고, 상황에 맞춰 일정 부분 번역(translation)이나 편집할(editing) 가능성이 있기 때문에 그러한 차이가 발생한다고 한다(Sahlin & Wedlin, 2008: 218-242). 이러한 논의와 함께 조직을 능동적인 행위자적 시각에 두고 제도 환경에 대한 조직의 전략적 대응을 논하는데, 그 대응은 묵종, 타협, 회피, 저항, 조작이다. 묵종은 앞서 언급한 순응에 해당하고 저항과 조작은 아예 동형화를 거부하는 것이며 타협과 회피는 형식적 동형화에 해당한다. 제2장에서 김용운 박사는 최근의 연구들이 실질적 동형화와 형식적 동형화의 이분법에서 벗어나 그 둘을 통합하는 시도를 수행하는데 이는 조직이 능률성과 정당성 모두를 추구하기 때문이라고 주장한다.

끝으로 제2장에서는 동형화의 현실에 관한 경험적 연구, 확산에 따른 동형화와 제도적 동형화의 구별, 그리고 형식적 동형화의 실질적 동형화로의 전환 등을 향후의 연구 과제로 제시하고 있다. 이상과 같이 제2장은 조직의 제도적 동형화에 관한 기존의 다양한 문헌을 검토하고 동형화를 실질적 동형화와 형식적 동형화로 구분하며 그 둘을 통합하는 관점에서 연구할 필요성을 제시한 점에서 의의가 있고 이는 향후의 연구에 많은 도움을 줄 것으로 기대된다.

• 상징주의 · 해석주의 행정 현상과 행위

제3장은 권향원 교수가 저술한 것으로 『한국행정학보』(2014: 121-145)에 게재된 「상징주의 · 해석주의 행정학 연구 전략: 신제도주의의 '정당성 관리' 개념을 중심으로」다. 이 장은 현대 행정조직은 공적 결정에서 정당성을 획득해야 할 뿐 아니라 사회의 가치와 규범을 이해하고 반영해야 하는 복합적 의무를 지니기 때문에 정당성 관리가 매우 중요하다는 문제 의식에서 출발한다. 그리고 이 장은 해석적 · 상징적 정당성 관리 주제를 다루는데, 그 주제가 중요함에도 불구하고 기존 연구가 이러한 주제를 거의 다루지 않았다는 점을 또 다른 문제 의식으로 삼고 있다. 이러한 문제 의식을 가진 제3

장은 조직 정당성의 중요 주제를 다룬 제1장의 내용과 일맥상통한다고 볼 수 있다.

제3장의 첫 번째 주제는 행정조직의 정당성 관리 개념이다. 행정조직은 환경으로서의 사회의 요구와 기대를 반영하고 사회적 정당성을 보유할 필요성이 있는데, 행정조직이 그러한 사회의 기대를 적극적으로 해석하고 관리할 때 실익을 누릴 수 있다. 그런데 사회의 선호들이 복합적이고 대립적인 경우가 존재하는 한편 사회의 구성원들은 주관적 기준을 통해 행정조직의 정당성을 평가하므로 행정조직은 이미지 및 인상관리, 그리고 상징성과 같은 비실체적 요소에 중점을 두고 관리할 필요가 있다. 제3장에서는 정당성 관리를 위한 활동을 크게 두 가지, 즉 사회 부문의 논리, 규칙, 믿음, 기대 등의 내용과 구조를 이해하기 위한 해석 활동, 그리고 사회 부문의 지배적인 정당성 담론에 조응하는 이미지와 시그널을 전달하는 상징적 표현 활동으로 구분한다. 이러한 해석 활동에 선행하는 조건은 환경의 요구와 기대에 관한 정보를 수집하고 학습하는 스캐닝 과정이고 그 해석 활동 이후에는 표현 활동이 전개된다. 물론 표현 활동은 해석 활동과 스캐닝으로 환류하고 해석 활동 역시 스캐닝으로 환류한다.

한편 제3장은 행정조직의 정당성 관리를 경험적으로 분석하는 데 필요한 구조화된 분석틀(해석 · 상징 활동 분석틀)을 제안한다. 이는 신제도주의의 행위자 중심의 시각에서 이뤄진다. 이 틀에서 해석 활동은 자료를 해석자가 인지적 필터를 통해 구성 및 재구성함으로써 정보화하는 인지적 활동이다. 해석 활동은 다르게 말하면 의미부여(sense-making) 활동이다(Weick, 1979). 앞서 언급했듯이 해석 활동의 전 단계로 스캐닝이 이뤄지고, 그 다음 수집 및 유형화된 정보에 관한 평가에 의해 문제의 우선순위가 정해지며 문제의 선택이 이뤄진다. 마지막으로 선택된 문제에 대한 대응 전략 및 논리를 설정한다. 이 대응 전략에 영향을 미치는 요인들로는 모방, 리더의 철학과 함께 행정조직의 다양한 이해 당사자들의 이익이 있다. 이러한 다양한 요인을 좀 더 명백하게 해석할 때 유의미한 해석이 이뤄진다. 그런데 이러한 다양하고도 서로 충돌하는 이해관계인들이 개입하기 때문에 기존의 사회학적 신제도주의 논리를 수용함과 동시에 정치적 논리를 수용해 사회적 · 정치적 신제도주의 논리에 따라 해석 활동을 전개한다.

해석 · 상징 활동 분석틀 중 그 다음 활동인 상징관리 활동은 행정조직이 사회 부문에 대해 신뢰, 평판, 안정과 같은 바람직한 이미지를 전달하기 위해 수행하는 인상관리 활동이다. 상징관리는 언어적 상징과 행위적 상징 둘로 구분되는데 전자는 언어적 · 언술적 매체를 통해 신뢰, 지지, 안정 등 발화자가 의도한 이미지를 상대에게 전달하는 활동이다. 제도 맥락 속의 행위자는 언어적 수단을 통해 사회의 다른 구성원들에게 자신의 선택과 행위가 정당한 것임을 끊임없는 설명과 변호의 과정을 통해 합리화 및 정당화한다. 행위적 상징을 통한 인상관리는 사회적인 요구와 기대에 대응해 상징성이 높은 처방과 행동을 통해 사회 부문에 순응의 메시지를 전달하는 것을 의미한다. 이런 행위를 통한 인상관리 중 하나는 이미 언급된 상징적 동조 또는 형식적 동형화(이 책의 제2장)나 조직의 위선(김명환, 2015: 89-115)과 같은 모습으로 전개될 수 있다. 한편 이와 같은 상징 활동은 두 가지 효과를 가지는데, 하나는 조직 내·외부적인 부정적인 사건·사고로 인한 사회적 시선과 비난 등을 상쇄시키는 효과이고, 다른 하나는 특정 어젠다로 사회적 관심을 유도하거나 이슈를 주도하는 것과 같은 전략적 틀짓기이다. 전자는 이 책의 제1장에서 논의된 정당성 유지나 보수에 관련된 수동적인 활동에 속하고, 후자는 상징적 정치와 같은 능동적인 정당성 확대 전략에 속한다.

제3장은 해석 활동과 상징 활동 연구를 위한 방법들을 제시하고 그에 따라 연구한 예들을 제시하는 점에서 또한 의의가 있다. 해석 활동 연구를 위한 방법 중 해석의 내용을 인식하기 위한 방법은 주관주의적·질적-탐색적인 방법(주제분석, 근거이론 방법, 해석학적 방법), 주관주의적·양적-설명적 방법(Q방법론), 객관주의적·질적-탐색적인 방법(유도된 내용분석), 그리고 객관주의적·양적-설명적 방법(인식 설문, 언어네트워크 분석)이 있다. 그리고 해석적 요인을 밝히는 데 유용한 방법으로서는 사회적 맥락에 초점을 두는 것들인데 비교 방법(해석자가 속한 공동체 간의 차이 분석)과 사회네트워크 분석(해석자의 사회적 관계 분석)이 있다. 한편 상징 활동 연구를 위한 주제들은 수세적 활동·언어적 상징(수사적 인상관리), 수세적 활동·비언어적 상징(상징적 형식주의/상징적 동조), 공세적 활동·언어적 상징(상징정치), 공세적 활동·언어적 상징(전략적 인사)과 같이 네 가지로 분류되고, 이들 각 주제를 연구하기 위한 방법은 사례연구, 주제 분석, 제도와 법령 분석 등이 있다.

이상과 같이 제3장은 행정조직의 해석적·상징적 활동 현상에 대한 기존의 문헌을 검토하고 그러한 연구의 분석틀을 제시하는 점에서 향후의 연구에 많은 도움을 줄 것으로 기대된다.

• 조직 간 제도설계의 다양성과 행위

김명환 교수는 사회학적 신제도주의에 관해 꾸준히 연구해 왔고 이 책의 제4장과 함께 제6장을 저술했으며, 최근에는 제6장의 주제와 연관된 조직의 위선(김명환, 2015: 89-115)에 관해 연구한 바 있다. 제4장은 『한국행정학보』(2006: 179-203)에 게재된 「조직 간 제도설계의 다양성에 관한 다차원적 접근 방법: 조직사회학적 제도론 관점에서」다. 이 글은 사회학적 신제도주의의 초기 연구들이 설명하지 못한 점에서, 즉 조직의 장에 있는 조직들이 같은 제도를 채택할지라도 왜 서로 다른 방법으로 그 제도를 설계하고 운영했는가를 설명하지 못했다는 점에서 문제 의식을 찾는다. 그리하여 제4장에서는 셀즈닉(Selznick, 1966)의 구제도주의의 전통과 신제도주의 내의 최근 연구들(내부 및 외부 접근법)을 통합해 조직 간 상이한 제도 설계를 설명하는 개념적 틀을 구축하는 시도를 한다.

이러한 연구 목적을 달성하기 위해 제4장에서는 먼저 초기 연구들에서 논의한 동형화에 대한 비판을 수행한다. 첫째, 초기의 연구들은 제도 환경을 조직의 장에서 단일의, 응집적, 일관적인 것으로 가정했는데 이는 업무의 다양성으로 인해 조직의 장에서의 조직들 간 제도적 합의의 어려움이 존재하는 점을 간과했다. 둘째, 초기의 연구들은 조직을 철장에 갇혀 있는 것으로 가정해 조직의 능동적 역할을 간과한 점이다. 셋째, 초기의 연구들은 구제도주의에서 주장하는 지역 사회라는 환경과 조직 간의 상호작용을 간과했다.

그 다음 제4장에서는 각 조직의 제도설계가 다양한 점에 관해 논의하는데, 조직은 자신이 필요한 것을 완수하는 독특한 제도를 설계하고 만들어 낸다고 주장함으로써 조직을 능동적 행위자로 규정한다. 그리고 조직은 제도설계를 구성원들에게뿐 아니라 환경에게 자신을 보여주는 방법으로 사용하는데 이는 제도적 정체성에 대한 표출로서 각 조직의 고유한 측면을 나타내 준다. 이러한 현상은 동형화가 아니라 다형화(polymorphism) 현상인 것이다. 이와 같은 조직들 간 제도 설계의 다양성에 대한 접근은 크게 세 가지다.

첫 번째 접근은 셀즈닉(P. Selznick)의 구제도주의 전통으로서 이 접근에서는 조직들이 특정의 시·공간적 맥락으로서의 국지적인 지역사회 환경에 접하게 되는 점을 강조하는데, 지역사회 환경에 접하는 조직들은 지역의 특정한 가치를 주입해 제도화한다고 한다. 그러한 상이한 맥락 속의 조직이 제도화하는 내용은 상이할 수밖에 없다. 이 접근에서는 제도를 조직의 지역 환경에 대한 적응적 산물로 규정하고, 국지적인 지역 환경과 그 지역 환경의 영향력에 초점을 맞추며, 각 개별 조직을 주요 분석 수준, 제도화되는 단위, 그리고 제도화 과정의 주요 장소로 본다.

한편 신제도주의에서 두 가지 접근을 발견할 수 있는데, 하나는 내부 접근이고 다른 하나는 외부 접근이다. 외부 접근에서는 제도 환경을 정체성을 구축하는 프로그램이나 규칙들로 보고 또한 그러한 정체성을 위한 행위 각본들의 집합체로 본다. 그런데 조직의 장에서 어떤 지배 논리가 어떤 시기에 만연되어 있을지라도 조만간 그 논리는 다른 논리들에 의해 도전받을 가능성이 크므로 조직들이 이들 논리에 대응하는 데 서로 다양하고 경쟁적인 관계에 놓인다. 따라서 조직의 장 내에 복수의 정체성이 발생하고 그로써 조직 간 제도 설계에서의 다양성이 나타난다. 이 외부 접근에서는 제도 환경을 일관적이지 않다고 보고, 정당성의 원천으로서 단수가 아닌 복수의 제도모형들이나 논리들이 동시에 존재한다고 본다. 그리고 세계 체제, 범사회 부문이나 조직의 장과 같은 거시 수준을 분석 수준으로 채택하고 환경결정론적 시각을 채택한다.

그 다음 내부 접근은 유사한 상황에서 왜 어떤 구조와 업무는 어떤 조직에 의해서는 채택되는 반면 다른 조직에 의해서는 채택되지 않는가에 초점을 두고, 그러한 현상은 조직의 목표, 가치, 신념, 권력이나 이익과 같은 조직 내적 요소들로 인해 발생한다고 본다. 제4장은 조직 내부 요소들 중 조직 문화에 초점을 두는데 각기 다른 조직 문화가 상이한 제도 설계를 가져온다고 가정한다. 내부 접근에서는 각 조직들이 처한 제도 환경을 동일하거나 최소한 유사하다고 가정하고 환경과의 관계에서 조직이나 그 속의 개인들의 능동적 역할(제도 해석, 제도 환경 형성 등)을 강조한다. 따라서 이 접근에서는 조직 또는 제도 혁신가와 같은 개인을 분석 수준으로 삼고, 제도를 조직 내부에 존재하는 것으로 보며, 이러한 제도의 생성과 발전 과정에 초점을 둔다.

제4장에서는 이와 같이 이들 세 가지 접근을 특징짓고 나서 세 가지 접근을 통합하기 위한 전제들을 가정하고 그 통합을 시도한다. 그 전제들이란 첫째, 제도 환경은 일관적이지 않고 갈등적인 요소들을 내포하며 제도 환경뿐 아니라 지역 환경도 고려할 필요가 있고, 둘째, 미시 수준뿐 아니라 거시 수준을 고려하는 다중 수준(조직, 개체군, 장) 접근이 필요하며, 셋째, 조직과 환경은 상호 영향을 주고받는 관계로 보아야 하고, 넷째, 제도를 상태나 자산으로 가정해 조직이 자신들의 제도를 특징적인 것으로 만들

려는 동기와 전략을 분석할 필요가 있으며, 다섯째, 제도를 독립변수인 동시에 종속변수로 간주해 조직의 장과 조직 수준에 존재하는 상이한 제도들에 초점을 두고 조직의 장에 있는 제도(독립변수)와 조직 내에 있는 제도(종속변수)의 관계를 규명할 필요가 있다.

이러한 전제들에 기초해 제4장에서는 세 가지 접근을 통합한다. 그 주요 통합 내용 중 첫 번째는 독립변수로서의 복수의 제도 논리(조직의 장), 종속변수로서의 제도설계, 그리고 독립변수를 종속변수에 매개하는 조직 신념 체계가 있다. 둘째, 복수의 제도 논리가 제도설계에 직접 영향을 미친다. 셋째, 조직의 위치 또한 제도설계에 영향을 미친다. 넷째, 조직 신념 체계가 복수의 제도 논리로부터 영향을 받기도 하지만 역으로 그에 영향을 미친다.

이상과 같이 제4장은 구제도주의, 신제도주의 내 외부 및 내부 접근의 특징을 밝히고, 이들을 통합해 조직들 간 상이한 제도 설계 현상을 분석하기 위한 틀을 제공하고 있으며, 매우 복합적이고 많은 함축미를 지닌 연구로서 후속의 연구에 많은 자극을 던져줄 것으로 보인다.

• 종합부동산세 제도 변화, 집단행동, 그리고 보완 제도

김태은 교수가 저술한 제5장은 『한국행정학보』(2011: 27-56)에 게재된 「두 가지 환류, 그리고 내생적 제도 변화: 종합부동산세를 중심으로」다. 이 장은 제도 변화라는 주제와 경험적 연구라는 측면에 비춰보면 제3부에 삽입해야 하지만 역사적 제도주의(제도 변화)에 관한 이론적 논의가 풍부하게 이뤄진 점을 고려해 제1부에 삽입했다.

제5장에서는 변경시키기가 어렵게 의도적으로 설계된 제도(저항적인 제도)를 변화시키는 원인들을 탐색한다. 이 장은 종합부동산세제의 변화에 관한 사례 연구로서 이 제도의 변화를 긍정적 환류와 부정적 환류로 설명하며, 나아가 제도가 변화하면서 축소된 부분을 보완하는 제3의 제도가 탄생한 점에 대해서도 논의하고 있다.

이 장은 기존의 세 가지 신제도주의에서 제시하는 제도 변화 논리를 외생적 변화의 논리라고 비판하고, 역사적 신제도주의의 최근의 새로운 경향, 즉 내생적 제도 변화를 연구하는 학자들의 주장을 도입해 이론적 논의를 시작하고 분석틀을 설정한다. 변화 저항적인 제도의 내생적 요인에 의한 변화를 설명하기 위한 분석틀을 설정하는 데 이 장에서는 긍정적 환류와 부정적 환류라는 개념을 도입한다. 긍정적 환류란 역사적 신제도주의에서 언급하는 제도의 지속성을 강조하는 개념으로서 수확 체증, 경로의존 혹은 자기 강화의 의미를 지닌다. 이에 반해 부정적 환류는 제도의 안정성을 손상해 제도 변화를 초래하는 요인이다. 저항적인 제도조차도 설계자의 의도나 예측과 달리 그 자체로 부정적인 환류가 그 속에 잠재되어 있다. 그러한 부정적 환류는 제도가 지닌 모순과 그 제도로 인해 피해를 보는 이해관계자들의 저항 등으로 인해 발생하고 제도 변화의 동인으로 작용한다. 특히 그 이해관계자들의 저항이 집단적으로 발생할 때 그것은 제도 변화의 명백한 요인으로 작용한다. 1980년대 초 한국가톨릭농민회가 집단적 서명운동을 전개해 농협 조합장 선출 제도에 영향을 미친 것을 연구한 예가 있다(배병룡, 1994: 1429-1446).

이 장에서 수행한 종합부동산세 제도에 관한 사례 분석은 크게 세 부분으로 나뉜다. 첫째, 긍정적 환류의 분석이다. 종합부동산세의 자기 강화적 성격은 기존의 종합토지세를 국세화하되 그 재원은 모두 지방자치단체의 부동산 교부세로 지급되도록 설계된 점에 있다. 이러한 제도 설계는 이 제도의 변화를 매우 어렵게 만드는 논리들, 즉 지방교부세로 지급되는 점(지방고유의 독립재원 등), 목적세로서의 종합부동산세, 배분에서의 정치성 배제로서 이러한 논리들은 그 수혜자인 지방자치단체라는 행위자에 유리하므로 이 제도의 변화는 이들 단체의 집합적 저항을 불러올 수 있다.

둘째, 부정적 환류의 분석이다. 이는 그 제도의 본래적 모순을 안고 손해를 보는 세금 납부자들이 전개한 집단행동을 분석한 것이다. 종합부동산세로 인해 피해를 보는 부동산 소유자가 상당수라는 점, 피해 집단은 그 제도로부터 얻는 이익은 적지만 손해는 크다는 점, 피해 집단은 집단행동을 통해 막대한 손실을 줄일 수 있는 점, 피해집단의 지리적·소득 차원에서의 집중과 이들에 대한 정치적 지지 등이 부정적 환류의 핵심이다. 이러한 부정적 환류 요인들이 납세자들의 집단행동을 불러일으켰고, 그들을 지지하는 자치단체와 정치인들을 등장하게 했으며, 이들 이해관계자로 하여금 서명운동, 청원서 제출, 행정소송, 헌법소원 등을 통해 종합부동산세 제도의 완화를 이끌어내도록 했다.

셋째, 제도 변화의 결과다. 그 변화 결과 중 하나는 부정적 자기 환류로 인해 종합부동산세제가 완화된 점이다. 다른 하나는 제도의 완화에 따른 세수 감소 부분을 보전하기 위한 조치로 지방소비세 제도와 지역상생발전기금 제도를 도입한 것이다. 이는 긍정적 자기 환류로 인해 발생한 제도들이다.

이상과 같이 이 장에서는 역사적 신제도주의의 내생적 제도 변화론에 근거하고 긍정적 환류 및 부정적 환류라는 변화 요인 두 가지를 설정했으며, 긍정적 환류가 변화된 제도를 보전하는 새로운 제도의 창설을 유도했다는 점에 관해 논의했다. 또한 그 과정에서 다양한 이해관계자들이 제도 변화에 적극적으로 관여하는 정치적 과정을 전개한 점에 대해서도 분석했다.

3 제도와 순응적 행위

• 혁신평가와 공공기관의 위선적 대응

김명환 교수가 저술한 제6장은 『한국행정학보』(2009: 155-178)에 게재된 「제도 환경에 대한 조직 대응 방식으로서의 분리와 위선: 공공기관 혁신평가를 대상으로」다. 이 장은 초기 사회학적 신제도주의의 핵심 논리를 서술하고 그것들을 한국의 공공기관에 적용한 사례로서 일종의 고전적 연구에 해당한다.

이 장은 조직들은 왜 제도 환경에 형식적으로 대응하는가라는 질문에서 시작한다. 이에 대한 대답을 구하기 위해 첫 번째로 이 장에서는 제도화 과정으로서 조직의 장(organizational field)의 구조화와 제도 환경의 개념을 설명한다. 조직의 장은 제도적 생활의 인정된 영역을 구성하는 행위자인 핵심 공급자들, 자원 및 생산품 소비자들, 규제기관들, 유사한 서비스나 생산품을 생산하는 기타 조직들의 총체를 의미한다(DiMaggio & Powell, 1983: 148). 이 조직의 장이 구조화되는 것이 바로 제도화되는 것인데 제도화된 조직의 장은 조직들에 정체성을 제공하고 적절한 활동 영역, 조직화의 원리 및 평가 기준 설정에 도움을 주며, 사회적 기대들과 요구들에 대한 논의와 해석을 위한 틀을 제공한다. 그 다음 이 장에서의 제도 환경은 초기의 사회학적 신제도주의에서 의미하는 제도 환경이다. 즉, 제도 환경은 조직들에게 주어진 것으로서 조직이 자신의 생존에 필수적인 정당성을 획득하려 하다면 당연하게 여겨지는 그 제도 환경에 순응해야 하는 존재이고, 어떤 개별적인 조직 또는 조직의 자유재량을 능가하는 존재다(Meyer & Rowan, 1977: 340-363). 그리고 조직의 장에 존재하는 조직들은 순응의 결과로서 동형화를 향한 부단한 압박에 놓인다(DiMaggio & Powell, 1983: 147-160).

조직의 장의 제도화와 제도 환경의 개념 정의에 이어 이 장에서는 제도 환경에 대한 조직의 대응에 관한 사회학적 신제도주의의 설명 방식을 논의한다. 여기서도 초기의 사회학적 신제도주의의 핵심적 주장, 즉 기술 환경과 제도 환경 간의 불일치를 언급한다. 기술 환경은 기술적 압력과 물질적 제한을 가하는 것으로서 능률성을 증가시켜 주지만, 제도 환경은 당연시되는 문화적 기준에 대한 준수를 원하는 사회적 기대감으로서 정당성을 증가시켜 준다. 이러한 불일치가 존재할 경우 조직은 정당성과 능률성을 동시에 충족시키려는 노력을 기울이는데 이때 그 둘이 서로 영향을 미치지 않도록 분리시키는(decoupling) 전략을 택하는데, 이는 조직의 위선의 하나이고 형식적 동형화인 것이다.

이러한 이론적 논의를 수행한 후 제6장은 우리나라 정부의 혁신평가 제도에 대한 공공기관의 대응을 서술하고 해석한다. 공공기관 혁신평가 제도는 공급자 위주의 업무 관행이나 방만한 예산 운영과 같은 문제를 해결하기 위해 2005년 참여정부가 도입한 제도다. 이 제도는 정부가 공공기관에 부과한 규제적인 성격을 띠는 제도로서 혁신의 추진을 통해 효율적인 업무 달성과 더 나은 공공 서비스의 생산, 그리고 국민으로부터의 신뢰 확보 등의 목적을 달성하기 위한 강제적 통제 수단이다. 공공기관은 이 제도(혁신)에 순응함으로써 금전적인 혜택을 받거나 정부의 시책에 호응한다는 사회적 인식을 받아 생존을 확보할 수 있으나, 불응하는 경우 혜택을 박탈당하거나 심지어 손해를 입으며 정부의 시책에 호응하지 않는다는 사회적 인식을 받아 리더십이나 조직의 생존에서 불이익을 당할 수도 있다.

이러한 공공기관 혁신평가 제도에 관한 기획예산처의 방침 및 공공기관의 대응이 제시되고 그 대응에 관한 분석이 이 장에서 이뤄졌다. 첫째, 분권과 혁신을 강조한 참여정부는 공공기관의 운영에 관한 법률, 즉 강제적 기제 의한 혁신평가를 제도화했다. 둘째, 기획예산처는 2005년에 공공기관 전체에 대해 혁신추진활성화 환경을 조성했고 그 다음 해에는 기관 특성에 맞는 자발적 혁신 견인, 형식적인 저성과 사이클 탈피를 위한 혁신 유도 등을 추진했다. 셋째, 공공기관 주요 혁신 분야는 5개 영역으로 구성되어 있고, 주로 서면평가 방식이 이용되었으며, 혁신 평가 결과는 경영평가 또는 기관평가에 반영되었다. 넷째, 공공기관들은 혁신평가에 대한 순응으로서 혁신팀을 신설해 평가에 대응하고 기관장은 물론 구성원들이 혁신 문화를 구축하고 그에 따른 업무를 추진했다. 이러한 대응 방식에 대해 제6장에서는 사회학적 신제도주의의 초기 논의, 즉 공공기관들이 정당성을 결여하고 있다는 의문으로부터 자신들을 방어하기 위해 제도적 규칙과 자신들의 공식구조를 일치하게 설계했다고 주장한다. 다시 말하면, 혁신평가 결과에 의해 인센티브가 차등 지급될 뿐 아니라, 성과가 낮을 경우 정부로부터 제재를 받을 수 있고 국민들로부터 더 나은 서비스 제공을 위한 노력을 소홀히 한다는 인상을 받을 수 있기 때문에, 공공기관들이 혁신평가에 순응하는 것은 매우 당연한 일이라는 것이다. 다섯째, 혁신팀의 설치가 공공기관 자체의 결정이라기보다 평가주관기관 등 정부의 지시에 의해 이뤄졌다. 이는 공공기관의 의례적인 또는 형식적인 대응을 단적으로 나타내 준다. 또한 순응의 결과 거의 모든 공공기관이 외형상 유사한 형태의 동형화가 발생했다. 이 점 역시 초기의 사회학적 신제도주의의 핵심 아이디어 중 하나인 동형화 현상을 설명하고 있다. 여섯째, 능률성 제고를 위해 설계된 혁신평가가 오히려 공공성과 같은 다른 가치와 충돌하자, 공공기관들은 혁신평가라는 제도의 요구에 따라 실제적으로 혁신을 추진하기보다는 단순히 그에 형식적으로 대응하는 가운데 정당성을 확보하고 고유의 일상적인 업무는 그대로 수행하는 이중적 혹은 분리(decoupling) 전략을 채택했다. 이러한 분리 개념에 의한 분석 역시 초기 사회학적 신제도주의의 핵심 아이디어 중 하나다. 결론적으로, 제6장은 공공기관 혁신평가에 대한 기존의 다른 연구에서도 동일한 주장을 한다고 인용하면서, 공공기관들은 혁신 그 자체보다는 실적 보고서에 넣을 것에 초점을 맞춰 혁신하는, 즉 '평가를 위한 혁신'을 하는 사례가 많다고 지적하고, 혁신을 위한 활동은 합리화된 신화로서의 의미가 농후하고 상징적이고 의례적이며 심지어 눈속임(위선)에 지나지 않는다는 점을 강조했다.

이 밖에 이 장은 몇 가지 연구 과제를 제시하는데, 제도 환경과 기술 환경의 관계가 항상 불일치한다기보다는 경우에 따라 일치할 수 있다는 점, 제도 환경에 대한 조직 대응의 다양성을 설명할 수 있어야 한다는 점, 제도설계의 타당성(공정성)을 조직이 의심할 때 그에 형식적으로 대응할 수 있다는 점, 위선의 윤리적 문제 등을 논의할 필요가 있다고 주장한다.

• 성과급 제도와 공무원의 불편한 순응

한승주 교수가 저술한 제7장은 『한국행정학보』(2010: 29-58)에 게재된 「성과급 제도에 대한 공무원의 대응: 근거이론의 적용」이다. 이 장은 한승주 교수의 박사학위 논문(한승주, 2010)의 핵심을 차지하는데, 한 교수는 IMF의 영향을 받은 한국 정부가

1999년에 전체 공무원을 대상으로 성과급 제도를 도입한 이래 2006년까지 실시된 이 제도에 대한 공무원들의 대응을 질적 연구 방법의 하나인 근거이론에 의거 조사, 분석했다. 이 연구는 특정 제도의 영향을 받는 공무원들의 반응으로서 특정 제도가 행위자들에 의해 어떻게 변질되고 있으며 제도가 왜 형식화되어 가는가, 즉 의례적 현상으로 남게 되는가를 잘 설명해 준다. 그런 의미에서 이 연구는 제도가 행위자에 영향을 미치기는 하지만 행위자의 재량에 의해 변질되거나 제도가 의도한 효과를 가져올 수 없다는 것을 시사해 준다. 아울러 이러한 분석은 능률성을 위해 도입된 제도가 오히려 능률성을 위한 동기 유발과는 무관하다는 점에서, 즉, 제도의 형식화 내지 의례화라는 점에서 초기 사회학적 신제도주의의 핵심 아이디어들 중 하나를 반영한다. 그리고 그러한 형식적 상황 가운데 제도를 실시하는 조직은 상위의 환경(정치권)이나 일반 사회(국민)로부터 정당성을 획득하기 위해, 즉 능률성을 증대하기 위해 성과급을 실시하고 있다는 인상을 심어주기 위해 제도를 유지하고 있다고 해석할 수 있다.

제7장은 성과급 제도가 겉돌고 있다는 기존의 몇몇 연구의 한계를 넘어 왜 겉도는가라는 질문을 던지고 성과급 제도의 한국적 수용 모습을 그리고 있다. 이를 위해 이 장에서는 이 제도가 공무원들에게 끼친 영향을 검토하고 공무원들이 이 제도를 받아들이기 힘든 원인이 무엇인지, 그리고 이 제도에 대한 공무원들의 대응 논리를 탐색한다.

이 장은 우선 성과급 제도에 관한 기존 연구들을 검토하면서 성과급 제도의 장점과 단점을 소개하고 근거이론을 해설하며 눈덩이굴리기식 표집을 통해 얻은 표본(총 38명의 공무원을 40회에 걸쳐 면접)을 대상으로 면접해 자료를 수집했음을 밝혔다. 수집된 근거 자료를 분석한 결과 57개의 개념, 9개의 상위 범주, 그리고 6개의 패러다임 범주를 발견했다. 이들 상위 범주는 개인 성과의 구조적 결정을 인정함(연공서열 우대, 승진 대상자 우대, 특정 부서 및 업무 우대 등이 전개되어 성과급 제도가 왜곡되는 모습을 의미하며 이 왜곡을 암묵적으로 인정함), 차등화에 대한 정서적 불편(무력감, 위화감, 박탈감 등), 공공조직의 특수성 인식(집단적 · 위계적 조직 문화 인식, 상호 의존적 및 장기적 업무 인식, 계급제적 인사관리 구조 인식), 공무원의 성과 보상 인식(투입적 · 집단적 성과 인식, 급여 보충적인 성과급의 기능 인식), 조직 내 지위(예를 들어, 높은 직위의 개인이 비교적 제도를 합리화하고 상징적 가치를 인정)에 따라 반응이 달라짐, 상징적 합리화(제도의 존재나 왜곡 현실의 합리화), 기회주의적 인정(문제의식을 보유하나 이를 암묵적으로 인정하거나 문제와 거리를 두는 것), 소외적 반발

(제도에 대한 반발 인식은 높지만 그것을 개선하려는 적극성이 낮고 개선 기대도 낮은 인식), 동기 유발과 무관함(제도가 실제로 업무 동기 유발과는 관련이 없음)이다. 이들 9개의 상위 범주는 다시 6개의 패러다임 범주로 구별되는데 중심 현상, 원인적 조건, 맥락적 조건, 중재적 조건, 대응 및 그 결과다.

이들 패러다임 범주 중 중요한 부분은 중심 현상으로서 이는 '모순 끌어안기'이고 다른 모든 범주를 연결하는 핵심 고리가 된다. 모순 끌어안기는 공무원들이 모순적으로 인식하는 제도를 수용할 수밖에 없는 상황을 끌어안으려는 모습으로 근거이론적 연구 방법에 의해 생성된 개념이다. 즉, 공무원들은 기존의 위계적 조직 질서에 따라 왜곡되는 제도를 암묵적으로 인정하는 한편 이 이질적 질서(성과급 제도)의 도입으로 정서적 불편을 경험한다. 이와 같은 모순 끌어안기는 그들의 불편한 적응 형상을 나타낸다. 제도의 왜곡에 대한 인정은 현실과 제도가 충돌하는 것이고 구제도와 신제도가 대립한다고 인식하는 것이다. 여기서 현실은 구제도의 현실적 작용으로서 계급제와 같은 기존 제도의 역사적 지속성(경로 의존성)을 의미한다. 한편 그러한 불편한 모순 끌어안기의 개인들과는 달리 조직의 입장에서는 정치적 상징성을 확보하기 위해 제도를 형식적으로 유지한다. 이는 행정조직이 정치권이나 사회로부터 정당성을 확보하는 행동의 일부로 해석된다. 이러한 공무원 개인들의 모순 끌어안기는 무력감, 위화감 및 박탈감과 같은 정서적 불편이라는 비용을 수반하고, 등급별 배분 액수의 차이를 확대해 가는 성과급 제도는 경쟁과 차별이 부정적 정서적 반응을 일으키는 상황 속에서 공무원의 부정적 정서를 크게 자극한다. 다른 한편 성과급 제도가 도입되었어도 그것이 동기부여와 무관하다는 공무원들의 인식이 큰 것으로 나타나 제도의 비효과성을 나타냈다. 성과급은 보수에 부가적으로 따르는 작은 제도여서 기분을 좋게 하거나 나쁘게 할 수는 있어도 업무 동기를 좌우하는 것은 아니다. 여기서 다시 한 번 제도의 형식성·능률성과의 단절(decoupling)이 드러나게 된다. 그리고 제도가 가져오는 구성원들의 모순 끌어안기와 같은 이중적 태도를 엿볼 수 있다. 그리고 권력이 없는 조직의 일반 구성원들이 성과급 제도를 폐지할 수 없는 현실은 제도를 둘러싼 행위자들 사이에 권력(지배 복종적) 관계가 확실히 존재함을 시사해 준다.

• 노사정위원회 제도에 대한 소극적 대응

하민철 교수가 저술한 제8장은 『정부학연구』(2007: 63-111)에 게재된 「정책문제 해결기구의 설계와 제도화: 김대중 정부 시기 노사정위원회를 중심으로」다. 이 장은 김대중 정부 시기 초기에 설립된 노사정위원회의 제도화 과정과 제도적 특성을 분석한 글이다. 노사정위원회는 1998년 설립 초창기를 제외하고는 회의 개최의 어려움뿐 아니라 회의가 개최되어도 제 기능을 하지 못하고 있다. 이는 위원회에 참여하는 각 당사자들의 이해가 첨예하고 제도적 문제점이 존재하기 때문이다. 하민철 교수의 노사정위원회에 관한 제도적 분석은 왜 노사정위원회가 제 기능을 다하지 못하고 있는지를 잘 설명해 준다. 제8장은 한국의 중앙정부 수준의 의사결정체의 하나인 노사정위원회라는 현실적 제도를 명쾌하게 설명해 주는 점에서 큰 의의가 있다.

이 장은 크게 두 부분으로 구분된다. 하나는 노사정위원회 활동의 분석을 위한 이론적 논의로서, 정부·기업·노조 등 각기 다른 이해 당사자 조직이 정책문제 해결 기구를 설계할 때 각각의 이익에 적합하게 그 기구의 제도적 규칙들을 형성하려 한다는 점을 상술한다. 다른 한 부분은 정부, 기업, 노조가 추구한 제도적 규칙 설계 전략과 설계 결과를 중심으로 이 위원회의 역사적 과정을 서술하고 문제 해결 및 제도적 안정성 등의 기준에 따라 평가하며, 모순적 제도화 과정의 시각에서 이 위원회의 전 과정을 해석하고 있다.

노사정위원회와 같은 사회적 합의 시스템의 확립에 참여하는 각 이해 당사자 조직은 자기 조직의 이익을 극대화하려는 방향에서 설계하려 한다. 그러나 이익 극대화를 추구하는 합리적 행위자라 하더라도 서로 다른 대안들을 선호하기 때문에 갈등을 빚으며, 그에 따라 자기 조직에게 유리한 설계 대안을 제도 전반에 걸쳐 관철시킬 수는 없다. 그렇다면 다수의 이해 당사자는 상호 조절과 타협을 통해 설계할 수밖에 없다. 한편 정책문제의 성격(적절성의 논리-사회적 관심과 요구)과 이해 당사자 조직의 이익(귀결성의 논리) 각각의 강약에 따라 조직의 전략 네 가지가 형성될 수 있다. 그런데, 만일 적절성의 논리가 강하고 당사자 조직들의 귀결성의 논리가 상충할 경우 각 당사자 조직은 서로 다른 전략을 채택하게 된다. 즉, 손해를 볼 것으로 예상되는 조직은 설계 대안 속에 안전장치로서 거부 지점을 포함시켜 의사 결정을 어렵게 만들려고 시도하는 반면 이익을 볼 것으로 예상되는 조직은 거부 지점을 제거해 의사 결정을 쉽게 만들려고 시도할 것이다.

한편 특정 시점에서 각 이해 당사자 조직이 전략을 선택해 구사한 후 그 결과로 정책문제를 해결하거나 해결하지 못하는 경우가 발생할 수 있다. 그때 각 당사자들은 문제 해결 결과가 유리했는지 또는 불리했는지에 따라 문제 해결기구의 유지-강화 또는 폐지-약화를 선호할 것이다. 이와 같은 유지-강화 또는 폐지-약화의 흐름이 지속되면서 문제 해결기구의 제도화(안정화) 또는 탈제도화(불안정화) 현상이 발생한다. 노사정위회의 실제 역사적 과정을 분석하기 위한 마지막 분석 기준으로는 사회적 합의 시스템의 제도적 규칙들이다. 그것들은 공식화 수준으로서 법적 위상 관련 규칙, 어느 정책문제를 다룰 것인가에 관련된 의제 관련 규칙, 어떻게 결정할 것인가에 관련된 의사결정 관련 규칙, 어떻게 이행을 확보할 것인가에 관련된 이행 보장 관련 규칙이다.

제8장의 두 번째 큰 부분은 노사정위원회의 역사적 과정을 3개 시기로 구분해 제도화 과정을 설명하고 있다. 제1기는 문제 해결 성공과 제도적 정통성 확보로 특징지어진다. 당시 노사정위원회의 의제 및 의사 결정 규칙들이 결정을 어렵게 만드는 거부 지점으로 작용했지만, 노사정 각 주체들은 문제 해결에 대한 사회적 관심과 요구를 무시하기 어려웠고, 일단 노사정위원회를 구성한 이상 문제 해결에 공동 책임을 가지게 되어 2·6 사회협약을 도출하게 되었다. 그로 인해 한국의 대외 신인도의 증가와 외환위기가 완화되어 노사정위원회는 제도적 정통성을 확보했다. 제2기 노사정위원회는 문제 해결의 실패와 제도적 안정성의 위협으로 특징지어진다. 즉, 정부가 노사정위원회를 대통령령에 근거하는 기구로 만듦으로써 법적 위상을 높였으나 의제, 의사 결정, 이행 보장에 관한 규칙들은 약화시켜 당사자들의 권한 공유 정도를 낮춰 설계했다. 그리고 정부가 일방적으로 구조조정을 실시하자 노동자와 사용자 측의 반발이 일어나고 두 개의 노조 정상조직(민주노총, 한국노총)이 탈퇴함으로써 노사정위원회는 기능 정지 상태로 들어갔다. 제3기 노사정위원회는 제도적 지속성이 강화되었으나 문제 해결 능력이 저하된 점이 특징적이다. 즉, 정부는 노사정위원회의 정상화를 위해 이를 법률기구화했고, 소수의 이해 공동체(경총, 노동부, 한국노총)는 노사정위원회의 존속을 유지시켰다. 그러나 여전히 제3기에서도 근로 시간 단축에 관한 합의 도출에서 실패하는 등 실질적 문제 해결 능력은 더욱 많은 제약을 받게 되었다.

제8장에서는 이상과 같은 노사정위원회의 설계와 제도화 과정을 몇 가지로 해석하고 있다. 첫째, 노사정위원회에 참여하는 각 이해당사자 조직은 자신에게 위험한 의제 설정, 의사 결정 및 이행 등이 실현되지 못하도록 이것들에 관련된 규칙들에 거부 지점(전원합의제 등)을 배치해 두었기 때문에 의사 결정을 비효율적으로 만들었다. 둘째, 노사정위원회의 모순적 제도화 과정인데, 노사정위원회는 비교적 제도적 안정성에서

강화되어 갔다. 셋째, 제1기에 사회적 요구를 수용해 문제 해결에 임한 점을 제외하고는 점차적으로 문제 해결 능력에서는 약화되는 방향으로 나아갔다. 결국 노사정위원회는 다양한 갈등 문제를 제대로 해결하지 못하면서 제도적 안정성은 유지되는 모순을 지녔는데, 이는 각 이해 당사자 조직이 노사정위원회를 자신의 손실을 막기 위한 이익 장치로 이용하는 한편 다양한 문제들의 해결에는 관심을 덜 기울이고 사회적 관심을 크게 받는 노사정위원회의 폐지보다는 유지를 견지함으로써 사회적 정당성을 획득하려고 했기 때문이다.

이상과 같이 제8장의 노사정위원회의 제도화 과정은 제도 행위자들의 경제적 합리성과 사회적 합리성(정당성)을 함축한다. 즉, 각 이해 당사자 조직은, 비록 노사정위원회의 후기로 갈수록 소수 당사자가 탈퇴하지만, 사회적으로 높은 관심을 받는 노사정위원회라는 제도를 유지하는 과정에서 정당성을 획득하려 하고 다른 한편으로는 자신의 손실을 억제하고 이익을 보호하려는 행동을 보인 것이다. 그리하여 이 장은 제도를 둘러싼 행위자들의 역동적 과정을 묘사하고, 사회학적 신제도주의와 합리적 선택주의 시각 모두를 통해 노사정위원회의 제도화 과정을 서술, 해석한 점에서 연구의 중요한 의의를 갖는다.

• 정치 제도에 대한 순응과 사회보장 입법 행태

이신용 교수가 저술한 제9장은 『한국사회정책』(2013: 9-46)에 게재된 「의회의원 후보 공천 방식, 의회 상임위원회 제도, 그리고 사회보장법 구조: 한국과 독일 비교」다. 이 장은 제도가 개인의 행동에 영향을 미친다는 기존의 제도주의의 기본 명제에서 출발한다. 이신용 교수는 독일과 한국은 사회보장법에서 규정한 위임(세부 사항을 정하는 데 입법부가 행정부에 위임하는 것)의 정도에서 차이가 나는데, 독일의 경우 위임이 적은 반면 한국은 많은 편인데 그 이유가 무엇인가를 각 제도(공천 제도, 상임위원회 제도, 이 두 제도 간의 친화성)를 통해 설명하고 있다.

의원들은 재선을 우선적 목표로 삼고 있는데 재선을 위해서는 공천을 받아야 하고 어떤 공천 제도인가에 따라 의원들의 입법 행태가 달라진다. 위에서 언급했듯이, 이 장에서는 먼저 한국과 독일의 공천 제도의 차이(하향식, 상향식)가 의원들의 사회보장법 규율에서의 차이를 발생시킬 것이라고 가정한다. 아울러 이 장에서는 의회 상임위원회 제도의 차이가 사회보장법 규율에서의 의원들의 행태의 차이를 가져올 것이라고 가정한다. 그리고 상임위원회에서의 정치적 활동은 공천과 관련이 있을 것이라고 가정한다.

제9장에서는 상향식 및 하향식 의회의원 후보 공천 방식을 정의한다. 상향식 공천 제도는 후보 자격 기준이 엄격하지 않고, 후보가 지역 수준에서 유권자나 당원의 투표에 의해 선출되는 방식으로서 민주주의적이다. 반면 하향식 공천 제도는 후보 자격 기준이 엄격하고, 후보가 중앙당에 의해, 투표 없이 지명에 의해 선출되는 방식이다. 한편 의회 상임위원회 제도는 의회 운영의 능률성은 물론 전문성이라는 이점을 보유한다. 특히 의회 상임위원회의 전문성은 소관 영역이 구분되어 있을수록, 위원회의 정부 부처와의 유사성이 높을수록, 한 사람의 위원이 소속 가능한 위원회의 수가 적을수록, 임기가 길수록 증가한다고 가정된다.

독일과 한국의 사회보장법의 구조는 의회의원 후보 공천 방식과 의회 상임위원회와 깊은 관계가 있다고 가정된다. 즉, 위임이 적은 사회보장법의 구조는 상향식 공천 방식과 지속적으로 임기를 보장하는 상임위원회 제도와 친화적이다. 더 구체적으로 말하면, 의원들은 상향식 공천 방식 하에서 재공천을 받으려고 사회보장법을 직접 통제할 가능성(일을 잘하는 것을 유권자들에게 잘 보여주기 위해)이 높아 위임이 적은 사회보장법이 나타날 가능성이 크다는 것이다. 또한 임기를 지속적으로 보장하는 상임위원회 제도는 의원의 전문성을 향상시키기 때문에 의원들은 사회보장법에서의 위임을 적게 하고 직접 세부 사항들을 다룰 가능성이 높아진다(잘 다뤄서 유권자들로부터 인기를 얻으려고).

이러한 주장은 의원 행위자의 제도적 환경(상향식 공천, 위원회 임기 보장)에 대한 적응적 행태를 나타내 준다. 그런 행태는 단순한 순응이라기보다는 계산된 적응적 행태로 해석된다. 즉, 의원들의 합리성 추구의 의도가 깔려 있다. 또한 의원 행태에 대한 유권자들의 합리성(공천에서 의원 평가를 수행)도 가정된다. 한편 상향식 공천 방식에서 유리한 고지를 점령하기 위해 의원들은 임기가 지속적으로 보장되는 상임위원회에서 일하면서 전문성을 쌓을 필요가 있다. 그래서 상향식 공천 방식과 임기가 지속적으로 보장되는 상임위원회는 상호 친화적이다. 반면 하향식 공천 제도 하에서 의원들은 공천을 받기 위해 지도자와 당에 대한 충성심이 전문성보다는 더 중요하고, 임기가 보장되지 않는 상임위원회에서는 전문성 향상이 이뤄지지 않아, 결국 더 많은 사항을 행정부에 위임하는 사회보장법의 입법 행태를 보일 것이다. 이러한 주장 역시 의원들의 합리적 적응 논리를 가정한다.

이와 같은 이론적 논의를 통해 이 장에서는 설정한 분석틀(공천 제도, 상임위원회 제도 및 사회보장법의 구조의 관계)에 의해 한국과 독일을 비교 분석하고 있다. 독일 사례의 분석 결과 독일은 민주적인 상향식 공천 제도(당원들의 영향력이 크고 그들의 동의 여부에 따라 공천이 가능한 제도)와 의회 상임위원회 제도(하나의 상임위위원회에만 소속, 그로 인한 임기 보장 및 전문성 증대)를 갖추고 있다. 그리고 그러한 공천 제도는 의원들로 하여금 의회 상임위원회에서의 활동을 적극적으로 하도록 촉진해 결국 의원들은 시민의 삶에 중요한 사회보장법의 세부 사항들(급여수급 대상자 범위, 급여 수준 조건, 보험료 등)에까지 관여해 입법하는 모습을 보인다.

반면 한국의 경우, 하향식 공천 제도(여당과 야당 모두에서 당원들의 영향력이 약하고 중앙당과 지도자의 상당한 영향력 하에서 이뤄진)와 의회 상임위원회 제도(하나 이상의 상임위위원회에 소속, 임기 2년, 전문성 낮음)를 갖추고 있다. 이러한 공천 제도는 재선을 원하는 의원들로 하여금 적극적인 정책 개발의 필요성도 없고 소속 상임위원회에서의 활동도 적극적으로 할 필요성도 느끼지 못하게 만든다. 결국 그러한 제도 속의 의원들은 사회보장법을 구체적으로 통제할 동기 부여를 받지 못해 사회보장법의 구조는 위임 사항이 많은 상태로 남겨둔다.

끝으로 이 장에서는 이러한 분석의 정책적 시사점을 제시하는데, 상향식 공천과 의원들의 적극적 활동을 촉진하는 의회 상임위원회 제도가 복지정치를 활성화시키고 복지 발전에 기여할 것이라고 주장한다.

4 제도 변화와 자율적 · 적응적 행위

• 농협 제도의 변화와 자율적 매개자

배병룡 교수가 저술한 제10장은 『정부학연구』(2002: 179-215))에 게재된 「국가, 농협 및 조합원 간 관계에서 제도적 구조의 변화: 정치적 · 사회적 · 경제적 위기와 그 매개」다. 이 장은 하나의 사회가 역사적 과정을 겪으면서 각종의 사건들에 직면하고 특정한 시기에 정치적 · 사회적 · 경제적 위기를 경험할 때 어떤 행위자가 그러한 위기를 매개함으로써 제도의 변화를 가져온다는 것을 주장한다. 따라서 이 장은 위기가 도래하는 경우 자동적으로 제도 변화가 발생하는 것이 아니라 어떤 행위자가 작용해야 제도 변화가 발생한다는 것을 주장하는 점에서 행위자의 역할을 강조한다.

배병룡 교수는 이미 1961년부터 1987년까지 전개된 국가, 농협 및 농민조합원 간의 관계를 중범위 수준의 국가조합주의적 제도의 시각에서 분석한 바 있다(배병룡, 1995: 747-770). 그러나 그 글은 국가조합주의적 제도를 국가의 정책 집행의 구조로 활용했다고 주장하고 농협의 각종 제도들의 변화를 서술했으나 5·16 군사쿠데타와 같은 정치적·사회적 위기를 일으킨 세력을 부각시키는 등 행위자를 강조하지는 않고 다만 정부의 성격에 따른 제도의 변화를 논의했을 뿐이다.

한국 농협은 국가와 농민조합원을 매개하는 중요한 조직이지만 전통적으로 국가 의존적인 조직으로 역할해 왔다. 그리고 5·16 군사 쿠데타 직후 농협법이 개정된 것처럼 역사적 사건과 그로 인한 국가의 위기가 도래하는 경우 농협법이나 제도 변화에서 국가나 정당과 같은 행위자의 영향을 크게 받아왔다. 이 장에서는 노태우 정부의 농협법 개정과 그 후 김대중 정부에까지 이어지는 농협법 및 각종 제도 개혁에서 위기와 그것을 매개하는 행위자들을 강조한다.

이 장은 먼저 이론적 논의의 근거로서 역사적 제도주의에서 주장하는 제도 변화의 논리에 주목한다. 역사적 제도주의자들은 전쟁이나 불황과 같은 정치적·사회적·경제적 위기와 같은 역사적 전환점에 특별히 주목하는데, 그러한 위기는 제도 변화나 새로운 제도의 형성을 촉진하는 예상하지 못하는 우연적 사건들이다. 물론 역사적 제도주의에서는 경로의존적 특성을 강조하지만 그러한 주장 때문에 제도 변화에 대한 주장에서는 급격한 단절적 변화를 강조한다. 그리고 역사적 제도주의학자 아이켄베리(Ikenberry, 1988: 219-243)에 의하면, 위기 상황이 도래하면 정치 엘리트들은 위기의 역할을 정의하고 조종하며, 나아가 사회 세력들의 제도상의 지위와 효능감에 영향을 미칠 수 있다. 그러나 이 장에서는, 이들 역사적 제도주의자가 위기 정의와 매개에서 행위자의 역할을 고려할 필요성을 주장했지만 더 이상 깊은 논의를 하지 않았다고 비판하고, 디마지오(DiMaggio, 1988: 3-21)의 제도화에서의 정치성 개념을 원용해 위기 도래 시 발생하는 제도 변화에서 이념과 이익 관념을 가진 행위자들의 권력과 갈등, 그리고 그들의 매개 역할을 개입시킨다.

이 장은 제도적 구조의 변화의 시기를 크게 셋으로 구분한다. 첫 번째 시기는 1987년 6·29 선언 이후 노태우 정부 기간(특히 1988년 말)으로서 이 기간에 이뤄진 농협법과 각종 제도에서의 변화가 분석된다. 6·29 선언 이후 당시 노동 부문에서 거센 개혁 욕구를 분출시켰고 농촌 부문에서도 억압적인 농협법의 개정을 주장하기 시작했는데, 그 동안 민주화를 주장해 온 야당 정치 세력들과 운동 세력들이 농협조합장 간선제 등을 주장하는 보수적인 여당과 정부에 저항하는 가운데 농협법의 개정에 앞장섰고 민주적인 방향으로 농협법과 각종 제도를 개혁했다. 결국 정치적·사회적 위기를 자신의 이념과 이해의 추구를 위한 기회로 바꾸고자 하는 자들이 그러한 제도적 구조를 탄생시키는 데 크게 작용한 것이다. 한편 그 과정에서 제도적 관성을 유지하려는 자들(정부, 농협중앙회)은 법과 제도 개혁에 소극적으로 대처하거나 거부하다가 개혁 세력과 합의하기도 했다.

그 다음 두 번째 시기는 김영삼 정부 기간으로서, 1993년에 출범한 김영삼 정부는 1989년부터 시작된 GATT의 수입 개방 압력(우루과이라운드 협상), 특히 쌀 개방의 압력이라는 농업 위기에 봉착했다. 당시 농업단체뿐 아니라 정부, 학계와 언론에서는 만일 쌀 개방이 이뤄질 경우 한국의 농업 기반이 무너지고 농민 소득이 크게 감소할 뿐 아니라 식량안보 문제까지 발생할 것이라는 우려를 나타냈다. 이러한 상황 속에서 쌀 개방을 선언한 김영삼 정부는 수입 개방으로 인한 위기를 타개하기 위한 일환으로 전반적인 농업 개혁을 추진하고 그 과정에서 노태우 정부에서 민주화시킨 농협을 더욱 민주적인 방향으로 개혁했다. 그 개혁 내용 중 핵심적인 것은 중앙회 회장의 자격을 조합장으로 제한하고 중앙회 이사의 2/3도 조합장으로 구성하도록 한 점이다.

세 번째 시기는 김대중 정부 기간으로서, 김대중 정부는 출범 당시부터 국제통화기금(IMF)의 통제 아래 놓이게 되었고 당시의 한국의 외환위기는 한국 경제와 사회를 뿌리째 흔든 매우 중대한 사태였다. 당시의 개혁의 방향은 기업이나 노동 부문을 포함해 농협에 이르기까지 능률성의 도모를 위한 구조 조정이었고 그에 따라 농협과 축협의 통합이 이뤄졌다. 또한 한국 사회의 민주화 추세에 힘입은 김대중 정부는 김영삼 정부 시기에 이뤄진 농협의 사업부제(경제사업본부, 신용사업본부 별도 운영)를 더욱 분권화시켜 농업경제, 축산경제, 신용사업 각각에 대표이사를 두는 개혁을 단행했다. 아울러 김대중 정부 시기에 이뤄진 민주적 개혁은 조합원의 총회 안건 제출권을 도입하고 영농조합법인이나 농업회사법인에게도 조합의 문호를 개방한 점이다. 이와 같이 김대중 정부는 외한 위기를 해석하고 매개하는 과정에서 능률과 민주화의 방향에서 농협의 제도 변화를 가져왔다.

이상과 같이 특정의 사건으로 인해 제도 변화가 발생한다는 역사적 제도주의의 시각과 그 사건 당시 발생하는 정치적·사회적·경제적 위기를 특정의 이념이나 이익을 가진 자들이 해석하고 매개하며 정치적 과정을 통해 중간조직인 농협의 각종 제도를 변화시키고 국가, 농협 및 조합원 간의 전반적 구조의 변화를 가져온다는 점을 이 장에서는 주장했다. 그렇게 변화된 전반적 구조는 과거의 국가조합주의 구조에서 어느 정도 탈피한 상태이지만 신조합주의 구조에 이르기에는 아직 부족한 상태다. 즉, 농협은 국가의 농업정책의 결정에 몇몇 위원회의 위원으로 참여하기는 하지만 아직 자문가의 상태에 머무르고 주요 정책 결정자의 자격에는 미치지 못하고 있다.

• 적기 시정 조치 제도와 관치금융 관행

김태은 교수가 저술한 제11장은 『한국행정학보』(2012: 233-263)에 게재된 「제도의 유사성과 이질성의 원인에 관한 연구: 적기 시정 조치 제도를 중심으로」다. 이 장은 특정 국가가 외국에서 제도를 도입했지만 변형된 상태의 제도로 운영하는데, 그 변형된 제도가 원래의 외국의 제도와 유사성을 지니면서도 동시에 이질성을 지니게 되는 원인이 무엇인지, 그리고 이질성의 정도에 미치는 요인이 무엇인지를 규명하기 위해 한국이 미국에서 도입해 운영하는 적기 시정 조치 제도(prompt corrective action)를 분석했다.

이 장은 제7장의 한승주 교수의 연구와 유사하게 새로 도입된 제도와 기존 제도와의 충돌 현상을 서술하고 그 충돌 속에서 두 제도가 어떤 상호작용을 하는지를 분석하고 있다. 아울러 이 장은 조직이 단순한 수동적 전달로서의 모방을 하는 것이 아니라 어떤 수행적 과정(performative process)으로서의 모방 과정에서 제도를 변용(번역, 편집, 변화)하는 현상을 분석한 것이다(Sahlin & Wedlin, 2008: 218-242). 그러한 제도의 변용은 특정 국가와 같은 지역적 맥락 속에 제도가 도입될 때 그 지역적 특성에 적합하게 변형된다는 것을 의미한다.

제11장은 먼저 제도 형성(변화)의 압력 요인으로서 동형화에 관한 선행 연구를 개관하고 그에 대한 비판을 제시한다. 사회학적 신제도주의에서 강조된 동형화는 제도의 유사성을 설명한다. 즉, 조직들은 사회적 적합성이나 사회적 정당성의 확보를 위해 조직 구조를 채택하고 그 과정에서 조직간 유사성을 보인다. 그러나 이들 기존 연구는 제도적 이질성을 설명하는 데 한계가 있다고 비판하고 제도적 유사성을 지니면서도 동시에 이질성을 지니게 되는 현상을 설명하는 새로운 접근이 필요하다고 이 장의 저자는

주장한다. 그 새로운 접근은 기존의 동형화 압력뿐 아니라 경로 의존성을 통합적으로 고려하는 것이어야 한다. 즉, 역사적 제도주의에서는 각국 제도의 독특성과 고유성을 강조하는데, 각국에서 역사적으로 구성된 일련의 제도적 제약과 기회가 정책 과정의 정치적 행위자 및 이익집단의 행태에 영향을 미친다. 또한 역사적 제도주의에서는 비대칭적인 권력 관계를 강조하는데, 기존의 자원 배분이 기존 구조를 강화하는 정치적 결정을 생산하는 경향을 갖게 됨으로써 제도는 그 자체로 지속하는 힘을 갖게 되기 때문에 비대칭적인 권력 관계가 존재한다. 결국 동형화의 압력이 존재하더라도 각 국가의 고유한 역사적 제도의 맥락 속에서 도입된 제도가 구체적으로 변형되어 적용된다는 것이다. 이러한 이론적 논의 하에 이 장에서는 각 국가의 고유한 제도적 특성을 내생적 제도로 규정하고, 그 제도와 동형화 압력에 의해 애초에 도입된 제도가 혼재하는 제도를 혼성 제도(hybrid institution)로 명명한다. 혼성 제도는 동형화 압력에 의해 도입된 제도와 유사성을 가지면서도 내생적 제도가 삽입되어 그 도입된 제도와는 이질적이다. 한편 동형화 압력이 일정하고 내생적 제도의 압력이 작다면(크다면) 제도적 이질성은 적어진다(많아진다). 그리고 내생적 제도의 압력의 시간은 도입된 제도의 압력 시간(보통 초기의 압력임)에 비해 길다고 가정된다.

이러한 이론적 논의에 기초해 이 장에서는 동형화에 의한 적기 시정 조치 제도의 도입, 그리고 이 제도와 내생적 제도 간의 관계를 설명하고 있다. 적기 시정 조치 제도란 자본적정성 지표 수준에 따라 부실 소지가 있는 금융기관에 대해 부실화가 크게 진전되기 이전에 적절한 경영 개선 조치를 취하는 제도다. 이 제도는 미국의 제도를 모방한 것으로서 우리나라에는 1998년에 도입되었다. 이 제도는 규범적 동형화 기제(한국은행과 한국개발연구원과 같은 전문가집단이 1990년대 중반부터 도입의 필요성을 논의해 옴)와 강제적 동형화 압력(금융위기로 인해 IMF의 요구)으로 인해 제도의 도입과 안착이 빠르게 진행되었다. 그러나 이 제도에 대한 내생적 제도의 압력이 나타났는데, 역사적으로 이어져 내려온 관치금융 제도는 금융정책기관이 금융감독기관을 지배·통제하는 구조(이 두 기관 간의 계층적 구조 및 폐쇄적 인적 구조), 그리고 그로 인한 금융 정책과 금융감독의 비분리성으로 특징지어진다. 또한 관치금융 제도는 금융산업을 둘러싸고 이익집단, 정치인, 관료, 퇴직관료의 유착 관계로 특징지어진다. 그리고 이 관치금융 제도는 미국에서 도입하기로 한 적기 시정 조치 제도의 도입 기간에 비해 매우 오랜 역사를 지니고 매우 큰 압력을 지니고 있다. 규범적 동형화와 강제적 동형화 압력으로 미국의 적기 시정 조치 제도의 외양과 유사한 제도가 도입되었으나 관치금융 제도라는 내생적 제도의 영향으로 혼성된 제도가 탄생되었다. 즉, 이 혼성 제도는 미국의 제도와 유사한 점이 많지만 이 제도의 포괄적인 목표, 제도의 취지와 부합하지 않는 발동 주체, 사전 통제 조치뿐 아니라 사후적 해결(부실 정리와 같은)에 초점을 둔 점과 규제 유예 등을 포함한다.

이 장은 저자가 밝혔듯이 외국에서 도입되는 제도의 이질성 수준을 예측하거나 발견할 수 있는 점, 그리고 제도가 설계한 바대로 작동하지 않는 점을 알게 해주는 점에서 의의가 있고, 외국에서 제도를 도입해 운영할 때에는 각국의 고유한 기존 제도의 특성도 함께 고려해야 한다는 것을 알려준다.

• 법조 인력 양성 제도 변화와 기득권 세력

김태은 교수가 저술한 제12장은 『한국행정학보』(2009: 45-72)에 게재된 「제도의 변화와 지속 요인에 관한 연구: 한국의 법조 인력 양성 제도를 중심으로」다. 이 장에서 김태은 교수는 형식적 전환이라는 개념을 사용해 제도의 변화 시 기존 제도의 핵심 내용은 존치한 채 그 형식만을 바꾼다는 점을 강조한다. 그러한 제도 변화의 사례가 한국의 법조 인력 양성 제도의 변화다. 이는 기존의 제도 지지자들이 이 제도에 대한 사회적 변화 압력에 적응하는 하나의 방식으로 자신들이 추구하는 기존 제도의 핵심 내용은 존치하면서 외형의 변화만을 추구한 결과다. 그 결과 또 다른 형태의 형식주의가 생성된 것이다.

김영삼 정부 시대부터 논의가 이어져 온 법학전문대학원의 정원이 노무현 정부 시대인 2007년에 2,000명으로 확정되었다. 이 법학전문대학원 제도는 기존의 고시 중심의 사법 개혁과 고등교육 체제의 변화를 도모한 것이다. 이 장은 사법시험 제도에서 법학전문대학원 제도로 변화한 법조인 양성 제도를 무엇으로 설명할까에 초점을 둔다. 이 장에서는 이러한 제도 변화가 단절적인 급격한 변화인 듯하면서도 지속성을 보유한다고 가정하고 그 변화와 지속에 영향을 준 요인들을 분석한다. 이 장에서는 제도의 역사적 유산(경로)뿐 아니라 비대칭적 권력 관계를 강조하는 역사적 제도주의를 이론적 기반으로 삼고 있다. 또한 이 장에서는 이론적 논의를 위해 역사적 제도주의론자들이 주장하는 제도 변화이론들을 외생적이고 급격한 제도 변화이론과 내생적이고 점진적인 제도 변화이론으로 구분하고, 제도 변화에서 정치적 권위를 보유한 행위자들의 작용 등을 언급한다.

한편 이러한 논의들을 거친 후 이 장에서는 이들 변화 유형론과 구별해 주는 다른 제도 변화 결과의 유형론과 유형들을 제시한다. 그 유형들로는 제도의 내용(급격한 변화 대 지속) 차원과 구조(급격한 변화 대 지속) 차원을 교차시켜 만든 네 가지가 있다. 그렇다면 그러한 특정 유형의 제도의 내용과 구조의 변화를 가져오는 요인은 무엇인가? 이 장에서는 그 변화 요인으로 형식적 전환을 설정한다. 형식적 전환이란 권력 관계에서 더 높은 위치를 점하고 있는 자들이 기존 제도를 지지하고 기존 제도의 핵심 내용은 유지하며 제도의 형식(외양)만을 바꾸는 것을 의미한다. 다른 한편 형식적 전환이 발생하기 이전인 제도 변화의 초기에는 특정 제도에 대한 변화의 압력이 존재하는데, 그것들은 비의도된 결과와 외부 환경으로부터의 변화 압력이다. 비의도된 결과란 기존 제도의 문제점들(예로서 사법고시 제도의 문제점들)이 축적되어 문제 해결에 대한 사회적 압력이 대두된 것을 의미하고, 외부 환경의 변화 압력이란 말 그대로 외생 변수로서의 제도 외부의 요인이다. 결국 제도 변화 과정은 지배적 권력을 보유한 기존 제도 지지자들, 일반 사회적 세력(여론), 그리고 법률 시장 개방을 주장하는 국내외 행위자들 간의 정치적 과정으로 특징지어진다.

이러한 분석틀에 따라 이 장은 한국의 법조 인력 양성 제도의 변화를 설명하고 있다. 그 내용은 크게 세 가지로 구분된다. 첫째, 기존 법조 인력 양성 제도의 비의도된 결과로 나타난 사회적 문제 해결의 필요성과 압력이 대두되고 축적된 점이다. 즉, 단순 암기식 사법시험 때문에 대학보다는 고시원을 선호하게 되는 점과 그에 따른 법학교육 및 대학교육이 황폐화된 점, 판검사 및 변호사가 동일한 시험을 거치고 동일한 연구기관(사법연수원)에서 2년간 동일한 교육을 받음으로써 특권층을 형성한 점과 그것이 법조계의 비리 원인이 된 점 등 몇 가지가 있다. 둘째, 외부 환경 변화로는 김영삼 정부 시기인 1994년에 우루과이라운드 협상에 의한 법률 서비스 개방에 관한 논의가 본격화된 점, 김대중 정부 시기 세계무역기구(WTO) 협상으로부터의 법률시장 개방 압력, 지속되는 자유무역협정의 필요성에 따른 시장 개방 압력 등이다. 이러한 압력은 법조 인력, 국내 법률 회사의 국제 경쟁력 확보를 위한 논의를 이끌어 냈다. 셋째, 이러한 압력에 대처하면서 지배적 권력을 보유한 기존 제도의 지지자들은 형식적 전환을 추구했는데, 그 주요 행위자는 대법원이다. 그 주요 내용은 네 가지인데, 외부의 압력을 흡수하기 위한 위원회 설치(대법원의 사법개혁위원회 설치 등), 선제적인 법조 인력 양성 제도 변화를 위한 방향 제시(대법원이 제시한 법학전문대학원), 법조 인력 공급량을 조절하기 위한 핵심 규제 및 결정권 확보(인가주의와 구체적인 인가 기준, 현 법조 인력 공급량을 감안한 법학전문대학원 총입학정원 등)다. 넷째, 제도 변화(대륙법 계통의 사법시험 제도에서 미국에만 존재하는 법학전문대학원으로)의 결과의 경우, 구조적 차원에서는 급격하고 단절적인 변화이지만 내용적 차원에서는 과거의 제도의 지속(법조 인력 공급량을 과거 수준과 유사한 정도로 유지, 인력 배출 통제권을 사법시험 제도의 주체가 보유)이다.

이와 같이 사법시험 제도에서 법학전문대학원으로의 인력 양성 제도의 변화는 내용은 별로 변하지 않고 외양만을 바꾼 형식적 전환이 주를 이룬 제도 변화다. 즉, 제도 변화의 정치적 과정이 전개되는 가운데, 기존 지배 권력에 의해 제도 내용에서의 경로 의존 현상이 나타난 것이다.

• 공공연구기관 거버넌스의 변화와 정부 개입

하민철·김영대 교수가 저술한 제13장은 『한국행정학보』(2009: 7-43)에 게재된 「공공연구기관 거버넌스 구조의 제도적 변화: 과학기술 분야 정부출연연구기관을 중심으로」다. 정부출연연구기관들(예를 들어, 최초의 기관인 한국과학기술연구소[KIST])은 공적 자금의 지원을 받고 그에 따라 지식의 창출과 경제 발전과 같은 사회적 책무를 떠맡게 된다. 이러한 사회적 책무를 수행하게 하는 방식은 여러 가지일 수 있지만 과학자 공동체의 자율성을 존중하는 방식과 정부의 관리통제(정책적 개입) 방식으로 구별해 볼 수 있다. 전자는 유기적인 내생적 변화 논리에 기반을 두고 과학자 공동체 자체의 규범과 상향식 변화를 강조하는 반면, 후자는 지식 생산은 사회와 정치의 영향 속에서 이뤄지고 경제 발전과 유관하며 정책적 개입과 정부에 의한 하향식 변화를 강조한다. 이 장에서는 이들 거버넌스 구조의 유형과 함께 다른 유형의 거버넌스 구조를 소개한 다음 거버넌스의 구조를 형성하는 두 가지 차원(정부통제 방식, 자금 지원 방식)을 설정해 분석틀을 구성한다. 이들 차원 중 정부통제 방식은 다시 단일구조 시스템(직접 통제로서 다수 부처분산 통제와 소수부처 집중통제로 세분됨)과 이중구조 시스템(간접 통제로서 다수 부처분산 통제와 소수부처 집중통제로 세분됨)으로 나뉘고, 자금 지원 방식은 안정예산(기관예산이 과제예산보다 많음)과 경쟁예산(과제예산이 기관예산보다 많음)으로 나뉜다. 이들 세분된 차원을 교차시켜 조합하면 여덟 가지 조합이 생기며, 이들 중 네 가지는 연구 자율과 정책 개입 정도가 동일하지만 나머지 두 가지(Type III, Type VI)는 서로 극단적인 대조를 보이고, 또 다른 두 가지(Type I, Type VIII)는 연구 자율과 정책 개입 정도에서 약간씩의 차이만 지닌다.

이들 거버넌스 구조 유형에 따라 이 장에서는 한국의 과학기술 분야 정부출연연구기관의 거버넌스 구조의 역사적 변화 유형을 분석한다. 첫 번째 시기의 거버넌스 구조는 한국과학기술연구소 중심의 1960년대의 거버넌스 유형에 해당하는데 당시는 초기의 새로운 실험 단계로서의 의미를 가진다. 정부 주도로 만들었지만, '지원은 하되 간섭은 하지 않는다'는 정부의 방침에 따라 연구의 자율성이 매우 높은 반면 정책 개입이 매우 적었다. 그처럼 한국과학기술연구소의 자율성이 높았던 이유는 그 연구소의 설립에 대한 미국 고문단의 영향(즉, 미국의 연구소의 자율성을 모방한 것), 그리고 그 연구소의 초대 소장(최형섭)의 자율성에 대한 박정희 대통령의 절대적 지지 때문이었다.

두 번째 시기는 1970년대로서 이때는 중화학정책의 실시에 따라 개별 부처들에 의해 설립된 연구기관의 수가 상당히 확대되고 첫 번째 시기보다는 자율성의 정도가 약간 감소한 반면 정책 개입이 약간 증가한 시기로서 점진적 변화로 특징지어진다. 당시의 거버넌스 구조는 단일구조 시스템(다수부처 분산통제)과 안정예산(기관예산의 비중이 많은)이라는 특징을 지닌다. 다수부처 분산통제는 정부부처 간 조정의 어려움을 낳았고, 출연기관들 사이의 중복 연구로 인한 비효율성 문제가 제기되었다.

세 번째 시기는 1980년대에 해당하는데 정부부처 간 조정의 어려움과 비효율성 문제를 해결하기 위해 기관의 수를 대폭 축소하고 정책 개입을 약간 더 증가시켰으며 연구의 자율성을 약간 더 감소시켰다. 즉, 종래의 사업계획서의 보고제가 승인제로 변경되고, 보고서의 심의 및 평가가 의무로 되었다. 당시의 거버넌스 구조는 단일구조 시스템(소수부처 집중통제)과 안정예산(기관예산의 비중이 많은)으로 특징지어진다. 정부의 정책 개입이 상당히 증가한 것이다. 정부관료제의 합리화 논리, 즉 조직 간 조정과 업무의 능률성 논리가 거버넌스 구조의 변화에 영향을 미친 것이다.

네 번째 시기는 1990년대로서 이 시기의 거버넌스 구조는 정책 개입이 더욱더 증가해 급진적 변화를 겪은 시기다. 당시의 거버넌스 구조는 이중구조 시스템(소수 부처 집중통제)과 경쟁예산(과제예산의 비중이 많은)으로 특징지어진다. 이 시기에는 소수부처 집중통제가 유지된 채 1996년에 연구 과제 중심의 재편성이 이뤄지고 과제예산이 기관예산보다 많게 책정되었다. 나아가 1999년에는 최고 감독기관을 국무총리로 격상하고 그 밑에 중간 관리조직인 연구회 시스템(3개 연구회, 1999년)이 도입되어 통제의 층이 하나 더 생기게 되어 좀 더 통제 지향적인 방향으로 변화되었다. 이 네 번째 시기의 거버넌스 구조는 세 번째 시기의 정부관료제의 능률성 논리가 한층 더 강화되었으며, 이러한 현상은 이 장에서는 언급하지 않았지만 아마도 1990년대 초부터 시작한 신자유주의 경향(세계화와 개방화)과 1997년에 시작된 외환위기로 인한 구조 조정(김대중 정부 시기)의 영향을 받은 것으로 보인다.

마지막 시기는 2000년대로서 이 시기의 거버넌스 구조는 1990년대의 구조에 미세한 조정이 가미된 형태를 유지했다. 이 장에서는 거론하지 않았지만, 거버넌스 구조가 거의 그대로 유지되어 온 것은 아마도 한국 사회 전반에 신자유주의의 조류와 그에 따른 개혁이 지속되어 온 점으로 해석된다. 한편 최고 감독기관이 국무총리에서 과학기술부총리로 변경되었는데 이는 분권을 강조한 참여정부의 조치로 해석된다. 그 다음 이명박 정부 초기에 실시된 신자유주의적 개혁으로 인해 기존의 3개 연구회가 2개로 통폐합되었다고 해석된다.

이상과 같은 한국 정부출연연구기관의 거버넌스 구조 속에는 '정부에 의한 제도설계와 재설계'라는 제도적 유전 인자가 녹아들어 있다. 그리고 점차적으로 정부통제 및 자금 지원 방식의 측면에서 볼 때 연구기관의 자율성은 저하되어 온 반면 정부의 정책개입은 강화되어 온 경향을 보였다.

5 감사의 말

이 책은 2014년에 한국행정학회 소속으로 설립된 제도연구회 회원들이 주축이 되어 기존의 발표된 논문들과 최근에 작성한 논문들을 모아 만든 것이다. 이 책에 수록된 제2장은 최근에 작성되었고, 나머지 장은 기존의 학술지에 게재되었던 논문이다.

이 책에 게재된 논문들은 제도적 시각에서 유의미하다고 생각되는 것들로서 엄정한 기준에 의해 선정되었다. 이들 논문은 인간 행위에 대한 제도의 영향과 제도에 대한 인간의 작용에 관련된 것들이고, 이들 주제에 관한 이론적 논의와 경험적 연구를 수행했다. 이 책에 실린 글들은 저자들이 나름대로의 아이디어를 가지고 작성하고 한국의 경험을 충실히 반영해 보려는 노력을 했기 때문에 제도 관련 연구에 많은 도움과 시사점을 던져줄 것이다.

이 논문들을 이 책에 수록하기 위해 관련 연구소나 학회에 그 승인을 요청했고 요청받은 기관들이 승인을 해주었으며 이에 대해 감사를 표한다. 관련 연구소와 학회는 한국행정학회, 한국정부학회, 한국자치행정학회, 한국사회정책학회, 정부학연구소(고려대)이고, 이들 기관이 발행하는 논문집은 『한국행정학보』, 『한국행정논집』, 『한국자치행정학보』, 『한국사회정책』, 『정부학연구』다.

제도연구회는 2014년 설립 당시부터 현재까지 활발한 활동을 하고 있다. 연구회의 설립 초기부터 지금까지 후원을 아끼지 않으신 정용덕 서울대 명예교수님께 연구회를 대표해 감사드린다. 그리고 이 책의 편집 과정에서 애쓴 하민철 교수와 김태은 교수께도 감사를 표한다. 한편 개인적으로는 과거 1990년대 초 필자에게 제도이론을 안내하시고 항상 학문적 전형을 통해 도움을 주시는 이종범 고려대 명예교수님께 진심으로 감사를 드린다. 끝으로 이 책의 출간에 큰 도움을 준 대영문화사의 임춘환 사장님과 관계자 여러분에게 감사를 드린다.

제 1 부

제도와 행위에 관한 이론적 논의

제 1 장 | 조직 정당성, 정당화, 그리고 제도화

제 2 장 | 제도적 동형화와 형식적 동형화

제 3 장 | 상징주의·해석주의 행정학 연구 전략

제 4 장 | 조직 간 제도설계의 다양성에 관한 다수준적 접근 방법

제 5 장 | 두 가지 환류, 그리고 내생적 제도 변화

제 1 장

조직 정당성, 정당화, 그리고 제도화

배병룡

제 1 절 서론

조직은 자신의 활동들을 범사회적 체계 내에서 수용되는 가치들에 일치시키려고 노력하는데, 그 활동과 가치들이 서로 부합할 때 조직의 정당성(legitimacy)이 발생한다(Dowling & Pfeffer, 1975: 122-136). 조직이 정당성을 보유할 때 생존과 자원의 확보에서 유리해지지만(Meyer & Rowan, 1977: 340-363), 그것을 상실할 때에는 법적, 경제적, 다른 사회적 제재를 받게 된다(Dowling & Pfeffer, 1975: 122-136).

정당성 문제는 인류의 정치적·사회적 사상의 역사에서 가장 오래된 문제 들 중 하나다(참고: Zelditch, 2001: 4-17). 조직이론에서 정당성이 조직의 생존이나 효과성에 매우 중요하다는 논의가 일찍이 베버(Max Weber)에 의해 시작되고, 파슨스(Talcott Parsons)를 거쳐(Scott, 2008: 151에서 재인용) 돌링과 페퍼(Dowling & Pfeffer, 1975: 122-136)에 이르렀다. 그러나 조직 정당성에 대한 논의를 촉발시키고 지속적인 연구를 가능하게 한 것은 마이어와 로완(Meyer & Rowan, 1977: 340-363)의 논문인 「제도화된 조직들: 신화와 의식으로서의 공식구조」다. 신제도주의적 조직이론을 창안한 이 논문의 몇 가지 핵심 중 하나는 조직이 사회에 확립된 기존 제도에 순응하는 것은 정당성과 자원을 확보하는 데 유리하다는 점이다. 즉, 조직은 제도화를 통해 정당성과 자원의 확보, 그리고 그것들을 통한 생존의 유지라는 유용성을 추구한다는 것이다(배병룡, 1999: 118-137).

그러나 신제도주의에서 이뤄진 정당성에 관한 논의는 1983년 마이어와 스코트(Meyer & Scott)의 연구에서 수행되었고, 간헐적으로는 자원의존이론가들(Pfeffer & Salancik, 1978)에 의해 이뤄졌지만, 좀 더 깊은 논의가 이뤄지기 시작한 것은 1990년대 중반부터다(Aldrich & Fiol, 1994: 645-670; Elsbath, 1994: 57-88; Stryker, 1994: 847-910; Suchman, 1995: 571-610). 특히 서치맨(Suchman, 1995: 571-610)의 정당성 연구는 매우 포괄적이고 깊이 있는 연구로서 이후의 연구들에 대해 많은 자극을 주었다. 그는 정당성 관리에 대한 두 가지 접근, 즉 제도적 접근과 전략적 접근을 제안하는 가운데 조직은 제도에 대한 순응뿐 아니라 전략적 노력에 의해서도 정당성을 확보한다고 주장했다. 그는 또한 몇 개의 차원을 설정하고 그것들을 조합해 다양한 유형의 정당성을 제시하고 정당화(legitimation) 활동 유형(정당성 획득, 유지, 보수)도 제시한 바 있다.

정당성에 관한 연구가 꾸준히 이어져 온 바 올리버(Oliver, 1997: 697-713)는 조직은 지속적인 경쟁 우위를 확보하기 위해 제도적 맥락을 고려하는 동시에 자원의 기반이 필요하다는 논리를 제시했다. 그리고 디프하우스(Deephouse, 1999: 147-166)는 하나의 조직이 제도 환경 내에서 정당성을 획득하기 위해 그 제도 환경에 순응하는 것, 그리고 이익을 추구하기 위해 다른 조직과 차별화하는 것 어느 하나에 치중하지 않고 그 둘 간의 균형을 전략적으로 잡아 나아가는 것이 성과에 유리하다는 경험적 연구를 수행한 바 있다. 서치맨(M. C. Suchman)의 연구를 포함한 이들 연구는 조직이 제도 환경 속에서 제도에 순응하는 것뿐 아니라 전략적으로 행동함으로써 정당성을 획득한다는 점을 나타내 준다.

한편 조직의 정당성에 대한 연구가 진행되면서, 정당성을 확보하기 위한 활동인 정당화에 대한 연구(특히 제도화와 결부된)가 1990년대 중반부터 본격적으로 이뤄져 왔다. 톨버트와 주커(Tolbert & Zucker, 1996: 175-190)는 제도화 과정 3개(관습화, 객관화, 침전화) 중 객관화 단계에서 정당화가 이뤄진다고 주장한다. 즉, 정당화는 이론화(theorizing)로서 조직들이 제도가 객관적으로 정당하다고 그것을 옹호하고 유지하며 확장하는 노력이다. 그린우드 외(Greenwood et al., 2002) 역시 정당화에 대해 깊이 논의했는데 그들은 제도 변화(탈제도화) 과정 6개 중에 네 번째, 다섯 번째 및 여섯 번째 과정, 즉 이론화, 객관화, 재제도화 과정에서의 정당화 활동을 제시하고 그 각 각의 정당화의 결과에 따른 각 유형의 정당성을 제시했다. 또한 존슨 외(Johnson et al., 2006)는 네 단계의 정당화 모형(혁신, 국부적 타당화, 확산, 일반적 타당화모형)을 개발하고, 특정의 단계에서 발생되는 정당성 유형을 제시한 바 있다.

다른 한편 한국에서는 일찍이 이종범(1986)이 기술사용조직과 그 조직의 장의 유인으로 정당성 논리를 제시하는 가운데 그에 대한 논의가 시작되었으나 지속되지 못했다. 이후 간헐적으로 정당성에 대한 논의가 이뤄졌는데, 윤견수(1997: 93-109)가 딜레마(상충하는 두 제도의 논리)에 대한 조직(한국교총)의 대응 전략을 분석하고 배병룡(1999: 118-137)이 신제도주의 연구들을 검토하는 논문에서 사회적 정당성을 제도 채택의 유용성의 논리로 규정했다. 경영학 분야의 현선해(2001: 1063-1092)가 제도적 관점과 자원의존이론 관점에서 사적 조직의 정당성을 연구함으로써 그 명맥을 유지해 왔다. 그러다가 지난 최근 수년 동안 정당성에 대한 연구가 좀 활기를 띠었는데, 이종범(2008: 5-34)이 상징적 형식주의를 개념화하고 사례연구를 수행한 바 있고, 하민철(2008: 217-265)은 환경운동조직의 프레임(의미 형성) 작업을 통한 정당성 확보 전략을 분석했으며, 소영진・안성민(2011: 73-95)은 딜레마 상황에서 의사결정자들은 상징적 결정과 모호한 결정을 수행한다는 점을 사례연구를 통해 밝혔고, 최세경・현선혜(2011: 1029-1050)는 대학조직을 대상으로 조직 정당성을 연구한 바 있다.

이 글에서는 정당성 및 정당화에 관한 문헌들을 검토하면서 정당성의 개념 및 기능, 정당성의 유형, 정당화 활동 유형 및 전략을 제시하고 정당화 과정을 제도화 과정과 결부지어 논의한다. 또한 정당성에 관한 이들 주요 주제를 검토하는 가운데 나타난 중요 쟁점들을 발굴함으로써 이론적 논의의 깊이를 더하고자 한다. 이러한 정당성 문헌 검토와 논의는 우리나라에서 아직 일천한 조직 정당성 연구에 영미 문헌의 내용을 소개하고 어떤 시사점을 제공할 수 있는 점에서 의의가 있다.

제 2 절 정당성의 개념과 기능

베버는 사회생활에서 정당성의 중요성을 일깨운 최초의 사회과학자다(Scott, 2008:

151). 베버는 사회적 실천이 일반적 원칙이나 규칙에 부합하는 것이 중요함을 논의하고 정당성은 일반적 사회적 규범과 공식적 법률에 대한 순응에서 발생한다고 주장했다(Deephouse & Suchman, 2008: 50). 파슨스는 베버의 정당성 개념을 이어받는 가운데, 범사회의 하위 체계인 조직은 자신의 목표를 범사회적 가치들과 일치시킬 때 정당성을 획득한다고 주장했다(Scott, 2008: 151). 파슨스의 이러한 정당성 개념은 후에 페퍼(J. Pfeffer)와 그 동료들에 의해 이어졌다(Dowling & Pfeffer, 1975, 122-136: Pfeffer & Salancik, 1978; Scott, 2008: 152). 이처럼 정당성 개념은 베버나 파슨스와 같은 사회학자, 그리고 다음의 마이어와 로완(Meyer & Rowan)과 같은 조직사회학자들의 사회적 시각을 다분히 띠고 있다.

한편 신제도주의의 창시자인 마이어와 로완(Meyer & Rowan, 1977: 340-363)은 정당성을 중심적 주제로 두고 논의한 바, 정당성과 자원의 획득은 조직의 능률성뿐 아니라 제도화된 신화에 대한 조직의 동조를 통해 이뤄진다고 주장했다. 그리고 이들에 의하면, 정당성과 자원은 조직의 생존을 도모하고 외부 압력이나 제재로부터 조직을 보호하며 조직에 대한 의심을 해소해 주는 기능을 한다. 즉, 조직은 정당성을 확보한 경우 의심을 받지 않고 자유로운 활동이 가능해져, 자원 및 시장에 대한 접근과 장기적 생존이 용이해진다(Brown, 1998: 35-58). 따라서 정당성은 기능주의적 개념 중 하나인 것이다.

마이어와 로완이 정당성을 신제도주의의 중심 주제로 다뤘음에도 불구하고 그들은 정당성 개념을 명확히 정의하지는 않았고 다만 그에 대한 연구를 크게 자극했을 뿐이다. 마이어와 스코트(Meyer & Scott, 1983: 199-215)가 좀 더 포괄적인 정당성 개념을 제시했는데, 이들에 의하면, 조직의 정당성은 조직을 위한 문화적 지지의 정도, 즉 조직의 존재 및 기능 작용, 관할권에 대해 기존의 문화적 설명들이 지지하는 정도다. 이때 정당성은 하나의 이론으로서 조직의 타당성(adequacy of organization as theory)을 지칭한다. 정당한 조직에 대해서는 의심이 제기되지 않는데, 즉 완전한 정당성은 완전한 이론이고 그에 대한 불확실성도 제기되지 않으며 그에 대한 대안도 요구되지 않는다. 이러한 마이어와 스코트의 정당성 개념은 인지적(cognitive) 측면들인 설명, 이론화, 그리고 대안의 불필요를 그 특징으로 하고 있고, 이 인지적 정당성 개념이 신제도주의에서 확립되었다(Deephouse & Suchman, 2008: 51).

한편 페퍼와 샐란식(Pfeffer& Salancik, 1978: 193-197)은 자원의존이론의 시각에서 조직의 정당성을 논의하는데, 그들에 의하면 조직은 그것의 효과성과 생존을 확보하는 데 충분한 사회의 어떤 일부가 승인하고 지지할 때 정당한 것으로 기술된다.[1] 즉, 조직의 정당성은 사회의 모든 부분보다는 어떤 일부분에 의한 승인과 지지로만 충분하다는 것이다. 이와 같은 정당성에 대한 논의는 자원에 기반한 권력적 시각, 즉 특정 조직의 정당성은 그 조직이 필요로 하는 자원을 보유한 다른 조직으로부터 승인과 지지를 받기만 하면 확보된다는 논리에 근거한다. 다른 한편 페퍼와 샐란식은 정당성의 부정적인(negative) 측면에서 정당성을 정의하기도 하는데, 만일 조직이 정당성을 보유하지 않았을 경우에는 보유했을 경우보다 그것이 즉시 알려지며 조직이 부당할(illegitimate) 경우 조직에 대한 논평과 공격이 쏟아진다고 주장했다. 즉, 조직이 부당하다고 평가받을 때 바로 그 존재가 드러나 부정적인 존재로서의 평판이 나돈다고 한다. 그리고 부당한 조직에 불만을 가진 행위자들은 조직에 대한 참여의 양과 질을 감소시킨다.

기존의 신제도주의의 문헌들을 체계적으로 정리한 스코트(Scott, 2008: 59-60)는 정당성은 사회적 수용 및 신뢰와 관련된다고 주장하고, 정당성은 소유되거나 교환될 수 있는 상품이 아니고 적절한 규칙이나 법률과의 조화, 규범적 지지, 또는 문화적 · 인지적 틀과의 조율(alignment)이라고 규정한 바 있다. 그리고 스코트(W. R. Scott)에 의하면, 정당성은 물질적 자원이나 기술적 정보와는 다르게, 어떤 새롭고 색다른 산출로 전환시키는 투입이 아니라, 외부인들에게 보일 수 있도록 전시된 상징적 가치다.

이상과 같이 마이어(J. W. Meyer), 로완(B. Rowan), 스코트가 문화적 · 인지적인 요소가 흠뻑 배어 있는 정당성 개념을 제시하고 이론적 배경을 제시했지만, 서치맨(Suchman, 1995: 571-610)의 「정당성 관리: 전략적 및 제도적 접근」이라는 논문에 이르러서야 정당성 개념이 좀 더 포괄적으로 정의되고, 정당성의 체계적 분류뿐 아니라 정당성 관리(정당화) 전략에 관한 논의가 충분히 이뤄졌다. 서치맨은 기존의 정당성 정의가 조직 행위자들을 제한하거나 구성하며 힘을 부여하는 규범적 및 인지적 힘이라고 표현하는 고정 관점에 입각한다고 지적하고, 좀 더 포괄적이고 광범위한 정당성 정의를 제시한다. 즉, 서치맨에 의하면, "정당성이란 일반화된 지각이나 가정으로서, 하나의 실체(entity)의 행동들이 어떤 사회적으로 구성된 규범, 가치, 신념, 정의의 체계

---

1) 지머맨과 자이츠(Zimmerman & Zeitz, 2002: 414-431)는 페퍼와 샐란식과 유사하게 정당성은 조직의 생존뿐 아니라 성장에까지 유용하다고 주장했다.

안에서 바람직하고, 적당하며(proper), 또는 적절한(appropriate) 것이라고 지각되거나 가정된 것이다." 여기서 '일반화된'은 포괄적인 평가 개념으로서 어떤 구체적인 행동이 범사회적 가치에 반하는 경우라도 그것은 일부 독특한 것으로 간주되어 무시될 수 있다는 것을 함축하는 용어다. 즉, '일반화된'은 그 일부 독특한 것들을 포함하는 행동들의 전반에 대한 것을 강조하는 개념이다. 그 다음 '지각'이나 '가정'은 관찰자들이 조직을 볼 때 그 조직에 대한 관찰자들의 반응을 나타내는 용어다. 이는 정당성이 객관적으로 보유되는 것이지만, 주관적으로 창조되는 것이라는 점을 나타낸다. 조직이 범사회적 규범으로부터 크게 벗어나는 경우가 있지만 그 벗어남이 주목되지 않아 정당성을 보유하는 경우가 있을 수 있다는 것이다. '사회적으로 구성된' 용어는 정당화된 실체의 행동들과 어떤 사회적 집단의 공유된(또는 가정적으로 공유된) 신념 간의 합치를 반영하는 용어다. 그래서 정당성은 집합적 청중(대중의 승인)에 의존하고 특정의 관찰자들(개인의 가치)로부터 독립되어 있다.

한편 서치맨은 무엇을 위한 정당성인가에 관해 논의하는 가운데 정당성의 기능을 설명한다. 즉, 정당성의 기능이란 지속성(continuity)과 신뢰성(credibility)의 제공, 그리고 수동적 및 능동적 지지다. 정당성은 조직 활동의 안정성과 이해가능성(comprehensibility)을 증대시켜 주고 그 둘은 상호 강화한다. 또한 정당성은 청중들이 바람직하고 적절한 것으로 보이는 조직에 대해 자원을 제공하기 때문에 조직의 지속에 기여한다. 정당성을 부여받은 조직들은 제도화된 신념 체계와 행동 도식 속에 배태되어 있으므로 집합행동을 하는 데 특별히 투자할 필요가 없다. 조직이 정당성을 확보한 경우 청중들은 그 조직을 좀 더 가치있고 의미있으며, 예측 가능하고 신뢰할 만할 것으로 여긴다. 즉, 정당성은 조직과 그 조직의 행동의 존재 이유를 신뢰할 만할 정도로 설명해 주는 것이다. 지속성과 신뢰성은 보통 상호 강화한다.

다른 한편 정당성은 수동적 지지와 능동적 지지를 제공한다. 만일 조직이 특정의 청중 그 하나만을 자신의 청중으로 두고자 한다면 그 정당성의 높이는 매우 낮을 것이다. 예를 들어, 어떤 회사가 문제시되지 않는 사회적 활동 범주(예를 들어, 사업하기[doing business])인 자신의 일을 하고 있으면 되는 것으로 알고 안위하는 것이다. 이는 인지적 당연성으로서의 정당성 개념을 의미한다.[2] 의문시하는 것을 피하기 위해 조직은 단

2) 이는 인지적 정당성의 범위를 좁게 잡은 것으로 보인다. 보통 인지적 정당성은 범사회적 범위에 걸쳐 존재하는 것으로 본다.

지 의미 부여(make sense)만 하면 되는 것이다. 하지만 만일 조직이 넓은 범위의 청중의 간섭을 인식하는 경우(특히 경쟁적인 다른 실체들에 대항하는 경우) 정당성의 요구 정도는 매우 커질 것이다. 이때 확보된 정당성은 조직에 능동적 지지를 제공하는데 이는 평가적 승인으로서의 정당성 개념을 의미한다. 즉, 정치적 행위자, 일반 대중, 언론 매체 등 다양한 사회적·정치적 행위자들로부터 가치있는 평가를 받을 경우 조직은 능동적 지지를 받는 것이다.

이상과 같은 다양한 학자의 조직 정당성의 개념과 기능을 살펴보았다. 이들 개념과 기능을 몇 가지로 나눠 정리해 보면 다음과 같다. 먼저 앞서 살펴본 정의들은 많은 유사성을 지니는데 이들을 세 가지로 나눠 정당성의 개념을 정리해 볼 수 있다(Johnson et al., 2006: 53-78).[3] 첫째, 정당성은 사회적 실재에 대한 구성의 문제로서 사회적 대상(social object)을 문화적 신념들, 규범들 및 가치들에 일치하도록 해석한 것이다. 그 구성 과정은 옳은 것으로 여겨짐으로써 정당한 것이 된다. 그리고 이 문화적 신념, 규범 및 가치는 국부적(local) 상황의 행위자들뿐 아니라 더 광범위한 공동체(조직이나 범사회)의 행위자들에 의해 공유되는 것으로 가정된다. 둘째, 정당성이 개인들의 지각이나 행동을 통해 매개되지만 근본적으로는 집합적 과정이다. 정당성은 사회적 청중들의 암묵적 현존을 통해, 그리고 그들에 의존해 발생하는 것이다. 그 청중들은 문화적 신념, 규범 및 가치를 수용하는 것으로, 즉 그 사회적 대상에 대한 해석을 정당한 것으로 수용하는 것으로 가정된다. 셋째, 사회적 실재에 대한 집합적 구성으로서의 정당성은 인지적 차원과 규범적, 처방적 차원을 보유한다. 여기서 인지적 차원은 행위자들에 대해 그 사회적 대상을 타당하고 객관적인 사회적 것으로 구성하고, 규범적 차원은 그 사회적 대상을 옳은 것이라고 표상하며, 처방적 차원은 그것을 실천에 옮길 것을 권장한다.

앞서 다양한 학자에 의해 언급된 것처럼 정당성의 기능은 무수하다. 그 기능들은 다음의 몇 가지로 분류할 수 있다. 첫째, 정당성은 조직의 생존에 기여한다(Baum & Oliver, 1991, 1992; Singh et al., 1986; Hannan & Carroll, 1992; Ruef & Scott, 1998). 즉, 조직은 정당성을 보유한 경우 외부 압력이나 제재로부터 자신을 보호할 수 있고 장기적 생존이 가능하게 된다. 둘째, 정당성은 조직의 효과성을 도모한다. 즉, 조직은 정

3) 존슨 외(Johnson et al., 2006: 53-78)는 정당성의 개념을 네 가지로 나눠 정의했으나 세 번째 요소는 첫 번째 요소에 통합될 수 있는 것으로 보인다. 그리하여 여기서는 세 번째 요소는 제외했다.

당성을 보유한 경우, 자원 경쟁 및 시장에 대한 접근에서 유리해지고 그에 따라 목적 달성이 유리해진다(Pfeffer & Salancik, 1978). 셋째, 정당성은 조직의 신뢰성을 증진시켜 준다. 조직이 정당성을 보유할 경우 의심을 받지 않고 대안의 필요성을 제거해 준다. 넷째, 정당성은 국부적 범위의 행위자들뿐 아니라 더 넓은 범위의 사회로부터 조직에 대한 긍정적인 평가를 하도록 해준다.

제 3 절 정당성의 유형

앞서 언급한 마이어, 로완 및 스코트와 같은 신제도주의 학자들의 정당성 개념은 주로 문화적·인지적 특성을 강조한 것으로서, 이러한 정당성 개념은 정당성의 유형 중에서 인지적 정당성에 속한다.

1990년대 중반부터 정당성의 개념적 차원과 그에 따른 정당성 유형에 대한 관심이 커지기 시작했는데, 스트라이커(Stryker, 1994: 847-910)는 규칙을 따르는 세 가지 근거와 그에 따른 정당성 유형을 제시한 바 있다. 첫 번째 정당성은 규칙에 대한 태도상의 승인으로서 규범적 기제에 의해 형성되고, 두 번째 정당성은 규칙에 대한 행동상의 동의로서 도구적 기제에 의해 형성되며, 세 번째 정당성은 규칙에 대한 인지적 정향으로서 구성적(constitutive) 기제에 의해 형성된다. 첫 번째는 규칙을 태도로 수용하는 것을 정당하다고 보며, 이는 규칙에 대한 애착, 충성, 호의적인 정서적 정향에 해당한다. 두 번째는 규칙을 행동상으로만 준수하는 것을 정당한 것으로 보며 그 준수를 도구로 삼아 물질적 자원을 획득하는 사례에 해당한다. 세 번째는 타당성 개념과 연결되는데 타당성은 구속적인 규칙에 대한 집합적 인정으로서 집합체 내에서 알려진 제도화된 질서가 있다는 것을 인정하는 것이다. 즉, 그 타당한 규칙은 구성적 효과를 보유하는데, 행위자들이, 심지어 그것을 개인적으로는 지지하지 않더라도, 구속하는 규칙으로 인지하기 때문에 그에 동조하는 현상을 만들어 낸다.

한편 앨드리히와 피올(Aldrich & Fiol, 1994: 645-670)은 새로운 사업을 수행하는 신생 조직들의 정당성 확보 노력에 관해 논의하는 가운데 인지적 정당성 및 사회정치적 정당성을 구별하고 있다. 전자는 새로운 모험적 사업에 관한 지식의 광범위성이 존재하는 경우를 뜻하고, 후자는 핵심 주주, 일반 대중, 핵심 여론 지도자, 정부 공직자들이 그 모험적 사업을 적절하고 옳은(기존의 규범과 법률에 비춰) 것으로 수용하는 경우를 뜻한다. 이 두 정당성 유형을 좀 더 알기 쉽게 말하면, 인지적 정당성은 어떤 행동이 매우 친숙하고 잘 알려져 그것이 당연한 것으로 수용되고, 그 정당한 행동을 모방하려는 시도들이 증가하는 현상을 말한다. 인지적 정당성이란 지식이 널리 확산되어 많은 사람에 의해 당연한 것으로 간주되는 현상이다. 이러한 인지적 정당성 개념은 앞서 언급한 문화적·인지적 정당성과 동일한 개념이지만 지식의 확산을 강조한 점에서 약간 독특하다고 평가되고, 따라서 인지적 정당성의 증대를 위해서는 지식 기반을 개발, 확대해 나갈 필요가 있다. 사회정치적 정당성 유형은 조직에 영향력을 지닌 핵심 주주나 일반 대중 등이 조직에 신뢰를 보내고 명성을 인정하는 것으로서, 이들 일반 대중이나 이해관계자를 주요 행위자로 노출시켜 이들의 지지와 인정을 강조한다.

스코트(Scott, 2008: 48)에 의하면, "제도란 규제적, 규범적 그리고 문화적·인지적 요소들로 구성된 것이고 이들 요소는 관련된 활동 및 자원과 함께 사회생활에 안정과 의미를 제공한다." 스코트의 이 제도 정의 내 세 가지 요소 각각은 제도에 관한 세 종류의 기둥으로서 각기 다른 제도 유형을 나타내고, 그 각각의 제도 유형은 각기 다른 정당성의 기반도 보유한다. 이들 기반은 정당성의 유형을 분류해 주는 것으로서 그에 따른 정당성 유형은 규제적, 규범적, 인지적 정당성이 있다. 즉, 규제적 요소의 정당성 기반은 법적 제재 및 규칙에 순응하는 것으로서 외재적 보상에 관련되고, 규범적 요소의 정당성 기반은 도덕적 규율과 그것의 내재화로서 내재적 보상에 관련되며, 또한 문화적·인지적 요소의 정당성 기반은 이해 가능한, 인정받을 만한, 문화적으로 지지를 받는 것으로서 공통적 상황 정의, 준거틀, 구조적 틀, 인지적 일관성 유지에 관련된다(Scott, 2008: 59-62). 인지적 신념 체계의 관점에 조직이 일치할 경우, 즉 적절한 구조나 절차를 구체화하는 문화적 모형이나 규칙에 조직이 부합할 경우 조직은 정당성을 획득한다는 것이다(Ruef & Scott, 1998: 877-904). 이 문화적·인지적 요소의 정당성 기반은 의식 이전의 당연한 이해에 기초하는 것이고 그래서 가장 뿌리가 깊다.[4] 많은 정당성 유형 가운데 가장 포괄적이고 세분된 정당성 유형은 아마 서치맨(Suchman, 1995: 571-610)이 제시한 정당성 유형일 것이다([그림 1-1]). 그는 세 개의 정당성 유형,

4) 지머맨과 자이츠(Zimmerman & Zeitz, 2002)는 스코트의 세 가지 유형의 정당성에 네 번째 유형인 산업 정당성(특정 산업에서의 승인)을 첨가했다.

그림 1-1 정당성의 유형

	행동	본질	
일시적 지속적	교환 영향	성향 이익 품성	실용적 정당성
일시적 지속적	결과 절차	개인 구조	도덕적 정당성
일시적 지속적	이해 가능성 예측 가능성 그럴듯함 당연성 불가피성 성과		인지적 정당성

즉 청중의 이익에 기초한 실용적 정당성, 규범적 승인에 기초한 도덕적 정당성, 이해와 당연성에 기초한 인지적 정당성을 제시하고 이들 각각의 정당성을 세분했다. 실용적 정당성은 조직의 이해관계인들의 자기 이해에 따른 계산에 바탕을 둔다. 그 이해는 관련 당사들의 즉각적인 이해이기도 하지만 정치적·경제적·사회적으로 조직과 관련을 맺고, 그 조직의 영향을 받는 자들의 복리와도 관련된다. 따라서 실용적 정당에서는 조직의 활동이 이들 이해관계인에게 가져오는 실용적 결과를 중요시한다. 실용적 정당성은 그 하위 유형으로 교환적(exchange) 정당성을 보유하는데, 그 교환의 의미는 조직의 활동에 지지를 보내는 이해관계인은 그 조직의 활동으로부터 실용적 이익을 기대하고 획득할 경우 실용적 정당성을 부여한다는 것이다. 또한 실용적 정당성은 다른 하위 유형인 영향(influence) 정당성을 보유하는데, 이 정당성은 이해관계인들이 조직이 제공하는 구체적인 호의적 교환 때문에가 아니라 조직이 그들의 영향을 반영하기 때문에 발생하는 정당성이다. 예를 들어, 조직이 의사 결정 구조에 이해관계인이나 그들의 성과 기준을 반영하는 경우 그들은 조직에 대해 정당성을 부여한다. 또 다른 실용적 정당성의 하위 유형은 성향(dispositional)에 관계되는 이익(interest) 정당성과 품성(character) 정당성이다. 이는 조직은 개인처럼 목적, 취미, 품성을 지니고 있고, 이해관계인들은 그들에게 가장 마음에 드는 이익을 조직이 보유하고 그들의 가치를 조직이

공유하고 또는 조직이 정직하고 신뢰할 만하고 정중하고 현명할 때 조직에 정당성을 부여한다는 논리를 지닌다. 이들 네 가지 유형의 실용적 정당성(교환, 영향, 이익, 품성)은 두 개의 차원, 즉 두 개의 시간적 구조(일시적인 대 지속적인)와 두 개의 실재적 초점(조직행동 대 조직의 본질)에 따라 그 특성이 더 구체화된다. 여기서 조직의 행동이란 조직의 운영에 관련된 활동으로서 그것이 바람직하고 적합하며 적절한 방식으로 이뤄지는가에 관련되고, 조직의 본질이란 조직의 존재 그 자체가 바람직하고 적합하며 적절한가에 관련된다. 그리고 시간적 구조 중 일시적인 것은 일회성으로서 단기간에 머물고 마는 것을 의미하고 지속적인 것은 장기적으로 계속되는 것을 뜻한다. 교환 정당성은 일시적이고 행동적이며, 영향 정당성은 지속적이고 행동적이며, 이익 정당성은 일시적이고 본질적이며, 품성 정당성은 지속적이고 본질적이다. 도덕적 정당성은 조직과 그 활동에 대해 긍정적인 규범적 평가를 반영하는 개념이다. 도덕적 정당성은 평가자의 이익에 기초하지 않고, 조직의 활동이 옳은 일을 하는 것인가에 관한 판단에 기초한다. 그리고 그 판단은 조직의 활동이 사회적으로 구성된 바람직한 가치 체계로 정의된 사회 복지를 증진하는지에 관한 것이다. 따라서 도덕적 정당성은 좁은 범위의 자기 이익보다는 사회 전체의 이익 논리에 가깝다. 도덕적 정당성은 그 하위 유형 네 가지를 보유한다. 산출과 결과 평가에 관련된 결과적(consequential) 정당성, 기법과 절차의 평가에 관련된 절차적(procedural) 정당성, 범주와 구조의 평가에 관련된 구조적(structural) 정당성, 그리고 지도자와 대표성 평가와 관련된 개인적(personal) 정당성이다. 결과적 정당성은 근대 사회의 합리적 신화의 하나로 간주되는 조직의 산출 판단에 관련되고, 일시적이고 조직행동에 관련된다. 다음으로 근대 사회의 합리적 신화는 인과성 및 과학적 절차를 구체화하는 것인데 이들 절차는 사회적으로 받아들여지는 것으로서 절차적 정당성을 제공한다. 특히 절차적 정당성은 결과를 측정하는 척도가 모호할 때 더욱 중요해지는데, 그렇게 모호할 경우 조직이 그러한 절차적 정당성을 확보하는 것만으로도 인정을 받을 수 있기 때문이다. 절차적 정당성은 일시적이고 조직행동에 관련된다. 지속적이고 본질적인 것을 특징으로 하는 구조적 정당성은 도덕적 정당성의 세 번째 유형이다. 조직이 구조적 정당성을 보유할 경우 청중은 그 조직을 가치 있고 지지할 만한 것으로 보는데 조직의 구조적 특성들이 도덕적으로 인정받을 만한 분류 범주에 속하기 때문이다. 그러한 구조는 구체적인 활동을 수행하는 데 필요한 사회적으로 구성된 능력이고 제도적으로 처방된 구조로서 집단의 가치를 적절한 방식으로 수행하고 있다는 것을 전달해 준다. 조직의 절차들이 각기 다른 일상적 절차로 되어 있는데 반해 구조들은 조직의 전체 활동 체계가 반복적으로 일관되게 작동하는 조직의 전반적 모습을 나타낸다. 개인적 정당성은 네 번째 유형의 도덕적 정당성에 속하는데 조직 내 개인의 카리스마에 기초하고, 일시적이고 조직의 본질에 관련된다. 그러한 개인들은 기존 제도를 붕괴시키거나 재확립하고, 새로운 제도를 창설할 수 있다.

인지적 정당성은 조직을 어떤 당연시된 문화적 설명에 기초하는 필연적이거나 불가피한 것으로서 사람들로 하여금 그것을 수용하도록 하게 하는 것과 관련된다. 이는 이익이나 평가가 아니라 인지에 기초한다. 인지적 정당성은 이해 가능성(comprehensibility)과 당연성(taken-for-grantedness)에 기초한다. 정당화에서 이해 가능성의 역할을 강조하는 이론가들은 사회적 세계를 혼돈의 환경으로 가정하고 또한 참여자들이 그 속에서 자신의 경험을 정합적이고 이해 가능한 설명으로 정돈하기 위해 분투한다고 가정한다. 그래서 이 견해에 따르면, 정당성은 조직과 그 구성원들에게 그럴듯한 설명을 제공하는 모형들이 발생시킨다고 한다. 이때 조직 활동은 예측 가능하고 의미가 있다. 물론 그러한 설명은 더 넓은 범위의 신념 체계와 부합해야 하고 청중의 일상적 경험적 현실과 부합해야 한다. 이해 가능성에 관련되는 두 가지 유형의 인지적 정당성은 예측(predictability) 정당성과 그럴듯함(plausibility) 정당성으로서, 전자는 일시적이고 조직 행동에 관련되며 후자는 일시적이고 조직 본질에 관련된다. 당연성에 관계되는 인지적 정당성에서 그 지지자들은 인지적 정합성을 강조하고 점진적이고 통합적인 변화를 가정한다. 이 견해에 따르면, 제도들은 무질서를 관리 가능한 것으로 만들어주고 그에 대한 반대를 잠재우는 일단의 상호 주관적인 주어진 것들로 변환한다. 불가피성(inevitability) 정당성 및 성과(performance) 정당성은 당연성에 관련된 두 가지 정당성 유형인데, 전자는 지속적이고 조직 행동에 관련되고 후자는 지속적이고 조직 본질에 관련된다.[5)]

정당성의 유형들 중 뒤늦게 개발된 것은 내적 정당성과 외적 정당성의 구별과 특성이다. 드로리와 호니그(Drori & Honig, 2013: 345-376)는 그 동안의 조직 정당성 연구

5) 서치맨은 이들 여러 종류의 정당성 중 몇 가지를 조합해 특정 조직의 정당성을 규정하는 것으로 사용하고 있다. 예를 들어, 교회, 은행 및 국민국가는 구조적으로 정당하고 품성의 측면에서도 정당하며, 상품 생산조직, 패스트 식품점 및 주유소는 예측 정당성 및 결과 정당성을 지니며, 법률회사, 의료기관 및 지역학교는 불가피성 정당성 및 절차적 정당성을 보유하고, 옹호집단, 정당 및 사회운동은 그럴듯함 정당성 및 개인적 카리스마 정당성을 보유한다.

가 주로 조직 외부인이 부여하는 정당성, 즉 외적 정당성에만 치중했다고 비평하고 조직의 일반 참여자들의 상향식 정당성 형성에도 관심을 두어야 한다고 주장했다. 그리고 이들은 신생 조직(인터넷 회사)의 정당화 과정을 분석한 결과 그 과정에서 내적·외적 정당성이 발생하고 이들이 서로 충돌하며 조직의 출현과 진화에 영향을 준다는 것을 밝혀냈다.

이상과 같은 주요 학자들의 정당성 유형을 검토해 보았다. 이들 유형을 좀 더 간략하게 정리해 보면 다음과 같다. 첫째, 인지적 정당성이 가장 많이 언급되는데 이는 신제도주의 조직이론가들이 현상학적 사회학에서 차용한 당연성 개념에 근거하고 있기 때문이다. 하나의 사회적 대상이 제도화된 경우 그것은 문화적 지지를 받아 정당성을 보유한다는 논리에 근거한다. 둘째, 도덕적 정당성은 규범적 정당성이다. 즉, 조직이 사회의 도덕적 규율과 규범에 일치하는 행동을 할 경우 도덕적 정당성을 확보한다. 도덕적 정당성은 실용적 정당성을 포함하지 않을 수도 있으므로 그 둘은 구별된다. 예를 들어, 조직이 능률성을 크게 강조하다 보면 실용적 정당성은 충족시키지만 그 결과 구성원의 복지나 노동 조건에는 소홀히 하게 되어 도덕적 정당성을 충분히 충족시키지 못하게 된다. 셋째, 사회정치적 정당성은 조직의 이해관계자들이 조직에 대해 영향력을 행사하고 이익을 추구하는 것과 관련되는 정당성이다. 아치볼드(Archibald, 2004: 171-211)는 사회정치적 정당성과 규제적 정당성을 동일한 것으로 간주하는데 이는 의미가 있다. 즉, 조직의 활동에 사적으로나 공적으로나 영향력을 보유하고 이해 관계에 놓인 주주, 주민 또는 국가와 같은 사회정치적 행위자들은 규제력을 행사하려고 할 것이다. 그리고 이 사회정치적 정당성은 행위자들의 이해, 즉 그들의 실용적 욕구를 함축하므로 실용적 정당성을 함축한다.

제 4 절 정당화 활동과 전략

정당성은 조직에게 중요하기에 조직은 정당성의 지속성을 확보하기 위해 행동한다. 정당화란 수용되고 있지 않은 것을 수용되고 있는 규범, 가치, 신념, 실천 및 절차에 조화시키도록 하는 것이다(Zelditch, 2001: 9). 좀 더 복잡하게 말하면, 정당화란 조직이 다른 조직이나 상위 체계의 규범, 가치, 신념, 실천 및 절차에 대해 자신의 존재 권리를, 혹은 에너지, 물자, 혹은 정보의 유입, 변환 및 배출을 수용하도록 옹호하는 과정이다(참고: Dowling & Pfeffer, 1975: 122-136). 이러한 정당화는 조직의 최상 수준인 기관 수준에서 이뤄지고, 그 수준의 주요 기능이 바로 사회 체계 안에 자신의 조직을 옹호하는 것이다(Thompson, 1967).

신생 조직은 그 자체의 출생을, 기존 조직은 자신의 존재 이유나 새로운 구조 및 실천을 사회로부터 인정받기 위해 여러 수단을 통해 정당화한다. 이처럼 정당화 대상은 조직 그 자체나 조직의 구조나 실천이 되는데 이것들은 바로 정당화의 주제(subject)이자 대상이다. 또한 정당화에서 국가나 전문직업집단과 같은 어떤 행위자가 정당화를 수행하는데 이는 정당화 주체다. 한편 정당화의 주체가 정당화를 수행하는 데 사용하는 수단인 정당화 방법이 있는데 이것들은 정당화 전략이다.

1 정당화 주제와 주체

정당화의 주제는 사회적 실체, 구조, 행동, 아이디어 등 정당화의 대상들이다(Deephouse & Suchman, 2008: 54). 이들 각각이 수용 가능한지에 대해 평가가 이뤄진다. 사회적 실체들은 개체군, 조직, 또는 조직의 하부 단위나 특수 측면이 될 수 있다(Ruef & Scott, 1998). 이들 정당화의 주제들은 거의 셀 수 없을 정도다. 돌링과 페퍼(Dowling & Pfeffer, 1975: 132)는 정당화의 대상으로 조직의 목적, 운영 방식 및 산출을 들고 있다. 존슨(Johnson, 2004: 1-24)에 의하면, 하나의 행위, 하나의 규칙, 하나의 절차, 하나의 일상 절차(routine), 하나의 배분(distribution), 하나의 직위, 하나의 집단이나 팀, 하나의 집단의 위상(status) 구조, 하나의 팀워크, 하나의 지위 체계, 하나의 권위구조, 하나의 조직, 조직 상징들, 하나의 조직 형태 · 실천 · 서비스 · 프로그램, 하나의 레짐(régime), 하나의 권력 체계, 하나의 불평등 체계 등 무수한 정당화 대상들이 존재한다.[6] 최근 다른 두 개가 추가되었는데 회사의 창립자들과 최고관리층이다(Deephouse & Suchman, 2008: 54). 이렇게 보면 거의 모든 것이 정당화의 주제가 되

6) 심지어 반살과 클리랜드(Bansal & Clelland, 2004)는 자연 환경에 부합하는 기업의 성과가 주주들의 기대에 부응하는 것일 때 그 기업은 환경적 정당성을 획득한다고 가정하고 검증했다.

는 셈이다. 지난 10여 년 동안 한국 사회에서 추진되어 온 정당화 주제에 관해 몇 가지 예를 들어 보면, 연봉제나 성과급과 같은 신공공관리 관련 인사 관행이 있고, 팀제와 같은 구조, 그리고 입법예고나 공청회와 같은 입법 절차나 행정 절차가 있다.

한편 하나의 높은 수준의 주제의 정당성을 평가하기 위해 정당성의 더 낮은 수준의 주제들을 총합하는 작업이 요구된다. 예를 들어 하나의 새로운 모험적 사업(벤처)의 정당성을 평가하기 위해 그 하위 요소들인 생산품, 구조 및 최고관리층의 정당성을 평가하는 것이다. 다른 한편 최근의 다른 연구자들은 제한된 소수의 속성만을 선택해 타당한 정당화 주제로 삼기도 한다. 그러나 현실 세계의 복잡성을, 그리고 정당성의 역동성 속의 다양성을 감안할 때, 소수의 것만을 선택하는 것은 제한적이므로 필요한 경우 다수의 속성을 정당화의 주제로 삼을 필요가 있다(Deephouse & Suchman, 2008: 54).

다음으로 누가 정당화하는가에 관한 문제로서 정당화 행위자(주체)에 관한 논의가 요구된다. 신제도주의 연구 초기에는 제도에 대한 순응이 정당성을 가져온다는 명제만 제시될 뿐 조직 내외의 참여자들에 의한 정당화에 대한 관심은 거의 없었고 그에 따라 정당화 행위자에 관한 관심, 일반적으로는 정당화 동인(agency)에 관한 관심이 매우 적었다. 이후 디마지오(DiMaggio, 1988: 3-21)가 제도적 동인에 관해 연구할 것을 주장했고, 이후의 올리버(Oliver, 1991: 145-179)가 제도에 대한 조직의 다양한 정도의 반응에 대한 연구를 시작함으로써 제도적 동인에 대한 연구가 활기를 띠기 시작했으며, 특히 정당화에 대한 연구가 시작되면서 제도적 동인에 대한 연구가 활발해졌다(Ashforth & Gibbs, 1991: 177-194; Suchman, 1995: 571-619). 최근에는 제도적 작업(institutional work) 개념을 개발한 로렌스 등(Lawrence & Suddaby, 2006: 215-254; Lawrence et al., 2009: 1-27; Lawrence et al., 2011: 52-58)에 의해 제도의 창설과 변화뿐 아니라 정당화에 매우 능동적인 개인적, 집합적 행위자들의 행동을 강조하고 있다. 이들 연구는 기존의 연구에서 제시된 강력한 제도 행위자(entrpreneurship)인 국가, 강한 기업이나 지도자 보다는 조직의 일반 구성원이나 사회의 일반적 참여자들을 강조한다.

정당화 주체는 조직을 관찰하고 정당성을 평가하는 내외부적 청중들이다(Ruef & Scott, 1998). 마이어와 스코트(Meyer & Scott, 1983)에 의하면, 정당화 주체는 두 부류로 나뉘는데 한 부류는 조직의 정당화를 설명해(account) 주는 것으로서 지위(standing)와 면허(license)를 가진 자다. 그 대표적인 자가 국가다. 한국의 경우 회사나 비영리조직보다 국가가 강력한 제도 행위자로서 많은 제도의 도입, 형성 및 확산에 영향을 미쳤다. 다른 부류의 영향력 있는 정당화 행위자는 수용 가능한 이론이 무엇인가에 대해 집합적 권위를 보유한 자들이다. 예를 들면, 변호사, 회계사, 지식인이 그들이다. 물론 그 밖의 행위자들이 존재하는데, 그러한 주체의 논의에서 중심이 되는 것은 어떤 주어진 환경에서 정당화에 대한 집합적 권위를 누가 보유하고 있는가에 관련된다. 이는 연구 문제의 초점에 달려 있다(Deephouse & Suchman, 2008: 55). 예를 들면, 드로리와 호니그(Drori & Honig, 2013: 345-376)는 조직 정당성은 조직의 구성원들이 외적 정당성 활동과 조율하면서 내적 정당성을 형성한다고 주장했고, 한국의 환경운동연합이라는 사회운동조직을 연구한 하민철(2008: 217-265)은 운동조직이 의미형성 과정을 통해 정당성을 형성해 나아간다는 것을 분석했다.

많은 연구자가 범사회(society-at-large)를 정당성의 주체로 취급(특히 장기간에 걸쳐서 이뤄지는 정당화의 경우)해 왔고, 이는 제도 확산에 관한 연구에서 많이 나타난다. 예를 들어, 미국 지방정부에로의 실적제의 확산에 관한 연구가 있다(Tolbert & Zucker, 1983: 22-39). 이 연구에서는 하나의 실천을 채택한 자들의 수가 많을수록 그것의 수용이 더 광범위하고 그것의 정당성이 더 크다는 것을 주장한다. 한국의 경우도 1960년대부터 실적제의 확산이 국가가 도입하고 추진한 각종 시험(고시를 포함하는 공무원 시험)을 통해 이뤄져 왔고, 나아가 범사회가 인정하고 추진하는 하나의 제도로 정착되었다.

매체(media)는 정당성을 부여하는 국가 당국과 범사회 사이 어딘가에 위치한다(Deephouse & Suchman, 2008: 55). 매체는 일반 대중의 여론을 반영하고 그에 영향을 미친다. 따라서 매체는 두 가지 역할, 즉 범사회적 정당화의 지표 역할(여론을 반영하기에)과 정당화 주체의 역할(정당화 역할을 하기에)을 수행한다. 미국에서 권위있는 매체(예를 들어, 뉴욕타임스 혹은 월스트리트저널)는 정당성 연구에서 자주 등장한다. 이들 유명한 매체는 정당성의 형성이나 보수(repairing)를 위해 노력하는 조직이고, 강력한 제도적 행위자들(entrepreneurs)이 주로 이용하는 매체들이다. 소수의 예외를 제외하고는 유명 매체들은 문화적으로 보수적이고, 사회를 안정화시키는 힘으로 작용하며, 따라서 정당하고 부당한 행위자들 간의 불일치를 과장할 수 있다(Deephouse & Suchman, 2008: 56). 한국의 경우도 예외가 아니어서 기존의 중요 언론, 특히 보수 언론이라고 명명되는 신문사나 방송사들이 여론을 주도하는 가운데 정책의 방향에 영향을 미치고 주요 제도의 형성이나 확산에 영향을 미친다.

범사회적 주체와 매체(society-wide) 이외에 제3의 주체로서 조직 간 관계가 있다. 이는 특정한 조직이 정당한 다른 조직들과 연계를 맺을 경우 정당성을 획득한다는 데 기반을 두는 자원의존이론에 그 이론적 기반을 둔다(Dowling & Pfeffer, 1975: 122-136; Pfeffer & Salancik, 1978). 예를 들어, 대외연구소의 유명한 정치적 인물들로부터의 승인, 자선적 기부, 이사의 중복(interlocking directorship), 유명한 파트너와의 전략적 동맹은 조직의 정당성을 증대시켜 주는 공동 행위자들의 행동들이다.

이상과 같은 정당화의 주제들의 경우 국가 수준이나 지구적 수준에서 큰 변동이 발생할 때에는 그렇지 않을 때보다 더욱 많아진다. 예를 들면, 1960년대 이후 한국의 발전 과정에서 많은 수의 조직과 공식구조가 도입되어 정착되어 왔다. 또한 1990년대 초부터 지금까지 이어져 온 전 세계의 신자유주의 물결은 많은 공적·사적 조직의 구조를 변화시켜 왔다. 한편 어느 정당화 행위자들이 중요한 역할을 하는가는 하나의 국가 수준에서의 경우 그 국가에서 어느 행위자가 가장 영향력이 큰가에 의해 달려 있다. 예를 들면, 한국의 경우 1960년대 이후 집권적 국가주의의 구축으로 아직도 국가가 강력한 정당화 행위자이고, 1987년 민주화 이후에는 언론이나 비영리단체 및 사기업과 같은 민간 부문이 영향력 있는 정당화 행위자로 성장했다.[7]

2 정당화 활동 유형과 전략

조직은 정당성의 획득이나 유지와 같은 활동을 수행하고 그에 따른 다양한 전략을 사용한다. 반살과 클리랜드(Bansal & Clelland, 2004: 93-103)는 기업이 두 가지 정당화 방식, 즉 기존 제도에 순응하는 것[8]과 인상관리(예를 들어, 친환경 상징 사용)를 사

7) 정당화 행위자에 관한 논점 중 하나는 그 범위의 문제에 관련된다. 즉, 하나의 행위가 제도화되어 가는 과정에서 그것을 정당화하는 행위자들의 범위의 문제, 예를 들어 팀제의 정당화에서 국가와 공공조직들로 구성된 행위자들로만 구성되어도 좋은가 아니면 회사조직이나 비영리조직과 같은 조직들 그리고 일반 국민을 포함하는 범사회가 정당화 행위자여야 하는가에 관한 문제다. 디프하우스와 서치맨(Deephouse & Suchman, 2008: 55)은 이 문제에 대한 자원 의존이론의 입장을 지지한다(Pfeffer & Salancik, 1978). 즉, 많은 구조, 조직 및 조직 형태는 문화적 승인 없이 생존하는 경우가 있기 때문에 그것들의 정당화에 범사회의 승인이 필요하지 않다는 것이다.

8) 아서(Arthur, 2003: 497-505) 역시 정당화를 위한 제도적 시각을 검증했다. 즉, 일-가정 병행정책(직장

용한다고 주장했다. 후자는 능동적인 방식으로서 전자보다 더 적극적이고 전략적이다. 이러한 능동적인 전략을 일찍이 제시한 돌링과 페퍼(Dowling & Pfeffer, 1975: 132)는 조직의 내부 활동 선정(예를 들어, YMCA가 레크리에이션과 교육 활동을 개시한 점), 사회 가치 창조 및 변화 시도(예를 들어, 자유기업 체계를 증진하기 위한 산업의 노력), 정당한 사회적 가치 및 상징과 조직을 동일시(예를 들어, TVA 조직이 지역 사회 인물을 흡수해 기용한 것)가 있다. 이들 중 첫 번째는 새로운 혁신을 채택한 것이고, 두 번째는 사회에 새로운 혁신을 창조해 확산시키는 매우 능동적인 작업이며, 세 번째는 기존 사회의 세력에 적응하기 위해 전략적 일체화를 시도하는 것이다.

한편 앨드리히와 피올(Aldrich & Fiol, 1994: 645-670)은 신산업 개발을 정당화하기 위해 사용하는 기업가들의 정당화 전략을 제시한 바 있다. 그들은 정당성 유형을 인지적 정당성과 사회정치적 정당성 두 가지로 분류하고 각각의 정당성을 증대시키기 위한 전략을 제시하는데, 인지적 정당성을 증대시키기 위해서는 지식 생산 및 인식 증대 전략을, 그리고 사회정치적 정당성을 증대시키기 위해서는 신뢰 확보 및 지지 획득 전략을 사용할 필요가 있다고 주장한다.[9)]

애스포스와 깁스(Asforth & Gibbs, 1990: 177-194)는 정당화의 목적으로 정당성 확대, 유지, 방어를 제시하고 정당성 관리 전략으로 내용(substantive)관리와 상징관리를 제시한 바 있다. 내용관리는 네 가지로서 사회가 기대하는 역할을 수행, 이해관계자들의 가치·규범·기대에 동조, 자원의존 관계를 변경해 자유를 획득, 사회적으로 제도화된 실천의 도입이다. 그리고 상징관리는 사회적 가치와 기대에 일치하는 것으로 보이게 하는 것으로서 행위의 의미를 변화시키는 하나의 전략이다. 이들 상징관리 전략은 사회적으로 바람직한 목적의 표명, 부인과 은폐, 수단과 목적의 재정의, 해명, 사과, 요식적 동조(ceremonial conformity)가 있다.[10)]

에 보육시설 설치)이 일단 제도화된 경우, 이를 채택하는 회사는 사회적 기대에 대한 동조의 행위를 하는 것이고 조직 정당성의 원천을 획득한다. 현선해(2001: 1063-1092)는 조직이 정당성을 획득하는 두 가지 방식, 즉 제도적 관점(제도에 순응)과 전략적 관점(전략적 자원의 확보)을 제시하고 사립유치원을 대상으로 경험적 연구를 수행한 바 두 관점 모두 정당성 확보에 기여했다는 것을 밝혀냈다. 또한 최세경·현선해(2011)는 대학 조직을 대상으로 조직 정당성을 연구한 바 제도적 동형화 두 가지(규범적 동형화와 강제적 동형화)가 조직 정당성에 영향을 미치고, 제도적 동형화가 자원 획득 능력(자원의존이론에 근거한 개념)과 조직 정당성의 관계를 부분적으로 매개한다는 것을 밝혀냈다.

9) 인지적 정당성과 사회정치적 정당성 증대 전략은 각 수준(조직, 산업 내, 산업 간, 제도적)별로 제시되고 있다.

10) 소영진·안성민(2011)은 딜레마 상황(비교 불가능한 가치나 대안이 선택 상황에 나타날 때, 한 가지의

정당성 유지는 현재의 정당성이 문제시되지는 않지만 자신의 활동을 충분히 정당화는 기준점을 지키려고 노력하는 것을 의미한다. 정당성 유지에서는 역할 수행을 지속적으로 수행하고 모든 것이 잘 되어 가고 있다라는 상징적 확신을 심어 주며, 정당성에 대한 잠재적 도전으로 여겨지는 것을 예견하고 예방한다. 현재의 정당성이 문제시되지 않으므로 이해관계인의 감시가 적고 조직의 정당화를 위한 활동 수준이 낮고 일상적이다.

정당성 방어는 현재의 정당성이 위협을 받거나 도전을 받을 때 취해진다. 조직이 위기 시에 내외의 도전이 크게 발생하고 조직에 의문을 제기하는 청중들이 존재할 때 조직은 자신의 존재에 관한 정당성을 방어한다. 정당성 방어는 도전에 대한 활동이므로 반응적이고, 정당성 확대에서 좀 더 능동적이고 심도 있는 활동이 전개된다. 그리고 우선적으로 더 많은 정도의 상징관리 전략이 이뤄진다.

정당성 확대는 조직이 스스로 문제를 제기해, 즉 자신을 공고화하기(established) 위해, 새로운 활동 영역에 진입하기 위해, 또는 새로운 구조나 과정을 이용하기 위해 노력할 때 이뤄진다. 정당성 확대를 위한 활동들은 능동적이고 매우 심도가 있다. 정당성 확대에서는 이해관계인들의 조직에 대한 감시가 높은 편이고(예를 들어, 조직이 명백한 인과 관계 지식을 보유하지 못할 경우), 내용적 및 상징적 활동이 전개된다.

한편 서치맨(Suchman, 1995: 571-610)은 조직관리자들이 전략적으로 추구하는 일반적인 정당화 도전을 언급하면서 그러한 도전으로서 정당성 획득, 정당성 유지, 그리고 정당성 보수(repairing)를 제시한다. 그리고 서치맨은 이들 각 정당화 활동 유형에 속하는 각 정당성 유형(실용적, 도덕적, 인지적)을 획득하기 위한 각각의 전략을 제시한다.

정당성 획득은 새로운 실천, 특히 전례가 없는 실천에 관한 전반적인 수용을 획득하는 것이다. 이 과정은 앞서 살펴본 애스포스와 깁스(Asforth & Gibbs, 1990: 177-194)의 정당성 확대와 유사하다. 그 전례가 없는 새로운 실천은 살아남는 데 취약하다. 이를 극복하기 위해 조직은 객관성(objectivity)과 외재성(exteriority)을 획득하기 위해 분투한다. 정당성 획득을 위한 일반적인 전략은 세 가지가 있는데, 그것들은 기존 환경에 동조하는 것, 환경을 선택하는 것, 그리고 환경을 조작하는 것이다.[11] 첫 번째 전략

선택으로 인해 다른 가치가 가져올 기회 손실이 크기 때문에 선택이 어려운 상황)에서, 정책결정자가 상징적 결정과 모호한 결정을 한다고 주장한다. 이 두 가지 결정 방식은 상반되는 두 정책 대상 집단 간의 균형을 잡는 전략으로서 정책결정자가 그 두 집단으로부터 정당성을 획득하는 전략이기도 하다.

11) 지머맨과 자이츠(Zimmerman & Zeitz, 2002: 414-431)는 서치맨의 이러한 세 가지 정당성 획득 전략에 창조 전략을 부가하고 창조가 이들 중 가장 능동적이라고 규정했으며, 이들 네 가지 전략을 세 가지 유

은 기존의 확립된 제도적 질서(요구, 이상, 모형)에 동조하는 전략이고, 두 번째 전략은 여러 환경 중 조직 자신의 실천에 적합한 환경(유력 인사 흡수, 영토 선택, 자격증 취득)을 선택하는 것이며, 세 번째 전략은 새로운 지지자와 신념을 형성함으로써 환경의 구조를 변경시키는 것(생산품 및 이미지 홍보, 성공 과시, 새로운 모형의 표준화 및 대중화)을 의미한다. 이들 세 가지 전략은 언급된 순서에 따라 수동적인 것에서부터 능동적인 것에 이르는 연속선상에 위치시킬 수 있다.

비정상적인 일, 실책, 혁신, 외부의 충격이 발생할 때 안전한 조직의 정당성조차 위협받을 수 있는데 이때 조직은 기존의 정당성을 유지할 필요가 생긴다. 또한 조직의 청중들이 다양해서 정당성에 문제를 삼는 청중이 존재하거나, 조직의 안정성이 경직성을 불러일으켜 변화에 둔감하다는 지적을 받을 때 그리고 제도화에 반대하는 자들이 존재할 때 정당성의 유지가 요구된다. 이 정당성 유지 과정은 애스포스와 깁스(Asforth & Gibbs, 1990: 177-194)의 정당성 방어 과정과 유사하다. 정당성 유지를 위한 일반적인 두 가지 전략은 변화를 감지하는 것과 성취를 보호하는 것이다. 변화 감지는 조직의 청중의 반응을 인식하고 발생하는 도전들을 예견하는 것을 말한다. 이해관계인의 기호를 점검하고 윤리를 검토하며 시각을 점검하는 일이 필요하다.

정당성 보수는 반응적이고 손상된 정당성을 회복하기 위한 활동인데 그에 따른 전략은 세 가지로서 설명(account)의 정상화, 재구조화, 그리고 공황 상태에 빠지지 않는 것이다. 여기서 설명의 정상화란 위협적인 폭로로부터 조직 전체에 대한 폭넓은 평가를 분리시키는 설명을 제대로 구축하는 것이다. 설명의 정상화 방안은 네 가지 유형으로 분류되는데, 문제를 부인하기, 문제에 관련해 변명하기, 문제가 되는 것을 정당화하기, 문제가 되는 것을 다른 세계관으로 설명하기다. 재구조화 전략은 구조를 변경하는 것으로서 크게 두 가지로 분류된다. 하나는 미래의 상습적 범행의 방지를 위해 정부 규제 도입, 감시인 제도(옴부즈만) 도입, 고충처리 제도 도입과 같은 새로운 통제장치를 설치하는 것이다. 두 번째 전략은 조직을 나쁜 영향으로부터 떼어내기 위해 어떤 분리 조치를 취하는 것이다. 가장 흔한 분리 조치는 관리층을 교체하는 것이다. 또한 부당한 절차나 구조를 교체하고 관행을 바꾸는 것이다. 다음으로 공황 상태에 빠지지 않는 전략은 매우 급박한 위기에 대응할 때 의사 결정을 손상하고 조직의 실패를 가져올 수 있는 위협적이고 경직된 반응을 피하는 것을 의미한다.[12)]

형의 정당성(규제적, 규범적, 인지적) 각각에 적합하게 세부적으로 기술했다.

한편 1990년대 말부터 담화(narrative)가 정당성 확보 전략으로 도입되어 담화가 정치적 과정에서 해석 및 의미 부여에 기여함으로써 정당성 확보가 이뤄진다는 논의가 시작했고(Brown, 1998: 35-58), 2000년대에 들어서서는 정당화 전략이 더 정교화되어 갔는데 수사(修辭, rhetoric)를 포함하는 담론적 정당화 전략을 제시한 연구들이 있다(Covaleski et al., 2003: 325-355; Suddaby & Greenwood, 2005: 35-67; Vaara et al., 2006: 789-810). 이들 연구는 앞서 언급한 애스포스와 깁스(Asforth & Gibbs, 1990: 177-194)의 상징관리와 밀접한 활동들이다. 코발레스키 외(Covaleski et al.)의 연구는 재제도화에 관한 연구로서 5대 회계법인이 관할권(회사 내부감사라는 새로운 조직 업무 도입)의 확보를 둘러싼 논쟁에서 수사적 방법(지구화, 시장의 힘, 고객 중심, 전문지식, 고품격의 서비스와 같은 지구적 지식 전문성에 관련된 수사들을 동원해)으로 그에 대한 반대를 극복하고 결국 전문직업의 전문성의 성격을 재규정(재제도화)했다는 점을 밝혀냈다. 코발레스키 외의 연구와 유사하게, 서드데이비와 그린우드(Suddaby & Greenwood)의 연구에서는 회계 업무만을 전담하던 회사가 법률회사를 합병해 법률 업무까지 담당하게 되는 과정에서 그것의 인지적 정당성의 발전에 대한 찬반론자들의 논쟁에서 나타나는 수사 전략을 검토한 바 있다. 설득의 예술인 수사 전략은 두 가지인데 하나는 제도적 용어 사용 전략이고 다른 하나는 이론화다. 전자에 속하는 구체적인 전략으로는 두 가지인데 전문직업주의에 대한 역사적 이해에서 사회적 수탁인 모형(핵심 가치와 윤리를 보유한 전문가가 수행해야 한다는 것과 같은 도덕적 정당성 용어 사용) 한 가지와 다른 한 가지로 전문성 모형(신탁자의 편의를 도모한다는 것과 같은 실용적 정당성에 관련된 용어 사용)이 있다. 후자에 속하는 구체적인 전략으로는 목적론적(신성한 목적이나 궁극적 목적을 수행한다는), 역사적(업무의 전통과 역사를 존중하고 변화를 추구하더라도 점진적으로 해야 한다), 우주론적(어찌할 수 없는 자연적·보편적 법칙 속에 들어가야 한다는), 존재론적(회계 업무와 법률 업무의 공존 여부에

---

12) 윤견수(1997: 93-109)의 논문은 조직 정당성의 보수에 관한 것으로 간주된다. 이 논문은 한국교총이 1987년 한국 사회의 민주화 시작 이후부터 재제도화되는 과정, 즉 한국교총이 기존의 국가(교육부)라는 제도적 환경에 동조하다가, 민주화 시작 이후 전교조와 그것을 지지하는 다른 제도적 환경이 출현하면서 그 영향을 무시할 수 없게 되자, 즉 두 가지 제도 환경의 논리들 간 충돌 속에서 그 둘을 모두 흡수하는 방향에서 자신을 새롭게 정당화해 나가는 과정에서 취한 활동들을 분석한 것이다. 그 활동들은 정당화 활동으로서 정관 변경을 통해 다양한 고객에게 조직활동의 정당성을 호소, 조직 정체성의 구체화(전문직 교직단체, 교직원 이익단체), 경계부서의 확대, 조직관리의 이원화(명목적 대 실질적, 혹은 상설화된 형태 대 비상설화된 형태), 토론부서의 활성화와 집단결정 체제의 도입이다.

관련된), 그리고 가치론적(범사회적 가치의 구현이라는 주장을) 전략이 있다.

한편 바라 외(Vaara et al.)의 연구는 정당성을 담론 속에서 구성되는 수용성으로 규정하고, 지구촌 산업 재구조화(restructuring)에 관련해 매체가 사용한 담론적 정당화 전략을 제시하는데, 그 다섯 가지 전략은 정상화(정상적인 예들에 준거, 그리고 자연적인 기능이나 행태에 준거), 권위 부여(전통이나 관습이나 법의 권위에 준거), 합리화(제도화된 사회적 행동의 유용성에 준거, 그리고 사회가 인지적 정당성 형성을 위해 사용한 지식에 준거), 도덕화(구체적인 사회적 가치 체계에 준거), 담화(극적으로 꾸미는 이야기에 준거)다. 이와 같은 바라 외의 담론 전략에 대한 논의가 이뤄진 후 골란트와 실린스(Golant & Sillince, 2007: 1149-1167)는 조직(에이즈 치료)의 창설자가 만들어 낸 이야기와 담화가 실용적·도덕적 정당성뿐 아니라 인지적 정당성의 구성에 중요한 역할을 했다는 사례연구를 수행했다. 이 연구는 정당성 구축을 위한 담화 형성 과정(목적, 자원, 지식 구성)을 구체적으로 밝혀냈다는 데 의의가 있다. 실린스와 브라운(Sillince & Brown, 2009: 1829-1856)은 경찰조직의 정당성의 구성을 위해 경찰 웹사이트에서 이뤄지는 수사적(rhetoric) 방법(모호한 발언들)이 사용되고 있음을 분석했다. 더욱 최근에는 랜다우 외(Landau et al., 2014: 1321-1345)가 정부연구 개발조직의 심각한 변화 과정에 대한 사례연구(참여관찰)를 수행한 바, 문화적·해석적 담화가 조직 변화의 정당성 형성에 중요한 역할을 수행한다는 것을 밝혀냈다. 즉, 담화가 조직의 유산을 표현하기도 하고, 과거의 담화는 좀 더 최근의 새로운 담화에 어떤 여지를 남기며, 다수의 경쟁적 담화가 각기 다른 조직행위자들에 의해 사용되고 있고, 조직의 변화와 생존을 위한 담화가 전개되었다고 그들은 밝혔다.[13]

이상과 같이 살펴본 정당화 활동 유형은 정당성 획득, 유지 및 확대로 규정할 수 있고 정당성 방어와 보수는 정당성 유지에 포함시켜 논의할 수 있을 것으로 보인다. 이들 정당화 활동은 정당화 대상인 조직이나 그 조직의 공식구조와 같은 것들을 정당화하는 경우 초기부터 후기에 이르기까지 어떤 일련의 과정으로, 즉 정당성 획득, 유지(방어

13) 하민철(2008: 217-265)은 조직마다 능동적으로 정당성 확보 논리를 선택할 수 있고 정당성 확보를 통해 성장한다고 주장한다. 즉, 조직은 나름의 프레임(해석 체계, 국가와 같은 지배집단의 정당성에 대한 부정적 혹은 긍정적 인식, 마스터 프레임인 조직의 주요 목표, 이슈 프레임인 조직 활동 분야, 정체성 프레임인 운동 대상인 그들 대 운동 주체인 우리, 진단 프레임인 환경오염 원인과 책임 소재, 처방 프레임인 행동전략)을 구성하고 그것을 변화시켜 정당성 확보를 위한 행동 전략을 달리 선택한다. 이러한 활동은 담화적 전략에 속한다. 하민철은 그러한 정당성 확보 전략의 행사와 그것을 통한 성공의 예로 한국의 환경운동연합과 그 전신인 공해문제연구소 및 공해추방운동연합의 활동을 분석했다.

및 보수 포함), 확대의 과정으로 배열할 수 있을 것이다. 다음으로 정당화 전략은 매우 다양한데[14] 위에서 살펴본 것처럼 애스포스와 깁스(Asforth & Gibbs, 1990)는 내용관리와 상징관리를 제시했고, 서치맨은 정당성 획득 전략 세 가지, 정당성 유지 전략 두 가지, 그리고 정당성 보수 전략 세 가지를 제시했을 뿐 아니라 그것들을 더 세분해 제시하기도 했다. 그리고 담론(담화)전략이 개발되었는데 수사는 담론 전략의 하나에 속한다. 이러한 다양한 전략은 각 조직이 처한 문제와 그것을 둘러싼 맥락에 따라 적절하게 선택해 사용할 필요가 있다.

제 5 절 정당화 과정과 제도화 과정

이상과 같이 조직의 정당성 획득, 유지, 보수, 확대와 같은 정당화 활동과 전략을 살펴보았으나 정당화 과정은 일련의 연속적 과정으로 규정할 수 있고, 그것은 제도화(또는 탈제도화나 재제도화) 과정과 결부시킬 수 있으며, 연속적 과정 중 특정의 과정에서 특정의 정당성 유형이 존재한다는 점이 논의되어 왔다. 여기서는 이들 주제에 관련된 주요 문헌들을 검토해 보기로 한다.

톨버트와 주커(Tolbert & Zucker, 1996: 175-190)는 버거와 루크만(Berger & Luckmann, 1967)의 제도화 과정을 정교화하는 가운데 제도화 과정을 혁신 창조-습관화-객관화-침전화로 구별하고 이들 과정 중 객관화를 형성하기 위한 방안으로 이론화를 전개하는데, 그 이론화가 바로 정당화 활동이라고 주장한다. 이 전체 과정에서 혁신(예로서 인터넷 사용) 창조는 기술 변화, 입법, 시장의 힘에 의해 발생한다. 그리고 비교적 소수의 조직이 특정의 문제를 해결하기 위해 그 혁신을 채택해 특정의 구조로 설치하는 경우 습관화 단계가 형성된다. 이 단계는 제도화 전단계로 명명된다. 세 번째 단계인 객관화는 준제도화 단계로서 이 단계에서는 혁신이 좀 더 영속적이고 넓은 범위로 확산된다. 조직의 의사결정자들 사이에 혁신의 가치에 대한 사회적 합의가

14) 심지어 역설적인 전략도 있다. 즉, 급진적인 사회운동조직이 조직의 지명도를 높임으로써 환경으로부터 주의를 끌기 위해 불법적인 행동을 감행하고, 그 다음 인상관리와 제도적 규칙과의 조화를 통해 자신의 정당성을 확보한다(Elsabeth & Sutton, 1992: 699-738).

이뤄지고 더 많은 조직이 그 혁신을 채택해 나아간다. 이 단계에서는 두 가지 활동, 즉 조직의 점검 활동(새로운 혁신의 효용성에 관한)이 발생하고 이론화 활동이 전개된다. 그 효용성이 입증될 때 새로운 혁신을 창조하는 것보다 그것을 모방, 채택하는 것이 비용이 적게 들기 때문에 여러 조직이 그 새로운 혁신을 채택한다. 이때 실용적 정당성을 구축하게 된다.

이론화 활동은 마이어와 스코트(Meyer & Scott, 1983: 201)의 이론화 활동에 기초하는데, 조직의 문제를 설정하고 그 해결책으로서 특정의 공식구조를 설치할 것을 정당화하는 작업이다. 이 정당화 활동에서는 그 공식구조에 대해 일반적인 인지적·규범적 정당성을 부여한다. 이러한 이론화 작업, 즉 정당화 활동이 증가될 때 공식구조가 더 확산되고 제도화되어 나아간다. 그러나 이 단계는 아직 충분한 제도화 단계 이전 단계로서 조직들이 그 공식구조의 효과성에 관해 계속 점검하는 과정에 놓인 시기다. 제도화 과정의 마지막 단계는 충분한 제도화 단계인데 이 단계에서는 공식구조가 가져오는 긍정적 결과가 나타나고, 공식조직에 대해 부정적인 견해를 가진 이익집단의 주장보다는 긍정적인 견해를 갖고 옹호하는 이익집단이 우세할 경우 그 공식구조가 공고화되고 침전되어 공식구조가 영속화된다. 따라서 이 단계에서는 정당화 활동인 이론화 활동이 준제도화 단계에서보다는 낮은 편인데 이는 정당화가 덜 필요하기 때문이다. 이와 같이 톨버트와 주커(Tolbert & Zucker, 1996: 175-190)는 제도화 전체 과정 중 하나인 준제도화(객관화) 단계에서 정당화(이론화)가 높은 수준으로 이뤄지지만 충분한 제도화 단계에는 낮은 수준의 정당화가 이뤄진다고 주장했다.

한편 존슨 외(Johnson et al., 2006: 53-78)는 정당화 과정을 혁신 창조, 국부적(local) 타당화, 확산, 그리고 전반적 타당화와 같이 4개의 연속적 단계로 나누고 있는데 이는 하나의 혁신이 제도화되는 과정과 결부되어 있다([그림 1-2]). 정당화 과정을 좀 더 구체적으로 살펴보면 첫 번째 단계인 혁신 창조 단계에서는 행위자들이 국부적 수준에서 어떤 욕구나 목적을 위해 혁신을 창조하는 단계다. 예를 들면, 지방정부 조직이 연방정책에 부응하기 위해 새로운 절차를 수립하는 경우 혹은 소규모 조직이 성과 증진을 위해 새로운 조직화 방식을 개발하는 것이다. 그러한 혁신 중 어떤 것은 정당성을 획득하지 못하는 반면 다른 어떤 것은 좀 더 큰 범위의 문화적 조망의 일부로 인정받아 초기의 국부적 수준 이외의 행위자들로부터 인정을 받는다. 두 번째 단계인 국부적 타당화 단계는 이러한 국부적 맥락에서 혁신이 인정을 받도록 노력하는 단계다.

그림 1-2 정당화 과정

혁신 창조 →	국부적 타당화 →	확산 →	전반적 타당화
• 실용적 정당성	• 명시적 정당화 • 실용적 정당성	• 덜 명시적인 정당화 • 실용적 정당성 (초기 채택자들) • 형식적 정당성 (후기 채택자들)	• 공유된 문화 • 인지적 정당성

출처: Johnson et al.(2006: 53-78).

즉, 국부적 수준의 행위자들은 그 혁신이 현재 널리 인정받는 신념, 가치 및 규범, 즉 문화적 틀(예를 들어, 능률성)에 일치한다고 주장하고 그에 대한 설명을 수행함으로써 국부적 합의와 타당성을 확립하는 것이다. 첫 번째 및 두 번째 단계에서는 실용적 정당성이 강조된다. 국부적 타당화가 이뤄진 후 혁신이 국부적 수준을 넘어서서 다른 국부적 행위자들에게까지 확산되는데 이때가 세 번째 단계인 확산 단계다. 하나의 혁신이 사회에서 널리 추구되는 목적(예를 들어, 능률성)에 부합하는 것으로 인식되는 경우, 다른 국부적 행위자들이 그것을 즉각 채택함으로써 다른 많은 국부적 맥락으로 널리 확산된다. 일단 확산 추세가 형성되면 첫 번째 및 두 번째 단계에서보다 정당화 활동이 적어진다. 후기 채택자들은 그 혁신을 하나의 사회적 사실로 수용하고 그것이 유용하지 않더라도, 즉 기술적 능률성이 취약하더라도 정당성 확보를 위해 채택하는데 이는 형식적(formal) 정당성을 보유하기 위해서다.[15] 마지막 네 번째 단계는 전반적 타당화 단계로서 혁신의 확산의 결과로 인해 여러 국부적 맥락들 사이에 걸친 대부분의 행위자가 그 혁신에 대해 수용할 만한 것이라는 신념을 보유한다. 이때 그 새로운 혁신은 사회에서 당연한 것으로 받아들여짐으로써 인지적 정당성을 보유하게 되고, 기존의 공유된 문화의 일부 또는 현상 유지의 일부가 됨으로써 국부적 타당화만 보유한 혁신에 비해 쉽게 대체되지 않는다. 이와 같이 하나의 혁신을 창조하고 그것을 국부적 사회뿐 아니라 그보다 광범한 범사회에까지 확산시켜 타당성을 획득하는 과정은 바로 제도화 과정이며, 앞서 언급된 돌링과 페퍼(Dowling & Pfeffer, 1975: 122-136)의 두 번째 전

15) 형식적 정당성은 요식적인 제도 설치, 즉 채택한 제도로부터 기술적 능률성을 보호하기 위해 시도한 단절(decoupling)을 의미한다.

략(사회의 가치를 창조하거나 변화시킴)에 해당한다. 존슨 외는 이와 같은 정당화 과정을 사회적 과정으로 묘사하고 그 과정을 신분(계층)의 정당화 과정과 조직 형태(예술 분야의 영리 및 영리)의 정당화 과정에 적용했다.

다른 한편 그린우드 외(Greenwood et al., 2002: 58-80)는 제도 변화에 관한 이론화 모형, 즉 기존의 제도가 새로운 제도로 바뀌는 탈제도화 및 재제도화 모형을 제시하는 가운데 그 변화 과정 속에 존재하는 정당화 활동과 정당성 유형을 제시한다([그림 1-3]). 탈제도화 및 재제도화 모형 속에는 6개의 순차적 과정이 존재한다. 첫 번째 과정은 충격 촉발 과정으로서 기존 관행을 흔드는 사건들인 급격한 충격(예를 들어, 사회적 동요, 기술의 붕괴, 규제의 변화)이 발생하는 단계다. 이러한 충격이 발생할 때 두 번째 과정인 탈제도화 과정, 즉 기존의 제도화된 구조나 실천이 힘을 잃는 동시에 새로운 구조가 탄력을 받게 되는 과정이 발생한다. 이 두 번째 과정에서는 새로운 구조를 옹호하는 새 인물들이 등장하고 또한 기존의 어떤 부류의 행위자들도 가담하며, 특히 강력한 제도 행위자(entrpreneurship)가 등장한다. 이들 제도 행위자는 새로운 아이디어와 변화 가능성을 도입하는데 조직의 장 수준에서 사회적으로 구성되었던 기존의 합의(특정 구조나 실천에 관한)를 무너뜨린다.

그림 1-3 제도 변화의 단계

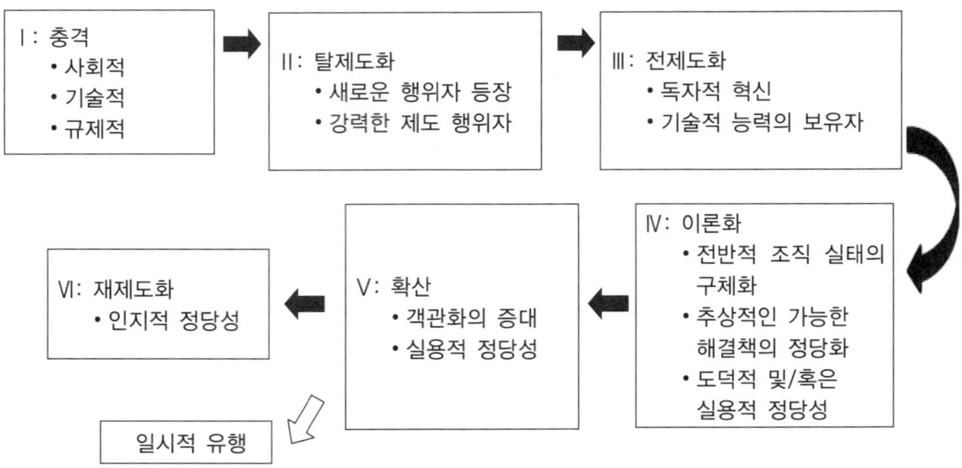

출처: Greenwood et al.(2002: 58-80).

세 번째 과정은 톨버트와 주커(Tolbert & Zucker, 1996: 175-190) 모형의 전제도화 단계에 해당하는데, 이 과정에서 조직은 국지적인 문제로 인식된 것을 풀기 위한 기술적 해결책을 독자적으로 혁신하고 추구한다. 그러나 이 단계에서는 기술적 혁신을 도입하는 것에 머물고 있을 뿐 아직은 그것에 관한 개념화와 구체화 작업은 진행하지 않는다. 물론 그것이 문제 해결을 위한 실용적 정당성을 함축하고는 있다. 그러한 작업은 네 번째 과정, 즉 이론화 과정에서 진행되는데 전반적인 조직 실패에 관한 구체화 활동, 국지적 문제를 해결하기 위한 가능한 해결책(혁신)에 대한 정당화 활동, 그리고 도덕적 정당성(기존의 규범에 맞춤)이나 실용적 정당성(기능적 수행을 보여줌)의 구축 활동을 전개한다. 이 이론화 작업은 바로 앞서 언급된 마이어와 스코트(Meyer & Scott, 1983: 201)가 말하는 정당화 활동에 해당하는 것으로서 이는 새로운 아이디어에 정당성을 부여하는 것이다. 다섯 번째 과정은 확산 과정으로서 혁신이 확산됨에 따라 객관화되어 가고 그것의 실용적 가치에 관한 사회적 합의가 증가된다. 그로써 그 혁신은 더욱더 확대되고 그에 수반해 그것의 실용적 정당성 역시 더욱더 확대되어 간다.[16] 이들 네 번째 및 다섯 번째 과정을 통합한다면 그것은 톨버트와 주커(Tolbert & Zucker, 1996: 175-190) 모형의 준제도화 단계에 해당한다. 마지막 단계인 여섯 번째 단계는 톨버트와 주커(Tolbert & Zucker, 1996: 175-190) 모형의 충분한 제도화 단계에 해당하는 것으로서 다수의 조직이 혁신을 채택함으로써 그 혁신에 대한 인지적 정당성을 부여하는 단계다. 즉, 혁신이 당연성을 획득한 상태, 즉 자연스럽고도 적절한 하나의 제도로 충분히 구축된 상태다. 이상과 같은 그린우드 외(Greenwood et al., 2002: 58-80)의 모형에서 이론화 작업의 인식적 기반은 사회적 구성이론에 있다. 즉, 규제기관인 국가나 전문직업협회들이 이론화 과정에서 매우 중요한데 이는 그것들이 공유된 의미와 이해의 형성과 재생산을 가능하게 하기 때문이다. 그린우드 외는 이들 규제기관 중 전문직업협회들을 선정해 그것들의 중요한 역할(조직들이 상호작용하는 가운데 이견을 조정하고 활동 영역을 규정하는 등 스스로를 집합적으로 대표하는 등)을 가정하고 캐나다의 앨버타 주 공인회계사협회들을 사례[17]로 들어 연구한 바 있다.

16) 그러나 어떤 혁신은 재제도화 단계에까지 이르지 못하고 변덕이나 유행(fads and fashions)으로 끝나버리기도 한다.

17) 변화의 추구, 즉 혁신의 도입을 예로 들면 회계회사들이 영토 확장, 즉 전통적인 업무인 감사 및 회계, 세무, 파산 이외에 조직관리 자문 서비스 인수 합병과 같은 업무를 확대해 온 것이다.

이상과 같이 하나의 혁신을 포함한 사회적 대상이 정당화되는 과정을 주요 학자들의 모형을 통해 살펴보았다. 톨버트와 주커는 제도화의 객관화 단계에서는 정당화 활동인 이론화가 높은 수준으로 이뤄지는 가운데 실용적, 인지적, 규범적 정당성을 적극적으로 부여하지만 그 다음 단계인 충분한 제도화 단계에는 이러한 활동이 낮은 정도로 이뤄진다고 주장했다. 톨버트와 주커가 주로 제도화의 특정 단계에서 정당화를 논의했다면, 존슨 외는 정당화의 전 과정을 하나의 주제로 삼고 논의함으로써 정당화의 각 수준에 따른 각 과정을 제시하고 각 유형의 정당성을 제시했다. 한편 그린우드 외의 논의는 존슨 외의 정당화 논의보다 이전에 이뤄졌지만 탈제도화 및 재제도화 과정뿐 아니라 그 과정에서 이뤄지는 정당화 과정을 제시함으로써 정당화 논의를 풍부하게 만들었다. 이와 같이 이들 세 연구가 약간 다르기는 하지만 전반적으로는 큰 차이를 발견하기는 힘들다. 즉, 이 세 연구를 유사한 것으로 보고 종합하는 것이 가능한데, 첫째, 정당화는 제도화 과정과 밀접한 관계에 있고, 둘째, 정당화는 제도화의 초기 단계부터 마지막 단계까지 지속적으로 관련되며, 셋째, 정당화는 특정의 사회적 대상이 제도화되는 과정에서 이뤄지는 지식 생산, 가치 형성 및 지지 확보로서의 이론화이고, 넷째, 제도화나 정당화의 전기 단계에서는 주로 국부적 행위자들에 의한 실용적 정당성과 도덕적 정당성(특히 실용적 정당성)이 형성되고, 후기 단계에 이르러서는 인지적 정당성이 형성되는 모습을 엿볼 수 있다.

제 6 절 정당성 및 정당화에 관련된 쟁점들

지금까지 이 글에서는 특정의 공식구조나 행위가 조직에 의해 채택되고 그들 사이에 확산되는 과정에서 정당성을 획득하게 되는 점에 대해 논의했다. 이를 위해 정당성의 개념, 정당성의 유형, 정당화 주제(대상) 및 주체(행위자), 그리고 정당화 활동 유형 및 전략을 살펴보았으며, 나아가 정당화 과정에 대한 논의와 그 과정을 제도화 과정과 결부지어 논의한 문헌들을 검토하고 정리했다.

여기서는 이들 정당성 및 정당화에 관련된 주제 중 몇 가지 쟁점에 관해 논의해 보고자 한다.

첫째, 어떤 정당화 주제(대상)를 정당한 것으로 인정하는 사회의 종류의 문제다. 예를 들어, 어느 나라는 공식적 제도로 사형 제도를 보유하지만 다른 나라는 보유하지 않는다. 그리고 어느 나라에서는 동성애가 합법이지만 다른 나라에서는 불법이다. 이와 같은 법적 다원주의가 인정될 경우(Deephouse & Suchman, 2008: 57), 특정 사회에서는 정당한 것이 다른 사회에서는 부당한 것이 되므로 정당성을 결정하는 사회의 종류가 문제시된다. 이때 무한한 상대주의로 빠질 것인가 아니면 제한된 범위 내의 상대주의로 빠질 것인가가 문제로 떠오른다. 오늘날에는 후자가 인간의 생명이나 자유 또는 복지와 같은 기본권을 저해하지 않는다는 조건 하에 인정되는 듯하다.

둘째, 공식적으로는 정당하지 않지만 비공식적으로는 정당화되고 제도화된 사회적 대상의 정당성 여부에 관한 문제다. 즉, 사기, 뇌물 수수, 조직 범죄, 정치적 부패는 공식적으로는 정당성을 부여받지 못하지만 제도화될 수 있다(Deephouse & Suchman, 2008: 56-57)). 다시 말하면, 어떤 사회 체계 안에서는, 조직 범죄 네트워크나 특정 국가의 정치·사회적 병리들이 사실상(즉 비공식적으로) 정당한 것으로 인정되는 경우가 있다. 예를 들어, 어느 나라에서는 경찰관에게 뇌물을 주는 것이 통한다. 이는 그 사회에서 비공식적으로는 실용적 의미에서(유용한), 그리고 인지적 의미에서(당연한), 그리고 때로는 도덕적 의미에서(윤리적으로 허용된) 정당한 것이다. 하지만 어느 사회가 부패를 비공식적으로는 정당한 것으로 수행하면서도 공식적으로는 그것을 차단하려는 지속적인 노력을 기울이는 경우가 있다. 그렇다면 비공식적인 관행의 정당성은 인정될 수 없고 부당하다고 간주해야 할 것이다.

셋째, 어느 시점에서 잠재적 정당화 주체들을 무시하고 제거할 것인가의 문제다. 예를 들어, 사형 제도를 설치한 국가는 그것을 반대하는 종교집단을 부당한 주체로 취급하고 탄압의 대상으로 삼을 것인가의 문제다. 사형 제도가 존치된 국가에서 그에 관한 의견이 분분한 경우, 그 종교집단은 현재는 부당한 정당화 주체로 취급되지만 사형 제도가 폐지될 경우에는 정당한 정당화 주체가 되고, 따라서 폐지되기 직전까지는 잠재적 정당화 주체로 볼 수도 있다. 나중에 정당한 정당화 주체가 될 수 있을 것으로 예상될 때 그 사회는 그 주체를 다원주의적 시각에서 존치해도 무방할지 모른다. 그러나 비공식적인 세계를 장악하는 자들, 예를 들어 부패 구조를 형성하고 실천하는 자들도 잠재적 정당화의 주체로 삼을 것인가의 문제다. 위의 둘째에서 마지막으로 논의된 바에 의하면, 이들은 잠재적 정당화 주체로조차 간주될 수 없을 것이다.

넷째, 각 정당성 사이의 충돌 문제다. 앞서 다양한 정당성 유형을 서치맨의 정당성 유형들(실용적 정당성, 도덕적 정당성 및 인지적 정당성)로 압축해서 분류한 바 있는데, 이들 유형 간의 충돌, 예를 들어, 혁신을 후기에 채택한(예로서 기업이 채택한 사회적 공헌) 어느 조직이 인지적 정당성을 보유하지만 그 조직이 그것을 요식적 행위로만 여기고 조직의 다른 구조나 관행의 실용적 정당성(예로서 능률성)을 추구하는 경우 두 정당성 간 충돌이 발생할 수 있다. 그 경우 그 둘을 단절(decoupling)하는 조치를 취해 충돌을 방지해야 한다고 전통적으로 주장되어 왔다(Meyer & Rowan, 1977: 340-363). 하지만 그 요식적 행위를 비판하는 일단의 규제자들이나 다른 비판자들이 존재할 경우 인지적 정당성과 실용적 정당성 간의 충돌을 면할 수 없다. 또한 조직이 채택한 그 혁신(예로서 비정규직)에서 자신들의 실용적 정당성만을 추구할 경우 도덕적 정당성(예로서 비정규직 직원의 복지)을 소홀히 할 수 있는데, 그에 대해 도덕적 정당성을 기대한 국가, 전문직업협회 또는 언론 매체들은 그 조직을 도덕적 정당성이 취약하다고 비판할 것이다.

다섯째, 앞서 언급했듯이 제도화 과정에서 나타나는 각 정당성 유형 중 어느 단계에서 어느 것을 더 중시하게 되는가의 문제다. 앞서 기존 문헌을 검토해 보면, 제도화나 정당화의 전기 단계에서는 주로 국부적 행위자들에 의한 실용적 정당성 및 도덕적 정당성(특히 실용적 정당성)이 강조되지만 후기 단계에 이르러서는 인지적 정당성이 형성되고 강조되는 모습을 엿볼 수 있다. 그러나 이는 너무 단순하고 도덕적 정당성의 위치를 큰 고려 없이 설정한 것은 하나의 문제다. 그리하여 이들 과정에 중간 단계를 설정해 그곳에 도덕적 정당성을 위치시킨다면 적절할 것으로 보인다. 왜냐하면, 국부적 행위자가 그들의 문제를 해결하기 위해 특정의 혁신을 창조하거나 도입해 자신들의 문제를 해결하고 그럼으로써 다른 국부적 행위자에게도 그것을 전파하는 한편 그 다른 국부적 행위자들이 채택하는 경우, 그 혁신은 실용성뿐 아니라 도덕성, 즉 국부적 행위자들을 넘어서는 사회 전체에 바람직한 가치 체계로 정의된 사회 복지를 증진하기 때문이다. 이는 앞서 언급된 서치맨의 정당성 유형에서 도덕적 정당성이 좁은 범위의 자기 이익보다는 사회 전체의 이익 논리에 가깝다는 것을 반영한다.

여섯째, 정당화 과정이나 제도화 과정에 배열된 각 정당성 유형은 오로지 그것만이 특정 단계에 존재하는 것인가 아니면 다른 정당성 유형에 비해 상대적으로 지배적인 것으로 간주되는 것인가의 문제가 있다. 앞서 언급된 존슨 외의 정당화 과정 모형에서는 실용적 정당성이 국부적 타당화 단계, 그리고 확산 단계에서 제시되고, 형식적 정당성은 확산 단계에서, 그리고 인지적 정당성이 전반적 타당화 단계에서 제시되었다. 그리고 그린우드 외의 탈제도화 및 재제도화 과정에서는 세 번째 단계에서 실용적 정당성이 제시되고, 네 번째 단계인 이론화 단계에서 문제 해결책이 제시되는 가운데 실용적 정당성이나 도덕적 정당성(혹은 그 둘 다)이 제시된다. 그리고 실용적 정당성은 확산 단계에서도 제시되며, 마지막 단계인 재제도화 단계에서 인지적 정당성이 제시된다. 여기서 보기에 각 정당성 유형은 각 단계에서 상대적으로 지배적인 것이지 특정 단계에 특정 유형의 정당성만이 존재하는 것은 아닌 것으로 보인다. 예를 들어, 존슨 외의 이론화 단계에서 시작하는 실용적 정당성은 확산 단계에서 더 강화된다고 보이며, 그러나 마지막 단계에서는 인지적 정당성이 더 지배적이고 실용적 정당성은 덜 지배적인 것으로 보인다. 그리고 인지적 정당성은 이론화 단계에서 가장 약하고 그 다음 단계인 확산 단계에서 좀 더 강화되고 마지막 단계에서는 완전히 구축된다고 보다.

제 7 절 요약 및 결론

지금까지 이 장에서는 정당성 및 정당화에 관한 문헌들을 검토하면서 정당성의 개념 및 기능, 정당성의 유형, 정당화 활동 유형 및 전략을 제시하고 정당화 과정을 제도화 과정과 결부지어 논의했다. 또한 정당성에 관한 이들 주요 주제를 검토하는 가운데 나타난 중요 쟁점을 발굴해 그에 관해 논의했다. 이러한 검토와 논의를 요약, 제시하면 다음과 같다.

첫째, 조직 정당성은 사회적 실재에 대한 구성의 문제로서 사회적 대상을 문화적 신념, 규범 및 가치에 일치하도록 해석한 것이고, 이는 집합적 과정을 통해 이뤄지며, 인지적 차원, 규범적, 처방적 차원을 보유한다. 그러한 사회적 구성 과정은 옳은 것으로 인정되고 수용됨으로써 정당한 것이 된다. 그리고 이 문화적 신념, 규범 및 가치는 국부적 상황의 행위자들뿐 아니라 광범위한 공동체의 행위자들에 의해 공유된다. 또한 정당성은 개인들의 행동이나 지각을 통해 매개되지만 근본적으로는 집합적 과정이다. 정당성은 사회적 청중들의 현존을 통해, 그리고 그들에 의존해 발생한다. 한편 정당성의 인지적 차원은 행위자들에 대해 특정 대상을 타당하고 객관적인 사회적인 것으로 구성하고 규범적 차원은 그 대상을 옳은 것으로 규정하며, 처방적 차원은 그것을 실천에 옮겨야 하는 것으로 권장한다.

둘째, 조직이 정당성을 확보했을 경우 많은 이점을 누린다. 조직 정당성은 조직의 신뢰성을 증대시켜 주고 다양한 청중들로 하여금 조직에 대한 긍정적인 평가를 하도록 해준다. 이러한 긍정적인 요소들은 조직의 자원 확보와 생존에 기여하고, 조직 효과성을 증진시켜 줌은 물론 결국에는 조직의 성장을 도모해 준다. 이러한 조직 정당성의 이점들로 인해 많은 조직이론가와 실천가가 조직 정당성에 관심을 가진다.

셋째, 조직 정당성은 다양한 유형으로 분류되어 왔다. 조직 외부인에 의해 형성된 외적 정당성과 내부인에 의해 형성된 내적 정당성을 비롯해, 조직의 외부에 있는 다양한 사회정치적 행위자들의 요구를 충족시키는 사회정치적 정당성, 그들의 규제 요구에 부응하는 규제적 정당성, 그리고 가장 널리 언급되는 실용적 정당성, 규범적 정당성 및 인지적 정당성이 있다. 특히 서치맨의 세세한 정당성 분류는 정당성 분류에 많은 자극과 시사점을 던져주고 또한 그가 크게 분류한 정당성 유형 세 가지(실용적, 규범적 및 인지적 정당성)는 많은 정당성 유형을 압축하는 데 유용하다. 아치볼드(M. E. Archibald)가 주장하듯이 사회정치적 정당성과 규제적 정당성을 동일한 것으로 취급할 수 있고 또한 그것을 실용적 정당성에 포함시킬 수 있다. 즉, 조직의 활동에 영향력을 보유하고 이해 관계를 가진 주주, 주민 또는 국가와 같은 사회정치적 행위자들은 규제력을 행사하려고 할 것이고, 이들 세력에 동조해 발생하는 사회정치적 정당성은 행위자들의 이해, 즉 그들의 실용적 욕구를 함축한다.

넷째, 정당화 주제(대상)는 조직 그 자체뿐 아니라 조직의 다양한 구조와 실천 등이고 정당화 주체는 국가와 전문직업인 및 대기업과 같은 강력한 조직 외부의 제도행위자, 조직의 일반 참여자, 사회운동조직, 매체 및 조직 간 관계가 있다. 이들 각 행위자가 정당화 활동에서 발휘하는 능동적 행위의 정도는 특정 시대의 특정 사회의 여건에 따라 달라진다. 예를 들어, 시민사회가 상당히 발달된 특정 사회의 특정 시대에 환경운동연합과 같은 사회운동조직이 환경 정당성을 형성하는 데 중요한 역할을 수행할 수 있다.

다섯째, 정당화 활동은 정당성 형성 활동으로 통칭할 수 있고 그것을 세분하면 정당성 획득, 유지(방어 및 보수 포함), 확대로 구별된다. 정당성 획득은 새로운 실천, 특히 전례가 없는 실천에 관한 전반적인 수용을 획득하는 것이다. 정당성 방어는 정당성 위기 시에 또는 정당성 보수는 정당성이 손상된 경우 정당성을 보존하려는 것으로서 정당성 유지의 하위 유형에 속한다고 보인다. 정당성 확대는 기존의 정당성을 증가시키는 것으로서 정당성의 유지 상태에서 이뤄지는 활동이다.

여섯째, 정당화 전략들은 매우 다양한데 이들을 분류하면 크게 동조와 전략적 대응 둘로 구별되지만 내용관리, 상징관리, 담화전략 등 무수하다. 동조 전략은 조직이 기존 제도적 규칙에 순응하는 것이고 전략적 대응은 조직이 제도적 압력에 대해 다양한 정도로 반응하는 가운데 구사하는 전략이다. 서치맨은 정당성 유형을 매우 상세하게 분류, 제시했을 뿐 아니라 정당성 획득 전략 세 가지, 정당성 유지 전략 두 가지, 그리고 정당성 보수 전략 세 가지를 제시하고 그것들을 더 세분해 제시함으로써 정당화 전략 연구에 많은 시사점을 던져주고 있다. 따라서 향후의 연구에서는 이들을 참조할 필요가 있고, 나아가 최근 수년 동안 개발된 수사 및 담화 전략에 관해서도 관심을 갖고 연구 주제의 상황에 적절하게 응용하고 더욱 개발할 필요가 있을 것이다.

일곱째, 정당화 과정은 몇 가지 단계로 구별되고 이는 제도화 과정과 밀접하며 각 단계에서는 특정의 정당성이 강조된다. 즉, 정당화는 초기의 혁신 단계, 중간 단계에서의 국부적 타당화 및 확산을 거쳐 말기에 이르러서는 일반적 타당화의 과정을 거치는데 이러한 과정은 초기의 전제도화 단계에서부터 중기의 준제도화를 거쳐 말기의 충분한 제도화에 이르는 제도화 과정과 밀접한 관계를 가진다. 그리고 각 단계에서는 특정의 정당성 유형이 상대적으로 비중이 있게 나타나는데, 초기에는 실용적 정당성이, 중기에는 도덕적 정당성이, 그리고 말기에는 인지적 정당성이 지배적인 것으로 전개된다.

끝으로, 정당성과 정당화에 관련된 몇 가지 쟁점으로서는 정당화 주체의 범위, 비공식적으로 제도화된 행위의 정당성 여부, 잠재적 정당화 주체의 인정 여부, 각 정당성 유형 간의 충돌, 정당화의 각 단계에서 각 정당성 유형의 상대적 비중 등의 문제가 존재한다. 정당화 주체의 범위 문제를 해결하는 데 중요한 것은 극단적 상대주의로 빠지지 않거나 반인류적 행위의 정당화 집단을 인정하지 않는 것이 중요하다. 그리고 비공식적으로 제도화된 행위도 그와 유사한 관점에서 대처할 필요가 있다. 잠재적 정당화 주체는 그가 주장하는 것이 반인륜적이지 않을 경우 제도 다원주의의 시각에서 용인할 필요가 있을 것이다. 각 정당성 간 충돌 역시 난제인데 딜레마에 대응하는 방식으로 대응하거나 아니면 타협적 방식으로 그 상충 정도를 해소할 수밖에 없을 것이다. 정당화의 각 단계에서 각 정당성 유형의 상대적 비중 문제는 위의 여섯 번째에서 다룬 것인데 그것은 이 문제에 대한 일종의 해결책이라고 보아도 무방하다.

이상과 같이 조직 정당성에 관련된 많은 주제를 기존의 문헌들을 통해 조명하고 몇 가지 쟁점을 제시하고 해결 가능성을 모색해 보기도 했으나 우리나라에서 아직 일천한 연구 수준에 머물고 있는 이 분야의 각 주제들은 향후의 많은 연구자에 의해 더 검토되고 논구될 필요가 있다.

제 2 장

제도적 동형화와 형식적 동형화

김용운

"한 조직의 장(場)에 하나의 혁신이 계속 확산되면, 혁신의 채택이 성과를 개선하기 위해서가 아닌 정당성을 부여받기 위해 이뤄지는 경계로 넘어가게 된다."
- DiMaggio & Powell(1983) -

제 1 절 서론

조직 연구에서 오랜 연구 주제 중 하나는 무엇이 조직들을 서로 유사하게 만드는가, 다르게 말하면 조직들이 구조나 운영 측면에서 왜 상호간에 유사해지는가를 설명하는 것이었다. 초기 조직이론들은 조직이 운영되고 변화하는 메커니즘으로서 조직들이 환경과의 '정합성(fit)'을 추구한다고 주장하면서, 조직이 생존을 위해 외부 환경으로부터 가해지는 기술적 압력(technical pressures)에 적응하는 과정에서 조직의 변화가 발생한다는 이론적 입장을 견지해 왔다. 이와는 달리 조직제도주의[1]는 환경이 요구하는 이러한 기술적 압력 외에도, 조직 운영의 정당성을 획득하기 위해 사회에서 그 조직에 기

1) 오늘날 사회학적 신제도주의자들은 조직이론 중 하나인 신제도주의적 조직이론을 조직제도주의로 부른다. 이는 아마 2008년 그린우드 외(Greenwood et al., 2008)가 편저한 책의 제목에서 유래한다고 볼 수 있다.

대하는 제도적 압력에 부응함으로써 조직의 변화가 발생할 수 있고, 이러한 변화가 조직들 간에 확산(diffusion)되면 그 결과로서 조직 간에 제도적 동형화(isomorphism)가 발생하게 된다는 주장을 더한다(DiMaggio & Powell, 1983). 아울러, 외부로부터의 제도적 압력과 내부의 효율성 추구 욕구가 상충되는 경우에는 외부로 드러내는 공식적 조직구조(formal structure)와 내부의 실제 조직 운영(practices)을 분리시키는 형식적 동형화(decoupling) 현상이 나타나기도 한다고 주장한다(Meyer & Rowan 1977; Heimer, 1999; Ruef & Scott, 1998a). 이 장에서는 조직제도주의라는 학문적 범위 내에서 현재까지 발전되어 온 '제도적 동형화' 및 '형식적 동형화'라는 핵심 개념의 의미와 특성, 그리고 발생 메커니즘을 살펴보고자 한다. 이러한 과정에서 그간 이뤄진 다양한 경험적 연구도 소개함으로써 관련 문헌에 대한 이해를 돕고자 한다.

제 2 절 제도적 동형화와 형식적 동형화의 이해

1 제도적 동형화의 개념 및 특성

제도적 동형화(isomorphism)는 조직이 그들의 제도적 환경과 유사해진다는 것으로서(DiMaggio & Powell, 1983), 다르게 말하면 동일한 제도적 환경에 놓인 조직들이 시간의 경과에 따라 서로 비슷해진다는 것을 의미한다. 사실 동일한 외부 환경에 놓인 조직들이 상호 유사해진다는 것은 이미 조직이론에서 오랫동안 주장되어 온 것으로 그러한 아이디어 자체가 새로운 것이라 보기는 어렵다. 대표적으로 조직이론에서는 개방체제(open system) 하에서 효율성을 추구하는 조직들의 환경에 대한 합리적 적응 노력에 의해, 혹은 환경에 부합하는 조직만 생존하게 되기 때문에, 조직들이 구조적으로 유사해진다는 주장을 해왔다(Scott, 1995; Hannan & Freeman, 1977). 이러한 관점은 외부 환경의 기술적 요구에 대한 조직의 적응을 강조하고 있는 것이라 할 수 있다. 반면 조직제도주의에서 보는 제도적 동형화는 사회적으로 구성된(socially constructed) 제도적 압력(institutional pressures)에 대한 조직의 순응에 의해 발생한다는 측면에서,

기술적 환경에 대한 조직의 적응을 강조하던 기존 조직이론과는 차이가 있다(Boxenbaum & Jonsson, 2008).

동형화의 개념과 관련된 이러한 관점 차이는 조직에 영향을 미치는 제도적 환경을 어떻게 이해하느냐와 관련된다. 즉, 조직 간 동형화가 이뤄지게 하는 제도적 환경(institutional environment)이 무엇인가를 이해하는 것과 관련되는 것으로서, 이는 연구자들이 경험적 연구를 진행할 때 제도적 동형화가 발생하는 공간적 범위가 무엇인가를 개념적으로 명확하게 설정하는 것과도 관련되는 중요한 문제다. 조직들 간에 동형화가 이뤄졌는가를 경험적으로 확인하기 위해서는 먼저 세상에 존재하는 수많은 조직 중에서 동일한 제도적 압력을 받는 것으로 간주되는 조직들이 특정되어야 하기 때문이다. 사실 동형화와 관련된 많은 연구의 경우, 제도적 동형화가 발생되는 특정 조직의 장(organizational field)[2]을 하나의 단일체(as unitary)로 개념화해서 어떻게 제도적 압력이 조직에 영향을 미치는가를 연구해 왔기 때문에(Scott, 2001), 특정한 제도적 환경을 하나의 단일체로서 개념화하기 위한 기준을 명확히 설정하는 것은 대단히 중요한 문제다.

동형화와 관련해 이뤄진 그간의 경험적 연구에 비춰볼 때, 제도적 환경을 바라보는 관점은 크게 두 가지로 정리해 볼 수 있다. 즉, 제도적 환경을 사회 부문(societal sector)으로 보는 관점과 조직의 장(場)으로 보는 관점으로 나눠 볼 수 있다(Boxenbaum & Jonsson, 2008). 두 가지 접근법을 개념적으로 비교해 보면, 먼저 제도적 환경을 하나의 부문(sector)으로 보는 관점은 그 부문 내의 조직들이 생산하는 재화·서비스의 기술적 속성(투입-산출 관계)에 따라 제도적 환경이 결정된다고 보는 것으로 초기 조직이론에 좀 더 충실한 관점이다(Scott & Meyer, 1983). 반면 이를 하나의 장으로 보는 관점은 제도적 환경을 해당 조직의 장의 모든 행위자에 의한 구조화 과정을 통해 구축된 결과물로 간주하는 좀 더 제도주의적인 관점이다(Powell & DiMaggio, 1991; Zucker, 1987).

다시 말하면, 동형화와 관련된 연구를 진행할 때 전자의 경우에는 동일한 기술적 속성을 공유하는 사회 부문을 동형화가 나타나게 되는 하나의 환경적 범위로 간주하고, 동형화 압력의 변화는 조직들의 행위가 아니라 그 부문의 기술적 발전(technical de-

---

2) 조직의 장은 인지된 제도적 삶의 영역을 형성하고 있는 조직들의 집합체로서, 공급자, 소비자, 규제기관, 그리고 유사한 재화나 서비스를 생산하는 조직들로 구성된다(DiMaggio & Powell, 1983: 148-149).

velopment)에 따라 발생하게 된다고 본다. 따라서 동일한 환경에 놓인 개별 조직들을 이해할 때 주어진 제도적 환경에 대한 정합성을 확보하기 위해 노력하는 수동적인 존재로 이해하는 경향이 있다. 반면 후자의 경우 조직 간 상호 네트워크로 연결된 비지형학적인 공간이 제도적 환경의 범위가 되고, 동형화 압력의 장(場)은 해당 분야를 구성하는 조직들에 의해 사회적으로 구성되는 것이기 때문에 그러한 압력의 원천은 조직 내부에 존재한다는 입장이다(Mohr, 2005). 이처럼 제도적 환경을 부문(sector)이라기보다는 조직의 장(field)으로 보는 입장은 하나의 제도적 환경이 구성원들에 의해 사회적으로 구성되는 것으로 보기 때문에, 동일한 환경에 놓인 개별 조직들을 하나의 능동적 행위자로 간주해 그들이 이와 같은 조직의 장의 정체성을 규정하는 과정에 관여한다고 간주한다. 이와 같은 시각은 사실, 주어진 제도적 환경 하에서의 조직의 대응 방식을 이해하고자 한 마이어와 로완(Meyer & Rowan, 1977)의 초기 아이디어에서 좀 더 진일보한 것으로, 좀 더 행위자적이고 전략적인 관점에 입각해 조직을 좀 더 능동적으로 바라보는 것이다. 사실 조직들이 그들의 제도적 환경과 비슷해진다는 생각, 혹은 동일한 제도적 환경 내의 조직들이 서로 비슷해진다는 생각이 단순하게 확장되게 되면, 동일한 환경 내의 모든 조직이 동일해진다거나 조직들이 제도적 환경으로부터 전해오는 압력이나 요인들을 수동적으로 받아들인다는 생각으로까지 잘못 이어지기 쉽다(Suddaby, 2010: 14-20). 하지만 디마지오(DiMaggio, 1988)가 지적하는 바와 같이, 조직을 이처럼 제도적 환경에 갇힌 '죄수들(prisoners)'로 보는 견해는 옳지 않고, 오히려 제도적 환경을 주입하고 반영하는 능동적이고 창의적인 주체로 보아 제도적 환경과 조직들이 상호작용하는 과정을 주의깊게 탐구하는 것이 중요하다.

한편, 제도적 동형화라는 개념의 특성을 좀 더 깊게 이해하기 위해서는 조직들 간에 구체적으로 무엇이 유사해지는가, 즉 무엇이 동형화되는가를 이해하는 것이 필요하다. 다르게 말하면 이것은 연구자들이 경험적 연구를 진행할 때, 동일한 제도적 압력이 작동되는 내용적 범위를 구체화하는 것과 관련되는 중요한 문제라 할 수 있다. 사실 디마지오와 파월의 연구를 포함한 초기 제도주의 학자들은 이에 대해 명확한 입장을 제시하지 않았고, 다만 후속 학자들의 경험적 연구를 통해 이러한 내용들이 구체화되어 왔다(Oliver, 1988; Scott & Meyer, 1994). 이와 관련해 그간 이뤄진 경험적 연구들을 살펴보면, 제도적 압력에 의해 조직들의 구조(structure)적인 측면과 운영(do)적인 측면이 동형화되는 것으로 나타나고 있다. 좀 더 구체적으로는, 프로그램(programmes), 정책(policies), 이미지(images), 결정(decisions) 등과 같은 조직 요소들이 동형화되거나(Meyer et al., 1987; Meyer et al., 1997; Boxenbaum & Jonsson, 2008), 조직의 산출물(outputs)이 동형화되는 것으로(Levitt & Nass, 1989; Kraatz & Zajac, 1996) 알려져 있다. 하지만 아직까지는 동형화가 발생되는 내용적 범위들이 이론적·경험적으로 명확하게 제시되고 있는 것은 아니어서 향후 이와 관련된 연구가 더 많이 요구되는 상황이라고 할 수 있다.

2 제도적 동형화의 두 가지 유형 : 실질적 vs. 형식적 동형화

앞서 제도적 동형화의 개념에 대해 살펴보았는데, 이러한 동형화는 좀 더 세부적으로 실질적 동형화(isomorphism)와 형식적 동형화(decoupling)로 구분해 볼 수 있다. 실질적 동형화는 조직이 제도적 압력으로 인해 그에 순응해 그것을 채택하는 동시에 그것을 실제로 시행하는 것을 의미한다. 그에 반해, 형식적 동형화는 조직이 제도를 채택한 후에 그것을 표면상으로만 전시해 두는, 즉 시행하지 않고 정당성만을 확보하려고 장식물로만 남겨두는 것을 의미한다. 그런데 기존의 많은 조직제도주의 문헌에서는 특히 후자에 더 많은 관심을 두고 있다.

1) 제도적 동형화의 특성 및 발생 메커니즘

제도적 동형화는 특정 조직의 장(field) 내에 존재하는 조직들이 제도적 압력에 의해 제도에 순응함으로써 조직들이 상호 유사해지는 현상으로 이해할 수 있는데, 이는 초기 제도주의학자들에 의해 도입된 동형화 개념에 부합하는 형식의 동형화라고 할 수 있다(DiMaggio & Powell, 1983). 일단 하나의 조직의 장이 형성되면, 조직의 장의 제도화(구조화) 과정이 진행되면서 조직의 장의 의미, 유형 및 정체성 등이 만들어지게 되어 객관적인 지식으로 당연시되는 지배적인 제도 논리가 형성된다(DiMaggio & Powell, 1983; Sahlin-Anderson, 1996; Meyer & Rowan, 1977). 이처럼 당연시되는 지배 논리는 조직의 장에 있는 조직들에게 어떤 것을 강요하게 되는데, 이러한 압력에 대한 조직들의 순응의 결과로서, 같은 조직의 장에 위치한 조직들의 구조와 업무, 과정 등이 상호 유사해지게 되는 동형화 현상이 나타나게 된다(DiMaggio & Powell, 1983;

Zucker, 1987).

이와 같은 동형화를 발생시키는 기본적 메커니즘을 살펴보면 다음과 같다. 디마지오와 파월(DiMaggio & Powell, 1983)에 따르면, 동형화는 강제적(coercive) 압력, 모방적(mimetic) 압력, 규범적(normative) 압력이라는 세 가지 유형의 제도적 압력에 따라 확산(diffusion)이라는 기제를 통해 발생하게 된다. 강제적 압력은 정부나 상급기관으로부터 발생되는 명령이나 자원 의존 상황에 의해 발생되고, 모방적 압력은 불확실성에 직면한 조직들이 해당 분야에서 성공적이거나 영향력이 있는 것으로 인지되는 동료조직이나 집단을 모방하게 되는 상황에서 발생되며, 규범적 압력은 특정 구조나 사례가 적정하다는 신호가 조직 환경으로부터 전해져 올 때 발생하게 되는데, 흔히 해당 분야의 전문집단이나 협회 등과 같은 대표집단을 통해 전달된다. 이해를 돕기 위해 이러한 세 가지 압력이 발생되는 위치가 어디인가를 살펴보면, 강제적 압력은 국가로부터, 모방적 압력은 동료조직으로부터, 규범적 압력은 전문적 정보 네트워크로부터 오게 된다고 할 수 있다(Strang & Soule, 1998).

한편 조직제도주의적 관점에 따르면 기본적으로 제도적 압력은 확산이라는 기제를 통해 동형화를 발생시키게 되는데, 위에서 제시한 세 가지 제도적 압력의 유형별로 확산 메커니즘에서도 차이가 있다. 먼저 세 가지 제도적 압력 중 강제적 압력의 경우, '힘(power)의 관계' 속에서 힘의 우위를 점하는 국가(정부)가 공식적 조치들을 법적으로 강제함에 따라 공식적으로 확산되는 방식의 메커니즘이 일반적이다. 규범적 압력의 경우 동일한 직업군 내에서 유사한 규범적 가치를 공유하는 전문적 네트워크를 통해 확산되는 방식을 취하는 것이 보통인데, 이와 유사하게 모방적 압력도 주로 동일 분야에 속한 구성원들로 이뤄진 네트워크를 통해 확산된다(Haunschild, 1993).

2) 형식적 동형화의 특성 및 발생 메커니즘

앞서 언급했지만, 일종의 변형된 형태의 동형화인 형식적 동형화(decoupling)란 조직의 제도적 환경(institutional environments)과 업무적 환경(task environments)이 상충되는 경우, 또는 특정 제도적 환경 내에서 복수의 제도적 압력들이 상충되고 있는 경우에, 조직이 외부에 보이는 공식적 조직구조(formal structure)와 실제 내부 조직 운영(practices)을 분절시킴으로써 발생되는 현상을 말한다(Meyer & Rowan, 1977). 즉, 대외적으로는 특정 제도적 압력에 공식적으로 순응해 제도를 채택한 것처럼 보여주면서, 실제로는 내부적으로 이를 시행하지 않는 현상을 말한다. 이러한 형식적 동형화를 통해 조직은 기술적인 측면에서는 평상시처럼 업무를 수행하면서도 동시에 정당성을 추구할 수 있게 된다. 결과적으로 형식적 동형화의 경우 조직의 실제 운영은 해당 조직이 인지하는 효율성을 기준으로 이뤄지게 되고, 대외적 조직 구조는 순응을 요구하는 외부의 제도적 압력에 따르게 된다. 따라서 동형화가 실제로 이뤄지는 내용적 범위는 대외적으로 드러나는 조직 구조에 국한된다고 할 수 있다.

이러한 형식적 동형화의 기본적 발생 메커니즘은 다음과 같다. 마이어와 로완(Meyer & Rowan, 1977)에 따르면, 형식적 동형화는 조직 차원에서 발생하는 두 가지 유형의 문제점에 대응하기 위해 발생하게 되는데, 앞서 언급한 바와 같이 하나는 외부로부터의 제도적 압력과 내부의 조직효율성(internal organizational efficiency) 추구 사이에 충돌이 있는 경우이고, 다른 하나는 복수의 제도적 압력 사이에 충돌이 있는 경우다. 전자에 초점을 맞춘 연구들은 주로 동질적인(homogeneous) 하나의 조직의 장 내 조직들이 어쩔 수 없이 제도적 압력에 대응해야 하는 상황에서의 형식적 동형화를 설명해 왔다. 이러한 연구들에 따르면, 조직들이 새로운 운영 사례(practices)를 받아들이라는 강력한 강제적 압력을 경험할 때(Seidman, 1983), 특히 자신들에게 압력을 행사하는 행위자를 조직이 신뢰하지 않을 때(Kostova & Roth, 2002) 형식적 동형화가 발생하는 것으로 나타났다. 또한, 제도적 압력에 대해 초기에 순응한 조직들에 비해 나중에 규범적 압력에 대응하기 위해 어쩔 수 없이 제도를 도입한 조직들에서 형식적 동형화가 더 많이 발생하는 것으로 나타났다(Westphal & Zajac, 1997). 반면 최근의 연구들은 후자의 경우에 초점을 맞춰, 특정 조직의 장이 대단히 이질적인(heterogeneous) 상황에서의 형식적 동형화를 설명하고 있다. 이러한 연구들에 따르면, 복수의 제도적 압력이 존재하는 이질적 성격의 조직의 장에 있는 조직들이 스스로 조직을 보호하고 리스크를 최소화하기 위해 상호 갈등적인 요구들을 조정하는 방식으로(Brunsson, 2002; Christensen & Molin 1995), 이질적 환경 속에서 새로운 압력에 대응하기 위해 기존의 일부 제도는 표면적으로는 존치시키면서 실제로는 따르지 않는 방식으로(Aurini, 2006) 형식적 동형화가 발생하고, 이질적 환경 속에서 의사결정자들이 제도적 환경을 명확히 읽어내지 못할 때에도(George et al., 2006) 형식적 동형화가 발생하는 것으로 알려져 있다.

한편 형식적 동형화는 조직에 잘 부합하지 않거나 위해한 외부로부터의 순응 요구에 직면한 상황에 놓인 조직이 스스로의 생존 가능성을 높이기 위한 합리적인 대응으로 이해할 수 있지만, 다른 한편으로는 실제로는 제도적 환경에 순응하지 않으면서 대외적 정당성만을 확보하는 것이기 때문에 해당 조직이 외부에 공개된 대로 운영된다고 믿는 내・외부 이해관계자들을 기만하는 행위로도 볼 수 있다(Meyer & Rowan, 1977). 그렇기 때문에, 사실 이러한 형식적 동형화 상태는 보통 오랜 기간 동안 지속되기 어려운 것이 보통이다. 조직구성원들은 자기 스스로가 형식적인 수단(ceremonial props)으로 활용되는 것을 싫어하기 때문에(Scott, 2001), 실제와는 다른 조직의 대외적 이미지가 지속되면서 조직구성원들 스스로도 이러한 기만적 이미지를 유지하기 위해 오랫동안 노력해야 하는 상황을 좋아할 가능성은 낮다고 볼 수 있다. 조직구성원들이 A라는 일을 실제로는 하고 있지 않으면서, 대외적으로는 그러한 일을 하고 있는 것처럼 형식적으로 행동해야 하는 상황을 좋아할 리 없는 것이다. 따라서 형식적 동형화가 오래 지속되는 경우, 결국에는 교정적 행위(corrective action)를 불러일으킬 가능성이 높다(Dutton & Dukerich, 1991; Fiss & Zajac, 2006). 다만 정당성 확보를 위해 채택된 구조나 프로그램이 개개 조직구성원의 권한과 책임에 전혀 영향을 미치지 않는 경우에는 이러한 형식적 동형화 현상이 상당히 오랜 기간 지속될 가능성도 있게 된다(Boxenbaum & Jonsson, 2008).

제 3 절 제도적 환경에 대한 조직 대응과 동형화

조직제도주의의 동형화 연구에서 흥미로운 점 중에 하나는, 제도를 바라보는 시각에 따라 동형화를 바라보는 시각도 달라진다는 사실이다. 즉, 제도를 사회적 사실(social facts)로 보느냐, 행위에 대한 가시적 한계(visible limitations on action)로 보느냐에 따라서 동형화가 발생하는 원인과 방식도 다르게 설명할 수 있게 된다. 전자의 입장에 서 있는 학자들의 경우 제도적 압력에 대한 순응에 의해 발생하는 제도적 동형화에 주로 관심을 가지면서 사실상 선택권이 없는 조직들 간에 왜 차이가 발생하는가에 의문을 던지게 된다. 반면 후자의 입장에 서 있는 학자들의 경우 제도적 압력에 직면한 조직들의 전략적 선택에 의해 발생하는 형식적 동형화에 초점을 맞추게 되는데, 따라서 이 경우에는 역설적으로 전략적 선택권을 가진 조직들 간에 왜 동형화가 발생하는가에 의문을 던지게 된다(Zucker, 1987; Deephouse, 1999; Greenwood & Hinings, 1996). 다음에서는 이러한 두 가지 시각에 대해 좀 더 구체적으로 살펴보고자 한다.

1 제도적 순응과 조직 간 동형화의 차이

초기의 조직제도주의는 제도를 사회적 사실로 보아 왔는데, 이러한 시각은 제도적 압력들이 사회적 사실로서 행위자들 속에서 저절로 내부화된다는 순응적 동형화를 전제하고 있었다. 즉, 제도적 압력 및 동형화를 논의할 때 '조직은 순응하거나 죽는다'는 이분법적 가정을 전제하면서(DiMaggio, 1988; Perrow, 1986; Scott, 1991), 제도가 행위자들과 행위를 구성함에 따라 아무런 의식 없이 규범을 따르게 되는 것처럼, 조직의 순응(conformity) 역시 저절로 발생하게 되고 적어도 표면적으로는 일탈을 거의 생각할 수 없게 된다고 주장했다. 즉, 조직과 제도적 환경 간의 관계에서 조직의 비선택적 행태(nonchoice behaviors)가 발생되어 지속되는 것을 강조하는 입장이라고 할 수 있다(Tolbert & Zucker, 1983; Zucker, 1983). 이러한 관점은 제도적 환경에 대한 전략적 적응(strategic adaptation)을 강조하는 시각과는 대비되는 것으로서, 이에 기반한 연구들은 주로 외부 환경에 대한 수동적 묵종(passive acquiescence)이 한 조직의 정당성 및 생존에 어떻게 기여하는가', '신화(myths), 의미(meaning), 가치(values)가 조직의 행태를 어떻게 이끌어가고 결정하는가'를 설명하는데 주로 초점을 맞추게 된다(Oliver, 1991). 따라서 이러한 시각은 개별 조직들이 부인할 수 없는 사회적 사실로 제도를 간주하는 것으로서, 이에 따르면 앞서 논의한 형식적 동형화는 발생할 여지가 없게 된다. 따라서, 이는 행위에 대한 가시적 한계로 제도를 간주해 행위자들이 제도적 압력을 이해할 수 있고 이를 전략적으로 활용하고 조작한다고 보는 행위자적(agentic) 내지는 전략적 접근과는 구별되는 입장이다.

한편 이러한 수동적 입장을 전제로 할 때, 동형화와 관련해 자연스럽게 제기되는 질문이자 경험적 연구 주제로서 큰 의미를 가지게 되는 것은 '조직들이 왜 이질적으로 대응하는가'라 할 수 있다. 즉, 외부 환경으로부터의 제도적 압력을 조직들이 당연히 순응해야 하는 상황에서, 모든 조직이 동일하게 대응하지 않는 경우가 발생하는 이유가 무엇인가를 설명하고자 하는 것이다. 실제로 이와 관련한 연구들이 상당수 진행되어 왔는데, 주로 조직의 대응을 환경적 상황(environmental contingencies)과 연계시키면서, 제도적 압력이 조직에 내재화되기는 하지만, 시간・공간・지역적 경쟁 등에 따라 일부 차이가 발생할 수 있다는 것을 보여주고 있다(Beck & Walgenbach, 2005; D'Aunno et al., 2000; Dacin, 1997; Jonsson, 2003). 특정 구조나 사례의 채택이 자명하고 바람직한 것으로 인정되지만, 단순히 조직들이 이를 완벽하게 모방할 수 없을 수도 있고, 상황에 맞춰 일정 부문은 번역(translation) 또는 편집(edit)될 가능성도 있다는 것이다(Djelic & Quack, 2003; Sahlin & Engwall, 2003).

2 조직의 전략적 대응과 동형화

조직의 수동적・비선택적 행태를 전제하는 초기 접근과 달리, 행위자적 접근의 경우에는 제도적 압력에 대해 특정 범위 내에서 다르게 대응할 수 있는 좀 더 능동적인 행위자(active agents)로 조직을 간주한다(Ingram & Clay, 2000). 조직은 제도적 압력에 직면해 무조건적으로 순응하는 것이 아니라, 전략적으로 방어하거나, 저항하거나, 제도 변화를 시도하는 등 다양한 선택을 시도할 수 있고, 그 결과로서 형식적 동형화와 같은 현상이 발생하게 된다는 것이다. 즉, 형식적 동형화의 경우, 조직이 정당성 획득을 위해 특정한 조직 구조를 채택해야 하지만, 기술적 효율성(technical efficiency) 측면의 갈등을 인지해 실제는 그것을 집행하지 않는 방어적 행동을 전략적으로 선택한 것으로 이해할 수 있다는 것이다(Meyer & Rowan, 1977).

한편 올리버(Oliver, 1991)는 이러한 관점에 기반해, 제도적 압력에 직면한 조직들이 활용 가능한 다섯 가지 전략적 대응을 제안한다. 그에 따르면, 이러한 전략적 대응에는 묵종(acquiescence), 타협(compromise), 회피(avoidance), 저항(defiance), 조작(manipulation)이 포함되고, 어떤 것을 선택하느냐에 따라 실질적 동형화, 형식적 동형화, 제도 변화 시도 등 다양한 현상이 발생하게 된다. 다시 말해, 그가 제시하는 '묵종'이라는 개념을 통해 실질적 동형화를, 그리고 '타협'과 '회피'라는 개념을 통해서는 형식적 동형화를 좀 더 잘 이해할 수 있게 된다. 그러나 저항과 조작은 실질적 동형화도 아니고 형식적 동형화도 아닌 반(反, anti)동형화 내지 제도 변화 시도에 해당한다고 볼 수 있다. 실제로 그의 연구는 동형화를 전략적 고려(strategic considerations)와 연계시키는 수많은 경험적 연구를 촉발시켰다는 점에서(Goodrick & Salancik, 1996; Ingram & Simons 1995), 큰 의의를 가지고 있다. 그가 제안하는 다섯 가지 전략적 대응을 좀 더 구체적으로 살펴보면 다음과 같다.

먼저, 조직은 보통 제도적 압력에 대해, 무의식적 습관(habits), 의식적 · 무의식적 모방(imitation), 의식적 순응(compliance) 등의 형태로 묵종(acquiescence)하게 되는데, 이는 앞서 논의한 실질적 동형화가 나타나게 되는 이유다. 조직들이 전통적인 이론 등에 기반해 학생과 선생, 계선 관리자와 스태프, 전문 기능과 사무 기능 등과 같은 널리 제도화된 역할들을 재생산하거나(Scott, 1987), 불확실성의 조건 하에서 조직의 정책결정자들이 그들의 환경 내에 존재하는 다른 행위자들, 특히 자신이 알고 있는 신뢰할 만한 행위자들의 행태를 모방하거나(Galaskiewicz & Wasserman, 1989), 환경적 복잡성에 대한 의식적 대응으로서 조직구조와 행정을 정교하게 구성하는 방식으로 순응하는 것(Meyer, Scott, & Strang, 1987) 등을 구체적인 예시로 들 수 있다.

한편 묵종보다 높은 수준의 능동적 대응으로서, 조직은 무조건적인 수용이 맘에 들지 않거나 실행 불가능하다고 생각하는 경우에 전략적으로 타협(compromise)을 추구할 수 있는데, 이러한 조직의 대응에 의해 해당 조직에 일정 수준의 형식적 동형화가 발생할 수 있다. 구체적으로는 복수의 이해관계자들 속에서 균형점을 찾거나(balance), 달래거나(pacify), 협상하는(bargain) 등의 형태를 띠게 된다. 예를 들면, 조직이 상호 갈등 관계에 있는 복수의 자원 공급자들 사이에서 내부 이익을 최대한 확보해 주는 절충안을 도출하려고 시도하거나(Powell & Fridkin, 1986: 262-265), 제도적 압력에 대해 대체적으로 수용하되 작은 수준의 저항을 하면서 조직의 에너지를 제도적 원천을 달래고 진정시키는 데 할애하거나(Scott, 1983: 106), 절충안 도출을 위해 스스로 혹은 전문단체(professional associations)를 통해 주요 이해관계자들과 협상을 하는 것이다(Pfeffer & Salancik, 1978: 143-187).

타협보다 높은 수준의 능동적 대응으로서, 조직은 제도적 압력을 회피(avoidance)하는 전략을 활용할 수 있는데, 이는 형식적 동형화를 발생시키는 전형적인 조직 대응 방식이다. 구체적으로는 자신들의 불수용을 숨기거나(concealing), 제도적 압력으로부터 자신들을 완충시키거나(buffering), 제도적 규칙이나 기대로부터 탈출하는(escaping) 등의 형태를 띠게 된다. 숨김 전술은 외관상으로는 묵종하는 형태를 띠는 일종의 위장 전술로서, 사실은 집행할 의도가 없다는 사실을 숨기고 조직이 제도적 요구에 대한 대응으로서 합리적 계획과 절차를 마련하거나, 의식이나 행사를 통해 가장하거나 제도적 규칙・규범・요구 사항을 상징적으로만 수용하는 '진열창 장식(window dressing)' 행위에 동참하는 것 등을 말하는 것으로(Meyer & Rowan, 1977). 이러한 숨김 전술이 '회피' 범주에 해당하는 여러 전술 중에서 형식적 동형화로 이끌게 되는 가장 전형적인 원인이 된다고 볼 수 있다. 닥쳐올 외부 감사나 평가에 대비해, 조직들이 평상시 업무와는 무관하지만 외부로부터 기대되고 있는 다양한 활동을 전개하는 것도 대표적인 예다. 완충(buffering)은 외부의 접촉으로부터 해당 조직의 기술적 활동을 부분적으로 분리(detaching or decoupling)시킴으로써 외부적으로 감사, 조사, 평가되고 영향을 받는 범위를 줄이려 하는 시도로(Pfeffer & Salancik, 1978; Scott, 1987b; Thompson, 1967), 일례로 출판사가 출판사의 제작 부서를 저자들과 상호 직접적인 연락이 이뤄지지 않도록 완충시킴으로써, 저자들의 영향으로부터 조직을 보호하려 한 것을 들 수 있다(Powell, 1988). 이보다 상대적으로 적극적인 회피적 대응은 탈출(escape)로서, 정부 규제가 심한 상황에서 기업이 특정 생산 품목이나 공정을 변경하거나 규제가 심하지 않은 국가로 생산공장을 이전하는 것이 이러한 전술의 전형적 예다.

마지막으로, 저항(defiance)이나 조작(manipulation)은 형식적 동형화의 수준을 넘어서는 좀 더 적극적인 시도라 볼 수 있는데, 이러한 조직 대응을 한다는 것은 결국 해당 조직이 제도를 수용하지 않음을 의미한다. 먼저 저항은 외부의 요구와 내부의 이해관계가 너무 다르거나, 자신의 주장이 합리적이고 옳다는 것을 증명할 수 있을 때, 그리고 불수용에 따르는 피해가 별로 없는 경우에 활용 가능성이 높은 전략이다. 적극적 저항이 증가되는 순서상으로 무시(dismissal), 도전(challenge), 공격(attack) 등의 전술이 선택될 수 있다. 예를 들면 정부정책 불순응에 대한 적발이 어렵거나 정부에 대한 자원의존도가 높지 않을 때(Salancik, 1979) 조직은 정부정책을 무시할 수 있다. 또한 정부의 특정 지침이 합리적이지 않다는 판단에 따라 그것을 위반하더라도 대중적으로 비난의 여지가 없다고 느껴 그러한 지침을 준수하지 않는 도전을 택할 수도 있다. 특정 조직에 대한 대중의 비난이 증가하는 상황에서 해당 조직은 전략적으로 그러한 비난 여론을 대표하는 언론에 대해 공격을 시도할 수 있다.

한편 조작은 제도적 압력에 대한 가장 적극적인 대응인데, 제도적 요구나 기대 또는 그 원천을 적극적으로 변화시키려 하는 것이다. 조작은 제도적 압력의 원천을 흡수하거나(co-opt) 그에 대해 영향을 미치려 하거나(influence), 통제하려(control) 하는 의도적인 시도로서 정의될 수 있다. 예를 들면, 자원을 제공하거나 규제를 하는 외부 주체들을 흡수하기 위해 조직이 자기 조직 이사회 멤버로 특정 제도적 주체(institutional constituent)를 참여시키거나 관계를 맺으려 한다든가(Benson, 1975; DiMaggio, 1983; Oliver, 1990; Wiewel & Hunter, 1985), 조직이 로비를 통해 자신들에 대한 평가 기준을 설정하는 정치적 과정에 영향을 미치려 시도한다든가(Scott, 1983), 조직이 자기 조직을 평가하는 데 사용되는 예산 과정을 통제하려 하는(Covaleski & Dirsmith, 1988; Pfeffer & Moore, 1980; Pfeffer & Salancik, 1974) 등의 시도를 할 수 있다.

제 4 절 동형화 연구 동향과 향후 연구 과제

지금까지 동형화의 개념과 특성, 발생 메커니즘 등을 살펴보면서, 이러한 동형화를 발생시키는 조직의 대응 방식을 어떻게 이해할 것인가에 대해서도 논의해 보았다. 다음에서는 동형화와 관련해 이뤄진 그간의 이론적·경험적 연구들의 현황을 살펴본 이후에, 향후에 이뤄지는 것이 바람직한 연구 과제들을 예시적으로 도출해 제시하고자 한다.

1 동형화 관련 연구 동향

1) 제도적 동형화 연구

동형화라는 개념이 도입된 이후, 초기의 경험적 연구들은 주로 실질적인 동형화와 관련된 연구들을 중심으로 진행되어 온 경향이 있다. 다만 이들은 동형화가 발생했다는 사실을 경험적으로 검증하기보다는, 제도적 압력에 대한 조직의 순응을 강조하면서 제도적 동형화가 발생하는 메커니즘에 초점을 맞춰 왔다. 예를 들면, 제도적 압력의 세 가지 유형화에 기반해, 강제적 압력이 정부의 공식적인 법적 조치(Edelman, 1992)나 표준적 기준(Verbruggen et al., 2011) 등을 통해 생성되거나, 모방적 압력이 자기 조직과 유사하거나(Greve, 1998) 혹은 성과 측면에서 성공적이거나 일류로(Haveman, 1993; Palmer et al., 1993) 여겨지는 조직들로부터 발생한다는 것 등을 입증해 왔다. 또한 규범적 압력의 경우, 유사한 교육·훈련을 통해 유사한 직업적 가치를 공유하게 되고, 그에 따라 유사한 조직 구조와 운영 사례를 선호하는 해당 분야의 전문가들(professionals)을 통해 조직 단위에서 동형화가 발생된다는 연구가 이뤄진 바 있다(Galaskiewicz & Burt, 1991; Mezias, 1990). 최근에는 강제적, 규범적, 모방적 압력이 고객관계 관리(customer relationship management)와 같은 마케팅 사례의 제도화에 미친 영향이 연구되기도 했고(Hillebrand et al., 2011), 단순히 자기와 유사한 경쟁자를 모방하기도 한다는 연구 결과도 제시된 바 있다(Rhee et al., 2006).

한편 제도적 동형화가 발생하는 메커니즘에 대한 연구에서 한 걸음 더 나아가, 제도적 동형화가 나타나야 함에도 나타나지 않는 이유를 설명하고자 하는 연구도 이뤄지고 있다. 일례로, 크라츠와 재잭(Kraatz & Zajac, 1996)은 교육 분야(field)에서 교육 프로그램의 동형화가 나타나지 않았는데, 이는 해당 분야의 성숙도 증가에 따라 동형화 압력 외에 학생들의 프로그램을 차별화시키도록 하는 경쟁적 압력(competitive pressure)도 동시에 증가했기 때문이라는 것을 보여주었다. 그레브(Greve, 1996) 역시 라디오방송국 사이의 새로운 경쟁적 전략의 확산에 대한 연구를 통해, 모방적 압력이 다형화(polymorphism), 즉 복수의 동형화(islands of homogeneity)로 이끌게 되었는데, 이는 조직 간 네트워크의 범위가 시장의 지리적 경계를 넘어서는 데는 제약이 있었기 때문이라는 사실을 제시했다.

2) 형식적 동형화 연구

초기의 연구들과 달리, 최근의 경험적 연구들은 조직의 순응보다는 전략적 선택을 좀 더 강조하면서, 조직들이 방어적 관점에서 혹은 좀 더 능동적이고 사전 주도적인 관점에서 형식적 동형화에 참여하게 됨을 보여주는 추세로 전환되어 왔다. 사실 형식적 동형화는 제도주의 이론의 핵심 아이디어임에도 불구하고 과거에는 학계에서 상대적으로 적은 관심을 받아왔는데(Scott, 1995), 최근에는 점차적으로 그 관심이 커져 이러한 현상이 완화되고 있는 추세로 보인다. 이러한 연구 방향과 관련하여, 웨스트팔과 재잭(Westphal & Zajac, 1998)은 기업들이 제도적으로 정당화되는 운영 사례를 채택한 경우에 그것을 실제로 집행했는지 여부와 상관없이 기업의 시장 가치가 증가하기 때문에 표면적으로라도 형식적 동형화에 참여하지 않을 수 없게 된다는 것을 보여주었다. 또한 이러한 방어적 측면의 형식적 동형화에서 더 나아가, 기업들이 실제 운영과는 별개로 브랜드 이미지를 강화하거나(Beverland & Luxton, 2005), 혹은 급진 사회단체들이 대중의 지지를 확보하기 위해(Elsbach & Sutton, 1992), 바람직한 것으로 받아들여지는 이미지를 전략적으로 구축해 대외적으로 보여준다는 것도 경험적으로 설명된 바 있다.

한편 조직이 형식적 동형화의 가능성을 인지한 상황 속에서 전략적으로 형식적 동형화에 참여하게 만드는 영향 요인 내지는 매개 요인들에 대한 연구도 진행되어 왔다. 그간의 경험적 연구를 구체적으로 살펴보면, 인지된 형식적 동형화의 이익(perceived advantages of decoupling), 내부 역학 관계(internal power dynamics), 조직 이미지에 대한 관심(concerns about the organizational image) 등과 같은 조직 차원 변수들이 확인되어 왔고, 그밖에 외부 이해관계자의 힘(power of external stakeholders), 외부 네트워크의 형태(external network formations) 등과 같은 조직 간 변수들도 확인된 바 있다(Boxenbaum & Jonsson, 2008: 91). 예를 들면, 전략적인 차원에서의 형식적 동형화를 주도하는 최고관리자가 조직 내 역학 관계에서 힘의 우위를 점하고 있을 때에 형식적 동형화가 발생하기 쉽다는 연구 결과가 제시된 바 있다(Westphal & Zajac, 2001). 반면, 외부의 핵심 이해관계자가 강력한 압박이나 규제를 행사하는 경우에는 형식적 동형화는 발생하기 어렵고, 해당 이해관계자가 그 조직에 대한 통제권을 가지고 있는 경우에는 더욱 그러하다는 연구 결과들도 제시되었다(Oliver, 1997; Stevens et al., 2005). 또한 조직의 장 내의 최고관리자 간에 제도적 압력에 관한 합의(consensus)가 형성되어 있는 경우 그러한 조직 간 사회적 네트워크가 그 조직의 장에서의 형식적 동형화를 막게 되고(Westphal & Zajac, 2001; Lounsbury, 2001; Haunschild, 1993), 제도적 요구 사항이 기존의 조직 활동에 이미 통합되어 있는 경우에도 형식적 동형화가 잘 나타나지 않는다는 연구 결과가 제시된 바 있다(Stevens et al., 2005).

3) 제도적 동형화와 형식적 동형화의 통합 연구

앞서 설명한 바와 같이, 최근의 연구들은 동형화와 관련해서 조직의 전략적 선택을 좀 더 강조해 왔는데, 좀 더 최근에는 과거의 이분법적 사고에서 벗어나 실질적 동형화와 형식적 동형화를 통합적으로 바라보는 연구들이 진행되고 있는 추세다. 이는 점점 더 많은 조직이 정당성과 효율성의 동시적 추구가 실질적으로 요구되는 상황에 직면하게 되어, 효율성을 유지하면서도 동시에 정당성을 확보하기 위한 전략적 선택을 필요로 하게 되었기 때문이다(Yang, Su, & Fam, 2012; Yang & Su, 2014). 즉, 많은 조직에서 형식적 동형화와 같이 대외적으로만 정당성을 확보하는 차원을 넘어서 실질적으로 조직 외부의 제도적 요구와 조직 내부의 효율성 요구를 조화시키는 방법을 찾아내야 하는 일종의 딜레마적 상황에 빠지게 된 것인데, 예를 들면 공익성과 수익성의 동시 추구를 요구받고 있는 우리나라 공공기관들의 경우가 그러하다. 이와 관련해, 양과 수(Yang & Su, 2014)는 최근 이러한 딜레마적 상황에 놓인 조직들에서, 제도화 기반의 '정당성이 내재화된 효율성(legitimacy-embedded efficiency)' 전략의 발전 과정을 보여주는 개념적 틀을 제시하고 있는데, 이것을 소개하면 다음과 같다. 먼저, 조직이 경쟁력을 확보하기 위해서는 그 조직이 처한 다양한 제도적 환경을 명확히 이해하는 것이 필요한데 이는 일종의 게임의 룰을 이해하는 것이라 할 수 있다. 둘째는 제도적 환경이 가지는 조직에 대한 영향을 해석하고 평가하는 것인데, 예를 들면 제도적 환경이 조직에 기회가 될 것인지 위협이 될 것인지 확인하는 것이다. 특히, 조직이 제도적 환경에 어떻게 대응할지를 결정하기 위해서는 실제로 특정 조직에 제도적 책임성이 부여되고 있는지, 그리고 이러한 제도적 책임성을 완화하기 위한 제도적 자본(예: 이해관계자와의 연대, 표준화 등)을 조직 내에 형성해야 할 필요성을 확인하게 된다. 마지막으로, 조직은 그들에게 부여된 제도적 책임성과 제도적 자본을 고려해 정당성과 효율성 사이에서 균형점을 모색하고, 이러한 결정에 근거해 제도적 동형화, 형식적 동형화 등과 같은 전략적 대응 방법을 결정하게 된다.

그림 2-1 정당성이 내재된 효율성 전략 개발 과정

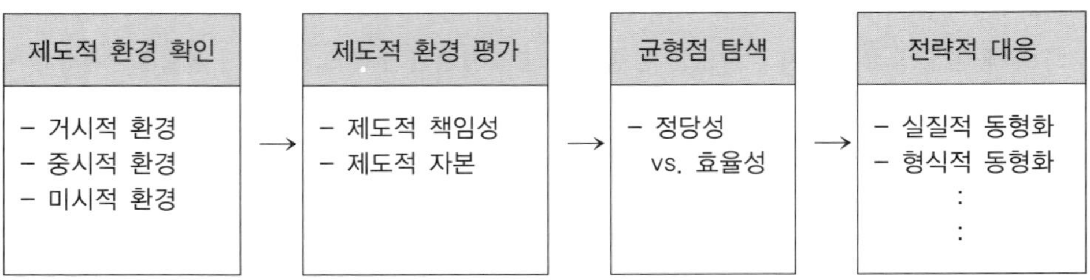

출처: Yang & Su(2014: 722)의 그림을 재구성.

2 향후 연구 과제

이상에서 살펴본 동형화 관련 논의와 연구 동향에 기초해, 다음에서는 그간의 연구들이 가진 한계를 논의하면서 향후 바람직한 연구 방향과 연구 과제를 제시하고자 한다.

첫째, 특정 조직의 장에서 제도적 동형화와 형식적 동형화가 발생했다는 사실을 경험적으로 증명하는 연구들이 여전히 부족해, 향후 이러한 연구가 많이 필요한 상황이다. 앞서 언급한 바와 같이, 기존의 연구들은 제도적 동형화가 발생되었다는 것을 경험적으로 보여주기보다는 세 가지 제도적 압력이 동형화를 발생시키는 메커니즘에 대한 연구에 관심을 가지게 되는 경우가 많았다. 즉, 특정 분야에서의 동형화 발생 여부를 경험적으로 충분히 검증하지도 않은 채, 제도적 압력을 통해 특정 구조나 사례가 확산되는 메커니즘에만 초점을 맞춰 연구해 온 경향이 있는 것이다. 결과적으로 이러한 경향으로 말미암아, 기존에도 많이 연구되어 온 조직학자들의 확산 관련 연구들과 비교할 때 제도주의 연구만이 가지는 차별성을 찾아보기 어렵다는 비판에 직면하게 만들었다(Boxenbaum & Jonsson, 2008).[3] 특정 조직의 장에 동형화가 발생했다는 것을 경험적으로 증명하는 데 초점을 맞추기보다는, 몇몇 조직에 국한해서 특정 유형의 제도적 압력이 동형화로 이끌어 가는 메커니즘을 연구하는 것은 제도주의 입장에서 보면 그다지 만족스럽지 못한 상황인 것이다. 따라서 제도적 압력의 결과로서의 동형화를 경험적으로 검증하는 것과 관련한 연구들이 더 많이 필요한 상황이라 볼 수 있다.

둘째, 조직학에서의 좀 더 일반적인 확산 연구와 명확히 구별되는 제도적 동형화 연구가 더 많이 요구된다. 사실 제도적 동형화를 일으키는 기제로서 확산이 가지는 의미가 크지만, 확산이 반드시 제도적 압력을 통해 발생되는 것은 아니기 때문에 실제 연구에서도 조직이 정당성을 추구하는 행태가 없이도 확산은 발생할 수 있다는 점을 인식

3) 예를 들면, 톨버트와 주커(Tolbert & Zucker, 1983)는 강제적 압력과 모방적 압력의 차이를 연구한 바 있다. 이들은 강제적 압력이 새로운 특정 운영 사례를 확산시키는 데 더 효과적이었다는 것을 제시하고 있는데, 이러한 연구는 기존 조직학자들에 의해 진행되어 온 행정개혁 확산(spread of administrative reforms) 메커니즘 연구와 대단히 유사하다 할 수 있다. 또한 특정 운영 사례나 구조의 확산을 설명하기 위해, 제도이론을 적용해 조직효율성 또는 자원 의존 관점과 대비시키면서 1~2개의 동형화 압력을 검증하는 연구(Kraatz & Zajac 1996; Palmer et al., 1993)도 이러한 분야의 전형적인 연구 전략 중 하나였다.

해야 할 필요가 있다. 예를 들면, 국가의 강제적 압력이나 도덕적 준수 의무가 존재하지 않고 불확실성도 크지 않은 상황이지만, 단순히 비용을 절감하기 위해 특정 사례가 확산될 수도 있는 것이다. 따라서 확산에 따라 어떠한 형태의 동형화가 발생했다고 하더라도 이것을 무조건적으로 제도적 동형화라고 간주하는 것은 곤란하다(Boxenbaum & Jonsson, 2008). 이와 유사한 관점에서 제도화(institutionalization)와 확산 사이의 관계도 논의해 볼 수 있다. 예를 들면, 톨버트와 주커(Tolbert & Zucker, 1983)는 제도화 2단계 모형(two-stage model)을 통해 확산이 제도화로 이끌어 가게 된다고 주장하면서, 효율성을 제고하기 위해 하나의 사례가 도입이 되고 시간이 지나면서 그것이 다른 조직들에 확산되면, 결과적으로 그러한 사례의 채택이 효율성 추구가 아닌 정당성 추구에 의해 이뤄지는 제도화가 발생하게 된다고 설명한다. 하지만, 그들이 주장하는 바와 같이 단순히 특정 사례가 채택된 비율이 급증했다고 해서 제도화 수준이 높아졌다고 말하기는 어렵다. 따라서 경험적 연구에서 제도화를 주장하기 위해서는 채택 비율의 증가와 더불어, 그러한 채택이 규범, 집합적 신념, 법 등의 변화와 관련된다는 것을 보여주면서 확산이 인과적으로 제도화와 연계됨을 제시해야 할 필요성이 있다(Scott, 1995; Schneiberg & Clemens, 2006).

셋째, 제도적 동형화에 대한 연구와 조직학에서의 확산에 대한 연구가 구별될 필요가 있듯이, 형식적 동형화에 대한 연구 역시 이러한 조직학적 연구와 개념상 명확히 구별될 필요가 있다. 사실 조직이 외부로 드러나는 조직구조와 실제 운영을 분절시킨다는 형식적 동형화의 개념은, 조직을 상호 종속적으로 조밀하게 연계된 요소들로 구성된 안정적인 단위체로 보는 지배적 시스템 이론에서 벗어나 조직을 '느슨하게 연계된 시스템(loosely coupled systems)'으로 보는 시각과 궤를 같이한다(March & Olsen, 1976; Weick, 1979). 다만 형식적 동형화를 조직의 운영(practice)과 구조(structure)가 연계되지 않는 형태의 '느슨한 연계'로 보는 연구는, 형식적 동형화에 대한 제도주의적 연구라기보다는 그 연구 범위가 좀 더 넓은 '느슨하게 연계된 조직(loosely coupled organizations'에 대한 조직학적 연구의 한 형태로 보는 것이 타당해 보인다(Weick, 1979). 따라서 형식적 동형형화 관련된 경험적 연구를 진행할 때도 이와 같은 명확한 개념적 구분이 선행되어야 할 것이다.

넷째, 제도적 동형화 연구에서, 동형화가 발생하는 제도적 공간에 대한 명확한 개념 정의와 경험적 적용이 필요하다. 앞서 제도적 환경의 개념을 범사회 부문(sector)과 조직의 장(field)으로 구분하면서, 조직의 장이 제도주의가 추구하는 제도적 환경으로서 더 부합하는 개념이라고 설명한 바 있다. 다만 이와 같은 제도적 환경의 개념적 구분에도 불구하고, 동형화와 관련된 실제 경험적 연구에서는 제도적 동형화가 발생되는 것으로 간주되는 특정 조직의 장을 획정하기 위해 단순히 '산업(industry)'이라는 개념을 활용하는 경우가 일반적이다(Boxenbaum & Jonsson, 2008). 즉, 사회적으로 구축된 하나의 제도적 환경을 구체화하기 위한 이론적·현실적 어려움으로 인해, 동일한 기술적 속성을 공유하는 특정 산업 분야에 속한 조직들을 동일한 제도적 환경에 놓인 것으로 간주해 동형화 관련 경험적 연구를 진행하는 경우가 보통이라고 볼 수 있다. 사실 '산업'의 경우, 해당 산업 내에서 생산되는 재화·서비스의 기술적 속성(투입-산출 관계)에 따라 구분되는 것이 일반적이고, 동형화 압력이 조직구성원들에 의해 사회적으로 구축되기보다는 그 분야의 기술적 발전에 의해 발생하는 경향이 크다. 즉, 부문으로서의 전형적 속성이 강한 반면, 해당 제도 환경에 속한 구성원들에 의해 사회적으로 구축되는 조직의 장으로서의 속성은 약하다고 볼 수 있다. 예를 들어, 자동차산업이나 통신기기산업에 속하는 조직들이 사회적으로 구축된 동일한 제도적 환경에 영향을 더 받는지, 아니면 자동차나 통신기기가 가지는 기술적 속성과 기술적 발전에 더 영향을 받는지 생각해 보면, 이들 산업이 하나의 조직의 장으로서의 성격보다는 하나의 부문으로서의 성격이 강하다는 점을 쉽게 이해할 수 있다. 결과적으로, 디마지오와 파월의 주장에 부합하는 '사회적으로 구축되는 한 분야에서의 동형화' 개념에 부합하는 동형화 연구는 아직까지 찾아보기 쉽지 않은 상황이라고 볼 수 있다. 따라서 향후 제도주의적 입장에 좀 더 충실한 이론적·경험적 연구가 더 많이 필요한 상황이다.

마지막으로, 이상에서 언급된 것 이외에, 아직까지 연구가 많이 진행되지 않아 향후 더 많은 이론적·경험적 연구가 필요한 연구 주제들을 예시적으로 소개하면 다음과 같다. 먼저, 제도적 동형화와 형식적 동형화의 발생 메커니즘에 관한 추가적 연구가 필요하다. 사실 기본적 메커니즘에 대한 설명은 앞서 제시한 바 있다. 요약하면, 세 가지 제도적 압력이 제도적 동형화로 이끌고, 내부의 조직효율성과 제도적 압력 간의 충돌 혹은 복수의 제도적 압력 사이의 충돌에 의해 형식적 동형화가 발생된다는 것인데, 경험적 증거에 기반한 이보다 정밀하고 보완적인 설명이 필요한 상황이라고 볼 수 있다. 다음으로, 실질적 동형화와 형식적 동형화의 상호작용에 관한 연구가 필요하다. 앞서 설명한 바와 같이, 대다수의 경우 형식적 동형화가 오랜 기간 지속되는 것은 어렵다. 따라서, 예를 들어 언제 어느 상황에서 조직의 장 내에서 나타나는 형식적 동형화가 사라지고 실질적 동형화로 진행되는지, 또는 반대로 언제 어느 상황에서 실질적 동형화 상황에서 일부 조직이 전략적으로 형식적 동형화로 전환하는지를 밝히고자 하는 연구는 동형화라는 현상을 이해하는 데 큰 도움이 될 수 있는 연구 주제들이라 할 수 있다. 다음으로, 형식적 동형화를 발생시키는 이질적(hetorogenous) 제도적 환경의 유형과 제도적 함의를 찾아보는 것도 좋은 연구 주제다. 예를 들면, 형식적 동형화를 발생시키는 상호 충돌적 제도적 가치들이 구체적으로 어떠한 것인지, 이러한 이질적 환경에 의해 어떠한 유형의 형식적 동형화가 발생하는지, 모든 이질적 환경이 형식적 동형화를 발생시키는지 등을 밝히고자 하는 것이 이러한 연구의 전형적 예라고 할 수 있다.

제 5 절 결론

이 장에서는 그간 이뤄진 이론적·경험적 연구의 검토를 통해 제도이론에서 핵심적인 위치를 차지하고 있는 개념 중 하나인 제도적 동형화, 그 두 가지 형태인 실질적 동형화와 형식적 동형화와 관련된 문헌이 현재 이론적으로 어떻게 형성되어 있는지 정리해 보고자 했고, 구체적으로는 제도적 동형화 및 형식적 동형화의 개념 및 특성, 공간적·내용적 발생 범위, 발생 메커니즘, 동형화를 발생시키는 조직의 대응 방식의 차이 등에 대해 살펴보았으며, 그 과정에서 독자의 이해를 돕기 위해 그간 이뤄져 온 경험적 연구들도 예시적으로 포함시키면서 지금까지 확인되어 온 관련 영향변수나 매개변수도 일정 부문 파악할 수 있도록 했다. 두 이론적 개념은 제도이론과 조직이론을 구별해 준다는 측면에서 제도이론에서 핵심적인 위치를 차지하고 있다. 조직들이 왜 구조적으로 서로 유사해지는지에 대해, 효율성 확보 차원에서의 조직 환경에 대한 정합성 확보라는 관점에서 설명하는 조직이론과 달리 제도이론은 정당성 확보 차원에서의 제도적 압력에 대한 수용이라는 관점에서 설명하기 때문이다. 따라서 제도적 동형화는 효율성에 입각해 조직의 변화를 설명하는 것에 대한 대안적 설명으로서 의미가 있고, 특히 형식적 동형화는 조직이 왜 지속적으로 개혁하는 것처럼 보이는지 설명해 준다는 측면에서 중요하다(Scott, 1987a; Zucker, 1987). 실제로 내부적 운영은 동일하게 유지하면서 대외적인 정당성 확보를 위해 겉으로 보여지는 측면에서만 제도적 동형화(즉, 형식적 동형화)를 추구하고 있을지 모른다는 것을 알려주고 있는 것이다.

다만 앞에서 설명한 바와 같이 기존의 제도주의 연구에서 가장 취약한 점 중에 하나는, 제도이론을 규정하는 기본적 인과 관계들 상당수가 경험적 연구의 대상에서 배제되는 경향이 있었다는 점이다. 이는 제도적 동형화와 형식적 동형화 관련 연구의 경우에도 마찬가지다. 이러한 한계는 제도이론을 취약하게 만들고, 제도이론이 새로운 독립변수와 매개변수를 포함하는 발전적 연구로 확대되는 것을 제약한다. 즉, 제도주의자들이 제도이론의 핵심 주장들에 새롭게 이론적 복잡성과 정교성을 더하기에 앞서 제도이론의 기존 핵심 주장들을 검증하는 것을 우선시하지 않는다면, 오히려 제도이론의 설명력(explanatory power)은 낮아지게 될 위험에 놓이게 될 수 있다(Boxenbaum & Jonsson, 2008). 제도이론의 중심을 잡아주는 이론적 골격이 잘 잡혀 있다는 것도 경험적으로 보여주지 못하면서 그 이론적 골격에 뼈와 살을 덧붙이는 것은 결국 제도이론 전체에 대한 학문적 신뢰와 경험적 설명력을 떨어뜨릴 수 있기 때문이다. 이러한 측면에서 제도주의 이론에서 가장 기초적이고 핵심적인 개념들 중 하나인 제도적 동형화와 형식적 동형화와 관련한 더 많은 경험적 연구가 필요하다 할 수 있다.

제 3 장 상징주의 · 해석주의 행정학 연구 전략: 신제도주의의 '정당성 관리' 개념을 중심으로

권향원

제 1 절 문제 : 행정조직 정당성 관리 연구의 의의와 빈곤

현대의 민주적 거버넌스(governance) 환경에서 행정의 능력은 평판, 인상, 신뢰 등과 같은 '사회적 정당성 관리'에서 나오는 것으로 새롭게 이해되기 시작하고 있다(권향원 · 최도림, 2013b; Bevir, 2006). 현대의 거버넌스는 공적 의사 결정의 권한을 사회로 이전하고자 하는 자유주의적 여망을 바탕으로 하며, 이에 행정의 권력성이 과거에 비해 상대적으로 탈색되어 버렸다(김의영, 2012; 오재록 · 박치성, 2013). 과거 '전(前)'거버넌스(pre-governance) 시대에 행정은 강한 권력성을 지니고 있었다. 과거 행정의 명령과 지시는 사회의 순응과 협력으로 즉시 '연역'되었고, 이에 행정은 상대적으로 큰 자유도를 누릴 수 있었다. 그러나 현대 거버넌스 시대의 행정은 과거의 그것과는 사뭇 다르다. 현대의 행정은 대중의 공감과 동의를 얻기 위해 부단히 노력해야 하는 존재로 그 권력성이 격하되었다(이민창, 2005). 행정은 이제 명령과 지시를 내리는 존재가 아니라, 대중에게 설득하고 설명하며, 심지어 때로는 호소하는 등 소통적 수단을 통해 사회의 순응과 협력을 '유도'해 내야 하는 관리적 어려움에 직면하고 있다(이재정, 2004; 장명학, 2009).

이러한 변화는 한국 행정에서 특히 큰 도전이 아닐 수 없다. 한국은 권위주의적 행정이 민주화를 통해 급속히 탈권위화된 역사적 경험을 지니고 있기 때문이다. 권위주의적 행정의 시대를 통해 농축되어 온 불신과 반감은 구성원들에게 하나의 '공통된 사회적 기억'으로 자리 잡고 있다. 따라서 지금의 행정이 사회의 갈등과 불신을 관리하고, 순응과 협력을 얻어내는 일은 좀처럼 쉬운 일이 아니다(양승일, 2013). 이제 한국의 현대 행정은 대중에게 행정의 가치, 의미, 규범, 정서 등의 상징성에 대해 긍정적인 이미지를 부여하고, 이를 통해 신뢰와 순응을 얻고자 하는 관리적 노력을 기울일 더욱 큰 실익을 가지게 되었다(배병룡, 2002; 윤견수, 1997). 아무리 과학적 · 분석적으로 잘 설계된 정책이라도 사회의 순응과 협력이 전제되지 않는다면 의도한 효과를 달성할 수 없다(謙吾, 2001). 그리고 긍정적인 이미지가 부여하는 후광 효과(halo effect)는 소통의 수용성과 효과성을 높이는 중요한 바탕이다(권향원 · 최도림, 2013b). 따라서 행정은 사회가 일반적으로 긍정적으로 여기는 가치, 의미, 정서 등을 해석하고, 이를 반영해 스스로의 인상을 상징적으로 관리하는 의식적이고 전략적인 활동을 수행할 필요를 지니게 되는 것이다. 이러한 관리적 활동을 간단히 '정당성 관리'라고 명명할 수 있을 것인데, 현대 행정의 행태를 이해하는 데 이러한 '정당성 관리'의 측면은 매우 중요한 이론적 · 실천적 의미를 지니고 있다고 할 수 있다.

반면 학술적인 측면에서 행정의 정당성 관리에 대한 연구는 매우 빈곤한 실정이다(이종은, 2012). 행정조직 연구는 주로 돈, 인력, 사업과 같이 관측이 용이하고, 실증적인 조직자원을 대상한 분석적 시각이 주류를 구성해 왔기 때문이다(허범, 2012). 여기에서 가치, 의미, 상징, 정서 등 상징성과 해석성이 높은 요소들은 공리적 편익 생산과 관련도가 낮다는 이유로 반(半)주변부의 연구 영역으로 치부되기가 쉬웠다(Atvesson, 1990; Hay, 2011). 그러나 실재 행정 현상과 정책 과정을 들여다보면, '물질적 편익'보다 '상징적 의미'가 더욱 중요한 요소로 고려되는 현상이 자주 관찰된다. 가령 최근의 정권들은 '환경', '생명', '인권', '분권', '소통', '창조' 등 상징적 언표들을 국정의 기조로 내걸고, 이에 수반하는 관리개혁의 패키지들을 운용한다. 이러한 언표들은 정권이 처하고 있는 당시 사회의 정당화 규범들을 반영하는 것이 일반적으로, 실체적인 것보다는 고도의 상징성을 골자로 한다(김의영, 2012). 행정은 환경으로서 사회를 일종의 청자(the audience)로 인식하고 정당성의 이미지를 의식적으로 전달하며, 이를 통해 사회에 정서적 안정과 만족을 제공하고자 한다. 이러한 상징성과 정서성의 고리는 행정이 사회의 지지와 성원을 얻는 중요한 관리자원이 되며 매우 높은 실천적 중요성을 가진다(김순양, 2009; 유영옥, 1991). 그럼에도 우리는 행정의 해석적 · 상징적 정당성 관리 주제에 대해 매우 파편적이고 빈곤한 이해를 가지고 있다. 요컨대, '이론'과 '현실' 사이에 일종의 '지체'가 존재하고 있는 것이다.

이러한 문제 의식에서 이 연구는 '행정의 상징적 · 해석적 측면'으로 연구의 지평을 확장할 것을 제언하고, 경험 연구를 위한 이론적 토대와 방법적 자원을 제시하는 것을 목적으로 삼았다(Kant, 2007; Lee, 1991). 물론 한국 행정학의 맥락에서 '행정의 해석적 · 상징적 측면'을 주제로 한 통찰력 있는 선행 연구들이 이미 존재한다(강영철 · 이철주, 2009). 그러나 이들은 그 동안 하나의 체계화된 이론적 매개체를 통해 구조화되어 통섭되지 못했고, 단편적인 상태로 존재해 왔다. 따라서 체계적으로 축적된 지식과 증거로 숙성되지 못해 왔다고 할 수 있다. 이에 이 연구는 기존 연구들에 이론적 일관성을 부여하고, 이를 바탕으로 구조화된 후속 연구 로드맵(roadmap)을 제시하는 것을 목적으로 삼았다. 이를 위해 '행위자 중심 신제도주의' 조직이론의 '행위자의 정당성 관리' 개념을 이론적 중심축으로, 행정의 '정당성 관리'에 대한 이론적 재구성을 수행하고, 이를 바탕으로 전망 있는 경험 연구의 사례와 방법을 논의했다(Tsoukas, 2000).

논의의 논리성을 위해 이 장은 다음과 같이 구성되었다. 첫째, 행정조직의 정당성 관리의 개념을 소개하고 행정학적 함의를 논의했다. 둘째, 행위자 중심 신제도주의를 바탕으로 한 이론적 분석틀을 제시하고, 이를 중심으로 해석 활동과 상징 활동 두 가지 차원으로 이뤄진 정당성 관리의 개념을 설명했다. 셋째, 제시된 분석틀을 가이드라인으로 삼아 기존의 경험 연구들을 검토함으로써 전망 있는 연구의 주제, 문제, 그리고 방법론을 논의했다. 넷째, 이 연구의 이론적 논의가 지니는 함의와 한계를 제시했다.

제 2 절 시각 : 행정조직의 정당성 관리와 행정학적 함의

1 행정조직 정당성 관리의 개념

행정조직은 사회의 가치와 이익 구조에 영향을 미치는 권력적 성격을 가지고 있고,

사회로부터의 협력과 순응 없이는 효과적으로 기능할 수 없다(謙吾, 2001). 이에 행정조직은 환경으로서 사회 부문의 요구와 기대를 반영하고, 사회적 정통성을 수용해야 할 필요를 가진다(배병룡, 2002; Meyer & Rowan, 1977). 사회구성원들은 외부에서 바라보는 청자(the audience)로서 행정조직의 설계 및 운영이 그들이 일반적으로 견지하고 있는 요구와 기대, 그리고 가치와 이익의 총체인 '정당성의 논리'에 부응할 때 비로소 협력과 순응, 그리고 지지와 결집의 모습을 보인다(Burns & Stalker, 1961; Miller, 2008). 따라서 행정조직은 사회 부문의 요구와 기대를 적극적으로 해석하고(Daft & Weick, 1984; Weick, 1969), 이를 적극적으로 관리할 실익을 가지게 된다(Oliver, 1991). 이러한 관리적 활동을 여기에서는 간단히 '정당성 관리(legitimacy management)'라고 명명한다(Suchman, 1995)

한편 사회 부문이 견지하는 '정당성의 논리'는 매우 주관적이고 구성적이며, 심지어 서로 충돌하는 모순적인 관계에 놓여 있는 경우가 일반적이다(김명환 2008; 윤견수, 1997). 가령 정당성의 논리를 구성하는 사회의 선호집합은 한 사회가 견지하는 옳음-그름, 이득-손해, 맞음-틀림 등 규범, 이익, 가치 등을 둘러싼 다양한 대립항으로 이뤄져 있다. 그런데 사회구성원들은 이러한 대립항들에 대해 일반적인 합의를 가지고 있지 않다(Friedland & Alford, 1991). 예를 들어 사회 내부에는 집권과 분권, 분배와 성장, 자유와 평등, 진보와 보수 등의 대립항들에 대해 규범, 이익, 가치에 따른 일종의 균열이 언제나 존재한다. 이러한 균열은 사회 내부에 긴장과 갈등을 유발하는 요인을 작용하게 된다(Fischer, 2003). 게다가 이러한 균열은 안정적인 것이 아니라, 시대와 맥락에 따라 그 양상이 역동적으로 변화한다(Kettl, 2000).

행정조직의 입장에서 사회의 선호집합이 단일체가 아닌 복합체이며, 그 양상 또한 시대와 맥락에 따라 변화한다는 점은 더욱 큰 관리상의 어려움을 의미한다. 정당성의 논리들이 서로 충돌하고 갈등할 때, 행정조직은 어떤 논리가 좀 더 정당한가에 대한 결정과 대응을 수행해야 하며, 이러한 상황은 조직에게 일종의 '딜레마'를 양태하기 때문이다(윤견수, 1997: 94-95; Lounsbury, 2007). 일반적으로 한 논리의 만족은 다른 논리의 불만족을 전제하기 쉽다.

그런데 여기에서 흥미로운 점은 '행정조직의 정당성 충족'에 대한 사회 부문의 평가가 반드시 실질적·실증적 기준에 기반해 이뤄지는 것은 아니라는 점이다.[1] 정당성 평

1) 구체적으로 서술하지는 않았지만, 이 관점은 개인의 선호와 동기를 '사적 이기심'의 고정된 전제로 가정

가는 인지적·인식적 정서와 더 높은 관련성을 지닌다(권향원·최도림, 2013b; 유영옥, 1991). 구성원들은 일반적으로 행정조직과 공적 결정에 대해 구체적이고 엄밀한 정보를 가지고 있지 못하다(Ocasio, 1997). 즉, 사회는 행정에 대해 일종의 '정보 비대칭'과 '제한된 합리성' 등 인지적 제약을 가지고 있다고 할 수 있다. 따라서 구성원들은 행정조직과 공적 결정에 대해—매우 직접적인 이해 관계를 가지고 있는 경우를 제외하고—그 의미와 가치에 대한 주관적·구성적 평가를 수행하게 되기 쉽다(Elder & Cobb, 1983). 그리고 이러한 주관적·구성적 평가에 영향을 미치는 것은 도덕성, 가치성, 의미성, 규범성 등 이미지(image)와 인상(impression)의 비실체적 요소다(Atvesson, 1990; Elsbach, 1994).

행정조직의 '정당성 관리'는 '이미지와 인상' 및 '상징성'의 이러한 비실체적 요소에 대한 관리'를 의미한다(권향원·최도림, 2013a). 조직을 둘러싼 규범, 이익, 가치를 (실체적으로) 모두 만족시킬 수 없는 딜레마의 상황에서, 이러한 '정당성 관리'는 관리적인 유용성을 지닌다. 예를 들어 조직이 실제로는 한 파당(partisan)의 실체적 이익에 복무하지만, 다른 파당의 불만족을 무마하기 위해 형식적인 행동을 보이는 형식주의의 사례 등을 들 수 있을 것인데(소영진·안성민, 2011), 물질적·실체적 자원 투입을 최소화하면서 사회 부문 일반의 정서와 심리를 효율적으로 관리할 수 있다는 점에서 '정당성 관리'는 매우 큰 관리적 효용을 지닌다. 물론 규범론·가치론적 시각에서 이러한 '정당성 관리'가 윤리적으로 옳은 것인지에 대한 타당한 반대 의견이 제시될 수 있을 것이다(Hay, 2011; Overeem, 2008). 그럼에도 불구하고 '정당성 관리'가 공공관리의 사회적 비용을 줄이고, 구성원들의 지지와 결집, 수용과 순응을 유도할 수 있다는 점에서 관리적 기능성을 지니고 있음을 부정하기는 어렵다(이종은, 2012).

하고, 분석을 전개하는 행태주의(behavioralism)와 대립점을 이룬다. 행태주의는 개인은 일반적으로 그 사적 편익에 대한 판단을 통해 어떤 상황에 대한 순응 여부를 합리적으로 결정한다고 본다. 그러나 '정당성 관리'가 전제하는 주관주의, 구성주의적 인식론은 개인은 정서적·감정적 측면을 아울러 가지고 있기 때문에, 행태주의적 시각은 개인의 '비합리적' 제도 순응 현상을 논리적으로 설명하지 못하는 난점을 가진다고 본다(Scott, 2008). 가령 전시 상황에서 개인이 자발적으로 국가의 가치와 명령을 위해 목숨을 버리는 현상은 행태주의의 실증적·물질적 설명 방식으로는 완전히 설명하기 어려운 측면이 있다. 개인의 모든 행위를 편익의 계산을 통해 결정하는 '공리기계'로 가정하는 것은 논리적 한계를 가지기 때문이다. 이에 대한 안티테제로서 신제도주의나 사회·심리학적 조직이론들은 개인의 선호와 동기를 제도적 명령에 대한 인지적·상징적 의미로부터 설명한다는 점에서 차이를 지닌다. 두 대립적 시각은 개인 행태의 합리성(rationality)의 한 단면만을 주제화하기 때문에, 균형잡힌 통합적 시각이 요구된다고 할 것이다. 그러나 이 연구는 좀 더 제도론적, 사회·심리학적 인간관에 기초해 논의를 진행하고 있다.

2 정당성 관리를 위한 해석적 · 상징적 활동

여기에서는 행정조직의 정당성 관리를 "사회 부문의 정당성 논리, 제도화 규칙, 일반적 믿음, 집합적 기대 등 사회 · 심리적 요소들을 관리하기 위해 행하는 해석 및 표현의 소통 행태"라고 정의한다. 요컨대 이는 본질적으로 조직과 환경과의 소통을 통한 관리적 측면이라고 이해할 수 있다. 여기에서 소통은 크게 ① 사회 부문의 논리, 규칙, 믿음, 기대 등의 내용과 구조를 이해하기 위한 해석 활동의 차원과 ② 사회 부문의 지배적인 정당성 담론에 조응하는 이미지와 시그널을 전달하는 상징적 표현 활동의 차원의 두 가지로 구성된다(유영옥, 1991; Edelman, 1971; Hay, 2011). 정당성 관리 시각은 환경에 둘러싸여 인지적 · 해석적 표현 활동을 수행하는 행정조직을 논의의 중심에 놓고 주제화한다는 점에서, 행위자 중심 신제도주의(Oliver, 1991), 개방 체계(open systems) 조직이론(Burns & Stalker, 1961), 해석주의 · 상징주의 관리이론(Daft & Weick, 1984; Pfeffer, 1981)의 맥락과 맞닿아 있다. 최근의 조직이론 연구 경향이 "인지적으로 제한된 합리성을 지닌 조직이 환경의 도전과 요구에 대응하기 위해 어떠한 의식적 · 전략적 행태를 보이는가?"에 관심을 보이고 있음을 고려할 때, 정당성 관리의 이론적 의의는 이러한 전통과 경향의 연장선에서 찾을 수 있다(Fiss & Zajac, 2006).

그림 3-1 정당성 관리의 과정도

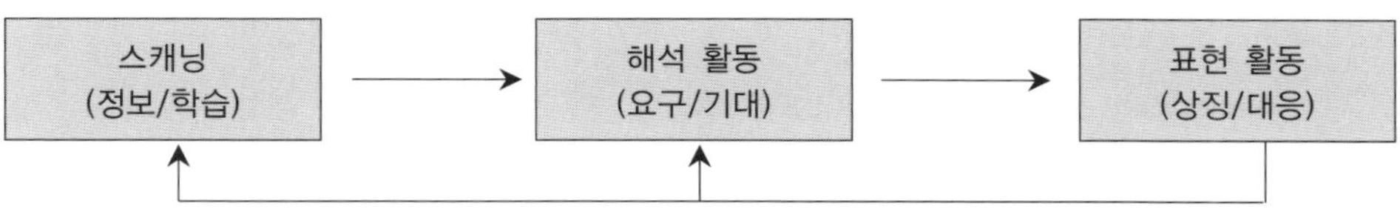

출처: Daft & Weick(1984: 286)와 Pfeffer(1981)를 재구성.

조직의 정당성 관리 과정은 ① 환경의 요구와 기대에 대한 정보를 수집하고, 이를 학습하는 스캐닝(scanning) 과정, ② 수집된 정보를 유형화하고, 구조화해 그 의미를 도출하는 해석 활동(interpretation), 그리고 ③ 인지된 환경의 요구와 기대에 대응하기 위해 대응하는 표현 활동(expression)의 세 가지 인지적(cognitive) 연속적 과정을 거친다(Daft & Weick, 1984; Pfeffer, 1981). 이 시각은 조직을 눈, 코, 귀의 감각기관으로 외부 정보를 받아들이고, 뇌로 정보를 처리하며, 입과 몸의 표현기관으로 대응하는 인지적 인간의 메타포로 이해한다(Weick, 1969). 여기에서 특히 의미를 갖는 조직 내 구성원은 이러한 '정보'의 수집 및 유포를 담당하는 담당자나 기구라고 할 수 있으며, 전통적으로 리더(leader)나 조직경계에서 환경과의 소통을 담당하는 기구(참고: boundary spanner)들이 연구 대상으로 주제화되어 왔다(Aldrich & Herker, 1977; Selznick, 1957; Nutt, 1998).

일련의 정당성 관리의 효과성은 그 과정과 결과가 사회 부문의 지배적 담론과 얼마나 부합했는지의 일치성(congruence)과 대응성(responsiveness)이 판별 기준이 된다. 한편 행정조직의 정당성 관리가 경영조직의 그것과 차이를 보이는 점은, 경영조직은 수익(profit)이라는 지배적인 합리성(rationality)을 목표로 정당성 관리가 이뤄지는 데에 반해, 행정조직은 수익을 비롯한 형평, 정의, 선별, 안정 등 다양한 복합적 합리성을 동시에 정당성 관리의 목표로 삼아야 하는 딜레마 상황 아래 놓여 있다는 점이다(이종범, 1986; 허범, 2002; Overeem, 2008). 따라서 행정조직의 정당성 관리는 좀 더 '가치지향적'이고, '이익 갈등적'인 성격을 지니게 된다. 이에 경영조직의 정당성 관리에 비해, 그 성과의 가시성이 떨어지고 측정이 어려운 모습을 보인다(Behn, 2003).

복합적 · 갈등적 가치와 이익이 결부된 행정과 정책의 공적 결정에서, 정당성 관리의 논점은 "편익을 누리는 구성원과 손해를 겪는 구성원 일반에게 어떻게 정서적 만족을 전달할 수 있을 것인가?"에 놓인다(유영옥, 1991). 편익과 손해를 누리는 두 당사자를 모두 만족시키는 것은 앞서 논의한 딜레마 상황을 특징적으로 드러내어주는 상황이다(Bertelli & Feldman, 2007). 이에 행정조직은 물질적이고 실체적인 수단보다는 합리화(rationalization)와 정당화(justification)를 목적으로 한 상징적 · 제의적 몸짓(gesture)의 수단을 동원하는 것이 일반적이다(권향원 · 최도림, 2013a, 2013b; Goffman, 1973). 행정의 인사관리, 조직 개편, 외교 활동 등의 많은 부분은 공리적 득실보다 사회 부문의 불만을 관리하기 위한 상징적 · 제의적 성격을 지닌다. 가령 보수적인 성향의 정권에서 진보적인 성향의 정무직 총리 등을 연합적으로 임용해 사회 양 진영 모두의 만족을 이끌어 내고 정책의 불순응을 관리하는 임용 전략이나(한상익, 2013), 사회의 특정 이익집단의 불만을 해소하기 위해 특정한 정부기구를 신설하고 형식적으로 운영하는 형식주의 전략(소영진 · 안성민, 2011) 등을 예로 들 수 있는데, 이러한 활동들은 사회 부문의 불만을 관리하기 위한 상징적 · 제의적 정당성 관리의 예들로 이해할 수 있다. 그 밖에도 대통령과 같은 조직의 리더가 '말'을 통해 조직의 인상을 관리하는 사례(이창길, 2010) 등을 들 수도 있다.

한편 행정조직의 정당성 관리를 냉소적으로 이해하면, 일종의 '조직의 위선'으로 파악되기도 한다(김명환, 2008). 정당성 관리가 기만과 허위를 목적으로 한 피상적 형태만을 띠고 있는 경우가 상존하기 때문이다. 그러나 이러한 규범적 관점이 행정이 수행하는 정당성 관리 활동의 기능성을 모두 부정할 수는 없을 것이다. 실례로 행정은 많은 경우 '의전'과 '의례'로 불리는 상징성이 높은 활동들에 많은 자원을 부여하고 있다(김효겸, 2013). 더해 역대 모든 정권은 '국민의 정부', '참여정부', '녹색뉴딜', '창조경제'와 같은 상징 수사들을 동원하고, 이를 중심으로 사회 부문의 어젠다를 관리하는 모습을 보여왔다(하민철 · 윤견수, 2010). 따라서 행정조직의 정당성 관리는 실무 차원에서 일종의 '관리적 사실'이라고 할 수 있다. 행정이 전통적으로 여론과 지지율에 민감한 것도, 공직자의 윤리를 강조하는 것도, 또 소통을 통한 민의의 반영을 제도화하려는 것도 이러한 정당성 관리의 관점에서 이해할 수 있기 때문이다(이종은, 2012).

3 행정이론적 기원

행정학에서 행정조직의 '정당성 관리'는 매우 빈곤하게 연구되어 왔다. 이는 경영학, 사회학 등 조직 행태에 대한 다른 학문 분야의 활발한 연구 경향과 좋은 대조를 이룬다. 행정학 분야에서의 이러한 빈곤으로 인해, 자칫 해당 연구의 행정학적 의의 자체에 대한 회의가 제기될 수도 있을 것 같다. 연구자는 이에 행정조직의 정당성 관리 개념의 행정학적 기원과 토대를 논의하는 것이 중요한 의미를 지닌다고 판단했다. 이 장은 이에 행정조직의 '정당성 관리'에 대한 행정이론적 기원을 위해 지면을 할애했다. 논의는 권력론적 시각과 기능론적 시각의 두 가지 패러다임에 바탕을 두었다.

1) 권력론적 시각

행정 권력의 정당성 개념은 행정학의 가장 본래적이고 전통적인 테마 중 하나다(Weber, 1978). 행정은 본질적으로 '권력'을 기반으로 하는 작용이고, 사회적 정당성을 인정받을 때 비로소 '권위'로 치환되기 때문이다(Edelman, 1971). 이러한 점에서 행정의 '정당성 관리' 개념은 이미 행정학의 '권력론적 시각'에 암묵적으로 배태되어 있다고 볼 수 있다.

현대적 정당성 관리 개념에 대한 토대는 정치학자 이스턴(Easton, 1975)의 체제이론적 접근에서 찾아볼 수 있다. 그는 행정을 환경과 상호의존적으로 교호하는 일종의 체제(systems)로 이해하고, 체제의 생존과 효능은 환경의 요구와 제약에 얼마나 높은 적응도를 보이는가에 달려 있다고 이해했다. 행정은 환경(사회)의 지지와 결집이라는 자원에 의존적인 체제다. 따라서 행정은 환경의 요구와 제약에 필연적으로 민감할 수밖에 없다. 행정은 환경의 요구와 제약의 총체인－루소의 표현을 빌리자면－소위 '일반 의지' 또는 '집단적 여망'(오재록 · 박치성, 2013: 101)을 이해하고, 이에 부응해야 할 책무를 지니게 된다. 여기에서 '일반 의지'나 '집단적 여망'은 '정당성' 개념에 다름 아니다. 한편 정당성의 논리는 일종의 사회적 사실로서 사회학적 상상력 없이는 관측이 쉽지 않으며, 시간과 장소에 따라 변동하는 성격을 지닌다(Durkheim, 1997[1893]). 따라서 행정은 일반 의지를 이해하고, 이에 맞춰가기 위해 끊임없는 인지적 · 의식적 활동을 수행해야 한다. 이러한 인지적 · 의식적 활동은 주지한 '정당성 관리'의 개념과 조응하는 바가 크다고 할 수 있다.

2) 기능론적 시각

기능론적 시각은 행정조직이 다른 사회조직들과 구분되는 가장 본질적인 기능을 사회 부문에 옳고, 그름의 지각에 부합하는 작용을 함으로써 사회구성원들에게 '정서적 만족감'을 제공하는 데에서 찾는다(Elder & Cobb, 1983). 물론 행정조직은 공공재의 생산 및 공급 등 사회 부문에 물질적 편익 제공의 기능을 아울러 가진다. 그러나 이러한 기능은 비단 행정조직이 아니더라도 영리(for-profit) 또는 비영리(non-profit) 민간조직들에게도 부여되어 있다. 게다가 행정조직은 이들 조직에 비해 물질적 산출에 특화되어 있지도 않다(Pfeffer, 1981: 6). 게다가 행정조직이 물질적 재화의 산출 과정을 직접 통제하는 경우는 상대적으로 적고, 공공재 산출물의 특성상 산출평가의 기준 역시 모호하다([그림 3-2]). 따라서 행정조직의 고유한 기능적 정당성을 물질적 생산에서 찾는 것은 논리성이 미약하다 할 것이다. 이에 러만(Luhmann, 1995)을 비롯한 사회 체계(social systems) 이론가들(참고: Parsons, 1951)은 행정조직이 민간기업 등 다른 사회조직들에 비해 낮은 실물 생산성을 지니고 있음에도 불구하고 그 존재의 계속

그림 3-2 산출통제의 직접성과 산출 측정의 명확성으로 구분한 조직 유형

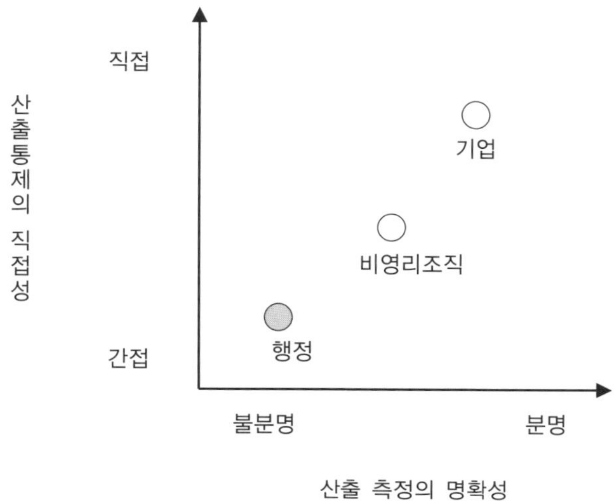

출처: Frumkin & Galaskiewicz(2004: 293).

성을 유지하는 이유를 이들이 담당하고 있는 정서적·심리적 측면에서 찾는다. 이에 행정조직의 '상징성'을 조직의 본질적 논리로 이해했다. 그렇다면 이 관점에서 행정조직의 '정당성 관리'는 행정조직의 고유하고 본질적인 활동의 한 가지로 이해된다.

제 3 절 모델: 행위자 중심 해석 · 상징 활동 분석틀

이 절은 행정조직의 정당성 관리를 경험적으로 분석하기 위한 구조화된 분석틀을 제안하는 것을 목적으로 한다. 구조화된 분석틀의 구성화 작업은 '신제도주의'의 '행위자 중심 정당성 관리'의 시각과 용어를 중심으로 이뤄졌다(Oliver, 1991; Suchman, 1995).[2] 이는 해당 이론의 시각과 용어가 파편적·분절적으로 이뤄졌던 행정조직의 정

2) 전통적인 신제도주의 시각(특히 사회학적 신제도주의)은 제도가 개인의 선호와 동기에 절대적인 영향을 미친다는 전제를 바탕으로 하고 있다. '제도결정론' 또는 '제도절대주의'라고 할 수 있는 이러한 '강한 제도 가정'은 개인(행위자)을 무기력하고 수동적인 객체로 바라보는 시각에 기초하고 있다고 할 수

당성 관리 연구에 구조적 일체감을 부여하는 일종의 개념적 아교(glue) 역할을 할 수 있다는 판단에서 비롯된 것이며, 더불어 해당 이론은 조직의 동기와 행태를 설명하는 데에 사회·심리적 요소를 분석의 대상으로 주제화한다는 점에서 관련성이 매우 높다고 볼 수 있기 때문이다. 논의한 분석틀을 [그림 3-3]에 제시했다.

분석틀은 '행위자(행정조직)'를 매개로 크게 다음의 두 가지 차원으로 구성되어 있다. '해석 활동' 차원은 조직이 환경이 부여하는 요구와 기대의 내용과 구조에 대한 선별 및 해석을 수행하는 인지적 작용이며, '상징 활동' 차원은 조직이 정당성의 이미지를 얻기 위해 사회를 대상으로 상징적 언표, 수사, 행동을 통해 수행하는 표현적 작용을 의미한다.

그림 3-3 행위자 중심 해석·상징 활동 분석틀

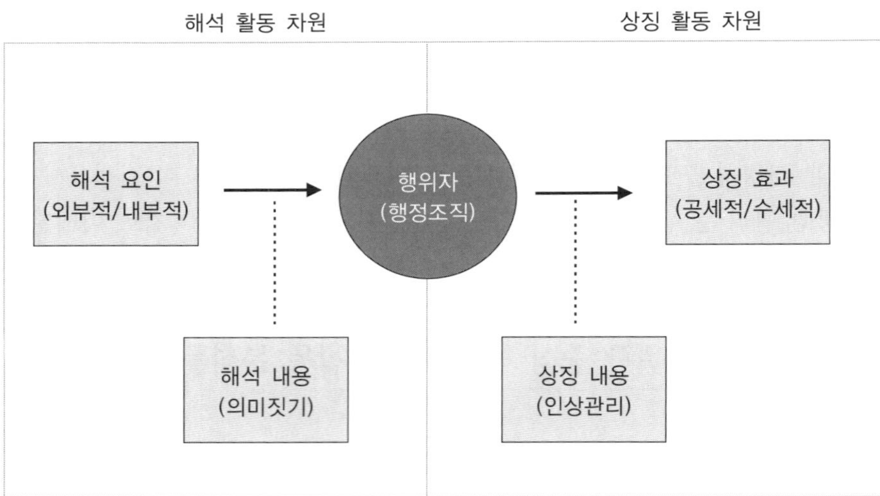

있다. 이에 대해 비교적 최근에는 주지한 전통적인 신제도주의의 행위자관(觀)이 개인의 의지, 의식, 그리고 전략 등을 등한시했다는 반성이 나타나고 있다. 이에 행위자의 주체성을 회복하고, 제도의 제약에 맞선 행위자의 전략적 행태가 분석의 주제로 부상하게 되었다. 이러한 경향성을 본고에서는 편의상 '행위자 중심 신제도주의'라고 명명했다.

1 해석 활동 차원

1) 해석 내용과 해석 요인

해석 활동은 '날 것으로서의 자료'를 해석자가 인지적 필터를 통해 구성 및 재구성함으로써 정보화하는 인지적 활동을 의미한다(Berger & Luckmann, 1966). 와익(Weick, 1969)은 이러한 인지적 구성 활동을 의미짓기(sense-making)라고 명명했다. 이 관점에서 해석을 통해 도출된 정보는 행위자의 지향과 방법에 따라 사회적·심리적으로 구성되는 사회구성체의 성격을 가지게 된다. 의미짓기 과정은 다음의 몇 가지 단계를 통해 이뤄진다. 첫 번째 단계는 자료에 대한 스캐닝(scanning)을 통해 수집과 유형화를 수행하는 절차다(Hogg & Terry, 2000). 이 과정은 현실 문제에 대한 정보를 수집 및 취합하는 것으로, 주로 유형화(categorization)를 통한 일종의 이론화 작업에 해당한다(김명환, 2006). 두 번째 단계는 수집 및 유형화된 정보에 대한 평가를 통해 일종의 위계(evaluation order)를 구성하는 단계다(Heimer, 1999). 해석자로서 조직이 주어진 유형의 문제들에 모두 대응하기에 보유한 자원이 부족한 경우, 가장 시급하고 중요한 문제에 대해 우선순위를 부여하는 '선택' 활동이 요구된다(Thomas, Clark, & Gioia, 1993). 마지막 단계는 선택된 문제에 대한 대응 전략 및 대응 논리를 설정하는 활동이다(Nutt, 1998). 이러한 대응을 구성에는 의사결정권자의 정보, 기술, 창의 등 복합적 요소가 작용하게 된다.

전통적인 사회학적 신제도주의 관점은 모방을 통한 동형화(isomorphism)를 해석과 대안 선택의 메커니즘 중의 하나로 다뤘다(Powell & DiMaggio, 1991). 그러나 대응 전략은 모방 외에도 다양한 조직 내·외부적 상황 요인에 의해 영향을 받게 된다. 가령 조직 내부적으로 리더의 창의, 도전, 습관, 철학 등 복합적 요소들 역시 대응 전략 선택에 영향을 미친다(Lee, 1991). 이에 더해 조직 외부적으로 조직을 둘러싼 이해 당사자들의 관계, 구성, 이해 등 상황 여건에 따라서도 선택의 차이가 발생한다(Emerson, 1962; Granovetter, 1985; Cattani et al., 2008). 따라서 조직의 의미짓기 활동을 좀 더 현실적으로 이해하기 위해서는 이러한 조직 내·외부적 요소들에 대한 좀 더 포괄적인 분석이 요구된다. 조직의 해석 활동, 즉 의미짓기 활동은 조직 의사 결정의 방향과 내용의 전제가 되고, 잘못 이뤄질 경우 '제3종 오류' 즉 잘못된 문제를 해결하기 위한 개인의 오류를 발생시킬 수 있다는 점에서 매우 중요한 관리적 의미를 지닌다.

2) 제도 논리

행정조직에 문제를 부여하는 과업 환경(task environments)은 다양한 관계와 소속으로 구성되어 있으며, 행정조직에 규칙, 규범, 가치, 문화 등의 제도적 요구로 행태를 제약한다(하연섭, 2006; Jepperson, 1991). 가령, 행정조직은 정책 과정에서 의회, 언론, 이익집단, 시민단체, 유관기관, 산하기관 등 다양한 이해 당사자들(stakeholders)과 연관된다. 이들은 행정조직의 선택과 결정을 일정 부분 제약하고, 심지어 규제하는 역할을 담당하게 된다. 행정조직은 이들 이해 당사자의 물질적 · 사회적 · 심리적 지원 없이는 효과적으로 운영될 수 없기 때문에, 이들이 총체적으로 부여하는 제도 맥락의 제약과 요구에 반응적일 수밖에 없다(Pfeffer & Salancik, 1978). 신제도주의 시각은 환경이 견지하고 있는 제도적 기대, 요구, 규범 등 다양한 선호 체계 집합의 총체(totality)를 통일성을 위해 편의상 '제도 논리(institutional logics)'라고 명명한다(Friedland & Alford, 1991). 제도 논리는 조직에 규제적(regulative), 규범적(normative), 그리고 인지적(cognitive) 명령과 제약을 부여하며 행위를 제약한다(Scott, 2008).

그런데 문제는 각 제도 논리/이해 당사자가 부여하는 제약과 요구들은 서로 갈등하는 경우가 많다는 점이다. 이는 조직에 일종의 선택의 딜레마 상황을 부여한다(윤견수, 1997).[3] 이에 조직은 "주로 누구의 제도 논리를 따를 것인가?"라는 선택의 문제에 직면하게 된다(Cook & Whitmeyer, 1992). 이러한 선택의 문제에 관여하는 것이 '해석 활동'의 측면이다. 조직은 복합적이고, 복잡하게 부여된 제도 논리를 대상으로 유형과

---

3) 복합적이고 갈등적인 제도 논리에 대한 이해를 도모하기 위해 가상의 개인 A를 상정해 보자. A는 한 가장의 아버지로서, 한 회사의 관리자로서, 그리고 취미클럽의 총무로서 다양한 사회적 역할을 동시에 수행하고 있다. 이 경우 A는 주어진 각각의 사회적 역할이 부여하는 '정당한 행동의 규칙'에 동시에 모두 제약된다. A는 가정에서 아버지'로서' 사회적 역할에 걸맞은(정당한) 행동의 규칙을 준수해야 하고, 또 회사에서는 관리자'로서' 역할에 걸맞은(정당한) 행동의 규칙을 준수해야 한다. 만약 회사에서 아버지처럼 행동하거나, 가정에서 관리자처럼 행동하는 등 맥락과 불일치한 행태를 보이게 되면 A의 행동은 정당성을 얻지 못하고, 사회적 제재를 경험하게 되기 쉽다. 각각의 사회적 역할이 규정하는 복합적 정당성의 코드들이 마치 투명한 레이어와 같이 개인을 겹겹이 덧대어 버린 모습을 연상하게 하는데, 제도론 시각에서 이러한 개별 정당성의 코드 각각을 '제도 논리'라고 부른다. 개인이 담당하는 사회적 역할군(role set)이 복합적일수록 제도 논리의 층은 두꺼워지기 마련이다. 신제도주의적 관점에서 행정조직은 경영조직에 비해 복잡하고 다층적인 제도 논리를 가지고 있다고 볼 수 있다. 경영조직은 비교적 단순한 수익성의 역할 기대를 가지고 있는 반면, 행정조직은 복수의 이해 관계와 가치 구조에 동시에 복무해야 하기 때문이다.

내용, 여건과 요건, 그리고 위계와 선별 등 해석을 통한 자료의 정보화를 수행하게 되기 때문이다(Thornton & Ocasio, 2008). 이러한 인지적 해석 활동 과정의 차이는 해석 결과의 차이로 이어지게 되고, 이는 직면한 환경의 문제에 대한 정의 방식과 내용에도 차이를 야기하게 된다. 문제 정의의 차이는 이어지는 의사 결정의 방향과 내용에도 영향을 미치게 된다. 한편 이익과 가치가 결부된 조직 현상에서 '선택'은 본질적으로 정치적인 성격을 지닌다(Cyert & March, 1963). 따라서 제도 논리와 선택의 테마는 기존의 사회학적 신제도주의의 단일체로서 제도 가정에 권력(power)의 개념을 추가한 사회·정치적 신제도주의의 형태로 이해된다(Friedland & Alford, 1991; March, 1966).

2 상징 활동 차원

1) 상징 내용

상징 활동은 행정조직이 사회 부문에 대해 신뢰, 평판, 안정과 같은 '바람직한 이미지'의 전달을 위해 수행하는 관리 활동을 의미하며, 이를 일반적으로 인상관리(impression management) 또는 상징관리(symbolic management)라고 명명한다(Elsbach, 1994; Fiss & Zajac, 2006). 인상관리는 주로 상징적인 수사와 행동을 활용해 조직의 선택과 결정이 사회적으로 바람직하다고 믿게끔 설득하는 것을 목적으로 하는데, 여기에서 사용될 수 있는 상징자원은 크게 언어적 상징과 행위적 상징으로 구분된다(Goffman, 1973; 1983).

'언어적 상징'을 통한 인상관리는 말과 글 등 언어적, 언술적 매체(media)를 통해 신뢰, 지지, 동질, 안정 등 발화자가 의도한 이미지를 상대에게 전달하는 활동을 의미한다(Fiss & Zajac, 2006). 제도 맥락 속의 행위자는 '언어적 수단'을 통해 다른 구성원들에게 자신의 선택과 행위가 '정당한 것'임을 끊임없는 설명과 변호의 과정을 통해 합리화 및 정당화해야 할 유인을 가지게 된다(Pfeffer, 1981). 이러한 '정당성의 이미지 관리'를 통해 행위자는 제도 환경 내에서 신뢰와 동의와 같은 평판자원을 얻을 수 있기 때문이다. 정당성 관리를 위해 동원되는 이러한 언어적 상징들은 '제도적 어휘(institutional vocabularies)'라고 명명된다(권향원·최도림, 2013a; Elsbach, 1994).[4)]

'행위적 상징'을 통한 인상관리는 사회적인 요구와 기대에 대응해 상징성이 높은 처방과 행동을 통해 사회 부문에 '순응'의 메시지를 전달하는 것을 의미한다(Meyer & Rowan, 1977). 여기에서 행위를 통한 인상관리는 반드시 실질적 행동 이행을 담보하지 않고, 외형적 형식주의에 그칠 수 있다(배병룡, 2002). 이를 신제도주의에서는 '상징적 동조(decoupling)'라고 명명한다(Meyer & Rowan, 1977). 일종의 하는 '척' 또는 '위선'을 의미하는 이러한 전략은 사회 부문이 부여하는 정당성의 요구와 기대를 상쇄(offset)함으로써, 정당성을 관리하기 위한 선택으로 이해된다(강영철 · 이철주, 2009).[5]

사회 · 심리적 정당성 개념을 다루는 전통적인 시각은 사회학적 신제도주의는 제도에 무조건 순응하는 수동적(passive), 반응적(reactive) 행위자를 가정함으로써, 비현실적이고 지나치게 강한 제도결정론의 논리적 약점을 지니고 있다고 비판한다(Scott, 2008). 이에 올리버(Oliver, 1991)는 행위자가 주어진 제도에 대해 어떻게 의식적 · 전략적으로 대응하고 있는지에 대한 '행위자 중심의 제도론'을 제안했다. 이 관점은 행위자가 사회적 정당성을 관리하기 위해 가장 수동적인 '순응'에서부터 가장 공세적인 '조작'에 이르기까지 다양한 스펙트럼의 행태를 보일 수 있음을 유형화를 통한 이론적 구조로 보이고 있는데, 상징적 인상관리는 이러한 행위자 중심의 의식적 전략적 시각을 반영하고 있는 것으로 이해된다(Elsbach & Sutton, 1992)(〈표 3-1〉 참조).

2) 상징 효과

행정조직의 상징 활동은 크게 두 가지의 효과를 가지고 있는 것으로 구분할 수 있다. 첫째, 조직 내 · 외부적인 부정적인 사건 · 사고로 인한 사회적 시선과 비난 등을 상쇄하는 효과와, 둘째, 특정 어젠다에 사회적 관심을 유도하거나 이슈를 주도하는 등 전략적 틀짓기(framing) 효과가 그것이다.

첫째, 사회적 시선과 비난을 상쇄하는 상징 활동의 효과는 상징을 통한 일종의 '위

---

4) 한편 메시지 전달 매체의 성격을 가지고 있지만, 비언어적인 상징들도 간과해서는 안 될 것이다. 가령 로고(logo), 유니폼(uniform) 등 비언어적 상징을 예로 들 수 있다. 그런데, 비언어적 상징은 논의한 행위적 상징과 어느 정도의 접점이 있다는 점에서 여기에서는 따로 다루지 않았다. — 연구자 주.

5) 주지한 상징자원의 효과적인 동원 및 활용은 조직관리 능력의 비물질적 차원에 해당한다(Pfeffer & Salancik, 1978). 물질적 자원은 돈, 권력, 시간, 완력 등의 실체적 자원을 의미하고, 비물질적 자원은 인상, 신뢰, 평판, 안정 등 심리적 · 사회적 차원의 자원을 의미하는 데, 이 두 차원의 자원들은 총체적으로 조직의 관리자원을 구성한다(Finkelstein, 1992). 이에 조직은 두 가지 자원 모두를 보유의 대상으로 욕망하는 것이 일반적이다. — 연구자 주.

표 3-1 제도적 요구 및 제약에 대응한 행위자의 행동(전략) 유형

전략	행태	설명
순응 (Acquiesce)	습성(Habit)	제도적 규칙을 당연한 것으로 받아들이고, 무의식적으로 따름.
	모방(Imitate)	제도적 규칙을 따르기 위해 모방함.
	따름(Comply)	제도적 규칙에 응함.
절충 (Compromise)	균형(Balance)	복합적 제도적 요구들 사이에서 균형점을 찾음.
	달램(Pacify)	제도적 압력의 행사자들을 유화적으로 달램.
	거래(Bargain)	제도적 압력의 행사자들과 거래를 수행함.
회피 (Avoid)	숨김(Conceal)	제도에 순응하는 듯 가장함 -실제로는 순응하지 않음.
	완충(Buffer)	제도의 영향권으로부터 거리를 둠 -그러나 그 안에 머무름.
	탈출(Escape)	제도의 영향권으로부터 탈출함.
도전 (Defy)	기각(Dismiss)	제도적 규칙을 무시함.
	도전(Challenge)	제도적 규칙에 도전함.
	공격(Attack)	제도적 규칙의 행사자들을 공격함.
조작 (Manipulate)	흡수(Co-opt)	영향력 있는 영향권자를 흡수함.
	영향(Influence)	스스로 제도적 영향권자가 됨.
	통제(Control)	제도적 영향권자와 제도적 과정을 통제하는 권력을 가짐.

출처: Oliver (1991: 152)[권향원 · 최도림(2013a: 292)에서 재인용].

기관리 소통 전략'에 해당하며, 여기에서는 '수세적 상징관리'라고 명명되었다. 이는 조직 내 · 외부에서 발생한 부정적인 사건과 사고 등에 대응하기 위한 인상관리 전략에 해당한다고 볼 수 있다(권향원 · 최도림, 2013b; 이귀혜, 2007). 프럼킨과 갈라스키비츠(Frumkin & Galaskiewicz, 2004)에 따르면, 행정조직은 영리 · 비영리 조직과 비교해 평판, 인상 등 정당성 이미지에 더욱 민감한 특성을 지닌다고 한다. 따라서 조직의 상징자본(symbolic capital)과 평판 권력(reputation power)을 유지하기 위해, 행정조직은 사회적 비난과 비난 등에 적극적으로 대응할 유인을 가지게 된다. 이는 주로 설명, 설득 등의 정당화와 합리화의 전략과, 실질적 사과나 침묵 등의 대응 양태로 나타나게 된다(Benoit, 1995; Elder & Cobb, 1983).

둘째, 전략적 틀짓기 효과는 '공세적 상징관리'라고 명명되며, 행정조직이 의제설정자(agenda setter)로서 의제를 동원한다거나, 문제를 제기한다거나, 관심을 유도한다거나, 반대를 차단한다거나 하는 등 사회 부문에 적극적 · 권력적 작용을 공세적으로 가하는 것을 의미한다(Herman & Chomsky, 2002; Ocasio, 1997). 행정조직(권력)의 공세적 상징관리를 정치학에서는 전통적으로 상징정치(symbolic politics)라는 용어를 통해 다뤄왔다(Edelman, 1971). 상징정치에서 주요한 행위자는 대통령과 같은 행정조직의 정무직 수반이다. 이들은 연설, 담화, 대화, 순방, 의전 등 다양한 대중적인 수단을 통해 사회 부문의 문제, 대안, 평가 등의 의미 요소들을 행정이 원하는 방식으로 끊임없이 구성, 재구성, 전달하는 역할을 수행한다고 본다(Emrich, Brower, Feldman, & Garland, 2001). 상징정치가 주제화하는 측면은 바로 이러한 권력적 프레임(frame)에 따라 사회 부문이 견지하고 있는 '정당성의 일반화된 이미지'가 변동되는 상황이다. 한편 상징정치 및 공세적 상징관리는 비판이론가들의 규범적 시각에서 억압적 구조(oppresive structure) 또는 허위의식(false consciousness)의 작동 원리로 비난받기도 한다(Herman & Chomsky, 2002; Steffy & Grimes, 1986). 그러나 공세적 상징관리는 갈등 해소, 사회 결집 및 정책 마케팅 등의 기능적 효과를 아울러 가진다고 보는 시각도 있다(Edelman, 1971).

제 4 절 전략: 경험 연구 접근 경향과 방법론

이 장에서는 주지한 분석틀을 토대로 기존 경험 연구들의 경향을 검토하고, 미흡한 주제와 문제에 대한 논의를 수행했다. 논의의 초점은 기존 연구의 검토를 통해 연구 주제, 연구문제, 그리고 정합성이 높은 방법론의 소개와 논의에 두었다. 논의를 위해 참조한 선행 연구들은 주로 행정과 조직 분야에 해당하는 경험 연구들이다. 앞서 제시한 분석틀의 논리 구조에 따라, 행정조직의 해석 활동과 행정조직의 상징 활동의 두 가지 차원을 중심으로 논의를 전개했다.

1 해석 활동의 연구 접근

조직이 사회의 정당성 논리를 해석하는 의미짓기(sense-making)에 대한 경험 연구는 크게 두 가지 유형으로 구분해 볼 수 있다. 첫 번째 유형은 '해석의 내용'에 대한 연구다. 이는 공공문제를 둘러싼 해석자(들)의 해석 활동 결과 나타난 의미, 가치, 동기 등의 결과물들이 어떠한 내용을 가지고 있는지에 대한 내용 중심적 연구에 해당한다. 두 번째 유형은 '해석의 요인'에 대한 연구다. 이는 공공문제를 둘러싼 해석자(들)의 해석 방식과 내용에 영향을 미치는 요소들에 대한 배경 중심적 연구에 해당한다.

1) 해석의 내용에 대한 연구

'해석의 내용'에 대한 연구는 주로 리더(leader)나 대표(representative)의 정당성을 둘러싼 의미짓기 내용의 해석을 분석의 대상으로 한다.[6] 연구에 접근하는 방법론적 시각은 연구자의 인식론적 선호에 따라, 크게 주관주의와 객관주의, 그리고 연구 목적에 따라 질적·탐색적 접근과 양적·설명적 접근으로 구분된다.

질적·탐색적 접근은 연구자가 분석 대상인 해석자가 특정 이슈에 대해 어떠한 인식의 유형과 내용을 통해 의미짓기하는지에 대해 충분한 사전 지식을 갖추고 있지 못한 경우에 적합한 접근 방법으로 탐색적·발견적인 특성을 지닌다. 이를 위해 많이 동원되는 분석기법은 질적 자료로부터 귀납적으로 연구문제와 관련된 의미 단위로서 주제(theme)들을 추출해 유형화하는 주제 분석(thematic analysis)을 들 수 있다(Braun & Clarke, 2006). 주제 분석은 구체성이 높은 질적 자료를 추상성이 높은 주제들로 요약

표 3-2 접근별 차원에 따른 방법론 예시

	질적·탐색적 접근	양적·설명적 접근
주관주의	주제 분석/근거 이론적 접근 해석학적 방법	Q방법론
객관주의	유도된 내용분석(directed contents analysis)	인식 설문 언어 네트워크 분석

6) 여기에서 분석적 난점은 "개인의 머릿속에서 이뤄진 해석의 내용을 어떻게 분석의 대상으로 삼을 것인가?"하는 점일 것이다. 이에 대한 첫 번째 접근 방법은 해석자가 산출한 텍스트(text)를 대리자료로 삼아 해석자의 해석 내용을 우회적으로 추론하는 전략을 택하는 것으로, 해석자의 공식적인 말과 글, (미국의 경우) 조직강령(mission statement) 등 텍스트 자료를 해석적인 시각에서 분석하는 경향을 보여준다. 두 번째 접근 방법은 해석자(들)에게 설문이나 인터뷰 방식으로 직접 물어보는 유형의 연구 전략이다. 이 전략은 인식에 대한 연구에서 가장 전통적인 접근법이라고 할 수 있다. 그러나 조직의 리더나 대표는 연구자에 접근도와 가시성이 낮은 경우가 일반적이고(참고: 대통령), 연구 대상의 회피, 기망, 망각, 태만 등의 인지적 편이와 연구비용을 통제하기가 어려운 단점이 있다. –연구자 주.

해, 마치 이론(theory)을 구성하는 개념(concept)과 유사한 위계의 주제(theme)로 연구 결과를 표현하는 분석 방법이라고 할 수 있다. 질적 자료로부터 추상성이 높은 주제/개념을 추출하는 작업을 수행한다는 점에서 근거이론적 방법(grounded theory)과 일정한 관련성을 지니기도 한다(권향원 · 최도림, 2011). 질적 자료에 대한 연구자의 이해와 해석을 통제의 대상이 아닌, 오히려 분석의 도구로 삼는 귀납적 논리를 바탕으로 한다. 반면, 질적 자료를 분석할 때, 미리 이론적 가이드라인을 분석 유목으로 자료를 접근하는 연역적 접근 방법도 상존하는데, '유도된 내용분석(directed contents analysis)'을 예로 들 수 있다(Hsieh & Shannon, 2005).

의미짓기에 대한 질적 · 탐색적 연구의 사례로 지오이아와 토머스(Gioia & Thomas, 1996)의 연구는 연구 설계 측면에서 참조할 만하다. 이들은 구조 조정의 과업 환경 변동 상황에서 대학조직 관리자들의 이슈와 대안 정당성에 대해 어떤 의미짓기를 수행하고 있는지에 대해 주제 분석을 통해 탐색적인 이론적 유형화를 수행했다. 한편, 한국의 경우 질적 · 탐색적 방법으로 리더의 의미짓기를 분석한 사례는 찾기 어렵다. 주된 경향은 구조화된 인식 설문을 통한 연역적 인식조사 등에 제한되어 있다. 질적 · 탐색적 연구가 적용된 경우는 정당성 관리 해석 활동의 논점보다는 새로운 제도 도입에 따른 이해 당사자들의 심리적 대응이나, 갈등 등 논쟁적 이슈에 대한 해석의 엇갈림에 대한 연구들이 주를 이룬다. 가령 박상필(2008)은 경실련 한약분쟁 조정을 둘러싼 갈등 당사자들의 의미짓기에 대한 사례연구를 수행했다. 권(Kwon, 2012)은 입지 갈등을 둘러싼 행정조직과 갈등 당사자들의 의미짓기의 엇갈림에 대한 주제분석 연구 등을 수행했다. 따라서 과업 환경에 따른 정부부처 및 공공기관의 리더에 대한 질적 · 탐색적 연구는 그 전망이 밝다고 평가할 수 있다.

언어 네트워크 분석 등 양적 · 설명적 성격을 가진 접근을 선택한 흥미로운 선행 연구들이 확인되기도 하는데, 예를 들어 이창길(2010)은 대통령들의 공식 연설문에 대한 언어 네트워크 분석을 통해 정권의 정당성 가치 지향과 정책 우선순위를 분석함으로써 의미짓기 연구에서 독창적인 접근을 보여주었다. 비교적 최근에는 Q방법론을 통해 연구 대상의 주관적인 인식에 대한 의미짓기의 주관성을 분석하고자 하는 연구 경향도 나타나고 있다(한승주, 2010). 그러나 아직 이들 연구는 정당성 관리 해석 활동 연구에 충분히 활용되지 못하고 있다고 평가할 수 있다.

2) '해석의 요인'에 대한 연구

'해석의 요인'에 대한 연구는 주로 사회학적 신제도주의의 배경에서 해석자의 해석에 영향을 미치는 사회적 맥락과 관계에 초점을 맞추고 있는 경향을 보인다. 구체적으로 해석자의 사회적 맥락과 관계에 초점을 맞추고 있는 기존의 연구들은 주로 비교연구 방법을 통해 해석자가 속한 공동체나 지역 간의 차이가 해석에 어떻게 작용하는지를 분석하거나, 사회 네트워크 분석을 통해 해석자의 사회적 관계가 해석에 어떤 영향을 미치는지를 분석하는 경향이 확인된다.

비교연구 방법을 사용한 연구의 사례로 론스버리(Lounsbury, 2007)의 상호기금(mutual funds) 산업에 대한 연구를 들 수 있다. 그는 보스턴과 뉴욕을 대상으로 한 비교 사례 연구를 통해 두 지역의 조직들은 지역 간에는 상이한, 지역 내에는 유사한 전략적 지향점이 보이고 있음을 발견했다. 그리고 이를 지역의 역사적·문화적 특성에 따라 상이하게 제도화된 정당성 논리의 차이로 설명했다. 사회 네트워크 분석을 사용한 연구의 사례로는 빌라드센(Villadsen, 2011)의 지방 정무직 단체장들의 재정정책 우선순위에 대한 연구를 들 수 있다. 이 연구는 덴마크 도시정부들의 재정정책 우선순위의 요인으로 단체장들의 사회적 관계에 분석의 초점을 맞추고, 사회적 관계로 서로 연결된 단체장들이 재정지출에서 유사한 패턴을 보이고 있는 것을 발견했다. 그리고 이를 사회적 네트워크가 동형화의 전달 채널로 작용하기 때문인 것으로 설명한다. 한편 한국의 경우, 비교연구 방법과 사회 네트워크 분석을 통한 관련 경험 연구는 매우 미흡하다. 따라서 해당 주제에 대한 조망이 필요하다고 할 수 있다.

2 상징 활동에 대한 연구 접근

행정조직의 상징 활동에 대한 연구는 '상징의 내용'에 대한 연구가 주를 이룬다. 드물게 상징 활동 과정에 대한 과정이론(process theory) 접근을 수행한 조직연구가 발견되기도 하지만(참고: Gephart, 1993), 일반적인 연구 경향은 언어적·비언어적 상징 자체의 내용에 대한 연구가 주를 이루고 있다고 평가할 수 있다. 또한 행정학에서는 '상징의 효과'에 대한 경험 연구는 거의 발견하기가 어렵다. 이는 공공조직의 특성상

표 3-3 상징 활동 연구 주제 영역의 사례 예시

	언어적 상징	비언어적 상징
수세적 활동	수사적 인상관리	상징적 형식주의/상징적 동조
공세적 활동	전략적 틀짓기(framing) 상징정치	전략적 인사

상징의 성과를 측정 및 분석하기가 본질적으로 어렵기 때문으로 판단된다. 상징 활동 연구 주제 영역의 사례는 크게 〈표 3-3〉과 같이 2×2의 네 가지 유형으로 구분해 볼 수 있다.

첫째, 수세적·언어적 상징 차원은 정책 위기와 같은 정당성 위기 상황에서의 위기관리 수사전략 연구들이 주를 이룬다. 이들 연구의 주된 경향은 베노이트(Benoit, 1995)의 언어적 사과 전략 이론을 분석 유목으로 삼아 공식 사과문 등 질적 자료를 연역적으로 접근하는 방법이 주를 이룬다고 할 수 있다(이귀혜, 2007). 관련된 연구로 김영욱 외(2002)의 연구는 경기도 교육청을 대상으로 입시 재배정 파문 사건에 대해 기관이 정당성의 이미지 회복을 위한 어떠한 사과 전략을 구사했는지를 사례연구를 통해 접근했다. 한편 질적·탐색적 접근으로 기존 분석 유목의 사각지대를 극복하려 시도한 연구도 발견되는데, 예를 들어 권향원·최도림(2013b)은 역대 대통령이 측근 비리에 대해 어떠한 언어적 사과 전략을 구사하는지에 대한 연구에서 주제 분석을 통해 분석 유목을 구성하는 귀납적 연구 설계를 채택했다. 이 분야의 경험 연구의 사각지대는 다양한 일선 행정조직들의 수사적 인상관리에 대한 분석과 더불어, 질적·탐색적 접근을 통한 잘 알려지지 않은 상징 내용에 대한 연구 영역에서 발견된다고 판단된다.

둘째, '상징적 형식주의 및 동조' 연구는 사회학적 신제도주의의 고전적인 주제이기 때문에 다른 연구들에 비해 비교적 이론적으로 일관되고, 오랜 경험 연구의 흐름을 보여주고 있다. 물론 연구의 양적 규모는 여전히 미흡한 것이 사실이다. 조직에 초점을 둔 흥미로운 선행 연구는 복합적 정당성의 논리의 딜레마 상황에 처해 있는 '중간조직'들, 가령 교총(윤견수, 1997), 농협조합(배병룡, 1994) 등을 연구 대상으로 한 연구들에서 발견된다. 이들 연구는 중간조직들의 정당성 관리조직 행태를 분석하기 위해 사례분석을 통한 유형화 방법을 선택했으며, 이러한 접근법은 비슷한 주제의 연구들에 계승되는 모습을 보인다. 그 밖에도 제도와 법령 등을 통해 발생하는 상징적 형식주의 및 동조에 대한 연구가 또 하나의 경향성을 이루고 있음이 발견되는데, 연봉제(김동배, 2010) 등 조직에 새로운 혁신 압력이 작용했을 경우나, 성매매특별법(이종범, 2008) 등 가치 갈등적이고 논쟁적인 제도나 법령을 운용해야 하는 경우 등을 대상으로 한 선행 연구들을 들 수 있다. 그 밖에도 국무총리의 실질적 권한과 상징적 권한에 대한 분석(라영재 · 김형성, 2008)이나, 민주적 거버넌스의 제도적 도입과 실질적 운영에 대한 분석(양영철, 2008), 정부부처의 BSC 제도 도입의 사례(강영철 · 이철주, 2009) 등의 선행 연구가 확인된다. 이에 대해 좀 더 구조적이고 포괄적인 연구 경향 분석과 이론적 논의는 이종범(2008)을 참고할 만하다.

셋째, 공세적 · 언어적 상징 차원에 대한 경험 연구는 선행 연구가 매우 빈곤한 영역이다. 언어를 통해 이뤄지는 공세적 상징 전략은 주로 논쟁적인 제도의 도입 및 운영에 앞서 행정조직이 그 사회적 의미와 정당성을 전략적으로 틀짓는 등의 사례나, 가치와 이익 갈등이 첨예한 갈등 상황에서 행정조직의 입장과 시각을 지배적 의제로 부각시키기 위한 틀짓기 전략 등을 예로 들 수 있다. 이에 대한 사례연구는 입지 갈등(심준섭 · 김지수, 2011; Kwon, 2012), 예산 제도(이은경, 2011), 정보 시스템(나태준, 2006) 등의 분야에서 확인된다. 이러한 연구들은 일반적으로 담론분석, 텍스트분석 등 질적 자료를 통한 발견적 · 탐색적 연구 경향을 보여준다. 소통과 담론을 분석하는 데에 가장 정합성이 높은 연구 방법이기 때문이다. 사회적 정당성과 관련된 공세적 · 언어적 상징 정치 등에 대한 경험 연구는 그 중요성에 비해 양적으로 매우 빈곤하다고 판단된다. 그러나 이러한 빈곤함은 역으로 연구 영역으로서 유망한 전망을 제시해 준다고 이해될 수도 있을 것이다.

넷째, 공세적 · 비언어적 상징 차원에 대한 대표적인 사례는 '전략적 임용'의 연구에서 발견된다. 이 분야에서 버텔리와 펠드만(Bertelli & Feldmann, 2007)의 연구는 흥미로운 논점을 제시해 주는데, 이들은 부시 정권의 정무직 인사에 대한 분석을 통해 보수적 성향을 가진 정권이 진보적 성향의 인사들을 정무직에 전략적으로 임용하는 행태를 발견했다. 이는 해당 직급은 정권과 다른 진보적 성향을 가진 이해 당사자들과의 협상과 타협의 기능을 담당하고 있기 때문에, 진보 인사는 이들에게 심리적 거부감을 상쇄시켜 주는 효과를 가질 수 있기 때문으로 설명되었다. 이러한 주제는 한국의 사례에서도 흥미로운 논점을 제시해 줄 수 있을 것으로 판단된다. 가령 중간조직에서의 전략적 인사나, 연합정부의 형성에 대한 비교론적 연구들을 생각해 볼 수 있을 것이다. 또한 상징성이 강한 위원회나 교섭조직을 설계해 다른 성향과 이익의 당사자들과 협상과 타협을 용이하게 하기 위한 전략 등의 사례들 역시 상정해 볼 수 있을 것 같다.

제 5 절 결론 : 의의와 제언

이 장은 현대의 민주적 거버넌스 환경에서 행정을 이해하는 현실적인 테마는 '행정'이 '사회'에 수행하는 '정당성 관리'를 둘러싼 소통과 해석적·상징적 의미 교환의 측면임을 논의하고, 이에 행정의 해석적·상징적 측면에 대한 이론적 논의와 더불어 전망 있는 경험 연구의 전략을 제시하는 데에 목적을 두었다. 여기에서 행정의 권한과 기능은 사회가 일반적으로 견지하고 있는 정당성 관념을 해석하고, 이에 맞는 상징적 의제를 구성해 나감으로써 사회 부문에 정서적 만족을 제공하는 해석적·상징적 측면으로 이해된다. 현대의 정권들이 상징적 언표와 개혁의 수사를 동원해, 정책의 수용성을 높이기 위한 의식적인 '상징 전략'을 수행하는 것이 일상적이고, 여론과 정서와 같은 사회의 '의지'에 맞춰 '의제'를 변동해 나가는 '해석 작용'을 수행하는 현상이 일반적으로 관찰된다는 점에서 행정의 '해석적·상징적 시각'의 체감되는 중요성은 매우 크다고 할 수 있다. 그러나 '분석적·실질적 시각'의 주류화로 인해 '해석적·상징적 시각'은 그 실천적 중요성에도 불구하고, 학술적인 이론화와 분석화에서 일종의 지체를 경험해 왔다. 이에 이 장에서는 '해석적·상징적 시각'의 개념과 의의를 논의하고, 이를 바탕으로 현대 행정 현상에 대해 의미있고 흥미로운 경험 연구의 주제들과 연구 전략들을 제언하고 논의했다.

이러한 작업의 의의는 몇 가지 측면에서 찾을 수 있다. 첫째, 행정학 분야에서 상대적으로 낮은 관심을 받아왔던 행정 현상의 해석적·상징적 측면을 주제화했다는 점이다. 기존에도 간헐적으로 행정의 해석적·상징적 측면에 대한 제언과 분석이 이뤄졌던 것이 사실이다. 그러나 이러한 제언과 분석은 하나의 이론적, 방법적 '경향'으로 전환되지 못했고, 분절된 에피소드로 남아 있게 되었다. 이에 이 장에서는 이러한 연구들을 신제도주의적 시각을 중심축으로 재구성함으로써 현대적으로 복원하고자 했다. 행정과 사회의 '소통적 의미 교환'이 강조되는 현대의 거버넌스 패러다임에서 행정의 해석적·상징적 측면은 행정 현상에 대한 우리의 이해 방식을 좀 더 입체적이고 현실적인 것으로 치환시켜 준다. 둘째, 행정의 역할을 정당성의 관리를 통한 권위적 작용으로 재구성하게 되면, '경영적 합리성'과 '성과주의'적 시각에서 협애하게 이해했던 행정의 권한과 기능의 개념이 좀 더 확장되게 된다. 이제 행정은 그를 둘러싼 다양한 정당성의 코드들을 해석하고, 관리하는 '제도적 도구'(이명석, 2002)이자, '담론의 틀'(허범, 2012)로 생각된다. 그리고 거버넌스는 일치된 합의를 자동으로 연역해 내는 체계가 아니라, 행정의 해석과 작용에 따라 방향을 달리하는 소통적 움직임으로 이해하게 된다. 여기에서 공적 의사 결정의 최종 선택권자는 결국 '행정'이다.

한편 이러한 논의의 의의와 의미에도 불구하고, 이 연구는 주어진 지면의 한계로 인해 각각의 논점들에 대해 개별적으로 깊이 있는 논의를 수행하지 못했다. 가령 '제도 논리' 하나의 개념에 대해서도 이를 둘러싼 시각의 대립과 논쟁, 그리고 경험 연구의 다양성이 도출된다. 그럼에도 불구하고, 포괄적이고 추상도가 높은 구조로 논의를 전개하는 과정에서 개별 개념과 사례에 대한 심도있고 균형있는 논점을 희생하게 된 흔적들이 발견된다. 아울러 소개된 연구 주제들에 대해서도 실제 경험 연구들의 사례를 제시하는 데에 풍부한 자료를 제시하지 못했다. 또한 해석적·상징적 시각은 연구자의 선호가 반영된 '한 가지' 이해 방식이므로, 행정학을 둘러싼 문제들을 모두 해소할 수 있는 절대적인 해결책이 아님을 주의할 필요가 있다. 항상 어느 하나의 시각이 절대성을 주창할 수는 없으며, 따라서 해석적·상징적 시각 역시 행정 현상을 보는 하나의 이해 방식으로 독해되어야 한다는 점이 중요하다. 이 연구가 행정 현상에 대한 해석적·상징적 시각의 연구들을 추동하는 데 하나의 작은 단초가 되었으면 하는 바람이다.

제 4 장

조직 간 제도설계의 다양성에 관한 다수준적 접근 방법: 조직사회학적 제도론 관점에서

김명환

제 1 절 서론

조직 연구에 하나의 획을 그은 마이어와 로완(Meyer & Rowan)의 논문인 「제도화된 조직(Institutionalized Organizations: Formal Structure as Myth and Ceremony)」(1977)이 발표된 이후, 조직사회학적 신제도주의 계열의 초기 연구들(예: DiMaggio & Powell, 1983)은 제도 환경에 대한 조직들의 순응 결과로 조직의 장(organizational field)에서 나타나는 조직 간 동형(organizational isomorphism)을 설명하는 데 큰 성과를 이룩했다. 그러나 이 연구들은 조직의 장에서의 변이에 대한 개별 조직 수준에서의 고려가 미약했다는 비판을 받아왔다(Hung & Wittington, 1997). 즉, 초기 연구들이 왜 조직의 장에 있는 조직들이 같은 제도를 채택했는가에 대한 이해를 돕는 데 공헌했지만, 왜 그들이 서로 다른 방법으로 그 제도를 설계하고 운영했는가를 설명하는 데는 실패했다.

초기 연구들과는 달리, 최근 연구들은 "비록 하나의 주어진 제도의 장 또는 영역에서 모든 조직이 제도화 과정의 영향을 받을지라도, 모두가 같은 방법으로 이 과정을 경험하거나 같은 방식으로 대응하지는 않는다"(Scott, 2001: 161)는 인식을 바탕으로 해 제도설계의 조직 간 다양성을 탐구하는 데 관심을 가져왔다. 이러한 시도는 크게 두 가지 방향으로 전개되어 왔다. 그 하나는 외부 제도 환경의 성격을 다수의, 일관적이지 않으며, 갈등을 내포하고 있는 것으로 재규정했으며, 이러한 속성들이 조직 간 제도설계의 차이를 야기한다고 보았다(외부접근법으로 명명함. 예: D'Aunno et al., 1991; Hung & Wittington, 1997). 다른 하나는 제도설계의 변이를 설명하는 데 합리적 선택 관점을 가미하면서 조직 내부의 요소로 관심을 돌렸는데, 특히 개별 조직 간 상이한 목표, 방향, 가치 및 관심들이 동일한 거시 제도 환경에 대한 다양한 미시적 해석을 초래할 수 있으며, 바로 이것이 제도설계의 다양성으로 이어질 수 있다는 점에 주목해 왔다(내부접근법으로 이름붙임. 예: Goodstein, 1994; Oliver, 1991).

그러나 초기 연구들에 대한 확장 또는 수정으로서의 위의 두 가지 시도는 첫째, 다양성을 설명하는 데 내부 또는 외부 요소 중 한 가지에만 초점을 맞춰 왔으며, 둘째 개별 조직들과 제도 환경 간의 관계만을 규명하는 데 관심을 한정시켜 왔기 때문에 조직 간 제도설계의 다양성을 설명할 수 있는 포괄적인 틀을 제공하는 데 한계를 노출했다. 따라서 이 연구는 우선 신제도주의 내에서의 최근 연구들(내부와 외부 접근법)을 통합할 뿐만 아니라 제도 환경 외에 조직과 국지적인 지역(localized) 환경과의 관계를 강조한 셀즈닉(Philip Selznick)의 구제도주의 전통[1]을 첨가함으로써 왜 조직의 장에 있는 조직들이 같은 제도를 다르게 설계하는가를 사회학적 제도주의 관점에서 설명하기 위한 포괄적인 개념 틀을 구축하고자 한다. 물론 그 동안 일부 제도론자들에 의해 구제도주의와 신제도주의를 결합하거나(예: Greenwood & Hinings, 1996; Hirsch & Lounsbury, 1997) 내부와 외부 접근법을 통합하려는 시도들이 있어 왔다(예: Goodrick & Salancik, 1996; Whitley, 2000). 그러나 그와 같은 시도들은 서로 다른 관점들이 유기적으로 어떻게 통합될 수 있는지를 구체적으로 보여주는 데 실패했다. 이러한 문제점을 극복하기 위해 이 연구는 조직 간 제도설계의 다양성을 설명하는 기제로서 정체성이라는 개념을 활용하려 한다.[2] 즉, 복수의 제도 논리(장), 조직의 위치(개체군) 및 조직의 신념 체계(조직) 등이 각각의 수준에서 독특한 정체성을 내포하고 있는 적소(適

1) 이 연구는 파슨스의 기능주의와 대별될 수 있는 셀즈닉의 연구들(Selznick, 1966; 1984)에 의해 주로 대표되는 구제도주의를 살펴보려 한다.

2) 이 연구에서는 정체성을 좀 더 구체화된 특성(characteristics)의 집합체로서 앨버트와 휘튼(Albert & Whetten, 1985)이 제시하는 중심적이고(central), 구별되며(distinctive), 지속적인(enduring) 성격을 지니는 개념으로 보고자 한다. 특히, 일단의 유럽 학자들이 제도설계상의 변이를 설명하는 데 정체성이라는 개념을 활용해 왔다(예: Sahlin-Andersson, 1996; Sevón, 1996).

所, niches)로서 제도설계를 위한 다양한 맥락을 제공하고 있으며, 제도설계를 조직이 세 가지 맥락적 요소와의 상호작용 속에서 제도의 정체성을 만들고, 유지하고, 변화시키려는 노력의 일환으로 보고자 한다.[3] 따라서 분석의 상이한 수준에서 정체성 간의 관계에 대한 조사가 조직들이 왜 그와 같이 제도를 설계하는가를 분석할 수 있는 매우 유용한 방법이 될 것으로 기대한다. 이 관점은 다양한 수준에서의 정체성들이 (조직 속에 있는) 제도의 정체성을 형성하는 데 어떤 영향을 어떻게 미쳤는가에 대한 통찰력을 제공할 것이다.

이하의 글에서 먼저 신제도주의의 초기 연구들을 조직 간 동형을 중심으로 살펴보고 이 연구들의 장·단점을 논할 것이다. 이어서 초기 연구들의 단점을 극복할 수 있는 대안으로서, 우선 셀즈닉의 구제도주의와 신제도주의 내에서의 외부와 내부 접근법 각각을 환경에 대한 개념화, 분석의 수준, 조직과 환경 간의 관계 및 제도에 대한 성격 등 네 가지의 차원에서 검토할 것이다. 또한 이러한 검토에 대한 종합적인 논의와 함께 다양한 수준에서 존재하는 제도들 간의 관계들에 대해 고려함으로써 개념 틀의 구축을 위한 몇 가지 전제를 제시할 것이다. 논의된 내용을 중심으로 개념 틀이 형성되는 과정을 묘사하고, 구성 요소에 대해 논할 것이다. 마지막으로 이 장에서 구축한 제도설계의 조직 간 다양성을 설명하는 통합모형이 조직을 연구하는 데 가지는 함축적 의미에 대해 논의할 것이다.

제 2 절 다양성에 관한 연구의 정당성 근거로서 조직 간 동형이론의 한계

신제도주의 내에서의 초기 연구들의 주된 관심은 조직의 장[4]에서 나타나는 조직 간

3) 이러한 맥락에서 제도설계는 장, 개체군 및 조직의 각각의 수준에서 세 가지 맥락과의 상호작용 속에서 만들어진 정체성을 띠고 있는 구성물(identity construct)이라고 할 수 있다.

4) 디마지오와 파월(DiMaggio & Powell, 1983: 148)은 조직의 장을 "집합적으로, 제도의 인지된 분야를 구성하는… 주요 공급자, 자원과 생산품의 소비자, 규제기관 및 그밖에 유사한 서비스와 생산품을 생산하는 조직"의 집합체로 정의했다. 호프만(Hoffman, 1999)은 조직의 장을 좀 더 역동적으로 개념화하는 방법을 제안했다. 그는 1960년부터 1993년까지 기업의 환경보호주의의 이슈에 대한 장에서의 관련자들의 변화를 측정해 환경 보호 이슈에 대한 미국연방사법 체제에서의 조직 간 상호작용의 유형을 분석함으로써 조직의 장의 형성을 설명했다. 분석 결과, 그는 장의 성격이 법률 제정 과정에 어떤 사람들이 참여하고, 특히 제도적 규범을 결정하는 데 누가 주된 발언권을 가졌는가에 의해 정의된다는 것을 발견

동형을 설명할 수 있는 메커니즘을 제공하는 데 있었다. 특히, 이 연구들은 조직 활동을 효율성보다는 정당성(legitimacy)의 추구로 설명했다(Meyer & Rowan, 1977). 즉, 초기 연구들은 정당성을 특정한 조직 형태나 업무의 채택을 권고하는 성격을 지니는, 조직에 대한 일종의 명령으로 보았다. 그와 같은 명령은 제도 환경에 대한 조직들의 순응을 강요하는 역할을 하며, 그것이 조직의 장에서의 조직 간 동형을 초래한다는 것이다.

마이어와 로완(Meyer & Rowan, 1977: 345)은 "기존의 활동 영역에서 제도적 신화(institutional myths)의 합리화가 나타남에 따라, 조직들이 이 새로운 신화와 동형화하기 위해 그들의 구조를 확대한다"고 주장했다. 즉, 그들은 신제도론의 이론적 핵심인 조직 간 동형을 "조직의 공식구조들이 합리화된 제도적 규칙을 반영한 결과로서 나타나는 것"(1977: 340)으로 생각했다. 디마지오와 파월(DiMaggio & Powell, 1983: 148)은 "왜 그렇게 놀랄 만한 정도의 조직 형태와 업무의 동종성이 존재하는가"에 대한 해답을 마련하기 위해 동형화[5]에 대한 구상을 더욱 구체화했다. 그들의 기본적인 주장은

했다. 이러한 결과를 바탕으로 하여, 그는 하나의 조직의 장이 고정되어 있는 것이 아니라 이슈들(혹은 사건들)에 따라 구성되고 변화되는 것이라고 주장했다. 조직의 장 외에, 허쉬(Hirsch, 1972)의 산업 체제(industry system), 스코트(Scott, 1994a)의 조직 공동체(organizational community) 및 스코트와 마이어(Scott & Meyer, 1991)의 사회적 영역(societal sector)과 같은 개념들이 조직론 문헌에서 유사하게 사용되어 왔다.

5) 디마지오와 파월은 동형화를 "개체군에서 하나의 단위(unit)를 환경 여건의 동일한 체계에 직면하고 있는 다른 단위들과 비슷해지도록 강요하는 일종의 제약 과정"으로 정의했다(DiMaggio & Powell, 1983: 149). 그러나 동시에, 동형화는 조직의 장의 제도화의 결과(consequences or outcomes)로서 나타나기도 한다는 점에 유의할 필요가 있다. 디마지오와 파월은 또한 상이한 요소들이 조직의 장에서의 조직의 구조와 업무에 대한 조직 간의 다른 채택 시기(초기 혹은 후기)를 설명하고 있다고 주장하면서 경쟁적 동형화에서 제도적인 것을 분리했다(DiMaggio & Powell, 1983: 149-150). 즉, 조직 혁신의 초기 채택 자들은 공통적으로 성과를 증진시키려는 욕망에 의해 혁신을 추진하는 반면에, 혁신이 확산됨에 따라 채택이 성과의 향상보다는 정당성의 확보에 더 신경을 쓰는 단계에 이르게 된다는 것이다. 디마지오와 파월의 연구와 유사하게, 미국 공무원 개혁의 확산에 대한 종단적인 연구에서 톨버트와 주커(Tolbert & Zucker, 1983)는 도시들의 공무원 개혁에 대한 초기 채택은 조직 내부의 필요성과 연관되어 있는 반면에, 후기 채택은 정당한 구조적 형태를 채용하게 하는 제도적 압력과 관련되어 있다고 결론지었다. 즉, "더 많은 수의 조직이 하나의 프로그램 또는 정책을 채택함에 따라, 점차적으로 제도화되거나 합리화된 조직 구조의 필수 요소로 광범위하게 이해된다. 절차 자체의 정당성이 후기 채택자들에게 촉진제로 작용하게 된다"는 것이다(Tolbert & Zucker, 1983: 35). 이상과 같이, 제도적 압력이 조직 구조, 과정 및 업무의 후기 채택자들에게 영향을 미치는 것은 분명해 보인다. 후기 채택자들은 그들 조직이 조직의 장에서 선도 조직들과 보조를 같이하고 있다는 것을 보여줌으로써 정당성을 향상시키기를 기대한다. 그러나 그들이 오로지 제도적 압력 때문에 제도적 요소들을 받아들인다고 가정하는 데는 문제가 있다. 예를 들어, 조직은 초기 채택자들이 향유했던 것과 같은 혜택을 누리기를 원할 수도 있다. 더군다나, 특히 우리가 제도적 환경과 기술적 환경이 서로 뒤섞여 있어 분리가 쉽지 않다는 최근의 관점을 수용한다면, 때때로 제도적 동형화에서 경쟁적인 것을 구분하기란 쉽지 않다는 것을 이해할 수 있다. 같은 맥락에

하나의 장이 일단 형성되면, 그 장은 구조화(structuration)의 과정을 겪게 될 것이라는 것이다. 즉, 그 장이 제도화됨에 따라, 제도적 규칙과 규범에 대한 조직의 순응의 결과로서 조직들의 구조와 업무가 점차로 서로 비슷해진다는 것이다.[6)]

조직 간 동형에 대한 이론화와 관련해 초기 신제도론자들의 조직 연구에 대한 가장 중요한 공헌은 환경 자체와 환경과 조직과의 관계를 재개념화하려고 한 노력에서 찾아볼 수 있다(Karnøe, 1997). 즉, 그들은 조직이 다양한 종류의 외부 원조를 얻는 데 도움이 되는 정당성을 획득하기 위해 기술 환경보다는 제도 환경에 어떻게 연계되고 어떤 영향을 받는지를 보여주려고 했다. 신제도주의 초기 학자들의 이러한 노력은 조직에 대한 그 당시 지배적인 기능주의자들의 설명에 대한 도전으로 이해될 수 있다(DiMaggio & Powell, 1991). 이들은 조직에 대한 기존의 설명들이 기반을 둔 물질주의와는 상반된 새로운 접근법을 계발하는 데 열성적이었는데, 실제로 방법론적 개인주의에 입각한 합리모형을 거부하고 제도에 대한 인지적이고 문화적인 설명을 제공하는 데 관심을 쏟았다(Fligstein, 1997). 이 신제도주의자들은 "관념론자들의 관심거리들-상징 체계, 인지적인 각본 및 규범적 강령-의 중요성을 강조함으로써 이러한 불균형을 바로잡으려고"(Scott, 1994a: 56) 했다. 이와 같은 노력은 제도의 사회문화적 맥락을 강조한 사회형성주의자들의 관점을 채용함으로써 사회 관행의 생산과 재생산 과정 속에서 파생되는 의미와 그것의 역할을 이해하는 새로운 방법을 제시하는 데 공헌했다(DiMaggio & Powell, 1991). 특히, 이들은 조직행위의 경제적 합리성만을 강조한 기존의 접근법들과는 달리 사회적 합리성의 중요성을 부각함으로써 조직의 사회적 측면을 조직 연구의 영역 안으로 가져오는 데 성공했다(Clark & Mueller, 1996).

이상의 논의에서처럼, 초기 연구들은 조직의 장 내에서 나타나는 조직 간 유사성을 설명할 수 있는 매우 매력적인 방법을 제공했으나, 다음과 같은 비판을 받아왔다.

첫째, 초기 연구들은 제도 환경이 조직 간 동형화의 주요 원인이며 그 환경은 조직의 장에서 단일의, 응집적이며, 일관성이 있는 것으로 가정했다. 이것은 적어도 조직의 장에서 제도 환경에 대응하는 유일한 최선의(one-best) 방법이 있다는 것을 함축하고

서, 주커(Zucker, 1987: 47)는 "권력 또는 권한이 종종 조직으로의 자원 흐름에 대한 통제로 옮겨지며, 그것이 자원의존적인 설명으로부터 제도적인 것을 구분하는 것을 어렵게 만든다"고 주장했다.

6) 디마지오와 파월은 서로 다른 유형의 제도적 압력에 의해 야기되는 세 가지 유형의 동형화를 제안했다: 강제에 의한 동형화, 모방에 의한 동형화 및 규범에 의한 동형화. 이에 대한 좀 더 자세한 논의는 디마지오와 파월(DiMaggio & Powell, 1983: 150-154)을 참조할 것.

있다. 그러나 이러한 개념화는 제도 환경이 공유된 업무의 다양한 근거들로 인해 조직의 장에서 "제도적 합의에 대한 어려움(institutional dissensus)"(Zucker, 1987: 45) 때문에 여러 개의 경쟁적인 요소가 조직 행태에 동시에 영향을 미칠 수 있으며, 따라서 그것에 대응하는 방식이 다양할 수 있다는 점을 간과했다(Borum & Westenholz, 1995).

둘째, 초기 연구들은 행위자들(개인 또는 조직)이 '철장(iron cage)'에 갇혀 있는 것으로 가정함으로써 제도 환경의 조직에 대한 영향을 좀 더 강조하는 결정론적 관점에 기반을 두었다(Sahlin-Andersson, 1996). 이러한 관점에서, 그들은 제도 환경을 일종의 주어진 것으로 취급해 이러한 상황에서 조직들이 할 수 있는 것이란 제도 환경의 각본을 따르는 것뿐이라고 주장했다. 이러한 접근법은 제도 환경에 대응하는 데 행위자들의 역할과 관심을 소외시키는 결과를 초래했다(하연섭, 2003: 123-124; Colomy, 1998; Powell, 1991). 결국 '무기력한 추종자'와 같이 행위자에 대한 소극적인 묘사는 조직들이 제도 환경에 미치는 영향을 설명할 수 있는 여지를 남기지 않았다(Kondra & Hinings, 1998).

셋째, 구제도론(Selznick, 1966; 1984)의 관점에서 보자면, 초기 연구들은 주된 이론적 관심이 조직에 대한 제도 환경의 영향을 설명하는 것이었기 때문에, 지역 환경을 구체화하는 데 실패했다. 즉, 조직들이 어디에 위치하고 있는가에 따라 상이한 지역 환경에 직면하기 때문에, 제도 환경 외에 이러한 환경과의 상호작용을 통해 조직 업무, 구조 및 절차를 서로 다른 방식으로 제도화할 수 있다는 점을 무시했다.

신제도주의 내의 최근의 연구 경향은 위의 첫 번째와 두 번째 문제들을 극복하기 위한 방향으로 진행되어 왔다. 외부접근법은 제도 환경이 다양하고, 일관성이 없으며, 종종 경쟁적일 수 있다는 사실에 주목해 왔으며, 내부접근법은 제도 환경에 대응하는 데 조직의 적극적인 역할을 강조했다. 세 번째 이슈와 연관해서, 셀즈닉의 구제도주의는 지역화된 환경의 영향력에 조직이 어떻게 대응하는가를 규명하는 데 중점을 두었다.

제 3 절 제도설계 다양성에 대한 개념화

다면적인 특성으로 인해 제도를 어떻게 정의할 것인 가는 쉬운 일이 아니다. 실제로, 학자들은 "어떠한 공식 조직들, 특정한 유형의 조직들, 지배 체제, 그리고 행위를 구조화하는 공식구조들, 비공식 규칙들과 절차들"(Hult, 2003: 150)을 지칭하는 등, 여러 가지 방법으로 제도를 정의해 왔다. 이 연구에서는 제도를 개인과 조직 행태를 지배하는 규칙, 규정, 논리, 규범과 가치들을 포괄하는 하나의 집합체로 정의한다. 즉, 제도는 "인지적이고, 규범적이며, 규제적인 구조와 행위들"(Scott, 1995: 33)로 구성된 하나의 지배 체계임과 동시에, 행위자들(개인과 조직) 간의 상호작용에 의미를 부여하는 체제다. 이것은 조직의 특정한 업무들(예: 전략적 계획 및 성과측정, TQM과 표준보고체계), 구조들(예: 관료제, 네트워크) 및 절차들(예: 표준운영절차)을 포괄하고 있다.

조직은 "자신이 필요한 것을 완수하는 독특한 방식의 반영"(Selznick, 1984: 17)인 제도들을 만들어 낸다. 동시에, 조직은 사회의 특정 요구에 적절히 반응하기 위해서도 제도들을 만들고 운영한다. 특히, 제도의 구성 요소를 규정하고 그 요소를 구조화하는 방법을 구체화함으로써 이러한 요구들을 충족시키는 방향으로 제도를 설계한다. 특정한 제도설계를 통해 조직은 구성원들에게 조직 생활의 특정 측면을 지배하는 규칙, 논리, 규범 및 가치를 지정하고 사회 기능을 수행하는 제도화된 방법을 안내하는 장치를 마련해 준다.

조직의 장 안에 있는 조직들은 각자의 특성을 강조함으로써 다양한 방법으로 그들의 제도를 설계하기가 쉽다. 제도 N은 상이한 구성 요소와 구조를 지닌 수많은 유형의 설계를 가질 수 있다.[7)]

$$Ni = \{N1,\ N2,\ N3,\ N4,\ N5 \cdots\}$$

특히, 여기에서 제도설계를 조직이 구성원들에게뿐만 아니라 "환경에게 자신을 보여주는 방법"(Brunsson 1989: 11)으로 간주할 수 있는데, 이것은 제도의 정체성에 대한 표출이다. 조직들에 의한 제도 각각의 설계는 자신만의 고유한 정체성을 지닐 가능

7) 다형성(polymorphism)은 조직 간 제도설계의 상이성에 상당히 유용한 개념이다. 제도분석에서 이 개념은 같은 제도라도 조직들에 따라 그 구성 요소와 구조가 다를 수 있다는 것을 의미한다. 예를 들면, 세계화의 공공관리에 대한 영향에도 불구하고, 후드(Hood, 1995)는 1980년도에 OECD 국가들이 신공공관리론의 원리들을 채택한 정도, 방향, 및 내용에서의 상당한 차이를 발견했다. 1965년부터 1994년까지의 미국 건강의료 영역에 대한 연구에서 루에프(Ruef, 2000)는 건강의료 서비스를 전달하기 위한 다양한 조직 형태를 발견했다. 그는 각각의 상이한 조직 형태가 구분되는 제도적 장치를 지니고 있다고 주장했다.

성이 크며, 이것이 바로 특정한 제도적 속성들의 핵심을 나타내고 있다.[8)]

다음에서 제도설계의 조직 간 다양성을 설명하는 세 가지 접근법을 각각 환경에 대한 개념화, 분석의 수준, 조직과 환경 간의 관계 및 제도에 대한 성격 규정 등의 차원으로 나눠 살펴보기로 한다.

제 4 절 조직 간 제도설계 다양성의 접근법들

1 구제도주의: 셀즈닉의 전통

제도 환경 외에, 조직들은 다른 종류의 환경, 즉 국지적인 환경에 접하게 된다. 장안에 있는 조직들에게 전반적으로 영향을 미치는 제도 환경과는 달리, 조직의 위치-시공간상의 위치-는 조직들을 특정한 요구와 기대를 지닌 좀 더 국지적인 맥락 속에 놓이게 한다. 이러한 국지적인 환경은 셀즈닉(Selznick, 1966; 1984)의 지역 환경에 대한 인식과 맥을 같이한다. 그에 의하면, 조직들이 종종 외부 지역 세력과의 관계에서 매우 중요한 결정을 해야만 하는 상황에 직면하게 되며, 그 상황 하에서 그들은 특정한 역할을 취하며(특정한 가치의 선택) 그 역할을 제도화한다. 이것은 지역의 요구와 기대를 조직 안으로 흡수하는 조직의 현지화(또는 지역화)를 의미한다. 이것은 결국 조직들이 지리적으로 상이한 곳에 위치하고 있으며, 따라서 서로 다른 지역 환경에 의해 영향을 받기 쉬울 것이기 때문에, 그들이 상이한 지역들의 상이한 요구와 기대(개체군의 정체성)를 충족시키기 위해 상이한 제도설계를 할 공산이 크다는 것을 의미한다.

1) 환경에 대한 개념화

구제도주의는 조직에 영향을 미치는 좀 더 광범위한 환경의 중요성을 인식했지만,

---

8) 배런(J. N. Baron)은 특유의 제도적 정체성을 지니는 조직의 고용 업무에 대해 논했다. 그는 각각의 업무가 "특정한 종류의 보상에 의해 동기부여가 된, 특정한 종류의 방법으로 특정한 목표를 추구하기 위한 특정한 종류의 태도와 능력을 지닌 특정한 유형의 사람들을 선택"(Baron, 2002: 5)하는 데 다르다는 것을 발견했다.

조직의 국지적인 지역 환경에 더 초점을 맞췄다. 구제도주의는 지역적 맥락의 영향력, 즉 조직들이 어디에 위치하는가에 따라 직면하게 되는 서로 다른 요구와 기대를 인식하고 있었다(Selznick, 1966: 41-44).

2) 분석의 수준

구제도주의의 주된 관심이 조직들이 어떻게 국지적인 지역 환경과의 관계에서 상이한 성격들을 형성하게 되는가를 규명하는 데 있었기 때문에, 개별 조직이 주요 분석 수준임과 동시에 제도화되는 단위이자 그 과정의 주요 장소였다.

3) 조직과 환경 간의 관계

구제도주의는 조직들이 지역공동체와 깊숙이 연관되어 있다는 것을 전제로 해서 조직과 주요 지역 세력과의 관계를 구체화하려 했다. 조직과 환경에 대한 이 관점은 조직이 반드시 대처해야 하는 지역주민의 기대와 요구를 반영하는 조직의 지역화(localization)로 표현될 수 있다. TVA 사례연구에서, 셀즈닉(Selznick, 1966)은 TVA가 지역 토착 세력에 의해 어떤 영향을 받았는가를 분석했는데, 이 과정에서 외부 환경에 대한 조직 내부의 역동성에 중점을 둔 조직의 적응성을 강조했다.[9] 또한 이러한 조직과 환경 간의 관계에 대한 개념화에서 TVA 연구의 중요성은 지방정부기관, 비영리조직 및 사기업과 같은 다양한 종류의 조직을 포함하는 지역 세력과의 동반자 관계에서 찾아볼 수 있다. 이 협력의 주요 특징 중의 하나는 TVA가 프로그램을 실행할 때 정부기관을 포함한 지역조직을 선도함으로써 외부 환경에 영향을 미쳤다는 것이다.

4) 제도에 대한 성격 규정

셀즈닉에게 제도란 조직의 사회적 적응(과정)의 산물로서 이해될 수 있다. 그의 TVA 연구에서, 예를 들어 풀뿌리 정책은 지방의 토호 세력과의 관계 속에서 만들어진 하나의 (제도로서의) 전략이라고 볼 수 있다. 즉, 구제도주의는 제도란 조직이 (외부적 또는 내부적 영향에 따른) 필요에 의해 만드는 어떠한 특성을 지니는 하나의 실

9) 원래 TVA가 그 지역의 표출된 바람을 반영하기 위해 만들어진 것은 아니었으나, 지역주민의 요구를 흡수하는 전략을 채용함으로써 자신의 농업 프로그램과 사회정책을 조정하게 되었다. 이것이 "지역주민에게로의 접근(close to the people)"이라는 정책 이념에 따라 특정한 지역 세력의 목소리를 TVA 안으로 불러들이기 위해 그 세력과 자신을 연계시키려는 시도였다는 점을 주목할 필요가 있다.

체로 인식했다.

2 신제도주의 내에서의 최근 연구들

신제도주의의 초기 연구들과는 달리, 최근 연구들은 제도 환경에 대응하는 데 개별 조직 간 차이를 분석하고 설명할 수 있는 모형들을 제시해 왔다. 특히, 이 연구들은 다양한 분석의 수준에서 나타날 수 있는 조직 구조와 행태의 변이를 설명하기 위해 상이한 관심들을 반영하고 다양한 이론과 접목함으로써 제도론의 이론적 영역을 확장하려 해 왔다.[10] 그와 같은 노력은 외부와 내부 접근법이라는 두 개의 지류로나 눌 수 있다.

1) 외부 접근법

외부 접근법은 제도 환경을 "정체성을 구축하는 프로그램들 또는 규칙들과 그러한 정체성을 위한 행위 각본들의 집합체"(Jepperson, 1991: 146)로 구성되어 있다고 보고 있다. 이 관점을 따른다면, 조직의 장이 공통적으로 합의된 하나의 제도 논리를 가진다는 것을 보장할 수 없다. 비록 어떤 지배 논리가 어떤 특정 시기 동안 만연될지라도, 조만간 그 논리는 다른 논리들에 의해 도전받게 될 공산이 크다. 따라서 조직들이 어떻게 행동해야 하는가에 대한 다양한 견해가 조직의 장에서 동시에 만들어지고, 서로 경쟁할 가능성이 농후하다(Carney & Gedajlovic, 2002; Friedland & Alford, 1991). 이것은 제도의 장에서 복수의 제도 논리가 존재하고 그들 간의 경쟁이 불가피하다는 것을 의미하는데, 각각의 논리가 서로 구별되는 정체성을 내포하고 있으며 이것이 조직의 장의 복수의 정체성을 초래한다.

이와 같이 조직의 장에서 복수의 제도 논리들이 존재하고 관심을 끌기 위해 서로 경쟁을 한다는 사실은 제도 환경이 행위자들이 어떻게 행동을 해야 하는가에 대한 통일된 해답을 제공하지 않는다는 것을 의미한다(윤견수, 1997; Scott, 1991; 1994a). 즉, 제도 환경에 대응하는 데 가장 적절한(유일한) 방법이 있을 수도 있다는 주장과는 달

10) 제도론자들은 개체군 생태론(예: Baum & Powell, 1995), 합리적 선택(예: Oliver, 1991), 자원의존론(예: McKay, 2001), 신기능주의(예: Colomy, 1998), 상황론(예: Gupta et al., 1994) 및 자원기반론(예: Hung & Wittington, 1997) 등과 같은 관점들과 비교하거나 결합함으로써 제도론의 영역을 넓히려고 해왔다.

리 복수의 방법이 존재할 가능성이 크며, 이것이 조직 간 제도설계의 다양성에 영향을 미친다.

① 환경에 대한 개념화

외부 접근법은 조직들이 제도 환경에 의한 제약과 영향을 받기 쉽다고 보는 거시 관점을 채용하고 있다는 점에서 신제도주의의 초기 연구들과 유사하나, 전자가 제도 환경이 일관적이지 않다는 인식에 기초하고 있다는 데 둘 간의 근본적인 차이가 있다. 즉, 외부 접근법은 정당성의 원천으로서 단수가 아닌, 복수의 제도모형 또는 논리가 동시에 존재하고 관심을 끌기 위해 서로 경쟁한다는 것이 초기 신제도주의자들의 연구와 뚜렷하게 구분지어지는 점이다. 이와 같이 외부 접근법은 조직들 간의 구조와 과정에서의 차이를 낳는 제도 환경의 속성들을 파악하는 데 주로 관심을 가지고 있었다. 즉, 제도 환경이 조직에 대한 상이한 요구와 기대를 부과하는 다양한 매개자들에 의해 제공되는 제도들의 집합으로 구성되기 때문에, 다중성, 비일관성, 경쟁 및 심지어는 갈등으로 특징지어지는 제도 환경의 속성이 상이한 조직 대응을 초래할 가능성이 많다고 믿었다(윤견수, 1997; Scott, 1994a).

② 분석의 수준

외부 접근법을 채택하는 연구들은 거시 수준에서 조직에 영향을 미치는 제도 환경의 역할에 초점을 맞춰 왔다. 예를 들어, 일단의 연구자들은 세계 체제(world systems) 수준에서 제도적 상이성을 조사했다(예: Whitley, 2000). 다른 이들은 제도가 사회 영역의 수준에서 운용되는 것으로 파악했다(예: Friedland & Alford, 1991; Scott & Meyer, 1991). 그 밖에 조직들이 조직의 장 수준에서 제도 환경 속에 깊숙이 연관되어 있다고 보는 이들은 여전히 조직의 장 수준이 경쟁적인 제도들이 조직에 어떤 영향을 미치는가를 분석하는 데 가장 적합하다고 믿었다(예: D'Aunno et al., 1991).

③ 조직과 환경 간의 관계

외부 접근법으로 분류되는 거시적인 관점에 입각한 연구들은 주된 관심사가 조직에 대한 제도 환경의 영향을 설명하는 것이기 때문에 전반적으로 결정론적인 톤에 치우치는 경향이 있다(Zucker, 1987).

④ 제도에 대한 성격 규정

외부 접근법은 제도를 사회 유형의 특정한 상태 또는 자산으로 간주하고 있다(Jepperson, 1991: 149). 특히 이 접근법은, 에를 들어, 하나의 업무 처리 방식이 제도가 될 수 있는가가 맥락과 조직에의 중요도에 의해 결정되며, 따라서 이러한 관점에서 제도가 상대적인 의미에서의 자산이라는 점을 강조하고 있다(Jepperson, 1991: 146).

2) 내부 접근법

조직의 장에서 복수의 제도 논리가 존재한다는 인식은 조직 간 제도설계의 이질성을 이해하는 데 매우 중요하며, 이것이 다양한 조직의 선택을 설명할 수 있는 문을 열어놓았다. 그러나 아직, 이것이 왜 어떤 조직들은 어떤 길을 택하는 반면 다른 조직들은 그와는 다른 길을 가는지에 대한 이해를 하는 데 도움을 주지 못했다. 내부 접근법은 유사한 상황에서 왜 어떤 구조와 업무는 어떤 조직에 의해서는 채택되는 반면에 다른 조직에 의해서는 채택되지 않는가와 또한 채택되더라도 왜 다르게 설계되고 운영되는가에 대한 해답을 구하고자 조직 내부로 눈길을 돌렸다. 이 접근법은 기본적으로 제도 환경에 대한 조직들의 대응 방식의 변이를 조직의 목표, 가치, 신념, 권력 및 이익과 같은 조직 내적인 요소들의 기능으로 보았다.

조직의 내부 요소와 관련해 이 연구는 특히 조직 문화에 의해 지배되는 조직의 정신 체계(organizational mind-sets)로 이해될 수 있는 조직의 다양한 신념 체계에 주목했다. 셰인(Schein, 1981)에 의하면, 조직 문화는 조직이 인식하고, 생각하며, 느끼는 방법을 지배하는 신념으로 구성되어 있으며, 공유된 조직 신념은 조직의 세계관을 형성하는 데 영향을 미치기 쉬우며, 문화의 핵심적 요소가 된다(조직의 정체성). 이러한 신념 체계에 근거해 어떤 특정한 형태의 구조, 절차 및 업무를 선택하기가 쉬운데, 이것이 제도설계의 다양성을 설명하는 데 도움이 될 것이라는 점이다.[11)]

11) 이러한 조직의 신념 체계가 조직의 핵심적인 임무, 목표, 기준, 전략 및 방법을 정하려고 할 때 가치와 우선순위를 매기는 데 중요한 역할을 한다. 이러한 방식으로 조직의 정체성을 반영하고 있는 조직 신념 체계가 제도 환경에 대한 대응을 인도하는 방법으로 제도설계에 영향을 미친다고 할 수 있다. 즉, 조직은 자신들의 신념 체계에 근거해서 어떤 특정한 형태의 구조, 절차 및 업무를 선택하기가 쉬운데, 이것이 제도설계의 다양성을 설명하는 데 도움이 될 것이라는 점이다.

① 환경에 대한 개념화

환경을 개념화하는 데 외부 접근법과는 달리, 내부 접근법은 조직들이 동일하거나 최소한 유사한 환경에 직면하고 있다고 보았기 때문에(Scott, 1995: 161-162), 제도 환경의 특성과 조건을 구체화하는 데 관심을 별로 기울이지 않았다.[12)]

② 분석의 수준

내부 접근법을 채용한 연구들은 개별 조직을 분석의 주요 단위와 수준으로 해서 조직이 제도 환경에 어떻게 전략적으로 대응하는가를 분석하거나(예: Covaleski & Dirsmith, 1988), 개인에게 초점을 맞춰 조직의 이익에 부합되게 제도를 설계하거나 또는 변화시키는 제도 혁신가들의 역할(예: Fligstein, 1997)을 조사했다.

③ 조직과 환경 간의 관계

내부 접근법은 개인 또는 조직이 제도의 규칙과 규범을 해석하고 재해석하는 것뿐만 아니라 제도 환경을 형성하는 역할을 강조하며, 이러한 맥락에서 결정 상황에서의 행위자들의 적극적인 행동에 관심을 기울였다.[13)] 조직들과 제도 환경 간의 그러한 역동성을 조사하기 위해, 내부 제도론자들 중 일부는 제도분석에서 조직의 권력과 이익과 같은 요소들을 강조한 구제도주의 전통을 되살리려고 노력한 반면에(예: Hirsch & Lounsbury, 1997),[14)] 다른 이들은 가능한 옵션 중에서 조직의 전략적 선택을 강조하는 관점을 수용했다(예: Fligstein, 1997). 환경과의 관계에서 결정론적인 입장보다 주의적인 자세에 입각한 이러한 시도들이 제도 환경에 대한 조직의 대응을 부각시키는 데 도움이 되어 왔다. 특히, 제도분석에서의 행위자들의 역할에 대한 강조와 이익의 재출현은 행위자들이 단순히 제도적 각본을 따르기보다는 어느 정도의 자유재량을 향유하며, 그와 같은 각본에 대응하는 데 전략적으로 행동할 것이라는 가능성을 열어놓았다.[15)]

12) 내부 접근법이 거시 수준의 제도 환경의 맥락에 대한 다양한 미시적 해석에 더 중점을 둔 것이지 조직에 대한 제도 환경의 영향을 과소평가하지는 않았다는 데 유의할 필요가 있다.

13) 내부 접근법은 행위자들이 다양한 방법으로 제도의 규칙이나 규범을 형성하는 데 적극적으로 참여한다고 주장한다(예: Lawrence, 1999).

14) 일단의 연구들이 제도설계의 변이를 설명하기 위해 조직행동의 다양성과 풍부성에 관심을 둔 구제도주의 교리를 차용해 왔는데(예: DiMaggio, 1988; Oliver, 1991), 이것이 신·구제도주의 간의 간극을 좁히는 데 공헌해 왔다. 셀즈닉(Selznick, 1996)은 신·구제도주의 간의 차이가 없다고 주장했다.

15) 내부 접근법은 조직들이 제도 환경에 맹목적으로 순응하기보다는 제도의 규칙과 규범을 해석하고 납득하며 그것들의 강도와 내용을 평가한 후 조직의 이익 및 이념과 결부시켜 전략적으로 대응할 것이라고 보고 있다(Oliver, 1991).

④ 제도에 대한 성격 규정

내부 접근법은 제도를 조직 내부에 있는 것으로 보고 있으며, 이러한 제도들의 생성과 발전을 연구하는 데 더 많은 관심을 기울여 왔다(Zucker, 1987: 446-447). 이러한 관점에서, 제도를 어떤 상태나 자산이라기보다는 하나의 과정으로 간주하고 있다. 특히, 제도화되는 과정을 분석하는 데 관심을 두고 있는데, 디마지오(DiMaggio, 1988: 12)는 제도화를 성취된 상태에 반대되는 것으로 종결되지 않은 과정(an unfinished process)으로 규정하고 있다.

제 5 절 개념 틀의 구축을 위한 기본 전제들

앞에서 제시한 세 가지 접근법과 제도에 관한 논의 속에서 이 연구가 제도설계의 다양성을 설명하는 개념 틀을 구축하는 데 사용한 몇 가지의 전제들에 대해 살펴보기로 한다. 이러한 전제들은 개념 틀을 구축하는 데 논리적 근거들로 작용할 것이다.

1 세 가지 접근법에 대한 통합적 논의

1) 환경에 대한 개념화

이 연구는 외부 접근법이 주장하는 바와 같이 제도 환경[16]을 일관적이지 않고 오히려 갈등적인 요소들을 내포하고 있는 것으로 보고자 한다. 또한 제도('비지역적인') 환경 외에, 이 연구는 셀즈닉의 주장과 같이 조직이 어디에 위치하고 있느냐에 따라 다르게 직면하게 되는 '지역 환경'을 고려하고자 한다. 환경에 대한 이상의 논의를 토대로

16) 기술 환경에서 제도적인 측면을 분리해 정당성을 강조하는 제도 환경에 초점을 맞췄던 신제도주의의 초기 연구들과는 달리, 최근 연구들은 그와 같은 구분이 그렇게 단순하지 않다는 점을 지적하면서 기술과 제도 환경으로의 이원적인 분리에 의문을 제기해 왔다(예: Karnøe, 1995; Scott & Meyer, 1991). 이 연구들은 기술 환경의 많은 측면이 제도에 의해 형태가 갖춰지고 지탱되며 마찬가지로 기술이 새로운 조직의 장과 제도를 생성하게 한다는 점을 간과하는 실수를 범했다고 주장하고 있다. 이것은 기술과 제도 환경이 서로 배타적으로 존재하기보다는 상호작용적이고 상호의존적이라는 것을 제안하는 것이다. 실제로 최근의 연구는 기술-제도의 관계가 하나의 연속선상에 있는 것으로 보고 있다.

해서, 이 연구는 조직이 직면하게 되는 환경을 제도적인 것과 지역적인 것으로 개념화하려고 한다. 즉, 조직의 장에서 조직이 위치하고 있는 지역과는 무관하며 장 전반에 걸쳐 조직들에 상대적으로 광범위한 영향을 미치는 제도 환경과 지역에 따라 다른 기대와 요구를 담고 있으며, 따라서 상대적으로 특정적인 지역 환경 둘 다의 영향을 받고 있는 것으로 보고자 한다.

2) 분석의 수준

다양한 수준에서 상이한 분석 단위를 사용해 제도설계의 변이에 대한 제도적 분석이 이뤄져 왔는데, 최근에는 다중 수준 접근법이 제도분석에서 각광을 받고 있다. 클라인(K. J. Klein) 외에 의하면, 이러한 접근법이 "개인과 집단에게 초점을 맞추는 미시 영역과 조직, 환경 및 전략에 초점을 맞추는 거시 영역을 통합"(Klein et al., 1999: 243)함으로써 분석을 좀 더 풍부하게 할 수 있다는 것이다. 그와 같은 관점에서 본다면, 다중 수준 접근법이 미시와 거시 수준의 분석을 통합하고 조직 연구자들에게 복잡한 조직 현상을 조사하는 데 좀 더 포괄적인 틀을 적용할 수 있게끔 도와주는 것이 자명하다.

그렇다면 제도설계의 조직 간 상이성을 설명할 수 있는 개념적 틀을 구축하기 위해서는 어떤 분석 수준이 사용되어야 하는가? 프리들랜드와 올포드(Friedland & Alford, 1991)는 제도분석에서 채용될 수 있는 분석의 수준으로서 개인, 조직 및 제도(환경) 간의 역동적인 상호작용을 강조하면서, 조직 간 변이를 설명하는 데 세 가지 수준의 통합을 시도했다. 기본적으로 이 연구는 제도설계의 조직 간 어떠한 다양성도 다중 수준에서 연구되어야 하는 다중 수준의 현상이라고 보고 있다. 그러나 프리들랜드와 올포드와는 달리, 조직 간 제도설계상의 다양성이 왜 존재하는가를 조사하기 위해 조직, 개체군 및 장의 수준에 초점을 맞출 것이다.

3) 조직과 환경 간의 관계

앞에서 논의한 바와 같이, 외부 접근법은 결정론적인 톤이 강한 반면에 셀즈닉의 구제도주의와 내부 접근법은 상대적으로 주의주의적인 자세를 취하고 있다. 최근의 연구 경향은 조직과 환경 간의 관계를 하나가 다른 것을 지배하는 일방적인 방식이 아닌 서로 간에 영향을 주고받는 상호 구성적이고 서로 진화하는 것으로 봄으로써 외부와 내부 접근법의 결합을 시도해 왔다(예: Carney & Gedajlovic, 2002; Lawrence, 1999). 특히, 이러한 경향을 반영하는 연구들은 기든스(Anthony Giddens)의 구조화 개념을 채용함으로써 사회구조와 행위자 간의 상호작용을 주목해 왔다(예: Beckert, 1999; Hung & Wittington, 1997).

이러한 논의를 바탕으로 해서, 이 연구는 조직과 환경 간의 관계를 어느 한쪽에 의해 일방적으로 지배되는 것이 아닌, 서로 영향을 주고받는 것으로 보고자 한다. 즉, 조직과 환경 간의 관계를 환경이 조직행동을 구속하는 특정한 맥락을 제공함으로써 조직에 영향을 미치는 동시에 조직은 환경의 사회적 형성에 적극적으로 관여함으로써 환경에 영향을 미치는 것으로 파악하고자 한다.

4) 제도에 대한 성격 규정

최근 제도이론가들은 제도를 과정과 실체라는 특성을 모두 지니는 것으로 개념화해 왔다(예: Scott, 1991).[17] 이 연구는 기본적으로 제도가 그와 같은 두 가지의 성격을 가지는 것으로 보는데 동의하나, 변수들 간의 개연적인 관계 체계를 구축하는 데 더 많은 관심이 있기 때문에 과정보다는 변량 접근법(variance approach)을 채용함으로써 제도의 실체(또는 상태나 자산)적인 측면에 초점을 맞추려고 한다.[18]

이와 같이 자산으로의 제도의 개념화가 조직들이 자신들의 제도를 특징 있게 만들려는 동기와 전략에 대한 이슈들을 다루는 데 도움이 될 것이라고 기대한다. 즉, 조직들이 상이한 제도설계를 선택하는 주된 동기가 특이성을 통해 제도를 좀 더 매력적으로 만들기 위한 것이라고 가정한다. 이상의 논의를 세 가지 접근법과 함께 〈표 4-1〉에서 정리했다.

---

17) 예를 들어, 주커(Zucker, 1991: 85)는 제도(화)는 행위자들이 사회적으로 실제라고 정의된 것을 전달하는 과정임과 동시에, 이러한 사회적 실제가 당연시되는 시점에 이르게 되면 하나의 실체(entity)가 된다고 주장했다.

18) 스코트(Scott, 2001: 92)는 제도연구가들에 따라 어떤 경우에는 제도를 하나 또는 그 이상의 성격들에 의해 특징지어지는 사회적 또는 문화적 체제로서 하나의 실체라고 간주하기도 하지만 다른 경우에는 사회 행태에 의미와 안정을 부여할 수 있는 문화적·인지적, 규범적 또는 규제적 요소들의 장시간에 걸친 성장(또는 쇠퇴)에 초점을 맞추는 과정에 관심을 두고 있다는 점을 지적하고 있다. 이어서 그는 "두 가지의 견해가 분명히 밀접하게 연관되어 있다 할지라도, 제도를 분석하는 데 하나 또는 다른 하나를 강조하는 경향이 있다"(Scott, 1995: 64)고 주장하고 있다. 변량 및 과정 접근법에 관한 좀 더 상세한 논의는 모어(Mohr, 1982)와 스코트(Scott, 1994b: 81-99; 1995: 64-89)를 참조할 것.

표 1-1 제도설계의 조직 간 다양성에 관한 접근 방법 간의 비교

구분	셀즈닉의 구제도주의	외부 접근법	내부 접근법	본 연구
환경에 대한 개념화	특정한 지역환경	복수의 제도적 맥락	광범위한 제도적 맥락	제도 환경(기술 환경을 포함함)과 제도 환경
분석의 수준	조직	개인과 조직	조직의 장, 사회 체계 및 세계 체계	조직, 개체군, 및 장
조직과 환경 간의 관계	주의주의적	결정론적	주의주의적	상호주의적
제도에 대한 성격 규정	과정/ 상태 또는 자산	상태 또는 자산	과정	상태 또는 자산

2 독립 및 종속변수로서의 제도

허쉬와 론스버리는 "제도를 종속변수와 독립변수로 취급하는 것은 같은 현상에 대한 여러 측면을 설명할 수 있는 학문의 역량을 확장시키기 위한 하나의 흥미로운 전망을 제공한다"(Hirsch & Lounsbury, 1997: 410)고 주장했다. 실제로 이와 같은 경향은 관심 영역의 확장을 통해 제도이론을 좀 더 풍부하게 하는 데 기여해 왔다. 이러한 논의는 제도를 분석하는 수준과 직결되어 있으며, 서로 다른 종류의 제도들이 다양한 분석 수준에서 존재하고 운영되고 있는 것을 의미하는데(Scott, 1994b), 적어도 세 가지 제도가 사회, 조직의 장 및 조직의 수준에서 존재한다.19)

첫째, 하나의 전체 사회 수준에서 존재하는 제도들은 정치적(예: 선거, 입법부), 경제적(예: 시장) 및 사회·문화적(예: 결혼, 달력/양력) 체계로 구성되어 있다. 이러한 것들이 함께 일반적인 제도 환경을 구성한다. 그들은 공통적으로 조직에게 간접적인 (때때로 직접적인) 영향을 미치는 상대적으로 범위가 넓은 맥락을 제공한다.

둘째, 제도들은 조직의 장에서도 존재한다. 보통 장 내에 있는 조직에게 직접적이고 즉각적인 영향을 미치는 규약, 규정, 규칙, 및 규범의 체계를 제공하는데, 이것은 첫째의 것과 대비해 특정한 (조직의 장 수준에서의) 제도 환경이다.

19) 이 밖에 유엔이나 세계무역기구(WTO)와 같은 기관이 제공하는 국제법이나 조약과 같은 형태로 세계 수준(global level)에서 존재하는 제도들을 추가할 수도 있다.

셋째, 제도는 조직 내에서도 존재한다. 조직들은 조직 내부뿐만 아니라 사회적 요구 또는 필요에 따라 제도들을 만들어 낸다. 그와 같은 제도들은 종종 다른 조직에 의한 모방의 대상이 되며, 상위 수준에 있는 제도들에 의해 영향을 받기가 쉽다.

마지막으로, 어떤 제도들은 복수의 수준에서 운용된다. 예를 들어, 시장 체제는 사회뿐만 아니라 조직의 장 수준에서 운영된다. 어떤 재무 또는 교육훈련 체계는 조직뿐만 아니라 조직의 장 수준에서도 운영된다. 비록 상이한 수준에서 제도들이 독립적으로 존재하는 것같이 보일지라도, 그것들은 서로 밀접하게 관련되어 있으며 상호작용을 한다. 조직들은 사회와 조직의 장 둘 다의 요구와 기대에 부응하고자 제도들을 만들어 낸다.[20]

이 글은 조직의 장과 조직 수준에서 존재하는 상이한 제도들에 초점을 맞추려고 한다. 특히, 조직의 장에 있는 제도(독립변수)와 조직 내에 있는 제도(종속변수) 간의 관계를 규명하는 데 초점을 맞출 것이다.

제 6 절 포괄적 개념 틀의 구축 : 세 가지 접근법의 통합

제도이론가들은 정당성의 원천, 분석 수준, 제도적 요소 및 환경적 맥락 중 어디에 초점을 맞추느냐에 따라 제도설계의 다양성을 설명하기 위한 상이한 접근법을 채택해 왔다(Ruef & Scott, 1998: 898). 앞에서 조직 간 제도설계의 다양성을 설명하기 위해 제안한 세 가지의 상이한 접근법을 살펴보았다. 여기에서는 이제까지의 논의를 토대로 해서 내부와 외부 요소들을 포함할 뿐만 아니라(내부와 외부 접근법의 통합) 제도 환경 외에 국지적인 지역 환경을 고려함으로써(구제도주의와 신제도주의 내의 외부 접근법의 결합) 제도설계의 다양성에 대한 포괄적인 개념적 틀을 제시하고자 한다.

[그림 4-1]에서 볼 수 있듯이, 셀즈닉의 구제도주의는 조직들이 지역 환경에 대응하는 방식에 초점을 맞추고 있다. 이 접근법에서는 제도가 조직 내에 존재하는 것으로 보고 있으며, 따라서 종속변수로 사용되고 있다. 반면에, 외부 접근법은 조직에 대한

20) 예를 들어, 조직들은 세계화(사회 수준)와 새로운 규제(조직의 장 수준)에 동시에 대처하기 위해 새로운 관리 체제를 도입할 수 있다.

제도 환경의 영향을 조사하는 데 중점을 두고 있다. 이 접근법에서는 제도가 조직 외부에 존재하는 것으로 간주하며, 따라서 독립변수로 사용된다.

그림 4-1 구제도주의와 외부 접근법

외부 접근법(거시제도론자들)은 오로지 제도 환경이 조직에 미치는 영향을 조사하는 데 관심을 기울여 왔기 때문에 조직이 직면하게 되는 환경을 구체화하는 데 한계를 보여 왔으며, 따라서 제도설계의 조직 간 변이를 완전하게 설명하는 데 절반의 성공밖에 거두지 못했다. 이러한 한계를 극복하기 위해 이 연구는 제도 환경 외에 조직 환경의 하나로서 셀즈닉이 강조한 지역 환경(조직의 위치)을 추가함으로써 조직 환경의 개념을 확장하고자 한다. 즉, [그림 4-2]에 나타나 있듯이, 구제도주의와 외부 접근법을 통합함으로써 이 연구의 개념 틀에서는 조직 환경이 조직의 장 수준에서 조직에 상대적으로 광범위한 영향을 미치는 제도 환경과 개체군 수준에서의 지역 환경으로 구성되어 있는 것으로 보고 있다.

그림 4-2 구제도주의와 외부 접근법의 통합

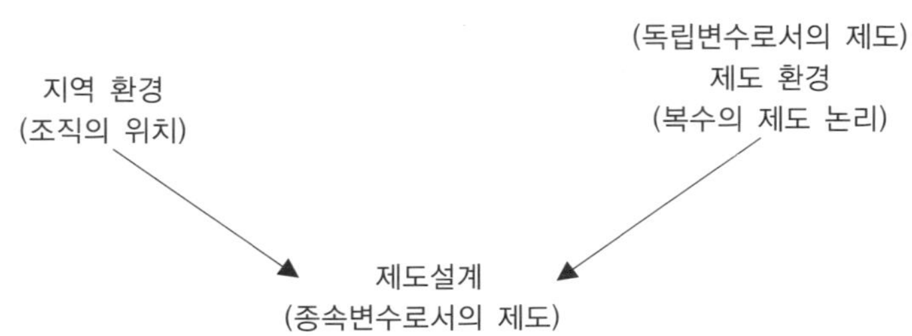

외부와 내부 접근법 간의 근본적인 차이는 제도설계의 상이성이 발생하게 되는 주된 원인이 조직 외부 또는 내부에 있느냐 하는 데 있다. 전자가 외부 제도 환경의 다양성으로 인해 제도설계의 조직 간 상이성이 파생된다고 보고 있다. 이러한 관점에서 제도를 독립변수로 취급하며 조직에 영향을 미침으로써 발생하는 결과를 조사하는 데 초점을 두고 있다. 반면에 후자는 조직에 대한 제도 환경의 영향력도 물론 중요하지만, 조직 간 상이한 신념 체계가 제도 환경에의 다양한 대응 방식을 이끌어 낸다고 보고 있다. 따라서 내부 접근법은 제도 환경을 해석하고 이해하는 데 조직 신념 체계에 의한 내적 역동성을 규명하는 데 관심을 기울이고 있다([그림 4-3] 참조).

그림 4-3 외부와 내부 접근법

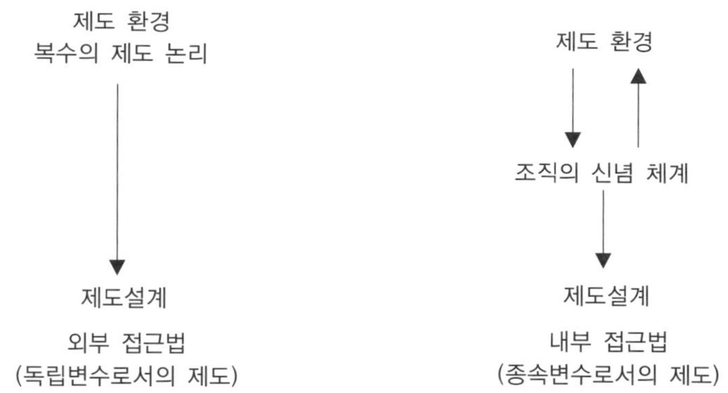

이 연구에서의 개념적 틀은 조직의 장뿐만 아니라 조직 수준에서 존재하는 제도들을 포함하고 있다. 조직의 장에 있는 제도들은 제도 환경을 구성하며 독립변수로 취급된다(외부 접근법). 조직들은 사회적 또는 자신들의 필요에 따라 제도를 만드는데, 그와 같은 제도들은 상위 수준(조직의 장)에 있는 제도들에 의해 영향을 받으며 종속변수로 다뤄진다(내부 접근법). 앞에서도 강조했듯이, 제도의 상이성은 외부 또는 내부 요인들만을 가지고서는 적절하게 설명될 수 없다. [그림 4-4]에서 볼 수 있듯이, 개념적 틀은 외부의 제도적 요인(복수의 제도 논리)과 내부의 조직적 요인(조직의 신념 체계) 둘 다를 포함하고 있다.

그림 4-4 외부와 내부 접근법의 통합

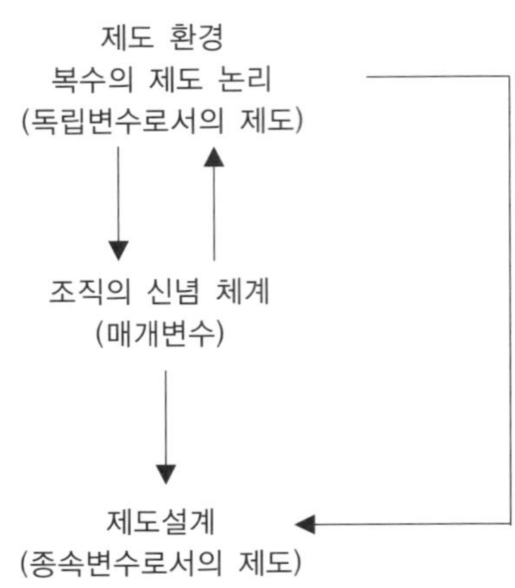

이상의 시도를 종합하면, 개념의 틀은 복수의 제도 논리, 조직의 위치 및 조직의 신념 체계를 포함하고 있다. 이 세 가지의 구성 요소는 제도설계의 조직 간 상이성을 야기하는 분산력(divergent forces)으로 작용하고 있는 것으로 이해할 수 있다. 또한 이것들은 각 수준에서 독특한 정체성이 내재되어 있는 적소(niches)로 간주될 수 있으며, 조직에 제도설계를 위한 다양한 맥락을 제공하고 있다([그림 4-5] 참조.)

그림 4-5 제도설계의 조직 간 상이성의 개념 틀

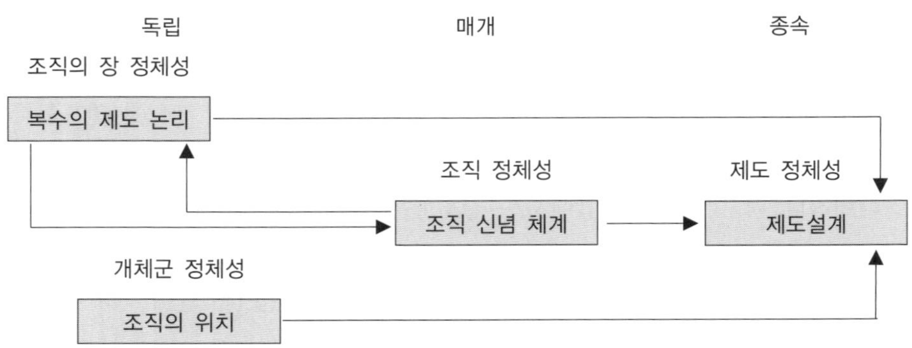

이 장에서 강조하고자 하는 바는 세 가지 맥락과 제도설계의 관계가 정체성이라는 개념에 의해 설명될 수 있다는 것이다. 즉, 제도설계를 조직이 세 가지 맥락적 요소와의 관계에서 제도의 정체성을 만들고, 유지하고, 변화시키려는 노력의 일환이라고 할 수 있다.

첫째, 같은 제도라 할지라도 조직들에 따라 독특한 정체성을 지니고 있으며, 그러한 정체성은 제도의 구성 요소와 구조에 반영되어 있다.

둘째, 조직 내에 있는 제도 외에, 조직 신념 체계(조직), 조직의 위치(개체군) 및 복수의 제도 논리(조직의 장) 등에도 독특한 정체성이 내재되어 있다.

셋째, 제도설계는 조직이 제도의 정체성을 형성하고 유지하는 하나의 지속적인 과정이라고 할 수 있는데, 이것은 세 가지 맥락이 제공하는 정체성과의 관계에 의해 설명될 수 있다.

이 관계에서 중요한 점은 조직이 자신들의 제도를 설계하는 데 상당한 정도의 자유재량을 향유하는데, 이러한 자유재량 행사의 요체는 환경적 맥락들이 제공하는 옵션 중에서 선택을 할 수 있다는 것이다. 특히, 제도설계와 관련해 두 가지의 선택을 상정할 수 있다. 우선, 조직의 장과 개체군 각각의 수준에서 다양한 논리, 아이디어, 기대 및 요구가 조직들에 부과될 수 있는데, 특히 경쟁적인 제도 논리들 간의 갈등과 제도 논리와 지역 환경의 요구 간의 불일치가 조직의 선택을 어렵게 할 수 있다. 이 경우, 조직들은 이러한 것들에 대한 납득 과정을 통해 어떤 특정한 것 또는 그것들 간의 조합(적소들)을 선택할 것이다. 그러한 선택 외에, 조직들은 그들이 선택한 적소들의 신념, 논리, 아이디어 및 기대를 어느 정도 반영할 것인가를 결정해야 할 것이다. 예를 들어, 조직은 어떤 제도 논리 전체 또는 일부분을 적용할 것인가를 결정해야 할 것이다. 이 경우 조직들이 자신들의 신념 체계를 기준으로 해서 그와 같은 선택들을 할 가능성이 크며, 궁극적으로 그러한 선택들이 조직들의 제도설계에 반영됨으로써 제도 정체성의 형성에 영향을 미칠 것이라는 점이다. 따라서 제도의 정체성은 조직이 자신들뿐만 아니라 자신들의 환경과 처해진 상황에 대해 어떻게 인식하고 납득하며 그것에 따라 어떤 결정(선택)을 할 것인가에 달려 있다고 해도 과언이 아니다. 이러한 의미에서, 제도의 정체성은 조직의 납득과 선택의 산물이라고 할 수 있다. 결론적으로, 조직 간 서로 다른 신념 체계들에 의한 상이한 납득과 선택이 제도설계의 다양성(제도의 다양한 정체성)을 초래할 것이다.

제 7 절 결론: 함축적 의미와 한계

사회학 계열의 신제도주의 초기 연구들의 한계에 기초해, 이 장에서는 셀즈닉의 구제도주의 전통과 신제도주의의 최근 연구들(내부와 외부 접근법)을 통합함으로써 조직 간 제도설계의 상이성을 설명하는 포괄적인 개념 틀을 구축하려고 했다. 이 과정에서 이 연구는 기존 연구들과는 달리, 셀즈닉의 구제도주의에서 조직의 행동에 대한 강조뿐만 아니라 국지적인 지역 환경의 중요성에 주목했으며, 변수들 간의 관계를 정체성이라는 개념으로 풀어보려고 했다. 이러한 시도는 몇 가지 중요한 의의를 지니고 있다.

첫째, 이 연구는 오직 제도 환경에만 초점을 맞췄던 신제도주의의 연구들과는 달리, 제도 환경과 지역 환경 둘 다를 고려함으로써 조직 환경의 개념을 넓히려고 했다. 이러한 시도가 구/신제도주의 간의 가교를 놓는 하나의 역할을 할 수 있으며, 궁극적으로 제도설계의 다양성에 대한 분석을 더욱 풍요하게 해줄 것이다.

둘째, 허쉬와 론스버리(Hirsch & Lounsbury, 1997: 415)는 제도 연구에 대한 접근법들이 조직 구조의 인간 행동에 대한 결정력을 강조하는 패러다임에 자의적으로 제한되거나 또는 행동을 강조하는 연구에 국한되기보다는 미시에서 거시까지 연계되는 좀 더 복합적이고 완전한 형태의 설명을 제공하기 위한 사회학적인 관점에서의 지속적인 논쟁에 대해 관심을 기울일 필요가 있다고 주장했다. 이 연구는 제도 환경의 조직에 대한 영향력을 중시하는 외부 접근법과 그러한 환경에 대해 대응하는 데 조직행동의 풍요성을 강조하는 구제도주의/내부 접근법의 통합을 시도함으로써 조직 연구의 미시와 거시적인 관점을 아우를 수 있는 방도를 제시하고 있다.

셋째, 이와 같은 통합의 시도는 조직과 환경과의 관계를 둘러싼 결정론과 주의론 간의 논쟁과도 연계되어 있다. 이 연구는 조직과 제도 환경 간의 관계를 유기적인 것으로 파악하는 관점을 토대로 하여 결정론적인 톤이 강한 외부 접근법과 주의론적인 자세를 취하고 있는 구제도주의/내부 접근법을 통합한 개념적 틀이 결정주의와 자발주의를 조화시키기 위한 지속적인 노력에 도움을 줄 수 있을 것이라고 믿는다.

넷째, 제도설계의 다양성을 하나의 수준에서 분석하기란 충분하지 않다. 대신에, 제도의 변이를 설명하기 위해 여러 수준에서의 요소들을 조사하는 것이 필요한데, 이 연구는 조직, 개체군 및 장 수준에서의 제도설계의 차이점을 설명하려고 했다. 또한 제도설계가 복수 제도 논리, 조직 위치 및 조직 신념 체계와의 상호작용 속에서 생성된 정체성을 띠고 있는 구성물이라는 것을 강조했다. 즉, 각각의 분석 수준에서 독특한 정체성이 이 연구가 제시한 세 가지의 맥락적 요소들 안에 배어 있으며(embedded), 제도설계는 조직 안에 있는 제도와 세 맥락이 지니고 있는 정체성 간의 관계를 반영하는 것으로 보았다. 이러한 시도는 주로 개체군 생태론에서 사용되어 오던 적소에 대한 아이디어를 확대할 수 있는 가능성을 열어놓았다. 이 연구에서 제시된 개념 틀에서 세 가지 맥락적 요소를 제도설계를 위한 적소로 간주할 수 있으며, 결국 제도설계는 일종의 적소(適所)를 찾는 행위(niche-searching activities)라고 볼 수 있다. 좀 더 중요하게, 정체성에 입각한 이러한 관점은 조직이론과 조직 행태로 나뉘어 있던 조직 연구를 통합하는 기능을 한다. 조직에 관한 문헌은 오랫동안 조직이론과 조직 행태 영역으로 분리되어 전자는 주로 조직 구조와 외부 환경 간의 관계에 초점을 맞춰 왔는데 반해 후자는 조직 활동의 심리적 측면을 규명하는 것을 강조해 왔는데, 이러한 분리가 실익도 없을뿐더러 가능하지도 않다는 것이다. 이 연구는 제도론의 영역 내에서 조직 행태를 설명하기 위해 정체성이라는 개념을 활용함으로써 그 동안 분리되어 왔던 조직이론과 조직 행태를 통합할 수 있는 방안을 제시하고 있다.

이 연구는 제도적 상이성을 설명하기 위한 개념적 틀의 구축하려는 이러한 노력이 궁극적으로 다양성에 대한 분석을 좀 더 풍부하게 해줄 것으로 기대한다. 그러나 제도설계의 다양성을 설명할 수 있는 개념 틀을 구축하는 데 치중한 나머지 이것의 유용성 또는 적용 가능성에 대한 검증을 결하고 있다. 따라서 추후의 연구는 각각의 요소에 대한 변수들의 계발에 의한 개념 틀의 정교화와 함께 그것을 실증적으로 현실에 적용해 유용성을 검증할 수 있는 노력이 뒤따를 필요가 있다.

제 5 장 두 가지 환류, 그리고 내생적 제도 변화: 종합부동산세를 중심으로

김태은

제 1 절 서론

제도는 진공에서 형성되기보다 제도설계에서 주도권을 갖고 있는 주요 행위자들의 의도가 반영되어 있을 가능성이 높다. 특히, 제도설계에서 의도성은 민주주의 체제에서 쉽게 예측될 수 있다. 즉, 안정적인 민주주의 체제에서는 지속적인 정권 교체가 나타나며, 이러한 정권 교체는 곧 정책과 제도의 큰 변화를 수반한다. 따라서 민주주의 체제에서 집권한 세력은 정권 교체 가능성을 고려한다. 정권 교체에 따라 자신들의 이해(정치 및 경제적 이익, 혹은 순수한 어떤 가치)가 반영된 제도가 쉽게 변화될 수 있으므로, 자신들의 이해와 다른 정권이 들어서더라도 이들이 쉽게 변화시킬 수 없도록 하는 의도를 지닐 수 있다.

다시 말해, 민주주의 체제에서 제도는 정권 교체에 따라 변화할 수 있는 가능성이 높기 때문에 이를 고려해 가능한 변화하지 않도록 의도적으로 설계되었을 가능성이 있다 할 것이다. 그러나 한편에서는 제도 변화가 어렵게 설계된 제도(변화 저항적인 제도)가 변화되는 것이 관찰되기도 한다. 이러한 연구 배경은 흥미로운 질문을 제기한다. 즉, 제도 변화가 어렵도록 의도적으로 설계된 제도의 변화 원인은 무엇이며, 이러한 변화 원인에 따라 제도가 어떻게 변화되는가 하는 점이다.

이 연구는 이러한 연구 질문에 대한 해답을 사례연구를 통해 찾고자 했다. 이를 위해 크게 문헌연구와 사례분석을 수행했다. 첫째, 문헌연구를 통해 기존의 제도 변화 이론 체계화, 변화 저항적인 제도의 변화 설명 한계 고찰, 새로운 설명 도구 개발 필요성 제시와 같은 연구를 수행한다. 둘째, 변화 저항적인 제도의 대표 사례로서 종합부동산세의 변화를 분석했다. 연구의 분석 기간은 종합토지세가 신설된 2003년부터 종합부동산세가 변화가 진행된 2010년까지로 했다.

제 2 절 이론적 배경

1 제도 변화를 설명하는 기존 접근과 한계

독립변수로서 제도를 강조해 온 신제도주의는 그 동안 정책, 제도, 규제 등 다양한 영역에서 탁월한 설명 능력을 보여주어 왔음에도 불구하고 제도 변화에 대해서는 설명의 한계를 노출해 왔다.

역사적 제도주의는 제도 변화보다 제도의 지속성을 강조해 왔다. 역사적 제도주의에서 가장 핵심적으로 다뤄져 온 경로의존성(path dependence) 역시 이 개념을 광의로 이해하든, 협의로 이해하든 변화보다는 지속성을 설명하는 데 적절하다. 이에 따라 기존의 역사적 제도주의에서는 단절된 균형(punctuated equilibrium) 모델에서 알 수 있듯이 제도 변화를 외부 변수와 우연성(contingency)을 통해 설명해 왔다. 그러나 단절된 균형은 예측과 설명에 있어 문제를 지니고 있다(Peters et al., 2005: 1289). 특히, 이는 본질적으로 외부 변수, 우연성을 통해 어떤 현상을 설명하는 것으로 이는 역사적 제도주의가 그 자체의 제도 개념을 통해, 특히 제도의 내적 요인을 통해 제도 변화를 설명하지 못함을 단적으로 보여준다.

합리적 선택 신제도주의 역시 제도 변화를 설명하는 데 어려움을 보여 왔다. 합리적 선택이론가들이 설정하는 제도는 노스(North, 1994: 360)의 제도 정의 "인간의 상호작용을 구조화하는 인위적으로 고안된 제약"에서 알 수 있듯이, 기본적으로 개별 선호를 갖는 행위자의 합리성 충돌을 조정하는 메커니즘으로 이해한다. 즉, 이들은 균형(equilibrium)을 강조하며 특별한 균형을 지속하는 조정 메커니즘(coordinating mechanism)으로서 제도를 바라보는 관점과 관련되어 있다(Shepsle, 1989: 145; Levi, 1997: 27; Mahoney & Thelen, 2010b: 6). 구체적으로, 합리적 선택 제도주의는 전형적으로 제도를 파레토 최적 균형(Pareto optimal equilibria) 또는 집단행동 딜레마의 해결책을 반영하는 규칙화된 행태의 패턴으로 이해했기 때문에 제도는 안정적인 것으로 이해되었다(Shepsle, 1989; Koremenos et al., 2003; Greif & Laitin, 2004; Hall, 2010: 204-205). 그러므로 제도적 변화는 제도에 외생적 충격이 맥락을 변화시킬 때 발생하며, 이는 단절된 균형 모델과 매우 유사하다. 그러나 이러한 접근은 제도의 재생산 논리와 제도 변화의 논리를 구분하고 있어 내생적 변화의 점진적 과정을 이론화하고 개념화하는 데 어렵다(Greif & Laitin, 2004: 633). 다시 말해, 합리적 선택 제도주의는 제도 운영에 관련한 강력한 시각을 제시하나, 제도 변화에 대해서는 효과적인 분석을 수행하지 못하고 있다(Hall, 2010: 205).

스코트(Scott, 1995: 33)의 제도에 대한 정의인 "사회적 행태에 대한 의미와 안정성을 제공하는 인지적, 규범적, 규제적 구조와 활동"에서 알 수 있듯이, 다른 분파와 좀 더 제도의 개념이 매우 거시적이며, 인지적 과정을 강조한다. 특히, 이들은 의미 해석의 틀로서 문화를 강조함에 따라 변화의 역동성을 담아내기보다는 제도의 지속성 또는 자기재생산적 특성(self-reproductive properties)을 강조한다. 즉, 제도는 일상적이고 당연한 것(taken for granted)으로 이해되었으며(Berger & Luckmann, 1967; Zucker, 1983: 2), 동형화(isomorphism)(DiMaggio & Powell, 1983[1]; Dobbin, 1994; Scott, 1995)에서 알 수 있듯이, 다양한 영역에서 동일한 제도적 논리의 재생산을 주장했다(Mahoney & Thelen, 2010b: 5).

이에 사회학적 제도주의 역시 제도 변화를 위해 외생적 실재(exogenous entity) 및 힘을 강조한다. 즉, 새로운 해석 틀(interpretive frame)이 외부(DiMaggio & Powell, 1983; Hannan & Freeman, 1989)로부터, 혹은 폭넓은 정치, 법, 시장 영역의 진화(Fligstein, 1996)에 의해 부여된다고 주장한다(Mahoney & Thelen, 2010b: 5). 물론, 사회학적 제도주의는 로렌스(Lawrence, 2008)에서 잘 정리되었듯이, 외적 쇼크(exo-

1) 이들은 동형화의 메커니즘으로 강제적 동형화(coercive isomorphism), 모방적(mimetic) 동형화, 규범적(normative) 동형화를 제시한 바 있다.

genous shock)뿐만 아니라 행위자, 권력 및 권력 관계[2]를 통해 제도 변화를 연구해 왔다. 이러한 점은 디마지오(DiMaggio, 1998)에서 잘 드러나며, 실제, 배병룡(1994)과 잉그램과 라오(Ingram & Rao, 2004)는 집단행동을 통해 제도 변화를 설명하고 있고, 배병룡(2002)은 제도적 구조의 변화에서 정부의 역할을, 잉그램(Ingram, 1998)은 새로운 조직 형태는 제도 변화의 행위자로서 역할을 수행할 수 있음을 제시한 바 있다. 그러나 제도 변화를 설명하면서 제도 자체에 기인하는 내생적 변수인지 여부는 크게 고려되지 않아 왔다.[3]

2 역사적 제도주의, 그리고 내생적 제도 변화 설명을 위한 새로운 접근

1) 역사적 제도주의와 제도 변화 설명을 위한 새로운 접근

역사적 제도주의는 다른 접근과 마찬가지로 제도 변화를 설명하는 데 한계가 있음에도 합리적 선택 및 사회학적 제도주의에 비해 좀 더 적실성 있는 정치·행정 현상을 설명해 왔다(Beland, 2007; Hall & Taylor, 1996; Immergut & Anderson, 2008; Mahoney & Thelen, 2010a). 이와 관련해, 이머거트와 앤더슨(Immergut & Anderson, 2008: 360)은 역사적 제도주의의 네 가지 성과를 정리한다. 첫째, 역사적 제도주의는 어떻게 이익(interests)이 구성되는가에 대한 이해를 가능하게 해준다. 즉, 이러한 관점은 인지 및 관념적 요인의 이익 형성 방식뿐만 아니라 어떻게 제도가 행위자와 그들의 이익을 구성하는지에 대해 설명하고 있다. 둘째, 행위자 행태를 개념화하고 설명하는 것과 관련해 많은 부분을 설명해 왔다. 셋째, 제도의 기원과 변화를 연구할 수 있는 분석도구를 만들어 내었다. 즉, 제도가 정치적 경쟁과 협상의 산물이며, 어떻게 장기간에 걸쳐 재교섭되고 재형성되는지를, 어떻게 제도가 행위자들의 의도하지 않은 형태, 기능, 수단을 지니게 되는지에 대해 설명해 왔다. 넷째, 역사적 제도주의는 정책 결정과 관련한 강력한 시각을 제시한다.

2) 권력 관계 인정은 합리적 선택 제도주의자인 노스(North, 1990)에서도 발견된다. 이와 관련한 신제도주의 간 수렴은 하연섭(2002)을 참고하기 바란다.

3) 예를 들어, 집단행동의 경우, 제도 자체에 의해 유발된 집단행동과(이 연구에서처럼 제도의 시행에 따라 유발된 집단행동), 제도 자체가 아닌 외적 변수로서 집단행동(예: 우리나라에서 민주화 운동 이후의 특정 제도들 변화)과는 차이가 있다 할 것이다.

이러한 역사적 제도주의의 성과는 곧 다른 접근에 비해 제도의 내적 요인에 의한 제도 변화의 설명 가능성이 높음을 시사한다.[4] 실제, 일부의 연구자들(Beland, 2007; Campbell, 2004; Mahoney & Thelen, 2010a, 2010b; Orren & Skowronek, 2004; Pierson, 1996, 2004; Streeck & Thelen, 2005a, 2005b; Thelen, 1999, 2003; 김태은, 2009)에 의해 내생적 제도 변화를 위한 연구가 지속되어 왔다. 즉, 이러한 관점의 최근 흐름은 어떻게 제도와 행위자 상호간 영향을 미치고 제도적 변화의 메커니즘을 형성하는지(Streeck & Thelen, 2005a, 2005b), 어떻게 제도가 스스로 가능한 발달(전개) 경로를 형성하는지, 어떻게 정치 행위자들이 변화를 유도하기 위해 상호작용하는지에 대해 관심을 갖고 있다(Asiskovitch, 2009: 229). 이러한 역사적 제도주의는 제도의 안정성과 변화 기간을 분리하는 이원론적 관점(dualist views)의 교정을 제시하며, 제도 변화는 지속되고 제도적 변형은 점진적 조정의 산물일 수 있다는 점을 강조한다(Palier, 2005; Streeck & Thelen, 2005a; Hall, 2010: 205).

2) 내생적 제도 변화와 관련된 주요 설명 모델

내생적 제도 변화의 의미있는 연구는 스트리크와 텔렌(Streeck & Thelen, 2005b)에 의해 잘 정리되었다. 저자들은 제도 변화에 대한 기존의 이분법적 구분을 비판하면서 제도 변화의 유형을 크게 변화의 과정(process of change)이 점진적인가(incremental) 급격한가(abrupt), 변화의 결과(result of change)가 연속성(continuity)인가 불연속성(discontinuity)인가에 따라 크게 적응을 통한 재생산(reproduction by adaptation), 점진적 변형, 생존과 복귀, 해체와 대체로 구분한다(Streeck & Thelen, 2005b: 9). 특히, 이 중 점진적인 느린 변화에 의해 유발된 제도적 불연속성을 대표하는 '점진적 변형'에 주목하고 점진적 변형의 유형으로 크게 전치(dispacement), 층화(layering), 표류(drift), 전환(conversion), 소모(exhaustion)를 제시했다(Streeck & Thelen, 2005b: 18-31).

---

4) 내생적 제도 변화 연구가 주로 역사적 제도주의자들에 의해 이뤄지는 이유는 각 분파에서 이해하는 제도의 개념적 정의와 제도의 유형(범위), 제도와 행위자 간의 관계를 고려할 때, ① 제도를 정치적 경쟁 및 협상의 결과로 이해하고, ② 중범위 수준에서의 제도에 초점을 두며, ③ 제도 형성에서 행위자의 역할을 특히 강조하고(종속변수로서의 제도), ④ 행위자 간 비대칭적인 권력 관계를 특히 강조하는 역사적 제도주의가 행정 현상을 설명(기술이 아닌)하는 데 좀 더 적절하기 때문인 것으로 생각된다. 물론, 제도의 행위제약성 강조는 신제도주의의 공통된 특징이다. 역사제도주의 관점에서 제도의 행위제약성은 김윤권(2008)을 참조하기 바란다.

다시 말해, 스트리크와 텔렌(Streeck & Thelen, 2005b)은 변화 발생의 원인을 통해 서로 다른 메커니즘의 유형(예: 전환[Thelen, 2003, 2004]), 층화([Schickler, 2001; Thelen, 2003, 2004; Hacker, 2004])을 포괄하는 제도 변화의 유형을 제시했다. 이들의 중심적 주장은 변형적 제도적 변화는 점진적으로 발생한다는 것이다. 이러한 분석틀은 제도 변화의 서로 다른 유형을 범주화하고 분석을 위한 개념적 도구를 제공한다는 점에서 역사적 제도주의를 한 단계 진보시킨 것이다. 그럼에도 불구하고 이들의 연구는 제도 변화의 다양한 유형을 위한 인과이론의 제시가 불충분하다는 비판을 받고 있다(Immergut & Anderson, 2008: 356).

최근, 마호니와 텔렌(Mahoney & Thelen, 2010b)은 스트리크와 텔렌(Streeck & Thelen, 2005b)의 연구를 기초로 좀 더 체계화된 점진적 제도 변화의 모형을 제시했다. 즉, 이들은 정치적 맥락의 특징, 제도의 특징 그리고 지배적인 변화 주도자(change agent)를 포괄해 제도 변화를 설명하고 있다.

우선, 제도적 변화의 모델은 기존의 스트리크와 텔렌(Streeck & Thelen, 2005b)에서 제시된 네 가지 유형, 즉 대체(displacement), 층화(layering), 표류(drift), 전환(conversion)을 제시한다(Mahoney & Thelen, 2010b: 14-18).

이러한 제도 변화에 영향을 미치는 요인으로 정치적 맥락(political context), 제도적 특징(institutional characteristic)을 설정하고 있다. 첫째, 정치적 맥락의 특징은 크게 '강한 거부 가능성'과 '약한 거부 가능성'으로 구분하고, 둘째, 제도의 특징은 규칙의 집행과 해석에서 재량(discretion, 선택 여지)의 수준에 따라 '낮은 수준'과 '높은 수준'으로 각각 구분하고 있다(Mahoney & Thelen, 2010b: 18-22).

또한 변화 주도자와 관련해, 행위자들이 기존의 제도적 규칙을 보존하고자 하는가, 행위자들이 제도적 규칙을 따르고자 하는가에 따라 변화 주도자는 네 가지 유형(반란자, 공생자, 파괴분자, 기회주의자)으로 구분한다. 특히, 저자들은 이러한 구분이 효과적인 제도 변화를 위한 특별히 선호된 전략뿐만 아니라 제도 변화의 특별한 방식(mode)과 결합되어 있기 때문에, 변화 주도자의 구분이 유용함을 밝히고 있다(Mahoney & Thelen, 2010b: 22-27).

3 변화 저항적인 제도의 변화를 위한 설명

1) 변화 저항적인 제도

아직까지 제도의 의도적 설계는 제도의 변화 혹은 지속성 차원에서 논의되기보다 결과 X(예: 제도, 정책, 조직 등)는 기능 Y를 제공하기 때문에 존재한다는 일련의 공식을 주장하는 제도의 기능주의적 주장(functionalist arguments)과 관련되어 있다(Pierson, 2000b: 476).[5] 이는 주로 합리적 선택 제도주의자들에 의해 제기된 된 것으로 예를 들어, 어떤 제도는 경제적 성과를 얻기 위해(North, 1990), 혹은 거래비용을 줄이기 위해(Williamson, 1975) 의도적으로 설계된다고 주장한다.

이러한 기능주의적 접근과 달리, 이 연구는 제도의 지속과 변화 관점에서 변화 저항적인 제도에 초점을 둔다. 즉, 어떠한 제도는 제도 변화가 어렵게 의도적으로 설계될 수 있고(변화 저항적 설계), 혹은 제도 변화가 매우 쉽게 설계될 수 있다는 것이다.

따라서 이 연구에서 '제도가 변화하기 어렵도록 의도적으로 설계된 제도(변화 저항적인 제도)'란 제도를 설계한 행위 주체들이, 특정한 이해(사익이든, 공익이든)를 고려해 제도 변화가 매우 어렵도록 의도적으로 설계된 제도를 의미한다.

어떤 제도를 변화 저항적으로 설계하는 이유는 무엇인가. 이는 다양한 차원에서 설명이 가능할 것이다. 예를 들면, 강력한 이익집단이 어떤 제도 변화의 압력 조건에서도(예: 강력한 외부 변수의 등장, 혹은 자신들의 정치경제적 신념과 다른 정권의 출현, 새로운 경제적 경쟁자 등장) 자신들의 이익을 항구적으로 보장하기 위해 제도설계부터 변화 저항적으로 설계할 수 있다. 혹은 공공 선택의 입장과 같이 관료 및 정치가 자신들의 이익을 위해 관련 제도가 변화하는 것을 방지하기 위해 설계할 수도 있을 것이다.

이와 관련해 피어슨(Pierson, 2000b: 491)은 왜 제도설계자들이 변화 저항적인 제도를 설계하는가에 관한 설명을 시도한 바 있다. 첫째, 제도설계자들은 그들 스스로 제약을 추구한다. 예를 들어, 정치가들은 어떤 더 큰 목적을 달성하기 위해 그들 스스로의 자유를 제한한다는 것이다. 둘째, 제도 및 정책설계자들은 그들의 후임자를 제약하고자 한다. 이는 정치적 불확실성과 관련된 많은 경우, 그들은(심지어 그들이 통제하지

---

5) 이에 대해 피어슨(Pierson, 2000b: 476-484)은 행위자들은 도구적이지 않으며 장기 시각을 지니고 있지 않고, 제도적 효과 역시 의도적이지 않을 수 있다는 몇 가지 문제를 지적한다.

못하는) 구조를 의도적으로 창조한다는 모우(Moe, 1990: 125)의 관점에서 이해될 수 있다. 즉, 경제적 행위자와 달리 지적 재산권(property rights)이 부족한 정치적 행위자들은 제도에 대한 지속적인 통제가 불가능하다는 것을 알고 있으며, 이에 그들이 만든 제도의 변화 가능성을 고려해야 한다는 것이다.

2) 변화 저항적인 제도의 변화 요인: 긍정적 환류와 부정적 환류

(1) 제도 지속 요인: 긍정적 환류(positive feedback)

변화 저항적인 제도가 설계되었다는 것은 기본적으로 제도의 자기강화와 관련된 장치가 마련되어 있음을 의미한다. 이는 신제도주의 특히, 역사적 제도주의에서 제도의 지속성을 강조하기 위해 제시되어 온 좁은 의미의 경로의존성(path dependence) 혹은 자기강화(increasing returns) 또는 긍정적 환류(positive feedback)와 그 맥을 같이한다.

경제학에서 개발된 기술 발달의 모델(David, 1985; Arthur, 1989)인 경로의존성[6]은 정치 및 행정학 영역에서 제도의 지속 및 강화를 설명하기 위해 광범위하게 활용되어 왔다. 이러한 경로 의존은 그 개념을 명확하게 정의하기는 어렵지만, 피어슨(Pierson, 2000a)과 마호니(Mahoney, 2000)의 연구 이후 크게 두 가지 의미로 정리되고 있다. 마호니(Mahoney, 2000)는 이를 각각 '반응적 시퀀스(reactive sequence)'와 '자기강화 시퀀스(self-reinforcing sequences)'로, 피어슨(Pierson, 2000a)은 경제학에서 제기된 체증(increasing returns) 개념을 정치학에서 적용할 수 있음을 주장하면서, 경로 의존을 크게 좁은 의미와 넓은 의미로 구분해서 제시한다. 특히, 좁은 의미의 경로 의존은 수확 체증(increasing returns)에 의해 이해될 수 있으며, 특별한 방향을 갖는 선행 단계는 미래에 동일한 방향을 유도한다는 것을 의미한다. 이는 현재 활동의 상대적 편익이 다른 가능한 대안에 비해 시간이 갈수록 증가하기 때문이다(전환 비용의 증가). 즉, '수확 체증'은 제도 내 긍정적 환류의 강력한 메커니즘을 창조하기 때문에, 왜 어떤 제도가 시간이 지날수록 가기강화의 경향과 의도적으로 제도의 변화를 어렵게 하는지를 설명한다(Duit, 2007: 1100-1101; Pierson, 2004; 김태은, 2009: 48).

여기서 수확 체증은 자기강화 혹은 긍정적 환류 과정(positive feedback process), 재

---

6) 경로의존성에 대한 국내 사례 연구로 방민석・김정해(2003)는 대기업 규제정책을 분석하고 있다. 한편, 경로의존성의 개념과 비판에 관련해서는 텔렌(Thelen, 2003, 2004), 해커(Hacker, 2004), 크라우치와 파렐(Crouch & Farrell, 2004), 알렉산더(Alexander, 2001), 케이(Kay, 2005: 554)를 참조할 만하다.

생산의 메커니즘(mechanisms of reproduction, Collier & Collier, 1991)으로 이해되기도 한다(Arthur, 1994; Grief & Laitin, 2004: 635; North, 1990; Pierson, 2000a: 252; Pierson, 2000c: 74: Schneider, 2006: 457; Pierson, 2004: 21; Duit, 2007: 1100-1101; 김태은, 2009: 48: Boas, 2010: 33-34). 수확 체증이 발생되는 이유에 대해, 아서(Arthur, 1994: 112)는 경로 의존의 원천으로서 고정비용, 학습 효과, 조정비용, 적응적 기대(adaptative expectations)를 주장했으며, 노스(North, 1990: 95)는 기술에 한정한 아서(W. B. Arthur)의 주장을 수용해 복잡한 사회적 상호작용의 맥락에서, 새로운 제도는 높은 고정 및 초기비용, 학습 효과, 네트워크 효과, 적응적 기대(adaptive expectations)를 포함한다고 주장했다. 피어슨(Pierson, 2000a, 2004) 역시 노스의 관점을 따르고 있다. 즉, 한번 구축된 제도는 제도 자신의 안정성을 강화하는 강력한 유인을 발생한다는 것이다(Pierson, 2000a: 255; 김태은, 2009: 48).

(2) **제도 변화 요인: 부정적 환류**(negative feedback)

제도 내에는 긍정적 환류뿐만 아니라 부정적 환류가 존재할 가능성이 있다. 여기서 부정적 환류는 제도의 안정성을 손상시켜 지속적으로 제도 변화를 초래하는 환류라 할 수 있다. 변화 저항적으로 설계된 제도는 그 자체로 긍정적 환류가 내재되어 있다 할 것이다. 그러나 설계자의 의도와 달리, 혹은 예측과 달리 변화 저항적으로 설계된 제도 내에 변화를 촉진하는 요인('이를 부정적 환류'라 칭함)이 잠재되어 있을 수 있다.

이와 관련해, 피어슨(Pierson, 1996)은 제도 내에 어떤 알지 못하는 또는 역기능적 요소들이 포함될 수 있고, 이에 따라 변화의 필요성이 제기될 수 있음을 주장했다. 클레멘스와 쿡(Clemens & Cook, 1999)[7] 역시, 제도는 모순(contradictions)을 내포하고 있고 정치행위자들은 제도의 본질과 목적을 변화시킬 수 있으며, 제도가 일단 형성되면, 어떤 집단과 정치 행위자에게는 편익을 주지만 어떤 행위자들에게는 그렇지 않을 수 있다. 어떤 편익을 얻고자 하는 주체들은 그들 자신의 이익과 이해에 부합되도록 기존의 제도를 변화시키고자 한다고 주장한다. 디그(R. Deeg) 또한 제도는 재생산의 메커니즘(mechanisms of reproduction)과 변화의 메커니즘(mechanisms of change) 모두를 발생시킨다고 주장한다. 즉, 어떤 제도는 서로 다른 정치적 행위자에게 다양한 행동의 경로 추구를 허용하며, 이로 인해 제도가 안정(지속) 혹은 변화한다는 것이다

7) "Institutions may produce their own grave-diggers"(Clemens & Cook, 1999: 499).

(Deeg, 2005: 173-174).

모든 제도는, 혹은 변화 저항적으로 설계된 제도라 하더라도, 근본적으로 제도의 수혜자와 피해자를 생산한다. 결국, 이는 아무리 완벽한 제도라 하더라도 본질적으로 피해자가 형성된다면 이는 그 자체가 하나의 변화 요인으로 작용될 수 있음을 알 수 있다. 이와 관련해, 집단행동(collective action)은 부정적 환류의 설명하는 데 유용한 시각을 제시한다. 대표적으로 올슨(M. Olson)은 집단행동을 조직의 규모 차원에서 다루면서 가장 의미있는 주장을 제시한 바 있다. 즉, 올슨(Olson, 1965: 48)은 대규모 집단[8]이 그들 자신의 이익을 증진시키는 것을 방해하는 개별적이나 누적적인 세 가지 요소를 제시한다.

첫째, 집단이 클수록 집단 내에서 활동하는 어떤 개인이 받는 편익의 양도 작아지며, 또한 집단 지향적 행동에 대한 보상의 적절성도 낮아진다. 따라서 집단은 집합재(collective good)[9]의 최적 공급을 달성할 수 없다. 둘째, 집단이 클수록, 집단 내 어떤 개인이나 하부조직이 얻을 수 있는 전체 편익의 양도 줄어든다. 따라서 개인이나 집단 내 하부조직도 집합재 공급에 따른 부담보다 집합재 획득에 따른 이득이 크지 않을 것이다. 즉, 집단이 클수록 재화를 획득하기 위한 과점적 상호작용(oligopolistic interaction)의 가능성은 줄어든다. 셋째, 집단 구성원의 수가 많아질수록 조직비용(organization costs)이 증가한다. 이러한 이유로 인해, 집단이 클수록 집합재의 최적 공급에 실패할 것이고 강제나 외적 유인의 부재 속에서 대집단은 집합재의 최소 양조차 그들 스스로 제공하지 않으려 할 것이다.

따라서 오직 각각의 그리고 선택적 유인(selective incentive)만이 잠재적 집단(latent group)[10]에서의 합리적 개인들을 집단 지향적인 행동을 할 수 있도록 촉진시킨다.[11] 그러나 대집단과 달리 소집단은 집합재 그 자체로부터 분리된 강제 및 능동적

8) 심지어 조직화되지 않은 집단을 논할 때도, 압력집단 혹은 집단이론을 다루면서 집단(group)은 공유된 이해(common interest)를 갖는 다수의 개인들이라고 정의한다(Olson, 1965: 8).

9) 올슨(Olson, 1965: 14)은 집합재(collective good)를 common good, public good과 같은 개념으로 사용하고 있다.

10) 여기서 잠재적 집단은 대집단((large group)을 의미한다. 저자는 대집단이 행동을 위한 잠재적인 힘과 능력을 가지고 있으나, 그러한 잠재적 힘은 오직 선택적 인센티브가 추가되었을 때에만 동원 가능하고 실현 가능하기 때문에 잠재적 집단이라 칭하고 있다(Olson, 1965: 51).

11) 이 밖에도 하딘(Hardin, 1982)은 올슨이 주장한 세 가지 이외에도 아래 조건에 의해 작은 집단이 큰 집단에 비해 집단행동에 성공할 가능성이 많음을 주장한다. 첫째, 감정적 유대, 이타심, 도덕적 책임감 등의 요소가 대집단보다는 작은 집단에서 좀 더 강력히 작용한다. 둘째, 소집단에서는 각 개인의 행동이

자극에 의존하지 않고서도 그들 스스로 집합재를 제공할 수 있다. 이는 작은 집단에서의 각각 구성원은(최소한 그들 중 한 명은) 집합재를 가짐으로써 얻는 개인적 이득이 어떤 양의 집합재를 제공하기 위해 필요한 전체 비용을 초과하기 때문이다(Olson, 1965: 34-35).

올슨과 맥을 같이하는 윌슨(Wilson, 1974) 역시 규제의 정치적 상황을 논하면서 집단행동을 핵심적 변수로 다루고 있다. 즉, 작은 집단 내의 개별 행위자들의 공헌은 조직의 목표 달성에 유의미한 중요성을 지니며, 또한 그러한 공헌은 집단 내 다른 구성원에 의해 주목받고 보상을 받을 정도로 충분히 가시적이라는 것이다(Olson, 1965: 48-50; 126-128; Wilson, 1974: 140-141). 따라서 집단의 규모(size)가 중요하다고 주장한다. 한편, 조직 활동은 직업, 산업, 지역 등으로 정의될 수 있는 사회 영역 간의 신념과 이해의 동질성(homogeneity of interest)이 클수록 조직 활동은 쉽게 일어난다. 예를 들어, 수입 시계에 대한 관세 인하가 제기될 경우, 시계 제조 회사를 대표하는 조직에서의 조직 활동이 시계를 사거나 파는 기업가를 대표하는 조직에 비해 활발하게 일어난다는 것이다(Wilson, 1974: 141).

제도 변화에서 집단행동의 중요성은 다양한 연구자들(예: 배병룡, 1994; Ingram & Rao, 2004)에 의해 이뤄져 왔다. 결국, 집단행동[12]은 제도 변화의 원인이 될 수 있다. 특히 어떤 설계된 제도에 내포되어 있는 부정적 환류로서, 이 제도가 집단행동을 유발시키는 데 유리하게 (설계자의 의도와 상관없이) 설계되어 있다면 이는 중요한 변화 요인으로 작용할 것이다. 특히, 민주주의에서 정권 변동은 집단행동과 매우 유의미한 관계를 형성할 수 있다. 특히, 집단행동 주체가 정권의 지지 세력이라면, 그러한 집단행동의 영향력은 더욱 커질 수 있으며, 이에 따른 부정적 환류의 크기 역시 커질 수 있다 할 것이다.

결론적으로 어떠한 제도가 변화가 어렵도록 설계되었다 하더라도, 그러한 제도 자체에 의해 수혜자와 피해자를 발생시킬 수 있다. 여기서 수혜자는 당연히 제도가 지속

쉽게 관찰될 수 있다. 즉, 익명성의 정도가 낮아진다. 셋째, 제재 혹은 처벌의 비용이 대집단에서 높아질 가능성이 높다.

12) 집단행동은 집단이 달성하고자 하는 목표, 즉 성과와 관련되어 있다. 이러한 관점에서 집단의 성과는 집단 규모 외에 집단의 구성, 규범, 응집력에 영향을 받는 것으로 알려지고 있다. 집단의 구성은 집단구성의 동질성(homogeneity)이나 이질성(heterogeneity)으로 설명되며, 집단의 규범은 집단구성원들의 행동 적절성을 판단하는 기준을, 집단의 응집력은 집단이 얼마나 잘 뭉쳐 있는가의 정도를 나타낸다(Moorhead & Griffin, 2004: 291-297; 이창원 · 최창현, 2008: 239-244).

되기를 기대할 것이며, 반대로 피해자 입장에서는 이 제도를 변화시키거나 폐지하려 할 것이라는 점이다. 특히, 여기서 중요한 점은 제도에 의해 유발되는 수혜자와 피해자를 하나의 집단으로 설정할 때, 그 규모에 있다 할 것이다. 왜냐하면, 집단의 규모는 집단행동을 설명하게 하고, 이는 곧 부정적 환류로서 기능을 수행할 수 있는가와 관련되어 있기 때문이다.

4) 연구 분석틀

이 연구는 변화 저항적인 제도의 변화 원인과 그러한 변화 원인에 따라 어떻게 제도가 변화하는가에 대한 해답을 찾고자 한다. 이를 위해, 제도 변화의 원인을 두 가지 변수, 즉 '긍정적 환류(자기강화 요인)'와 '부정적 환류(자기부정 요인)'로 설명하고자 한다.

첫째, 변화 저항적인 제도에는 경로의존성의 핵심이라 할 수 있는 '긍정적 환류'가 존재하며, 이러한 환류는 해당 제도를 지속 및 유지시키고자 하는 원천으로 작용할 것이다. 둘째, 제도는 그 자체로 설계자의 의도와 달리 제도의 변화를 촉진하는 '부정적 환류'를 형성할 수 있다. 이러한 부정적 환류의 하나로 어떤 제도에 의해 형성되는 '집단행동'을 통해 이를 설명하고자 한다. 여기서 집단행동은 '집단 특성 1(집단의 규모)', '개인 수준에서 비용과 편익의 분포', 그리고 이 '두 요인에 따른 집단 특성 2(집단행동의 인센티브, 무임승차 가능성, 집단행동을 위한 거래비용)'과 '지지 집단의 형성과 관계' 차원에서 살펴보고자 한다.

단일 제도의 변화에 상반된 영향을 미치는 2개의 환류에 따라 제도는 변화할 것이

그림 5-1 연구 분석틀

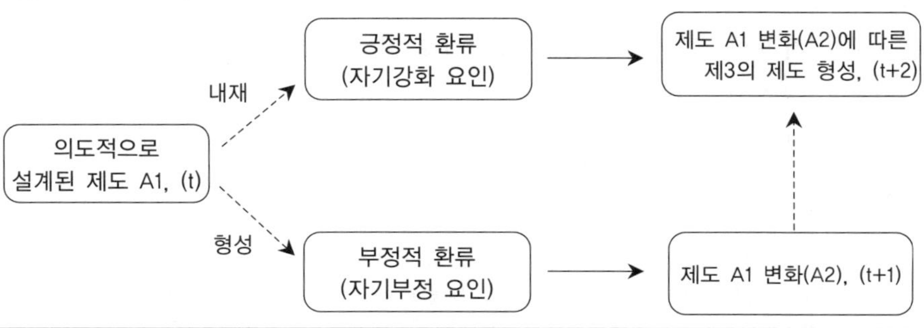

다. 즉, 긍정적 환류는 제도를 지속시키고자 하는 힘으로 작용하는 반면, 부정적 환류는 그 자체로 지속적으로 제도 축소 및 폐지를 유발하는 힘으로 작용할 것이다. 이러한 맥락에서 [그림 5-1]은 '단일 제도에 서로 다른 영향을 미치는 두 개의 환류가 존재'하고, 이러한 모순된 환류에 의해 제도의 지속성과 제도의 변화가 동시에 나타나고 있음을 묘사하고 있다.

제 3 절 종합부동산세 제도의 변화 요인: 두 가지 환류

1 긍정적 환류(자기강화 요인)

종합부동산세는 변화가 어렵도록 의도적으로 설계되어 있었으며, 이는 곧 제도를 지속시키고자 하는 긍정적 환류가 내재되어 있음을 의미한다. 이러한 점은 종합부동산세가 부동산교부세와 연계되어 있다는 점에서 알 수 있으며, 구체적으로 부동산교부세의 개념과 특성, 그리고 재원 성격, 배분 기준을 통해 잘 드러난다. 즉, 종합부동산세는 부동산교부세의 재원이 되는 만큼 지방자치단체는 종합부동산세를 유지 및 지속시키는 강력한 제도의 보호자가 될 수 있다는 것이며, 이러한 메커니즘이 곧 긍정적 환류로 작용한다고 할 것이다.

1) 지방교부세로서 부동산교부세

종합부동산세[13]의 자기강화 요인은 무엇보다 기존의 종합토지세를 국세화하되 그 재원은 100% 지방자치단체의 부동산 교부세로 지급되게 설계되었다는 점이다. 즉, 종합부동산세는 국가에서 세금을 거두어들이나 그 지출과 사용은 지방자치단체에서 사용될 수 있게 하고 있다. 종합부동산세는 종합부동산세 도입에 따른 자치단체의 재원 감소분을 보전하고 재정형평성을 제고하기 위해 국가는 제1항의 규정[14]에 의한 교부

13) 종합부동산세는 사회적 논란만큼이나 학문적으로도 여러 각도에서 다뤄져 왔다. 예를 들어, 김태영(2008)은 정책 네트워크 개념을 활용해 입법 과정을 분석했고, 하태수(2008)는 노무현 정부와 달리 이명박 정부에서는 정치적 거래비용이 상대적으로 낮아 정책(종합부동산세) 뒤집기가 가능함을 주장했다.

세 재원 외에 종합부동산세법에 의한 종합부동산세 총액을 예산에 매년 계상해 자치단체에 전액 교부(지방교부세법[법률 제7333호, 2005.1.5, 일부 개정] 4조 3항)하도록 하고 있으며, 이러한 규정에 의한 종합부동산세의 교부 기준은 종합부동산세 신설에 따른 자치단체의 재원 감소분을 기초로 산정하되, 재정 여건, 지방세 운영 상황, 부동산 보유세 규모 등을 감안해 대통령령으로 정하도록 하고 있다(지방교부세법[법률 제7333호, 2005.1.5, 일부 개정] 4조 4항).

이는 크게 세 가지 차원에서 변화 저항적으로 제도가 설계되었음을 알 수 있다.

(1) 개념과 특성을 통한 의도성 파악

변화 저항적인 제도로서, 부동산교부세의 신설은 매우 의미있는 관점을 제시한다. 일반적으로 지방재정조정 제도는 크게 보조금과 교부세로 구분될 수 있다. 여기서, 종합부동산세의 재원이 보조금의 형태로 지급되는 것이 아니라 지방교부세로 지급된다는 것은 차후에 종합부동산세의 제도를 변화하기 어렵게 하기 위해 의도적으로 설계했다고 할 수 있다.

일반적으로 지방교부세란 국가가 재정적 결함이 생기는 자치단체에 교부하는 금액을 말한다(지방교부세법[법률 제7333호, 2005.1.5, 일부 개정] 1조). 즉, 지방교부세는 "지방자치단체의 행정 운영에 필요한 재원을 교부하여 그 재정을 조정함으로써 지방행정의 건전한 발전을 도모하는 데" 그 목적을 두고 있다. 이러한 지방교부세는 자치단체 간 재정력 격차를 해소하기 위해 지방교부세의 적정한 배분을 통해 자치단체 상호간 과부족을 조정하고 균형화를 도모하는 재원 조정 기능과 지방교부세 총액을 내국세의 19.24%(부동산교부세 제외)로 법정화해 지방재원을 총액으로 보장하고 있다(최창호, 2009: 604; 행정안전부, 2010: 4).

이러한 지방교부세는 다른 지방재정조정 제도와 달리 독특한 성격을 지니고 있다. 첫째, 지방교부세는 지방 고유의 독립재원으로서 성격을 지닌다. 즉, 그 명칭에서 알 수 있듯이, 지방교부세는 지방세의 대체적 성격, 즉, 간접과세형 지방세임을 나타내고 있다. 둘째, 지방교부세는 그 비용 용도에 제한이 없는 것이 특징이다. 즉, 지방교부세는 국고에서 지출되기 것이기는 하지만, 일단 교부된 지방교부세는 그 비용의 용도를

14) 지방교부세법 제4조 (교부세의 재원) ① 교부세의 재원은 당해 연도의 내국세(목적세 및 종합부동산세와 다른 법률에 의하여 특별회계의 재원으로 사용되는 세목의 당해 금액을 제외한다. 이하 같다) 총액의 1만분의 1,913에 해당하는 액과 제5조 제2항의 규정에 의한 정산액으로 한다.

지방자치단체가 자유로이 결정할 수 있다(최창호, 2009: 604; 안용식 외, 2007: 458-459; 행정안전부, 2010: 4-5).

(2) 재원 성격을 통한 의도성 파악

다른 지방교부세[15]와 다른 부동산교부세의 재원 성격에서 변화 저항적 설계의 모습을 찾을 수 있다. 즉, 부동산교부세를 제외한 다른 교부세는 내국세를 기반으로 한다. 즉, 보통, 특별, 분권교부세가 그 재원을 당해 연도 내국세 총액의 1만분의 1,913[16]로 하며, 분권교부세의 재원은 내국세 총액의 1만분의 83에 해당하는 액으로 하고, 보통교부세의 재원은 분권교부세액을 제외한 교부세 총액의 100분의 96에 해당하는 액으로 하며, 특별교부세의 재원은 분권교부세를 제외한 교부세 총액의 100분의 4에 해당하는 액으로 하고 있다(지방교부세법[법률 제7333호, 2005.1.5, 일부 개정], 제4조 1항, 2항).

반면, 부동산교부세는 내국세가 아닌 목적세인 종합부동산세를 그 재원으로 하고 있다는 점이다. 목적세는 기본적으로 특정 경비에 충당할 목적으로 부과하는 세금이라 할 것이며, 종합부동산세를 목적세로 신설했다는 것은 이미 동 재원의 사용처를 고정시켰다는 의미를 갖는다. 즉, 내국세 재원 외에 종합부동산세법에 의한 종합부동산세 총액을 예산에 매년 계상해 자치단체에 전액 교부하도록 규정하고 있다(지방교부세법[법률 제7844호, 2005.12.31, 일부 개정], 제4조 3항). 즉, 부동산교부세는 지방자치단체에 전액 교부해야 하며(지방교부세법[법률 제7844호, 2005.12.31, 일부 개정], 제9조의 3, 1항), 동 교부세의 교부 기준은 부동산세제 개편에 따른 지방자치단체의 세수 감소분을 기초로 산정하되, 재정 여건, 지방세 운영 상황 등을 감안해 대통령령으로 정하도

15) 우리나라에서 교부세는 크게 보통교부세, 특별교부세, 분권교부세, 부동산교부세로 구분된다. 이 중 보통교부세는 매년도의 기준재정수입액이 기준재정수요액에 미달하는 자치단체에 대하여 그 미달액을 기초로 하여 교부하는 것이며(지방 교부세법[법률 제7333호, 2005.1.5, 일부 개정] 6조 1항), 특별교부세는 첫째, 기준재정수요액의 산정 방법으로써 포착할 수 없는 특별한 지역 현안 수요가 있을 때(특별교부세 재원의 2분의 1에 해당하는 금액), 둘째, 보통교부세의 산정 기일 후에 발생한 재해로 인하여 특별한 재정 수요가 있거나 재정수입의 감소가 있을 때(특별교부세 재원의 2분의 1에 해당하는 금액) 교부한다(동 법 9조 1항). 분권교부세는 국고보조사업을 이양받은 자치단체에 대하여 교부하며, 분권교부세는 지방이양사업과 관련된 인구 수 등의 통계자료, 종전의 국고보조금 지원 수준 등을 감안하여 대통령령이 정하는 바에 따라 산정한다(동 법 9조의 2 항, 2항). 부동산 교부세는 종합부동산세 도입에 따른 자치단체의 재원 감소분을 보전하고 재정형평성을 제고하기 위하여 교부한다(지방교부세법[법률 제7844호, 2005.12.31, 일부 개정], 제4조 3항).

16) 이 규정은 이후 2006년 분권교부세율이 내국세의 0.83%→0.94%로 상향됨에 따라 내국세의 19.24%로 상향 조정됨.

록 하고 있다(동 법, 제9조의3, 2항). 실제, 〈표 5-1〉에서 알 수 있듯이, 2005년 세수 감소분 3,930억 원이 지급된 이후 그 규모는 확대되어, 2008년에는 세수 감소분 7,697억 원, 균형재원 21,156억 원으로 확대되었다. 특히, 균형재원의 비중 확대가 매우 큼을 알 수 있다.

표 5-1 부동산교부세 연도별 교부 현황

(단위: 억 원)

구분	합계			2005년	2006년		2007년		2008년		2009년
	계	세수 감소분	균형 재원	세수 감소분	세수 감소분	균형 재원	세수 감소분	균형 재원	세수 감소분	균형 재원	균형 재원
전국	71,175	71,175		3,930	10,200		18,892		28,853		9,300
		30,265 (42.5%)	40,910 (57.5%)	3,930	8,667	1,533	9,971	8,921	7,697	21,156	9,300
서울	12,143	8,321	3,822	791	2,402	142	2,688	806	2,440	2,037	837
서울 외	59,032	21,944	37,088	3,139	6,265	1,391	7,283	8,115	5,257	19,119	8,463

주: 시군구 배정액은 시도에 합산

출처: 행정안전부 보도자료(2009a: 4).

(3) 배분 기준을 통한 의도성 파악

종합부동산세를 기반으로 하는 부동산교부세는 정치적 배분의 가능성을 가능한 배제하기 위해 배분 방식을 시행령과 시행규칙에서 구체적으로 제시하고 있다. 즉, 부동산교부세는 크게 두 가지 기준을 통해 배분되었다. 첫째는 당해 연도 예산에 계상하여 교부할 종합부동산세 총액이 제1항의 규정에 의하여 산정한 시・군・자치구별 재원 감소분의 합계액보다 적을 경우에는 각 시・군・자치구의 재원 감소분 비율에 따라 나눠 교부한다. 둘째, 당해 연도 예산에 계상하여 교부할 종합부동산세 총액이 제1항의 규정에 의하여 산정한 시・군・자치구별 재원 감소분의 합계액보다 많을 경우에는 제1항의 시・군・자치구별 재원 감소분에 해당하는 금액을 종합부동산세 총액 중에서 교부하고 그 잔액은 다음 각 목에 정하는 기준 및 비중에 따라 시・군・자치구별로 나눠 교부한다(지방교부세법 시행령[대통령령 제19146호, 2005.11.30] 제3조의3 2항 2).

구체적으로, 2005년 초기에는 재정 여건에 큰 비중을 두어 지방의 재정력지수가 낮

표 5-2 종합부동산세 잔액 교부액 산정 방식(2006년~2007년)

시·군·자치구별 교부액 =

$$\text{잔액 총액} \times \left(\frac{\text{당해 시·군·자치구의 평균 재정력역지수}}{\Sigma \text{시·군·자치구별 평균 재정력역지수}} \times 80\% + \frac{\text{당해 시·군·자치구의 전년도 지방세 운영 상황 종합지수}}{\Sigma \text{시·군·자치구별 전년도 지방세 운영 상황 종합지수}} \times 15\% + \frac{\text{당해 시·군·자치구의 전년도 재산세 부과액 지수}}{\Sigma \text{시·군·자치구별 전년도 재산세 부과액 지수}} \times 5\% \right)$$

출처: 지방교부세법 시행규칙[행정자치부령 제305호, 2005.12. 1], 별표 1.

을수록 부동산 교부세를 많이 받을 수 있도록 설계되어 있다.

이후 2008년부터 현재까지는 재정 여건, 사회복지, 지역교육에 각각 50%, 25%, 20%의 비중을 두고 있다. 이러한 구체적인 배분 기준은 부동산교부세의 배분이 정치적인 판단에 의해 이뤄질 가능성을 차단하고 있다.

표 5-3 부동산교부세 배분 기준의 변화 (단위: %)

	지방교부세법 시행령[대통령령 제19146호, 2005.11.30] 제3조의 3	지방교부세법 시행령[대통령령 제20444호, 2007.12.13] 제10조의3	지방교부세법 시행령[대통령령 제21976호, 2010.1.1] 제10조의3
재정 여건	80	50	50
사회복지		25	25
지역교육		20	20
지방세 운영 상황	15		
부동산보유세 규모	5	5	5

출처: 지방교부세법 시행령(표 내에 표기).

2) 소결: 제도 유지와 강화 압력으로서 긍정적 환류(자기강화 요인)

요약하면, 종합부동산세는 여타 세목과 달리 변화 저항적인 제도로 설계되었다 할 수 있다. 이는 종합부동산세를 기본적으로 부동산교부세와 연계시켰다는 것에서 알 수 있으며, 구체적으로 이는 부동산교부세의 개념과 특성, 그리고 재원 성격, 배분 기준을 통해 잘 드러난다. 결국, 종합부동산세는 변화 저항적으로 설계되었음을 알 수 있으며, 제도 변화를 저해하는 핵심적인 행위자는 부동산교부세의 수혜집단, 즉 지방자치단체라 할 것이다.

따라서 종합부동산세는 지방자치단체가 수혜받는 부동산교부세의 재원이 되는 만큼, 이 재원을 필요로 하는 지방자치단체는 종합부동산세를 유지 및 지속시키는 강력한 제도의 보호자가 될 수 있다는 것이다. 이러한 맥락에서 당시 핵심 정책결정자들은 종합부동산세 제도가 자신들의 정권을 넘어 항구적으로 지속될 것임을 자신있게 표출했다.

> "강력하고 포괄적이며 무너지지 않는 제도를 만들 것"… "헌법을 바꾸는 정도의 노력이 아니면 바뀌기 힘든 제도를 내놓겠다."… "참여정부가 끝나면 옛날로 다시 갈 테니 2년 반만 버티자고 생각하는 사람들이 계속 투기를 하고 있다."… "이해 당사자들에게 환영받는 정책"…"일단 만든 제도를 유지해야만 이익이 돌아오는 사람을 많이 만들어서 그 제도를 바꾸는 게 힘들도록 하는 방식, 자기가 혜택을 입는 정책을 바꾸도록 놔두지는 않을 것이기 때문"(김병준 실장(2005.07.03), 연합뉴스와의 인터뷰 중)

> "일부 언론의 부동산 대책 흔들기에도 흔들리지 않고 호랑이를 그려 내놓겠다"(노무현 대통령(2005.07.25), KBS 토론회)

> "지금 모두 태연한데 이 세금 제도는 노무현 정권 끝나도 안 바뀐다. 바꿀 수가 없다." "일부 언론들하고 부동산 하는 사람들이 그거 잘될까 하고 앉아 있으니, 국민들이 (비싼 집을) 안 팔고 불끈 쥐고 있다." "여소야대 국면에서 이 법이 통과됐는데 이것을 뒤집는 법은 얼마나 어렵겠습니까. 그렇게 호락호락하지 않다." "그것이 되겠나 하는 사람이 너무 많고 일부 언론까지 그러니까 국민들이 (부동산을) 안 팔고 불끈 쥐고 있지만 나는 확신을 갖고 있다." "나중에 종합부동산세 한번 내보라. 이 세금 제도는 안 바뀐다."(노무현 대통령(2006.05.19), 동반성장을 위한 중소기업인 초정 오찬 중)

2 부정적 환류(자기붕괴 요인)

종합부동산세는 기본적으로 이 제도를 붕괴시키는 부정적 환류를 형성했다. 물론

이는 종합부동산세 설계자의 의도라기보다는 종합부동산세의 세제 특성상 본질적으로 발생하는 환류라 할 것이다. 부정적 환류는 종합부동산세 시행에 따라 형성되는 피해 집단의 집단행동이다. 즉, 종합부동산세는 세금 납부자인 피해집단과 세금 수혜집단을 형성하는데, 집단 특성에 따라 피해집단은 집단행동이 발생하게 되고, 이러한 집단행동은 종합부동산세를 변화시키는 힘으로 작용한다는 것이다.

1) 종합부동산세와 집단행동

(1) 종합부동산세와 집단 형성 및 집단행동 가능성

종합부동산세는 상이한 집단을 형성한다.

첫째, 집단 규모와 관련해, 종합부동산세는 토지 및 주택의 과대 보유자에 대한 세금으로서 기본적으로 소수의 부동산 보유자에게 과세하며, 그러한 과세의 편익은 국민 일반이 향유하게 되어 있다. 즉, 종합부동산세의 직접적인 피해집단은 종합부동산세를 납세하는 소수의 부동산 소유자(2008년 기준 약 41만 명)이며, 수혜집단은 종합부동산세에 따라 수혜를 받는 절대 다수의 일반 국민(2008년 경제활동인구 기준 약 2,393만 명)으로 그 집단의 경계조차 모호할 정도로 대규모다.

표 5-4 종합부동산세 결정과 피해 및 수혜자 현황

(단위: 명, 백만 원)

	경제활동인구(천 명)	종합부동산세 납세자(피해자)[1]								수혜자[2]	
		합계				개인		법인			
	(1)	인원 (2)	비중 3(2/1)	세액 (4)	1인당 세액 5(4/2)	인원	세액	인원	세액	인원 6(1−2)	세액 7(4/6)
2005년	23,743	70,676	0.30%	642,611	9.09	62,089	89,179	8,587	553,432	23,672,324	0.03
2006년	23,978	340,747	1.42%	1,717,958	5.04	327,797	767,169	12,950	950,789	23,637,253	0.07
2007년	24,216	482,622	1.99%	2,767,130	5.73	468,529	1,573,116	14,093	1,194,014	23,733,378	0.12
2008년	24,347	412,543	1.69%	2,328,039	5.64	398,382	1,093,880	14,161	1,234,159	23,934,457	0.10

주 1) 2008년 정기분 최종 실적 기준으로 작성함.
2) 수혜자는 편의상 경제활동인구로 추정함(수혜자의 경우 대략적인 집단 간 비용과 편익의 차이를 대략적으로 보여주기 위한 것임).

출처: 경제활동인구는 통계청(2004년 이후 신분류 기준), 기타 자료는 국세청(2009a). 국세통계연보 편집 인용.

둘째, 개인 수준에 비용과 편익 규모는 피해집단의 경우 비용이 매우 크고 집중되어 있으며, 수혜집단의 경우 편익 규모가 작고 넓게 분포되어 있다. 실제, 〈표 5-4〉에서 알 수 있듯이, 2008년 기준 종합부동산세 납세자는 41만 명은 평균 5.64백만 원을 지출해야 하는데 반해, 수혜집단은 약 2,393명(경제활동인구 기준-납세자 수)의 1인당 수혜금액이 0.10백만 원으로 그 규모가 매우 적다.

또한 종합부동산세 납부자들은 지역별 및 납세 비중별로 집중되어 있다. ① 지역별로 볼 때 수도권에 집중되어 있다. 즉, 2008년을 기준으로 할 때, 서울이 인원 비중으로 56.79%, 세액 비중으로 61.45%를 차지하고 있으며, 경기도는 인원과 세액 비중이 각각 26.54%와 21.25%를 나타내어, 인천을 포함한 수도권이 인원과 세액 비중이 각각 전체의 86.15%, 86.17%를 차지하고 있다(국세청, 2009a). ② 서울에서도 자치구별로 그 분포가 매우 크다. 즉, 서울시 전체에서 중구와 서초, 강남, 송파지역을 합한 비중은 인원과 세액 기준으로 각각 1,372명(58.6%), 10,008억(70.0%)에 이르고 있다(국세청, 2009b). 즉, 서울에서도 4개의 핵심 지역이 종합부동산세의 상당 부분을 납부하고 있음을 알 수 있다. ③ 종합부동산세는 종합부동산세를 납부하는 대상자들 간에서도 막대한 편차가 나타난다. 2008년 기준, 종합부동산세 납부자 상위 10%가 전체 세액 기준 77.2%, 주택분 기준 54.3%, 종합합산토지분 기준 84.2%, 별도합산토지분 97.9%로 매우 높은 비중을 차지하고 있다. 즉, 종합부동산세 대상자 중에서도 상위 계층에 종합부동산세 부담이 집중되어 있음을 알 수 있다(국세청, 2009a).

셋째, 피해집단과 수혜집단의 집단 규모와 비용편익분포 차이에서 알 수 있듯이, 피해집단은 수혜집단에 비해 집단행동에 따라 막대한 비용이 실제 줄어들 수 있으므로 집단행동에 따른 인센티브가 높다. 게다가 집단 규모가 절대적으로 작고 지리적·소득적으로 집중되어 있어 집단행동에서 무임승차 경향이 낮고, 집단행동을 위한 거래비용이 집단의 규모와 구성에 따라 수혜집단에 비해 절대적으로 낮을 수밖에 없다.

넷째, 지지집단의 형성 및 관계로서, 종합부동산세로 인한 피해집단의 지지집단은 그 형성이 매우 용이하며, 피해집단과 정치적으로 매우 밀접한 관계를 지닌다. 이는 피해집단이 지리적, 소득 차원에서 집중되어 있기 때문이다. 특히, 서울의 4개 구, 특히 강남 3구에 집중되어 있기 때문에 해당 지역의 이해를 대변하는 정치인 및 지방자치단체는 피해집단의 이해를 적극적으로 대변할 가능성이 매우 높다. 반면, 절대 다수의 일반 국민인 수혜집단은 집단의 경계조차 모호할 정도로 전국적으로 흩어져 있어, 이를 대변하고 옹호할 지지집단의 형성 자체가 매우 어렵다. 특히, 수혜집단의 개인 수준에서 느끼는 편익의 크기가 매우 작기 때문에 수혜집단이 적극적으로 집단행동에 나서지 않고, 이에 따라 지지집단의 형성이 이뤄지기 어렵다. 또한 피해집단의 지지집단은 피해집단과 동일하게 집단행동의 인센티브가 매우 크고, 무임승차 가능성이 낮으며, 집단행동을 위한 거래비용이 낮을 수밖에 없어 집단행동의 가능성이 매우 크다 할 것이다.

결론적으로, 피해집단 및 지지집단은 집단행동이 나타날 가능성이 수혜집단에 비해 절대적으로 높다. 이에 피해집단과 그 지지집단은 지속적으로 종합부동산세에 따른 비용을 줄이기 위한(종합부동산세 완화 및 폐지) 집단행동에 나서는 반면 수혜집단의 구성원들은 집단의 특성에 따라 편익을 확대(종합부동산세 확대)하기 위한 집단행동에 적극적으로 나서지 않는다는 것이다. 〈표 5-5〉는 이를 종합 정리하고 있다.

표 5-5 종합부동산세의 집단과 집단행동 가능성

		피해집단	수혜집단
직접적인 피해 및 수혜집단		소수의 부동산 소유자	절대 다수의 일반 국민
집단의 특성 1	규모	매우 적음	매우 큼
개인 수준에서 비용과 편익의 분포		비용 매우 크고 집중	편익 적고 넓게 분산
집단의 특성 2	집단행동의 인센티브	매우 큼	매우 적음
	무임승차 가능성	매우 적음	매우 큼
	집단행동을 위한 거래비용	매우 적음	매우 큼
지지집단의 형성과 관계		관련 지지 정치집단(정치인, 지방자치단체 등), 매우 긴밀	형성 어려움
집단행동의 가능성		매우 높음	거의 없음

(2) 부정적 환류로서 집단행동

피해집단 및 지지집단의 집단행동은 매우 체계적이고 지속적으로 나타났다. 특히, 피해집단이 지리적으로 집중된 서울 강남 3구를 중심으로 활발하게 나타났다. 구체적으로 이들의 집단행동은 〈표 5-6〉과 같이 피해자 개인, 피해자 집단, 그리고 정치인 및 자치단체와 같은 지지집단과의 밀접하게 연계되어 나타나고 있음을 알 수 있다.

표 5-6 피해집단과 지지집단의 집단행동

출처	주요 내용	주체 및 방법
매일경제 (2004.11.13)	권문용 강남구청장 종합부동산세 국세 신설이 위헌 소지가 있기 때문에 국회 의결을 거치기 전이라도 헌법재판소에 권한쟁의 심판 청구를 제기할 것	• 자치단체장 • 권한쟁의 심판청구
동아일보 (2005.12.03)	강남구청은 매달 발간하는 「강남까치소식」(11월 28일자)을 통해 "현재 서울시 22개 구청장 연명으로 헌법재판소에 종부세에 대한 권한쟁의 심판을 청구한 상태"라며 "자진 신고 납부를 하면 3%의 세액 공제 혜택이 있으나 소송 등 법률적 권리구제 신청을 할 수 없다"고 밝힘. 이에 대해 강남구청은 "집단적으로 납부 거부 움직임을 보이는 주민들이 있어 법률 등 관련 내용을 안내한 것뿐"이라며 "주민 서비스 차원이지 납부 거부운동을 한 것은 아니다"고 밝힘.	• 자치단체 • 종합부동산세 납부 거부 조장
경향신문 (2005.07.06)	강남구 등 서울지역 22개 구청이 헌법재판소에 '종합부동산세' 폐지를 요구하는 권한쟁의 심판을 청구	• 자치단체 • 권한쟁의 심판청구
동아일보 (2006.12.07)	서울 강남구 도곡동의 타워팰리스, 강남구 대치동의 동부센트레빌과 선경아파트 주민 85명은 1일 "2월 부과된 종부세와 농어촌특별세를 취소해 달라"며 역삼세무서장 등을 상대로 서울행정법원에 소송 또한 위헌법률심판 제청을 같은 법원에 신청	• 주민 • 행정법원 소송 및 위헌소송
동아일보 (2006.12.12)	강남구 6,000여 명, 서초구 1,600여 명, 송파구 6,742명 등 종부세 부과 기준 완화 서명운동	• 주민 • 서명운동
동아일보 (2006.12.12)	송파구의회 관계자는 8일 "이들 서명 자료를 모아 국세청에 적법한 절차로 처리해 달라고 요청할 계획" 강남구의회 이석주 의원은 "최근 10여 개 아파트단지 대표들이 종부세 기준 완화를 요구하는 서명을 추가로 접수했다"며 "일부 아파트 주민은 종부세법 위헌 소송도 준비 중"이라고 밝힘.	• 지방의회 • 지원 및 협조
경향신문 (2006.12.15)	분당입주자대표협의회(회장 한상문) 종부세 청원서 제출에 따른 출정식을 갖고 분당 주민 1만 9천 5백 97명이 서명한 청원서를 국회와 청와대, 재정경제부, 국세청, 시의회 등 5개 기관에 제출	• 주민 • 청원서
한겨레 (2007.12.03)	이명박-정동영-이회창 등 이른바 '빅3' 후보 모두 '1가구1주택 장기보유자 종부세 완화'로 동일	• 정치인 • 표 대응
동아일보 (2008.10.16)	서울 강남의 아파트 소유자 919명 기납부한 종부세 종부세 경정거부처분소송(종부세 부과처분을 취소 소송), 이외 2007년 32건, 2008년 40여건	• 주민 • 부과취소소송

이러한 집단행동 중 가장 대표적인 것은 법적 소송 및 동 소송과 연계된 헌법소원에서 잘 드러난다. 즉, 이들은 종합부동산세를 부과받자마자 각 행정법원 및 지방법원에 종합부동산세등부과처분취소, 위헌법률심판, 경정거부처분취소 등 소송을 제기했으며, 각 행정법원과 지방법원에서 해당 소송에 대해 각하 및 기각 결정을 받자, 종합부동산세에 대해 헌법소원을 청구[17]했다. 특히 이들의 소송 결정 속도는 아래 '2006헌바112 사건'에서 보여주듯이 매우 놀라울 정도로 빠르고 조직적이다.

2006헌바112 사건(헌법재판소, 2008: 40)

기재 청구인 손○애 외 83명은 2006. 2. 1.부터 같은 달 13. 사이에 [별지 2] 기재 내역과 같이 2005년분 종합부동산세의 부과 처분을 받았다. 이에 위 청구인들은 2006. 5. 29. 서울행정법원에 위 각 부과 처분의 취소를 구하는 행정소송을 제기하였고(2006구합19297호), 그 소송절차에서 위 부과 처분의 근거 법률인 구 종합부동산세법(2005.1.5. 법률 제7328호로 제정되고, 2005. 12. 31. 법률 제7836호로 개정되기 전의 것, 이하 '구 종합부동산세법'이라 한다) 제5 내지 제14조에 대하여 위헌법률심판 제청신청을 하였으나(2006아1052호), 법원이 2006. 12. 15. 이를 기각하자, 2006. 12. 26. 구 종합부동산세법 제1조, 제5 내지 제15조에 대하여 이 사건 헌법소원심판을 청구하였다.

실제, 이들이 집단행동은 상당한 성과를 얻었다. 우선 2007년 말 당시 유력 대선 후보였던 이명박, 정동영, 이회창 모두 1주택 장기 보유자 보유세 감면 등 종합부동산세 완화를 대선공약으로 제시했다(매일경제. 2007.12.03). 게다가 실용정부 들어, 조세정책을 담당하는 기획재정부의 종합부동산세에 대한 입장 전환을 이끌어 냈다.

구체적으로 조세정책을 담당하는 기획재정부는 헌법소원이 제기된 사건에 대한 2008년 8월 26일자 각 의견서에서 위 국세청장의 의견 요지[18]와 대체로 같은 취지, 즉 위헌성이 없음을 주장했다. 그러나 한 달 후 기획재정부는 헌법재판소 판결 전인 2008년 9월 23일 '종합부동산세 개편 방안'을 제시했다. 즉, 담세력을 초과하는 과도한 세

---

17) 헌법소원의 당해 사건(서울행정법원 2006구합19297 종합부동산세등부과처분취소(2006헌바112), 서울행정법원 2006구합30546 합부동산세등과세처분취소(2007헌바71), 서울행정법원 2007구합9082 부세처분취소(2007헌바88), 서울행정법원 2007구합13449 거부처분취소(2007헌바94), 춘천지방법원 2007구합1468 종합부동산세처분취소(2008헌바3), 서울행정법원 2007구합26339 종부세처분취소(2008헌가12), 부산지방법원 2007구합2082 종합부동산세경정거부처분취소(2008헌바62))(헌법재판소, 2008: 38-39).

18) 국세청은 종합부동산세가 위헌성이 없음을 일목요연하고 체계적으로 제시하고 있다(헌법재판소, 2008: 113-116).

부담으로 지속이 불가능한 세제이며, 조세 원칙과 일반적인 보유세제 원칙에 맞지 않기 때문에 종합부동산세를 개편해야 한다고 그 필요성을 역설했다. 이에 따른 개편 방안으로 과세표준 조정 및 세율 인하, 1세대 1주택 고령자에 대한 세액 공제, 사업용 부동산에 대한 종합부동산세 부담 대폭 경감, 과세표준 산정 방법을 공시가격 기준에서 공정시장가액 기준으로 전환 등을 제시했다(기획재정부 보도자료, 2008). 이후 2008년 10월 22일 기획재정부는 종합부동산세에 대한 헌재 판결을 앞두고, 2008년 8월 26일자 의견서의 의견을 철회하고 2008년 9월 23일 '종합부동산세 개편 방안'과 동일한 논리로 종합부동산세가 현 정부의 정책 방향과 배치됨을 주장하는 새로운 의견서를 제출했다.[19] 이를 반영하듯, 헌법재판소는 종합부동산세 정당성을 인정하면서도 세대별 합산과세에 대해서는 위헌, 주거 목적 1주택자 과세에 대해서는 헌법 불합치를 결정했다.

2) 소결: 제도 완화와 폐지 압력으로 부정적 환류(자기붕괴 요인)

요약하면, 종합부동산세는 상이한 두 개의 서로 다른 집단을 형성했다. 이들 집단은 집단의 규모, 피해집단과 수혜집단의 집단 규모와 비용편익분포 차이, 그리고 이에 따른 집단의 특성, 지지집단의 형성과 관계 측면에서 종합부동산세를 납세하는 피해집단의 집단행동이 발생할 가능성이 매우 높았고, 실제 강력한 집단행동이 체계적이고 지속적으로 나타났다. 이러한 피해집단의 집단행동은 종합부동산세를 폐지 및 완화하고자 하는 힘으로 작용한다고 할 것이며, 이러한 차원에서 이는 부정적 환류라 할 것이다.

이를 반영하듯, 당시 노무현 대통령의 언급은 의미있게 들려온다.

> "종합부동산 정책을 폐기하겠다는 사람도 있고, 지방세로 바꿔 버리겠다는 사람도 있다.", "근래 와서 정부가 강력하게 항의하고 지적하니까 정책을 다시 바꿨다는 얘기를 들었지만 불안하다."(노무현 대통령(2007.9.13), 제주 혁신도시 기공식 참석 축사 중)

---

19) 새로운 정권의 이해를 대변하기 위한 노력은 다양하게 진행한 것으로 판단된다. 실례로, 강만수 장관은 6일 대정부 질문에서 "종부세 위헌 소송의 결론을 어떻게 예상하느냐"는 한나라당 최경환 의원의 질문에 "헌재와 접촉했지만 확실히 전망할 수는 없다"면서 "일부 위헌 판결이 날 것으로 예상하고 있다"고 답변했다. 강 장관은 이후 추궁이 이어지자 "헌재가 종부세 관련 심의를 진행하는 과정에서 재정부 의견과 통계를 달라고 요청했다"면서 "1, 2주일 전쯤 세제실장과 담당 국장이 찾아가 설명을 했다고 보고받았다. 세대별 합산은 위헌으로 갈 것 같다고 세제실장으로부터 구두보고 받았다"고 말했다(경향신문, 2008.11.07).

제 4 절 변화 요인에 따른 제도 변화의 결과

1 부정적 환류(자기붕괴 요인)에 따른 종합부동산세의 완화

자기붕괴 요인에 따라 종합부동산세는 2008년 말 큰 폭으로 완화되었다. 특히, 2008년 새로운 정권의 출현에 따라 종합부동산세의 피해집단 및 지지집단의 집단행동은 매우 강화되었으며, 이는 2008년 말 대대적인 완화로 나타났다. 종합부동산세는 과세 방법, 과세표준, 세율, 세액공제 차원에서 전반적으로 완화되었으며, 이는 주택, 비사용 토지, 사용 토지 모두에서 나타났다.

표 5-7 종합부동산세의 변화

		2005년	2006년	2008년 이후
주택	과세 방법	인별 전국 합산	개인의 경우 세대별 전국 합산	인별 전국 합산
	과세기준액	공시가격 합 9억 원	공시가격 6억 원	공시가격 6억 원
	과세표준	(Σ공시가격 - 9억 원)×50%	Σ공시가격-6억 원	(Σ공시가격 - 6억 원)×공정시장가액 비율[20]
	세율	과세표준과 세율 5.5억 이하 1% 5.5억 ~ 45.5억 이하 2% 45.5억 초과 3%	과세표준과 세율 3억 이하 1% 3억 원 ~ 14억 원 이하 1.5% 14억 원 ~ 94억 원 이하 2% 94억 원 초과 3%	과세표준과 세율 6억 원 이하 0.5% 6억 원 ~ 12억 원 이하 300만 원+(6억 원을 초과하는 금액의 0.75%) 12억 원 ~ 50억 원 이하 750만 원+(12억 원을 초과하는 금액의 1%) 50억 원 ~ 94억 원 이하 4천 550만 원+(50억 원을 초과 하는 금액의 1.5%) 94억 원 이상 1억 1천 150만 원+(94억 원을 초과하는 금액의 2%) 1세대 1주택 고령자에 대한 세액공제 (60세 이상-65세 미만) 10% (65세 이상-70세 미만) 20% (70세 이상) 30% 1세대 1주택자로서 5년 이상 보유한 자의 공제 5년 이상 10년 미만: 100분의 20 10년 이상: 100분의 40%
	과표 적용률	50%	2006년 70%, 2008년까지 매년 10% 상승	-
	세부담 상한액	전년 대비 총세액의 150%	전년 대비 총세액의 300%	전년 대비 총세액의 150%

비사용 토지 (종합 합산)	과세 방법	인별 전국 합산	개인의 경우 세대별 전국 합산	인별 전국 합산
	과세기준액	공시가격 합 6억 원	공시가격 3억 원	공시가격 5억 원
	과세표준	(Σ공시가격 - 6억 원)×50%	Σ공시가격-3억 원	(Σ공시가격-5억 원)×공정시장가액 비율
	세율	과세표준과 세율 7억 이하 1% 7억 ~ 47억 이하 2% 47억 초과 4%	과세표준과 세율 17억 이하 1% 17억~97억 원 이하 2% 97억 초과 4%	과세표준과 세율 15억 이하 0.75 15억 ~ 45억 이하 1천 125만 원+(15억 원을 초과하는 금액의 1.5%) 45억 초과 5천 625만 원+(45억 원을 초과하는 금액의 2%)
	과표 적용률	50%(재산세 준용)	2006년 55%, 2014년까지 매년 5% 상승	-
	세부담 상한액	전년 대비 총세액의 150%	전년 대비 총세액의 300%	전년 대비 총세액의 150%
사용 토지 (별도 합산)	과세 방법	인별 전국 합산	인별 전국 합산	인별 전국 합산
	과세기준액	공시가격 합 40억 원	공시가격 40억 원	공시가격 80억 원
	과세표준	(Σ공시가격 - 40억 원)×50%	Σ공시가격-40억 원	(Σ공시가격-80억 원)×공정시장가액 비율
	세율	과세표준과 세율 80억 이하 1% 80억 ~ 480억 이하 2% 480억 초과 4%	과세표준과 세율 160억 이하 0.6% 160억 원 ~ 960억 원 이하 1% 960억 원 초과 1.6%	과세표준과 세율 200억 이하 0.5% 200억 ~ 400억 원 이하 1억 원+(200억을 초과하는 금액의 0.6%) 400억 ~ 2억 2천만 원+(400억을 초과하는 금액의 0.7%)
	과표 적용률	50%(재산세 준용)	2006년 55%, 2014년까지 매년 5% 상승	-
	세부담 상한액	전년 대비 총세액의 150%	전년 대비 총세액의 300%	전년 대비 총세액의 150%

출처: 종합부동산세법[시행 2005.1.5] [법률 제7328호, 2005.1.5, 제정], 종합부동산세법[시행 2005.12.31] [법률 제7836호, 2005.12.31, 일부 개정] , 종합부동산세법[시행 2008.12.26] [법률 제9273호, 2008.12.26, 일부 개정].

2 긍정적 환류(자기강화 요인)에 따른 제3의 제도의 결합

부정적 환류에 의해 종합부동산세가 완화되었으나 종합부동산세에 내재되어 있는 또 다른 환류인 긍정적 환류 역시 제도가 지속되도록 영향을 미쳤다. 즉, 종합부동산세

20) 공정시장가액은 부동산 시장의 동향과 재정 여건 등을 고려해 100분의 60부터 100분의 100까지의 범위에서 대통령령으로 정하고 있으며(종합부동산세법[법률 제9273호, 2008.12.26] 제8조 1항), 2009년 동 법 시행령 개정에 따라 최초로 주택과 비사업용 토지는 80%, 사업용 토지는 80%하되, 2009년에 납세 의무가 성립하는 분에 대하여는 70%, 2010년에 납세 의무가 성립하는 분에 대하여는 75%로 규정했다(종합부동산세법 시행령[대통령령 제21293호, 2009.2.4], 제2조의4).

의 자기강화 요인은 본질적으로 종합부동산세가 세원 전체가 부동산 교부세라는 이름으로 지방자치단체의 재원으로 활용되도록 설계되어 있다는 점에 있다. 따라서 긍정적 환류의 핵심은 부동산교부세의 규모와 기능을 지속시키고자 하는 힘이며, 그 주체는 부동산교부세를 교부받는 지방자치단체가 그 중심에 있다 할 것이다. 실제, 지방자치단체는 종합부동산세 완화가 진행된 2008년 동안 종합부동산세 완화에 따른 부동산교부세 감소를 보전할 수 있는 지방소비세와 소득세 도입 및 국세의 지방 이양 등이 필요하다는 정부 건의(조세일보, 2008.11.10)가 진행되었다.

> 이완구 지사는 "종부세를 완화하더라도 지자체 특히 시·군에 돌아가는 지방교부세 감소분은 보완 대책을 마련해야 한다"며, "세수 감소 보전 방안으로 지방소비세·지방소득세를 신설해야 한다"고 중앙정부에 요구했다(오마이뉴스 인터뷰, 2008.09.30).

실제, 종합부동산세 완화 이후 인원 및 세수가 급격히 감소하고 있다. 2008년 412천 명, 23,280억 원에서 2009년에는 213천 명, 9,676억 원(주택 1,945억 원, 토지 7,731억 원)로 인원은 48%, 세수는 58%가 감소했다(기획재정부, 2010: 6; 기획재정부, 2009: 2-3). 또한 〈표 5-8〉에서 알 수 있듯이, 종합부동산세의 완화는 이를 재원으로 하는 부동산교부세의 감소를 가져온다. 이에 실제 2008년부터 2012년간 종합부동산세 감소에

표 5-8 종합부동산세 완화에 따른 부동산교부세 감소 규모 추정

(단위: 억 원)

		2008	2009	2010	2011	2012	계
종부세 감소 (부동산교부세 감소)	전년 대비	−3,750	−14,560	−5,090	0	0	−23,400
종부세 감소 (부동산교부세 감소)	기준 연도	−4,935	−20,680	−25,770	−25,770	−25,770	−102,925

주: 감세 규모 추정은 전년 대비보다 기준 연도가 바람직함. 전년 대비는 전년에 비해 줄어드는 규모를 추정하므로 자연스럽게 과소 추정할 수밖에 없는 구조임.[21]
출처: 1) 전년 대비 추정 자료는 기획재정부, 고영선(2009: 31) 재인용.
2) 기준 연도 내비 자료는 김경수(2009: 15), 이영환·신영임(2009: 31).

---

21) 실제로 고영선(2009: 31)은 2008년 감세 조치에 따른 감세 규모를 전년 대비로 할 경우는 -33.88조 원이나, 기준 연도 대비로는 -98.86조 원임을 지적함. 한편, 이영환·신영임(2009: 15-16) 역시 기준 연도 대비로 추정해야 함을 강조하면서, 그 규모를 -89.07조 원에 이름을 지적하고 있음.

따른 부동산교부세의 감소 규모는 102,925억 원에 이른다.

이러한 상황에서 긍정적 환류는 종합부동산세가 폐지되지 않게 하는 요인으로 작용했으며, 또한 종합부동산세의 완화에 따라 줄어든 부동산교부세만큼 보전해 주기 위한 새로운 제3의 제도를 형성시켰다. 즉, 국세인 부가가치세의 일부를 재원으로 하여 지방소비세[22]를 신설했고, 또한 지방소비세에 따른 지역 간 불균형을 교정하기 위해 지역상생발전기금을 신설했다.

첫째, 2009년 9월 정부는 지방소비세 도입을 확정했다. 즉, 2010년부터 부가가치세의 5%(약, 2.3조 원)를 지방세로 전환해 지방소비세를 신설하며, 2013년부터는 부가가치세의 5%를 지방소비세로 추가 이양을 추진한다는 것이다(행정안전부 보도자료, 2009b: 1-2).

지방소비세는 보통세 및 도세로 신설되었으며(지방세법[법률 제9924호, 2010.1.1, 일부 개정] 5조, 6조), 지방소비세의 세액은 제1항의 과세표준에 100분의 5를 적용해 계산한 금액으로 한다(지방세법[법률 제9924호, 2010.1.1, 일부 개정] 159조의5, 2). 지방소비세의 도별 배분액은 특정 공식(해당 도의 지방소비세액 = 지방소비세 총액×해당 도의 소비지수×해당 도의 가중치[23])/각 도별 소비지수와 가중치를 곱한 값의 전국합계액)에 따라 결정된다(지방세법 시행령[대통령령 제22178호, 2010.5.31] 110조 1항). 즉, 종합부동산세 정상화에 따른 부동산교부세 감소 등 지방재정의 어려움을 종합적으로 감안해, 지방소비세를 통해 매년 1.4조 원(지방소비세(2.3조 원)-교부세 자연감소분(0.44조 원)-교육교부금 자연감소분(0.46조 원))[24]을 지원하기로 했다(행정안전부 보도자료, 2009b: 5) 할 것이다.

둘째, 서울·경기·인천 3개 시·도가 향후 10년간 지방소비세 세입 중 일정 비율(매년 3,000억 원)을 출연해 재원을 조성하며, 비수도권 자치단체를 지원하는 지역상

---

22) 지방소득세 역시 신설했으나, 이는 단순히 기존 세목의 이름 변경에 불과해 기술하지 않음.

23) '가중치'란 지역 간 재정격차를 해소하기 위해 소비지수에 적용하는 지역별 가중치로서 '수도권정비계획법' 제2조 제1호에 따른 수도권은 100분의 100, 수도권 외의 광역시는 100분의 200, 수도권 외의 도는 100분의 300을 말한다(지방세법 시행령[대통령령 제22178호, 2010.5.31] 제110조 3항).

24) 부가가치세는 내국세의 일부다. 지방교부세는 내국세의 19.24%, 지방교육재정교부금은 내국세의 20%와 교육세 전액을 합한 금액을 재원으로 한다. 결국, 부가가치세의 일부를 지방소비세로 전환하면 내국세 전체 재원 규모가 줄어들게 되고, 따라서 지방교부세 및 지방교육재정교부금 역시 비율에는 변화가 없다 하더라도 절대 규모가 낮아지게 됨에 따라 줄어들 수밖에 없다. 실제 내국세 축소에 따른 교육재정교부금 감소분 보전을 위해 교육교부금율 인상(0.35조 원, 0.27%p) 및 시도의 교육청 전출금 확대(0.11조 원)을 통해 보전(행정안전부 보도자료, 2009b: 5)하도록 했다.

표 5-9 지방소비세 도입에 따른 재원 확보 규모

		2008	2009	2010	2011	2012	계
지방소비세 도입	지방소비세			24,334	24,334	34,334	73,002
	지방교부세			−9,549	−9,549	−9,549	−28647
	소계			14,785	14,785	14,785	44,355

주: 지방소비세 도입으로 인한 지방교부세 감소분은 내국세 감소로 인한 지방교부세 자연감소분과 지방교육재정교부금 보전을 위한 지방교부세 내국세 법정률 인하분을 합친 액수임.
출처: 김경수(2009: 15).

생발전기금을 설치했다(행정안전부 보도자료, 2009b: 6-7).

지역상생발전기금은 지방소비세 도입과 밀접하게 관련되어 있다. 즉, 지방소비세는 부가가치세 5%를 재원으로 하기 때문에 지역 간 격차가 확대될 가능성이 높다. 즉, 종합부동산세를 재원으로 하는 지방교부세는 지방자치단체에 대한 재원 지원과 더불어 지역 간 불균형을 완화하기 위한 장치가 마련된 반면, 지방소비세는 불균형을 심화시킬 가능성이 높다. 이러한 맥락에서 수도권 자치단체가 지방소비세 세입 중 일정 비율을 출연해, 그중 일부를 비수도권 지자체에 지원도록 하는 지역상생기금을 설치했다 할 것이다.

구체적으로 지역상생발전기금은 특별시, 광역시, 도, 특별자치도(이하 "시 · 도"라 한다)는 지방자치단체 간 상생 발전을 지원하고, 기금의 여유자금을 효율적으로 관리 · 활용하기 위해 설치해 동 기금의 관리 · 운용은 기금을 설치하는 시·도에 의해 설립되는 지방자치단체조합에 의해 이뤄진다(지방자치단체 기금관리기본법[법률 제9927호, 2010.1.1] 17조). 지역상생발전기금은 서울특별시 · 인천광역시 · 경기도의 출연금으로서 회계연도별 지방소비세액의 35%를 재원으로 하며(지방자치단체 기금관리기본법 시행령[대통령령 제22024호, 2010.2.8] 제12조의2, 3), 이러한 지역상생발전기금은 지방채의 인수, 공사채의 인수, 예치금의 원리금 상환, 지역 발전을 위한 지방자치단체 재정 지원 및 보조사업 지원, 그 밖에 발전기금의 관리 · 운용을 위해 필요한 경비의 지출에 사용되도록 규정하고 있다(지방자치단체 기금관리기본법[법률 제9927호, 2010.1.1]).

결론적으로 종합부동산세에는 긍정적 환류와 부정적 환류에 의해 변화되었다. 즉, 부정적 환류에 따라 종합부동산세가 완화되었으나, 동시에 긍정적 환류는 종합부동산세의 완화에 따른 지방교부세의 축소를 보전하기 위한 제3의 제도(지방소비세제 및 지역상생기금)를 형성시켰다. 부연하면, 지방소비세(종부세 완화의 절대 규모 보충)는 그 이름이 다를 뿐 종합부동산세와 동일하게 국세로 거둬들어 지방교부세로 배분한다는 점, 일반재원으로 사용하게 한다는 점 등에서 유사하다. 지방소비세와 종합부동산세의 차이는 납세자의 차이이며, 지방소비세는 종부세 완화에 따른 지방교부세의 규모 축소를 보충해 주기 위해 형성되었다. 그리고 지역상생기금(종부세 완화의 기능적 보충)은 지방소비세가 종부세 완화에 따른 지방교부세 축소 금액을 보충하나 지역 간 불균형 문제를 더욱 심화시키기 때문에, 이를 해결하기 위해 설치한 것이라 할 수 있다.

결국, 부정적 환류에 의해 종합부동산세는 완화되었으나, 긍정적 환류가 작용해 완화된 부분들을 제3의 제도를 통해 보충하고 있다 할 것이다. 이러한 점에서 긍정적 환류에 따라 형성된 제3의 제도는 부정적 환류에 따라 줄어든 부동산교부세의 규모와 기능을 보충해 주는 제도라는 점에서 '보충적 제도'라 할 수 있다.

제 5 절 결론

이 장에서는 변화 저항적인 제도가 왜 변화하는지를 두 가지 환류인 '긍정적 환류(자기강화 요인)'와 '부정적 환류(자기붕괴 요인)'로 설명했다. 또한 이러한 제도 변화 요인들에 의해 어떻게 제도가 변화하는가에 대한 분석을 수행했다.

종합부동산세 제도를 사례로 한 연구 결과, 첫째, 종합부동산세 제도의 변화는 종합부동산세 제도 내에 내재된 긍정적 환류와 종합부동산세 시행에 따라 형성된 부정적 환류에 의해 이뤄졌다. 구체적으로, 변화 저항적인 종합부동산세 제도는 긍정적 환류를 내재하고 있었다. 이러한 긍정적 환류는 제도를 변화 저항적으로 설계한 의도에 맞게 종합부동산세를 부동산교부세와 연계시켰다는 점에서 알 수 있으며, 구체적으로 부동산교부세의 개념과 특성, 그리고 재원 성격, 배분 기준을 통해 잘 드러난다. 부정적 환류는 종합부동산세가 집단행동의 극명한 차이를 가져오는 상이한 집단을 형성한다는 것에 기인한다. 즉, 종합부동산세는 피해집단(지지집단)과 수혜집단(지지집단)을 형성하는데, 특히 피해집단(지지집단)은 수혜집단에 비해 집단의 특성1, 비용 편익의 분포 차이, 집단의 특성2, 지지집단의 형성과 관계로 인해 집단행동이 적극적으로 발생될 수밖에 없는 구조를 형성했으며, 그 요인이 바로 부정적 환류로 작용했다.

둘째, 종합부동산세는 두 개의 환류가 동시에 존재하며, 이에 따라 변화가 진행되었다. 우선 부정적 환류에 따라 종합부동산세가 대폭 완화되었으나, 동시에 긍정적 환류에 의해 종합부동산세의 완화에 따른 지방교부세의 축소만큼 제3의 제도(보충적 제도), 즉 지방소득 및 소비세의 도입과 지역상생기금의 설치가 이뤄졌다. 지방소비세(종부세 완화의 절대 규모 보충)는 그 이름이 다를 뿐 종합부동산세와 동일하게 국세로 거둬들여 지방교부세로 배분한다는 점, 일반재원으로 사용하게 한다는 점 등에서 유사하다. 지방소비세와 종합부동산세의 차이는 납세자의 차이이며, 지방소비세는 종부세 완화에 따른 지방교부세의 축소를 보충해 주기 위해 형성되었다. 그리고 지역상생기금(종부세 완화의 기능적 보충)은 지방소비세가 종부세 완화에 따른 지방교부세 축소 금액을 보충하나 지역 간 불균형 문제를 더욱 심화시키기 때문에, 이를 해결하기 위해 설치한 것이라 할 수 있다. 다시 말해, 부정적 환류에 따라 종합부동산세의 완화만이 발생한 것이 아니라 동시에, 긍정적 환류가 작용함에 따라 종합부동산세의 완화에 따른 지방자치단체의 재원 축소를 제3의 제도(지방소비세, 지역상생발전기금)를 도입해 해결하고 있다 할 것이다.

이러한 연구 결과는 첫째, 내생적 제도 변화를 설명하는 새로운 설명 도구를 개발하고자 하고 있다는 점에서 이론적 가치를 지니고 있다. 특히, 이는 역사적 제도주의 및 여타 신제도주의 접근의 가장 큰 한계인 제도 변화를 제도내적 요인, 즉 긍정적 환류와 부정적 환류라는 두 가지 환류를 통해 제도 변화를 설명하고 있다는 점에서 신제도주의 이론 발달에 기여하고 있다 할 것이다. 또한 보충적 제도의 형성 및 제도의 파편화와 같은 현상의 원인이 어디에 기인하는가에 대한 일단의 설명 도구를 제시하고 있다. 둘째, 정책적 차원에서, 종합부동산세 완화와 제3의 제도의 도입은 조세 제도의 복잡성을 심화시켰다. 특히, 지방소비세와 지역상생기금의 조달 및 지역으로의 재배분 등은 제도의 복잡성과 더불어 상당한 조세 비용을 유발시킬 가능성이 높다. 또한 지속적인 제도 변화는 정책 신뢰에 부정적 영향을 미칠 수밖에 없다.

이 연구는 제도 내적 요인에 따라 제도 변화를 설명하는 관계로 대외변수에 대한 고찰이 이뤄지지 않았다.[25] 대외변수를 분석모델에서 다루지 않은 점은 이 연구의 목

25) 예를 들어, 분석 기간 동안 미국발 국제 금융위기는 국내 조세정책 및 제도에 영향을 미칠 수 있을 것

적에서 비롯되는 한계라 할 것이다. 대외 변수가 긍정적 환류 및 부정적 환류에 각각 어떻게 영향을 미치는지 역시 향후 중요하게 다뤄져야 할 것이다.

이다. 한편에서는 경기가 침체이기 때문에 부동산 세금을 낮춰서 활성화해야 한다는 주장에 의해 부정적 환류의 힘이 강화될 수 있을 것이며, 또 한편에서는 금융위기가 부동산 부실(서브 프라임 모기지)에서 유발되었기 때문에 이를 방지하기 위해 긍정적 환류에 힘이 실렸을 수도 있을 것이다.

제 2 부

제도와 순응적 행위

제 6 장 | 제도 환경에 대한 조직 대응 방식으로서 분리와 위선
제 7 장 | 성과급 제도에 대한 공무원의 대응
제 8 장 | 정책문제 해결기구의 설계와 제도화
제 9 장 | 의회의원 후보 공천 방식, 의회 상임위원회 제도 그리고 사회보장법 구조

제 6 장 제도 환경에 대한 조직 대응 방식으로서 분리와 위선: 공공기관 혁신평가를 대상으로

김명환

제 1 절 서론

참여정부는 출범과 함께 정부혁신을 국정의 최우선 과제로 설정하고, 이를 실천하기 위한 '정부혁신 로드맵'을 작성하고 혁신 추진 체계를 구축했다. 이와 같이 혁신을 추진하는 과정에서 부처의 혁신 역량과 활동 등에 대한 종합적인 성과의 측정과 평가의 필요성이 제기되면서 2004년에 정부혁신평가를 도입했다. 이와 같은 정부혁신평가의 연장선에서 참여정부는 세계 일류의 공공 서비스 제공을 목표로 2005년부터 공공기관 혁신을 추진했다. 2005년에는 책임과 고객만족 경영을 통한 공공 서비스의 품질 제고를 목표로 공공기관 혁신 인프라 구축에 노력했다. 2006년에는 혁신 추진의 제도화, 국민 속으로 체감 혁신, 혁신관리 및 학습 강화를 통한 세계 인류의 공공 서비스 제공 등을 목표로 혁신을 확산하고자 혁신 수준 진단을 혁신평가로 개편해 혁신경쟁을 유도했다.

이와 같은 혁신의 추진은 공공기관을 새롭게 정의하고 지배구조 개선의 새 틀을 마련하는 등 혁신 기반을 정비하고 공공기관의 혁신 수준이 전반적으로 향상되는 성과를 달성했다. 아울러 혁신평가는 혁신에 대한 관심과 참여를 촉진하고 혁신의 방향을 명확히 제시했을 뿐만 아니라 공공기관 간 혁신 경쟁을 유도함으로써 혁신의 최종 성과를 창출하고 가시화하는 데 많은 기여를 했다고 할 수 있다.

그러나 공공기관 혁신평가는 여러 가지 장점에도 불구하고 공공 부문에 대한 성과 측정의 어려움, 평가로 인한 피평가 기관의 부담 가중, 기타 평가에 수반되는 업무와 이에 따른 비용 증가뿐만 아니라 평가 과정에서의 불투명성에 대한 문제가 제기되었다. 또한 혁신평가 대상 기관들의 혁신 업무 실적 관련 자료가 허위로 작성되거나 과다하게 부풀려지고 있다는 비판이 제기되었다. 이와 같은 비판들로 인해 혁신평가의 객관성, 공정성, 타당성 및 신뢰성에 상당한 의문이 제기되는 결과를 초래했다. 혁신평가라는 제도 자체에 내재된 문제들과 공공기관들의 혁신평가에의 그와 같은 대응 방식은 결국 공공기관 혁신평가라는 제도의 실효성에 심각한 타격을 주었다. 특히, 김명환·김상묵(2007)의 연구에 의하면, 공공기관의 혁신 활동이 실제 공공기관의 변화와 발전을 위한 자발적인 노력이 아니라 실적보고서를 잘 작성해 좋은 평가를 받기 위한 의도에서 이뤄진 작위적인 것이라는 의견에 대해 대부분의 응답기관이 동감하는 것으로 나타났다. 이것은 공공기관의 평소 혁신 활동이 혁신평가를 염두에 두고 좋은 평가를 받을 항목에만 치중하는 전시적인 성향이 강했다는 것을 보여주는 것이다.

그렇다면 공공기관들이 제도 환경인 혁신평가에 대해 왜 그와 같은 방식으로 대응했는가? 기본적으로 이 연구는 마이어와 로완(Meyer & Rowan, 1977)의 제도 환경의 영향에 대한 완화(buffering)를 위한 공식과 비공식 구조들 간의 분리(decoupling)라는 개념과 브런손(Brunsson, 1989)의 조직의 위선(organizational hypocrisy)이라는 개념을 활용해 그러한 의문에 대한 답을 제시해 보고자 한다. 이와 함께 제도 환경에의 조직 대응에 대한 사회학적 신제도주의의 설명 방식에 내재되어 있는 한계를 지적하고 재이론화의 필요성을 제기하고자 한다.

이 연구는 우선 제도화 과정으로서 조직의 장의 구조화와 제도 환경의 개념을 설명할 것이다. 이어서 제도 환경에의 조직의 대응에 대한 사회학적 신제도주의의 설명 방식에 대한 이론적 논의를 전개할 것이다. 여기에는 전제로서의 제도 환경과 기술 환경 간의 불일치와 이에 대한 대응 방식으로서의 분리와 위선에 대한 논의가 포함될 것이다. 이와 같은 논의를 바탕으로 해서 공공기관 혁신평가의 방향과 방식과 이에 대한 공공기관들의 인식에 대한 분석과 함께 혁신평가 제도에 대한 공공기관들의 대응 방식을 분석할 것이다. 또한 제도 환경과 기술 환경 간의 관계, 제도 환경에 대한 조직들의 다양한 대응, 제도설계와 조직의 순응, 위선과 윤리 등 네 가지 측면에서 제도 환경에의 조직의 대응에 대한 사회학적 신제도주의의 설명 방식에 내재되어 있는 한계를 지적하고 재이론화의 필요성을 제기할 것이다. 마지막으로 이상의 논의가 가져다주는 시사점에 대해 논할 것이다.

제 2 절 제도 환경에 대한 조직의 대응

1 제도화와 제도 환경

1) 조직의 장의 구조화에 의한 제도화

제도화란 조직의 장(organizational field) 수준에서 "전체 계열(영역)에 걸쳐서 사회적 실재(social facts)의 재생산 또는 복제"(Zucker, 1987: 444)를 말한다.[1] 이러한 제도화를 통해 조직의 장에서 조직들 간 다양성의 정도가 상당히 낮아지는 어떤 시점에 이르게 된다. 이러한 과정이 조직의 장의 구조화다. 일단 하나의 장이 세워지면, 구조화 과정, 즉 조직의 장의 제도화가 진행된다(DiMaggio, 1991). 디마지오와 파월(DiMaggio & Powell, 1991b: 65)은 조직의 장의 제도화(구조화) 과정을 ① 장에서의 조직들 간 상호작용의 증가, ② 뚜렷하게 정의된 조직 간 지배구조와 연합 유형의 출현, ③ 장에 속해 있는 조직들이 차지하기 위해 경쟁해야 하는 정보량의 증가 및, ④ 동종 업계에 종사하는 조직들의 집합체에 소속되어 있는 참여자들 간 공동 인식의 형성 등 네 단계로 구분해 묘사했다.

조직의 장을 구조화하는 데서 중요한 측면들 중의 하나는 조직의 장을 전체로서 장의 정체성을 구성하는 분류, 경계 및 유형을 묘사하는 구성적인 규칙들(constitutive rules)을 구축하는 것이다(Scott, 1995: 41-42). 이러한 맥락에서 볼 때, 조직의 장의 구조화는 조직의 장을 전체적으로 특징화하는 것을 의미하며, 조직의 장에 있는 조직들

1) 조직의 장은 제도화의 장소(locus)다. 이것은 조직의 구조들, 업무들 및 과정들의 제도화가 조직의 장에서 발생할 가능성이 농후하다는 것을 의미한다. 즉, 조직의 장에서 "사회적으로 형성된 기대들과 관행들(socially constructed expectations and practices)이 확산되고 재생산된다"(Greenwood et al., 2002: 58). 이것은 특정한 관행들이 어떻게 확산되고 재생산되는가가 조직의 장 수준에서 결정된다는 것을 의미한다. 또한 그러한 결정들은 조직의 장을 구조화하는 것과 직접적으로 연관되어 있다.

은 이와 같은 장의 정체성을 규정하는 과정에 관여하게 된다.[2] 이와 같이 조직의 장의 구조화를 통해 하나의 지배적인 상호작용 틀이 제도화되어 객관적인 지식으로 당연시되는(taken-for-granted) 것이다(DiMaggio & Powell, 1983; Forssell & Jansson, 1996; Meyer & Rowan, 1977). 좀 더 중요하게, 이러한 과정을 통해, 조직의 장의 의미, 유형 및 정체성 등이 만들어지면서 행위의 일관된 유형이 형성되고, 나아가 하나의 지배적인 논리가 되는 것이다(Sahlin-Andersson, 1996: 74). 또한 이와 같이 조직의 장이 구조화되는 과정에서 사회의 기대들과 요구들이 조직의 장의 경계 내에서 논의되고 해석된다. 일단 하나의 조직의 장이 구조화되면, 차별되는 제도적인 단면들을 반영하는 '특색 있는 스타일'에 의해 특징지어진다(Garud et al., 2002: 198). 다시 한 번 강조하자면, 조직의 장의 구조화는 제도 논리(institutional logic)[3]의 형태로 공동의 믿음과 정체성을 구축하는 것을 포함하고 있다. 이 논리가 조직의 장에 있는 조직들이 "적절한 활동 영역, 조직화의 원리 및 평가의 기준"(Kondra & Hinings, 1998: 744)을 규정하는 데 도움을 준다.

2) 제도 환경의 개념

초기 사회학적 신제도주의의 두드러진 특징들 중의 하나는 제도 환경을 국가, 전문직 협회 및 조직들에 의해 생성된 당연하게 여기는 규범과 규칙들을 조직의 장에 있는 조직들에 강요하는 어떤 것으로 개념화하는 데 있다(DiMaggio & Powell, 1983; Zucker, 1987). 이러한 신제도주의는 제도(환경)의 당연하게 여기는 요소들이 "행위자들이 세상과 구조, 행위 및 사고의 범주를 관조하는 렌즈들"(DiMaggio & Powell, 1991a: 13)을 제공함으로써 조직화의 원형들(templates)로서 작용한다고 생각했다. 또한 그와 같은 요소들이 조직들에게 "무엇에 따라 행동해야 하고 행동할 수 있으며 행동할 수 없는 것"(Hoffman, 1999: 351)인가에 대한 처방을 제공함으로써 "조직의 장 내에서 조직들의 행위 방향과 내용을 제한할 것"(DiMaggio & Powell, 1983: 148)이라

2) 조직은 공동으로 조직의 장의 정체성을 구축하고 그러한 정체성을 유지하려고 한다. 특히 "행위들이 어떠해야 하는가를 규정하는 것의 중요성에 대한 공동의 확고한 믿음이 조직의 장을 하나로 묶는 [데]" 중요한 역할을 한다(Sahlin-Andersson, 1996: 73-74). 이와 같이, 조직의 장의 정체성은 조직의 장에 있는 행위자들로서의 조직들에 의해 구축되고 유지된다.

3) 제도 논리란 "조직화의 원리들을 구성하고 있으며, 조직과 개인에게 유용한 유형의 구체적인 업무와 상징적인 형성물의 집합체"(Friedland & Alford, 1991: 248)다.

고 주장했다. 마이어와 로완(Meyer & Rowan, 1977: 343)은 제도를 "고도로 합리화된 신화로서 작용하는 현대 조직의 지위(positions), 정책, 프로그램 및 절차"로서 정의하고 있다. 이것은 당연하게 여겨지는 특성을 가지는 사회적으로 형성된 기대와 업무를 수반하고 있는 하나의 틀이다(DiMaggio & Powell, 1983; Scott, 1995).

초기 사회학적 신제도주의자들은 "제도적 장치들에 의해 사회적 선택들이 어떻게 형성되고, 조정되며, 전달되는지를"(DiMaggio & Powell, 1991a: 2) 설명하는 데 관심이 있었다. 이러한 관점에서 그들은 조직의 장에서 조직과 제도 환경 간의 개연성 있는 인과 관계를 규명하고자 했다. 그렇게 하는 데 그들은 조직이 장기적인 생존 가능성을 제고하기 위해 외부로부터의 정당성과 지지를 얻고자 준수해야 하는 규칙과 규범을 제공하는 데 제도의 역할을 강조했다. 즉, 제도(환경)를 주어진 것으로 간주했으며, 조직이 생존에 필수적인 정당성을 획득하려 한다면 당연하게 여겨지는 제도 환경에 순응해야 한다고 생각했다. 좀 더 중요하게, 이들은 제도 환경에 순응하려는 조직의 노력은 "어떤 개별적인 참여자 또는 조직의 자유재량의 범위를 넘어선 것"(Meyer & Rowan, 1977: 344)이라고 주장했다. 이와 같은 제도 환경에 대한 조직의 순응의 결과로서, 조직의 장에 존재하는 조직들은 "동형화를 향한 부단한 압박(inexorable push)" (DiMaggio & Powell, 1983: 148)을 경험하게 될 가능성이 농후하다는 것이다. 이러한 관점에서 그들은 조직이 제도 환경에 종속되어 있다고 믿었다. 즉, 제도 환경이 조직의 구조, 업무 및 과정의 형성에 상당한 영향을 미친다는 것이다.[4] 이와 같은 주장은 조직의 장에서의 조직화의 지배적인 논리를 결정하는 데 "제도적 장치와 사회적 과정이 중요하다"(DiMaggio & Powell, 1991a: 3)는 하나의 공통적인 확신에 기초하고 있다.

2 제도 환경에의 조직의 대응에 대한 사회학적 신제도주의의 설명 방식

1) 전제 또는 기본 가정으로서의 제도 환경과 기술 환경 간의 불일치

초기의 사회학적 신제도주의는 조직 환경을 조직들에게 경쟁적 효율성을 중시하는 기술적 압력과 관련된 물질적 속박(material constraints)인 기술 환경(technical envi-

4) 예를 들어, 마이어와 로완(Meyer & Rowan, 1991: 50-51)에 의하면, 환경 안전과 관련된 제도들이 조직들이 공식적인 안전 관련 규칙, 담당부서 및 프로그램을 새롭게 만드는 데 중요한 역할을 한다.

ronment: 또는 경쟁 환경)과 외부의 규범적·문화적(제도적) 기준에 대한 준수를 원하는 사회적 기대감인 제도 환경(institutional environment)으로 구성되어 있는 것으로 보았다. 좀 더 중요하게, 이러한 신제도주의는 기술 환경과 제도 환경을 구분해 분리했다. 이와 같은 분리는 제도적인 규칙이 기술 환경과 연관된 능률성의 요건과 양립할 수 없다는 생각에 기반을 두고 있다(Meyer & Rowan, 1977). 같은 맥락에서, 브런손(Brunsson, 1989)은 이상적으로는 구조, 과정, 업무 및 이념 등에 관한 규범들은 능률성에 기여해야 하는 근거에서 설명되고 정당화되어야 하나, 실제로는 제도 환경에 의해 부과된 요구 사항들(정당성의 요건)과 구조, 과정, 업무 및 이념 등이 조직의 성과를 제고하기 위해 효과적으로 조정된 행위들에 공헌해야 한다는 요구 사항들(능률성의 요건)이 양립할 수 있다는 것을 보장할 수 없다고 한다. 특히, 제도 환경의 규범이 자주 변하는 경우에는 정당성과 능률성 요건들 간의 결합이 더욱 어려워진다고 한다.

2) 제도 환경에 대한 조직의 대응 방식으로서 분리와 위선

앞에서 논의한 전제로서의 제도 환경과 기술 환경과의 불일치가 조직이 제도 환경에 대응하는 방식을 설명하는 데 요체가 된다. 즉, 이와 같은 불일치로 인해 조직들은 갈등 관계에 있는 두 가지 요건(정당성과 능률성)을 동시에 충족시켜야 할 필요가 있으며, 이를 위해 조직이 취하는 방식들 중의 하나가 분리(decoupling)이고 그 결과가 조직의 위선(hypocrisy)이라고 할 수 있다.

(1) 공식구조와 비공식구조의 분리

마이어와 로완(Meyer & Rowan, 1977)은 제도 환경에 대한 조직의 대응을 분리와 순응이라는 두 가지 개념으로 설명하고 있다. 앞에서 언급했듯이, 그들은 제도적 요건과 능률성에 대한 관심사가 서로 양립할 수 없다고 가정하고 있다. 이러한 불일치를 해결하기 위해, 조직들은 공식구조에서 비공식구조를 떼어놓는 분리 과정(decoupling process)을 경험하게 될 가능성이 농후하다는 것이다. 예를 들어, 제도 환경의 규칙들이 종종 위반되고 결정들이 실행되지 않거나 또는 이행된 것이 불확실한 결과를 초래한다면, 기술 환경의 요건들이 능률성을 향상시키는 데 지장이 생길 수 있다. 이 경우 평가와 점검 체제가 붕괴되거나 또는 매우 모호하게 됨으로써 조정이 거의 작동하지 못할 가능성이 상당히 크다. 이것이 바로 공식과 비공식구조를 분리시키는 이유라는 것이다. 그 결과, 공식과 비공식 구조는 느슨한 결합(loosely-coupled)의 형태를 띠게 되는 것이다(March & Olsen, 1976; Weick, 1976). 즉, 공식·비공식 구조상의 요소들이 단지 서로 느슨하게 연계되는 것이다. 이와 같이 공식적인 구조와 비공식적인 구조가 서로 분리되는 경우, 공식적인 구조는 조직의 진행 중인 활동으로부터도 분리된다고 한다(Meyer & Rowan, 1977; 1978; Meyer et al., 1983).[5] 이러한 분리로 인해 조직은 공식구조와 비공식구조의 이중구조를 가지게 된다는 것이다.[6]

조직들은 공식구조와 비공식구조를 이와 같이 분리한 후 공식구조만을 제도 환경의 요구와 기대를 담은 규칙들에 일치시키려 한다. 이 경우 제도적 규칙들은 정당성, 자원, 안전성 및 생존 등을 획득하기 위해 조직들이 내부로 도입해 반영하는 일종의 신화들로서 작용한다. 마이어와 로완(Meyer & Rowan, 1977: 345)에 의하면, "제도적 신화(institutional myths)의 합리화가 기존의 활동 영역에서 발생하게 됨에 따라, 조직들은 이러한 새로운 신화에 동형화하기 위해 공식구조들을 [변경하거나] 확장한다"고 한다.[7] 즉, 공식적인 조직구조들이 합리화된 제도 규칙을 반영한 결과로서 나타나게 된다. 또한 제도화가 진행됨에 따라, 조직들은 조직의 구조와 과정을 묘사하기 위해 사용되고 있는 어휘에서의 변화를 경험하게 된다고 한다. 변화의 결과, 새로운 어휘들은 제도적 규범, 규칙 및 요건 등을 반영하게 된다.

마이어와 로완(Meyer & Rowan, 1977)은 조직이 당연하게 여겨지는 제도 환경에

5) 이 경우 조정, 감시 및 평가 등을 대신해 신뢰와 선의의 논리가 채택된다고 한다(Meyer & Rowan, 1977: 340). 또한 주로 기술적인 생산과 교환의 요구들에 의해 구조화된 조직들과는 대조적으로 제도 환경의 신화들에 동형화된 조직들은 정당성을 유지하기 위해 내부 조정과 통제를 줄이는 경향이 있다고 한다(Meyer & Rowan, 1977; 1978; Meyer et al., 1983).

6) 다국적 기업들의 관리 방식에 대한 연구에서 러빅 외(Lervik et al., 2000)는 다국적 기업들의 새로운 관리 방식의 공식적인 채택과 실제 사용간의 불일치가 존재하는 것을 발견했다. 그들에 의하면, 다국적 기업들의 새로운 관리 방식의 공식적인 채택(formal adoption)이 곧 실질적인 채택(real adoption)을 의미하는 것은 아니라고 주장하고 있다. 그들은 다국적 기업들이 제도 환경의 압력에 의한 새로운 관리 방식의 공식적인 채택과는 별도로 현재 사용하고 있는 방식(recipe in use)으로 조직을 관리하는 경향이 있다고 주장하고 있다. 그들은 다국적 기업들이 현재 사용하고 있는 관리 방식이 공식적으로 채택된 방식의 자동적인 또는 자연적인 승계이기보다는 오히려 그와 같은 방식과는 다른 기준과 특성을 지닌 운영 방식을 의미한다고 한다. 그들은 이와 같이 공식적으로 채택된 관리 방식은 제도 환경으로부터의 정당성을 획득하기 위한 방편으로 활용하는 반면에 현재 사용하고 있는 방식은 능률성을 충족시키기 위한 도구로 작동하는 이중 구조를 가지게 된다는 보여주고 있다.

7) 신화로서 합리화된 공식적인 구조의 예로서 관료제를 들 수 있다. 관료제화는 정당성의 원천 중의 하나인 합리성 규범의 가정에 기반을 두어왔다.

순응하게 되는 요인으로서 편익의 획득과 제재의 회피라는 두 가지를 제시하고 있다. 제도 환경에 순응함으로써 정당성을 획득할 때, 조직들은 외부의 이해관계자들(external constituents)로부터 심정적·물질적 지지를 얻을 수 있다고 한다. 스코트(Scott, 1987: 498) 또한 이러한 견해에 동의하고 있다. 그는 증가된 정당성, 자원 및 생존 보장 등과 같은 보상을 받기 때문에 조직들이 순응한다고 주장하고 있다. 반대로, 조직들은 정당성이 결여됨으로써 외부로부터 제재를 받을 가능성이 있을 때 제도 환경에 순응하려고 한다.

이러한 맥락에서 제도화된 상품, 서비스, 기법, 정책 및 프로그램들이 조직에 하나의 강력한 신화들로서 작용하며, 제도 환경에 순응하기 위해 조직들은 그러한 것들을 의례적으로(ceremonially) 채택한다(Meyer & Rowan, 1977: 340).[8] 그러나, 앞에서 언급했듯이, 제도화된 규칙에 대한 순응은 종종 능률성의 기준과 뚜렷하게 대립될 수 있으며, 반대로 능률성을 제고하기 위해 조직행위를 조정하고 통제하는 것은 조직의 의례적인 순응을 손상시키고 외부로부터의 지지(원)와 정당성을 희생시키는 결과를 초래할 수 있다. 따라서 의례적인 순응을 유지하기 위해, 제도 환경의 요소들을 반영하는 조직은 공식적인 구조와 실제 조직행위 간 간극의 형성을 통해 느슨하게 결합된 형태를 취함으로써 공식적인 구조가 기술적인 행위의 불확실성으로부터 받는 충격을 완화하려 한다는 것이다.

제도 환경과의 동형화 결과, 조직은 정당화된 요소들을 조직 내로 통합시키고 구조적인 요소들의 가치들을 규정하는 외부평가 기준을 수용함으로써 조직의 성공과 생존 확률을 제고할 수 있다. 제도 환경이 제시하는 규정에 맞게 하나의 공식적인 구조를 설계함으로써 조직은 적절하고 적합한 방식으로 공동의 목적에 따라 행동하고 있다는 것을 보여주는 것이다(Meyer & Rowan, 1977: 348-349). 이와 같이 제도화된 요소들을 조직 내로 도입하는 것은 의문이 제기된 행위들로부터 조직을 보호하기 위함이며, 조직들은 외부평가 기준을 활용함으로써 실패를 완화하고 성공적으로 살아남아 있을 수

8) 예를 들어, 에델만(Edelman, 1992)은 미국의 일반기업들이 차별 시정 조치(affirmative action)를 다루기 위한 부서를 설치하나, 자신들의 고용 관행(hiring practices)을 바꾸지는 않는다는 점을 지적하고 있다. 유사하게, 페레즈와 롭슨(Perez & Robson, 1999)은 델타(Delta)라고 하는 북미 자동차 제조회사 유럽지사의 분국에 대한 사례분석을 통해 통제와 정당화의 의식(수단 또는 상징)으로서 공식적으로 예산 과정에 참여하는 제도를 도입했으나, 실제로는 중간관리자들의 실질적인 관여가 이뤄지지 않았다는 것을 보여주고 있다.

있는 것이다.

외부의 압력을 완화하는 방법으로서, 분리는 한편으로는 조직의 활동들이 실무적인 차원에서의 고려(능률성)를 위해 다양하게 전개되는 반면에, 다른 한편으로는 (능률성의 기준들과는 괴리가 있으나) 조직이 표준화되고 외부로부터 정당성을 부여받은 공식구조들을 유지하는 데 도움을 준다(Meyer & Rowan, 1991: 58). 이러한 분리의 결과로서, 조직의 공식적인 구조들은 합리화된 제도적 신화들에 영향을 받기가 쉽기 때문에 '공통의 제도적인 원천들(common institutional origins)'을 반영하면서 다른 조직의 공식구조들과 유사하게 된다(Meyer & Rowan, 1991: 58). 이와 같이 제도 환경에 의례적인 순응으로 인해 공식구조에서는 조직들 간 외견상의 동형성이 발견되지만, 분리에 의해 비공식적으로 실제 업무에서는 상당한 다양성이 존재한다.

(2) 제도 환경에 대한 대응과 조직의 위선

브런손(Brunsson, 1989; 1990; 1993; 1994)은 '조직의 위선(organizational hypocrisy)'9)이라는 개념의 도입을 통해 마이어와 로완(Meyer & Rowan, 1977)의 '느슨하게 결합된' 조직들에 대한 사고를 확장했다. 그는 마이어와 로완의 공식구조와 비공식구조 대신에 행동모형과 정치모형을 사용했다. 그에 따르면, 행동모형에서는 외부의 영향이 초점의 대상이라고 한다. 이 모형은 합리모형에 입각한 대부분의 조직이론이 조직을 정의하는 방법과 일치한다. 즉, 이 모형은 조직을 목적 달성을 위해 전문화, 문제확인, 정보 탐색 및 대안 평가 등과 같은 도구적 또는 기능적 합리성과 연관된 구조적 특성을 지니고 있는 것으로 보고 있다. 따라서 이 모형에서의 조직은 어떤 중요한 문제를 해결하거나 환경을 변화시키기 위해 조정된 행동(자원을 모으고, 일관된 목표와 이념들을 만들어 내며, 동의, 통제 및 일관성에 기반을 둔 구조와 과정을 구축하는 것)을 이끌어 내는 데 적합한 도구들을 사용하는 하나의 독립된 단위여야 한다고 한다. 또한 조직은 환경의 특정 부분의 요구를 충족시키는 데 전문성을 보유하고 있으며, 관리층은 동기부여를 통해 구성원들이 행동하도록 힘을 북돋고 영감을 불어넣으며, 그러한

---

9) 브런손(N. Brunsson)이 말하는 조직의 위선이란 조직 내부와 외부에 각각 상이한 접근법(행동모형과 정치모형)과 기준을 바탕으로 하여 말과 행동 간의 불일치를 만들어 내는 것을 의미한다. 따라서 이것은 조직 내에서 관리자가 구성원들에게 말과 행동 간의 불일치로 인해 행태의 진정성(behavioral integrity)에 의문을 품게 하는 위선(예: Simons, 2002)과는 구별되어야 한다. 전자의 분석 수준은 조직인 반면에 후자의 분석 수준은 개인이다.

행동의 내용을 통제하기 위해 말(talk)과 결정(decision)을 만들어 낸다고 한다.

이에 반해 정치모형은 본질적인 측면에서 행동모형과 정반대라고 한다. 우선 이 모형은 독립성 대신에, 환경에 대한 조직의 의존성을 강조한다. 환경과 명확한 경계를 가지는 대신에, 정치모형에서는 조직은 자신에게 영향을 미치는 환경의 일부분으로 존재하기 때문에, 그러한 경계를 모호하게 하거나 환경에서 조직이 확연하게 구분되는 것을 꺼린다고 한다. 일반적으로 조직의 내부와 외부에 존재하는 행위자들은 조직의 정체성, 추구하는 목적, 관리 방식 등에 대한 다양한 견해를 지닐 수 있는데, 이 자체가 조직에 행위자들과의 관계에서 갈등의 소지를 안겨줄 수 있다. 이 경우 조직이 어떤 한 행위자의 손을 들어 줄 경우 다른 행위자들의 불만을 살 우려가 있다. 따라서 정치모형에서의 조직은 자신의 독특한 색깔을 내세우는 대신에 다양한 행위자들의 요구를 적절하게 충족시켜 줄 필요가 있기 때문에, 조직이 강력한 이념과 문화로 채색된 모습을 띠게 되는 것을 꺼리게 되는 것이다. 이러한 맥락에서 정치모형에서의 조직들은 다음과 같은 특성을 지니고 있다고 한다. 첫째, 조직은 전문화보다는 차라리 일반화하기 위해 애를 쓴다. 둘째, 조직은 소수의 열정보다는 다수의 포용 위에 구축된다. 셋째, 행동, 문제 해결 및 변화 등에 관련되는 대신에, 조직은 중요한 이슈들을 다루고 해결하기 어려운 문제들을 처리하려고 한다. 넷째, 조직은 변화보다는 관리에 관련된다. 마지막으로, 조직은 환경에 영향을 미치지는 않으나, 그것에 대한 책임성을 수용한다.[10] 좀 더 중요하게, 조직은 환경의 규범을 충족하고 있다는 것을 보여주려고 한다는 것이다.

조직의 위선과 관련된 브런손이 주장하는 요체는 조직들은 청중이 조직 외부 또는 내부인가에 따라 각각 다른 용도로 사용되는 '이중적인 기준(double standards)' 또는 '이중적인 언어(double talks)'를 구사할 가능성이 많다는 것이다. 즉, 조직 내부에는 행동모형의 기준과 언어를 적용하는 반면에, 조직 외부에게는 정치모형의 기준과 언어를 활용한다는 것이다. 결과적으로, 이와 같은 이중적인 언어들 또는 기준들 때문에, 조직은 위선자가 된다는 것이다. 그는 이와 같이 조직 내부용과 외부용에 따라 이중적인 조직구조, 과정 및 이념을 다르게 사용하는 위선은 현대 사회의 생존하는 조직들에서 하

10) 마찬가지로 마이어와 로완(Meyer & Rowan, 1977)도 공식구조가 외부에 대한 책임성(accountability)을 확보하는 데 도움이 된다는 점을 지적했다. 국제사회에서의 여러 가지 형태의 협약에서 그 예를 찾아볼 수 있다. 즉, 세계무역기구(World Trade Organization: WTO)와 같은 국제기구에서 협정 당사자들은 협정 내용을 준수할 의무가 있고, 준수 여부에 대한 모니터링을 받으며, 그 결과에 따라서 다양한 종류의 제재를 받을 수도 있다.

나의 중요한 특색이라고 한다.[11] 그에 의하면, 조직을 관리하는 데 조직이 외부에 표명하는 목표들을 굳이 조직 내부에 전달하는 신호(signals)와 일치시킬 필요는 없다는 것이다. 공식조직과 비공식조직 간의 분리, 의식(rituals) 및 이중 언어는 조화롭게 작동하는 행동들을 효율적으로 만들어 내면서 합리성, 품위 및 공평에 대한 통용되는 요구들에 따라 행동하기를 원하는 현대 조직에서 중요한, 심지어는 필수적인 요소들이라고 한다.[12] 이와 같이 조직의 위선은 점점 많아지는 규범과 요구 간의 불일치와 갈등에 노출되어 있는 세계에서 조직이 정당성을 성취할 수 있는 하나의 효과적인 방법이라고 한다.[13]

제 3 절 혁신평가와 이에 대한 공공기관들의 대응

1 공공기관 혁신평가

1) 공공기관 혁신평가제도 도입의 배경

공공기관은 국민경제에 상당한 비중을 차지하고 있을 뿐만 아니라 사회적으로도 중요한 역할을 수행하고 있다. 이와 같은 공공기관에 대해 국민들은 고품질의 공공 서비스, 민간 수준의 경영 효율성 및 높은 수준의 도덕성을 요청하고 있다(권해상, 2008: 222-223). 그러나 공공기관은 법률에 근거한 설립, 정부로부터의 재원 지원, 사업에 대한 독점적인 지위의 보장 등으로 인해 시장에서의 기업들과 같은 치열한 경쟁에 노출되지 않음으로써 비효율적인 경영이 이뤄질 소지가 많다는 지적을 받아왔다(예: 김용호・송경수, 2007: 30). 또한 정부를 우선적으로 의식하는 관행이 지속되는 등 공급자

11) 조직의 위선이 발생하게 되는 중요한 이유들 중의 하나는 일관성(consistency)보다는 유연성(flexibility)에 대한 조직의 선호다(Philippe & Koehler, 2005: 19).

12) 실제로 기업들이 외부적으로 윤리경영과 사회적 책임성을 강조하는 것은 이러한 것을 반영한 것으로 볼 수 있다.

13) 이론의 이와 같은 설득력으로 인해 실제로 브런손의 조직 위선이라는 개념을 활용해 조직학습(예: Huzzard & Östergren, 2002), 예산 과정(예: Perez & Robson, 1999), 의사 결정(예: Vaara, 2003), 합리성(예: Reed, 1991) 등과 같은 조직의 다양한 측면과 이슈들에 대한 연구들이 진행되어 왔다.

위주의 업무 관행과 방만한 예산 운용 등 낮은 수준의 윤리 경영으로 인해 고객만족도가 저조했다.

이러한 맥락에서, 중앙부처 중심의 혁신관리를 지방자치단체, 지방교육청은 물론 공공기관으로까지 확산할 필요가 있다는 의견이 2004년부터 제기되었으며, 참여정부는 2005년 213개 공공기관에 대한 혁신평가를 경영평가와는 별도로 실시해 그 결과를 경영평가에 반영했다. 공공기관에 대한 혁신평가의 이와 같은 도입을 통해 참여정부는 공공기관 임원들이 혁신에 몰입할 수 있는 여건의 조성과 청탁, 접대, 로비, 부패 등 '혁신 저해 요인'의 적극적인 발굴을 통해 체계적으로 대응함으로써 혁신하지 않으면 버티기 어려운 '혁신 환경'을 조성하고자 했다.

이러한 공공기관 혁신평가는 경영혁신 노력에 따른 성과 향상도를 주요 평가 항목으로 포함, 기관장과 조직원들의 혁신 참여를 유도하기 위해 혁신 우수기관에는 임원 등의 인사와 성과급에서 우대를 하고 부진 기관에 대해서는 기관 경고, 상여금 미지급, 임원 해임 건의를 하는 등 인센티브의 차별화를 강화하는 것을 골자로 했다. 또한 혁신관리대상 공공기관의 범위가 2005년에는 213개 기관이 대상이었으나, 기획예산처가 정부 산하 공공기관 범위의 재정립을 통해 점진적으로 모든 공공기관으로 확대했다. 이와 같이 참여정부는 공공기관이 자율과 책임 경영 체제의 확립을 통해 경영을 합리화하고 운영의 투명성을 제고함으로써 대국민 서비스 증진에 기여하는 방향으로 혁신을 추진할 수 있도록 체계적인 관리와 운영을 수립·시행할 시스템이 필요했는데, 이것이 바로 공공기관 혁신평가 제도였다.

2) 평가로서의 제도 환경의 특성

디마지오와 파월(DiMaggio & Powell, 1991b: 67-74)은 동형화를 개체군에서 동일한 환경 체계 내 어떤 한 조직을 다른 조직들과 닮도록 하는 과정이라고 정의하면서 상이한 유형의 제도적 압력에 따른 강제적(coercive), 모방적(mimetic) 및 규범적(normative) 등 세 가지 유형의 동형화를 제시했다. 특히, 그들에 의하면, 강제적인 동형화란 국가(정부)에 의해 제시된 요건에 대한 조직의 순응으로 인해 조직의 장에 있는 조직들이 서로 유사하게 된다는 것을 말한다. 그들은 강제적 동형화를 초래하는 전형적인 제도적인 압력의 예로서 정부의 위임 사항들과 법률과 같은 공동의 법 환경에 주목했다.

유사하게, 스코트(Scott, 1995: 34-47)는 순응의 기반, 기제, 논리, 지표들 및 정당성의 기초 등에 따라 제도(환경)[14]를 규제적(regulative), 규범적(normative) 및 인지적(cognitive) 등 세 가지로 구분했다. 그의 분류에 의하면, 규제적 제도란 제도의 규제적인 측면으로서 조직의 행태를 구속하는 성격을 띠고 있는 제도를 의미한다. 이러한 규제 성격의 제도는 강제에 초점을 두고 있으며, 조직들을 관련 법규와 규제에 따라 행동하도록 하는 데 그 목적이 있다. 이러한 맥락에서, 이러한 유형의 제도는 규칙 제정, 모니터링 및 제재 활동 등과 같은 일련의 규제 과정에 의해 특징지어질 수 있다. 좀 더 자세하게, 규제 과정은 규칙들을 제정하고, 그러한 규칙들에의 순응 여부를 면밀하게 점검 또는 검토하며, 필요 시 제재를 가할 수 있는 권한을 포함하고 있다. 또한 이러한 과정은 일반적으로 매우 공식화되어 있으나, 창피를 주거나 회피하는 것과 같은 비공식적인 기제를 통해 작동하기도 하며, 경찰 또는 법원과 같은 특정한 행위자들에 의해 수행된다.

공공기관에 대한 혁신평가는 정부에 의해 부과된 규제적인 성격을 띠고 있는 하나의 제도다. 즉, 참여정부에서 공공기관 혁신에 대한 평가는 혁신의 추진을 통해 공공기관의 고유 설립 목적을 효율적으로 달성하고 공공기관의 가치를 제고하며, 세계 일류의 공공 서비스를 제공하고, 공공기관에 대한 국민의 신뢰를 강화하려는 목적을 달성하기 위한 강제적 통제의 수단으로 활용된 것이다. 이를 위해, 정부가 공공기관에 대해 혁신을 평가하기 위한 지표들을 제시하고, 이를 수용할 것을 강요했다. 공공기관은 그와 같은 지표들에 따라 소위 '혁신 활동'을 할 것이 기대되었으며, 이 제도에 대한 순응의 정도(혁신의 정도)에 따라 금전적인 혜택 또는 제재를 받았다. 좀 더 중요하게, 혁신평가라는 제도에 대한 순응의 정도가 낮을 경우, 정부의 시책에 호응하지 않는다는 비난의 대상이 될 수 있으며, 궁극적으로 기관의 생존에 영향을 미칠 수 있었다.

---

14) 스코트는 제도를 "하나의 공통적인 의미 체계를 규정하고 특색 있는 행위자들과 일상적인 행위들을 만들어 내는 규제적인 기제(regulative mechanisms)와 함께 구상적이고(representational), 구성적이며(constitutive), 규범적인 규칙들을 담고 있는 상징과 행태 체계"(Scott, 1994: 68)로 정의하고 있다.

2 혁신평가에 대한 공공기관들의 인식과 대응

1) 공공기관 혁신평가의 방향과 방식

공공기관의 운영에 관한 기본적인 사항과 자율경영 및 책임경영 체제의 확립에 관해 필요한 사항을 정해 경영을 합리화하고 운영의 투명성을 제고함으로써 공공기관의 대국민 서비스 증진에 기여함을 목적으로 제정된 '공공기관 운영에 관한 법률' 제15조에 공공기관의 혁신의 필요성과 평가에 관한 사항이 규정되어 있다. 즉, 제15조 제1항과 제2항에 "공공기관은 경영효율성 제고 및 공공 서비스 품질 개선을 위하여 지속적인 경영혁신을 추진하여야 하며, 기획재정부 장관은 제1항의 규정에 따른 경영혁신을 지원하기 위하여 운영위원회의 심의·의결을 거쳐 관련 지침의 제정, 혁신 수준의 진단 등 필요한 조치를 할 수 있다."라고 규정되어 있다.

(1) 공공기관 혁신평가 방향

기획예산처는 2006년 11월 15일 공공기관 혁신평가 제도를 전면 개편하는 것을 주요 내용으로 하는 『2006년도 공공기관 혁신평가 편람』을 확정해 각 공공기관에 배포했다. 이는 혁신의 내재화를 통한 지속적·상시적 혁신 체제 구축이라는 공공기관 혁신 3년차의 관리 목표에 부합하도록 평가 체제를 개편한 것으로 2005년 혁신의 점화, 2006년 혁신의 실행과 확산에 뒤이은 것이다.

혁신 수준 진단에서 평가로 격상해 처음 진행된 2005년 공공기관 혁신평가는 전체 공공기관으로 하여금 혁신경쟁 유도를 통한 혁신추진 활성화 환경을 조성하기 위해 실시되었다. 이어서 실시된 2006년 공공기관 혁신평가는 혁신 내재화의 단계로서 기관 특성에 맞는 자발적 혁신 견인, 형식적인 저성과 사이클(low-performance cycle)을 벗어난 실질적인 혁신 유도, 실적보고서 작성 방식의 서식 기재형에서 서술형으로의 전환 등을 기본 방향으로 했다. 이와 같은 기본 방향을 좀 더 자세히 살펴보면 다음과 같다. 첫째, 기관 특성에 맞는 자발적 혁신을 견인하는 것이다. 기관의 규모와 업무 성격에 따라 4개의 유형(공익형, 기업형, 연구기관형, 진단형)으로 구분해 차별화된 평가모델을 설계·적용한다. 또한 평가 과정을 통해 각 기관이 기관별 실정에 맞춰 혁신 활동을 스스로 정리·재구성해 체계화할 수 있도록 유도한다. 둘째, 형식적인 저성과 사이

클을 벗어나 실질적인 혁신을 유도하는 것이다. 혁신의 5대 영역은 유지하되 평가지표를 핵심 평가 요소 위주로 간소화해 23개 요소 63개 항목을 16개 요소 30개 항목 이내로 조정한다. 또한 건수 위주의 양적 점검을 최소화하고 정성적·질적 평가를 강화한다. 셋째, 실적보고서 작성 방식을 서식 기재형에서 서술형으로 전환하는 것이다. 정형화된 틀에서 벗어나 기관별 특성에 따라 유연하고 창의성 있는 실적보고서 작성을 유도한다. 그리고 단절적·분절적으로 인식되기 쉬운 개별 평가 요소와 항목을 전체적인 혁신 프로세스 관점에서 이해되고 추진되도록 유도한다.

(2) 공공기관 혁신평가 방식

2006년 혁신평가는 2006년 1월 1일부터 12월 31일까지 총 221개 기관의 성과를 대상으로 했다. 평가 대상은 기관 규모와 업무 성격 등을 고려해 4개 평가군으로 분류했다. 평가는 2005년과 동일하게 공공기관 혁신의 주요 분야를 5개 영역으로 나눠서 이뤄졌으며, 각 영역 내 세부평가 요소와 항목은 평가 대상 기관 유형에 따라 차별화되었다. 또한 평가는 서면심사를 기본으로 하되, 평가 요소별로 다양한 측정 방법(면담 및 실사, 설문)을 활용했다. 현장실사는 평가단이 필요하다고 인정하는 경우 또는 피평가기관이 요청하는 경우에 실시했다. 현장실사는 실무책임자에 대한 실사면담을 병행해 진행되었으며, 현장실사에 따라 서면평가의 결과를 수정할 수 있었다. 평가 체계로는 기획예산처 장관이 전문가, 관계 부처의 의견 등을 수렴해 '공공기관 혁신평가단'을 구성·운영했는데, 이는 전체 공공기관의 혁신평가를 종합관리·조정하고 경영평가단과 독립적으로 운영해 2006년도 경영혁신 대상기관 221개를 네 가지 기관 유형별로 평가했다. 경영평가 또는 기관평가를 받는 기관은 혁신평가 결과를 경영평가 또는 기관평가에 반영했다.

2) 공공기관들의 혁신평가에 대한 인식

김명환·김상묵(2007)의 연구는 혁신평가에 대한 공공기관들의 인식의 몇 가지 단면을 보여주고 있다. 첫째, 제도의 안정성과 관련해 공공기관들은 혁신평가 지표와 방식의 잦은 변동으로 인해 평가의 예측 가능성과 안정성이 부족하다는 인식을 가지고 있는 것으로 나타났다. 공공기관 혁신평가는 기획예산처가 자체적으로 평가 방향, 지표, 및 과정 등 평가 집행상에서 발생하는 문제점을 파악하고 이에 대한 보완을 해왔다. 그러나 피평가자들인 공공기관들은 해마다 바뀌는 평가 방향, 지표, 및 과정 등에 대처하는 데 어려움을 호소해 왔다.

둘째, 평가 방식과 관련해 기관의 규모와 기능 등 여건을 감안하지 않고 공통지표를 모든 기관 대상에 적용하는 획일적 평가는 각 기관의 현실을 반영하기 어렵기 때문에, 현업의 혁신 활동이 충분히 반영되지 않았다고 인식하고 있는 것으로 나타났다. 즉, 평가모델 내에 기관의 혁신 활동을 포함시키기 어려우며, 기관의 특수성을 반영하는 구조가 부족하다는 것이다. 특히, 대다수의 공공기관은 혁신평가위원들이 평소 과도하게 기업형 마인드를 가지고 있어서 기관 유형별 특성 차이를 반영하지 못하고 있다고 인식하고 있었다. 이것은 평가 대상기관에는 기업형 공공기관 이외에도 공익형, 연구기관형, 진단형 공공기관이 있으나, 혁신평가위원들이 이미 과도하게 기업형 마인드를 가지고 있기 때문에 이들 기관의 특성을 감안하지 않고 기업형 기관과 마찬가지로 평가하는 경향을 지니고 있다고 인식한 것으로 볼 수 있다.

셋째, 공공기관은 혁신평가의 타당성에 의문을 품고 있는 것으로 나타났다. 즉, 평가가 기관을 혁신하려는 실제 노력이 제대로 반영되지 않은 채 실적보고서의 포장 능력이나 발표력이 혁신 등급을 좌우할 수 있다는 인식이 지배적인 것으로 나타났다. 즉, 공공기관들은 포장 능력이나 발표력 수준에 따라 실제 혁신 등급이 어느 정도 결정될 수 있다고 인식하고 있었다고 할 수 있다.

마지막으로, 제도의 실효성과 관련해 공공기관들은 평가의 혁신에의 기여와 평가 목적의 달성에 의문을 가지고 있음을 보여주고 있다. 혁신평가 활동이 공공기관의 혁신에 미약하나마 어느 정도 실제로 기여했다고 인식하고 있으나, 매년 이뤄지는 혁신평가가 혁신의 내재화에 의한 지속적·상시적 혁신 체제의 구축을 통해 실제 공공기관의 혁신 활동을 조성하려는 본래 취지를 달성하고 있는지에 대해서는 상당한 의문을 제기했다.

2) 공공기관들의 혁신평가에 대한 대응

(1) 공공기관 혁신평가에 대한 순응으로서 혁신전담팀의 신설

참여정부는 로드맵에 따라 공공기관의 혁신을 추진해 왔는데, 이러한 배경에는 혁신과 이에 대한 평가가 필요하다는 확신 또는 신념에 근거를 두었다. 그러한 신념을 바탕으로 해서 참여정부는 공공기관 혁신의 방향, 대상 및 내용 등을 담고 있는 공공기관 혁신편람을 통해 혁신의 정도를 측정해 평가할 수 있는 구체적인 지표들을 제시하고 이에 따라 평가하고 등급을 매겼다. 앞에서 언급했듯이, 참여정부는 '공공기관 운영에 관한 법률' 제15조에 공공기관의 혁신의 필요성과 평가에 관한 사항을 규정함으로써 이와 같은 혁신평가를 제도화했다. 이와 같은 제도로서의 공공기관 혁신평가 제도의 주된 통제 수단은 강제다.

혁신평가는 혁신의 제도화를 위해 공공기관이 전담조직을 구성하고 혁신을 체계적으로 추진하도록 설계되었다. 또한 혁신을 추진하는 과정에서 기관장의 리더십과 함께 조직구성원의 적극적인 참여의 유도를 통해 혁신이 조직 전체로 전파되는 것을 강조했다. 이것은 혁신이 내부에서 자발적인 조직문화의 하나로 자리를 잡음으로써 지속적으로 추진되는 혁신의 내재화를 도모하고자 한 것으로 이해될 수 있다. 공공기관들은 이와 같은 방식으로 혁신을 추진할 것이 요구되었으며, 추진한 내용, 과정 및 결과 등에 대한 평가를 받고 그 평가 결과에 따라 차등적인 인센티브를 받게 되어 있었다.

마이어와 로완(Meyer & Rowan, 1991: 50)은 제도 환경에 의해 정당화된 구조의 요소들을 누락하거나 또는 별도로 독특한 구조를 새롭게 만드는 조직은 자신들의 그와 같은 활동이(제도 환경에 의해) 수용될 수 있는 정당화된 설명을 제공하는 데 실패할 수 있다고 주장한다. 그들에 의하면, 그와 같은 조직들은 자신이 태만하거나, 비합리적이거나, 또는 불필요하다는 주장에 좀 더 취약할 수 있다고 한다. 내부 구성원들, 외부 이해관계자들, 또는 정부에 의해 제기되었던 간에, 이러한 종류의 주장은 조직들에 상당한 비용을 지불하게 할 가능성이 농후하다고 한다.

혁신평가 결과에 의해 인센티브가 차등 지급될 뿐만 아니라 정부(기획예산처와 청와대 혁신관리위원회)로부터 제재를 받을 수 있고 국민들로부터 더 나은 서비스 제공을 위한 노력을 소홀히 한다는 인상을 줄 수 있기 때문에 공공기관들이 혁신평가에 순응하는 것은 이들 기관의 입장에서 보면 너무나 당연한 선택이었을 것이다. 즉, 혁신평가에 순응하는 것이 자신들의 이익에 부합할 뿐만 아니라 최악의 경우에는 자기 조직의 생존과도 연결될 수 있기 때문에 혁신평가를 거부할 수 없었을 것이다. 더 중요하게, 혁신평가의 순응으로 인해 기관이 얻을 수 있는 금전적 혜택과 더불어 정당성의 원천인 정부와 국민의 지지를 외면할 수 없었을 것이다. 따라서 혁신평가에 대응하기 위해 공공기관은 우선 경영혁신팀과 같이 혁신을 추진하기 위한 조직으로 혁신전담조직을 신설하거나 기존의 조직을 변경했다.

이와 같은 혁신전담팀의 신설은 마이어와 로완(Meyer & Rowan, 1977; 1991)이 주장한 바와 같이 공공기관이 정당성이 없다는 의문이 제기되는 것으로부터 자신들을 방어하기 위해 제도적 규범과 규칙들에 의해 제공된 규정들(prescriptions)과 자신들의 공식구조를 일치하게 설계한 것으로 볼 수 있다. 특히, 이것은 공공기관(조직)이 혁신평가라는 제도에 순응하고 있다는 것을 보여주려는 하나의 상징적인 조치로 이해할 수 있다. 실제로 대부분의 공공기관에서 혁신평가의 도입에 따른 내부 혁신팀의 설치가 기존 관련 조직에 명칭을 변경한 수준에서 일어났으며, 자체적인 결정이라기보다 평가 주관기관 등 정부의 지시에 의해 이뤄진 것이라는 점은 혁신평가라는 제도에의 공공기관(조직)들의 의례적인 또는 형식적인 대응을 단적으로 보여주는 대표적인 예라고 할 수 있다. 이와 같은 순응의 결과, 거의 모든 공공기관에 외형상 유사한 형태의 디마지오와 파웰(DiMaggio & Powell, 1983)이 지적한 동형화가 발생했다.

(2) 일상 업무와 혁신 업무의 분리

참여정부는 출범과 함께 정부혁신을 국정의 최우선 과제로 설정하고 이를 실천하기 위한 '정부혁신 로드맵'을 작성하고 혁신추진 체계를 구축해 혁신을 추진했다. 이것은 행정 전반에 대한 총체적인 변화를 유도하려는 리엔지니어링에 기반을 둔 하향식(top-down) 접근 방법이라고 할 수 있다(김명환 외, 2008). 특히, 각 기관의 여건을 감안하지 않은, 동일한 잣대에 의한 획일적 평가(one-fits-all size evaluation)는 각 기관의 현실을 반영하기 어렵고 현업의 혁신 활동이 충분히 반영되지 않을 공산이 있었을 것이다. 또한 공공기관 혁신평가의 논리는 공공기관이 어떤 형태로든 국민의 세금을 사용하기 때문에 자신들의 조직을 능률적으로 운영해야 하며, 그것이 바로 공공기관의 정당성을 확보하는 데 중요한 요소 중의 하나여야 한다는 것이다. 그러나 능률성의 향상을 조장하기 위해 설계된 공공기관 혁신평가가 오히려 또 다른 중요한 정당성의 요건인 '공공성'과 같은 공공기관으로서의 고유한 가치를 유지하려는 노력과 갈등이 있었다는 것이다. 특히, 공공기관 혁신평가가 경제성과 능률성보다 공공의 이익 같은 고유의 가치관을 추구할 수밖에 없는 기관인 경우 참여정부가 추진했던 혁신이라는 개념 자체 또는 방식에 대한 동의할 수 없었던 부분도 있었을 것이다.

이와 같이 혁신이 실제로 조직의 문제 해결과 직결되는 연계점(linking pin)이 존재하지 않은 경우(혁신평가의 지표에 따라 행동하는 것과 일상적인 조직 활동과의 괴리가 존재할 경우), 공공기관은 조직의 일상적인 활동(비공식구조: 행동모형)과 혁신(공식구조: 정치모형)을 분리해 이중적으로 운영하는 결과를 초래했을 가능성이 농후하다. 조직을 혁신하려는 노력은 혁신을 통해 공공 서비스를 좀 더 효율적으로 제공하고 조직을 좀 더 능률적으로 관리하고 운영하는 데 그 목적이 있으나, 실제 이러한 노력들이 실제 공공 서비스 제공의 효율성을 제고하는 수 있다는 확신이 없을 때(또는 자신들이 생각하는 방식과 괴리가 있을 때) 혁신평가라는 제도의 요구에 따라 실제적으로 혁신을 추진하기보다는 단순히 제도 환경의 요구에 형식적으로 대응하는 전략을 구사했을 것이다. 이것은 능률성의 요건과 관련된 기관의 고유의 일상적인 업무는 그대로 추진하는 반면에 하나의 의식(ceremony 또는 ritual)으로서의 대응의 방편으로 조직 내에 경영 혁신팀을 설치하고 혁신 관련 업무를 맡게 하는 방식으로 혁신평가라는 정당성의 요건인 제도 환경에 대응한 것이다. 즉, 점수를 잘 받을 수 있는 행동과 실제 조직 활동과의 분리를 통해 혁신 관련 업무와 일상적인 업무로 이원화한 것이다. 그런 다음 공공기관의 입장에서는 혁신 관련 업무와 일상적인 업무 둘 다 소홀히 할 수 없었기 때문에 이 두 업무 간의 적절한 균형을 맞추려고 노력했을 것이다. 이러한 방식으로 조직구조를 이중 구조로 만들고 공식구조는 정당성의 요건을 충족시키기 위해 노력한 것이며, 비공식구조는 능률성의 요건을 만족시키기 위한 활동에 초점을 둔 것이라고 할 수 있다. 특히 공식구조를 통해 제도 환경에 형식적으로 순응함으로써 기관이 외부(정부와 국민들)에 '우리는 정부와 국민의 기대와 요구에 부응하기 위해 노력하고 있다'는 메시지를 전달하기 위한 전시적인 활동에 치중한 것으로 볼 수 있다.

(3) 혁신평가에 대한 의례적인 대응과 위선

앞에서도 논의했듯이, 사회학적 신제도주의자들의 주된 주장은 기술 환경과 제도 환경 간의 갈등 관계로 인해 공식구조들이 제도 환경의 요구에 상징적으로 순응하기 위해 만들어지며, 그 결과 양립할 수 없는 내부 조직 활동과 분리된다는 것이다. 또한 이러한 분리가 조직들로 하여금 과업을 완수하는 데 필요한 기법과 과정과 같은 자신들의 기술적으로 핵심적인 사항들(technical cores)을 제도적인 압력으로부터 완화시켜 주는 역할을 한다는 것이다. 이것이 바로 제도 환경에 대한 조직의 의례적(依例的)인 대응이다.

앞에서 언급한 각 기관별, 좀 더 자세하게는 각 기관의 다양한 맥락과 특성을 반영하지 못한 획일적인 혁신평가 방식으로 인해 공공기관은 자신들에게 적합한 부문을 개혁하기보다는 평가점수를 잘 받기 위해 평가지표에 따라서 혁신을 추진하는 데 초점을 맞췄을 가능성이 농후하다. 앞에서도 지적했듯이, 김명환 · 김상묵(2007)의 연구는 공공기관이 기관의 발전을 위해 혁신하기보다는 실적보고서에 넣을 것에 초점을 맞춰 혁신하는 '평가를 위한 혁신'을 하는 사례가 많다는 점을 지적하고 있다. 즉, 기관을 위해 필요한 혁신을 하기보다는 실적보고서에 쓸 만한 종류의 혁신만 하는 경우가 많았다는 것이다. 실제로, 공공기관의 혁신 활동이 실제 공공기관의 변화와 발전을 위한 자발적인 노력이 아니라 실적보고서를 잘 작성해 좋은 평가를 받기 위한 의도에서 이뤄진 작위적인 경향을 보였다고 한다. 따라서 공공기관의 평소 혁신 활동은 혁신평가를 염두에 두고 좋은 평가를 받을 항목에만 치중하는 전시적인 성향이 강했다고 볼 수 있다. 이와 비슷한 맥락으로, 그들은 공공기관이 보고서 작성을 통해 점수를 좋게 받기 위해 내용은 없으면서 포장만 요란한 혁신을 하는 경우도 있었다고 한다. 예를 들어, 조직의 혁신을 어떻게 할 것인가를 고민하는 기제로서 작용해야 하는 워크숍은 형식적으로 이뤄지며 조직원들의 친목을 도모하는 수단으로 변질되기도 했다고 한다. 일 년에 두서 번의 워크숍을 통해 혁신 방안을 마련할 수 있는 것도 아니지만, 평가지표에 개최 건수가 있기 때문에 형식적으로 워크숍을 개최하는 경우도 있었다고 한다. 이것은 많은 수의 공공기관의 경우 혁신 활동과 일상적인 활동을 구분하고, 혁신 활동의 경우 평가에서 좋은 점수를 얻기 위해 혁신평가지표에 초점을 맞춰 전개되었다는 것을 여실히 보여주는 것이라 할 수 있다.

다른 정권에서와 마찬가지로 참여정부에서도 유사하게 진행된 정치인들의 관료 비난하기(bashing bureaucracy)와 맞물려 방만 경영과 비능률을 제거하려는 목적으로 포장된 공공기관에 대한 혁신은 하나의 합리화된 신화(rationalized myth)로 작용했다. 이러한 상황에서 공공기관이 제도가 제시한 방향과 내용대로 혁신 활동을 하는 것은 이와 같은 새로운 형태의 의례적인 신화(ceremonial myth)에의 순응을 통해 정부의 시책에 협조하는 모습을 보여줌으로써 자기 조직의 정당성을 확보하려는 노력으로 이해할 수 있다.[15] 이것은 정당성을 확보하기 위해 정부가 추진하는 '혁신' 정책에 대한

15) 어떤 의미에서는 중앙정부가 공공기관의 혁신을 독려한 것은 그동안 문제가 되어온 공공기관의 방만 경영과 비효율성을 제거하려는 모습을 보여줌으로써 중앙정부(또는 정권)자체도 국민들로부터의 지지를 얻어내려는 노력의 일환으로 이해할 수 있다.

신념을 공유하고 있고, 따라서 이에 적극적으로 동참하고 있다는 것을 보여주려는 공공기관의 상징적인 행위(symbolic action)였다고 볼 수 있다. 즉, 겉은 반지르르하지만 알맹이가 없는 눈속임(window dressing) 전략을 통해 공공기관은 겉으로는 혁신 활동을 하고 있는 것처럼 보이지만, 실제로는 내용이 없이 평가지침에 따라 형식적으로 혁신 활동을 한 '평가를 위한 혁신'이었던 것이다. 이것이 바로 말하는 것과 행동하는 것을 분리(언행 불일치)하는 제도 환경에 대한 조직의 위선인 것이다. 정도의 차이는 있었을 수 있겠지만, 공공기관 입장에서는 조직의 위선을 혁신에 의한 가시적인 성과를 내라는 정부의 촉구와 자신들의 현실적인 역량 및 관리상의 관행 간의 불일치에 대한 가장 효과적인 대응책으로 인식했을 수 있다.

제 4 절 남겨진 문제들과 재이론화의 필요성

이제까지 공공기관 혁신평가를 대상으로 해서 환경에 대한 조직의 대응을 사회학적 신제도주의 방식으로의 설명을 시도했다. 분명한 것은 분리와 위선이라는 개념을 바탕으로 한 사회학적 신제도주의 설명 방식이 매우 설득력이 있다는 것이다. 그러나 이와 같은 설득력에도 불구하고 다음과 같은 문제를 다루는 데 한계를 드러냈다.

1 제도 환경과 기술 환경의 관계 재설정

앞에서도 논의했듯이, 환경에 대한 조직의 대응을 설명하는 데 사회학적 신제도주의 방식의 기본 전제는 제도 환경의 요건과 기술 환경의 관심사가 대립한다는 것이다. 그러나 제도 환경과 기술 환경이 칼로 물 베듯이 뚜렷하게 구분될 수 있는 것이 아닐 뿐만 아니라 제도 환경의 요건과 기술 환경의 관심이 항상 갈등 관계에 있는 것만은 아니라는 것이다.[16] 예를 들어, 혁신평가에 대응하기 위해 공공기관들은 신설된 혁신

16) 이와 관련해 일단의 조직연구자들이 기술 환경과 제도 환경 간의 구분이 너무 단순하다는 점을 지적하면서 이와 같은 구분의 타당성에 대한 의문을 제기해 왔다(예: Powell, 1991; Scott & Meyer, 1991). 예를 들어, 이들은 초기 연구들이 기술 환경의 많은 국면(facets)이 제도상의 규정들에 의해 형성되고 뒷

전담조직을 중심으로 혁신의 목표와 실행계획을 세우고 설정된 계획에 따라 혁신을 추진했다. 이와 같이 추진된 혁신을 기관들이 자체적으로 모니터링하고 평가할 수 있는 시스템을 구축했으며, 혁신을 추진하는 과정에서 조직구성원들이 적극적으로 참여하고 학습할 수 있는 방안을 강구하고자 했다. 이와 같이 공공기관의 경우 실질적으로 혁신을 추진했고, 그에 따라 시스템 개선과 예산 절감이라는 성과를 어느 정도 달성한 것으로 인식하고 있다(김명환 외, 2008: 112). 이것은 정당성의 요건과 능률성에 대한 관심이 일치할 수 있다는 것을 보여주는 것이다.

따라서 만약 조직 환경이 제도 환경과 기술 환경으로 나뉘어 있기보다는 하나의 연속선상에 존재하며, 심지어 서로 영향을 미치고 있다고 가정할 수 있다면, 제도 환경의 정당성 요건과 기술 환경의 능률성에 대한 관심사 간의 갈등으로 인한 공식구조와 비공식구조 간의 분리가 이뤄진다는 것에 대한 이론적 재고려가 있어야 할 것이다.

2 제도 환경에 대한 조직 대응의 다양성

사회학적 신제도주의자들의 이론에는 제도 환경에 대한 조직의 대응에서 왜 조직 간 차이가 발생하는가에 대한 구체적인 설명을 제공하지 않고 있다(김명환, 2006). 만약 제도 환경에 대한 조직들의 대응에서 차이가 발생한다면 그러한 이유에 대한 규명과 함께 설명할 수 있는 기제의 제공이 있어야 하며, 그러한 차이를 유형화할 수 세밀한 틀이 강구될 필요가 있는 것이다.

이와 관련해 일단의 학자들(예: Beckert, 1999; Fligstein, 1997; Greenwood & Hinging, 1996; Goodstein, 1994; Hirsch & Lounsbury, 1997; Lounsbury, 2001; Oliver, 1991; Zilber, 2002)은 조직 내부에 존재하는 요소들에서 제도 환경에 대한 조직의 대응에 차이가 발생하는 원인을 찾고자 했다. 이들은 특히 개별 조직이 상이한 목표, 방향, 가치 및 관심 등을 가짐으로써 동일한 거시 제도 환경에 대한 다양한 미시적인 해석의 여지가 존재하게 되며, 이것이 바로 제도 환경에 대한 조직의 대응에서의 차이를 초래한다고 주장하고 있다.[17] 즉, 제도 환경(자체 또는 영향)에 대해 조직은 자신

받침될 가능성을 고려하지 않았기 때문에 기술 환경과 제도 환경 간의 구분은 문제의 소지가 있다고 주장하고 있다(Garud et al., 2002; Karnøe, 1995; Powell, 1991; Scott, 1998: 131-139).

들 나름대로의 (상이한) 해석을 하게 되며, 그러한 해석을 바탕으로 자신의 맥락, 상황 또는 현실에 가장 적합하다고 여겨지는 방식으로 전략적으로 대응한다는 것이다. 이것은 조직이 제도 환경에 단순히 순응한다고 보는 것은 다소 순진한 발상이며, 제도 환경에 대응 방식과 강도를 전략적으로 선택한다는 것을 의미한다. 즉, 조직이 제도 환경에 맹목적으로 순응하기보다는 제도의 규칙과 규범을 해석하고 납득하며 그것들의 강도와 내용을 평가한 후 조직의 이익 및 이념과 결부시켜 전략적으로 대응할 것이라고 보고 있다(김명환, 2006). 우선 조직은 제도 환경이 자기에게 적용되는 것인가를 확인할 것이다. 만약 그렇다고 판단되면, 제도 환경에 대응하기 위해 무엇을 어떻게 해야 할 것인가를 고민할 것이다. 이와 같은 상황에 대한 해석과 납득의 과정을 통해 조직들은 제도 환경에 전략적으로 대응한다는 것이다(Scott, 2001: 169).

실제로 제도 환경으로서의 혁신평가에 대한 공공기관 간의 대응 방식과 강도에서 차이를 보여주고 있는데, 이것은 공공기관이 제도 환경에 어느 정도로 순응할 것인가는 하나의 전략적인 선택으로 이해할 수 있다. 이러한 선택에 내부의 사정과 여건, 가치(능률성과 공공성) 및 조직 특성과 같은 여러 가지 요소가 영향을 미칠 수 있었다. 예를 들어, 김명환·김상묵(2007)의 연구 결과에서 볼 수 있듯이, 조직 자체의 역량에 따라 순응의 정도에서 차이가 존재했다. 실제로 공공기관 중 비교적 규모가 큰 기관이 상대적으로 좋은 평가를 받은 것은 이를 반증하고 있다고 볼 수 있다. 또한 평가지표들이 자신의 조직 특성과 얼마나 부합되느냐에 따라서도 차이가 있었다. 예를 들어, 민간기업과 비슷한 유형(기업형)의 기관들이 상대적으로 좋은 평가를 받았던 것은 이를 시사한다.

이러한 관점에서 볼 때, 마이어와 로완(Meyer & Rowan)이 제시한 분리와 순응이라는 제도 환경에 대한 조직의 단편적인 대응 방식에 대한 재검토를 바탕으로 전략적인 관점에서 좀 더 다양한 대응 방식에 대한 이론적 논의가 필요하다. 이와 관련해, 올리버(Oliver, 1991: 151-159)가 제시한 제도 환경에 대한 조직의 전략적 대응 방식으로서 묵인(acquiescence), 타협(compromise), 회피(avoidance), 반항(defiance) 및 조작(manipulation) 등을 주목할 필요가 있다.

---

17) 그 결과, 조직의 장에서 동형화(isomorphism) 대신 동질 이상 또는 다형화(polymorphism)가 발생한다고 한다.

3 제도설계와 조직의 순응

제도 환경에 대한 순응은 제도를 당연하게 받아들이게 하는 제도의 정당성에서 나온다. 좀 더 중요하게, 이와 같은 제도의 정당성에 대한 신념은 제도의 타당성에 기초하고 있으며, 이러한 타당성은 또한 제도의 공정성과 밀접하게 관련되어 있다. 좀 더 중요하게, 제도 환경에 대한 조직의 순응 형태는 제도가 어떻게 설계되어 있느냐에 달려 있다고 할 수 있다. 즉, 조직이 제도설계의 타당성에 의문을 품게 될 때, 좀 더 형식적으로 대응할 가능성이 크다는 것이다.

공공기관 혁신평가에서 규모가 큰 기업형 공공기관을 제외한 대부분의 공공기관에서는 경영학과 교수 위주의 평가단 구성과 보고서 위주의 평가 방식에 불만을 나타냈다. 실제로 당시의 혁신평가 방식이 경영 마인드를 가지고 체계적으로 보고서를 작성할 수 있는 기관에게 유리하게 설계되었다는 불만이 팽배했다.[18] 그와 같은 평가 방식으로 인해 일부 기관은 자신들의 혁신 노력이 공정하게 평가받지 못했다는 인식을 가지게 된 것이다. 이와 같은 기관일수록 혁신평가에 좀 더 의례적인 대응을 할 수밖에 없었을 것이다. 이것은 제도설계가 조직의 대응 방식에 영향을 미쳤다는 것을 의미한다. 따라서 제도 환경에 대한 조직의 대응 방식 연구 또한 제도설계와 맞물린 측면에 대한 고찰도 필요하다고 본다.

4 위선의 윤리적 측면

브런손(N. Brunsson)에게 조직의 위선이란 일종의 조직의 특징으로서 내적 일관성의 결여로 인해 발생하며, 조직의 여러 상이한 부분이 상반된 방식으로 운영될 수 있게끔 해준다고 한다. 그는 이러한 조직의 위선을 어떤 조직에서나 발생할 수 있는 일반적인 현상이라고 보고 있다. 이와 유사하게, 립슨(Lipson, 2006: 4-5)은 조직이 일관된

18) 당시 기획예산처가 주관한 공공기관 혁신평가 제도를 설계하는 데 경영학과 교수들과 컨설팅 회사 관계자들이 주된 역할을 하게 됨으로써 경영능률성에 대한 과도한 강조 등 실제 평가에서 여러 가지 문제점이 발생한 측면이 있다.

행위자일 필요가 없기 때문에, 조직화된 위선(organized hypocrisy) 또한 의도적일 필요는 없다고 한다. 즉, 조직의 위선이 한 조직의 상이한 부서에서 활동하는 사람들에 의해 분리되고 조정되지 않은 행태의 의도되지 않은 결과로서 발생될 수 있다고 한다. 그는 조직화된 위선이란 "조직 환경에서의 규범적인 압력과 물질적인 압력 간의 지속적인 불일치"로 정의하고 있다(Lipson, 2006: 6). 그러나, 그에 의하면, 조직화된 위선이 의도되지 않거나 피할 수 없기 때문에 위선이라는 용어가 보통 의미하는 도덕적으로 부정적인 함축(connotation)을 수반하지는 않는다고 한다. 그랜트(Grant, 1997: 26)에 의하면, 같은 맥락에서, 따를 의사가 없는 원칙들을 (따를 것처럼) 공언하는 것은 위선이나, 최상의 기대를 지킬 수 없게 되는 것은 위선이 아니라 인간의 본성이라고 한다. 도비(Dovi, 2001: 12)는 자신들이 위반하려고 하는 기준에 대한 헌신을(할 것처럼) 부정직하게 공헌하는 악의적인 위선자들(vicious hypocrites)과 조정될 수 없는 대립적인 가치들에 직면해 진정으로 지켜온 도덕적 원칙을 위반해야 하는 비운의 타협자(tragic compromiser)를 구분했다. 앞의 논의들과는 다소 다르게, 위버(Weaver, 2006)에 의하면, 이와 같은 조직의 위선은 조직의 의도적이고 전략적인 행위로서 조직 생활의 하나의 합리적이고 심지어 정당한 모습이라고 할 수 있다고 주장한다.

언행 간의 불일치가 위선인가에 대한 논쟁은 일반적으로 말로 표현된 가치들에 대한 행위자들의 진정성에 관심을 두고 있다. 만약 의례적이라고 할지라도 공식구조와 비공식구조를 분리하는 것과 언행 간의 불일치가 의도적인 것이라고 할 경우에 윤리적 측면(moral dimensions)에 대한 고려의 여지는 없는가? 예를 들어, 공공기관이 실적보고서를 작성할 때 한 번 한 것을 두세 번 했다고 하는 식으로 실적을 과대 포장하거나 부풀릴 뿐만 아니라 실제로 나타났듯이 심지어 없는 사실을 만들어 내는 보고서의 허위 작성과 같은 경우도 있었다고 한다. 이것은 일종의 도덕적 해이(moral hazard)로서 조직이 정보의 비대칭으로 인한 기회주의적인 대응(opportunistic responses)이다. 이와 더불어, 위선 그 자체 또는 결과가 사회의 가치와 배치되는 경우에 대한 고려도 필요하다(Johansson, 2007). 따라서 앞에서 지적한 세 가지와 더불어 제도 환경에 대한 일종의 조직의 대응 방식인 분리와 위선이라는 개념을 설명하는 데 윤리적인 측면을 어떻게 다룰 것인가와 함께 의례적인 대응과 기회주의적인 대응 간의 관계를 어떻게 상정할 것인가가 우리에게 숙제로 남겨져 있다고 할 수 있다.

제 5 절 결론: 논의와 시사점

왜 일부(사실 대부분의) 조직은 겉과 속이 다를까? 왜 조직은 제도 환경에 형식적으로 대응할까? 이와 같은 의문에 대한 답을 구하기 위해 이 연구는 마이어와 로완의 공식구조와 비공식구조 간의 분리와 브런손의 조직의 위선이라는 개념을 활용해 혁신평가라는 제도(환경)에 공공기관이 대응하는 방식을 설명하고자 했다.

공공기관 혁신평가는 혁신의 기준(주로 능률성 기준)에 대한 제도화를 통해 평가의 방향, 지표, 및 과정 등에 대한 제도화를 시도한 것이다. 이러한 혁신평가에 대해 외부로부터 정당하지 않다는 공격으로부터 방어하기 위한 수단으로서 혁신 관련 업무와 일상적인 업무의 이원화를 통해 혁신평가에 의례적으로(형식적으로) 대응했다고 볼 수 있다. 특히, 기관의 특수성을 반영한 평가지표의 세분화와 평가지표의 개발 시 기관의 참여를 통한 현실성 있는 지표 개발이 결여된 상황에서 기관의 규모와 기능 등 여건을 감안하지 않고 공통지표를 모든 기관 대상에 적용하는 획일적 평가는 각 기관의 현실을 반영하기 어려웠기 때문에, 이 경우 공공기관이 혁신평가에 형식적으로 대응한 것은 어쩌면 너무나도 당연하다고 하겠다. 또한 혁신평가 제도의 불안전성으로 인해 제도 환경의 규범이 자주 변하는 경우에는 능률성의 요건과 결합하는 것이 더욱 어려웠을 것이라고 생각한다.

앞에서도 강조했듯이, 조직의 장에 있는 조직들이 타당성에 의문을 품게 될 때, 제도 환경에 더욱더 의례적으로 대응할 공산이 크다고 할 수 있다. 공공기관은 혁신평가가 규모가 큰 기업형의 공공기관에 유리한 평가 구조를 가지고 있는 것으로 인식했으며, 이로 인해 평가에 대한 공정성에 의문을 제기했다고 할 수 있다. 실제로 그와 같은 유형의 공공기관들이 혁신평가에서 대체로 높은 등급을 받았다는 사실은 이를 반증하고 있다고 할 수 있다. 이는 또한 그렇지 못한 유형의 기관들은 특히 기관 내부의 현실 여건이 충분치 못하며 기관이 수행하는 업무들과 평가지표들 간의 상당한 괴리로 인해 제도 환경인 혁신평가에 좀 더 의례적으로 대응했을 개연성이 있다고 볼 수 있다. 물론 브런손이 지적했듯이, 분리와 위선은 현대 조직에서 조직이 환경의 영향을 완충하기 위한 기제로서 불가피한 측면이 있으나, 제도설계상의 문제점도 엄연히 존재한다는 것을 보여주는 것이다. 따라서 차후 혁신평가의 실효성을 제고하기 위해서는 혁신평가 제도가 혁신의 필요성과 방식에 대한 공감대의 형성을 바탕으로 해서 기관의 자율권을 보장하고 기관의 특성과 현실을 반영하는 맞춤형 평가 방식으로 개편될 경우 공공기관의 대응이 이전과는 달라질 여지가 있다고 할 수 있다.

이상의 논의는 사회학적 신제도주의 관점에서 (제도) 환경에 대한 조직의 대응 방식을 설명하고자 한 시도였다. 이러한 시도에서 제도 환경과 기술 환경 간의 불일치성(또는 비일관성)과 제도 환경의 기준과 조직 내부 현실 간의 차이 외에 새로운 요인들을 추가할 뿐만 아니라 대리인의 기피(shirking)와 도덕적 해이(moral hazard)를 설명하는 데 관심이 있는 위임자-대리인이론 등 다른 관점에서 조명해 봄으로써 이에 대한 연구의 지평을 더 넓힐 필요가 있으며, 이러한 방향으로 지속적인 향후 연구가 진행되기를 기대한다.

제 7 장

성과급 제도에 대한 공무원의 대응: 근거이론의 적용

한승주

제 1 절 서론

이 연구는 업무 동기 유발을 목적으로 했던 성과급 제도를 공무원들이 어떻게 이해하고 받아들이는가를 분석하고 있다. 수평적 성과 경쟁이 정부관료제 속 공무원에게 준 영향을 살펴보고자 하는 것으로 개별 공무원이 이로 인해 어떠한 경험을 했는지를 분석한다. 이를 위해 관리자의 눈에서 제도의 효과성을 찾던 기존 연구과 달리, 연구의 관점을 정책 대상이었던 공무원의 눈으로 돌리고자 한다.

1997년 외환위기 이후, 정부가 추진한 성과 중심적 정부로의 전환은 특히 인사관리 분야에서 두드러졌으며 그 대표격이 성과급 제도였다. 정부에 성과를 창출하라는 요구는 특별한 논의 없이 공무원 개인에게 성과를 창출하라는 요구로 환원되면서, 생산성 높은 정부가 되기 위해서는 공무원 개개인이 직무 수행상 높은 성과를 거둬야 한다는 당위(當爲)가 새삼스럽게 부여되었다. 따라서 성과 중심의 인사관리 구조로 전환하는 개혁 과정에서 개인 성과에 따라 차별적으로 보상하는 성과급 제도의 도입은 자연스러운 것이었다. 1999년 전체 공무원을 대상으로 하는 성과급 제도를 도입한 이래, 2006년에는 지급 횟수 및 기준액을 높여 차별 정도를 강화하는 등 현재까지 확대일로에 있다.[1)]

그렇다면 성과급 제도는 공직 현장에서 실제로 어떻게 운영되었는가? 이에 대한 답은 성과급제를 사례로 한 선행 연구의 결과를 통해 짐작할 수 있다. 거의 모든 연구에서 공무원들은 성과급제에 대해 매우 낮은 수준의 만족을 나타냈으며, 심지어 12개 인사 제도 가운데 가장 불만이 높은 제도로 꼽기도 했다(장지원, 2007). 지방공무원을 대상으로 한 일부 연구는 대부분 성과급제가 균등 분배, 나눠먹기, 공통경비 활용, 돌아가며 받기 등으로 운영되고 있어 공무원들이 실질적으로 제도에 불응한다고 보고했다(하상근, 2005; 오성호, 2003). 또한 성과급의 공정성은 인사관리 제도 중에서도 최하위로 꼽히기도 하는 등(권경득, 2006) 이러한 결과는 연구에 따라 별반 달라지지 않는다(이희태, 2005; 오성호, 2003).

그러나 현재 선행 연구가 알려주는 정보는 성과급 제도가 겉도는 원인을 제대로 파악하기에 충분치 않으며 상충적이기도 하다. 대부분의 연구가 제도 설계상의 문제점을 찾는 데 그치고 공무원들의 대응 모습에 주된 관심을 두고 있지 않다. 특히 제도에 대한 만족도, 동기 유발, 공정성 등을 점수화해 측정함으로써 왜 공무원들이 성과급 제도에 대해 기대와 다른 반응을 하는지 충분하게 알 수 없었다.

따라서 이 연구는 공무원들에게 열린 질문을 함으로써 기존의 연구에서 드러나지 못했던 공무원의 인식과 경험을 분석하고자 했다. 공무원들이 성과급제를 받아들이기 힘든 원인은 무엇이며 그것이 공무원들에게 어떠한 영향을 주고 있는지, 공무원들은 구체적으로 어떤 논리에 따라 대응하는지를 탐구한다. 이를 위해 질적 연구 방법의 하나인 근거이론(grounded theory)을 적용해 공공 부문에서 성과급 제도의 한국적 수용 모습을 설명하고자 했다.

---

1) 현재 정부의 성과급 제도 전반을 담당하는 행정안전부는 성과급 지급 방식의 다양화 및 업무 영역에 따른 성과평가 기준의 개선 등 제도의 적실성 확보와 지속적 확산을 강하게 추진하고 있다. 교육과학기술부는 '2009년 교육공무원 성과상여금 평가 기준'을 일선 학교에 보내, 순환 등급 및 균등 분배를 결의하는 학교에 법적 조치를 하겠다고 밝혔다. 교육활동 성과를 공정하게 평가해 성과급의 취지가 구현되도록 할 것을 요청하며 순환 등급 및 균등 분배를 국가공무원법 제56조와 형법 제137조 '위계에 의한 공무집행방해죄'에 해당하는 불법행위라고 명시했다.

제 2 절 성과급 제도에 관한 이론적 논란과 실증적 연구의 한계

1 성과급 제도의 효과에 관한 이론적 논란

조직구성원의 업무 수행을 향상하기 위해 널리 사용하는 개인 성과급 제도는 개인 성과에 따라 물질적 보상을 제공할 때 조직생산성이 향상된다는 것을 전제로 한다. 그러나 그 효과에 대한 연구 결과는 일관적이지 않고 이론적 입장도 대립한다. 우선, 성과급 제도의 긍정적 효과 및 필요성에 주목하는 대리인이론, 토너먼트이론 등은 주로 경제학적 시각에 기반하고 있다. 구성원의 개별 산출에 관한 정보를 정확히 얻기 어려운 조직 상황에서 구성원의 기회주의적 행태를 방지할 수 있는 적절한 유인 기제가 성과급 제도라고 주장한다. 이기적 동기를 품고 있는 구성원들에게 차별적 금전 보상이야말로 개인의 행태를 직접적으로 변화시킬 수 있는 신속한 수단이라는 것이다. 특히, 토너먼트이론은 구성원의 업무 수행 상황을 1인의 주인과 다수의 대리인 사이의 토너먼트식 경기 상황으로 간주하면서, 승자와 패자 사이 상금 차이가 커질수록 참가자들이 경기에 대한 노력을 높일 것이라고 말한다. 따라서 성과 상위자와 하위자 사이의 보상 격차를 크게 할수록 구성원들은 성과 경쟁에 매진할 것이고 조직 성과는 향상될 것이라고 기대한다. 여기서는 성과를 얼마나 산출하느냐보다 경쟁자보다 나은 성과를 산출하느냐가 초점이 되며, 이것이 현재 우리나라 공무원 성과급 제도의 기본 구조다(김영호, 2007; 황성원, 2004; Lazear, 1996).

또한, 기대이론과 같은 조직심리학적 시각에서도 성과급은 업무 동기 유발의 강력한 수단으로 여겨진다. 업무 성과와 금전 보상을 밀접히 연결시킴으로써 노력에 대한 보상 기대를 형성해 업무 동기를 유발할 수 있다는 것이다. 성과급과 같은 외부적 보상이 주어진다면 구성원의 만족감이 높아져 적극적으로 일할 것이기 때문이다(Locke, 1982; Porter & Lawler, 1968; Vroom, 1964).

그러나 한편에서는 성과급 제도의 효과는 기대와 다르며 오히려 폐해를 가져올 수 있다고 주장한다. 페퍼(Pfeffer, 2001: 275-276)는 많은 연구가 성과급의 효과가 낮다는 것을 입증함에도 경영 현장에서는 하나의 신념처럼 성과급 제도가 확산되는 것을 우려한다. 그가 꼽는 성과급제의 문제점은 첫째, 실제 개인이 산출한 성과보다는 개인의 정치적인 대인 관계 관리 수완에 따라 보상하게 되는 현실, 둘째, 동료 직원들의 성공을 희생시키면서 특정 개인의 성공을 강조하게 됨으로써 결과적으로 팀워크를 저하하는 문제, 셋째, 조직 전체 수준에서의 성과에 대한 무관심, 넷째, 단기적인 성과에 대한 관심을 고무하면서 장기적 차원의 계획에 대해서는 오히려 간과하도록 만드는 문제, 다섯째, 구성원들에게 두려움을 느끼게 만드는 통제성을 꼽고 있다(Pfeffer, 2001: 275-276). 또한 콘(Kohn, 1993)은 성과급제의 기본 원리인 경쟁이 오히려 동기 유발 요인들을 파괴할 수 있다고 주장한다. 경쟁의 제로섬(zero-sum) 게임적인 속성이 경쟁 당사자 간의 인간 관계를 훼손하거나 부정행위를 초래해 패자에게도 승자에게도 해로움을 준다는 것을 여러 실험을 통해 제시했다. 데시(Deci, 1971)의 연구도 업무 자체를 즐거움으로 여기는 내적 동기가 외적 보상으로 인해 파괴될 수 있음을 보인다. 업무 동기 유발에서 본질적으로 중요한 것은 자기결정감이나 효능감과 같이 자신이 직접 환경을 처리하면서 얻는 만족인데, 성과급과 같은 외적 보상이 실시된다면 이러한 내적 만족감이 축소된다는 것이다. 오히려 통제감과 무력감을 느끼고 오직 보상을 얻기 위해서만 일하면서 일을 통해 인정받고자 하는 내적인 동기는 궁극적으로 저하되는 것이다(Deci & Ryan, 1985: 298-301).

이러한 우려는 공공 부문에서 더욱 부각된다. 공직봉사 동기(public service motivation) 등 공무원의 내적 동기를 강조하는 입장은 성과급제의 효과를 회의적으로 보기 쉽고(Perry & Wise, 1990: 370-371), 정부 구조의 특수성을 주목하는 입장은 정부의 계층적 구조, 상호 의존된 업무로 인해 개인별 성과평가가 어려우며 차별적 배분도 비효과적일 수 있다고 우려한다(Milkovich & Wigdor, 1991: 82-83).

실제로 1990년 미국 인사관리처(Office of Personnel Management)는 성과급 제도의 효과성을 조사한 결과, 기대 밖으로 부정적인 결과를 얻었고(Milkovich & Wigdor, 1991), 공무원 성과급 제도에 관한 선행 연구의 결과를 분석한 페리 외(Perry et al., 2009)의 연구도 전통적인 공공조직에서는 성과급 제도의 동기 유발 효과가 일관되게 부정적임을 밝혔다. 웨이벨 외(Weibel et al., 2009)의 메타분석 역시, 성과급 제도가 공무원의 내재적 동기 유발을 제한하는 숨겨진 비용을 치르고 있다고 결론지었다. 다카하시(Takahashi, 2004)에 따르면 일본의 성과급 제도도 낮은 효과를 보이는데 이는 내재적 동기 유발에 기반하는 일본형 인사 구조와 현실적으로 맞지 않기 때문이라고 주장한다. 일본형 인사 구조는 급여보다 차기 일의 내용으로 보상하는 시스템으로 내재적 동기 유발을 본질로 하기에 금전 보상 방식이 적절하지 않다는 것이다.

요컨대, 광범위한 확산과 공무원 개혁 수단으로서 받은 각광에도 불구하고 성과급제의 효과에 대한 이론적 합의 수준은 그다지 높지 않고 실제 사례들도 부정적인 결과를 보이고 있어, 복잡한 조직 환경을 가진 공공 부문의 경우 성과급제의 효과는 더욱 의문시된다. 공공조직의 다양한 맥락 속에서 공무원들이 성과급 제도에 어떠한 적응 모습 및 효과를 보일지 예상이 쉽지 않은 상황 속에서 이에 관한 면밀한 검토가 요구된다고 할 것이다.

2 선행 연구를 통해 본 실증적 연구의 한계

선행 연구들은[2] 우리나라 성과급제의 적용 결과에 대해 대부분 부정적 효과를 보고하고 있다. 그러나 이러한 연구들은 제한된 분석 차원, 구성 개념의 혼란, 편중된 연구 방법, 상충된 결론 제시 등 분석상 몇 가지 한계를 보이고 있어 성과급 제도의 운영 현실과 효과에 대한 충분한 답을 얻기 어려웠다.

구체적으로 보면 먼저, 다수의 선행 연구는 성과급제 수용의 영향 요인으로 조직 차원의 영향을 간과하고 있다. 공공조직이 갖는 대표적인 특징인 계층적·집권적 조직구조, 상호 의존적 업무, 집단적 문화, 정치경제적 제약 등의 영향을 적극적으로 분석한 연구는 매우 적었다. 조직문화를 고려한 몇몇 연구를 제외한(한종희, 2005; 황창연, 2003; 문정욱, 2003) 대부분이 개인적 특성이나 제도설계상의 특징 등을 주요 요인으로 검토하고 있어, 공공 부문 조직 특성이 제도 수용에 어떤 영향을 미칠지 충분히 분석되지 못한 것이다.

그뿐만 아니라, 실증 연구의 결과는 상충적으로 나타나기도 했다. 직급, 나이, 성별, 근무 기간 등이 여러 연구에서 반복적으로 검토되었지만 비교적 공통적인 것은 직급이

2) 정부 성과급제에 대한 국내 연구의 수는 의외로 부족했는데 성과급을 직접 연구 사례로 한 경우보다 성과관리 제도, 인사개혁 등에 포함시켜 연구하거나 특정 성과평가 제도(예: BSC)를 대상으로 연구하고 있었다. 이 연구에서는 성과급 제도가 성과평가와 차별적 금전 보상이라는 두 부분으로 구성된다고 보고, 성과평가 제도를 연구 대상으로 삼은 경우도 포함해 검토했다.

높을수록 동기부여나 만족도가 높다는 것뿐이며 그 외 요인의 영향에 대해서는 상충된 결과가 나타났다. 예를 들어, 장지원(2007)의 연구에서는 나이 많은 공무원일수록 성과급 제도에 대한 만족도가 낮았지만, 이희태(2005)의 연구에서는 동기부여 정도가 높게 나타나 나이 변수의 효과가 반대로 분석되었다. 또한 황성원(2007), 이희태(2005) 등의 연구에서는 높은 직급일수록 성과급에 대한 긍정적인 반응을 보였지만, 허철행(2002)의 연구에서는 오히려 직급이 높을수록 성과급에 대한 만족도가 낮게 나타났다. 이렇게 상충하는 결과는 연구 설계상의 문제일 수도 있으나, 다른 한편으로는 개인의 심리적 측면 때문으로 볼 수 있다. 성과급제에 대한 심리적인 기제가 작동해 반응상 차이가 나타날 수 있기에 구성원의 심리에 관한 충분한 분석이 필요할 수 있다.

한편, 일부 연구는 구성 개념의 혼란으로 연구 결과의 타당성이 떨어지고 있었다. 주로 종속변수로 설정되는 수용성을 '성과급 제도를 얼마나 수용하는가'라는 직접 질문으로 측정하거나 정확한 개념 정의 없이 다양하게 측정했다. 동시에 독립변수로 설정된 공정성, 필요성, 신뢰성 등은 종속변수인 수용성을 구성하는 하위 개념이 될 수 있으므로 동일 개념 간의 관계를 측정하는 문제가 나타날 수 있다. 공정성, 필요성, 신뢰성 등 독립변수 서로 간에도 다중공선성의 우려가 높다. 이런 경향은 성과급 제도에 관한 공무원 인식을 조사한 대부분의 연구에서 나타났으며, 수용성, 동기 유발 정도, 만족도 등 개념들이 구별되지 않은 채 중복 사용되었다.

또 다른 문제점으로 연구 방식의 편중을 들 수 있는데 절대 다수의 연구는 공무원의 인식을 설문조사하는 방식을 택하고 있다는 점이다. 구조화된 질문지의 리커트 척도를 통해 동기 유발이나 만족 정도를 조사하는 방식은 개인의 가치 및 태도를 조사하는 일반적인 방식이며 그 결과를 계량화해 비교 제시할 수 있다는 장점이 있으나 공무원의 대응을 풍부하게 설명하기에는 한계가 있다. 동기 유발 정도에 관한 수치화된 정보만으로는 그 원인과 과정에 대해 자세히 알 수가 없고 왜 어떠한 논리로 만족하는지, 반발하는지를 알기 어렵다. 연구의 관심이 구성원에게 미치는 다양한 영향을 분석하는 것이거나 대응의 여러 모습을 면밀히 파악하는 데 있다면 이러한 연구 방식은 적절하지 못할 수 있다. 따라서 구성원들의 대응 체계를 심층 분석해 그 동안 생략되었던 대응 과정과 논리를 찾기 위한 대안적 연구 방식이 필요하다고 할 것이다.

제 3 절 연구 방법: 근거이론의 적용

1 분석 방법과 그 타당성

1) 적용의 타당성

이 연구는 공무원의 언어에 근거한 열린 연구의 필요성이 높다고 판단, 근거이론(grounded theory)을 적용해 현상을 설명하는 방식을 택했다. 근거이론은 관찰 자료에서 발견되는 개념, 유형, 공통 범주의 분석으로부터 이론을 도출하려는 시도로, 공공조직이라는 특수한 맥락 속에서 성과급 제도에 대응하는 현장 공무원들의 다양한 모습을 포괄하려는 이 연구의 목적에 부합할 수 있다. 또한 질적 자료의 수집과 분석의 체계성을 위해 코딩(coding) 방식을 제시하고 있어서 공직 현장의 이야기를 수집하고 분석하는 과정의 타당도와 신뢰도를 높일 것으로 판단했다.

근거이론의 독특성은 이론 형성과 발전을 명확하게 도모한다는 점으로, 다른 질적 연구 방식이 인과 관계 찾기에 직접적 목적을 두지 않고 사례의 두터운 기술(thick and rich description)을 목적으로 하는 반면, 근거이론은 기존 이론의 수정이나 새로운 이론의 형성을 목적으로 개념이나 범주의 인과적 연결 구조를 적극적으로 찾는다(Suddaby, 2006; Goulding, 2002: 44; Spiggle, 1994: 495).[3] 즉, 이론 형성에 주요 목적을 두고 현장에서 얻은 질적 정보들을 개념화하는 과정에 초점을 두기에 자료로부터 점차 추상화된 범주를 도출해 나가는 체계화된 과정이며 이론 발전을 위한 방법론이라는 특징을 가진다.

간호학, 교육학, 심리학 등에서 주로 적용해 온 근거이론은 이 연구와 같은 조직관리 분야에서도 적용 가능성이 높다.[4] 로크(Locke, 2007: 95-98)는 조직관리 연구에서

3) 글레이서(Glaser, 2004)는 오히려 근거이론을 질적 연구 방식의 하나로만 여기고 질적 분석 방법과 혼용해 사용하는 것이 근거이론의 장점을 흐리게 만든다고 우려할 만큼 방법론적 차별성을 강조한다. 질적 연구 방법과 근거이론의 차이는 기술(description)과 추상화(abstraction)의 차이라고 말한다.

4) 조직문화 연구(Turner, 1981), 업무에 대한 직원의 시각(Clegg et al., 1996), 전자문서교환 행태연구(Crook & Kumar, 1998), 학계의 정보추구 행태 연구(Ellis, 1993) 등 주로 조직관리 과정 속에서 개인이

근거이론의 적용 적합성을 네 가지로 밝히고 있다. 첫째, 복잡성을 파악하기 용이하다는 것으로 근거이론을 통해 조직을 둘러싼 복잡한 맥락을 잘 파악할 수 있고 주요 행위자의 행위나 전략뿐 아니라 그 맥락과 과정적 요인을 파악하기 용이하다. 둘째, 현실과의 연계가 원활하다는 것으로 조직구성원 사이의 암묵지와 같은 현장의 이야기를 귀납적으로 수집해 분석하기 때문에 학계와 관리 현장의 괴리를 메우는 데 유용하다. 셋째, 새로운 영역에서 벌어지는 현상의 이론화를 돕는다는 점으로 새로운 분야에서 발생하는 현상들은 이론화할 선행의 연구가 부족하기에 근거이론을 통한 이론의 발견이 필요하다. 마지막으로, 기존의 이론을 풍부하게 할 수 있다는 점이다. 근거이론을 통해 기존 이론을 성숙시킬 수 있는 새로운 발견을 가져옴으로써 이론의 수정 및 확장을 도울 수 있다.

공공조직은 민간조직에 비해 그 환경적 맥락이 복잡해 파악이 쉽지 않고 이를 무시하기에는 현실적 영향력이 매우 크다. 이를 고려하지 못해 정착에 실패하거나 어려움을 겪는 관리기법의 예가 적지 않기에 공공조직의 복잡성을 파악한다는 점에서 근거이론은 유용할 수 있다. 정부 성과급 제도 역시 공무원, 성과급제, 그리고 공공조직적 맥락의 상호작용 아래 제도가 어떻게 운영 및 변형되는지를 검토해야 할 필요가 높다. 따라서 공무원들에게 인식되고 있는 제도와 그 맥락, 그에 대응하는 의도 혹은 비의도적 행위, 그 결과적 현상 등을 포괄적 이야기로 분석할 수 있다는 점에서 근거이론이 적합할 수 있을 것이다.

2) 내용 및 절차

근거이론의 개략적 절차는 이렇다. 관심이 가는 연구문제를 발견하면 문제가 나타나는 현장으로 간다. 관련된 사람들을 심층 인터뷰하고 관련된 문헌 등 자료를 수집하면서 자료에 대한 분석을 시작한다. 근거이론에서 분석이란 코딩을 의미한다. 모아지는 질적 정보들을 세밀히 나눠 공통적 개념(concept)을 이야기하는 것끼리 묶어 적당한 명칭을 부여하는 작업이다. 이렇게 나타나는 개념들을 공통적으로 관련된 것들끼리 다시 묶음지어 새로운 범주(category)를 만든다. 범주를 도출한 후 이들을 연결짓는다.

보이는 행동 유형을 밝히는 데 근거이론이 적용되고 있다(Goulding, 2002: 50). 실제로 1970년대 조직행태 연구에서 근거이론의 적용이 증가했는데 조직관리 분야의 핵심 연구 주제로 의사 결정, 사회화, 조직 변화 등이 강조되면서 개인 및 집단의 행동 변화가 강조되었기 때문이다.

여러 범주 가운데서도 핵심이 되는 범주를 고르고 그것을 중심으로 다른 범주들을 원인, 조건, 결과 등의 위치에 놓으면서 하나의 이론적 이야기가 되도록 만드는 과정을 거친다. 이렇게 나타난 이론을 정밀화하기 위해 다시 개념화, 범주화 작업으로 돌아가서 재수집 및 재검토 작업을 이어간다. 충분히 정밀화되었을 때 작업을 마치고 이론을 제시한다(Goulding, 2002; Strauss & Corbin, 1990/1998; Glaser, 1978).[5] 개략적 절차에서 짐작할 수 있듯이, 근거이론은 현상에 대한 개념을 발견하고 개념들 간에 있음직한 관계를 통찰해 이를 논리적으로 연결함으로써 설명 가능한 하나의 이론을 만드는 과정이다. 이론적 통합으로 불리는 이러한 과정은 질적 정보로부터 귀납적으로 문제 현상의 구조를 도출하는 과정인 셈이다.

따라서 이 연구도 자료 수집과 분석상의 동시성과 상호작용성을 고려해, 인터뷰를 진행하면서 부각되는 부분을 중심으로 질문의 내용을 추가 및 수정했기에 초기 인터뷰의 질문이 네 차례가량 변화되었고, 도출한 개념 및 범주들 역시 지속적인 수정을 통해 재코딩하는 과정을 거쳤다.

한편, 스트라우스(A. Strauss)와 코빈(J. Corbin)은 행위와 그것의 구조적 조건을 강조한 패러다임(paradigm)을 제시하며 이론적 통합의 가이드를 제시했다. 패러다임[6]에 따라 범주들을 연결하면서 어떠한 조건들(conditions)이 작동했으며 무슨 현상(action, interaction, emotions)이 중심적으로 벌어졌는지, 그 결과(consequences)는 어떻게 나타나고 있는지(Corbin & Strauss, 2008)에 관한 스토리라인을 정교화할 수 있으며, 이 단계에서 가설 혹은 명제들을 도출할 수 있다는 것이다. 자료로부터 개념화 및 범주화되는 과정이 특정한 구조를 강요한다면 곤란하겠지만 패러다임과 같이 체

5) 이 과정을 온전히 이해하려면 자료 수집과 분석의 '동시성과 상호작용성'이라는 특징적 개념을 받아들여야 한다. 일반적으로 귀납적 연구 방식이란 축적된 자료로부터 명제를 도출해 내는 연구 방식으로 자료의 축적 → 자료의 분석 → 명제의 도출로 흐르는 일방향의 연구 흐름을 전제하지만 근거이론은 이 귀납적 연구 과정이 하나의 방향으로 흐르는 단계적 과정이 아니라 동시에 진행되고 서로 영향을 미치는 과정으로 구성된다. 자료의 수집과 함께 분석이 진행되면서 모습이 드러나는 이론을 고려해 자료의 수집이 다시 이뤄지는 순환 과정인 것이다.

6) 스트라우스와 코빈(Strauss & Corbin, 1990/1998)이 제시한 패러다임 모형은 중심 범주, 원인적 조건, 맥락적 조건, 중재적 조건, 전략, 결과 등으로 구성되어 있다. 이들의 패러다임은 질적 연구 과정을 공식화하고 치밀하게 따를 수 있는 일련의 체계라는 점에서 근거이론을 적용하는 많은 연구에서 대표적으로 사용하고 있다. 하지만 글레이서(Glaser, 1992)는 범주들의 연결에 특정하게 구조화된 하나의 모형을 사용하는 것은 위험하다고 비판하며 이론의 발현을 추구하는 근거이론의 목적과 상충된다고 말한다. 범주화와 범주의 연결을 돕는 휴리스틱스가 필요한 것에는 공감하지만 특정한 하나의 구조가 아니라, 다양한 휴리스틱스를 개발해 현상에 맞는 것을 선택적으로 사용해야 한다는 것이다.

계화된 구조의 적용으로 질적 연구 과정의 모호함을 명료화할 수 있다는 점 역시 중요하므로 여기에서는 패러다임을 기본으로 해당 사례 분석에 맞춰 유연하게 적용하려 했다.

2 조사 대상 및 자료 수집

우선 조사 대상의 범위와 조사 방식을 결정하기 위한 탐색적 면접을 진행했고 이를 반영해, 소개를 통한 눈덩이 굴리기식(snowballing) 표집으로 총 38명의 공무원을 40회에 걸쳐 인터뷰했다.

직렬, 지역, 성별 등을 고려한 다양한 배경의 대상자 7명에게 성과급제에 대한 포괄적인 질문을 한 탐색적 면접의 결과는 다음과 같았다.

첫째, 성과급이 적용되는 수준이 현실적으로 중앙과 지방정부에서 다르게 나타났다. 중앙정부의 경우 성과급이 공식적 기준에 따라 차별적으로 배분되었으나 지방정부의 경우 균등 분배 방식으로 지급되는 경향이 있었다. 이를 구별 없이 면접할 경우, 동일한 제도에 대한 반응으로 보기 어렵기에, 면접 결과 차별적 배분이 비교적 지켜지고 있는 중앙정부와 서울시 및 경기도 소속의 공무원으로 조사 범위를 한정했다.

둘째, 계약직과 일반직 공무원들이 평가 체제 및 보상 체계상 다른 기준을 적용받고 있어서 역시 동일한 제도에 대한 반응으로 보기 어렵기에, 계약직 공무원을 제외한 경력직 공무원을 대상으로 했다.

셋째, 인터뷰 진행상 공직사회의 특징에 맞는 조사 방식이 필요한 것으로 나타났는데, 응답에서 '내' 감정이 아니라 주변 사람들 혹은 조직의 관점으로 표현하거나 자신의 견해를 완화하려는 경향이 있어서 이러한 표현이 사용될 때마다 자신의 견해와 차이가 있는가를 확인할 필요가 있었다. 또한 성과평가라는 예민한 부분을 질문하므로 2명 이상이 함께 인터뷰할 경우 오히려 솔직한 감정 토로가 어렵다고 판단, 집단 면접보다는 개별적 면접으로 진행했다. 동시에 성과평가와 성과급이 매우 사적인 이야기임을 고려해 초면의 면접 대상자와 형성하기 어려운 정서적 유대 구축을 위해 되도록 소개자인 지인과 동석해 식사 자리 등에서 비밀이 보장된 분위기를 형성하고자 노력했다. 또한 인터뷰 초반에 한 질문들은 비교적 편안한 분위기가 형성된 인터뷰 후반에 다시한 번 질문해 응답 내용의 신뢰성을 확보하고자 했다.

한편, 인터뷰는 미리 반(半)구조화된 질문지를 참고해 진행했으며 면접자의 이야기 흐름이 끊기지 않도록 질문의 순서를 바꾸거나 상황에 따라서 질문을 추가 혹은 생략했다(설문 내용은 『한국행정학회보』에 실린 원논문을 참조). 연구의 편의와 현장 묘사를 위해 녹음을 부탁했지만 대부분의 경우 녹음에 난색을 표해 대화 중 잦은 메모와 종료 후 신속한 기록으로 인터뷰 내용의 생생함을 살리고자 노력했고 동의를 얻은 일부에 한해 대화 내용을 녹음했다. 인터뷰 이후에는 1차 녹취록을 만들었으며, 그 후 한 라인씩(line by line) 코딩을 엑셀시트에 기록한 2차 분석지를 바탕으로 개념 및 범주를 도출했다. 또한 인터뷰 횟수가 누적되면서 도출된 개념과 범주가 조정, 변화될 때마다 그 기록을 남기려 했다.

이러한 점들을 반영해, 성과평가를 통해 성과상여금을 지급받는 4급 이하의 공무원들 중 중앙정부와 서울시 및 경기도 소속의 경력직 공무원들을 대상으로 인터뷰했으며, 구체적인 조사 대상자는 〈표 7-1〉과 같다(좀 더 구체적인 인터뷰 대상자의 특성은 『한국행정학회보』에 실린 원논문을 참조).

성과급 제도는 일반적으로 4급 이하(과장직 제외)를 대상으로 하는 성과상여금 제도[7]를 의미하며 이 연구에서는 개인 성과평가와 성과급 배분을 포괄한다. 성과평가를 제외하고 성과급의 배분만으로 협소하게 볼 수도 있으나 공무원의 반응상 성과평가에 대한 반응과 성과급 배분에 대한 반응을 구별하기 힘들며, 제도상으로도 평가와 차등

표 7-1 조사 대상 및 범위

구분	내용
조사 대상	중앙직: 4급×1명, 5급×10명, 6급×8명, 7급×7명 = 총26명 지방직: 4급×1명, 6급×3명, 7급×1명, 8급×6명, 9급×1명 = 총12명 남자: 32명, 여자: 6명
조사 기관	중앙정부 소속 10개 기관, 서울시 소속 3개 기관, 경기도 소속 4개 기관
자료 수집	심층면접 38명 40회
조사 기간	2008년 4월부터 2009년 11월까지

7) 현재 공무원 성과급 제도는 4급 이하(과장직 제외)를 대상으로 하는 성과상여금과 4급 과장직 이상을 대상으로 하는 성과연봉제로 나뉜다. 두 제도는 평가 방식과 보상 지급 방식이 상이하고 적용 대상 규모가 성과상여금이 더 크므로 일반적으로 성과급 제도라고 표현할 때는 성과상여금 제도를 일컫는다.

적 보상이 연결된 단계로 진행되고 있어 이를 포괄하는 것이 적절하다고 판단했다.[8]

제 4 절 성과급 제도에 관한 공무원의 대응 분석

1 근거 자료 분석에서 도출된 개념 및 범주들

자료의 분석을 통해 개념과 범주를 도출해 "공무원은 성과급 제도의 운영에 대해서 왜 어떻게 느끼고 판단하며, 어떠한 대응을 하는가"에 답하고자 했다. 자료로부터 57개의 개념, 9개의 상위 범주, 6개의 패러다임 범주를 발견했으며 패러다임 범주를 중심으로 이론적 이야기를 구성했다. 그에 앞서 발견된 9개의 상위 범주와 이에 속한 개념을 간략히 살펴보면 〈표 7-2〉와 같다.

공무원들은 개인성과가 성과 이외의 요인들로 결정되는 상황에 저항하고 반발하기보다 암묵적으로 인정하고 받아들이려 했으며('개인 성과의 구조적 결정을 인정함') 그로 인해 조직에 새로운 부정적 정서가 발생했다고('차별화에 대한 정서적 불편') 인식하고 있었다. 먼저, '개인 성과의 구조적 결정을 인정함' 범주는 현재 성과급 제도가 왜곡되었으나 이를 받아들일 수 있다는 인식이다. 이 범주 아래 묶이는 개념들은 연공서열 우대, 승진 대상자 우대, 특정 부서 및 업무 우대 등으로 성과급 제도가 왜곡되는 모습을 의미하며 이러한 왜곡을 암묵적으로 인정한다는 공통점을 보인다. 또한 '차별화에 대한 정서적 불편' 범주를 구성하는 개념들은 무력감, 위화감, 박탈감 등으로 부정적 정서 경험을 의미한다는 특징이 있다.

한편, 공공조직만의 특수한 상황 인식('공공조직의 특수성 인식')과 그로 인한 공무원 특유의 성과 보상 인식('공무원의 성과 보상 인식') 범주가 발견되었다. '공공조직의 특수성 인식' 범주에 포함되는 개념들은 정부의 특수성을 강조하는 것들로, 집단

8) 현재 공무원들에게 성과급제는 성과급 배분 단계만으로 인식되기보다 공직사회 전체에 적용되고 있는 성과평가 제도와 함께 하나의 과정과 제도로 여겨지고 있다. 따라서 이 연구에서는 분석 사례를 성과급 제도라고 표현했지만 개인의 성과평가와 이에 따른 차별적인 금전 보상이 통합된 것을 의미하기에 실제로 복수의 제도에 대한 경험을 분석한 것일 수 있음을 밝힌다.

표 7-2 근거이론을 통해 도출한 개념 및 범주들-1

패러다임	상위 범주	하위 범주	개념	진술 내용(예시)
	개인 성과의 구조적 결정을 인정함	연공서열 우대	연공서열에 따른 성과 등급 결정	"공무원이라는 조직이 그렇게 생존경쟁이 치열하다거나, 조직의 존폐 여부가 달려 있거나 하는 그런 상황은 아니므로 그다지 큰 의미는 없다. 조직 단결을 위해 연공서열을 어느 정도 존중하는 범위 내에서 지급함이 당연하다."(L8S2)
			경력에 따른 성과 등급 결정	"S등급을 받는 사람은 정책부서와 운영부서 중에서는 정책부서가 더 많이 받는 것 같고, 중요 업무를 담당하는 사람, 경력이 높은 사람들인 것 같다."(C6G1)
			계급에 따른 성과 등급 결정	"결과적으로 현재는 각 계급별로 균등하게 받는 것 같다."(L8S4)
		승진 대상자 우대	승진 대상자에 따른 성과 등급 결정	"연공서열은 승진을 위한 평가에도 적용되기 때문에 고려하지 않을 수 없다. 성과급은 그 과정에서 부수적인 산물처럼 여겨질 뿐이다."(C7G4)
			승진 대상자를 지원하는 관리자의 역할	"승진 대상자를 아무래도 조금 더 높게 평가하는 것 같다. 어떤 관리자가 승진 대상자를 낮게 매겨서 불이익을 주겠나."(C7G1, C7G2)
		핵심 부서 및 업무 우대	업무 특성에 의한 성과 등급 결정	"총괄 업무가 핵심 업무라서 등급을 높게 받는 편이다. 그런 업무를 담당하게 되면 주변에서 다 예상한다. 저 사람 등급 높게 받겠구나 하고."(C7G1,C7G2)
			핵심 업무 담당자 우대	"조직마다 한직이 있고 중요한 직이 존재한다. 더 중요하고 잘 나가거나 더 스트레스받으면서 청장한테 더 많이 깨지고 하는 업무나 부서가 더 높은 성과급을 가져가기 쉽고… 아무래도 한직이면 성과급을 받기 상대적으로 어려울 것 같다."(C5G2)
			등급 평가 시 부서에 따른 불리함	"주로 주무부서 사람들이 아무래도 평가하는 쪽이니까(평가를 담당하는 부서 쪽에 있는 사람들이) 높은 평가받는다. 자기들은 더 높은 등급을 주는 편이다. 그래서 주무과 주무계 사람들이 더 높은 평가받는다. 그쪽에서 S,A등급 많이 나온다. 물론 그런 부서에 주로 경력 높은 고참들이 많이 가 있기도 하고 일이 더 많기도 하다. 취합 업무 같은 걸 해야 하니까."(L6G1)

			기득권 가진 부서의 유리함	"취합하는 업무를 맡는 부서가 아무래도 일이 많은 편이다. 보통 자치행정실, 기획실 등이 격무부서라고 말해지는데 직원들 투표로 7개 정도의 격무 부서를 뽑으면 그런 부서에는 5~20%까지 점수를 가산한다. 그런데 이게 투표로 결정되다보니 쪽수가 많은 부서가 격무 부서로 뽑힌다. 요새 격무 부서 아닌 부서가 어디 있나. 20%까지 차이를 두면 큰 차이다. 이쪽에서 이득 본다고 봐야 한다. 기득권이라 안 변한다."(L6G1)
중심 현상: 모순 끌어안기	차등화에 대한 정서적 불편	무력감	어쩔 수 없음	"제도가 존재하는 한 어쩔 수 없는 불만이다."(C6G1)
			참을 수밖에 없음	"전입한 지 얼마 되지 않아서 전출된 조직에서 준 성과 등급을 받았는데 C등급이었다. 관례상 전출된 사람에게 그런 등급을 주는 것이라는 건 알겠지만 무척 화가 나고 따져볼까 싶었는데 조직 생활이라 결국 참았다."(C7G4)
			돌이킬 수 없음	"이건 기어를 뒤로 바꿀 수 없는 상태다. 보완해서 나가야지 폐지하거나 할 수 없다."(L4G1)
		위화감	위화감 형성	"유대 관계가 좋지 않아졌다. 서로 말하지 않지만 등급을 알음알음 알게 되면 그 사람을 바라볼 때 괜히 저 사람이 저 등급을 받았구나 하고 등급으로 바라보게 되고."(L6G2, L8T1)
			유대 관계의 상실	"성과급 나오고서 한동안은 분위기가 별로다. S등급을 받은 사람이 지나가면 S등급 지나간다고 말하고 바라보게 된다. 사람이 한동안 등급으로 보인다."(C7G1, C7G2)
			낮은 등급자의 정서적 충격	"소외감이나 위화감 느낄 수 있다. 못 받은 사람들의 충격은 생각보다 크다. 또 요새 젊은 공무원들은 직설적으로 비판을 하는 편이라서 더 불만이 많다."(C5G2)
			모든 등급의 전반적 불만	"A등급이나 B등급이나 누구나 상대적으로 기분 나쁠 것이다. 못 받은 C가 아니어도 A는 왜 내가 S가 아니라 A인지가 불만일 것이고…."(C6G1)
			등급 격차에 의한 자존심 상함	"결과가 나오면 자신과 직급이나 업무나 그런 것이 비슷한 상황의 사람을 찾게 되고 그 사람이 뭘 받았는가 알아내려 한다. 그 사람이 나보다 높게 받았다고 하면 이해 안 되고 억울하고 기분 나쁘게 된다."(C7G4)

		박탈감	상대적 박탈감	"월급은 그대로인 채 기본급 비중이 줄고 성과급 비중이 높아지면서… 등급 간 성과급 격차가 커지게 되는데, 그 때문에 내가 받을 돈을 저 사람이 받는구나 생각하면서 안 좋아질 수 있다."(C5G2)
			급여 손해 인식	
			같은 일 차별 보상의 억울함	"예전에 기능직 주임이 일은 똑같이 하는데 왜 성과급은 차이가 나냐고 화를 냈었다. 일할 맛 나지 않는다고 했었다. 기능직은 보통 운전이나 주차 단속 같은 것을 나가지만 그중에서 일 잘하고 꼼꼼하신 분들은 사무실 근무를 하는데 민원실에 앉아서 팩스 업무 같은 것도 본다. 그러면 일반직에서 전입신고 같은 업무를 담당한 분들보다 훨씬 많은 일을 처리하게 된다. 그런데 성과급은 덜 받게 되니까 억울해 한다."(L9G1)
			낮은 등급자의 피해 의식	"열심히 일하지만 근평을 받지 못하는 사람의 경우 피해 의식을 느낄 수 있다."(C5G1)

표 7-2 근거이론을 통해 도출한 개념 및 범주들-2

패러다임	상위 범주	하위 범주	개념	진술 내용(예시)
맥락적 조건: 성과에 관한 인식	공공조직의 특수성 인식	집단적·위계적 조직문화 인식	위계적 문화를 고려해야 하는 관리자	"균등 분배를 하진 않는다. (그러나) 성과급제는 조직의 운영을 위해서 어느 정도 연공이 반영되게 된다. 경력 높고 오래된 사람을 밀치고 들어온 지 얼마 되지 않은 사람에게 S등급을 준다는 것은 (경력 높은) 그 사람과 전쟁을 하겠다는 것과 다름없다."(C4G1)
			관계 측면에서 연공서열적 평가의 필요성	
			주변 사람과의 격차에 대한 민감성	"부서별 평가의 도입으로 4등급에서 실제로는 16등급으로 운영되고 있고 같은 부서에 있는 바로 주위 사람들과 비슷하게 받으니까 아무래도 나은 것 같다."(C6G1)
			공공 부문의 집단적 성격	"공무원 세계에서는 솔로로 일하는 것이 아닌 조직이라는 테두리 안에서 근무를 하는 것이다. 꼭 개인의 업무 성과만을 고려한 성과급 제도에는 반대한다."(L7S1)
		상호의존적·장기적 업무 특성 인식	상호의존적·장기적 업무	"정부의 업무라는 게 그렇게 쉽게 나눠고 금방 보이고 하는 것이 아니다."(C6G3)
			업무계량화의 어려움	"업무 성과에 기준이 아직은 모호하다. 공무원조직 내에서 문서 생산이 많다고 성과가 높은 것도 상훈을 많이 받았다고 해서 성과가 높은 것도 아니라고 본다."(L8S3)
			계량된 업무 결과의 비교 곤란함	"우리 부서 업무는 상대적으로 계량화할 수 있는 부문이 좀 있는 편이다. 하지만 비슷비슷하다는 게 문제다."(C7G1, C7G2)
		계급제적 인사관리 구조 인식	경력, 능력, 핵심 업무 담당의 높은 상관 관계	"조직은 냉정하다. 처음에는 발톱에 해당하는 일을 시키지만 일을 잘 해낼수록 올라와서 머리에 해당하는 일을 맡기는 것이다. 어느 조직이 상층 업무를 일 못하고 능력 안 되는 사람에게 맡기겠는가. 그 과정에서 잠시 경력이 짧아 낮은 성과 등급을 받기도 하겠지만 이 과정을 거쳐서 점차 올라갈수록 성과 등급은 상승한다."(L4G1)
			순환보직제와의 연계	"사람들이 연공서열 기준을 인정하는 것은 언젠가 나에게도 돌아온다는 것을 알고 있기 때문에 용인한다."(L6G3, L8G1)

충돌	공무원의 성과 보상 인식	개인 성과 보상에 대한 인식	조직의 것으로 인식	"정책기획 업무로 성과를 내는 경우도 기안자, 팀장, 과장 등이 함께 하기 때문에 같이 인정되어야 한다. 혼자 하는 슈퍼맨은 없다."(L4G1)
			개인 능력 영향 낮음	"누가 봐도 자명한 뛰어난 사람과 일 안 하려는 사람들은 아주 일부고 이들 외에는 서로 능력이나 성과 알 수 없고 비교할 수 없다. 누구나 인정하는 뛰어난 사람 한둘 있지만, 나머지는 능력이나 성과 알 수 없는데 등급 나온 걸 보면 의아한 경우 많다."(C7G1,C7G2)
			투입물로 인식	"본인이 맡은 업무에 충실한 것만이 성과이지, 꼭 눈에 보이는 수치로 결과물이 나왔을 때가 성과가 아니라고 생각한다."(L8S1)
			업무량 보상 기대	"성과급의 근본적인 목적인 업무 성과에 대한 격려를 위함이라면 실무자가 아무래도 일의 양이나 많으므로 더 보상받아야 한다."(L8S4)
			업무 중요도에 따른 평가 기대	"조직에 얼마나 기여하는가를 봐야 하는데 맡은 업무가 얼마나 중요한 일인지, 얼마나 힘든 일이었는데 잘 처리했는지를 볼 수밖에 없다."(C5S2)
			업무 난이도에 따른 보상 기대	"비슷한 업무 중에서도 힘든 일이 있다. 그런 부서에서 힘든 일을 묵묵히 하는 경우에 높은 등급이 주어지는 게 맞다고 인정하는 분위기다."(C6G7)
		성과급의 수단성 인식	급여 보충적 기능	"하지만 받으면 기분은 좋으니 없는 것보다는 낫다. 사실 급여를 보전하는 측면이 크다. 14월의 봉급이라고 부른다."(C7G1, C7G2)
			조직관리 보충 수단	"개인성과 높은 사람의 사기만이 다가 아니다. 연공 높은 사람의 사기, 승진 대상이 된 사람의 사기, 눈에 덜 띄지만 열심히 일하는 사람의 사기 같은 모든 것을 고려해서 지급해야 한다."(C6G1)

표 7-2 근거이론을 통해 도출한 개념 및 범주들-3

패러다임	상위 범주	하위 범주	개념	진술 내용(예시)
중재적 조건: 조직 내 지위	조직 내 지위	조직 내 지위	인사 업무 담당	"인사, 감찰과 관련한 부서가 아무래도 타부서보다 긍정적이라고 생각한다."(L8S3)
			권력부서(주무과, 총괄과) 소속	"주무과 사람들이야 긍정적으로 대답할 것이다."(C5S2)
			근속 연수 및 나이	"일한 지 오래되고 나이 많은 분들은 불편해하고 성과급을 욕하기 쉽다."(C7G6)
			관리직에 가까운 직급	"아무래도 높은 직급은 평가하는 입장이 되기 쉬우니까 성과급 제도가 공정하다고 할 것이다."(C7G3)
			기술적 능력	"요새는 평가에 기술 능력이 많이 요구되는데 80년대에 9급으로 들어와서 아직까지 6급이나 7급에 머물고 있는 사람들은 대부분 컴퓨터를 잘 모른다. 그런 사람들이 자연스럽게 배제되니까 성과급에 부정적인 편이다."(C5G1)
	상징적 합리화	상징적 합리화	일반적 수준의 평가 불만	"현실적으로 어떤 성과급 지급 기준을 마련한다고 해도 모든 조직원이 만족할 수는 없다고 본다."(C5G1)
			제도의 정치적 상징성 인정	"공무원들에게 성과급을 준다는 것 자체가 정부가 민간만큼 개혁하고 있다는 의미다. 사람들도 이미 정부 성과급 제도에 대해 그렇게 알고 있기 때문에 없애거나 할 수 없다."(C5G1)
			공정한 평가 체계 구축 기대	"평가가 정치적이거나 불공정하게 이뤄지기 힘들다. 평가 체계가 존재하고 평가 기준은 사전에 공개되며 이의 제기도 가능하기 때문이다. 앞으로 더 개선된다면 평가의 공정성은 더 나아질 것이다."(L4G1)
			개인 성과 외 요소 고려해야 하는 관리자 역할	"동기 유발을 목적으로 들어온 것이 아니고… 이렇게 성과 따라 보상받을 수 있는 통로가 생겼다는데 의미가 있으며… 사기 진작 차원에서 여러 가지를 고려해서 평정하는 것이 관리자가 하는 일이다. 운영의 묘가 있다."(L4G1)

대응전략	기회주의적 인정	기회주의적 인정	문제와 거리두기	"성과급 몇 푼이 크게 조직 생활에 영향 미치는 바는 없으니 그냥 두면 된다."(C7G3)
			제도의 대세성 인식	"등급화로 인해 조직에 위화감과 같은 불편이 나타나지만 잠시 동안이며 이를 크게 볼 건 없다. 성과급 제도는 대세다. 행안부에서 저렇게 추진하는데 문제가 있더라도 계속 갈 것이다."(C5G8)
			성과평가 용이 업무에 신경씀	"자기 소관이 아닐 경우 무관심하고 상사의 지시에도 적극적이지 않은 측면이 있다. 아무래도 평가지표에 들어 있는 일만 하려 하고, 과장이 시키는 가외 일들을 회피하거나 반발하기도 하고… 과장도 그런 반발에 뭐라 할 수가 없다. 평가 항목에 들어가지 않기 때문이다."(C5G1)
			적용된 기준의 암묵적 인정	"사람들이 연공서열 기준을 인정하는 것은 언젠가 나에게도 돌아온다는 것을 알고 있기 때문에 용인한다."(L6G3, L8G1)
	소외적 반발	소외적 반발	평가의 정치성 우려	"오히려 상위 등급의 성과급을 받기 위해 공직자로서 하지 말아야 할 부도덕한 행동과 부정을 저지르게 된다."(L8S1)
			평가 결과의 적절성 의심	"결과가 나오면 자신이랑 직급이나 업무나 그런 것이 비슷한 상황의 사람을 찾게 되고 그 사람이 뭘 받았는가 알아내려 한다. 그 사람이 나보다 높게 받았다고 하면 이해 안 되고 억울하고 기분 나쁘게 된다."(C7G4)
			등급 격차의 민감성	"사람들은 생각보다 돈에 민감하다. 돈으로 차이가 나면 왜 나는 이것밖에 못 받나 생각한다. 예전에 평가 결과가 승진에 반영되었을 때보다 평가 결과에 따라서 상여금을 차등 지급하는 게 더 반발이 커진 것 같다."(C5G2)
			금전 보상에 대한 민감성	"성과상여금이라고 이름 지었으면 따로 예산을 책정해서 운용해야지, 현재는 다 봉급에 포함시켜 놓았다… 봉급 인상분에 다 넣어놓고선 이름만 성과상여금이라고 마치 급여 이외의 포상같이 부르지만, 그거 사실 다 급여다. 정당하게 받아야 할 급여인 거다. 그런데 거기에 성과급이라고 이름붙이고 등급 나눠서 달리 돈 주고… 문제 있다."(L6G1)
결과: 동기 유발과 무관함	동기 유발과 무관함	동기 유발과 무관함	동기 유발 안 됨	"성과급은 절대 일할 분위기 조성과는 상관이 없다… 개인 성과급 제도가 조직의 성과에 기여한다고는 보지 않는다."(L8S1)
			성과 등급의 구조화	"일단 C등급 받은 사람이 갑자기 S, A 등급이 되기는 힘들다."(C5G2)

적·위계적 조직문화 인식, 상호의존적·장기적 업무 인식, 계급제적 인사관리 구조 인식 등 민간조직과는 다른 정부만의 특성을 공통적으로 강조하고 있다. 또한 '공무원의 성과 보상 인식' 범주는 공공조직이 가지는 앞서의 특징으로 인해 공무원들에게 성과라는 개념이 다르게 형성되어 있음을 강조하는 범주로, 투입적·집단적 성과 인식, 급여 보충적인 성과급의 기능인식 등의 개념으로 구성된다. 이 개념들은 공무원의 성과가 민간기업 종사자들의 성과와는 다른 무엇이라는 점을 강조한다.

'조직 내 지위' 범주는 조직 내에서 공무원 개인의 공식·비공식적 지위가 그들의 반응에 영향을 미침을 의미한다. 여기에는 개인이 맡은 업무 및 소속 부서가 핵심적인지 여부, 개인의 기술적 능력이나 직급이 권력적인지 여부 등이 하위 개념으로 포함된다. 즉, 조직 내 지위를 의미하는 개념들이 함께 묶인 범주로, 조직구조 속 개인의 지위가 얼마나 높은가와 개인의 반응이 밀접한 관계가 있다는 인식이다.

또한 성과급 제도에 대한 수용 논리와 대응 태도에 관한 범주를 발견했다. '상징적 합리화', '기회주의적 인정', '소외적 반발' 등의 세 범주는 모두 성과급 제도에 관한 공무원의 구체적 태도이지만, 대응 논리, 의미 해석, 기대 수준 등에서 차이를 보인다. '상징적 합리화' 범주는 제도의 존재나 제도의 왜곡 현실 등을 합리화하거나 상징성을 강조하는 개념들로 구성되며, '기회주의적 인정' 범주는 문제 의식을 가지고 있으면서도 이를 암묵적으로 인정하거나 문제와 거리를 두며 기회로 보려하는 개념들로 구성되었다. '소외적 반발' 범주는 제도에 대한 강한 정서적 반발을 보이면서도 이를 개선하려는 적극성이 낮고 개선 기대도 낮은 태도 개념들로 묶을 수 있었다. 마지막으로 '동기 유발과의 무관함' 범주는 제도의 공식적 도입 목적이었던 동기 유발에 대한 인식으로 성과급 제도가 실제로는 업무 동기의 유발과는 관련이 없음을 의미하는 개념들로 구성했다.

2 범주의 연결을 통한 이론적 통합

근거 자료의 분석을 통해 도출된 위 범주들을 하나의 이론적 이야기로 연결할 때 중심 현상과 이를 둘러싼 원인적 조건, 맥락적 조건, 중재적 조건, 대응과 그 결과로 통합할 수 있었다. 6개 패러다임 범주별 내용과 이들의 연결 관계를 보면 아래와 같다.

1) 원인적 조건: 개인 성과에 따른 차별 보상

원인적 조건은 중심 현상이 발생할 수 있는 상황이며 성과급제에 관한 공무원 대응이 발생하는 초기 조건이 된다. 이 연구에서는 인터뷰 자료로부터 발견된 범주라기보다 공무원들이 직면한 원인적 상황 자체로서 정부가 행정개혁을 위해 '개인 성과에 따른 차별 보상'이라는 이질적인 제도를 도입한 상황을 말한다. 개인 성과에 따른 평가와 차별적 보상이 실시됨에 따라 이에 대한 공무원들의 상황 판단 및 의미 해석, 정서적 경험 등이 벌어졌기 때문이다.

신공공관리적 행정개혁이 추진되면서 '성과를 창출하지 못하는 공무원들은 대우를 못 받고 존재하기도 어려울 것'이라는 정치적 표현이 무성한 가운데[9] 공무원들은 개인별로 가시적 성과 창출을 요구받았다. 그 전까지 공무원 개인에게 요구되던 것이 청렴, 공정, 복종 등 법적·윤리적 의무에 가까웠다면 이제는 성과 창출이라는 새로운 가시적 의무를 부과받은 것이다. 공무원에게 '성과 높은 공무원이 될 것'은 선택의 여지없이 받아들여야 하는 강한 압력이었으며 이것은 개인 성과급 제도로 인해 공무원들이 마주친 원인적 상황이며 대응해야 할 새로운 질서였다.

2) 맥락적 조건: 성과에 관한 인식 충돌

중심 현상의 발생을 이끄는 힘이며 개인의 대응에 간접적 영향을 주는 맥락적 조건으로 발견된 것은 공무원들 사이에 형성된 성과 개념과 외부로부터 설정된 성과 개념 사이의 충돌이었다. 성과급 제도가 추구한 공무원의 성과란 업무 수행을 통해 산출하는 가시적 결과로 표현되고 이해된 반면, 공무원들에게 성과란 개인이 아닌 조직에 귀속되는 것이며 결과가 아닌 투입하는 노력이나 업무 과정 그 자체로 인식되고 있어 성과 개념에 관한 불일치가 발생한 것이다. 개인 성과를 무엇이라고 인식하며 무엇을 조직으로부터 보상받아야 한다고 여기는가는 성과급제 수용에서 매우 중요한데, 외부에서 설정한 성과 개념과 내부에서 형성된 성과 개념의 대립이 존재하고 있어 제도 수용의 어려움이 발생했다고 볼 수 있다.

맥락적 조건을 구성하는 범주는 '공공조직의 특수성'과 '공무원의 성과 보상 인식'으로, 공무원의 공공조직에 관한 특수한 상황 인식이 공무원들에게 성과에 관한 모종의

---

9) 오영교 행정자치부 장관 인터뷰. 「오마이뉴스」. 2005.7.11.

공통된 인식을 낳았다는 것이다. 전통적으로 공공조직은 가시적인 업무 성과를 찾기 어렵고 결과보다 과정을 중시해 왔기에 실제로 공무원들은 성과를 다르게 이해하고 있을 가능성이 높다. 공무원 생활 속에서 느끼고 깨달은 공직 현실은 여러 공무원에게 매우 비슷하게 형성되어 있었는데 '공공조직은 민간조직과는 다른 특수성을 가진다'는 것이며, 이로 인해 성과 보상도 공직 현실에 맞게 해야 한다는 것이다.

공공조직은 업무 속성상, 조직 문화상, 관리 구조상 특징적인 전통·관행이 존재하는데 첫째, 대다수 공무원의 업무가 그 결과 가치를 계량하기가 힘들고 장기에 걸쳐 산출되어 1년 단위로 개인의 업무 결과를 측정하거나 비교하기 힘들다. 또한 대부분의 업무는 일상화(routine)된 일을 원활하게 유지하는 것이므로 개인이 특별하게 능력을 발휘해 성과를 만들어 낼 것이 없다고 본다. 따라서 공무원에게 성과는 업무량이나 업무 난이도, 중요도가 높은 일을 하는 것 그 자체가 될 수 있다. 둘째, 공직사회의 문화 역시 집단주의적이고 권위주의적 측면이 강하기에 직급이나 전입일자 등을 무시하기 어렵고, 정(情)으로 얽힌 연대를 강조하는 문화라서 이를 무시한 평가가 곤란하다는 것이다. 특히 평가를 담당하는 관리자의 경우, 원활한 조직 운영을 위해 경력, 근속 연수 등을 거스르는 평가를 하기 더더욱 어렵다. 평가를 받는 사람들 역시, 관리자가 이러한 평가를 해야 한다고 여기고 있어서-예를 들어, 승진 대상자 배려는 관리자의 의무라는 것-이에 반하는 평가가 이뤄졌다고 느낄 경우 억울함이나 박탈감 등을 느낄 수 있다. 따라서 성과는 조직관리상의 여러 처지가 반영된 것이어야 한다고 여기게 된다. 셋째, 계급제의 위계에 따라서 승진, 교육훈련, 보직 이동 등 공무원의 인사관리 전반을 운영하면서 성과급 제도만 위계적 질서와 분리해 운영하기란 거의 불가능하다는 것이다. 현재 Z형 순환보직의 인사관리 구조는 공식·비공식적으로 보직과 직무의 서열을 정하고 있고 이에 따라 인사 전반이 운영되는데, 개인 성과를 이러한 흐름에서 이탈해 개인적 결과나 능력만으로 평가하기 어렵다는 것이다.

이러한 공무원의 상황 인식 아래서 공무원의 성과는 업무 수행의 결과물이 아닌 다른 것이 된다. 결과물이 아니라 투입 그 자체이며 노력 수준에 따라 변화하지 않는 고정된 것이며 조직구조 속의 위치나 담당하는 업무와 밀접한 구조적인 것이 된다. 성과급은 개인 노력의 보상 수단보다도 조직 구조상의 여러 요인이 고려된 조직관리의 보충적 수단이거나 급여 보전물일 뿐이었다.

"정책기획 업무로 성과를 내는 경우도 기안자, 팀장, 과장 등이 함께 하기 때문에 같이 인정되어야 한다. 혼자하는 슈퍼맨은 없다."(L4G1) {조직의 것으로 인식}[10]

"누가 봐도 자명한 뛰어난 사람과 일 안 하려는 사람들은 아주 일부고 이들 외에는 서로 능력이나 성과를 알 수 없고 비교할 수 없다. 누구나 인정하는 뛰어난 사람은 한 둘 있지만, 나머지는 능력이나 성과를 알 수 없는데…."(C7G1, C7G2) {개인 능력 영향 낮음}

"성과란 눈에 보이는 업무 결과 외에도 진행 과정상의 역량 같은 것도 다 포함된다."(C5G2) {투입물로 인식}

"본인이 맡은 업무에 충실한 것만이 성과이지, 꼭 눈에 보이는 수치로 결과물이 나왔을 때가 성과는 아니라고 생각한다."(L8S1) {투입물로 인식}

본래 성과는 여러 의미를 담고 있는 개념이며 여러 차원으로 해석될 수 있는데[11] 제도가 의도했던 '결과로서의 성과'와 달리, 내부적으로 공무원들에게 형성된 것은 '투입으로서의 성과'였던 것이다. 이러한 성과에 관한 인식 충돌은 공무원들이 성과급 제도를 받아들이는 과정에서 필터로 작동할 수 있는 것이다. 물론 그들이 인식하는 공공조직의 특수성이나 성과의 개념이 사실인가는 다른 문제가 된다. 그들의 인식이 사실인가 여부를 떠나 적어도 공무원들의 인식 속에서는 하나의 현실로 강하게 존재하며 그들의 대응 방향을 근본적으로 결정하는 틀로 자리 잡고 있다는 점에서 중요한 맥락적 조건이 되는 것이다.

3) 중심 현상: 모순 끌어안기

모든 범주를 연결하는 핵심 고리인 중심 현상으로, 공무원들이 '모순적으로 인식하는 제도를 수용할 수밖에 없는 상황'을 '끌어안으려는 모습'이 발견되었다. 외부에서 설정한 성과와 내부에서 형성된 성과 사이의 충돌 상황을 해결과 공존이 어려운 모순적 상황으로 인식하며, 이를 가능한 방법으로 따르려는 '모순 끌어안기'가 나타나고 있었다.

---

10) ( ) 안의 문자와 숫자 조합은 조사 대상자에게 부여한 ID, { } 안의 내용은 도출한 개념명임.

11) 시코트 외(Sicotte et al., 1998)는 성과는 목표 달성뿐 아니라 생산, 문화와 가치 유지, 환경 적응이라는 하위 차원으로 구성된다고 주장하며, 홀리(Wholey, 1999: 290)는 성과를 투입의 차원, 과정의 차원, 산출의 차원, 중간 결과, 최종 결과로 분류하고 있다. 투입은 주로 정치적·행정적·물리적 투입을 포함하고, 과정이란 투입을 산출로 전환시키는 활동이며, 산출은 주로 양적인 측면으로 효율성이나 생산성을 말한다. 중간 결과란 고객 만족이나 개인 및 조직의 단기적 변화를, 최종 결과란 궁극적이며 질적인 측면을 말한다. 도입 취지를 고려할 때 개인 성과급 제도는 상대적으로 결과적 가치를 강조하는 것으로 개인이 적극적으로 업무 수행 노력을 한 결과 향상된 결과물의 가치를 보상하는 관리 방식이다.

공직 현실과 부조화한다고 여기는 제도를 수용할 수밖에 없을 때 이를 끌어안는 모습은 두 가지 측면을 보였다. 한 측면은 기존의 위계적 조직 질서에 따라 왜곡되는 제도를 암묵적으로 인정하는 것이며, 또 다른 측면은 이질적 질서의 도입으로 공무원들이 정서적 불편을 경험하는 것이었다. 즉, 성과급제에 대한 공무원 반응의 중심에는 '모순 끌어안기'가 존재하며 이는 '개인 성과의 구조적 결정을 인정함' 범주와 '차등화로 인한 정서적 불편' 범주로 구성되었다.

(1) 모순 끌어안기: 제도의 왜곡 인정

공무원이 인식하는 성과와 성과급 제도가 요구하는 성과가 충돌한다는 인식은 현실과 제도가 충돌하는 것이며 구질서와 새 질서가 대립한다는 인식이라 할 수 있다. 개혁 자체가 현실과 구질서로부터 새로운 제도 및 이질적 질서로의 전환을 꾀하는 것이기 때문에 개혁 과정에서 이러한 대립 인식은 일반적이며 당연한 것일 수 있다. 따라서 구성원들이 새롭게 요구되는 질서가 지향할 가치가 있고 이룩할 수 있다는 믿음을 가지는 것이 중요하다. 대립을 해결할 수 있거나 공존할 수 있는 것 혹은 개혁 과정에서 나타나는 과도적 현상으로 인식한다면 성과급 제도의 수용은 크게 문제시되지 않을 것이다.

그러나 이러한 충돌을 개혁 과정의 자연스러운 과정이며 구질서와 조화할 수 있는 것으로 인식하지 않고 해결할 수 없는 모순적인 것으로 여긴다면 문제가 될 수 있다. 충돌을 바람직하게 해결할 수 없다고 인식할 때, 현실적으로 가능하다고 여기는 방식으로 대처할 것이고, 주로 조직의 보수적 질서를 지키려는 쪽으로 재해석할 것이기 때문이다. 분석을 통해 발견되는 것은 공무원들이 현재 이러한 대립을 조화롭게 해결하기 어려운 것, 모순적인 상황으로 인식하는 것이었다. 모순이란 사전적으로는 두 가지 판단, 사태가 양립하지 못하고 서로 배척하는 상태로 두 판단이 중간에 존재하는 것 없이 대립해 논리적으로 양립하지 못하는 관계다. 적대적인 두 측면이 존재한다는 것으로, 여기서는 관료제 현실 질서와 성과급 제도의 경쟁 · 차별 질서가—실제 모순인지 여부를 떠나서—적어도 공무원들의 인식 속에는 현실적으로 병존하기 어려운 것이며 이를 거부하거나 개선할 가능성 없이 받아들여야만 하는 압력이었던 것이다.

명령복종 구조의 정부관료제에서 개인 간 수평적 경쟁을 강조하는 제도를 운영하는 것이 공무원들에게 조화롭게 여겨지기는 힘들다. 위계적 · 집단적 구조의 조직에 들여

온 개인 성과 경쟁과 차별의 제도는 '맞지 않는' '현실적이지 못한' '모순적인' 제도의 강요로 여겨질 수 있는 것이다. 공공조직 특유의 성과 보상 인식을 가진 공무원들이 단기간의 성과 경쟁을 실현이 가능하다거나 목적대로 운영될 것이라고 기대하기 어렵고, 그럼에도 공무원은 이를 받아들여야만 하는 정치적·법적 위치에 놓여 있다. 고위층에서 시도하는 개혁을 현장에서 자신의 판단을 근거로 거부하거나 수정할 공식 권한이 없으며 견해를 표현하는 것조차 제약된 구조적 위치에 있는 공무원들에게는 정부개혁에 복종할 의무만이 지워지며 거부할 자율은 주어지지 않는 것이다.

따라서 면접자들은 성과급의 배분이 개인의 성과를 정확히 측정하지 못하고 연공서열의 질서로 왜곡되었다고 말하면서도, 동시에 이를 어쩔 수 없거나 혹은 나름대로의 정당성이 있다고 인정하고 합리화했다. 구체적인 논리를 보면, 핵심 부서 및 업무를 담당하는 자는 업무량이나 난이도가 상대적으로 높기 때문에 고생과 수고를 보상하는 차원에서 높은 등급이 주어질 수 있고, 연공서열의 고려는 연공이 높을수록 능력도 향상되고 중요한 업무도 맡게 되기에 불공정하지 않다고 보았다. 또한 승진 대상자에게 불이익을 주지 않도록 높은 성과 등급을 주는 것은 조직적 배려로 여겼다.

> "조직마다 한직이 있고 중요한 직이 존재한다. 더 중요하고 잘 나가거나 더 스트레스 받으면서 청장한테 더 많이 깨지는 업무나 부서가 더 높은 성과급을 가져가기 쉽고… 아무래도 한직이면 성과급을 받기 상대적으로 어려운 것 같다."(C5G2) {핵심업무 담당자 우대}
>
> "공무원이라는 조직이 그렇게 생존경쟁이 치열하다거나, 조직의 존폐 여부가 달려 있거나 하는 그런 상황은 아니므로 그다지 큰 의미는 없다. 그러므로 조직 단결을 위해 연공서열을 어느 정도 존중하는 범위 내에서 지급함이 당연하다고 생각된다."(L8S2) {연공서열에 따른 성과 등급 결정}
>
> "연공서열은 승진을 위한 평가에도 적용되기 때문에 고려하지 않을 수 없다. 성과급은 그 과정에서 부수적인 산물처럼 여겨질 뿐이다."(C7G4) {승진 대상자에 따른 성과 등급 결정}

이러한 개인 단위의 모순 끌어안기는 조직 단위에서 상징적 형식주의(symbolic formalism)를 발생시키는 것으로 볼 수 있다. 상징적 형식주의는 형식주의의 한 유형으로, 특히 제도의 도입이 갖는 정치적 상징성이 부각되어 현실과의 괴리를 이미 인지함에도 받아들일 수밖에 없을 때 벌어진다. 상충적 요소가 심한 정책 또는 현실적으로 달성하기 어려운 이상적 기준 때문에 집행을 못하거나 하지 않는 현상이며(이종범,

2008: 7), 정치적인 상징성을 확보하기 위해 제도를 형식적으로 유지하는 것이다.[12] 많은 공무원은 애당초 개인 성과급 제도와 정부관료제 질서가 조화를 이룰 수 없으리라 판단하면서도 의무적으로 수용할 수밖에 없었고, 이후 제도가 변형되는 것을 암묵적으로 인정함으로써 상징적 형식주의가 발생한 것이다.[13] 사회의 높은 행정개혁 요구에 부응해야 하는 상황에서 공무원의 철밥통을 흔든 중요한 개혁으로 부각된 성과급 제도를 거부할 수 없었던 공무원들은 적극적·의도적으로 저항하기보다 현실의 구조 속에 이상적인 제도를 구겨넣는 방식으로 순응했던 것이다.

따라서 성과급 제도에 대한 공무원의 반응이 이기심에 의한 저항이라기보다 어쩔 수 없는 상황 속에서 가능한 방식으로 한 순응이라 볼 수 있다. 외부에서 보면 저항이요 왜곡이지만 내부적으로는 조직의 보수적 기반을 중심으로 심리적 실현가능성이 낮은 새 제도를 끌어안는 모습에 가까운 것이다.

(2) 모순 끌어안기의 비용: 정서적 불편

한편, 모순된다고 인식하는 제도를 끌어안는 과정에서 감수해야 하는 문제는 정서적 불편으로 나타났다. 내부 현실에 맞지 않는 제도를 모순으로 인식하지만 이를 받아들여야 할 때 심리적으로 겪을 수 있는 증상이 정서적인 스트레스다. 통제 불가능한 상

---

12) 이미 한국 정부의 신공공관리적 행정개혁은 '형식적 민주주의와 신공공관리적 개혁의 만남'(임도빈, 2007)으로 표현되며 개혁이 형식화되고 있다는 지적과 우려를 받고 있었다. 이종범(2008: 31)은 신공공관리적 행정개혁이 평가대상 집단을 소외시키며 공적 숙의 과정이 결여된 채 정치적 타협의 산물로 추진됨으로써 불필요한 시행착오와 형식화를 낳았음을 지적하고 상징적 형식주의의 관점에서 검토해야 함을 제기했다.

13) 이종범(2008)은 상징적 형식주의가 나타나는 원인으로 정책문제의 성격(상충성과 딜레마), 결정 기제로서 공론 과정의 특성, 대상 집단의 특성(조직화 정도와 손실 경보), 집행 과정의 특성(집행비용, 순응비용, 상벌과 그 적용, 집행기관의 성격), 환류와 정책학습, 맥락(정권의 특성, 세계적 표준 요구, 국민의 기본 사고, 사건 등) 등 일곱 가지 변수를 제시하고 있다. 개인 성과급 제도를 이를 중심으로 살펴보면 첫째, 정부관료제 질서와 개인 성과급 제도 간의 상충성이 인식되고 있으며, 둘째, 공론 과정상에서도 개혁 대상인 공무원의 견해가 반영되지 못했고 제도 개선의 자율적 권한도 낮았으며, 셋째, 공무원이야말로 부서별로 조직화된 정도가 높아 제도의 암묵적 적용이나 변형이 가능한 상황이고, 넷째, 공무원의 순응을 높이기 위해서는 어느 정도 부서별 암묵적인 기준 적용을 인정하기 쉽고, 다섯째, 받아들여지기 어려운 등급화로 인한 정서적 불편을 최소화하기 위해 내부적으로 균등 분배를 시도하거나 낮은 등급을 받게 되는 자들을 배려하는 변형된 적용을 시도하려 할 것이며, 다섯째, 성과급 제도 자체가 공공부문에 적절치 않다는 인식이 강한 가운데 단순히 평가 기준이나 보상 격차를 조정하는 것으로는 문제가 심화될 수 있으며, 여섯째, 공공 부문의 차별성에 대한 인식이 강하게 형성되어 하나의 맥락적 조건이 되고 있다는 점이다. 이러한 특징은 성과급 제도가 상징적 형식주의로 발현되는 조건을 포괄적으로 보여준다.

황 및 평가받는 상황은 일반적으로 조직구성원의 정서를 자극하는 대표적인 상황이며, 특히 경쟁과 차별이 정서적 반응과 무관할 수 없음을 고려할 때, 등급별 배분 액수 차이를 확대해 나가는 성과급 제도는 공무원의 부정적 정서를 충분히 자극할 수 있었다.

'차등화에 대한 정서적 불편' 범주는 공무원들이 구체적으로 무력감, 위화감, 박탈감 등을 겪는다는 것을 알려주고 있다. 여기서 사용한 정서적 불편이라는 표현은 공무원들이 겪는 여러 수준과 다양한 강도의 부정적인 정서들을 포괄하며 무력감, 위화감, 박탈감, 그리고 기타 특별한 용어로 표현되지 않은 부정적 느낌 등을 통칭한다. 무력감은 상황을 개선시킬 힘이 없다는 인식에서 비롯되며 불편한 상황임에도 스스로 변화시킬 힘이나 자원이 없어 받아들여야만 하는 자기 상태로부터 기인하는 정서다. 위화감으로 표현되는 부정적 정서로 같은 부서에서 비슷한 일을 하고 있는 동료들끼리 서로 다른 등급을 받게 되면서 한동안 서먹한 상황에 놓이고 불편과 의심, 동떨어짐을 느낀다는 것이다. 박탈감은 실제로 직접적인 손실이 벌어지지 않지만 정서적으로는 같은 노력을 하고 다른 보상을 받는 것이 내 것을 뺏긴 것과 같은 간접적인 박탈감이나 억울함을 느끼게 한다는 것이다.

"전입한 지 얼마 되지 않아서 전출된 조직에서 준 성과 등급을 받았는데 C등급이었다. 관례상 전출된 사람에게 그런 등급을 주는 것이라는 건 알겠지만 무척 화가 나고 따져볼까 싶었는데 조직 생활이라 결국 참았다."(C7G4) {참을 수밖에 없음}

"유대 관계가 좋지 않아졌다. 서로 말하지 않지만 등급을 알음알음 알게 되면 그 사람을 바라볼 때 괜히 저 사람이 저 등급을 받았구나하고 등급으로 바라보게 되고."(L6G2,L8T1) {위화감 형성}

"성과급 나오고서 한동안은 분위기가 별로다. S등급을 받은 사람이 지나가면 S등급 지나간다고 말하고 바라보게 된다. 사람이 한동안 등급으로 보인다."(C7G1, C7G2) {유대 관계의 상실}

"A등급이나 B등급이나 누구나 상대적으로 기분 나쁠 것이다. C가 아니어도 A는 왜 내가 S가 아니라 A인지가 불만일 것이고…."(C6G1) {모든 등급자의 전반적 불만}

"월급은 그대로인 채 기본급 비중이 줄고 성과급 비중이 높아지면서… 등급 간 성과급 격차가 커지게 되는데, 그 때문에 내가 받을 돈을 저 사람이 받는구나 생각하면서 안 좋아질 수 있다."(C5G2) {상대적 박탈감} {급여 손해 인식}

S, A, B, C라는 성과 등급화는 공무원들을 논리적으로 설득하지 못했고, 등급 간의 보상 격차를 2배 이상으로 운영하는 것은 공공 부문에서 개별 성과를 계량하거나 비교

하는 것이 어렵다고 인식하는 공무원들에게 받아들여지기 어려웠다. 특히 집단주의 문화가 강한 상황에서 균등 보상이 아닌 차등 보상, 승자 독식에 가까운 배분은 업무 동기를 북돋우기보다 부정적 정서를 더욱 자극했다. 2배의 보상 격차를 마치 등급 간 능력 격차가 2배라는 의미처럼 해석하면서 화를 내거나 자존심 상해 하고 주변 동료나 가족에게 부끄러운 일로 여기기도 했으며 높은 등급을 받은 주위 동료에게 위화감을 느끼기도 했다. 이러한 감정이 비록 1년 전체를 지배할 만큼 강렬하지는 않았지만 정기적으로 지속되고 반복적으로 경험되고 있었다. 공감을 얻지 못한 채 지속되는 제도는 제도 차원에서는 형식주의나 낮은 효과성의 문제지만, 공무원 개인 차원에서는 부정적인 정서를 반복적·누적적으로 경험하는 불편이 될 수 있는 것이다.

4) 대응 전략: 상징적 합리화, 기회주의적 인정, 소외적 반발

모순을 끌어안는 공무원 개인의 대응 모습은 중심 현상의 어떤 부분을 부각시키는지에 따라 다르게 나타나고 있었다. 현실 적합성이 낮고 목적 실현이 어렵다고 여기는 제도를 받아들여야 할 때 나타난 세 가지 심리적 대응 모습은 첫째, 상징적 의미를 부각시켜 합리화하고 정서적 불편을 축소하거나, 둘째, 문제 의식을 가지지만 제도가 주는 이득에 족해하거나, 셋째, 문제적 현상으로 인식하며 정서적으로 반발을 품는 모습이었다.[14)]

'상징적 합리화' 범주는 제도의 도입 취지나 장기적 개선 가능성에 대해 추상적이지만 긍정적인 태도를 보인다. 그러나 이들의 긍정은 도입 목적에 대한 온전한 긍정이라기보다, 성과급 제도의 정치적 의미 및 상징에 대한 긍정에 그친다. 성과급 제도와 같이 개인 성과를 고려하는 제도가 공식적으로 존재한다는 그 자체로 충분히 정부개혁의 역할을 한 것이며 실제 운영은 관리자가 조직 현실에 따라 다르게 변형할 수 있다고 본다. 성과급제가 변형되는 상황을 합리화하며 실질적 왜곡 문제를 회피하고 상징적 효과에 만족하는 것이다. 만일 이러한 반응 유형의 공무원들에게 성과급 제도의 효과를 설문조사 방식으로 묻는다면 이들의 만족도는 높게 측정될 것이다. 그러나 이들의 만족은 제도의 상징성에 대한 만족이며 제도 왜곡에 대한 합리화이기에, 성과급 제도에 높은 만족도를 보이고 있다고 해석하는 것은 적절치 않다고 할 수 있다.

14) 여기서 제시한 세 가지 대응 유형은 한승주(2010)에서 정서적 대응을 중심으로 구체적으로 분석했음.

"동기 유발을 목적으로 들어온 것이 아니고… 이렇게 성과 따라 보상받을 수 있는 통로가 생겼다는데 의미가 있으며… 사기 진작 차원에서 여러 가지를 고려해서 평정하는 것이 관리자가 하는 일이다. 운영의 묘가 있다."(L4G1) {개인 성과 외 요소 고려해야 하는 관리자 역할}

"어차피 성과급으로 관료제 피라미드를 흔들 수 없다… 경직적인 관료사회에 연차만 되면 승진하는 것이 아니라 이렇게 성과 따라 보상받을 수 있는 통로가 생겼다는 데 의미가 있다." (L4G1) {제도의 정치적 상징성 인정}

"공무원들에게 성과급을 준다는 것 자체가 정부가 민간만큼 개혁하고 있다는 의미다. 사람들도 이미 정부 성과급 제도에 대해 그렇게 알고 있기 때문에 없애거나 할 수 없다."(C5G1) {제도의 정치적 상징성 인정}

'기회주의적 인정' 범주는 성과급제로 인한 정서적 불편의 발생에 문제 의식을 가지면서도 현실적으로 거스르기 힘든 대세로 받아들이는 현실주의적 태도를 의미한다. 성과급 제도는 돌이킬 수 없는 대세이기에 개인에게 실리적 기회가 될 수 있는가를 살펴 전략적으로 행동할 의향을 가지고 있다. 정서적 불편을 겪지만 자신에게는 중요한 문제가 아니라며 거리를 두고 장기적으로 큰 손해를 보는 것이 아니기에 인정할 수 있다는 입장이다. 현재의 인사 운영 구조가 순환보직제이므로 당장의 평가 결과가 불만족스럽더라도 자신도 연공서열이 높아지면 승진 대상자가 되고 핵심 부서나 업무에 소속될 것이므로 장기적 관점에서 별로 손해되지 않는다는 점을 강조한다. 또한 성과측정이 잘 되거나 평가가 높게 나올 수 있는 업무들을 먼저 챙기려 하는 기회주의적 행동 가능성을 인정하고 있다.

"성과급 제도는 대세다. 행안부에서 저렇게 추진하는데 문제가 있더라도 계속 갈 것이다." (C5G8) {제도의 대세성 인식}

"(성과급 제도가) 별로 큰 피해를 준다고 생각하지 않는다. 돌고 도는 거니까. 오래 있다 보면 이 업무 저 업무, 다른 부서로 순환하고 경력도 쌓여가니까 등급 높게 받을 수 있고… 장기적으로 보면 다 똑같다고 생각한다."(C6G1) {적용된 기준의 암묵적 인정}

"성과평가가 잘 나오도록 성과 목표를 잡기도 하고, 성과평가 때 실적을 쪼개서 더 많은 건수로 잡히게 하기도 한다."(C6G2) {성과평가 용이 업무에 신경씀}

"적발 업무를 담당하는 경우 상급자들은 규모가 큰 건수의 단속을 원하지만 실무자들은 어차피 사건 규모와 상관없이 건수로만 실적이 평가되므로 규모가 작은 건수를 여럿 단속하길 원한다."(C5G1) {성과평가 용이 업무에 신경씀}

'소외적 반발' 범주는 성과급의 현실 부적합성을 주장하며 이로 인한 부정적인 정서 경험을 부각한다. 주변 동료와 차별적 보상을 받는 것, 금전적인 보상으로 차별화되는 것은 개인에게 매우 민감한 일이며 각종 관계의 상실, 자존감의 상실 등 부정적 정서가 증폭된다며 반발하는 모습을 보인다. 동시에 제도 개선에 대해 냉소적 태도와 회의를 보인다는 점에서 소외적 특징을 나타낸다. 부정적이고 정치적이며 손해를 주는 성과급 제도의 철회가 어렵다면 보상 격차를 완화하거나 균등 분배에 가깝게 운영해서 불공정을 시정해야 한다고 주장한다.

"사람들은 생각보다 돈에 민감하다. 돈으로 차이가 나면 왜 나는 이것밖에 못 받나 생각한다. 예전에 평가 결과가 승진에 반영되었을 때보다 평가 결과에 따라서 상여금을 차등 지급하는 게 더 반발이 커진 것 같다."(C5G2) {금전 보상에 대한 민감성} {등급 격차의 민감성}

"결과가 나오면 자신이랑 직급이나 업무가 비슷한 상황의 사람을 찾아 그 사람이 뭘 받았는가 알아내려 한다. 그 사람이 나보다 높게 받았다면 이해가 안되고 억울하고 기분 나쁘다."(C7G4) {평가 결과의 적절성 의심}

요컨대, 공무원들은 모순을 끌어안는 과정에서 인식과 대응상 이질적 모습을 나타내고 있으며, 이러한 상이한 대응의 합이 현재 성과급 제도의 적용 모습인 것이다.

5) 중재적 조건: 조직 내 지위

공무원들 사이 성과급 제도에 대한 심리적 대응 차이를 가져오는 중재적 조건으로 '조직 내 지위' 범주가 발견되었다. 앞서 살펴본 세 유형의 대응 중 어떤 모습을 취할지는 공무원 개인이 조직 내에서 어떤 지위에 있는가에 따라 달라질 수 있다는 것이다. 조직 속 공식·비공식적 지위가 높을수록 제도의 상징성을 부각하고 제도를 합리화하려는 태도인 상징적 합리화의 모습을 보이기 쉽고, 반면 지위가 낮다면 부정적 정서에 이입하고 제도의 효과에 냉소적인 태도인 소외적 반발의 모습을 나타낸다고 인식하고 있었다.

여기서 조직 내 높은 지위로 말해지는 것은 주로 중간관리자급 이상으로 직급이 높은 자, 인사 업무를 담당하고 있어서 성과급 제도에 대한 이해가 높은 자, 주무과·총괄과에 소속되어 핵심 업무를 맡고 있는 자, 근래에 부각되는 기술적 능력을 갖고 있는 자 등이었다. 직급이 높을수록 권력적 지위에 있기 쉽고 연공서열식 조직에서는 근속 연수나 나이가 높을수록, 핵심 부서 소속일수록, 여성보다는 남성이 권력적 업무를 맡을 가능성이 높다. 조직구조 속에서 지위가 높다는 것은 조직 내 권력에 가깝고 개혁을 추진하는 입장에 가까워 성과급 제도를 긍정적으로 이해하려 들 수 있다. 즉, 공무원의 대응 차이는 조직 내에서 권력적 지위로부터 얼마나 가까운가에 따라서, 개인 성향과 같은 개인적 특성보다는 조직 구조 속 지위와 같은 구조적인 요인에 의해 주로 발생한다는 것이다. 이에 따르면, 공무원들이 주로 직급이나 근속 연수, 성별 등에 따라 성과급 제도의 만족도가 다르다는 선행 연구의 결과가 의미하는 바는 조직 구조 속에서 개인이 차지하는 공식 및 비공식적 지위 수준이라고 볼 수 있다.

6) 결과: 동기 유발과 무관함

결과 범주는 행위자들이 중심 현상에 대응하는 행위나 정서적 반응의 결과를 말하는데, 이 분석에서 결과 범주로 나타난 것은 '동기 유발과 무관함'이었다. 성과급 제도는 더 많은 성과급을 받기 위해 더 열심히 일할 것이라는 전제에―성과급을 받는 것이 업무 수행의 노력으로 피드백된다는 믿음―기초하지만, 분석에서 확인된 결과는 업무 수행 노력과 성과급의 관련성이 매우 낮았다. 성과급을 많이 받는다 해도 업무 노력을 증가하지는 않는다는 것이다.

자신들이 일을 하는 것은 일 그 자체거나 상사의 명령 등 때문이지 성과급 때문이 아니라고 말하고 있어서, 성과급이 공무원의 동기 유발 강화 요인이 아니라 무관한 요인(위생 요인)임을 짐작하게 한다. 성과급은 1년에 한번 나오는 보너스 정도로 여겨지거나 많은 액수를 받을 때 기분을 좋게 만들 수 있지만, 직접 일할 동기를 유발하지는 못한다는 것이다.

> "성과급은 절대 일할 분위기 조성과는 상관이 없다… 개인 성과급 제도가 조직의 성과에 기여한다고는 보지 않는다."(L8S1) {동기 유발 안 됨}

성과급 제도가 동기를 유발하지 못한다는 또 다른 근거로, 성과 등급이 쉽게 변하지 않음을 들고 있다. 만약 동기 유발이 된다면 낮은 등급을 받은 사람들이 다음 평가에서 높은 등급을 받는 등 유동적 모습이 보여야 하는데, 대부분의 경우 한번 받은 성과 등급은 소속 부서나 업무가 달라지거나 경력이 쌓이기 전에는 거의 변하지 않는다는 것이다.

"등급이 쉽게 변하지 않은 편이다. C등급 두 번 이상 받으면 퇴출 대상이 된다거나 하는 이야기들이 있으니까 일단 이를 고려해서 바꿔 주기도 하지만 일 년 만에 S가 A되고 하겠는가. 경력이 1년 만에 더 쌓이는 것도 아니고 크게 업무가 변하는 것도 아닌데…."(L6G1) {성과 등급의 구조화}

즉, 성과급은 보수에 부가적으로 따르는 '작은 제도'일 뿐이며 기분을 좋거나 나쁘게 할 수는 있어도 업무 동기와는 거의 무관한 것이었다.

3 근거이론의 적용을 통해 나타난 공무원 대응상 특징

1) 대응의 구조

범주의 연결을 통해 성과급제에 대한 공무원의 대응 모습을 살펴보았으며, 분석으로 도출된 구체적인 현상 인식과 대응 구조를 정리하면 [그림 7-1]과 같다.

그림 7-1 성과급제에 대한 공무원의 대응 구조

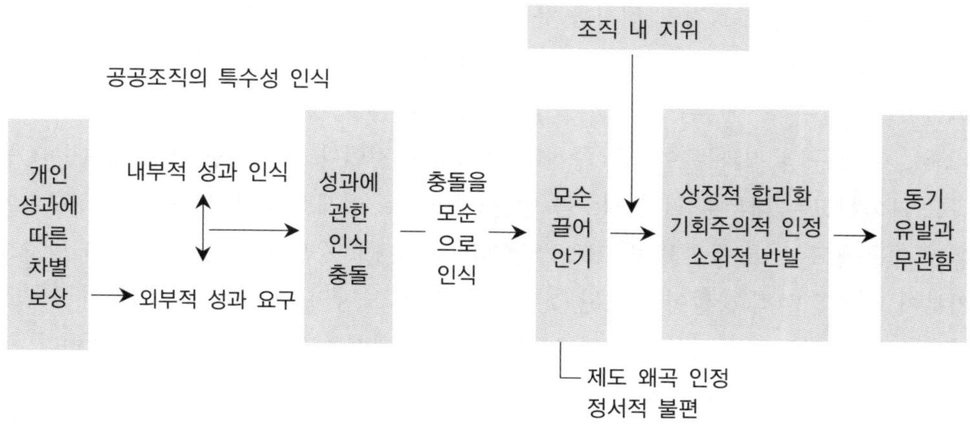

이야기 윤곽을 보면, 정부관료제의 연공서열식 계층 질서에 개인 간 수평 경쟁과 차별적인 결과 보상이 실시되자, 공공조직 특수성에 관한 공통된 인식이 형성되어 있는 공무원들에게 내부적 성과 인식과 외부에서 요구된 성과 개념이 충돌하게 되었다. 공무원 성과에 관한 인식의 충돌은 공직 현실과 성과급 제도를 모순적인 것으로 이해했고 제도를 기존 질서에 맞게 암묵적으로 변형해 현실적으로 가능한 방식으로 운영했다. 그러나 이렇게 모순을 끌어안는 과정에서 차등 보상에 대한 정서적 불편이 발생하게 된다. 이러한 중심 현상에 대해 개인의 대응 논리는 세 가지로 구분할 수 있었는데, 제도의 정치적 상징성을 부각해 합리화하고 장기적 기대를 보이는 태도, 부정적 문제로 인식하면서도 기회를 탐색하고 정서적 불편으로부터 거리를 두려하는 태도, 부정적 정서를 강하게 나타내며 냉소적인 모습을 보이는 태도 등이었다. 대응 유형의 차이는 개인이 조직 구조 속에서 갖는 권력적 지위에 따라서 주로 달라지는 것으로 추론할 수 있었다. 전체적으로 이러한 대응의 결과는 성과급 제도의 도입 목적인 동기 유발과는 무관했다.

2) 기존 이론과의 비교

근거이론으로 도출한 본 모형을 성과급 제도에 관한 주요 선행 연구들과 비교한다면 아래의 차이점을 보인다.

첫째, 토너먼트이론과의 비교할 때, 차별적인 금전 보상이 업무 동기 유발로 이어지지 못하고 오히려 부정적인 정서를 유발했다. 토너먼트이론에서 금전적인 보상은 그 직접성, 가시성으로 인해 다른 보상 방식보다 더 매력적으로 느껴지며 차별적 보상의 폭을 크게 할수록 자극된 경쟁심이 업무 노력을 높일 것이라고 주장하는데(Lazear, 1996), 이 연구의 결과는 이러한 주장과 배치되는 것이다. 성과급을 받지 못하는 C등급을 제외하고는 대부분 일정 액수를 받는 것이므로 경제적 피해를 받았다고 여길 이유가 없음에도 A, B 등급을 받고도 박탈감을 느낀다고 응답하고 있어, 보상을 받고도 기분이 나쁜 역설적 상황이 형성된 것이다. 이러한 '보상의 역설'은 공무원들이 공공조직의 현실과 공무원의 성과에 관한 인식을 다르게 형성하고 있기 때문으로 보인다. 공무원들이 인식하는 구조적 현실, 모순 수용의 압력, 개인의 지위 등 여러 조건이 공무원 대응 과정에서 작동하고 있는 것이다. 발생한 부정적 정서는 경쟁 행위로 이어지지 못하고 부정적 정서를 반복적으로 경험하게 하면서 정서적 고통으로 심화될 가능성을 보였고 결국 동기 유발로 이어지지 못했다.

둘째, 성과급제의 대표적인 기반 이론인 기대이론과 비교할 때, 노력이 성과로 이어질 것이라는 기대, 성과에 따라 보상받을 가능성, 보상이 개인에게 주는 매력이 모두 낮게 나타나 동기 유발과 연결되지 못했다. 기대이론의 기본 주장은 노력한 만큼 성과가 나올 것이라는 기대, 성과에 따라 보상받을 가능성, 보상이 개인에게 주는 매력도라는 세 부분의 연결되어 있어서 기대, 가능성, 매력도가 높을수록 개인의 업무 동기는 높아진다(Vroom, 1964; Porter & Lawler, 1968). 그러나 이 연구의 결과, 공무원은 노력한 만큼 성과가 나올 것이라는 기대가 매우 낮고, 성과는 개인의 노력과 능력에 따라서 결정되기보다 오히려 조직 구조와 관련된 요인들-연공서열, 핵심 부서 소속, 승진 대상-에 의해 결정될 수밖에 없다고 인식했다. 개인별 노력이나 능력 여부 대신 조직 구조적 제약을 크게 느끼는 상황에서 일 년에 한 번씩 나오는 보너스 정도의 성과급으로는 경쟁 노력을 적극적으로 할 유인으로 연결되지 않는 것이다.

셋째, 성과급으로 인해 구성원의 내재적 동기가 파괴될 수 있다는 이론들(Perry et al., 2009; Pfeffer, 2001; Deci & Ryan, 2000)과 비교하면, 공무원들이 자신의 업무를 어떻게 인식하는가에 따라 차별적 보상이 미치는 효과가 달라진다는 점은 유사하다. 이 분석 결과, 공무원들이 자신의 업무를 집단적이고 상호 의존적인 업무로 인식하는 경우에는 개인별 차별 보상에 대해 위화감이나 억울함 같은 부정적 정서를 경험할 수 있었다. 그러나 차별적 보상이 오히려 내재적 동기를 줄이는 역효과를 낼 수 있다는 이들 이론의 주장과는 달리, 업무 동기를 저하하기보다 업무 동기와는 무관하게 나타났다는 차이가 있다. 부정적 정서를 경험하더라도 그것이 실제로 업무 수행의 노력에 직접적 영향을 미치는 요인이 되지 않는 것이다.

제 5 절 결론

성과급 제도의 효과를 검토할 때 간과해서는 안 될 것이 기존의 정부관료제 질서 속에서 민간조직 관리 질서를 새롭게 받아들여야 했던 공무원이 겪은 경험일 것이다. 이 연구는 성과급 제도 등 신공공관리적 행정개혁을 위해 도입된 여러 제도가 기대보다 낮은 효과를 보이며 형식화되었다는 일부의 비판에 근거해 그 당사자였던 공무원들은 왜, 어떻게 대응하는지를 분석하고자 했다.

성과 경쟁, 차별적 금전 보상이 공무원에게 어떤 의미로 경험되었는지 검토한 결과, 공무원들은 공공조직에 내재된 구조적 제약을 강하게 인식하고 있어 '모순된다고 판단하지만 수용할 수밖에 없는' 상황으로 여기고 있었다. 현실 부적합 상황에 적극적으로 저항하기보다 이를 가능한 방식으로 '끌어안으려는' 대응은 상징적 형식주의와 같은 제도의 왜곡과 함께 부정적 정서를 발생시키고 있었으며, 결국 성과급 제도는 업무 동기 유발과는 무관한 결과를 낳게 된 것이다.

이러한 맥락에서 성과급 제도의 성공은 쉽지 않을 것이라는 우려를 낳는다. 응답자들의 표현을 빌리면, 공무원들에게 관료제 질서는 '큰 구조'이며 성과급제는 '작은 제도'라서, 현실의 구조에 맞춰 성과급 제도를 암묵적으로 변형하는 것은 어쩔 수 없는 현실적 균형이었다. 수직적 생태계 속에서는 아무리 개인을 수평화시키려 해도 수직 질서로 회귀할 수밖에 없다는 것이다. 이러한 상황 인식 속에서 성과급 제도를 통한 동기 유발의 가능성은 낮을 것이다. 연구 결과에서 제도 도입 취지에 진심으로 동감하고 적극 순응하는 태도가 발견되지 않았음을 고려할 때, 성과급 제도는 동기 유발이 아닌 성과를 인식하자는 각성 운동에 그칠지도 모른다.

경쟁, 차별, 금전 보상 등 성과급 제도는 개인에게 가장 민감한 요인들을 처방하고 있다. 정부 성과를 창출해야 한다는 심각한 문제에 가장 민감한 처방을 하는 것은 좋은 해결책이 되기보다 정서적 반발 같은 뜻밖의 복잡한 문제를 양산할 수 있다. 개인의 역량보다 구조의 힘이 강한 수직적 생태계인 정부조직에서 개인의 역량과 가시적 성과를 어디까지 강조해야 하는지는 깊이 있는 논의와 함께 처방의 신중함을 필요로 한다. 따라서 희망에 근거해 차별적 보상 격차를 급격히 확대하기보다 일정 기간 성과 등급 상위자들에게만 포상하는 방식도 고려해 볼 수 있을 것이다. 진정한 성과 중심의 정부 운영을 위한 기반을 정비하기 위해 성과급 제도는 기존 인사관리 구조와의 조화를 고려해 단계적으로 적용해야 한다고 판단된다.

제 8 장

정책문제 해결기구의 설계와 제도화: 김대중 정부 시기 노사정위원회를 중심으로

하민철

제 1 절 서론

일반적으로 정책문제는 다수의 이해 당사자 조직이 관련되기 때문에 해결하기 어려운 문제라고 지적되고 있다(김영평, 1991; Dunn, 1981). 이해 당사자 조직은 상이한 요구를 가지기 마련이며, 이 요구들은 상충하는 경우가 많기 때문에 정책문제의 크기가 클수록 해결은 그만큼 어려워진다. 정책문제에 관련된 이해 당사자 조직의 요구의 상충성 정도가 강해질수록 정부관료제는 정책 과정을 통제하기 어려워지고, 정책문제의 해결이 지연되거나 심지어 실패할 수도 있다. 따라서 이해 당사자 조직의 요구의 상충성 정도가 강한 정책문제를 해결하기 위해서는 정책 과정에 이들의 참여를 허용해 협력을 얻어내야 한다. 즉, 기존 정부관료제의 독점적 문제 해결 방식과는 다른 민주주의적 문제 해결 방식이 필요하다는 것을 말한다.

최근 활발하게 논의되는 '거버넌스' 혹은 '정책 네트워크' 개념은 정책문제를 해결하기 위해 정책 과정에 관련 이해 당사자 조직의 참여를 허용한다는 점에서 민주주의적 문제 해결 방식의 한 표현으로 이해할 수 있다(염재호, 2002; 이명석, 2001). 정책문제와 관련된 이해 당사자 조직을 참여시키는 것으로서 민주주의적 문제 해결 방식은 다양하게 선택될 수 있다. 기존의 정부관료제가 통제하는 정책 과정 속에 이해 당사자 조직의 일시적 참여를 허용하는 절차(예: 공청회, 주민투표 등)를 추가하는 것에 머무를 수도 있고, 새로운 정책문제 해결기구(예: 각종 위원회, 독립규제기관 등)를 설계하는 것일 수도 있다. 이 밖에도 다른 많은 문제 해결 방식을 고려할 수 있다. 이때 어떠한 방식을 선택하는가는 주어진 정책문제의 성격에 따라 달라진다. 그렇다면 주어진 정책문제를 해결하기 위해 상충하는 요구를 가진 이해 당사자 조직이 참여하는 새로운 정책문제 해결기구를 만들고자 할 때, 그것은 어떻게 설계되고, 어떠한 제도화 과정을 거치는가?

정책문제를 해결하기 위해 그럴듯하고 적절한 정책대안을 설계하듯이 정책문제 해결기구도 그럴듯하고 적절하게 설계되어야 한다(Simon, 1973; 1988; 김영평, 1984; Chisholm, 1987; 1995; Pierson, 2000). 어떤 정책문제 해결기구를 설계한다는 것은 해결해야 할 정책문제의 성격에 따라서 적절한 제도적 규칙들을 선택해 배열하는 것이다. 적절한 제도적 규칙들을 선택하고 배열하는 것은 정책문제 해결기구의 문제 해결 능력을 높이기 위한 합리적 노력의 결과물이다(김영평, 1984). 만일 제도적 규칙들의 선택과 배열을 단일 조직이 통제하는 상황을 가정한다면, 얼마나 적절한 제도적 규칙들이 선택되고 배열되었는가는 해당 조직의 설계 역량(design capacity)에 달려 있다. 그러나 만일 단일 조직이 통제하지 못하고 다수의 이해 당사자 조직이 참여하고, 이들의 요구가 상충한다면 정책문제 해결기구의 설계는 복잡한 상호조절(mutual adjustment) 과정을 거칠 수밖에 없다(Moe, 1989; Goodin, 2000).

정책문제 해결기구의 제도적 규칙들은 문제 해결의 내용과 방향에 중요한 영향을 미치기 때문에 어떠한 제도적 규칙을 선택하는가는 매우 중요하다. 제도적 규칙은 정책문제를 해결하는 데 단순히 중립적이거나 기술적 수단에 머무르는 것이 아니며, 그것은 암묵적으로 특정의 정책대안을 선택한 것과 같다(Moe, 1989: 268). 이해 당사자 조직은 갈등과 협상 과정에서 제도적 규칙을 활용해 그들의 이익을 보호하거나 확대한다. 이러한 의미에서 특정 이해 당사자 조직이 선호하는 제도적 규칙들을 관철시키는 경우, 문제 해결 과정에서 중요한 자원을 획득하는 것이 된다. 따라서 제도적 규칙의 수정에 영향을 줄 수 있는 조직은 중요한 권력을 가지고 있는 것과 마찬가지다(Burns, 1986: 28-29; Scott, 1987: 508에서 재인용). 그러므로 정부관료제를 포함해 정책문제 해결기구에 참여하게 되는 이해 당사자 조직은 자기 조직에 유리하도록 제도적 규칙을 설계하려는 동기를 갖게 된다. 개별 이해 당사자 조직은 각각 자기 조직에 유리한 제도적 규칙들의 설계 대안을 관철시키려 하기 때문에 자연스럽게 갈등이 나타나게 된다. 특히 해결해야 할 정책문제의 성격에 비춰볼 때 예상되는 귀결이 관련 이해 당사자 조직의 이익구조에 심각한 손실을 수반할 가능성이 높은 경우, 정책문제 해결기구의 제도적 규칙의 설계는 더욱 중요해진다. 이해 당사자 조직의 요구의 상충성이 강할수록, 그리고 수반되는 위험이 클수록, 제도적 규칙의 설계를 둘러싼 갈등의 강도는 높아진다.

1998년 1월 외환위기 당시 구성된 노사정위원회는 상충하는 요구를 가진 노동자, 사용자, 정부가 국가위기 극복이라는 정책문제를 해결하기 위해 만든 문제 해결기구다. 국가 위기 극복을 위해 노사정위원회가 해결해야 하는 구체적인 정책문제는 노동자, 사용자, 정부 등 각 이해 당사자 조직이 강도 높은 구조조정의 고통을 분담하겠다는 '사회적 합의'를 도출하는 것이었다(노사정위원회, 1998a). 국가 위기 극복을 위한 구조조정의 고통 분담 내용은 노동자, 사용자, 정부 모두에게 심각한 위험을 수반하는 것들이었다. 노동자 측의 경우, 정리해고제와 파견근로제 등 노동개혁 프로그램을 수용할 것을 요구받았다. 이미 기업 도산으로 인한 대량실업과 사용자의 부당노동행위 등으로 인해 고용 불안정이 심화된 상황에서 공식적으로 고용 조정 등 노동개혁 프로그램을 수용하는 것은 고용 불안정을 더욱 심화시킬 것이기 때문에 치명적인 위험을 내포하는 것이었다. 그리고 사용자 측의 경우, 사업 구조조정과 기업 지배구조 개선 등 기업개혁 프로그램을 수용할 것을 요구받았다. 위기 상황에서 사업 구조조정이나 기업 지배구조 개선 등은 자칫 잘못하면 기업 소유권과 경영권을 잃을 수 있는 치명적인 위험을 내포하는 것이었다. 한편 정부 측은 국가 위기 극복을 위해 신속한 정책 결정과 과감한 정책 집행이 필요한 상황이었기 때문에 정책 과정에 노동자 측과 사용자 측의 참여를 허용하거나 의사 결정 권한을 공유하는 것을 원하지 않았다. 그러나 국가위기 극복이라는 매우 어려운 정책문제의 해결을 위해서는 노동자 측과 사용자 측의 협력을 필요로 했기 때문에 어쩔 수 없이 노동자와 사용자 측의 참여를 허용할 수밖에 없었고, 독점적 의사 결정 권한을 노동자 및 사용자 측과 공유할 수밖에 없었다. 만일 정부가 일방적으로 문제 해결을 시도하는 경우 노동자와 사용자의 강한 저항이 예상되었고, 그럴 경우 문제 해결이 어려워지고 문제 상황은 더욱 악화될 가능성이 높았다. 또한 정부조직 축소와 규제 완화 등 정부개혁 프로그램을 수용할 것을 노동자와 사용자 측으로부터 요구받았다. 이처럼 노사정위원회가 다루는 정책문제는 노동자, 사용자, 그리고 정부 사이의 요구의 상충성이 높고, 심각한 손실을 수반하는 위험한 문제들이기 때문에 노사정 각 이해 당사자 조직은 노사정위원회의 제도적 규칙의 설계를 둘러싸고 심각한 갈등을 빚었다.

그렇다면 상충하는 요구를 가진 노사정 각 이해 당사자 조직은 노사정위원회를 구성하는 과정에서 어떠한 설계 전략을 선택했는가? 그리고 제도적 규칙의 설계 과정에서 드러난 갈등의 상호 조절 양상은 어떠했고, 그 상호 조절 결과 나타난 제도적 규칙의 설계는 어떠한 특징을 보였는가? 또한 정책문제의 부분적 해결에 따라 문제의 성격이 변화할 때, 노사정 각 이해 당사자 조직의 설계 전략에는 어떠한 변화가 나타났는가? 그리고 정책문제의 성격 변화에 따라 각 이해 당사자 조직의 상호작용 속에서 발현되는 노사정위원회의 제도화 과정은 어떠한 특징을 보이는가? 이 연구는 주어진 정책문제를 해결하기 위해 새로운 정책문제 해결기구를 구성해야 할 때, 그것이 어떠한 설계와 제도화 과정을 거치는가를 분석하고자 한다. 특히 이 연구는 단일한 설계자가 아니라 상충하는 요구를 가진 다수의 이해 당사자 조직이 공동의 설계자로 참여하는 정책문제 해결기구의 설계와 제도화 과정에 초점을 맞춰 분석한다. 상충하는 요구를 가진 이해 당사자가 공동의 설계자로서 새로운 문제 해결기구의 설계와 제도화 과정을 분석하기 위해 김대중 정부 시기의 노사정위원회 설계와 제도화 과정을 연구 대상으로 선정했다.[1)]

제 2 절 정책문제 해결기구의 설계와 제도화 과정

1 정책문제 해결기구는 합리적 설계가 가능한가?

정책문제를 해결하기 위한 정책대안은 인위적으로 바람직한 상태를 실현하려는 인

1) 현재 노사정위원회는 김대중 정부 시기에 형성된 제도적 기본 틀을 유지하고 있기 때문에 연구의 시간적 범위를 김대중 정부 시기(1998년 1월~2002년 12월)에 한정해서 논의한다. 그리고 이 연구는 정부의 정책자료, 노동자와 사용자단체가 발간한 사업보고서와 성명서 등 문헌자료에 대한 내용분석과 노사정위원회에 참여했던 각 이해 당사자 조직의 실무대표자들에 대한 심층 인터뷰를 병행했다. 심층 인터뷰는 노동자 측 5인(민주노총 3인, 한국노총 2인), 사용자 측 3인(전경련 1인, 경총 2인), 정부 측 4인(여당의원 1인, 청와대 1인, 노동부 2인), 그리고 노사정위원회 내부 전문가 2인 등 모두 14인에 대한 인터뷰를 실시했다.

공물(artifacts)로서 설계의 대상이다(Simon, 1973; 1988; 김영평, 1984: 101). 정책대안이 설계의 대상이듯 정책문제 해결기구 역시 설계의 대상이다(Chisholm, 1987; 1995; Pierson, 2000: 475). 정책문제를 해결하기 위해 그럴듯하고 적절한 정책대안을 설계하듯이 정책문제 해결기구도 그럴듯하고 적절하게 설계되어야 한다. 정책문제를 해결하기 위해 기존의 공공조직 중에서 하나를 선택해 문제 해결 책임을 부과하거나 전혀 새로운 문제 해결기구를 설계하는 것은 정책 결정의 한 표현물이기도 하다. 문제 해결기구를 설계의 대상으로 이해한다면 자연스럽게 도구적으로 합리적 설계를 모색하는 것은 당연하다(Chisholm, 1995: 451). 도구적으로 합리적인 문제 해결기구의 설계라는 것은 설계자가 의도한 장단기 효과가 나타났는가, 그리고 의도하지 않은 결과가 통제되었는가를 말한다(Pierson, 2000). 그러나 합리적 설계를 하겠다는 의도 자체가 그 결과를 보장하는 것은 아니다.[2] 전문성과 장기적 안목을 가지고 있는 단일하고 현명한 설계자가 설계 작업을 한다고 하더라도 의도하지 않은 결과는 불가피하기 때문에 이를 설계 과정에서 적절하게 고려해야 한다(Chisholm, 1995; Pierson, 2000). 근본적으로 인간으로서 설계자는 불완전하고 부정확한 정보에 근거해서 설계해야 하고, 합리적 설계 목적을 달성하기 위한 모든 대안을 고려하지도 못하기 때문에 그것은 사실상 불가능에 가깝다. 심지어 설계자의 의도 자체가 모호성(ambiguity)을 띠고 있기도 하다. 많은 경우 합리적 의도를 가진 행위자들의 목적 자체가 일관적이지 못한 경우가 많고, 엉성하게 정의된(ill-defined) 것들인 경우가 많다(March & Olsen, 1976: 12). 이처럼 단일한 설계자를 상정하더라도 문제 해결기구의 합리적 설계는 거의 불가능에 가깝다. 그렇다면 단일한 설계자가 아니라 다수의 설계자를 상정하는 경우는 어떠한가? 그리고 다수의 설계자가 추구하는 요구들이 서로 충돌한다면 문제 해결기구의 설계는 어떠한 결과를 가져올 것인가?

많은 연구자는 중요한 정책문제가 엉성하게 구성되어(ill-structured) 있다고 설명한다(Simon, 1973; Dunn, 1981; Chisholm, 1987; 김영평, 1991; Fernandes & Simon,

---

2) 문제 해결기구의 합리적 설계가 가능하기 위해서는 다음과 같은 기본 가정들이 충족되어야 한다. 문제 해결기구의 단일한 설계자, 말쑥하게 정의된(well-defined) 정책문제, 정책문제를 해결하기 위한 이용 가능한 모든 설계 대안의 검토, 정책문제와 설계대안 사이의 인과 지식의 존재, 충분한 시간, 기술, 자원, 비용 등. 이러한 기본 가정들이 비현실적이라는 것은 모두가 알고 있으며, 되도록 이러한 상황으로 가고자 '소망하는 상태'의 표현에 불과하다(참고: Simon, 1973; 1988; Dunn, 1981; 김영평, 1991; 최성두, 1996).

1999). 엉성하게 구성된 정책문제의 개념 정의에서 핵심적인 것은 정책결정자가 다수라는 것과 정책대안이 무수하게 많고, 이들의 효용(가치)이 서로 갈등을 일으키기 때문에 그 결과를 알 수 없다는 것으로 요약할 수 있다(Dunn, 1981: 103). 정책결정자가 다수라는 것은 곧 문제 해결기구의 설계자도 다수일 수 있다는 것을 암시한다. 사실 어떤 제도의 설계자를 단일한 설계자로 한정할 수는 없다(Goodin, 1996; 2000). 제도설계에서 다수의 설계자를 상정하는 경우, 설계자들은 예상하지 못하는 상호작용 효과들(interaction effects)을 고려해야만 한다(Pierson, 2000: 483). 문제 해결기구를 어떻게 설계하느냐에 따라 정책대안의 내용과 방향이 달라지기 때문에 관련 이해 당사자 조직은 자기 조직의 이익을 최대화하는 방향으로 설계하고자 노력한다(Moe, 1989: 268). 개별 이해 당사자 조직은 정책문제에 대한 서로 다른 이익 구조를 가지고 있기 때문에 결국 서로 다른 설계 대안을 선호한다. 따라서 문제 해결기구의 설계 과정에서 관련 이해 당사자 조직 사이에 갈등이 빚어지는 것은 당연하다. 개별 이해 당사자 조직은 자기 조직에 유리한 설계 대안을 관철시키려고 하지만 설계 대안 사이의 상충성으로 인해 의도한 설계 대안이 채택되는 것을 보장할 수 없다. 즉, 어느 이해 당사자 조직도 자기 조직에 유리한 설계 대안을 제도 전반에 걸쳐 항상 관철시킬 수는 없다(Goodin, 2000: 525). 결국 각각의 이해 당사자 조직이 추구하는 설계 대안은 상충할 가능성이 높기 때문에 상호 조절을 통해 설계될 수밖에 없다. 그러므로 상호 조절을 거쳐서 설계된 문제 해결기구가 합리적 설계 대안이 될 것이라는 것을 보장하기 어렵다. 다수의 이해 당사자 조직이 상호 조절을 통해 설계된 문제 해결기구는 어느 한 이해 당사자 조직이 일방적으로 손실을 감수하거나 또 다른 이해 당사자 조직이 일방적으로 이익을 향유하지 못하도록 설계되기 쉽다(Moe, 1989). 이러한 점에서 모우(Moe, 1989)는 미국의 정부 관료제 기구가 정치적 권력을 행사하는 참여자들의 정치 과정을 거쳐 나타나기 때문에 그 설계 결과가 이들의 이익, 전략, 타협을 반영하기 때문에 그 설계 결과가 비효과적인 것이라는 점을 강조했다. 만일 이러한 설계 결과가 문제 해결기구를 구성하지 않았을 경우보다 더 큰 손실을 모든 이해 당사자 조직에 가져온다면 그 문제 해결기구는 불안정해진다. 반면 그 설계 결과가 문제 해결기구를 구성하지 않았을 경우보다 모든 이해 당사자 조직에 이익을 가져온다면 그 문제 해결기구는 안정화 과정을 거치게 된다. 이렇게 본다면 문제 해결기구는 다수의 이해 당사자 조직의 설계 전략의 갈등과 상호 조절을 통해 설계되고, 정책문제의 성격 변화에 따라서 수정되는 것으로 이해하는

것이 타당하다(Goodin, 2000: 523).

2 정책문제 해결기구 설계의 전략적 선택 논리

공동체에 어떤 정책문제가 발생하고 이를 해결하기 위해 새로운 정책문제 해결기구를 구성해야 하는 이슈가 대두되었을 때, 관련 이해 당사자 조직은 해당 정책문제 해결기구에 참여할 것인가 불참할 것인가를 선택해야 한다. 그리고 참여를 선택할 경우, 구체적으로 문제 해결기구를 어떻게 설계할 것인가에 대한 전략을 선택하게 된다. 개별 이해 당사자 조직은 문제 해결기구의 참여 및 설계 전략을 선택하는 데 나름의 행동 논리에 근거해 전략을 선택하는데 그 행동 논리는 해결해야 할 정책문제의 성격에 달려 있다. 조직의 행동 논리 선택에서 중요한 정책문제의 성격은 두 가지 기준, 즉 정책문제 해결에 대한 사회적 관심과 요구의 정도가 높은가 낮은가, 그리고 주어진 정책문제의 해결에 수반되는 예상되는 귀결이 자기 조직에게 유리한가 불리한가로 요약할 수 있다. 사회적 관심과 요구의 정도에 대한 판단작용에는 소위 적절성의 논리(logic of appropriateness)가 작동되고, 예상되는 귀결의 유불리에 대한 판단작용에는 소위 귀결성의 논리(logic of consequentiality)가 작동된다(March & Olsen, 1989: 160-161).[3] 어떤 조직이 귀결성의 논리와 적절성의 논리를 조화시키면서 행동 전략을 선택하는 것

---

3) 마치와 올슨(March & Olsen, 1989: 160-161)은 조직의 행동 논리로서 귀결성의 논리(logic of consequentiality)와 적절성의 논리(logic of appropriateness)를 대별해 설명하고 있다. 먼저 귀결성의 논리에 따르면 조직 행위자는 주어진 상황에서 어떤 행동의 귀결에 대한 선호와 기대(preferences and expectations about consequences)에 근거해서 행동을 선택한다. 즉, 귀결성의 논리에서 행동은 가능한 한 선호와 기대를 충족시키는 결과를 만들고자 하는 의지를 담고 있다. 따라서 정상적인 행위자라면 자신의 행동과 그 귀결의 기대 사이에 일관성을 유지하려 할 것이다. 전통적인 의사결정이론은 바로 귀결성의 논리에 근거한 것이다(March & Olsen, 1989: 160). 이러한 귀결성의 논리는 경제적 행동 논리와 일맥상통한다(김영평, 1991: 228-232). 한편 적절성의 논리에 따르면 조직 행위자는 주어진 상황에서 필요한 역할 의무를 충족시키기(fulfilling the obligations of a role) 위해 어떠한 행동이 적절한가에 대한 판단에 근거해 행동을 선택한다. 즉, 적절성의 논리에서 행동은 선호와 기대를 추구하는 것보다는 요구되는 의무를 충족하는 것에 관심을 기울인다. 따라서 조직 행위자는 자신의 행동과 그의 사회적 역할 사이의 조화를 유지하려 한다. 종종 귀결성의 논리와 적절성의 논리 사이에 모호함이나 갈등이 나타날 때, 직면한 상황이 어떠하며, 그 상황에서 어떤 행동이 적절한가에 대해 숙고를 통해 귀결성의 논리가 아니라 적절성의 논리에 의해 행동이 취해지기도 한다(March & Olsen, 1989: 161). 이러한 점에서 적절성의 논리는 정치적 행동 논리와 일맥상통한다(김영평, 1991: 228-232).

은 매우 어려운 일이다. 사실 귀결성의 논리에 따라 행동하면 적절성의 논리가 손상되기 쉽고, 적절성의 논리에 따라 행동하면 귀결성의 논리가 손상되기 쉽다. 이것은 조직이 귀결성의 논리에 근거해서만 행동할 수도 없고, 그렇다고 적절성의 논리에 따라서만 행동할 수도 없는 어려운 상황에 처하는 경우가 많다는 것을 암시한다. 조직은 이러한 모순적인 관계에서 귀결성의 논리가 손상되지 않으면서 적절성의 논리를 함축하고, 적절성의 논리를 거역하지 않으면서 귀결성의 논리를 유지할 수 있어야 한다(김영평, 1991: 232). 즉, 개별 조직들은 귀결성의 논리와 적절성의 논리를 적절하게 활용해 조직의 이익과 정통성을 모두 추구해야 생존하고 성장할 수 있다. 특히 상충하는 요구를 가진 이해 당사자 조직이 공동의 정책문제를 해결하기 위해 문제 해결기구를 설계하는 과정에서 적절성의 논리와 귀결성의 논리의 조화는 매우 중요하다.

사회적 관심과 요구의 정도와 예상되는 귀결을 조합하면 정책문제의 성격을 [그림 8-1]과 같이 구분할 수 있고, 각 유형에 따라 개별 이해 당사자 조직은 문제 해결기구에 대해 나름의 참여 전략과 설계 전략을 선택할 것으로 예상할 수 있다.

그림 8-1 정책문제의 성격과 이해 당사자 조직의 전략 선택

		사회적 관심과 요구(적절성의 논리)	
		약함	강함
예상되는 귀결 (귀결성의 논리)	손해(negative)	Type I	Type III
	이익(positive)	Type II	Type IV

만일 정책문제의 해결에 대한 사회적 관심과 요구가 약한 경우, 이해 당사자 조직은 적절성의 논리보다는 귀결성의 논리에 근거해 참여 전략을 선택하기 쉽다. 따라서 정책문제 해결에 대한 사회적 관심과 요구가 약한 조건에서 특정 이해 당사자 조직의 예상되는 귀결이 손해인 경우(Type I), 해당 조직은 문제 해결기구 구성에 반대하는 입장을 가질 것으로 예상할 수 있다. 반면 예상되는 귀결이 이익인 경우(Type II), 해당 조직은 문제 해결기구 구성에 찬성하는 입장을 가질 것으로 예상할 수 있다. 한편 정책문제의 해결에 대한 사회적 관심과 요구가 강한 경우, 이해 당사자 조직은 귀결성의 논

리와 함께 적절성의 논리를 동시에 고려할 수밖에 없게 된다. 따라서 정책문제 해결에 대한 사회적 관심과 요구가 강한 조건에서 특정 이해 당사자 조직의 예상되는 귀결이 손해인 경우(Type III), 해당 조직은 문제 해결기구 구성에 대한 찬성과 반대 입장을 정하는 데서 어려움을 겪을 것으로 예상할 수 있다. 반면 예상되는 귀결이 이익인 경우(Type IV), 해당 조직은 문제 해결기구 구성에 대해 적극적으로 찬성하는 입장을 가질 것으로 예상할 수 있다.

여기에서 중요한 것은 문제 해결기구에 참여하게 되는 이해 당사자 조직의 예상되는 귀결이 대칭적이지 못하고 비대칭적일 때, 즉 특정 이해 당사자 조직은 손해를 입고, 또 다른 이해 당사자 조직은 이익을 얻는 경우, 이해 당사자 조직 사이에 심각한 갈등이 나타날 수 있고 문제 해결기구 구성은 어려울 수 있다는 것이다. 만일 문제 해결에 대한 사회적 관심과 요구가 강하기 때문에 문제 해결기구를 구성하고 참여할 수밖에 없다는 조건을 가정했을 때, 문제 해결에 수반되는 예상되는 귀결이 손해인 조직과 예상되는 귀결이 이익인 조직의 문제 해결기구의 설계 전략은 각각 어떤 특징을 보일 것인가? 예상되는 귀결이 이익인 조직은 문제 해결기구를 효율적 운영이 가능한 방향으로 설계해 신속하게 문제 해결을 시도하려는 동기를 가질 것이다. 반면 예상되는 귀결이 손해인 조직은 문제 해결기구를 비효율적으로 운영되는 방향으로 설계해 되도록 문제 해결을 늦추거나 거부하고자 하는 동기를 가질 것이다. 특히 그 손해가 해당 조직에 치명적인 위험을 내포하는 경우, 비효율적으로 설계하고자 하는 동기는 더욱 강화될 것이다. 이 과정에서 효율적 운영을 유도하는 제도적 규칙의 설계 대안과 비효율적 운영을 유도하는 제도적 규칙의 설계 대안이 동시에 제시될 것이고, 이들 사이에 갈등이 첨예하게 나타날 것이다. 간단히 말하면 예상되는 귀결이 손해인 조직은 설계 대안 속에 안전장치로서 거부 지점들(veto points)을 포함시켜 의사 결정을 어렵게 만들고, 문제 해결 과정을 최대한 지연시키는 설계 대안을 채택하려는 전략을 취할 것이다. 반면 예상되는 귀결이 이익인 조직은 설계 대안 속에 거부 지점들을 배제해 의사 결정을 쉽게 만들고, 문제 해결 과정을 최대한 신속하게 유도하는 설계 대안을 채택하려는 전략을 취할 것이다(Farrell & Heritier, 2003: 581-583). 이러한 설계 전략의 갈등 속에서 이해 당사자 조직은 문제 해결기구의 제도적 규칙의 설계 대안에 대해 귀결성의 논리뿐만 아니라 적절성의 논리에 따라 상호 조절을 통해 합의에 이르게 될 것이다.

3 정책문제 해결기구의 설계, 문제 해결, 그리고 제도화

주어진 정책문제의 성격, 이해 당사자 조직의 문제 해결기구 참여 전략과 설계 전략, 그리고 상호 조절을 통한 설계 결과에 따라 주어진 정책문제는 해결될 수도 있고, 해결되지 못할 수도 있다. 중요한 것은 문제 해결의 성공과 실패에 대해 문제 해결기구에 참여한 이해 당사자 조직은 입장에 따라서 모두 다르게 평가할 수 있다. 특정 이해 당사자 조직의 입장에서 애초 예상했던 귀결과 비교해 긍정적인가 부정적인가에 따라 달라질 것이다. 그리고 개별 이해 당사자 조직이 각자의 평가에 따라서 향후 문제 해결기구에 대한 참여 전략과 설계 전략에 변화를 모색하는 것은 당연하다.

T1 시점에서 주어진 정책문제 성격과 문제 해결 노력이 가해진 이후의 T2 시점에서의 정책문제 성격은 동일하지 않다. 즉, 문제 해결기구가 주어진 정책문제를 해결했건, 해결하지 못했건 그것은 분명 처음 주어진 정책문제의 성격을 변화시키게 된다. 정책문제를 해결하지 못하는 경우, 사회적 관심과 요구가 더욱 높아질 수 있고, 동시에 각 이해 당사자 조직의 예상되는 귀결에도 변화가 나타날 수 있다. 거꾸로 정책문제를 해결하는 경우, 사회적 관심과 요구는 낮아질 수 있고, 동시에 각 이해 당사자 조직의 예상되는 귀결 역시 변화가 나타날 수 있다. 이러한 정책문제 성격의 변화는 각 이해 당사자 조직의 문제 해결기구 참여 전략과 설계 전략에 변화를 가져온다. T1 시점의 문제 해결 결과에 대한 평가와 T2 시점의 문제 성격 변화에 따라서 이해 당사자 조직은 문제 해결기구의 유지-강화 혹은 폐지-약화 등의 변화를 시도할 수 있다. 예를 들어 특정 이해 당사자 조직의 입장에서 T1 시점의 문제 해결 결과가 긍정적인 것으로 나타났고, 향후 T2 시점의 예상되는 귀결이 유리할 것으로 판단되는 경우, 해당 이해 당사자 조직은 문제 해결기구의 유지-강화를 선호할 것이다. 따라서 적극적인 참여 전략을 선택할 것이며, 제도적 규칙 역시 효율적 운영이 가능한 방향으로 설계하고자 할 것이다. 반면 특정 이해 당사자 조직의 입장에서 T1 시점의 문제 해결 결과가 부정적인 것으로 나타났고, 향후 T2 시점의 예상되는 귀결이 불리할 것으로 판단되는 경우, 해당 이해 당사자 조직은 문제 해결기구의 폐지-약화를 선호할 것이다. 따라서 사회적 관심과 요구가 약화되는 경우, 귀결성의 논리에 따라서 문제 해결기구의 불참 전략을 선택할 것이다. 그러나 사회적 관심과 요구가 여전히 강한 경우, 적절성의 논리에 따라

서 어쩔 수 없이 참여할 수밖에 없다면, 참여를 하더라도 소극적인 참여 전략을 선택할 것이며, 제도적 규칙 역시 효율적 운영이 어려운 방향으로 설계하고자 할 것이다.

그렇다면 문제 해결 결과에 대한 평가와 문제 성격 변화에 따라 이해 당사자 조직의 설계 전략이 변화했을 경우, 이것은 문제 해결기구의 제도화에 어떠한 영향을 미치는가? 만일 T1 시점의 문제 해결 결과에 대한 평가를 둘러싸고 갈등 정도가 크게 나타나고, T2 시점의 예상되는 귀결 사이의 상충성의 정도가 강하게 나타나는 경우, 문제 해결기구의 유지와 폐지, 강화와 약화의 흐름이 동시에 나타나게 될 것이다. 두 흐름의 균형이 유지되는 경우 문제 해결기구의 제도화 과정에 큰 영향을 주지 않겠지만, 두 흐름의 균형이 깨지는 경우 제도화 과정에 영향을 줄 것이다. 제도화 과정에서 어떠한 변화가 나타나는가는 문제 해결기구의 강화로부터 유지, 축소, 폐지에 이르기까지 다양하게 나타날 수 있다. 한편 제도화 과정에서 나타나는 변화는 문제 해결기구에 참여하는 이해 당사자 조직의 평가만이 아니라 문제 해결기구 외부, 즉 공동체 사회의 평가도 매우 중요한 영향을 미치게 된다. 만일 공동체 사회가 문제 해결기구의 문제 해결 결과에 대해 긍정적으로 평가하고 정통성을 부여하는 경우 문제 해결기구의 유지-강화의 흐름이 강해질 것이고, 부정적으로 평가하고 정통성을 박탈하는 경우 문제 해결기구의 폐지-약화의 흐름이 강해질 것이다. 이러한 제도화 과정의 논리적 흐름을 도식으로 표현하면 [그림 8-2]와 같다.

그림 8-2 행위 영역과 제도 영역의 연계와 제도화 과정

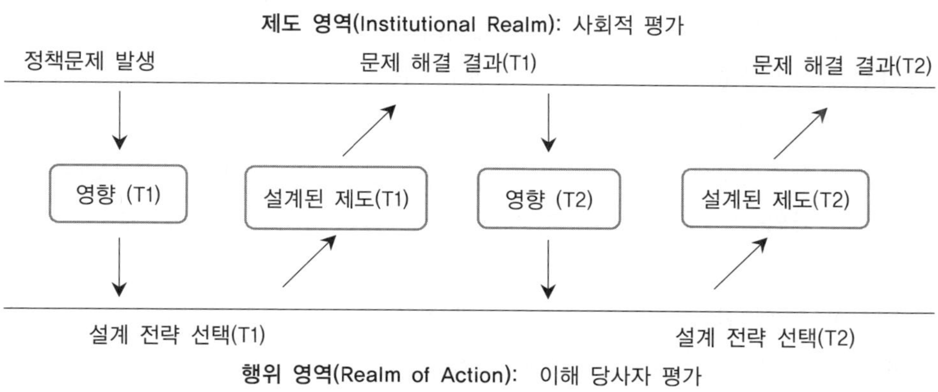

출처: Barley(1986) 및 Barley & Tolbert(1997: 101)를 활용해 재구성.

이처럼 문제 해결기구에 참여하는 이해 당사자 조직의 평가와 문제 해결기구 외부의 사회적 평가가 조합을 이뤄 문제 해결기구의 제도화 과정에 영향을 미치게 된다. 이 과정에서 유지-강화의 흐름과 폐지-약화의 흐름이 공존하고, 이 흐름들은 문제 해결기구의 안정화와 불안정화에 영향을 미친다. 새롭게 구성되는 문제 해결기구는 무조건 제도화의 방향으로 진행되는 것이 아니며, 그것은 문제 해결기구에 참여하는 이해 당사자 조직의 평가와 외부의 사회적 평가의 조합에 따라 제도화 과정은 다르게 나타날 것이다.

제 3 절 정책문제 해결기구로서 사회적 합의 시스템

1 정책문제 해결기구로서 사회적 합의 시스템의 의미

사회적 합의 시스템은 주어진 정책문제를 해결하기 위해 정책 과정에 관련 이해 당사자 조직이 참여하고, 경우에 따라서는 의사 결정 권한까지 공유하는 정책문제 해결기구의 대표적인 예라고 말할 수 있다(최영기 외, 1999; 강명세, 1999; 김호진 외, 2000). 사회적 합의 시스템은 단순히 이해 당사자 조직 사이의 이익 중재 체계에 머무르는 것이 아니라 이들이 정책 과정에 참여해 상호 이견을 조율하고 논의하는 정책 형성의 제도화된 유형이다(Lehmbruch, 1984: 150). 이러한 점에서 사회적 합의 시스템은 결정의 정당성을 얻기 위한 절차로 이해할 수 있고, 따라서 민주주의적 문제 해결기구로 볼 수 있다(강명세, 1999; 김호진 외, 2000).

정책문제 해결기구로서 사회적 합의 시스템에 참여하는 이해 당사자 조직은 문제 해결을 위한 합의를 도출하기 위해 합의에 이르는 결정 방식과 절차 등 제도적 규칙을 구체화하게 된다. 이때 제도적 규칙은 문제 해결기구에 참여하는 이해 당사자 조직이 합의하는 것이어야 한다. 제도적 규칙은 문제 해결 결과에 중요한 영향을 미치기 때문에 이해 당사자 모두가 합의하는 것이어야 정당성을 갖출 수 있고, 그래야만 문제 해결 대안에 대한 이해 당사자들의 순응을 확보할 수 있다(Koremenos, Lipson, & Snidal,

2001). 따라서 제도적 규칙에 대한 다양한 설계 대안이 제시되면, 이해 당사자들은 상호 조절을 통해 공정하고 적절하다고 합의되는 규칙들을 선택하게 된다. 결국 정책문제 해결기구로서 사회적 합의 시스템은 정부관료제가 정책 과정에 관련 이해 당사자 조직의 참여를 허용하고, 경우에 따라서는 의사 결정 권한까지 공유하는 것을 의미한다. 따라서 정부관료제의 입장에서 본다면 정책 과정에서 누려왔던 독점적 권한을 여타의 이해 당사자 조직과 공유하는 것을 의미하기 때문에 매우 부정적인 것이다.

그렇다면 왜 정부는 정책 과정에 관련 이해 당사자 조직의 참여를 허용하고, 자신의 권력의 원천이라고 할 수 있는 의사 결정 권한을 공유하는 것인가? 그것은 정책문제의 규모가 크기 때문에 관련 이해 당사자 조직이 많고, 이들 사이의 요구가 상충하며, 정책문제를 해결하기 위해서는 이들의 자발적 협력을 절대적으로 필요로 하는 상호의존성이 높은 문제이기 때문이다(김영평, 1991; Dunn, 1981). 간단히 말해서 정부관료제 단독으로는 정책문제 해결이 어렵기 때문이다. 예를 들어 최근 '저출산 문제', '고령화 문제', '양극화 해소' 등이 사회적 문제로 제기되고 있으나 정부는 이 문제를 제대로 해결하지 못하고 있다. 이러한 문제를 해결하기 위해서는 단순하게 막대한 재원이 필요한 것뿐만 아니라 관련되는 이해 당사자 조직의 자발적 협력을 필요로 한다. 따라서 정부 스스로 단독으로 해결하기 어렵다는 점을 인식하고 사회적 합의를 통해 정부정책을 추진하겠다는 입장을 강조하고 있다.[4]

정부관료제가 단독으로 해결하기 어려운 정책문제의 대표적인 예가 바로 '경제위기'를 극복하는 문제다. '경제위기'는 문제의 규모가 크고 관련 당사자인 노동자, 사용자 등의 협력을 통해 해결해야 하는 공동의 정책문제다. 국가 수준의 경제위기를 경험한 대부분의 국가는 경제위기 문제를 해결하기 위해 문제 해결기구로서 사회적 합의 시스템을 구성해 운영했다(김호진 외, 2000: 12; 선한승, 2000a: 6). 한국 역시 과거에 유사한 사회적 합의 시스템을 구성한 이유는 경제 침체 혹은 경제위기의 문제가 대두되었기 때문이다.[5] 이처럼 정부 측의 입장에서 본다면 문제 해결기구로서 사회적 합의 시

4) 최근 사회적 이슈로 대두되었던 저출산과 고령화 문제를 해결하기 위해 사회적 합의 시스템으로서 2006년 1월 26일 '저출산고령화대책연석회의'가 출범했다. 국무총리를 위원장으로 하여 정부(9명), 노동계(6명), 경제계(6명), 농어민(2명), 여성계(2명), 시민사회단체(6명), 학계(2명), 종교계(3명) 등 36명이 참여했다(국민일보 2006.1.26: 3면).

5) 과거 한국 정부는 경제 침체 혹은 위기 문제를 극복하기 위해 노동자와 사용자의 양보를 얻어내기 위한 절차적 정당성의 확보 수단으로 사회적 합의 시스템을 활용하고자 했던 경험이 있다. 예를 들어 노

스템을 구성하는 것은 경제 침체 혹은 경제위기의 극복 문제가 정부 단독으로는 해결하기 어렵기 때문에 노동자와 사용자를 정책 과정에 참여시키고, 노동자와 사용자의 양보를 얻어냄으로써 문제 해결을 시도하는 것이라고 볼 수 있다.

그렇다면 정책 과정에서 사회적 합의 시스템은 어떠한 위치에 존재하며, 어떠한 기능을 수행하는가? 다음의 〈표 8-1〉은 사회적 합의 시스템을 포함해 정책 과정을 크게 네 단계로 구분하고, 사회적 합의 시스템의 위치와 기능을 정리한 것이다(선한승, 2000b: 264-266).

먼저 1단계는 노사정 개별 이해 당사자 조직이 사회적 합의 시스템에서 논의할 의제들을 개별 조직 내부에서 형성하는 과정이다. 노사정 개별 이해 당사자 조직은 자기 조직 내의 의견 수렴과 조정 과정을 거쳐서 요구 사항을 정리해 잠정 의제로 제출한다. 2단계는 각 이해 당사자 조직의 대표자들이 각각 자기 조직에서 조율된 요구안을

표 8-1 정책 과정에서 사회적 합의 시스템의 위치와 기능

구분	주체 및 공간	활동	잠재적 산출	위상을 결정하는 요인
1단계	개별 이해 당사자 조직	의견 수렴 및 조정	개별 이해 당사자 조직의 요구안	의제의 중요성 및 대표성
2단계	사회적 합의 시스템	의제 채택 및 협의	사회적 합의안	제도적 규칙과 절차의 공정성
3단계	정부	정책화	정책 대안	사회적 합의안의 정책 대안 반영 여부
4단계	국회	입법화	법률안	사회적 합의안의 법률안 반영 여부

출처: 선한승(2000b: 265)을 참조해 재구성.

태우 정부는 1987~89년의 짧은 경제호황기를 끝내고 경제침체기에 들어서자 1991년 '산업평화와 경제재도약을 위한 사회적 합의' 토론회를 개최해 "국가경제가 어려움에 처해 있을 때 노사정이 각자의 이기적 논리에 집착하기보다는 공동 목표를 설정하고 함께 참여하여 국가적 어려움을 해결하려고 노력하는 것"을 '사회적 합의'로 규정하며, 노동자와 사용자의 고통 분담을 요구한 바 있다(최영기 외, 1999: 7). 노동 배제적 노동정책 기조를 가지고 있던 노태우 정부가 노동자 및 사용자와 함께 소위 '사회적 합의'가 필요하다는 것을 주장했다는 것은 그만큼 경제 침체의 문제가 정부관료제 단독으로는 해결하기 어려운 문제라는 것을 증명하는 것이다. 또한 1993년 김영삼 정부는 출범 직후 경제 침체를 극복하기 위한 수단으로서 1993년과 1994년 한국노총과 경총으로 하여금 임금에 대한 사회적 합의를 도출하도록 조정한 바 있고, 1996년에는 지속적인 경제 침체를 극복하기 위해 '노사관계개혁위원회'를 설치해 운영한 바 있다(최영기 외, 1999: 59-78).

사회적 합의 시스템의 정식 의제로 채택시키고 이를 최종적으로 관철시키기 위해 노력하는 과정이다. 따라서 이 과정은 노사정 등 개별 이해 당사자 조직 사이의 협상 단계라고 볼 수 있다. 3단계는 정책화 단계로서 채택된 정식 의제에 대한 협상 과정을 거쳐서 2단계에서 최종적인 합의에 도달하면, 이 합의안을 바탕으로 정책 대안을 마련하는 단계다. 정책화는 정부가 담당하며, 정부는 합의안에 대해 행정적으로 집행하거나 법 제정이 필요한 경우는 입법안을 마련한다. 이때 노사정 합의안을 곧바로 정책 대안으로 전환해야 하는가, 혹은 단지 정부가 참고 사항으로만 처리할 수 있는가에 따라서 사회적 합의 시스템의 정책 과정에서의 위상(status)이 결정된다. 마지막으로 4단계는 입법화 단계로서 정부 입법안이 이송되면 국회에서 심의 및 의결 과정을 거쳐 최종적으로 입법 과정이 마무리된다(선한승, 2000b).

그렇다면 이러한 사회적 합의 시스템에서 과연 어떠한 제도적 규칙들이 중요하고, 사회적 합의 시스템에 참여하는 이해 당사자 조직은 관련 제도적 규칙을 설계하는 데 어떠한 전략을 선택하는가?

2 사회적 합의 시스템의 제도적 규칙과 설계 전략

정책문제 해결기구로서 사회적 합의 시스템의 설계에서 핵심적으로 대두되는 제도적 규칙은 크게 네 가지로 나눌 수 있다(참고: Koremenos, Lipson, & Snidal, 2001; Crawford & Ostrom, 1995).

첫째, 사회적 합의 시스템의 공식화 수준을 어느 정도로 할 것인가, 둘째, 어떠한 정책문제를 다룰 것인가, 셋째, 그 정책문제 해결을 위한 사회적 합의안을 어떻게 결정할 것인가, 그리고 넷째, 결정된 합의안의 이행을 어떻게 확보할 것인가 등으로 요약할 수 있다. 여기에서 공식화를 어느 수준으로 할 것인가는 사회적 합의 시스템의 법적 위상(legal status) 관련 규칙을 말한다. 그리고 어떠한 문제를 다룰 것인가는 사회적 합의 시스템이 다루게 될 의제(agenda) 관련 규칙을 나타내고, 어떻게 결정할 것인가는 의사 결정(decision making) 관련 규칙을 나타내며, 어떻게 이행을 확보할 것인가는 이행 보장(enforcement) 관련 규칙을 나타낸다.

1) 법적 위상 관련 규칙

사회적 합의 시스템을 설계할 때, 법적 근거를 가진 법령기구로 설계할 것인가 법적 근거를 가지지 않는 임의기구로 설계할 것인가는 제도설계에서 매우 중요하다. 일반적으로 법적 근거를 가지지 않는 임의 기구의 제도적 규칙들보다 법적 근거를 가지는 법령 기구의 제도적 규칙들의 공식화(formalization) 정도가 더 높다고 말할 수 있다. 공식화는 자의성 배제, 예측성 확보, 규칙에 의한 자동적인 조정력과 공신력을 확보하기 위한 수단이다(Pugh et al., 1968: 백완기, 2001: 100-101에서 재인용). 어떤 문제 해결기구의 공식화 정도가 높을수록 문제 해결기구 속에서의 개별 이해 당사자 조직은 자의적 행동, 즉 재량권 행사를 제약받게 되고, 관련 제도적 규칙에 따라서 행동하게 된다. 그렇게 때문에 예측성이 확보되고, 자동적인 조정력과 공신력이 확보되는 것이다. 따라서 공식화의 정도가 높을수록 제도로서 문제 해결기구의 안정성과 지속성이 강화된다고 볼 수 있다. 문제 해결기구의 공식화 정도를 가장 쉽게 이해할 수 있는 지표가 바로 법적 근거를 가지는가의 여부와 법적 근거를 가지고 있을 때 그 수준이 어느 정도인가다. 이것은 곧 법적 위상을 의미한다. 법적 위상이 높아질수록 공식화 정도가 높아지고, 문제 해결기구로서 사회적 합의 시스템의 안정성이 강화된다. 공식적 의사 결정 권한을 독점하고 있는 정부관료제는 문제 해결기구로서 사회적 합의 시스템을 공식화하는 것, 즉 법적 근거를 부여함으로써 법적 위상을 강화하는 것에 대해 반대 입장을 가지기 마련이다. 정부관료제의 입장에서 볼 때, 주어진 정책문제를 단독으로 해결하기 어렵기 때문에 일시적으로 이해 당사자 조직의 참여를 허용하고 의사 결정 권한을 공유하는 사회적 합의 시스템을 구성하는 것일 뿐 그것을 지속적으로 유지하는 것을 선호하지 않을 것이기 때문이다. 따라서 사회적 합의 시스템의 지속성과 안정성을 가져오는 법적 위상을 부여하고, 법적 위상을 강화하는 것에 대해 반대하기 마련이다. 한편 공식적 의사 결정 권한을 가지고 있지 않은 이익집단의 경우, 사회적 합의 시스템의 지속성과 안정성이 장기적 차원에서 자기 조직에 유리한가 불리한가에 따라서 법적 위상의 부여와 강화에 대해 다른 입장을 가질 수 있다. 만일 사회적 합의 시스템을 지속적으로 유지하는 것이 유리하다고 판단하는 경우, 법적 위상의 부여와 강화를 찬성하지만, 불리하다고 판단하는 경우 법적 위상의 부여와 강화를 반대하게 될 것이다.

2) 의제 관련 규칙

주어진 정책문제를 해결하기 위해 구체적으로 어떠한 세부 의제들을 다룰 것인가, 그리고 그 세부 의제들을 어떠한 방식으로 선정할 것인가는 사회적 합의 시스템에서 가장 핵심적인 제도적 규칙이라고 할 수 있다. 즉, 의제 관련 규칙은 의제 범위(agenda scope)와 의제 선정(agenda selection) 규칙으로 나눌 수 있다(Koremenos, Lipson, & Snidal, 2001). 이해 당사자 조직은 의제 범위를 둘러싸고 자기 조직에 유리한 방향으로 축소 혹은 확대 전략을 취하게 된다. 의제 범위의 축소와 확대는 의제 선정 규칙에 의해 영향을 받는다. 의제 선정 규칙은 의제 상정 권한(agenda proposal right)을 엄격하게 제한할 것인가 자유롭게 허용할 것인가의 문제로서 곧 의제 상정 권한을 어떻게 배분하느냐의 문제로 연결된다(McCarty, 2000: 506-507). 일반적으로 의제 상정 권한을 엄격하게 제한하는 경우, 문제 해결기구가 다룰 의제 범위를 줄임으로써 채택된 의제에 대한 논의를 집중할 수 있기 때문에 효율적인 운영이 가능할 수 있다. 그러므로 특정 의제가 이미 주어져 있고, 그 예상되는 귀결에서 이익을 얻는 조직의 경우, 더 이상 다른 의제를 포함시키기를 원하지 않고 의제 범위를 한정시키고자 하는 동기를 갖는다. 반면 주어진 특정 의제의 예상되는 귀결에서 손해를 입는 조직의 경우, 다른 유리한 의제를 포함시켜 특정 의제의 부정적 귀결의 손실을 상쇄시키려는 동기를 갖는다. 따라서 예상되는 귀결이 손해를 보게 될 것으로 예측하는 조직은 의제 상정 권한을 자유롭게 허용하는 설계 대안을 선호하고, 예상되는 귀결이 이익을 얻게 될 것으로 예측하는 조직은 의제 상정 권한을 제한하는 설계 대안을 선호할 것으로 예상할 수 있다(Mitchell & Keilbach, 2001: 893).

3) 의사 결정 관련 규칙

의사 결정 관련 규칙은 정책문제 해결을 위한 합의안을 어떠한 의사 결정 방식으로 결정할 것인가, 즉 의사 결정 권한(decision right)을 어떻게 배분하느냐의 문제다(McCarty, 2000: 506-507). 의사 결정 권한의 배분 구조는 의사 결정에 대한 거부권(veto power) 분포를 반영한다. 의사 결정 관련 규칙에서 핵심은 바로 의결 조건(decision condition)이다. 의결 조건은 1/2 다수결제, 2/3 다수결제, 그리고 전원합의제 등으로 간단하게 구분할 수 있다. 의결 조건이 1/2 다수결제인 경우 개별 이해 당사자 조직의 거부권은 약하지만, 전원합의제인 경우 개별 이해 당사자 조직의 거부권은 매우 강해진다.

만일 의결 조건을 다수결제보다는 전원합의제로 설계하는 경우, 개별 이해 당사자 조직 입장에서 볼 때 의사 결정 권한을 활용한 거부권 행사가 유리해지고 효율적 의사 결정이 어려워진다. 반면 의결 조건을 다수결제로 설계할 경우, 개별 조직의 거부 권한이 약화되기 때문에 특정 이해 당사자 조직의 주도에 의해 효율적 의사 결정이 쉬워질 수 있다. 그러므로 해결해야 할 정책문제의 예상되는 귀결이 유리한 이해 당사자 조직의 경우 다수결제를 선호할 것이고, 예상되는 귀결이 불리한 이해 당사자 조직의 경우 전원합의제를 선호할 것이다. 특히 주어진 정책문제 속에 특정 이해 당사자 조직에 치명적인 위험을 수반하는 의제들이 포함되어 있는 경우, 해당 이해 당사자 조직은 전원합의제를 끝까지 관철시켜 위험을 통제하고자 할 것이다.

4) 이행 보장 관련 규칙

이행 보장 관련 규칙은 사회적 합의 시스템이 정책문제 해결을 위해 도출한 정책 대안에 대해 관련 이해 당사자 조직으로 하여금 성실하게 이행하도록 구속력을 발휘하는 규칙을 말한다. 이행 보장 관련 규칙은 다시 사회적 합의 시스템의 위상 규칙, 기능 규칙, 참여자 규칙으로 나눌 수 있다(참고: Crawford & Ostrom, 1995; Koremenos, Lipson, & Snidal, 2001).

첫째, 사회적 합의 시스템의 위상은 단순한 대화기구로부터 자문기구, 협의기구, 그리고 합의기구에 이르기까지 다양한 수준으로 구성될 수 있고, 대화기구에서 자문기구, 협의기구, 합의기구로 갈수록 위상이 높아지게 되고 그만큼 이행 보장의 구속력은 강화된다.

둘째, 사회적 합의 시스템의 기능은 단순한 협의 기능에 한정할 것인가, 협의뿐만 아니라 의결 기능을 포함할 것인가의 문제로 이행 보장의 구속력에 중요한 영향을 미친다. 기능 역시 단순 협의 기능보다는 의결 기능을 가지는 경우 그만큼 이행 보장의 구속력은 강화된다. 따라서 해결해야 할 정책문제의 예상되는 귀결이 유리한 이해 당사자 조직의 경우, 위상과 기능의 강화를 선호할 것이고, 예상되는 귀결이 불리한 이해 당사자 조직의 경우 위상과 기능의 약화를 선호할 것이다.

셋째, 문제 해결과 관련해 핵심적 이해 당사자 조직이 참여하는가라는 참여자 규칙 역시 이행 보장에 중요한 영향을 미친다. 정책문제 해결과 관련되는 핵심적 이해 당사자 조직이 참여해 정책대안을 도출해야 문제 해결기구로서 사회적 합의 시스템의 이행 보장은 강화된다. 물론 무조건 참여자 수가 많다고 이행 보장이 강화되는 것은 아니다. 문제 해결과 큰 관련이 없는 이해 당사자 조직이 너무 많이 참여하는 경우, 이행 보장은 오히려 낮아질 수 있다. 중요한 것은 문제 해결과 관련한 핵심적 이해 당사자 조직의 참여이며, 특히 정책 대안의 작성 권한을 가지고 있는 정부대표의 참여 여부가 중요하다. 더 나아가 국회의 입법화 과정에서 의사 결정 권한을 가지고 있는 정당대표가 참여하는가의 여부 역시 매우 중요하다. 즉, 참여자에 이익집단만이 아니라 정부대표와 정당대표가 참여하는 경우 해당 사회적 합의 시스템의 이행 보장은 강화된다고 볼 수 있다. 일반적으로 정부대표와 정당대표는 정책대안 작성과 법률안 심의 의결 과정에서 재량권을 향유하기를 원하기 때문에 사회적 합의 시스템에 참여해 정책 대안의 공동 결정을 원하지 않는다. 거꾸로 정책문제의 예상되는 귀결이 불리한 이해 당사자 조직은 손실의 최소화하기 위해 정부대표와 정당대표의 참여를 선호할 것이다. 왜냐하면 정부대표와 정당대표가 참여하는 경우 사회적 합의 시스템에서 도출한 합의안과 정책대안은 동일한 것이 될 수 있으며, 결국 공동으로 결정하는 것이 되기 때문이다.

제 4 절 노사정위원회의 설계와 제도화 과정

1 1기 노사정위원회 : 문제 해결 성공과 제도적 정통성 확보

1) 1기 노사정위원회의 정책문제와 노사정 각 주체들의 입장

1997년 말 외환위기 발생과 그로 인한 IMF 관리 체제 편입이라는 국가적 위기 상황은 과거에 전혀 경험해 보지 못한 새로운 문제였다. 외환위기는 사회 전반에 걸쳐 강력한 영향을 미쳤다. 특히 대기업을 비롯한 많은 기업의 연쇄 도산과 그에 따른 대량실업 사태는 사회구성원들의 위기 인식을 증폭시켰다. 위기 인식의 강화는 자연스럽게 위기 극복을 위해 강도 높은 구조조정이 필요하다는 사회적 공감대의 확산으로 이어졌다. 그리고 IMF의 요구 사항인 '1998년 1월 중 노사정 고통 분담 선언 도출'에 사회적 관심과 요구가 집중되었다.[6)]

'노사정 고통분담 선언' 도출이라는 정책문제는 국가적 위기 극복을 위해 노사정 각 주체들이 고통을 분담하는 합의를 도출하라는 것이었고, 이는 노사정 각각에게 심각한 고통을 수반하는 문제였다. 즉, 경제위기의 원인인 부실금융, 재벌기업, 경직적 노동시장구조 및 비효율적 공공 부문 전반에 걸친 구조조정이 필요했고, 이것은 소위 금융개혁, 기업(재벌)개혁, 노동개혁, 그리고 공공부문 개혁 프로그램이라는 이름으로 회자되었다(삼성경제연구소, 1999). 각 프로그램의 예상되는 결과는 기업 지배구조 개선, 공기업 민영화, 그리고 정리해고제 도입 등 고용 조정 등이었다. 이것은 당연하게 노동자 측과 사용자 측에 상당한 고통을 수반하는 것이었다. 그럼에도 불구하고 노사정 각 이해 당사자 조직 역시 국가 위기 극복을 위해 '노사정 고통 분담 선언'이 필요하다는 점에 대해 인식을 공유하고 있었다. 노사정 고통 분담 선언을 도출하기 위해서는 사회적 합의 시스템으로서 노사정위원회의 구성이 필요하게 되었다. 그런데 노사정위원회는 노사정 각 주체들에게 무조건 긍정적인 것도 무조건 부정적인 것도 아닌 양면성을 가진 것이었다.

국정 운영의 책임을 가지게 된 김대중 당선자 측의 입장에서 볼 때, 노사정위원회는 사회 통합적 구조조정을 추진할 수 있는 정당성을 갖춘 긍정적인 수단임과 동시에 구조조정의 신속한 추진에 장애물로 작동될 수 있는 부정적인 수단이기도 했다. 사용자 측의 입장에서 볼 때, 노사정위원회는 정리해고제 및 파견근로제 등 노동개혁 프로그램을 도입할 수 있는 긍정적인 수단임과 동시에 자칫하면 기업 경영권을 잃을 수 있는 기업개혁 프로그램 도입을 양보해야 한다는 것과 노동자 측에게 유리한 방향으로 운영

6) 외환위기 상황이 악화되고 '모라토리엄 선언'을 고려해야 하는 상황에 이르게 되자 김영삼 정부는 1997년 11월 21일 IMF에 구제금융 지원을 정식으로 요청했고, 1997년 12월 3일 IMF와 구제금융 지원을 위한 1차 협약을 체결했다. IMF와 체결한 1차 협약은 경제정책의 기본 방향부터 거시경제 목표, 통화 및 환율정책, 재정정책, 금융산업 구조조정, 기업 지배구조 개선, 노동시장 유연화 조치 등 전반에 걸쳐 IMF의 요구 사항을 대부분 수용하는 내용을 담고 있었다. 이때부터 한국 경제는 IMF 관리 체제로 편입되었다. 그러나 IMF의 1차 구제금융 지원에도 위기 상황은 완화되지 않았다. 1997년 12월 19일 제15대 대통령으로 김대중 후보가 당선된 이후에도 국가신용 등급이 계속 하락함으로써 김대중 당선자 측의 위기 인식이 증폭되었다. 김대중 당선자 측은 IMF와 미국, 일본 등의 추가 협상 요구를 받아들여 1997년 12월 24일 추가적인 양보 조치로서 더 과감한 자본 및 상품시장 개방과 "1998년 1월 중 노사정 고통 분담 선언 도출", "2월 중 근로자파견법 제정" 등의 내용을 담은 2차 협약을 체결했다(조선일보, 1997.12.25: 3면).

될 가능성이 있다는 점에서 부정적인 수단이었다. 한편 노동자 측의 입장에서 볼 때, 노사정위원회는 정부에게 실업대책 확대와 노동기본권 확대를 도모할 수 있는 긍정적인 수단이었지만, 정리해고제와 파견근로제 등 노동개혁 프로그램을 양보해야 한다는 점에서 매우 큰 위험을 내포하는 부정적인 수단이었다.

2) 노사정 각 주체들의 제도적 규칙 설계 전략과 설계 결과

1기 노사정위원회 구성은 김대중 대통령 당선자 측의 주도로 추진되었다. 김대중 대통령 당선자는 1997년 12월 24일 전경련과 경총 등 사용자 대표와 1997년 12월 26일과 27일 한국노총과 민주노총 등 노동자 측 지도부를 직접 만나서 위기 극복을 위한 사회적 합의 시스템으로서 노사정위원회 구성을 공식적으로 제안하는 등 많은 노력을 기울였다.[7] 애초 김대중 당선자 측은 노사정위원회 구성이 쉬울 것으로 예상했다. 그러나 구성 과정에서 노동자 측의 저항에 부딪힘으로써 어려움을 겪었다. 노동자 측은 정리해고제와 파견근로제 등 노동개혁 프로그램을 수용하는 경우 고용 불안정이 더욱 심화될 것으로 우려했기 때문에 이를 쉽게 양보할 수 없었다. 그러나 노동자 측 역시 노사정위원회를 통해 국가적 위기를 극복해야 한다는 사회적 관심과 요구를 무시할 수 없었다. 따라서 노사정위원회의 구성에 참여할 수밖에 없었지만 참여의 조건으로 김대중 당선자 측이 노사정위원회의 운영을 일방적으로 통제하지 못하도록 제도적 규칙을 설계할 것을 요구했다. 김대중 당선자 측은 문제 해결의 최종 책임을 가지고 있었고, 1998년 1월 중으로 '노사정 고통 분담 선언'을 도출해야 하는 시간적 압박이 컸기 때문에 노사정위원회를 효율적 운영이 가능한 방향으로 설계하고자 했다. 그러나 가장 핵심적인 의제였던 노동개혁 프로그램에 대한 노동자 측의 양보를 반드시 얻어내야 했기 때문에 노동자 측이 요구하는 제도적 규칙들을 상당 부분 수용할 수밖에 없었다. 한편 사용자 측은 1기 노사정위원회의 구성 과정에서 외환위기를 유발시킨 책임을 져야 한다는 비판적 목소리가 높았기 때문에 제도적 규칙의 설계 과정에서 적극적인 목소리를 내지 못하고 소극적인 자세를 유지했다. 이처럼 김대중 당선자 측은 노동자 측의 요

---

7) 이때 김대중 대통령 당선자가 제안한 기구는 구체적인 명칭이 부여되지 않은 '사회적 협의기구'였다. 노사정위원회라는 명칭이 확정된 것은 노사정위원회가 출범하기 직전이었고(1998년 1월 14일), 초기 구성 과정에서는 대체로 '사회적 협의기구'라는 명칭이 사용되었다. 여기에서는 '사회적 협의기구'와 '노사정위원회'의 명칭의 혼란을 피하기 위해 노사정위원회로 통일해 사용했다.

표 8-2 1기 노사정위원회의 제도적 규칙 설계 결과

구분		1기 노사정위원회〈위원회 규정〉
법적 위상		임의기구(법적 근거 없이 제15대 대통령 당선자의 정치적 책임에 근거)
의제	범위[1)]	노사정위원회 구성을 위한 협상 과정을 통해 의제 범위 확대 ⇒ 금융개혁, 정부개혁, 기업개혁, 노동개혁 의제, 그리고 노동기본권 확대 및 노사관계 제도 개선 등 120여개 세부 의제 채택
	선정 규칙[2)]	'공동 제출' 및 '합의 채택'(비공식 규칙)
의사 결정		전원합의제(노사정대표 각 2인씩 동수 구성 전제)
이행 보장	위상	합의기구(정치적 협상과 교환의 합의기구)
	기능	협의/의결 기능
	참여 주체	위원장, 간사위원, 노동자대표(2명), 사용자대표(2명), 정부대표(2명), 정당대표(3명) 등 총 11명 (장관급 기구)

주1) 애초 1기 노사정위원회를 구성하게 된 가장 중요한 이유는 구조조정 관련 의제(기업개혁과 노동개혁)에 대한 합의를 도출하는 것이었다. 그러나 노동자 측의 강한 반발로 노동자 측에 유리한 의제가 다수 포함됨으로써 의제 범위가 확대되었다.

주2) 의제 선정 규칙은 1기 노사정위원회가 구성된 이후 의제 범위를 둘러싸고 노사정 간 갈등이 나타나면서 의제 선정 규칙이 필요하게 되었고, 그에 따라 노사정 각각 원하는 의제를 제출하고 합의해 채택한다는 의제 선정 규칙을 비공식적으로 도입했다.

출처: 노사정위원회(1998a). 「위원회 활동자료」.

구를 대부분 수용해 1기 노사정위원회의 제도적 규칙을 담은 '위원회 규정'이라는 제도 설계 결과에 합의했다.

1기 노사정위원회의 '위원회 규정'에 나타난 제도적 규칙의 설계 결과는 크게 두 가지 특징을 가지고 있다. 먼저 '법적 위상'은 임의 기구에 불과했지만[8)] '의제', '의사 결정', '이행 보장' 등의 제도적 규칙에서는 상당히 강한 문제 해결기구로 설계되었다. 간단히 말해서 정부 측의 독점적 의사 결정 권한에 대해 노동자 측 및 사용자 측과의 공유 정도가 상당히 높게 설계되었다. 특히 '이행 보장' 관련 규칙에서 '합의 기구' 위상과 '협의/의결' 기능을 갖는 것으로 설계되었고, 장관급의 정부대표와 정당대표로 국회의

8) 1기 노사정위원회가 임의 기구로 구성될 수밖에 없었던 것은 대통령이 아닌 대통령 당선자 소속기구로 설계되었기 때문이다. 즉, 대통령 당선자의 정치적 책임을 바탕으로 구성된 노사정위원회를 법령 기구로 만드는 것이 입법 체계상 현실적으로 불가능했다. 물론 김영삼 대통령의 직속기구로 '법적 위상'을 대통령령에 근거한 법령 기구로 만들 수도 있지만, 이미 권력 기능을 상실한 김영삼 정부의 대통령령은 실효성을 보장하기 어려웠다.

원들이 참여함으로써 노사정위원회의 위상이 매우 높게 설계되었음을 알 수 있다.[9] 정부대표와 정당대표가 참여하게 됨으로써 노사정위원회의 합의 결과는 정부의 정책 대안과 국회의 입법안에 반영되기 쉬운 구조가 되었다. 둘째, 어느 특정 주체가 노사정위원회의 운영을 일방적으로 통제할 수 없도록 다수의 거부 지점들이 배치되었다. '의제' 관련 규칙에서 의제 선정 규칙으로 '공동 제출'과 '합의 채택'이라는 비공식 규칙을 도입함으로써 의제 채택을 둘러싸고 치열한 논쟁과 갈등이 벌어졌다. 노동자 측은 정리해고제와 파견근로제라는 의제를 양보하는 대신 유리한 의제들의 추가적 채택을 요구함으로써 의제의 범위가 대폭적으로 확대되는 결과를 낳았다. 그리고 '의사 결정' 규칙으로 노사정 동수 구성을 전제로 '전원합의제'를 도입함으로써 노사정 각 주체들은 자기 조직에 불리한 의제들의 의결 과정에서 거부권 행사가 가능하도록 했다. 이것은 노동자 측과 사용자 측의 입장에서 노동개혁 프로그램과 기업 개혁 프로그램이라는 치명적인 위험을 수반하는 의제들을 다뤘기 때문에 노동자 측과 사용자 측의 입장, 특히 노동자 측이 강하게 요구해 반영된 결과였다. 이러한 제도적 규칙의 설계 결과는 김대중 당선자 측이 일방적으로 노사정위원회 운영을 통제할 수 없도록 설계한 것이었다. 즉, 노사정 모든 주체의 합의를 거쳐야만 했기 때문에 의사 결정이 매우 어려워지는 결과를 가져왔다.

3) 1기 노사정위원회의 문제 해결 성공과 제도적 정통성 확보

'노사정 고통 분담 선언'이라는 정책문제는 노사정 각 주체들의 요구의 상충성이 매우 높았고, 특히 노동자 측과 사용자 측에게는 치명적 위험을 포함하고 있었다. 따라서 노동자 측의 주도와 사용자 측의 암묵적 동조에 의해 치명적 위험을 회피하기 위한 설계 전략으로서 노사정위원회의 제도적 규칙들을 비효율적으로 설계했다. 결국 '노사정 고통 분담 선언'의 도출은 IMF의 요구였던 '1998년 1월 중'이라는 시한을 넘기게 되었

---

9) 1기 노사정위원회의 참여 주체 구성에서 흥미로운 것은 '위원회 규정'에 노사정 참여 조직 및 정당 명칭을 그대로 적시했다는 것이다. '위원회 규정' 제3조 제3항에 의하면 노동자 대표로 한국노동조합총연맹과 전국민주노동조합총연맹, 그리고 사용자대표로 전국경제인연합회과 한국경영자총협회, 정부대표로 재정경제원 장관과 노동부 장관, 정당대표로 새정치국민회의, 한나라당, 자유민주연합, 국민신당 등의 구체적인 조직 명칭을 그대로 적시했다. 이것은 일반적인 법문의 형식에서 벗어난 것이었다. 김대중 당선자 측은 이것을 노사정 각 참여조직의 대표자에게 자신들의 책임감을 각인시키기 위한 목적으로 의도적으로 활용했다(김대중 정부 당시 청와대 관계자 인터뷰). 이후 노사정위원회에는 이들이 핵심 주체가 되어 지속적으로 참여하게 되었다.

다. IMF의 요구 시한을 넘기면서 문제 해결의 실패 가능성에 대한 우려가 고조되었고, 문제 해결 지연에 대한 상호 비판이 나타나기 시작했다. 노사정 각 주체들은 문제 해결에 대한 사회적 관심과 요구를 무시하기 어려웠고, 일단 노사정위원회를 구성한 이상 문제 해결에 대해 공동 책임을 가지게 될 수밖에 없었다. 만일 합의 도출에 실패하는 경우 김대중 당선자 측뿐만 아니라 노동자와 사용자 측 역시 국민적 여론의 비판으로부터 자유로울 수 없었다. 결국 노사정 각 이해 당사자 조직은 갈등과 타협의 상호작용을 거쳐 1998년 2월 6일 '노사정 고통 분담 선언'으로서 소위 '2·6 사회협약'을 도출할 수 있었다. '2·6 사회협약'은 10대 분야에 걸쳐 모두 90개 의제를 포함하고 있었고, 이것은 한국의 경제, 사회, 노동정책 등을 포괄하는 개혁 과제들로 구성되었다(최영기 외 1999).[10]

노사정 각 주체들은 어려운 과정을 통해 합의 도출된 '2·6 사회협약'에 대해 역사적 의미를 부여했고, 상대방 조직에게 철저한 이행을 요구했다. 김대중 당선자 측은 '2·6 사회협약'에 대해 '한국 역사상 최초의 사회협약' 혹은 '국난 극복의 주춧돌' 이라고 강조하면서 합의 결과에 따라 각 부문에 대한 개혁 추진을 강조했다. 사용자 측 역시 '2·6 사회협약'에 대해 '대승적 차원의 합의' 혹은 '국난 극복의 대전기'라는 긍정적 평가를 내리면서 정리해고제 등 고용 조정 프로그램의 원활한 이행을 강조했다. 민주노총과 한국노총 지도부는 '2·6 사회협약' 도출의 불가피성을 강조하며, 사용자의 부당노동행위 근절, 고용 안정 및 실업대책 추진, 재벌 개혁과 정부 개혁에 대한 합의 이행을 강조했다. 실제로 1기 노사정위원회의 '2·6 사회협약' 도출에 따라 한국의 대외 신인도 제고와 외환위기 완화에 많은 기여를 했다는 매우 높은 평가를 받았다(재정경제부, 1998). 이처럼 노사정 각 주체들 스스로 '2·6 사회협약'에 대한 역사적 의미 부여와 합의 사항 이행에 대한 상호 요구, 그리고 외환위기 완화에 대한 실제적 기여를 통해 노사정위원회는 제도적 정통성을 확보하는 계기를 갖게 되었다.

---

10) 애초 1기 노사정위원회에서 다루기로 채택되었던 의제들은 세부 의제 기준으로 모두 120여개에 달했지만 협의 과정에서 재벌개혁 및 노사관계 제도개선 의제 중 사용자 측이 강력하게 반발해 합의에 이르지 못한 일부 민감한 의제들은 2차 과제로 이월되었다. 사용자 측이 가장 강력하게 반발했던 의제 중에는 재벌기업 총수들의 재산 공개 및 사회 헌납, 노동자의 경영 참가 허용, 노조 전임자 임금 지급 허용 등 노동자 측이 사용자 측에게 요구하는 것들이 포함되어 있었고, 이들 의제들에 대해 사용자 측의 전경련과 경총은 강력하게 반발했다. 김대중 당선자 측 역시 노동자 측의 요구가 자칫 시장경제 질서를 왜곡할 수 있다는 부정적인 입장을 가지고 있었고, '노사정 고통 분담 선언' 도출에 장애물로 작동하면서 적극적으로 중재해 2차 과제로 이월시켰다(노사정위원회, 1998a).

2 2기 노사정위원회: 문제 해결 실패와 제도적 정통성 위협

1) 2기 노사정위원회의 정책문제와 노사정 각 주체들의 입장

1기 노사정위원회가 '2·6 사회협약' 도출에 성공하고 긴급한 위기 상황에서 벗어날 수 있게 됨으로써 국가 위기 극복을 위해 본격적으로 구조조정 추진이 정책문제로 부각되었다. 1998년 2월 25일 공식적으로 김대중 정부가 출범하면서 정부는 금융, 기업, 노동 및 공공 부문 등에 대한 구조조정 계획을 수립하는 등 구조조정을 본격적으로 추진하기 시작했다. 한편 1기 노사정위원회는 '2·6 사회협약' 도출에 성공함으로써 정통성을 확보했기 때문에 노사정위원회를 기반으로 사회적 합의를 통한 국가 위기 극복이 필요하다는 사회적 공감대가 형성되어 있었다.

김대중 정부 측은 1기 노사정위원회의 운영 경험을 통해 노사정위원회가 정치적 지지를 확보하는 데 도움이 되는 수단임과 동시에 구조조정 과정에서 빚어질 노사정 갈등의 완충 수단이라는 긍정적 측면을 중요하게 보았다. 특히 김대중 정부 측은 '2·6 사회협약'과 노사정위원회 자체를 새롭게 출범한 소수파 정부의 정통성 기반으로 활용하려는 동기를 가지고 있었다. 왜냐하면 이것들은 김대중 정부의 국정 운영 능력이 탁월하다는 것을 보여주는 중요한 지표로 활용될 수 있었기 때문이다. 그러나 동시에 김대중 정부 측은 노사정위원회가 구조조정을 효율적으로 추진하는 데 장애물로 작동될 수 있다는 우려도 여전히 함께 가지고 있었다. 따라서 노사정위원회의 제도적 규칙들을 정부 측의 통제에 유리하도록 설계하려는 동기를 가지고 있었다(김대중 정부 당시 청와대 관계자 인터뷰).

한편, 사용자 측에게 2기 노사정위원회는 1기 노사정위원회보다 부정적인 측면이 강화된 것이었다. 이미 정리해고제 및 근로자파견제 등 노동개혁 프로그램의 도입이 마무리된 상황에서 2기 노사정위원회를 통해 사용자 측이 얻을 것은 많지 않았다. 반면 1기 노사정위원회에서 합의에 이르지 못하고 2차 과제로 이월된 의제 중에는 사용자에게 매우 불리한 의제들이 포함되어 있었기 때문에 더욱 부정적일 수밖에 없었다. 그러나 이미 제도적 정통성을 확보한 노사정위원회의 구성을 적극적으로 반대할 수는 없었다. 따라서 2기 노사정위원회의 구성은 어쩔 수 없이 찬성하더라도 제도적 규칙을 설계할 때 사용자 측의 입장을 적극적으로 반영할 필요가 있다는 동기를 가지고 있었다(경총 및 전경련 관계자 인터뷰).

노동자 측에 2기 노사정위원회는 이미 양보한 노동개혁 프로그램의 반대급부로 받은 노동기본권 확대 및 노사관계 제도 개선 등 노동자 측에게 유리한 의제들의 이행을 확보하기 위한 수단이라는 점에서 긍정적이었다. 또한 각 부문에 대한 본격적인 구조조정 추진에 따라 고용 불안정이 심화될 것으로 예상되었기 때문에 노사정위원회를 통해 정부가 구조조정을 일방적으로 추진하는 것을 통제하려는 동기를 가지고 있었다(한국노총, 1999). 그러나 동시에 1기 노사정위원회에서 '정리해고제' 등 노동개혁 프로그램을 양보한 것에 대해 조직 내부의 강력한 비판에 직면하면서 전략 선택에 어려움을 겪고 있었다. 특히 민주노총은 '2·6 사회협약'에 대한 인준 거부와 지도부 사퇴 등의 극심한 내홍을 겪었다(민주노총, 1999a).

2) 노사정 각 주체들의 제도적 규칙 설계 전략과 설계 결과

김대중 정부 측에 2기 노사정위원회는 정치적 지지의 확보와 구조조정의 완충 수단이라는 긍정적 측면을 살리면서 동시에 부정적 측면을 최소화하기 위해 자신들이 통제하기 용이하도록 제도적 규칙들을 설계하는 전략을 구사했다. 김대중 정부 측은 2기 노사정위원회를 1기 노사정위원회처럼 노사정 사이의 정치적 협상과 교환을 하는 합의기구가 아니라 노사문제에 대한 실무적 협의기구로 전환시키고자 했다.

김대중 정부 측은 2기 노사정위원회의 '법적 위상'을 법적 근거가 없는 임의 기구에서 대통령령에 근거한 법령 기구로 격상시켜 제도적 안정성을 높였다. 그러나 '의제', '의사 결정', '이행 보장' 등의 제도적 규칙들은 거꾸로 약화시켰다. 간단히 말해서 김대중 정부 측은 1기 노사정위원회의 경우 정부가 소유한 독점적 의사 결정 권한을 노동자 측 및 사용자 측과 상당한 정도로 공유할 수 있도록 설계했지만, 2기 노사정위원회에서는 이러한 의사 결정 권한 공유 정도를 낮춰 설계했다.

'의제' 관련 규칙에서 구조조정 의제를 배제하려고 노력했고, 의제 선정 규칙을 어렵게 해서 노동자 측이 무분별하게 노동자에게 유리한 의제를 제출하지 못하게 통제하고자 했다. 특히 '이행 보장' 관련 규칙의 경우, '합의기구' 위상과 '협의/의결' 기능을 갖던 1기 노사정위원회와는 달리 2기 노사정위원회는 '자문기구' 위상과 '협의' 기능으로 약화시켜 설계했다. 참여 주체에 정부대표와 정당대표 참여는 그대로 유지했지만 노사정위원회의 위상과 기능을 자문기구 및 협의 기능으로 약화시킴으로써 노사정위원회의 논의 결과를 정부와 국회가 참고 사항으로 다룰 수 있는 근거를 마련했다. 또한 '의사 결정' 규칙을 1/2 다수결제로 변경함으로써 김대중 정부 측의 주도에 의해 의사 결정이 신속하게 이뤄지도록 하고자 했다. 요약하면 '법적 위상'을 강화해 대통령령의 법령 기구로 설계했기 때문에 '의제', '이행 보장', '의사 결정' 관련 규칙들의 구속력을 약화시킬 필요가 있다고 보았다. 이것은 노동자 측과 사용자 측의 거부권(veto power) 행사를 차단하고, 김대중 정부 측이 노사정위원회 운영 전반에 대한 통제를 좀 더 용이하게 만들고자 하는 설계 전략이었다.

김대중 정부 측의 제도적 규칙의 설계 결과에 대해 노동자 측은 크게 반발하며 수정을 요구했다. 먼저 노동자 측은 '의제' 관련 규칙에서 구조조정 의제를 의제 범위에 포함시킬 것과 의제 선정 규칙을 완화해 자유롭게 의제를 제출할 수 있도록 수정할 것을 요구했다. 그리고 '의사 결정' 관련 규칙을 '1/2 다수결제'에서 '전원합의제'로 수정할 것을 요구했다. '이행 보장' 관련 규칙의 경우 '합의기구' 위상과 '의결' 기능을 갖는 것으로 운영할 것을 요구했다. 노동자 측의 이러한 설계 전략은 정부가 구조조정을

표 8-3 2기 노사정위원회의 제도적 규칙의 설계 결과

구분		2기 노사정위원회 '노사정위원회 규정'	
		'노사정위원회 규정' 제정안[1]	'노사정위원회 규정' 실질 운영안[2]
법적 위상		대통령령 기구(대통령령 제15,746호에 근거)	
의제	범위	구조조정 의제를 배제하고, 노동기본권 확대 및 노사관계 제도 개선 의제만 포함	구조조정 의제를 포함하고 노동기본권, 노사관계 제도 개선 의제 등 53개 의제 채택
	선정 규칙	위원 3인 동의해야 상정 가능	모든 위원 발의 가능, 심의 후 위원장 상정
의사 결정		1/2 다수결제	실질적 전원합의제 운영(비공식 합의)
이행 보장	위상	자문기구 한정	실질적 합의기구 운영(비공식 합의)
	기능	협의 기능 한정	실질적 협의/의결 기능 운영(비공식 합의)
	참여 주체	위원장, 간사위원, 노동자대표(2명), 사용자대표(2명), 정부대표(2명), 정당대표(2명), 공익대표(5명) 등 총 15명 (장관급 기구) * 공익대표 추가 참여	

주1) '노사정위원회 규정' 제정안은 김대중 정부 측이 노동자 및 사용자 측과 사전 협의를 거치지 않은 상태에서 노동부에서 법령안을 만들고, 국무회의에서 통과되어 제정되었기 때문에 김대중 정부 측의 설계 전략이 그대로 반영된 것이었다.

주2) '노사정위원회 규정' 실질 운영안은 김대중 정부 측의 일방적인 제정안에 대해 노동자 측과 사용자 측이 반발하면서 상호 조절 과정을 거쳐 비공식적으로 합의한 결과다.

출처: 노사정위원회(1998b). 「1998 노사정위원회 활동 현황」.

일방적으로 추진하는 것을 통제하려는 의도에서 비롯되었다. 노동자 측은 2기 노사정위원회 참여를 지연하면서 김대중 정부 측에게 제도 규칙의 수정을 요구했다(2기 1차 본회의 회의록(1998.6.3)). 한편 사용자 측은 2기 노사정위원회의 위상이 약화되어 설계된 것을 찬성하는 입장이었다. 2기 노사정위원회가 다룰 의제들이 대부분 사용자 측에 불리한 것을 포함하고 있었기 때문에 2기 노사정위원회의 위상이 강화되는 것을 선호하지 않았다. 다만 사용자 측 역시 '의사 결정' 규칙을 전원합의제로 수정할 것을 요구했는데 이것은 사용자 측에 불리한 의제들에 대해 거부권을 행사하기 위한 것이었다(2기 2차 본회의 회의록(1998.6.18); 경총 및 전경련 관계자 인터뷰).

김대중 정부 측은 노동자 측의 참여를 유도하기 위해 제도적 규칙의 수정을 부분적으로 수용했다. '의제' 관련 규칙에서 구조조정 의제를 부분적으로 수용했고, 의제 선정 규칙을 완화했다. 그러나 김대중 정부 측은 '의사 결정'과 '이행 보장' 관련 규칙에 대한 대통령령의 공식 규정 개정을 지연하면서 비공식적인 차원에서 '전원합의제'와 '합의기구' 및 '의결 기능'을 갖는 것으로 운영하도록 유도했다.[11] '의사 결정' 규칙을 비공식적이지만 실질적 전원합의제로 운영하기로 합의함으로써 의제에 대한 합의 도출은 그만큼 어려워졌고, 이것은 문제 해결을 어렵게 만드는 결과를 가져왔다.[12] 이러한 점에서 2기 노사정위원회 역시 1기 노사정위원회와 마찬가지로 노동자, 사용자, 정부 측의 어느 특정 주체가 노사정위원회의 운영을 일방적으로 통제할 수 없도록 다수의 거부 지점들이 배치되었다.

---

11) 노동자와 사용자 측은 공통적으로 '의사 결정' 규칙을 '전원합의제'로 수정할 것을 계속 요구했으나 김대중 정부 측은 개정 추진은 약속하면서도 결코 개정을 하지는 않았다. 정부 측 대표로 참여했던 노동부는 법무부의 법체계상의 반대 논리 때문에 개정이 현실적으로 어렵다는 입장을 밝히면서 노사정위원회 참여 주체들이 합의를 통해 실질적으로 '전원합의제'로 운영하자는 입장을 밝혔다. 이에 대해 노동자와 사용자 측 역시 공식 규정 개정에 매달리기보다는 실질적 차원의 '전원합의제' 운영에 동의하게 되었다(노사정위원회, 1998b; 2기 8차 본회의 회의록(1998.9.9)).

12) 노동자 측이 전원합의제로 '의사 결정' 규칙을 수정할 것을 요구한 것은 김대중 정부 측이 구조조정을 일방적으로 추진하는 것을 통제하기 위한 것이었고, 바로 이러한 이유 때문에 김대중 정부 측은 노사정위원회가 구조조정 추진에 장애물로 작동된다는 부정적 인식을 강화하게 되었다. 한편 사용자 측은 전원합의제의 '의사 결정' 규칙을 활용해 자신들에게 불리한 의제들(특히 재벌 개혁과 노조 전임자 임금 지급 허용 의제 등)에 대해 합의 도출을 거부할 수 있었다. 아이러니하게도 노동자 측이 자신들에게 불리한 구조조정 의제들을 통제하기 위해 강력하게 요구해 관철시킨 '의사 결정' 규칙이 자신들에게 유리한 의제들(특히 노조 전임자 임금 지급 허용 및 전교조 합법화 등 노동기본권 확대 및 노사관계 제도 개선 의제 등)을 처리하지 못하는 결과를 가져왔다(노사정위원회, 1998b).

3) 2기 노사정위원회의 문제 해결 실패와 제도적 안정성 위협

2기 노사정위원회가 해결해야 할 정책문제는 '2·6 사회협약' 이행이었고, 그것의 핵심은 바로 각 부문에 대한 구조조정을 본격적으로 추진하는 것이었다. 그러나 2기 노사정위원회의 제도설계 결과는 노사정 간 상호 조절을 통해 결국 구조조정을 원활하게 추진하기 어렵게 변경되었다. 김대중 정부 측은 노사정위원회를 통한 구조조정이 어렵다는 판단을 하고, 노사정위원회의 논의와는 별도로 기업, 금융, 공공 부문에 대한 구조조정을 일방적으로 추진하는 전략을 선택했다. 특히 경제부처를 중심으로 위기 극복을 위해서는 구조조정의 신속한 추진이 중요하다는 논리가 강하게 제기되면서 노사정위원회 논의와는 관계없이 구조조정을 전격적으로 추진했다.[13] 이에 대해 노동자 측은 강력하게 반발했고, 김대중 정부가 노사정위원회를 '구조조정의 들러리 기구'로 활용했다는 주장과 함께 노사정위원회의 불참을 선언하는 등 노사정위원회가 파행적으로 운영되었다. 김대중 정부 측 역시 일방적 구조조정 추진이 정당성을 결여하고 있다는 점을 인식하고 있었기 때문에 1차 구조조정을 마무리한 이후 다시 노사정위원회의 정상화에 나서게 되었다.[14]

김대중 정부 측은 노사정위원회의 기능을 정상화시키기 위해 노동자 측에 노동기본권 확대 및 노사관계 제도 개선 의제들에서 많은 양보를 하고자 했다. 그러나 이러한 양보 조치는 사용자 측의 비용 부담 등을 유발했기 때문에 사용자 측이 거세게 반발했다. 사용자 측은 노사정위원회가 '노동계의 민원 처리창구'로 운영되고 있다는 비판과 함께 노사정위원회에 불참 선언을 하는 등 강하게 반발함으로써 노사정위원회의 파행적 운영이 계속되었다. 김대중 정부 측은 이처럼 어려운 상황 속에서 타협과 양보 등의 조정을 통해 일시적으로 노사정위원회를 정상화시켰지만 노사정위원회는 제대로 된 합의를 도출하기 어려웠다. 특히 노동자 측의 강력한 주장에 의해 '의사 결정' 규칙으로 '전원합의제'가 운영되고 있었기 때문에 노동자 측은 선호하지만 사용자 측이 반대

---

13) 예를 들어 재정경제부와 기획예산처는 1998년 6월 18일 55개 퇴출기업을 발표했고, 6월 29일 5개 퇴출은행을 발표했다. 그리고 7월 3일에는 11개 공기업에 대한 '1차 공기업 민영화 방안'을 발표하는 등 기업, 금융, 공공 부문에 대한 구조조정이 전격적으로 추진되었다.

14) 노동자 측의 반발이 거세지면서 김대중 정부 측은 노동관계장관 간담회를 개최하고 발표문을 발표했다. 여기에서 김대중 정부 측은 "시간 제약으로 충분한 사전 협의를 거치지 않고 일방적으로 구조조정을 추진한 것"을 인정하고, 이후 "노사정위원회가 사회통합에 기여하는 명실상부한 사회적 합의를 도출하는 기구로 자리 잡을 수 있도록" 위상 강화 방안을 마련하겠다는 요지의 입장을 밝혔다(관계장관 간담회 발표문(1998.7.12) '최근 노동계 현안에 대한 입장').

하는 의제들에 대해 합의를 도출할 수 없었다. 또한 '이행 보장' 규칙을 둘러싸고 노사정 사이에 갈등이 심화되면서 노동자 측은 '자문기구' 위상과 '협의' 기능으로 약화된 노사정위원회를 통해 자신들의 입장을 관철시키기 어렵다는 것을 확인하게 되었다. 노동자 측(특히 민주노총) 내부에서는 노사정위원회에 참여하게 되는 경우 제대로 된 투쟁도 하지 못할 뿐만 아니라 노사정위원회가 '구조조정의 들러리 기구'에 불과한 것이기 때문에 탈퇴해야 한다는 조직 내부의 목소리가 강화되었다. 결국 노동자 측은 1999년 2월 말 민주노총은 '완전 탈퇴'를 의결하고, 한국노총은 '조건부 탈퇴'를 선언하면서 노사정위원회는 사실상 기능 정지 상태에 들어갔다.

3 3기 노사정위원회 : 제도적 지속성의 강화와 문제 해결 능력의 저하

1) 3기 노사정위원회의 정책문제와 노사정 각 주체들의 입장

1998년 한 해 동안 한국 경제는 금융, 기업, 공공 부문에 대한 강도 높은 구조조정이 이뤄졌고, 이에 따라 고용조정이 수반되면서 노동 부문에 대한 구조조정이 이뤄졌다. 노사정 각 주체들의 고통 분담을 수반한 구조조정을 바탕으로 1999년에 들어서면서 각종 경제지표는 긍정적인 방향으로 두드러진 변화를 보였다.[15] 이처럼 1기 노사정위원회가 '2·6 사회협약'을 도출함으로써 정책문제 해결에 성공했고, 2기 노사정위원회가 구조조정의 완충장치 역할을 하면서 기업, 금융, 공공 부문에 대한 구조조정이 추진됨으로써 구조조정 의제는 그 중요도가 상대적으로 약화되었다. 반면 2기 노사정위원회 운영 과정에서 김대중 정부 측의 일방적 구조조정 추진과 합의 사항 불이행에 대해 노동자 측이 강력하게 반발하며 탈퇴함으로써 노사정위원회의 기능이 사실상 정지되었기 때문에 노사정위원회 자체의 정상화를 둘러싸고 각 주체들 사이에 갈등이 빚어졌다. 이 당시 노사정위원회의 기능 정지를 가져온 노동자 측의 탈퇴는 노동자 측의 책임

---

15) 특히 1998년 경상수지가 극적으로 확대되어 405억 달러라는 역사상 최대의 흑자를 기록함으로써 외환보유고가 획기적으로 확충되었다. 외환보유고의 확대로 외환시장이 안정됨과 동시에 5개 은행 퇴출 등 금융 부문에 대한 강력한 구조조정 추진과 대규모의 공적자금 투입 등으로 국내 금융시장 역시 안정되었다. 이러한 긍정적인 변화에 따라 1998년 말에 이르러서는 구조적인 경제위기 자체가 극복된 것은 아니지만 위기의 표면적 원인이었던 외환위기는 사실상 극복된 것으로 평가되었다(삼성경제연구소, 1998).

뿐만 아니라 노동자 측의 탈퇴 원인을 김대중 정부 측이 제공했다는 점이 사회적 공감대를 얻고 있었다. 동시에 노사정위원회의 기능 정상화에 대해 사회적 관심이 상당히 높았다.[16] 또한 국제사회 역시 한국의 위기 극복 과정에서 노사정위원회의 역할에 대해 긍정적으로 평가하고 상당한 관심을 보이고 있었다.[17]

김대중 정부 측은 노사정위원회의 기능 정상화에 대한 사회적 관심을 무시하기 어려웠다. 특히 김대중 대통령이나 청와대, 여당 등 정치적 성격이 강한 인사들은 노사정위원회를 '민주주의와 시장경제의 병행 발전'이라는 국정 이념을 구현하는 지표로 인식했기 때문에 다시 정상화시키는 것이 정치적 지지를 확보하는 데 중요하다고 보았다. 이 시기부터 김대중 대통령과 청와대, 여당의 입장에서 노사정위원회는 구조조정 추진 과정에서 빚어질 갈등의 완충 수단이라기보다는 그 자체를 유지하는 것이 정치적으로 필요했다는 것을 의미한다. 즉, '민주주의와 시장경제의 병행 발전'과 '노동 참여적' 노동정책 기조를 보여주는 지표로서 노사정위원회는 정상화되어야 할 필요가 있었다. 노사정위원회의 정상화에 대한 이런 입장은 김대중 대통령의 다음 발언을 보면 쉽게 알 수 있다. 김대중 대통령은 1999년 4월 초 노동부의 '국정개혁보고회의'에서 "노사정위원회가 조금 암초에 걸린 감이 있지만, 정부는 노사정위원회를 절대 포기하지 않을 것"임을 밝히면서 "노사정위원회는 국제적으로도 관심이 많으며, 노사정 간 협력과 복리·권리 증진의 모델 케이스로 발전시키기 위해 법으로 만들어 항구적인 기관으로 할 것"을 지시했다(국무조정실, 1999).

---

16) 이 당시 신문 및 방송사들은 노사정위원회가 '2·6 사회협약'을 도출한 지 1주년이 되면서 국가위기 극복에 대한 노사정위원회의 기여에 대해 조명하는 데 관심을 가지고 있었다. 특히 노사정위원회의 기능 정지 원인이 무엇 때문이고, 과연 노사정위원회를 다시 정상화시키는 것이 필요한 것인가에 대한 이슈를 상당히 중요하게 다뤘다. 따라서 노동자 측의 탈퇴와 불참에 따라 노사정위원회의 기능이 정지된 것은 중요한 이슈가 되었다. 왜 민주노총과 한국노총이 노사정위원회의 탈퇴와 불참을 결정했는가에 대해 많은 관심을 가지고 있었다. 언론들은 노사정위원회의 기능 정지의 원인을 노동자 측에게만 돌리는 것이 아니라 상당한 원인이 김대중 정부의 일방적 구조조정 추진과 합의 사항 불이행에 있다는 점을 들고 있었다.

17) 국제사회 역시 노사정위원회에 대해 많은 관심을 보이고 있었다. 이미 1기 노사정위원회가 '2·6 사회협약'을 도출하면서 국제사회가 관심을 보였지만, 1998년 후반부터는 노사정위원회에 대한 관심이 구체적인 행동, 즉 노사정위원회에 대한 직접 방문으로 이어졌다. 각국의 언론과 노사정협의기구, OECD, ILO 관계자 등은 노사정위원회를 방문해 그 성과와 활동 현황을 관찰하려는 경우가 많아졌다. 이들 역시 '왜 노동자 측 대표들이 노사정위원회에서 탈퇴했는가', '한국 정부의 대응 방안은 무엇인가' 등에 대해 많은 관심을 보였다(노사정위원회, 2000).

2) 노사정 각 주체들의 제도적 규칙 설계 전략과 설계 결과

김대중 대통령과 청와대 및 여당 인사들은 노사정위원회를 정상화하기 위해서는 노사정위원회를 법률기구로서 위상을 강화시켜야 노동자 측의 참여를 이끌어 낼 수 있다는 판단 하에 법률기구화를 추진했다. 그러나 노사정위원회의 법률기구화는 1차적으로 정부부처의 반대, 특히 노동부의 반대에 부딪혔다. 노동부는 노사정위원회의 위상과 기능을 적절하게 약화시킨 상태에서 노동부의 통제 아래에 두는 것을 원했기 때문에 노사정위원회의 법률기구화에 대한 부담이 컸다. 즉, 노사정위원회를 법률기구화했을 경우 노동부의 통제 범위 밖으로 벗어날 수 있다는 것에 대한 우려를 가지고 있었다.[18] 그러나 노동부는 대통령과 청와대 및 여당이 추진하는 것을 적극적으로 반대할 수 없었고, 결국 '적정선에서' 법률기구화하는 것을 수용하는 입장을 보임으로써 본격적으로 법률기구화가 추진되었다(노사정위원회, 2000: 189). 당정 협의를 통해 노사정위원회의 법률기구화를 위한 법률안이 작성되었고, 이 법안은 노동자 측과 사용자 측의 의견이 반영되어 수정되었다.

노사정위원회의 법률기구화에 대해 사용자 측 및 노동자 측 내부에서는 상반된 입장이 표출되었다. 먼저 사용자 측의 전경련은 노사정위원회의 법률기구화가 '법적 위상'의 강화를 가져오고, 자연스럽게 노사정위원회 논의 결과의 구속력이 강화된다는 점을 우려해 강하게 반대 의견을 제시했다. 그러나 사용자 측의 경총은 '의사 결정' 규칙을 전원합의제로 수정하는 것을 전제로 법률기구화하는 것을 수용했다. 즉, 경총은 노사정위원회를 정상화시키는 것을 원했고, 다만 제도적 규칙을 사용자 측에 불리하지 않도록 만드는 것에 관심을 가졌다.[19]

한편 노동자 측의 민주노총은 노사정위원회가 '구조조정의 들러리 기구'에 불과한 것이기 때문에 노사정위원회를 폐지하고 새로운 대체기구를 만들어야 한다고 주장했

---

18) 노사정위원회에 노동부 실무대표로 참여했던 한 관료는 언론과의 인터뷰에서 "노사정위원회를 법률기구로 전환하면 위원회의 합의 사항이 국회와 정부의 권한을 침해할 수 있는 만큼 현실적으로 무리이며, 대신 운영 개선을 통해 실질적으로 위상을 강화하는 방안을 마련해야 한다"는 입장을 밝히기도 했다(노동부 노정국장 인터뷰 기사, 문화일보 1999.02.04: 22면).

19) 이 당시 경총은 노사정위원회의 '의사 결정' 규칙을 전원합의제로 설계하는 경우 노사정위원회를 폐지하는 것보다는 유지하는 것이 사용자 측에게 유리하다는 판단을 했다. 즉, 2기 노사정위원회의 운영 경험을 통해 사용자에게 불리한 의제를 노사정위원회에서 다루는 경우 협의 과정에서 사용자 측의 입장을 최대한 반영하면서 논의 과정을 비효율적으로 진행함으로써 문제 해결을 지연시키거나 아예 문제 해결을 못하게 만드는 것이 가능하다는 것을 경험했다(경총 관계자 인터뷰).

다. 민주노총은 노사정위원회에서 완전 탈퇴를 선언한 이후 불참 입장을 견지하고 있었기 때문에 노사정위원회가 법률기구로 강화되는 것에 반대하는 입장이었다. 반면 한국노총은 민주노총과 달리 노사정위원회의 법률기구화를 강력하게 요구했다. 한국노총은 민주노총과 달리 대정부 투쟁 전략을 구사하기 어려웠고, 오히려 노사정위원회를 활용해 조직의 안정성을 확보하고자 하는 입장이었다. 따라서 노사정위원회의 위상 강화가 더욱 중요했다. 이러한 점에서 경총과 한국노총은 노사정위원회의 정상화를 위해 '법적 위상' 강화에 찬성했고, 전경련과 민주노총은 노사정위원회의 '법적 위상' 강화에 반대했다.

김대중 정부 측은 노사정위원회의 정상화에 긍정적인 입장을 가지고 있는 노동자 측의 한국노총과 사용자 측의 경총의 요구 사항을 부분적으로 반영해 법률안을 수정했고, 수정된 법률안은 국회 입법 과정으로 이전되었다. 국회 입법 과정에서 야당이었던 한나라당은 노사정위원회의 법률기구화에 반대했지만, 노사정 주체들의 합의(한국노총과 경총의 합의)를 바탕으로 마련된 수정 법률안을 무조건 반대하기 어려웠다. 결국 국회에서의 어려운 입법 과정을 거쳐서 노사정위원회는 법률기구로 '법적 위상'이 강화되었다.

3기 노사정위원회의 '법적 위상'이 법률기구로 강화됨으로써 제도적 안정성이 더욱 강화되었다. 2기 노사정위원회는 대통령령 기구로 대통령의 정치적 결단에 따라서 언제든지 폐지될 수 있기 때문에 제도적 불안정성을 안고 있었지만, 법률기구로 '법적 위상'이 강화된 노사정위원회는 국회의 의결 절차를 거쳐야만 폐지가 가능했기 때문에 그만큼 폐지가 어려워졌다. 동시에 '법적 위상'의 강화는 그만큼 노사정위원회의 논의 결과의 구속력 또한 강화되었다는 것을 의미했다. 이처럼 '법적 위상'이 강화됨으로써 제도적 안정성과 구속력이 강화되었기 때문에 거꾸로 '의사 결정' 규칙은 비효율적인 것으로 수정되었고, '이행 보장' 관련 규칙들 역시 약화되어 설계되는 결과를 낳았다.

먼저 '의사 결정' 규칙은 사용자 측의 강력한 주장에 의해 1/2 다수결제에서 2/3 다수결제로 의결 요건이 강화되었고, 단서 조항으로 노사정 각 주체들의 1/2 이상 출석해야만 의결이 가능하다는 조항이 추가됨으로써 사실상 전원합의제로 강화되었다. 사용자 측은 사실상의 전원합의제를 관철시킴으로써 노사정위원회에서 논의되는 불리한 의제들에 대한 거부권을 행사할 수 있는 안전장치를 확보했다.[20] 한편 '이행 보장' 규칙의 경우 김대중 정부 측의 입장이 반영되어 위상과 기능은 '자문기구' 위상과 '협의'

표 8-4 3기 노사정위원회의 제도적 규칙의 설계 결과

구분		3기 노사정위원회 '노사정위원회 설치 및 운영에 관한 법률'	
		'노사정위원회법' 당정협의안	'노사정위원회법' 국회의결안[1]
법적 위상		법률기구(법률 제5990에 근거)	
의제	범위	노동정책 및 산업·경제·사회정책 등 의제 범위의 포괄성 확대 * 공공 부문 구조조정 의제의 공식화	
	선정 규칙	모든 위원 발의, 심의 후 위원장 상정	
의사 결정		• 1/2 다수결제 -노사정대표 각 1/2 이상 출석 전제 -2회 이상 정당한 사유 없이 불출석할 경우 의결 강행	• 2/3 다수결제 -노사정대표 각 1/2 이상 출석 전제 -불출석 사유 및 횟수 제한 조건 삭제 * 실질적 전원합의제
이행 보장	위상	자문기구 위상 공식 규정 확립	암묵적으로 합의기구 운영
	기능	협의 기능 공식 규정 확립	암묵적으로 협의/의결 기능 운영
	참여 주체	위원장, 간사위원, 노동자대표(2명), 사용자대표(2명), 정부대표(4명), 정당대표(2명), 공익대표(9명) 등 총 20여명(장관급 기구) * 정부대표 및 공익대표 확대	위원장, 간사위원, 노동자대표(2명), 사용자대표(2명), 정부대표(5명), 공익대표(9명) 등 총 20명(장관급 기구) * 정부대표 1명 추가 확대, 정당대표 배제

주1) 국회 의결안은 당정협의안에 대해 노동자 측과 사용자 측의 의견이 수렴된 수정안이 국회로 이송된 이후, 국회 심의 과정에서 다시 노동자 측과 사용자 측의 대표들(한국노총과 경총대표)을 참고인으로 불러 의견을 청취한 후 여야 간 협상을 거쳐 의결한 결과다.
출처: 노사정위원회(2000).「1999 노사정위원회 활동 현황」.

기능을 갖는 공식 규정이 확립되었다. 김대중 정부 측은 '법적 위상'이 법률기구로 강화되었기 때문에 노사정위원회 논의 결과의 구속력을 더욱 약화시킬 필요가 있었다. 즉, 김대중 정부 측은 노사정위원회의 위상과 기능을 자문기구와 협의 기능으로 확립함으로써 노사정위원회의 논의 결과를 선택적으로 활용할 수 있는 재량권, 즉 거부권을 확보하고자 하는 입장이었다. 그리고 참여 주체의 경우 정부대표 참여가 확대되었

20) 흥미로운 것은 '의사 결정' 규칙에서 노동자 측(한국노총)이 사용자 측과는 달리 1/2 다수결제를 선호했다는 점이다. 그것은 향후 논의될 의제가 노동자 측에게 유리한 것들이 대부분이었기 때문에 효율적인 의사 결정을 원했기 때문이다. 즉, 1기와 2기 노사정위원회에서는 노동자 측에 불리한 고용조정 의제가 포함되었기 때문에 전원합의제를 요구했지만 3기 노사정위원회에서는 유리한 의제가 대부분이었기 때문에 1/2 다수결제를 요구하는 것으로 입장이 바뀐 것이었다(제203회 임시국회 환경노동위원회 제3차 회의(1999.04.24) 회의록: 2쪽; 제4차회의(1999.04.26) 회의록: 1쪽 참조).

지만 정당대표의 참여는 배제되었다. 이에 따라 국회 역시 노사정위원회 협의 결과가 정부 정책 대안에 반영되어 입법안으로 제출되더라도 거부권을 행사할 수 있게 되었다.[21] 이처럼 노사정 각 주체들은 3기 노사정위원회의 제도적 규칙을 둘러싼 갈등과 상호 조절 과정을 거치면서 '법적 위상'은 강화되었지만 '의사 결정' 및 '이행 보장' 규칙은 약화되는 결과를 낳았다. 이로써 노사정위원회의 제도적 안정성은 더욱 높아졌지만, 거꾸로 실질적 문제 해결 능력은 더욱 많은 제약을 안게 되었다.

3) 3기 노사정위원회의 제도적 지속성 강화와 문제 해결 능력 저하

3기 노사정위원회가 법률기구로 '법적 위상'이 강화되면서 제도적 안정성은 강화되었지만 거꾸로 문제 해결 능력은 더욱 약화된 결과를 빚었다. 3기 노사정위원회의 약화된 문제 해결 능력은 핵심적으로 다뤘던 의제들의 논의 결과에 그대로 나타났다. 먼저 3기 노사정위원회의 핵심 의제 중 하나였던 '노조 전임자 임금 지급 금지' 의제와 '복수노조 허용' 의제는 사회적 요구와는 관계없이 참여 주체들의 소수 이익을 보호하기 위해 모두 5년간 유예되는 형태로 합의안이 도출되었다.[22] 이 합의안은 한국노총과

---

21) 3기 노사정위원회에서 정당대표가 불참하게 된 것은 야당이었던 한나라당의 강력한 요구 때문이었다. '노사정위원회법'(안) 심의 과정에서 한나라당 의원들은 노사정위원회 참여 주체에서 각 정당대표가 참여하도록 규정한 것을 반대했다. 한나라당 의원들이 정당대표의 배제를 요구한 명분은 대통령 자문기구에 정당대표, 특히 야당 측 대표가 참여하는 것이 타당하지 않다는 것이었다. 그러나 실제로는 1기와 2기 노사정위원회에서 겪은 경험을 바탕으로 향후 민감한 의제에 대한 논의 과정에서 한나라당의 당론과 위배되는 합의 도출에 참여하게 되는 가능성을 회피하기 위한 것 때문이었다. 실제로 한나라당은 1기 노사정위원회의 '2·6 사회협약'을 도출하기 직전 1998년 2월 4일 노사정위원회 운영이 김대중 당선자 측에 의해 일방적으로 주도되고 있다는 점을 비판하며 철수한 바 있다. 그리고 2기 노사정위원회(제10차 본회의 회의록, 1998.10.31)에서도 '교원노조 결성권 보장(전교조 합법화)'에 대한 논의에서 당론과 배치되는 합의안 의결에 참여할 수 없다는 이유로 회의장에서 철수한 바 있었다.

22) '노조 전임자 임금 지급 금지'와 '복수노조 허용'은 1997년 3월 '노동조합 및 노동관계법' 개정에 따라 2002년부터 실시하기로 예정되어 있었다. 먼저 '노조 전임자 임금 지급 금지'는 사용자가 생산 활동에 참여하지 않는 노조 전임자에게 임금을 지급하는 불합리한 관행을 금지시키는 조항으로 사용자 측이 오랜 기간 동안 많은 노력을 기울여 국회 입법 과정에서 얻어낸 조항이었다. 만일 이 조항이 예정대로 실시되면 재정자립도가 취약한 중소영세업체들의 노조활동이 위축되거나 와해될 가능성이 높았다. 특히 한국노총 산하에 중소영세업체 노조들이 많았기 때문에 한국노총의 조직 규모가 축소될 가능성이 높았다. 따라서 한국노총은 '노조 전임자 임금 지급 금지' 조항 삭제를 지속적으로 요구하고 있었다. 한편 '복수노조 허용'은 김영삼 정부가 OECD 가입 조건으로 ILO의 국제노동 기준을 준수하기로 약속한 조항이었다. 오래전부터 ILO는 한국의 '노동조합 및 노동관계법'상의 '복수노조 금지' 조항이 노동자의 단결권을 침해한다는 이유로 시정을 권고해 왔었다. 따라서 김영삼 정부는 OECD 가입을 위해 선결 조건의 하나로 '복수노조 허용'을 약속한 바 있었다. 만일 '복수노조 허용' 조항이 예정대로 실시되는 경우, 하나의 사업장 내에 복수의 노조가 설립될 수 있게 되고, 노조들 사이에 조직 확대 및 단체협약 체

사용자 측에게는 성공적인 문제 해결이었지만, 노사정위원회에 참여하지 않고 있던 민주노총과 미조직 노동자 세력에게는 부정적인 결과였기 때문에 '야합'이라는 비판을 받았다. 또한 이것은 ILO에게 약속했던 것을 지키지 못하는 결과를 가져왔다.[23] 한편 또 다른 핵심 의제였던 '근로 시간 단축' 문제에 대한 합의 도출에 최종적으로 실패함으로써 노사정위원회의 무용론이 제기되었다. '근로 시간 단축' 문제는 2000년 초부터 2002년 말까지 3년 가까이 논의했지만 최종적으로 김대중 정부 임기 중 합의 도출에 실패하고 다음 정권으로 이월하게 되었다. '근로 시간 단축' 의제는 논의가 진행되면서 사회적 관심과 요구가 높아졌지만 노동자 측과 사용자 측의 이익 갈등으로 형식적인 합의만을 도출했을 뿐 궁극적인 문제 해결에는 실패했다. 간단히 말해서 3기 노사정위원회의 문제 해결 결과는 노사정위원회에 참여하는 소수의 이해 당사자 조직의 이익을 보호하기 위한 문제는 해결하면서도 정작 사회적 관심과 요구가 높은 문제는 해결하지 못하는 결과를 가져왔다.

3기 노사정위원회의 이러한 문제 해결 결과에 대해 노사정 각 주체들의 평가는 부정적인 것과 긍정적인 것이 동시에 제기되었다. 먼저 노사정위원회에 비판적인 입장을 견지해 왔던 전경련과 2기 말부터 불참 전략을 고수하고 있던 민주노총은 각각 이유는 다르지만 노사정위원회의 축소 혹은 폐지를 주장했다.[24] 전경련과 민주노총의 이러한

결의 교섭 창구 주도권 경쟁과 갈등이 빚어질 것이 예상되었다. 노조 사이의 경쟁과 갈등은 기업 운영의 안정성을 저해할 가능성이 높았기 때문에 사용자 측은 '복수노조 허용'의 실시를 반대하는 입장이었다. 노동자 측의 한국노총은 '노조 전임자 임금 지급 금지' 조항의 삭제를 원했고, 사용자 측은 '노조 전임자 임금 지급 금지' 조항의 삭제는 반대하지만 '복수노조 허용' 실시를 반대하고 있었다. 한편 김대중 정부 측은 이 문제들이 노사관계의 불안정을 야기하는 핵심적인 문제들이었기 때문에 노사관계의 안정을 얻을 수 있다면, 노사정 합의 도출을 통해 실시를 유예하는 방안도 고려하고 있었다.

23) ILO는 이 합의안 도출에 대해 한국 정부에 공식적으로 문제를 제기했다. 이에 노동부와 노사정위원회는 ILO의 문제 제기에 해명하기 위해 노사정위원회 상임위원, 한국노총 사무총장, 경총 부회장 중심으로 노사정대표단을 구성하고, ILO와 OECD/TUAC 등에 파견해 이 합의안에 대해 해명하는 노력을 취했다(한겨레신문 2001.02.24: 2면). 이처럼 김대중 정부와 노사정위원회가 국제사회에 대한 해명 작업을 했다는 것은 곧 이 합의가 대외적 정당성이 미약하다는 것을 보여주는 것이라고 볼 수 있다.

24) 민주노총은 2기 노사정위원회를 운영해 본 결과, 결국 노사정위원회는 김대중 정부 측이 구조조정을 추진하는 과정에서 노동자 측의 저항을 통제하기 위한 수단으로 활용한 것으로 평가했다(민주노총, 1999b). 민주노총 지도부는 노사정위원회를 진정한 사회적 합의기구가 아니라 김대중 정부의 일방적인 '구조조정의 들러리 기구'에 불과하다는 것으로 내부 입장을 정리해 나갔다. 즉, 노사정위원회는 그 위상이 자문기구에 불과한 것이기 때문에 정부 측이 노사정위원회의 합의 사항을 이행하지 않더라도 그것을 통제할 수 없다는 한계를 안고 있기 때문에 노사정위원회는 공정한 고통 분담이 아니라 노동자들에게만 고통을 전담시키는 것이라는 주장을 확산시켰다. 따라서 노사정위원회는 폐지되어야 할 대상으로 보았고, 노동자의 강력한 투쟁력을 바탕으로 노정 교섭을 통해 노동자 측의 요구 사항을 관철시켜야

부정적인 평가와 주장은 노사정위원회의 제도적 정통성에 부정적인 영향을 주는 것으로 이해할 수 있다. 그러나 아이러니하게도 3기 노사정위원회의 문제 해결 능력의 약화는 또 다른 차원에서 제도적 지속성에 긍정적인 결과를 함축하는 것이었다. 즉, 노사정위원회의 문제 해결 능력은 약화되었지만 그 자체를 유지함으로써 이익을 향유할 수 있는 노동부, 경총, 한국노총이 느슨한 형태의 '노동그룹(labor circle)'이라는 이해공동체(interests community)를 형성하며 노사정위원회를 유지하는 주체로 역할을 하고 있다. 노동부에게 노사정위원회는 문제 해결기구로서 의사 결정 권한을 공유해야 하는 문제점 때문에 부정적인 측면도 있지만 거꾸로 노동부가 해결해야 하는 어려운 정책문제의 '회피 공간' 혹은 정책문제에 대한 노사의 이해도를 높이는 '숙성 공간'으로 활용할 수 있는 수단으로서 긍정적인 측면을 가지고 있다. 사용자 측의 경총에게 노사정위원회는 문제 해결 능력이 약하기 때문에 사용자에게 불리한 의제를 노사정위원회의 공식 의제로 다룸으로써 오히려 사용자 측의 이익을 보호하는 수단으로 활용할 수 있고, 동시에 사용자 단체로서의 조직 위상을 강화하면서 회원사를 확대하기 위한 수단으로 활용할 수 있는 이점이 있다. 한편 노동자 측의 한국노총은 표면적으로는 노사정위원회의 위상이나 기능 강화를 주장하지만 노사정위원회의 위상이나 기능 강화가 현실적으로 어렵다는 것을 인식하고 있다. 따라서 위상이나 기능 강화 그 자체보다는 노사정위원회를 활용해 노동자 단체로서 민주노총과의 조직 경쟁에서 조직 이익 확대에 더 큰 관심을 기울이고 있다. 또한 한국노총은 민주노총이 노사정위원회의 불참 전략을 고수하고 있기 때문에 참여와 불참 전략을 활용해 정부로부터 다양한 양보를 얻어낼 수 있는 수단으로 활용할 수 있다는 이점이 있다. 이처럼 노동부, 경총, 한국노총 등 노동그룹은 노사정위원회 운영을 어느 특정 주체가 일방적으로 통제할 수 없다는 것을 경험을 통해 확인했기 때문에 자기 조직에 불리한 의제가 논의되더라도 거부권을 행사해 조직 이익을 보호할 수 있고, 정책문제에 따라서는 조직 이익을 확대할 수 있는 수단으로 활용할 수 있다는 것을 공유하게 되었다. 이처럼 이해 당사자 조직이 노사정위원회 유지를 통해 이익을 향유할 기회를 가진다는 것은 노사정위원회가 애초 목표로 설정했던 정책문제의 해결 능력은 저하되더라도 제도적으로 지속성을 가질 것이라는 점을 암시하는 것이다.

한다고 보았다. 그만큼 민주노총 내부에서는 노사정위원회에 대한 불신이 매우 강했다(민주노총 관계자 인터뷰).

제 5 절 노사정위원회의 설계와 제도화 과정에 대한 해석

1 노사정위원회의 설계 전략 : 위험통제의 거부 지점 배치

상충하는 요구를 가진 노사정 각 주체들은 정책문제 해결기구의 참여 전략과 설계 전략의 선택에서 적절성의 논리와 귀결성의 논리에 따라 전략을 선택하고, 상호 조절을 통해 타협과 합의를 도출했다. 각 시기별로 노사정위원회가 해결해야 할 정책문제가 부각되고, 정책문제의 해결에 따른 예상되는 귀결이 불리하거나 치명적 위험을 안게 될 가능성이 있는 주체들은 위험을 통제하기 위해 거부권을 행사할 수 있는 안전장치로서 거부 지점들(veto points)을 제도적 규칙의 설계 대안에 포함되도록 노력했다. '의제' 관련 규칙에서 의제 범위의 축소와 확대, 의제 상정 권한의 제한 여부, '의사 결정' 규칙에서 전원합의제, 그리고 '이행 보장' 관련 규칙에서 위상 약화, 기능 축소, 핵심 주체 배제(불참) 등은 노사정 각 주체들의 입장에서 볼 때, 위험을 통제하기 위한 안전장치로 설계되었다. 안전장치로서의 거부 지점들은 노사정위원회의 의사 결정을 비효율적으로 만드는 주요한 원인이었기 때문에 이에 대한 노사정 각 주체들 사이에 갈등이 빚어졌다.

특히 각 시기별로 가장 첨예한 갈등을 일으킨 것은 '전원합의제'의 '의사 결정' 규칙이었다. 애초 전원합의제를 의결 방식으로 요구한 것은 노동자 측이었다. 왜냐하면 1기 노사정위원회가 핵심적으로 다루게 될 의제인 정리해고제와 근로자파견제 등 노동개혁 프로그램은 노동자 측에게 치명적 위험을 포함한 것이었기 때문이다. 따라서 노동자 측은 김대중 당선자 측이 사용자 측과 함께 노동개혁 프로그램을 일방적으로 처리할 것을 우려했고, 이를 통제하기 위한 안전장치로서 전원합의제를 관철시켰다. 2기 노사정위원회에서도 역시 노동자 측은 김대중 정부가 구조조정을 일방적으로 처리할 것을 우려해 전원합의제로 의결 방식을 수정할 것을 요구했다. 사용자 측 역시 기업개혁 프로그램과 노사관계 제도 개선에서 사용자에게 불리한 위험을 통제하기 위해 적극적으로 주장하지는 않았지만 전원합의제를 선호했다. 그러나 3기 노사정위원회의 경우 해결해야 할 정책문제의 성격에 변화가 나타나면서 예상되는 귀결에서 유리한 입장으로 바뀐 노동자 측의 한국노총이 다수결제를 요구하는 전략으로 변화했고, 예상되는 귀결에서 불리한 입장이 계속되었던 사용자 측은 전원합의제의 유지를 강력하게 요구했다. 결국 사용자 측의 요구가 관철되어 전원합의제가 확립되었다. 여기에서 중요한 것은 한 번 설계되어 운영된 제도적 규칙이 노사정 각 주체들의 자기 이익 보호를 위한 정당화 수단으로 활용되면서 유지되고 강화되었다는 점이다. 즉 1기 및 2기 노사정위원회에서 노동자 측은 고용조정 프로그램과 구조조정의 일방적 추진을 통제하기 위해 의결 방식으로서 '전원합의제' 관철을 강하게 주장했기 때문에 3기 노사정위원회에서 사용자 측이 '노조 전임자 임금 지급 허용' 문제의 처리를 막기 위해 '전원합의제'를 주장할 때, 이에 대해 반론을 제기할 수 없었다. '의사 결정' 규칙으로서 전원합의제가 공식적으로 확립됨으로써 노사정 각 주체들은 자신에게 불리한 의제에 대해 거부권 행사를 통해 의사 결정을 통제할 수 있게 됨과 동시에 거꾸로 자신에게 유리한 의제에 대한 의사 결정 역시 통제를 받게 되었다. 이것은 결국 노사정위원회의 효율적 의사 결정을 어렵게 만들었고, 그만큼 문제 해결 능력을 저하시키는 결과를 가져왔다.

2 노사정위원회의 모순적 제도화 과정

노사정 각 주체들은 각 시기별로 주어진 정책문제의 성격, 즉 문제 해결에 대한 사회적 관심과 요구의 강도 및 예상되는 귀결에 따라 노사정위원회의 제도적 규칙들의 설계 전략을 선택했다. 그리고 이들 설계 전략 사이의 상호 조절 과정을 거쳐 노사정위원회의 제도적 규칙에 대한 합의를 도출했다. 그 결과 노사정위원회의 제도적 규칙은 한편으로는 제도적 안정성이 강화되는 방향으로 설계됨과 동시에 다른 한편으로는 문제 해결 능력이 약화되도록 설계되는 특징을 보였다.

1기 노사정위원회는 임의적 한시기구에 불과한 것으로 출발했지만 국가적 위기 극복을 위한 '노사정 고통 분담 선언'으로서 '2·6 사회협약' 도출에 성공하면서 사회적으로 높은 평가를 받음으로써 제도적 정통성을 부여받았다. 그뿐만 아니라 노사정 각 주체들 스스로도 '2·6 사회협약'의 도출에 역사적 의미를 부여하면서 상대방에게 이행을 요구하는 등 노사정위원회의 제도적 정통성을 강화시켰다. 이처럼 사회적 평가와 이해 당사자 조직에 의해 제도적 정통성을 확보한 노사정위원회의 재구성은 자연스럽게 수용되었고, 대통령령의 '법적 위상'을 가지는 기구로 재구성되었다. 그러나 2기 노사정위원회가 본격적인 구조조정 추진이라는 정책문제 해결 과정에서 노사정 사이의 첨예한 이익 갈등을 조정하지 못하고, 노동자 측의 탈퇴로 사실상 기능 정지 상태에 빠지게 됨으로써 노사정위원회의 제도적 정통성은 약화되기 시작했다. 노사정위원회의 구성과 운영을 주도했던 김대중 정부 측은 정치적 지지를 확보하기 위한 수단으로 활용하기 위해 노사정위원회를 정상화시킬 필요가 있었다. 이를 위해서는 노동자 측의 참여를 유도해야 했고, 노동자 측을 유인하기 위해 노사정위원회를 법률기구로 강화해 정상화하는 설계 전략을 선택했다. 일부 주체들(전경련과 민주노총)이 노사정위원회의 법률기구화를 반대했지만 적극적인 반대를 하지 못했고, 반면 일부 주체들(경총과 한국노총)이 법률기구화를 수용함으로써 3기 노사정위원회가 법률기구로서 출범하게 되었다. 결국 노사정위원회가 국회 입법 과정을 거쳐 법률기구로 강화되면서 노사정위원회의 폐지는 그만큼 어려워졌다. 즉, 어느 특정 주체가 노사정위원회를 폐지하고자 하는 강력한 욕구와 의지를 가지고 있다고 하더라도 입법 과정 전반에 걸쳐 흩어져 있는 거부 지점들을 모두 극복해야 하는 어려움을 안게 된 것이다. 예를 들어 노사정위원회를 폐지하는 것이 사회적으로 더욱 바람직하다는 논리를 제시하고 그것을 여러 과정에서 관철시켜야 하는데 이는 결코 쉬운 것이 아니다. 노사정위원회의 폐지를 주장하는 경우 자칫 잘못하면 '사회적 합의'가 가지고 있는 어떤 규범적 정당성을 무시하는 것이 될 가능성이 높기 때문에 정치적 위험 부담을 안아야 한다. 이처럼 노사정위원회의 폐지가 어려워졌다는 것은 그만큼 제도적 지속성이 강화되었다는 것을 의미하는 것이다. 실제로 본 연구자가 연구를 진행하면서 외부 전문가들과 노사정위원회에 참여하는 노사정 각 실무대표자들에게 '노사정위원회가 향후 폐지될 가능성이 있습니까?'라는 공통 질문에 대해 대체로 '그렇지 않다'는 대답을 하고 있다. 즉, 이들은 노사정위원회는 사회적 합의 시스템으로서 필요한 문제 해결기구이고, 지속적으로 유지되어 운영될 것이라는 점에 대해 대체적으로 동의하고 있다. 다만 그것이 어떠한 위상과 기능을 가진 조직이 되어야 하는가에 대해 서로 입장이 다르기 때문에 향후 노사정위원회의 제도적 규칙이 노사정 합의에 의해 부분적으로 수정될 수는 있다고 답변하고 있다. 물론 노사정위원회가 폐지될 가능성도 전혀 배제할 수 없다는 의견도 있지만 그 의견에는 노사정위원회를 대체할 또 다른 사회적 합의 시스템이 만들어질 것이라는 전제가 깔려 있다. 따라서 굳이 새로운 시스템의 구성을 둘러싸고 또 다른 갈등을 일으키기보다는 현재의 노사정위원회를 유지하고 보완하는 것이 더 낫다는 의견이 지배적이다.

노사정위원회의 제도적 지속성이 강화되는 것과는 반대로 그것의 문제 해결 능력은 점점 더 약화되는 방향으로 설계되었다. 즉, 노사정 어느 특정 주체가 일방적으로 노사정위원회를 운영할 수 없도록 거부 지점들을 배치했다. 노동자 측은 1기 및 2기 노사정위원회에서 '의사 결정' 규칙으로 '전원합의제'를 관철하고자 노력했고, 사용자 측은 2기 및 3기 노사정위원회에서 '의사 결정' 규칙을 '전원합의제'를 관철하고자 노력했다. 반면 김대중 정부 측은 2기 및 3기 노사정위원회의 '법적 위상' 강화를 상쇄하기 위해 '이행 보장' 규칙에서 위상 약화와 기능 축소를 관철하고자 노력했다. 이들 거부 지점들은 노사정위원회가 해결해야 할 정책문제의 해결을 어렵게 만들었고, 이것은 문제 해결 능력을 저하시키는 주요한 원인으로 작동되었다. 김대중 정부 측은 노사정위원회가 자문기구 위상과 협의 기능을 가진 기구라는 점을 근거로 2기 노사정위원회에서 위원회 논의와는 별도로 구조조정을 일방적으로 추진하기도 했고, 노동기본권 확대와 노사관계 제도 개선 의제들의 일부 합의 사항 이행을 거부하기도 했다. 사용자 측 역시 전원합의제 의결 규칙을 바탕으로 2기 노사정위원회에서 자신들에게 불리한 의제들의 합의 도출에 거부권을 행사할 수 있었고, 3기 노사정위원회에서 상호 이익 교환이 가능한 의제에 대해서는 합의를 도출하고, 불리한 의제에 대해서는 합의 도출을 거부하는 전략을 활용할 수 있었다. 반면 노동자 측은 유리한 방향으로 문제 해결을 하지 못하게 됨으로써 노사정위원회의 제도적 정통성에 대한 문제 제기를 하면서 참여와 불참 전략을 반복적으로 활용하며 요구 사항을 관철하는 전략을 활용했다. 김대중 정부 측의 일방적 운영과 사용자 측의 비효율적 운영 전략, 그리고 그에 대한 노동자 측의 참여와 불참 전략의 반복으로 인해 노사정위원회의 운영은 파행을 빚었고, 문제 해결 능력은 현저하게 저하되었으며, 제도적 정통성에 대한 논쟁이 지속되었다. 이처럼 노사정위원회의 제도적 규칙의 설계 결과는 제도적 지속성이 강화되는 한편 문제 해결 능력이 약화되는 모순적 제도화 과정의 특징을 보였다.[25]

25) 이러한 모순적 제도화 과정의 특징은 사회학적 신제도주의의 정당성의 논리 및 능률성의 논리와 일맥상통한다(Meyer & Rowan, 1977; DiMaggio, 1988; DiMaggio & Powell, 1983; 1991; Tolbert & Zucker, 1983; Zucker, 1987). 조직들은 한편으로는 환경으로부터 주어지는 사회적 정당성 기준을 충족해야 함과 동시에 능률성의 기준을 충족해야 한다. 이 두 가지 기준은 서로 갈등을 일으키는 모순적 관계에 있다. 조직은 바로 이러한 갈등과 모순을 적절하게 관리해야 하고, 그 방법으로서 느슨하게 연결된 상태

제 6 절 결론

이 연구는 정책문제 해결기구로서 노사정위원회의 설계와 제도화 과정에서 나타난 모순적 현상을 이해하는 것을 목적으로 하기 때문에 시간 흐름에 따라 분석하는 과정적 접근(process approach)을 취했다(Scott, 2001). 왜 제도가 이렇게 설계되었는가를 이해하는 데 특정 시점에서 일회적으로 분석하는 관점(snapshot view)은 기능주의적 관점(functionalist argument)에 빠지기 쉽다(Pierson, 2000: 494). 따라서 이 연구는 노사정위원회의 설계와 제도화 과정을 크게 세 단계의 특징적 시기, 즉 1~3기 노사정위원회로 구분해 그 과정의 역동적 변화를 분석해 제도 영역과 행위 영역의 연계를 모색했다.

이 연구가 대상으로 선정한 노사정위원회는 상충하는 요구를 가진 이해 당사자 조직, 즉 노동자, 사용자, 그리고 정부가 공동의 설계자로 참여한다는 특징을 가지고 있다. 따라서 상충하는 요구를 가진 이해 당사자 조직이 공동의 설계자로 참여하는 정책문제 해결기구로서 노사정위원회가 정책문제 해결에 효율적인 설계가 아니라 비효율적 설계 결과가 나타난 것은 자명한 결과일 수 있다. 즉, 다수의 상충하는 이해 당사자 조직은 갈등을 빚을 것이고, 상호 조절의 타협을 거쳐서 나오는 제도적 규칙의 설계는 문제 해결에 도움이 되지 않는 비효율적인 것일 가능성이 높다고 볼 수 있다. 따라서 단일한 설계자 혹은 조화로운 요구를 가진 동질적인 설계자 집단을 상정하는 경우에는 얼마든지 결과가 다르게 나타날 수 있다는 주장이 가능할 수 있다. 그러나 과연 현실 세계에서 정책문제 해결기구의 설계자를 단일한 설계자 혹은 조화로운 요구를 가진 동질적인 설계자 집단을 상정하는 것이 얼마나 타당한 가정인가에 대해 고민해 볼 필요가 있다. 오히려 이 연구가 대상으로 선정한 노사정위원회와 같이 상충하는 요구를 가진 이해 당사자 조직이 공동의 설계자로 참여하는 정책문제 해결기구를 상정하는 것이 더 현실적인 것이 아닐까? '정책'이라는 개념이 함축하듯이 정책문제는 다수의 이해 당사자가 관련되고, 이들의 이익 구조 변화를 수반하기 마련이기 때문에 이들이 문제 해결 과정

(loosely-coupling or decoupling)를 유지하는 것이 필요하다(Meyer & Rowan, 1977).

에 참여하고자 하는 것은 당연하다. 특히 최근 자주 언급되고 있는 '거버넌스' 혹은 '정책공동체'의 논의는 상충하는 이해 당사자들의 정책 과정에의 참여를 허용하는 민주주의적 문제 해결 방식을 상정하는 것이라고 볼 수 있다. 또한 최근 '양극화 해소' 또는 '고령화 및 저출산 해소' 등 정책문제의 크기가 너무 크기 때문에 정부관료제 스스로 해결하지 못하고 관련 이해 당사자 조직과 함께 '사회적 합의' 시스템을 통한 문제 해결을 추구하는 경우가 많아지는 것 역시 민주주의적 문제 해결 방식을 상정하는 것이라고 볼 수 있다. 그렇다면 향후 정책문제의 해결 과정에는 다수의 관련 이해 당사자가 참여할 가능성이 높아질 것이고, 경우에 따라서는 새로운 정책문제 해결기구를 설계해야 하는 빈도가 많아질 것이다. 따라서 노사정위원회와 같이 상충하는 요구를 가진 이해 당사자들이 공동 설계자로 참여하는 정책문제 해결기구의 설계와 제도화 과정에 대한 논의는 향후 관련 연구에 중요한 함의를 가지는 것이라고 볼 수 있다.

이 연구는 어떤 사회적 현상에 대한 설명(explanation)보다는 그 현상에 대한 기술(description)과 해석(interpretation)을 시도했다는 점에서 연구로서 많은 한계를 안고 있다. 연구의 주요한 목적이 사회 현상에 대한 설명과 그것을 바탕으로 한 예측에 있지만 이 연구는 단일한 사례에 대한 현상 기술과 해석에 그치고 있다. 다만 향후 다른 정책문제 해결기구에 대한 추가적 연구를 통해 이 연구가 안고 있는 한계를 극복하고, 궁극적으로 다수의 상충하는 요구를 가진 이해 당사자가 참여하는 정책문제 해결기구를 어떻게 적절하게 설계할 것인가에 대한 대안을 모색하고자 하는 바람을 가지고 있다.

제 9 장

의회의원 후보 공천 방식, 의회 상임위원회 제도 그리고 사회보장법 구조: 한국과 독일 비교

이신용

제 1 절 서론

우리나라 사회보장법에서는 "…은 대통령령으로 정한다" 혹은 "…은 보건복지부령으로 정한다"라는 표현이 자주 나타난다. 이런 표현들은 해당 사항에 대한 통제 권한을 행정부에 위임한다는 입법부의 의지를 나타낸다. 이런 입법부의 위임 행태는 우리나라에서 사회보장법이 처음 제정될 때부터 이어져 오고 있다. 현재는 이런 입법 행태가 관행처럼 받아들여지고 있는 듯하다.[1] 그러나 모든 국가의 사회보장법에서 우리나라와 같이 과도하게 위임이 일어나는 것은 아니다. 우리나라의 사회보장법과는 다르게 독일의 사회법에서는 위임이 드물게 나타난다.[2] 대부분의 사항이 사회법에 의해 직접 규율되고 있다. 복잡하고 자주 변하는 사회 상황을 반영해야 하기 때문에 사회보장법에서 위임이 없을 수는 없다. 그러나 우리나라의 사회보장법에 나타나는 위임의 빈도는 지나칠 정도로 높다. 입법부에서 행정부로의 위임의 빈도가 높을수록 민주주의 원

1) 우리나라에서 이런 과도한 위임 현상은 사회보장법에만 나타나는 것은 아니다. 각종 입법 영역에서 행정부에 결정 권한이 위임된 상황을 흔히 볼 수 있다. 따라서 이 연구의 대상이 사회보장법에 제한되어 있을지라도 연구의 결과는 다른 입법 영역 혹은 국가정책 영역에도 적용이 가능할 것이다.

2) 우리나라와 독일의 사회보장법에 나타나는 위임 현상을 자세하게 다룬 저자의 기존 연구(이신용, 2010: 162-178)를 참조하기 바람.

리가 훼손된 사회보장법이 된다. 아울러 과도한 위임은 사회보장 제도의 발전에도 장애물이 된다.

우리나라의 사회보장법이나 독일의 사회법은 입법부에 의해 만들어지고, 개정된다. 그런데도 두 법에서 위임 빈도는 차이가 난다. 이런 차이는 법을 만들고 개정할 권한이 있는 입법부의 차이, 즉 의원들의 행태에서 차이가 나기 때문이다. 우리나라 의원들은 사회보장법을 구성하는 사항들, 예를 들면 적용 대상자, 보험료, 급여 수준 및 범위, 급여 수급 조건 등과 같은 중요한 사항들에 대한 통제 권한조차 행정부에 위임하고 있다. 반면에 독일 의원들은 사회법으로 이런 사항들을 직접 통제하고 있다. 따라서 사회보장법에 대한 두 국가의 의원들의 입법 행태에 대한 분석은 두 국가의 사회보장법에 나타나는 위임 빈도의 차이의 원인을 알 수 있는 출발점이다.

일반적으로 입법행위를 포함해 의원들의 정치적 행위에는 목표가 있다. 의원들의 정치 활동의 주요한 목표는 재선, 의회 내에서 정치적 영향력 확대, 좋은 공공정책의 수립 등이다(Fenno, 1973: 1). 이런 목표들 중에서 재선은 다른 목표들에 우선한다고 볼 수 있다(Cox & McCubbins, 2007: 100; 길정아, 2011: 304). 왜냐하면 다른 목표들을 달성하기 위해서는 정치적 활동이 지속적으로 보장될 때 가능하기 때문이다(Mayhew, 1974: 15). 따라서 재선은 의원들의 정치적 행위의 중요한 혹은 본질적인 동기가 된다. 그러므로 의원의 입법 행태도 재선 목표와 밀접한 연관성을 갖는다.

그런데 재선은 공천을 받아야 가능하기 때문에 공천 제도는 재선과 밀접한 연관성이 있다. 둘 사이의 이런 연관성은, 공천 제도가 의원의 입법 행태에도 영향을 미치게 한다. 하잔과 라하트(Hazan & Rahat, 2006: 374-376)는 당원이나 유권자에 의해 의원 후보가 결정되는 방식일수록 의원들은 언론, 사회적 이해집단, 유권자에 민감하게 반응하고, 의원 후보가 중앙당에 의해 결정되는 방식일수록 의원들은 당의 영향력 있는 정치가들에 민감하게 반응한다는 경험적 결과를 보여준다. 이런 결과는 제도가 개인의 행동에 영향을 미친다는 제도주의자의 주장을 뒷받침하는 것이기도 하다(Hall & Taylor, 1996: 939). 따라서 이 연구에서는 의회의원 후보를 공천하는 방식으로 하향식 방식을 사용하는 우리나라와 상향식 방식을 사용하는 독일의 차이가 사회보장법을 규율하는 두 국가 의원들의 행태의 차이와 어떤 연관성을 맺고 있는가를 분석할 것이다.

또한 두 국가의 사회보장법에 나타나는 위임 빈도의 차이의 원인을 밝히려면 공천 방식과 의회상임위원회 제도와의 관련성도 분석하는 것이 필요하다. 왜냐하면 의원의 원내 정치행위는 주로 상임위원회에서 이뤄지므로(Fenno, 1973: 1), 어떤 상임위원회 운영 방식은 공천 방식에 따라서 의원들에게 자신의 정치적 목표를 달성하는 데에 더 유리할 수도 있고 불리할 수도 있기 때문이다. 예를 들면, 상임위원회에서의 정치적 활동의 결과를 반영하는 공천 방식에서는 지속적으로 임기를 보장하는 상임위원회 운영 방식이 의원들에게 유리하다. 그런데 이런 상임위원회 운영 방식은 사회보장법에 나타나는 의원의 위임 행태에도 영향을 미친다. 왜냐하면 사회보장법을 제정하고, 개정하기 위한 준비 작업은 우리나라나 독일이나 모두 국회의 소관 상임위원회가 맡고 있기 때문이다. 따라서 두 나라의 상임위원회 운영 방식의 차이가 두 나라의 사회보장법에 나타나는 의원의 위임 행태의 차이와 관련성이 있는지도 분석할 것이다.

그러므로 이 연구의 목적은 우리나라와 독일의 의회의원 후보 공천 방식(이하: 공천 방식)과 의회 상임위원회 제도가 두 국가의 사회보장법에 나타나는 의원의 위임 행태의 차이와 어떤 관련성이 있는가를 분석하는 데에 있다.

제2절에서는 의회의원 후보 공천 방식, 의회 상임위원회 제도, 사회보장법 구조의 친화성에 대한 논리적 연관성을 제시했다. 제3절에서는 한국과 독일의 의회의원 후보 공천 방식, 의회 상임위원회 제도, 사회보장법을 분석해 제도 간의 친화성이 실제로 존재함을 제시했다. 제4절에서는 이 연구를 요약해 함의를 제시했다.

제 2 절 이론적 배경

1 상향식 및 하향식 의회의원 후보 공천 방식

공직 후보자를 선정하는 정당의 공천 방식은 국가마다 다르다. 따라서 국가 간의 비교 연구를 하기 위해서는 비교의 기준이 필요하다. 래니(Ranney, 1981: 82-89)는 중앙집권화, 포괄성, 당원의 참여 방식을 그 기준으로 제시한다. 중앙집권화는 공직 후보자의 결정 권한이 중앙에 있는지 아니면 지역구에 있는지와 관계한다. 포괄성은 공직 후보자를 결정하는 과정에 참여하는 참여자의 자격에 관한 것이다. 참여 자격이 당원에만 국한하는지 혹은 모든 유권자에 주어지는지와 관계한다. 당원의 참여 방식은 표결에 의한 직접 방식이거나 혹은 대의원을 통한 간접 방식일 수 있다. 이와 같은 래니의 분류 기준은 갤러거(Gallagher, 1988a: 4-8; 1988b: 236-247)도 채택한다. 노리스(Norris, 1996: 202-208)는 중앙집권화 이외에 관료화(bureaucratic)와 후원(patronage) 관계라는 용어를 도입해 분류 기준을 제시하지만 내용적인 면에서는 앞의 두 연구자와 유사한 내용을 담고 있다. 라하트와 하잔(Rahat & Hazan, 2001)의 분류 기준은 기존의 연구자들이 제시한 분류 기준들을 간결하게 종합하고 있다는 평가를 얻고 있다(전용주, 2005: 219). 따라서 이 기준은 국가 간의 비교분석을 가능하게 하는 장점이 있다(Rahat & Hazan, 2001: 298). 전용주(2005), 강원택(2004), 길정아(2009)와 같은 국내의 연구자들이 하잔과 라하트의 기준을 적용해 이미 한국의 공천 방식을 분류하는 연구를 수행하기도 했다. 이 연구에서도 이들의 기준을 수용해 한국과 독일의 공천 방식을 평가할 것이다.

첫 번째 기준은 한 정당의 공직 후보자가 될 수 있는 후보 자격(candidacy)에 관한 기준이다(Rahat & Hazan, 2001: 300). 후보 자격의 기준이 포괄(inclusive)적인가 아니면 배타(exclusive)적인가가 분류의 주요한 기준이다. 모든 유권자에게 후보 자격이 주어진다면 가장 포괄적인 기준이다. 반면에 엄격한 제한 기준에 의해 제한된 당원에게만 후보 자격이 주어진다면 가장 배타적인 기준이다. 예를 들면 일정 기간 당원으로서 활동 기간을 요구한다든가, 가족구성원들을 당 조직에 참여시켰는가 하는 기준들은 엄격한 제한 기준에 해당한다(Gallagher, 1988b: 247; Rahat & Hazan, 2001: 301).

두 번째 기준은 후보 선정 주체(selectorate)와 관련된 것이다. 이 주체는 정당의 유력한 지도자와 같은 개인일 수도 있고, 한 국가의 전체 유권자일 수도 있다(Gallagher, 1988b: 236-247; Norris, 1996: 204-206; Ranney, 1981: 85; Rahat & Hazan, 2001: 301). 가장 포괄적인 경우는 전체 유권자가 후보 선출의 권한을 갖는 경우다. 반면에 가장 배타적인 경우는 정당 지도자 한 사람이 일방적으로 후보를 결정하는 권한을 갖는 경우다. 양 극단의 사이에 완화된 다양한 후보 선정 주체들이 존재한다. 포괄성의 기준으로 볼 때 당원이 후보 선정 주체가 되는 경우는, 전체 유권자가 후보 선정 주체로 되는 경우보다 덜 포괄적인 경우다. 그 다음으로 좀 더 덜 포괄적인 경우는 선출된 정당조직이 후보 선정 주체가 되는 경우다. 배타성의 기준으로 볼 때는 선출되지 않은 정당조직이 후보 선정 주체가 되는 경우는, 정당 지도자가 후보 선정 주체인 경우보다 덜 배타적인 경우다.

세 번째 기준은 후보 선출 권한의 분권화(decentralization) 정도다(Gallagher, 1988b: 236-247; Norris, 1996: 203; Ranney, 1981: 82; Rahat & Hazan, 2001: 304). 후보 선정이 중앙당의 지도자나 조직에 의해 배타적으로 결정되는 경우는 중앙집권화된 경우다. 반면에 후보 선정이 지역적(territorial) 수준에서 혹은 여성, 노동조합, 소수자 같은 당 내의 소수집단에 의해 결정되는 경우는 분권화된 경우다. 지역적 수준은 중간 단위의 지방당(regional party)과 가장 낮은 단위이자 최소 단위인 지역당(local party)으로 구분된다(전용주, 2010: 42).

네 번째 기준은 표결(voting system)과 지명(appointment system)에 관한 기준이다(Rahat & Hazan, 2001: 306). 표결 제도는 각각의 후보가 당원이나 유권자의 표결에 의해 선출되고, 표결 결과가 공식적으로 공개되는 경우를 의미한다. 순수한 표결 제도에서는 모든 후보자가 표결 절차에 의해 결정된다. 반면에 지명 제도는 후보 선정 과정에서 후보를 결정하는 표결 없이 지명으로 후보가 결정되는 경우를 의미한다. 순수한 지명 제도에서는, 지명하는 주체는 당이나 타 조직의 승인 없이 후보를 지명할 수 있다. 이런 두 극단적인 제도 사이에 두 제도를 혼합한 형태가 존재한다. 예를 들면 후보들을 일괄적으로 묶어서 투표를 하는 경우다(Rahat & Hazan, 2001: 306). 아니면 후보를 선정하는 상이한 단계에서 표결과 지명이 각각 사용되는 경우가 있을 수 있다(Rahat & Hazan, 2001: 307).

라하트와 하잔(Rahat & Hazan, 2001)이 제시한 기준은 의회의원 후보 선정 과정의 민주주의적 정당성을 평가하는 기준이라는 공통점을 갖고 있다. 후보 자격 기준이 엄격하지 않은 경우에,[3] 후보 선정 주체가 유권자나 당원일 경우에, 후보 선정 과정에서 후보자가 투표에 의해 선출될 경우에, 지역 수준에서 후보가 선정될 경우에[4] 해당

3) 민주주의는 시민이 행사하는 선거권에 의해서만 실현되는 것은 아니다. 시민을 대표하는 이들에 의해서도 실현된다. 따라서 시민을 대표하는 이들에 대한 자격을 엄격하게 하는 것은 민주주의의 실현과 관련이 있다. 그러나 정당의 입장에서 보면 무턱대고 후보의 자격을 완화할 수도 없다. 후보의 자격을 완화하면 공천 방식의 민주주의적 정당성은 확보하겠지만, 해당 정당의 이념을 공유하지 않는 이질적인 후보들이 선정될 위험성도 있기 때문이다.

4) 지역 수준이라도 지역당 지도부가 일방적으로 후보를 선출하는 경우는 민주주의적 정당성이 없는 공천 방식이다. 따라서 이 연구에서는 별도의 언급이 없는 한 지역 수준에서 후보자가 결정된다는 것은 지역의 당원이나 유권자에 의해 후보가 선정된다는 의미다. 반면에 중앙당에서 후보자가 선출된다는 것은 중앙당에 의해 일방적으로 후보가 선출되는 것을 의미한다.

공천 방식은 민주주의적 정당성을 갖고 있다고 평가할 수 있다. 반면에 후보 자격 기준이 엄격한 경우에, 후보 선정 주체가 정당의 지도자인 경우에, 후보가 투표 없이 지명에 의해 결정되는 경우에, 중앙당에서 후보가 선정될 경우에 해당 공천 방식은 민주주의적 정당성이 결여된 방식이라고 평가할 수 있다.

이 연구에서는 민주주의적 정당성을 갖고 있는 방식을 상향식 공천 방식이라고 지칭할 것이다. 상향식 공천 방식은 후보의 자격 기준이 엄격하지 않고, 후보가 지역 수준에서 유권자나 당원의 투표에 의해 선출되는 방식을 의미한다. 후보 선출 과정이 중앙당에 의해 진행되더라도 유권자나 당원의 후보 선출 권한이 제도적으로 보장되는 경우에는 상향식 공천 방식으로 분류한다. 반면에 민주주의적 정당성을 결여한 방식은 하향식 공천 방식으로 사용될 것이다. 하향식 공천 방식은 후보의 자격 기준이 엄격하고, 후보가 중앙당에 의해, 투표 없이 지명에 의해 선출되는 방식을 의미한다. 단수 공천과 전략 공천 방식이 사용된다. 단수 공천은 중앙당의 공천 기구가 공천 신청자 중에서 한 사람을 공천하는 방식이다. 전략 공천은 당의 전략적 이해 관계가 걸려 있는 지역구에 공천 신청자가 있어도 그중에서 후보를 공천하지 않고 제3의 인물을 공천하는 방식이다. 후보 선출 과정이 지역 수준에서 진행되더라도 유권자나 당원의 후보 선출 권한이 제도적으로 보장되지 않는다면 하향식 공천 방식으로 분류한다.

2 의회 상임위원회 제도

의회위원회 제도는 오랜 역사를 갖고 있다. 고대 로마의 원로원뿐 아니라 영국과 프랑스혁명기의 의회는 이미 오늘날의 의회위원회 제도와 유사한 제도를 갖추고 있었다(Syrbe, 1993: 68). 독일에서도 독일제국 의회의원들은 일곱 개의 분과로 나뉘어 활동했다(Syrbe, 1993: 73). 이런 의회위원회 제도는 규모와 시간의 이유 때문에 오래전부터 필요했다(Sybre, 1993: 68). 모든 안건을 모든 의원이 모여서 다룰 수 없고, 또한 시간의 제약도 있기 때문에 의회는 효율성을 고려할 수밖에 없었다. 따라서 본회의의 논의를 효율적으로 하기 위해 의회의 하부조직으로 위원회가 필요했다(박찬표, 2004: 81).

그런데 의회위원회 제도는 효율성만을 위해 기능하지 않는다. 위원회는 전체 의회에 전문적인 정보를 제공하는 본회의의 대리인 역할을 하기도 한다. 전문적인 정보 제공을 위해 위원회에 권한과 자율성이 부여된다(박찬표, 2004: 81). 한편 의회의 다수당은 위원회를 당의 정책을 실현하는 하나의 수단으로 사용하기도 한다. 이런 의미에서 위원회의 권한과 자율성은 다수당의 정책을 실현하는 수단으로도 기능한다(박찬표, 2004: 81). 한편 현대 국가에서 역할이 점점 커지는 행정부를 견제하는 역할도 위원회에 부여되었다(Edinger, 1992: 187; Sybre, 1993: 73). 의원들의 개인적인 측면에서 보면, 위원회는 의원들이 대표하는 상이한 집단 이해의 상호 거래를 보장하는 안정적인 장치이기도 하다(박찬표, 2004: 77). 이런 다양한 기능을 의회위원회가 할 수 있는 이유는 위원회가 갖고 있는 전문성 때문이다. 위원회는 전문성을 기반으로 자신에게 주어진 역할을 수행하게 된다. 그런데 위원회의 전문성은 위원회를 규제하는 의회 규정에 영향을 받는다.

위원회를 규제하는 의회 규정들은 여러 가지다. 예를 들면 법안 발의권이나 수정권과 같은 입법과 관련된 위원회의 규정들이 있다. 그런데 이 연구의 목적이 사회보장법을 통제할 수 있는 의원의 전문성과 관련되어 있기 때문에 여기에서는 의원의 전문성에 영향을 미칠 수 있는 위원회의 규정들만을 다루기로 한다. 특히 일반적으로 위원의 임기가 장기간이며, 소관 영역이 구분되어 있는 상임위원회 체제가 의원의 전문성과 가장 밀접하게 연관되어 있으므로, 상임위원회 제도와 관련된 규정만 살펴보기로 한다.[5]

의원의 전문성의 발휘와 축적은 상임위원회가 담당 영역별로 구분되어 있느냐와 밀접하게 연관되어 있다. 상임위원회가 영역별로 전문화되어 나뉘어 있을 때, 의원은 전문성을 습득하려는 동기를 갖게 되기 때문이다(박찬표, 2004: 88). 또한 각 상임위원회의 담당 영역이 정부부처와 유사하게 구분되어 있을 때 의원의 전문성은 효과적으로 발휘될 수 있고 축적될 수 있다. 각 상임위원회의 담당 영역이 행정부처와 유사하게 구분되어 있을 때 의원들은 전문성을 살려서 행정부에 대한 감시 역할을 잘할 수 있기 때문이다(박찬표, 2004: 88). 이런 행정부에 대한 견제 행위를 통해 위원들은 자신의 전문성을 더욱 축적할 수 있게 된다.

---

5) 위원회는 존속 기간을 기준으로 임시위원회와 상설위원회로 구분된다. 상설위원회는 주로 법안을 심의하는 위원회, 입법 이외의 기능을 하는 기능별로 전문화된 위원회(예: 운영위원회 등), 정책 분야별로 전문화되어 법안 외에 모든 의안을 다루는 위원회로 구분할 수 있다(박찬표, 2004: 86). 상임위원회는 이런 상설위원회의 한 형태다.

상임위원회의 활동을 통한 의원의 전문성 발휘와 축적은 위원에게 허용된 상임위원회 참여 숫자와도 관련이 있다. 포르투갈, 프랑스, 이태리, 스위스, 노르웨이 등 몇 나라의 경우 의원은 오직 하나의 상임위원회에서만 활동하도록 제한하고 있다(박찬표, 2004: 88). 이런 제한 규정은 의원의 전문성을 강화하는 역할을 한다. 반면에 의원에게 하나 이상의 상임위원회에 참여할 수 있는 권리를 보장하는 규정은 전문성 향상에 부정적인 기능을 할 것이다. 대부분의 국가에서 복수의 상임위원회 활동은 금지되지 않는다(박찬표, 2004: 88). 하지만 의회 규정이 복수의 상임위원회에 참여를 허용하더라도 전문성의 축적이 의원 활동과 재선에 중요한 요인이 된다면 하나 이상의 위원회에서 활동하는 의원은 드물 것이다.

의원의 전문성의 발휘와 축적과 관련된 또 다른 규정은 의원의 위원회 임기 보장과 관련되어 있다. 한 상임위원회에서 활동할 수 있는 기간을 의원의 임기와 일치시키는 규정은 의원이 전문성을 가장 잘 발휘하고, 축적할 수 있는 구조를 만든다. 동일한 위원회에서의 활동 기간이 길수록 의원의 전문성이 축적될 수 있는 기반이 마련되기 때문이다. 반면에 한 상임위원회에서의 지속적인 활동을 제한하는 규정은 의원의 전문성의 발휘와 축적을 가로막는 구조를 만든다. 예를 들면 상임위원회의 의원 구성을 매년 바꾸도록 하는 의회 규정이 있다면, 상임위원회 위원들은 매년 새롭게 구성되어야 한다. 이런 잦은 상임위원회 의원의 교체는 의원에게 전문성을 쌓을 기회나 전문성을 발휘할 기회를 줄일 것이다.

3 사회보장법 구조의 의미

우리나라 헌법 제75조와 독일 기본법 제80조는 위임입법을 제한하는 규정을 제시하고 있다. 위임을 할 때, 우리나라 헌법 제75조는 법률에서 구체적으로 범위를 정해야 한다고 규정하고 있고, 독일 기본법 제80조는 법률에 위임의 범위, 내용, 목적이 미리 규정되어 있어야 한다고 밝히고 있다. 이 헌법 조항들에 근거해 모든 위임입법은 제한을 받는다. 그런데 모든 위임입법이 동일한 정도로 제한을 받는 것은 아니다. 그 정도는 국가마다 다르고, 한 국가 안에서도 시간의 흐름에 따라서 다르게 나타난다. 19세기 독일 입헌군주제의 헌법은 자유권과 재산권과 같은 영역에 군주나 행정부가 침해해야 할 경우에는 반드시 의회의 동의를 구하게 했다. 그런데 당시까지만 해도 의회의 동의가 중요했지 의회의 통제 정도는 중요하지 않았다. 그러나 제2차 세계대전이 끝난 후에는 독일에서 상황이 바뀌었다. 자유권과 재산권과 관련된 영역에서 위임이 필요한 경우에는 의회는 단순히 동의만 하면 안 되고, 법률로 위임의 내용, 범위, 목적을 명확히 규율한 후에야 위임이 가능하게 되었다. 그런데 이때까지만 해도 사회권과 관련된 영역에서는 위임입법이 까다롭게 제한되지는 않았다. 왜냐하면 자유권이나 재산권과 같은 고전적 기본권과 20세기의 새로운 기본권으로 인식되는 사회권은 다른 성격의 기본권으로 인식되었기 때문이다. 그래서 사회권을 실현하는 사회보장법에서는 완화된 위임 조건이 허용되었다. 그러나 독일에서는 1970년대 이후 점차 이런 인식의 차이가 사라져 가고 있다. 사회권과 관련된 영역에서도 자유권과 같이 엄격하게 위임 요건이 지켜져야 한다고 본다. 그 근거는 국가 권력 구조의 변화와 사회보장급여가 시민의 자유에 미치는 영향의 변화 때문이다. 예치(Jesch, 1968)는, 입헌군주제에서는 군주가 국가 권력의 주인이었기 때문에 헌법에서 규율하지 않았던 사회 보장과 같은 급부행정 영역은 행정부의 재량권에 놓여 있었지만, 민주주의 체제에서는 시민이 국가 권력의 주인이므로 행정부가 임의로 사회 보장 영역을 통제하면 안 된다고 주장한다. 그래서 그는 시민을 대표하는 의회가 사회보장법과 관련된 위임입법을 통제해야 한다고 본다. 아울러 러프(Rupp, 1959)는 오늘날 복지국가의 발전으로 시민은 국가가 제공하는 사회보장급여에 종속되었다고 보고, 이런 종속은 시민의 자유를 국가에 종속시키는 것이기 때문에 의회가 법률로 사회보장급여에 대한 통제를 함으로써 시민을 국가로부터 보호해야 한다고 주장한다. 이런 주장들에 근거해 독일연방헌법재판소는 1970년대 이후 사회권 영역에서도 위임입법의 엄격한 제한을 요구하고 있다. 아울러 독일 의회도 사회법전 1권 제31조에 사회 보장과 관련된 사항들에 대한 자신의 규율 책무를 밝히고 있다.

독일과 다르게 우리나라에서는 아직도 사회권과 관련된 사항들은 사실 관계가 수시로 변하고, 전문성이 요구된다는 이유 등을 들어서 사회권 영역의 위임입법의 제한은 자유권의 영역과는 다르게 완화될 수 있다고 보고 있다(김동희, 2007: 252; 박윤흔, 1998: 218; 정극원, 2009: 465; 홍준형, 1996: 36; 헌법재판소, 1997). 아직 우리나라에서 사회보장 제도가 충분히 발전하지 않았기 때문에 이런 경향이 나타나는 것일 수도 있다. 아울러 아직 민주주의 역사가 짧은 우리나라의 상황도 반영되어 있는 듯하다. 우리나라 헌법에서도 사회권을 시민의 기본권으로 천명하고 있지만 시민이나 국회가 여전히 사회 보장은 행정부가 해야 할 일로 보고 있기 때문이다. 이런 현실을 반영해 우리나라 사회보장법에는 많은 위임이 나타나고 있다.

이 연구에서 사회보장법 구조의 의미는 사회보장법에 나타나는 위임의 정도와 관련이 있다. 두 극단적인 구조는 위임이 전혀 없는 사회보장법 구조와 모든 사항에 대해 위임하는 사회보장법 구조다. 위임이 전혀 없는 구조는 사회보장법으로 모든 사항에 대해 직접 규율하기 때문에 행정부는 법률이 정해 놓은 사항을 집행만 하는 경우다. 이런 구조에서는 법률로 모든 사항을 규율하기 때문에 행정부에 자율성은 주어지지 않는다. 반면에 모든 사항에 대해 위임하는 구조는 사회보장법이 추상적인 수준에서 해당 사항을 규율하고 실제적인 규율은 권한을 위임받은 행정부에 의해 통제되는 경우다. 이런 구조에서는 행정부가 해당 사회보장 제도의 주요한 내용을 통제하는 실제적인 주체가 된다. 그러나 현실에서는 이런 극단적인 형태는 찾아보기 어렵다. 다만 국가마다 위임의 정도가 다르게 나타날 수 있다.

사회보장법에 나타나는 위임의 정도에 따라서 장점과 단점이 존재한다. 위임이 적을수록 정책 결정 과정이 투명해 공론화의 가능성이 높고, 사회적 합의가 형성될 가능성이 높다. 따라서 이런 구조는 민주주의를 구현하고 있는 구조다. 그러나 의회가 주요한 사항들을 직접 통제해야 하기 때문에 위임이 적을수록 의회의 업무 부담은 커지는 구조다. 위임이 많은 사회보장법 구조는 이런 의회의 부담을 행정부에 전가하기 때문에 상대적으로 의회는 자유롭다. 그리고 해당 사항은 권한을 위임받은 행정부에 의해 신속하게 처리될 수 있다. 반면에 결정 과정의 투명성이 의회에서 처리될 때보다 떨어지기 때문에 공론화와 사회적 합의가 어렵게 된다. 따라서 위임이 많은 사회보장법 구조는 민주주의 원리를 훼손하는 구조다.

4 의회의원 후보 공천 방식, 의회 상임위원회, 사회보장법 구조의 친화성

위임의 정도에 따른 사회보장법의 구조는 의회의원 후보 공천 방식과 상임위원회 제도와 친화성을 보인다. 위임이 적은 사회보장법 구조는 상향식 공천 방식과 지속적으로 임기를 보장하는 상임위원회 제도[6]와 친화적이다. 사회보장법에서 위임이 적다는 것은 의원이 직접 규율해야 하는 사항들이 많다는 의미다. 의원이 직접 규율해야 할 사항들이 많다는 것은, 의원들이 해당 사항을 법률로 직접 규율하는 행위를 통해 자신의 정치적 업적을 쌓을 기회를 더 많이 얻을 수 있게 된다는 의미이기도 하다. 이렇게 쌓은 정치적 업적은 상향식 공천 방식에서 당원이나 유권자에 의해 재공천을 받을 수 있는 중요한 기반을 형성할 것이다. 따라서 상향식 공천 방식이 사용되는 국가에서 의원들은 재공천의 동기 때문에 사회보장법을 직접 통제하는 행위를 할 가능성이 높다. 따라서 이런 제도적 환경으로 인해 위임이 적은 사회보장법 구조가 나타날 가능성이 크다. 그리고 의원의 임기를 지속적으로 보장하는 상임위원회 제도는 의원의 전문성을 향상시키기 때문에 위임이 적은 사회보장법 구조와 친화성을 갖는다.

한편, 상향식 공천 방식은 임기를 지속적으로 보장하는 상임위원회 제도와 친화성을 갖는다. 왜냐하면 재공천에 필요한 정치적 업적을 쌓으려면 임기가 지속적으로 보장되는 상임위원회 운영 방식이 의원들에게 유리하기 때문이다. 그러므로 임기를 지속적으로 보장하는 상임위원회 제도와 상향식 공천 방식이 동시에 나타나는 국가에서는 위임이 적은 구조의 사회보장법의 출현 가능성을 더 높인다. 상향식 공천 방식에서는 재공천을 위해 의원은 가능한 많은 정치적 업적이 필요한데, 상임위원회 제도가 임기를 지속적으로 보장한다면 사회보장법의 중요한 사항들을 직접 규율해 자신의 정치적 업적을 더 많이, 그리고 잘 쌓을 수 있는 기회가 보장되기 때문이다.

또한 상향식 공천 방식에서 다른 상임위원회로 소속을 바꾸는 것은 자신의 정치적 업적을 쌓을 기회를 상실한다는 의미다. 상임위원회에서 획득할 수 있는 정치적 업적은 지속적인 상임위원회 활동을 통해 쌓인 전문성이 바탕이 될 때 가능하기 때문이다. 따라서 상임위원회를 바꿔야 할 특별한 이유가 없다면 상향식 공천 방식과 임기를 보장하는 상임위원회 제도에서는 한 상임위원회에서 지속적으로 활동하는 것이 의원 자신에게 유리할 것이다. 그리고 지속적인 활동으로 획득한 전문성은 의원들에게 사회보장법을 더욱 구체적으로 직접 통제할 능력을 부여할 것이다.

---

6) 앞 단락에서 위원회의 전문성과 관련해 상임위원회의 담당 영역이 행정부처의 영역과 유사하게 구분되어 있는가와 복수의 상임위원회에 활동을 허용하는가를 다뤘다. 그런데 현실에서는 우리나라를 포함해 대부분의 국가에서 상임위원회의 담당 영역은 행정부처와 유사하게 구분되어 있다. 아울러 복수의 상임위원회 활동을 허용하고 있기도 하지만 한 개 이상 상임위원회에서 활동하는 의원은 거의 없다(박찬표, 2004: 89). 다만 의원의 위원회 임기는 이 논문의 연구 대상인 우리나라에서 다른 나라들과는 다르게 보장되고 있지 않다. 그래서 위원회의 전문성과 관련해서는 임기 규정만 다룬다.

반면에 위임을 많이 하는 사회보장법 구조는 하향식 공천 방식과 지속적인 임기를 보장하지 않는 상임위원회 제도와 친화성을 보인다. 사회보장법에서 위임이 많다는 것은 결정 권한을 대부분 행정부로 위임하기 때문에 의원이 직접 규율해야 하는 사항들이 적다는 의미다. 위임이 많은 사회보장법은 의원들이 해당 사항을 법률로 직접 규율하는 행위를 통해 자신의 정치적 업적을 쌓을 필요가 없다는 의미이기도 하다. 왜냐하면 상임위원회 활동을 통한 정치적 업적 혹은 정책 전문성은 하향식 공천 방식에서 재공천을 위한 주요한 기반을 제공하지 않기 때문이다. 하향식 공천 방식에서 공천은 중앙당의 유력한 지도자나 파벌에 의해 이뤄지는데, 이들의 공천 기준은 의원의 정책 전문성보다는 충성을 보이는 태도이기 때문이다. 따라서 하향식 공천 방식이 사용되는 국가에서 의원들은 중앙당의 이러한 공천 기준 때문에 사회보장법을 직접 통제하기보다는 행정부에 규율 권한을 위임하는 행위를 할 가능성이 높다. 이와 같은 제도적 환경 때문에 위임이 많은 사회보장법 구조가 나타날 가능성이 크다. 그리고 지속적인 임기를 보장하지 않는 상임위원회 제도는 의원의 전문성을 향상시키지 못하기 때문에 위임이 많은 사회보장법 구조와 친화성을 갖는다. 의원들은 전문성이 떨어질수록 행정부의 전문성에 의지하려고 하기 때문이다.

하향식 공천 방식은 지속적인 임기를 보장하지 않는 상임위원회 제도와 친화성을 갖는다. 공천을 주도하는 중앙당의 지도자나 파벌의 입장에서는, 전문화된 의원이 많을 때보다 전문성이 떨어지는 의원이 많을 때 공천권을 행사하기가 쉽기 때문이다. 지속적인 임기를 보장하는 상임위원회 제도를 통해 특정 의원이 특정 분야의 전문가로 보편적으로 인식되면, 그의 충성 성향과 상관없이 그를 재공천해야만 하는 상황이 발생할 수 있기 때문이다. 이런 전문성을 갖춘 의원이 많을수록 공천권 행사자의 공천권 행사의 폭은 줄어든다. 그러므로 하향식 공천 방식과 지속적인 임기를 보장하지 않는 상임위원회 제도가 동시에 나타나는 국가에서는 위임을 과도하게 하는 구조의 사회보장법이 나타날 가능성이 매우 크다.

한편, 하향식 공천 방식과 지속적인 임기를 보장하지 않는 상임위원회 제도에서 의원들은 굳이 한 상임위원회를 고수해야 할 동기도 없다. 오히려 자신의 정치적 영향력의 확대나 인맥의 확대를 위해 여러 차례 상임위원회를 바꾸는 것이 자신에게 더 좋을 수 있기 때문이다. 어차피 하향식 공천 방식에서 정책 전문성은 재공천의 중요한 기준이 아니기 때문에 소속 상임위원회를 여러 번 바꾸면서 발생하는 전문성의 상실은 재공천을 위한 결격 사항이 아니다. 이렇게 되면 의원들의 전문성이 떨어져서 사회보장법에서 위임 현상이 많이 나타날 확률이 높아진다.

[그림 9-1]은 공천 방식, 상임위원회 제도, 사회보장법 구조와의 관계를 간략하게 보여준다. 상향식 공천 방식, 임기를 제한하지 않는 상임위원회 제도, 위임을 적게 하는 구조의 사회보장법일수록 서로 친화성을 보일 것이다. 반면에 하향식 공천 방식, 임기를 제한하는 상임위원회 제도, 위임을 많이 하는 구조의 사회보장법일수록 서로 친화성을 보일 것이다. 다음 절에서는 한국과 독일 사례의 분석을 통해 이런 제도들 사이의 친화성이 실제로 존재하는가를 알아볼 것이다.

그림 9-1 사회보장법 구조, 의원 후보 공천 방식, 의회 상임위원회 제도의 친화성

하향식	공천 방식	상향식
임기 제한	상임위원회	임기 제한 없음
←……	……	……→
위임 많음	사회보장법	위임 적음

제 3 절 한국과 독일의 의회의원 후보 공천 방식, 의회 상임위원회 제도, 사회보장법 구조

1 독일의 의회의원 후보 공천 방식, 의회 상임위원회 제도, 사회법 구조

1) 독일의 상향식 공천 방식

독일에서 연방의회나 지방의회 의원 후보의 공천은 1949년에 처음으로 법으로 규정되었다. 법 제정의 목적은 후보 공천의 민주적 정당성을 확보하려는 데 있었다(Mager, 1995: 10). 연방의회 의원 후보의 선출과 관련된 사항들은 연방선거법(Bundeswahlgesetz)과 정당법(Parteiengesetz)에서 다루고 있다. 연방선거법 제21조에 따르면 연방의원을 위한 지역구 후보자는 해당 지역구 당원이나 대의원대회에서 선출되어야 한다. 또한 이 선출은 비밀투표로 이뤄져야 한다. 정당법 제17조도 동일한 내용을 규율하고 있다. 아울러 후보자는 당 대회에서 자신의 공약을 발표할 시간을 보장받는다. 한편, 연방선거법 제27조에 규정된 비례대표제 후보자 선출도 지역구 후보자 선출과 동일하게 당원이나 대의원의 비밀투표를 거쳐서 결정되어야 한다.7)

연방선거법 제21조와 제27조에서 명확하게 규정하고 있는 이런 상향식 공천 방식은 후보자 선출의 과제는 해당 지역 구당원이나 그들을 대표하는 대표자의 영향력 아래에 있어야 할 사항이라는 것을 천명하는 것이다(정병기, 2003: 122; Lenski, 2011: 443; BVerfG, 1994: 923). 지역구 당원이나 대의원이 후보자 선출의 본질적인 주체라는 것을 법으로 명확하게 규정한 것이다. 따라서 이런 상향식 선출 방식은 민주적인 정당성을 담보하고 있다.

그렇지만 연방선거법 제21조와 정당법 제17조는 비밀투표와 민주적인 공천 절차를 요구하는 기본적인 지침만을 제시하고 있을 뿐이고, 후보자나 대의원의 선출에 관한 자세한 사항은 정당의 정관으로 정하도록 위임하고 있다. 따라서 후보자 공천에서 연방선거법과 정당법은 후보자 선출의 민주적인 정당성을 보장하기 위한 큰 틀만을 제시하고 있고, 정당의 정관이 법이 제시하는 틀 안에서 후보자 선출의 실질적인 역할을 한다(von Armin, 2004: 115-116; BVerfG, 1994: 923). 그러나 후보자 선출과 관련된 정당의 정관은 연방선거법이나 정당법 같은 상위법의 통제를 받기 때문에 각 정당의 정관이 정하는 후보자 선출 절차는 자의적으로 민주적인 정당성을 훼손할 수 없다.

법으로부터 위임을 받은 정당의 정관이 후보자 공천 절차에 대해 자세하게 규정하고 있기 때문에 독일의 공천 방식을 알기 위해서는 정당의 정관을 필수적으로 살펴보아야 한다. 그래서 후보자 선출과 관련된 기독교민주당과 사회민주당의 정관을 분석했다. 두 정당만을 선택한 이유가 있다. 첫째, 두 정당은 독일 유권자의 70% 이상의 지지를 받고 있는 대표적인 정당이기 때문이다. 둘째, 두 대표적인 정당에 비해 규모가 작은 기독교사회당, 녹색당, 공산당 등의 후보 선출 절차도 연방선거법과 정당법의 통제를 받고 있기 때문에 큰 틀에서는 대동소이하기 때문이다.

기독교민주당(Christlich Demokratische Union: 이하 CDU)의 Statut der CDU

7) 엄밀하게 평가하면 독일연방 의회의원 선출 방식은 지역구와 비례대표제로 나뉘지 않고, 인물화한 비례선거제(personalisiertes Verhältniswahlsystem)인 하나의 제도다. 지역구에서 선출되는 의원이 있기는 하지만, 기본적으로는 정당 득표율에 따라서 총의원 수가 결정되는 하나의 방식을 사용하고 있다(김욱, 2006: 56; 장명학, 2008: 57; 정병기, 2003: 115 이하). 독일 제도의 이해를 쉽게 하기 위해 이 연구에서는 지역구와 비례대표제로 나눠 기술했다.

Deutschlands(이하: CDU 조직 규정)의 제6조는 당원은 법과 당의 정관에 따라서 당원 모임(Veranstaltungen), 선거(Wahlen), 표결(Abstimungen)에 참여할 수 있다고 규정한다. 따라서 이 규정에 근거해 당원은 연방의회나 주의회의 의원 후보를 선출하는 당대회와 표결에 참여할 권리를 갖는다. 당원의 이러한 권리가 실현되는 곳은 당원이 속한 지역조직체(Kreisverband)다. CDU 조직 규정 제18조 제7항 제2호에 따르면 지역구는 지역이 속한 주의 당 정관(Landessatzung)에 따라서 지방의회, 주의회, 연방의회의 후보자를 선출하는 절차를 당원 모임에서 결정해야 한다. 결정에 참여하는 형태는 지역구에 따라서 모든 당원이 참여하는 방식이거나, 대의원이 참여하는 방식으로 나뉜다. 2003년 CDU 전체 당대회 이후 모든 당원이 참여해 결정하는 방식이 확대되고 있다. 이런 현상은 후보자 선출에서 일반 당원의 영향력의 증가를 의미한다. 아울러 후보자의 입장에서는 당원과의 일상적인 관계의 유지와 강화가 필요함을 의미한다.

CDU 조직 규정 제20조 제2항에서는 제18조 제7항 제2호에 근거한 후보자 선출 절차에 포함되어야 할 최소한의 사항을 기술하고 있다. 이 사항들은 후보자 선출 방식의 확정, 표결 방식의 확정, 대의원대회에 참가할 대의원 선출, 당원대회나 대의원대회의 소집 등을 포함한다. 그런데 이런 사항들은 정관 제18조 제7항에서 규정하고 있는 것처럼 주 정관에 의해 구체적으로 결정되어야 한다. 따라서 주 정관이 후보자를 선출하는 절차에 실질적인 영향력을 미친다. 주 정관이 지시하는 규정에 따라서 당원이나 대의원대회를 통해 지역구와 비례대표 후보자가 비밀선거로 결정된다. 이와 같이 주 정관이 후보자 선출의 실질적인 영향력을 미치기 때문에, 후보자를 선출하는 과정에 중앙당이 개입해 영향력을 행사할 수 없다(김성수, 2011: 163; Roberts, 1988: 103).

CDU 조직 규정은 후보자를 누가 추천하는지에 대해 명시적으로 밝히고 있지 않다. 그래서 지역구와 비례대표제 후보자를 추천하는 주체는 주 정관에 따라서 각 주마다 다른데, 지역구 위원장이나 모든 당원 혹은 지역대의원대회에 추천 권한이 주어져 있다. 그러나 추천 주체와 상관없이, 후보자는 당원대회나 대의원대회를 통해 비밀투표로 최종적으로 결정되어야 한다. CDU의 동맹당인 CSU의 경우도 마찬가지다. 따라서 지역구 위원장이 추천하는 경우라도 과반수의 당원이나 대의원이 반대하는 경우에는 위원장이 추천한 사람일지라도 후보자가 될 수 없다.

의원 후보자를 선출하는 사회민주당(Sozialdemokratische Partei Deutschlands: 이하 SPD)의 방식도 해당 지역구가 후보자를 선출하는 데 본질적인 역할을 하도록 권한을 보장하고 있는 CDU의 방식과 큰 틀에서 다르지 않다. SPD도 당의 정관(Organisationsstatut der SPD Deutschlands)으로 후보자 선출에 관한 사항을 규정하고 있다. 이 정관은 서문을 제외하면 세 부분으로 나뉘어 있는데, 후보자 선출과 관련된 사항들은 서문과 선거 규정(Wahlordnung) 부분에 기술되어 있다.

당 정관 서문 제12조 제3항은, 주와 연방의회의 의원을 위한 지역구 후보자 추천은 지역대표 혹은 지역구 위원장의 협조 아래 해당 지역의 조직들에 의해 수행되어야 한다고 규정하고 있다. 아울러 주와 연방의회의 의원을 위한 비례대표제 후보자는 주 당위원장의 협조 아래 해당 주의 지역조직 혹은 주 조직에 의해 추천되어야 한다. 이 규정들에서 볼 수 있는 바와 같이 SPD에서도 후보자를 결정하는 본질적인 권한은 해당 지역구나 주에 속해 있다. 따라서 후보자 결정에 해당 지역구 당원이 영향력을 행사할 수 있는 제도적 장치가 마련되어 있다.

다만 규정들이 지역구 위원장이나 주 당위원장의 협조를 전제하고 있기 때문에 이들의 영향력을 우려할 수 있다. 그러나 후보자가 자유롭고 공정한 절차를 통해 추천된다면 위원장들의 협조가 문제되는 것은 아니다(Werner, 2010: 117). 후보자 결정은 비밀투표를 통해 최종적으로 하지만, 연방선거법과 정당법 규정들은 후보자 선출 과정도 민주적인 절차에 따라서 이뤄져야 한다는 것을 의미하기 때문에 위원장은 자의적으로 선출 과정에 관여할 수 없다(BVerfG, 1994: 923). 한편, 서문 제12조 제4항, 제6항 및 선거 규정 제3조에서는 추천된 후보자에 대한 결정은 당원대회를 통해 비밀투표로 결정한다고 규정하고 있다. 후보자 결정은 해당 주의 대의원대회나 당원대회를 통해 이뤄지는데, 어떤 방식을 선택할 것인지는 해당 주의 권한이다. 후보자의 추천과 선출 결정에서 지역구와 당원의 권한을 인정하는 이와 같은 규정들은 CDU의 규정과 유사하며, 연방선거법을 준수하고 있다.

2) 의회 상임위원회 제도

오늘날 독일의 상임위원회 제도는 제2차 세계대전 후에 만들어진 것이다. 독일 연방의회 상임위원회 제도를 다루는 법은 연방의회 규정(Geschäftsordnung des Bundestages)이다. 제54조에 따르면 연방의회는 상임위원회와 특별위원회를 설치할 수 있다.[8] 또한

8) 청원위원회, 선거조사위원회 등과 같이 기본법과 다른 연방법들에 근거해서도 위원회가 설치될 수 있다.

연방의회 규정 제57조에 따르면 연방의회는 전체 상임위원회의 숫자와 각 위원회의 의원 수를 결정할 수 있다. 현재 17대 연방의회에는 5개의 원내교섭단체와 22개 상임위원회가 있다. 상임위원회의 규모는 일정하지 않다. 가장 작은 상임위원회는 13명으로, 가장 큰 상임위원회는 41명으로 구성되어 있다. 강제는 아니지만 연방의원은 한 위원회에 회원이 되어야 한다. 두 개 이상의 위원회에 가입해서는 안 된다는 규정은 없지만 일반적으로 한 위원회에만 가입한다. 다만 다른 위원회에 대리자로 등록되는 경우가 일반적이다.

연방의회 규정은 원내교섭단체가 해당 정당의 위원들이 활동할 위원회를 지명하도록 되어 있다. 원내총무가 실질적인 역할을 한다. 그러나 그가 독단적인 결정을 내릴 수 있는 것은 아니다. 먼저 그는 의원들의 선호도를 조사한다. 그리고 SPD와 같은 경우에 최종 결정은 원내의원들의 모인인 원내교섭단체모임에서 이뤄지고, CDU와 CSU의 연합모임에서는 당의 지도자 모임에서 토론을 통해 최종 결정이 내려진다(Ismayr, 2000: 174). 따라서 상임위원의 배정은 민주적인 절차를 거쳐야 한다. 위원을 배치하는 기준은 다양한데, 해당 의원의 전문성과 개인적 성향, 이익집단에 대한 고려 등이 고려된다(Edinger, 1992: 210; Ismayr, 2000: 173). 무소속 위원은 연방의회 의장이 지명한다.

연방의회 규정에는 한 의원이 얼마 동안 소속위원회에 속해야 하는지에 대해 분명하게 밝히고 있지 않다. 다만 제57조 제3항은, 연방의회 의장이 의원이 소속위원회를 바꾸는 경우에 이 사실을 알리도록 규정하고 있다. 따라서 한 의원은 자신의 의원 임기 동안 한 위원회에 계속해서 남아 있을 수 있으며, 경우에 따라서는 변경도 가능하다. 변경 사유로는 사망, 행정부로 옮겨감, 소속 정당의 변경 지시 등이 있을 수 있다. 그러나 의원들은 일반적으로 해당 위원회 활동의 연속성 때문에 위원회 변경을 원하지 않는다(Frost, 1970: 58). 위원회 활동의 연속성은 전문성과 관련이 있다. 일반적으로 위원회를 자주 바꿀수록 전문성이 떨어진다. 이것은 해당 의원의 정치적 역량이 약화됨을 의미한다. 정치 역량의 약화는 정치 활동의 성과물의 축소로 이어진다. 상향식 공천 방식에서는 정치 활동의 성과물이 많아야 지역구 당원이나 지도부에 의해 다시 공천을 받을 가능성이 커진다. 이런 제도적 환경 때문에 소속 상임위원회를 자주 바꾸는 것은 재공천을 위해 바람직한 전략이 될 수 없다.

연방의회 규정 제62조에 따르면 위원회는 본회의에서의 결정을 사전에 준비하는 조직이다. 위원회는 맡겨진 과제에 대해 특정한 결정을 본회의에 제안할 의무가 있다. 이런 준비 조직으로서의 역할 이외에도 상임위원회는 연방의회에서 해당 원내교섭단체의 정책이 완성되고 실현될 수 있도록 중요한 역할을 한다(Edinger, 1992: 210). 상임위원들은 자신에게 맡겨진 원내교섭단체의 정책 과제의 실현을 위해 상임위원회에서 적극적으로 활동해야 한다. 이런 정치적 활동의 성과는 독일과 같은 상향식 공천 방식에서 매우 중요한 의미를 갖는다. 각 위원의 개인적인 측면에서 보면, 성공적인 상임위원회 활동은 다음 선거에서 다시 공천될 수 있는 밑거름이 되기 때문이다(Ismayr, 2000: 176). 물론 소속 원내교섭단체의 정책 과제에 자신의 지역구의 숙원사업을 포함시킬 수 있는 능력의 여부도 재공천의 중요한 조건이다.

3) 독일의 상향식 공천 방식, 상임위원회 제도, 사회법 구조의 친화성

연방선거법이나 정당법 및 각 당의 정관을 보면 독일의 상향식 공천 방식은 당원의 권리를 보장하기 때문에 민주적인 정당성을 확보하고 있는 것처럼 보인다. 그런데 후보자를 선출할 수 있는 당원의 권리는, 당원이 후보자를 결정하는 당원대회나 대의원대회에 많이 참여할 때 실질적으로 구현될 수 있다. 그러나 실제로는 5% 미만의 유권자만이 후보자 선출 과정에 참여하는 것으로 나타났다(Kremer, 1992: 2; BVerfG, 1994: 925, von Armin, 2004: 115). 이런 저조한 참여율은 상향식 공천 방식도 민주적 정당성을 의심하게 한다(정병기, 2003: 122).

이런 현실에서는 지역구의 위원장과 해당 지역구의 힘이 있는 집단이 공천에 영향력을 행사할 수 있다(Roberts, 1988: 105). 하지만 특정 파벌에 의한 공천 또는 지역구 위원장의 독단적인 공천이 관철되는 것은 아니다(김성수, 2010: 15; BVerfG, 1994: 926; Kremen, 1992: 4). 현실적으로 많은 당원이 후보자 추천에 참여하지 않을지라도 제도적으로 당원도 후보자를 추천할 권리가 보장되어 있기 때문에 당원은 언제나 위원장이나 특정 파벌을 견제할 수 있는 기회가 있다. 아울러 위원장이 후보자를 추천한다고 할지라도 당원대회나 대의원대회를 통해 비밀투표로 후보자가 최종적으로 결정되어야 하기 때문에 위원장이 독단적으로 공천권을 행사할 수 없다(Roberts, 1988: 102). 따라서 당원의 권리가 보장된 이런 구조에서는 위원장이 가급적 많은 당원의 지지를 얻을 수 있는 합리적인 후보자를 추천해야 한다(Kremer, 1992: 5). 합리적인 후보자라는 것은 당원이나 유권자의 이해를 연방의회에서 잘 대변할 수 있는 예비 후보자를 의미한다. 이런 후보자가 추천될 때, 많은 당원이 동의할 가능성이 커진다. 따라서 당원의 영향력 행사가 보장된 이런 추천 방식에서는 해당 지역구 위원장의 영향력은 상대화된다.

또한 이런 상향식 후보 추천 방식에서는, 후보자로 추천받고자 하는 자는 해당 지역구의 당원이나 유권자에게 잘 알려져 있는 인물이어야 추천될 가능성이 높다(김성수, 2010: 15; Roberts, 1988: 104). 그는 평상시 지역구 당원이나 유권자의 이해를 위해 활동하던 사람이어야 한다. 그래서 독일에서는 후보자 추천은 선거가 임박한 시점에 일어나는 것이 아니라, 이미 일상 속에서 진행 중이다(Kremer, 1992: 5). 따라서 후보자로 추천받고자 하는 자는 일상 속에서 당원이나 지역 유권자와 밀착되어 있어야 한다. 이 예비 후보자는 이들의 이해와 관심사를 알아야 하고, 자신이 그것을 실현할 수 있는 사람이라는 것을 일상에서 보여주어야 한다. 그의 정치적 프로그램, 즉 정책으로 당원의 지지를 얻어내야 한다(BVerfG, 1994: 925). 그렇게 해야 이 사람이 후보자로 추천될 때 당원의 동의가 있을 수 있다. 이런 방식에서는 중앙당의 낙하산 후보나 다른 지역 출신자가 후보로 선정되기 어렵다.

독일에서는 현직 의원의 재공천율이 75% 정도로 상당히 높다(Kremer, 1992: 34). 그러나 이런 사실이 현직 의원이 자동적으로 재공천 된다는 것을 의미하지는 않는다. 앞서 살펴보았듯이 공천에 대한 당원의 영향력이 크기 때문에 연방의원일지라도 해당 지역구 당원이 동의하지 않으면 재공천될 수 없다. 그러므로 재공천을 받으려는 연방의원은 지역구 당원의 동의를 얻을 수 있는 정치 활동의 성과를 계속 보여주어야 한다(Kremer, 1992: 46; Roberts, 1988: 103). 대표적인 정치 활동의 성과는 지역구의 민원을 해결하는 것이다(Roberts, 1988: 104). 이런 정치적 성과물이 많아지고 공개화될수록 해당 의원의 재공천 가능성은 커진다(Ismayr, 2000: 173).

이런 독일의 상향식 공천 방식은 연방의원이 상임위원회 활동을 열심히 하도록 동기를 제공한다. 상향식 공천 방식에서는 해당 지역구 당원과 유권자의 지지가 재공천을 위해 필수적이기 때문이다. 재공천을 원하는 의원은 그들의 지지를 얻어낼 수 있는 정치적 성과물이 필요한데, 상임위원회는 이런 정치적 성과를 낼 수 있는 가장 좋은 활동 장소 중의 하나다(Fenno, 1973: 1). 이곳에서 다루는 사회법은 시민의 삶에 중요한 영향을 미치는 영역 중의 하나다. 따라서 사회법은 의원들의 정치적 성과물을 낼 수 있는 좋은 영역이다. 이런 동기로 상임위원회 활동을 통해 의원들은 사회정책의 법적 기반인 사회법을 구체적으로 통제하려는 경향을 보인다. 사회보장 제도의 중요한 사항들을 대부분 법률로 직접 통제하는 독일의 사회법은 이런 경향을 반영한다. 예를 들면, 사회보장 제도의 핵심 사항인 급여 수급 대상자 범위, 급여 수준 조건, 보험료, 급여의 수준과 범위 등이 법률로 직접 통제되고 있다. 법률에 의한 직접 통제는 해당 사항이 변경되어야 하는 경우에 법률이 반드시 개정되어야 한다는 것을 의미한다. 개정되어야 할 사항에 대한 본회의의 논의와 결정에 앞서서 해당 상임위원회에서 준비 작업이 진행된다. 이 과정에서 법률 개정의 필요성을 제기한 의원과 필요성을 부인하는 의원들 사이에 논쟁이 발생하는데, 그 결과가 자신의 정치적 성과로 이어진다. 이 정치적 성과는 재공천을 위한 중요한 기반을 형성한다. 따라서 상향식 공천 방식은 재선의 동기를 갖고 있는 의원들에게 사회법을 법률로 구체적으로 통제해야 할 동기를 제공한다. 그래서 독일의 상향식 공천 방식은 위임이 많지 않고, 법률로 직접 통제하는 사회법 구조와 친화성을 갖는다.

상임위원의 임기에 제한을 두고 있지 않는 독일 연방의회 규정도 위임이 적은 사회법 구조와 친화성을 갖는다. 본인이 원하는 경우에 연방의원은 자신의 의원 임기를 마칠 때까지 한 상임위원회에서 지속적으로 활동할 수 있다. 이런 제도적 환경은 의원에게 해당 분야의 전문성을 축적할 수 있는 기회를 제공한다. 그리고 독일 의원들은 자신이 속한 위원회를 바꾸려 하지 않는 경향을 보인다. 이렇게 축적된 전문성은 의원이 사회법을 직접 통제할 수 있는 능력을 제공한다. 예를 들면, 현재 17대(2009~2013) 연방의회의 노동 및 사회위원회에는 9명의 사회민주당 의원들이 참여하고 있는데, 이들 중 8명이 지난 16대 의회에서 동일 상임위원회에서 활동했다. 나머지 1명도 지난 의회 때 동일 상임위원회에 대리인으로 소속되어 있던 의원이다.

독일 의원들이 소속위원회를 잘 바꾸지 않는 경향은 상향식 공천 방식과도 연관성이 있다. 위원회를 자주 바꾸면 전문성이 떨어지고, 정치적 성과를 낼 확률이 그만큼 줄어들기 때문이다. 정치적 성과의 감소는 상향식 공천 방식에서 재공천에 도움이 되지 않기 때문에 재공천이 안 될 수도 있는 위험을 감수하면서 소속위원회를 자주 바꾸기는 어렵다. 이런 정치적 동기 때문에 소속위원회를 변경하지 않게 되면 해당 분야의 전문성이 쌓이게 되고, 쌓인 전문성이 사회법을 구체적으로 직접 통제할 수 있는 능력을 제공한다.

2 한국의 국회의원 후보 공천 방식, 국회상임위원회 제도, 사회보장법 구조

독일에서는 연방선거법, 정당법으로 공직 후보자 선출 과정에서 당원의 권리와 비밀투표를 규정하고 반면에 우리나라에서는 이런 절차를 규정하는 법 조항은 없다. 다만 공직선거법 제47조 제2항이 후보자를 추천할 때 민주적인 절차를 따를 것을 요구하고 있지만 법 조항이 너무 추상적이라서 공천 과정을 규제할 만한 실제적인 효과는 없다(도회근, 2012: 131). 그래서 각 당은 당의 당헌과 당규로 공천 방식을 자율적으로 결정해 시행하고 있다. 우리나라 정당의 공천 방식과 관련해서는 우리나라의 가장 큰 두 정당인 새누리당과 민주통합당의 공천 방식에 관해 분석했다.

1) 한국의 하향식 공천 방식

새누리당의 당원은 선거권과 피선거권이 있다(당헌 제6조).[9] 따라서 새누리당에서 국회의원 후보자를 투표로 결정한다면, 당원도 참여할 권리가 있다. 당헌 제97조와 공직 후보자 추천 규정 제8조에 따르면 지역구 국회의원 후보자가 복수로 추천되는 경우에 국민참여선거인단대회를 통해 후보자가 추천된다. 국민참여선거인단은 당원과 일반 국민으로 구성되기 때문에 지역구 국회의원 후보자를 선출하는 권한이 당원에게도 주어진다. 그러나 중앙당 공천위원회는 국민참여선거인단대회를 여론조사 경선으로 대체할 권한을 갖고 있다(당헌 제97조). 여론조사의 방식과 그 결과를 반영하는 정도는 중앙당 공천위원회에서 결정하기 때문에 지역구 국회의원 후보자를 추천하는 당원의 권한은 중앙당 공천위원회의 결정에 따라서 축소될 수 있다. 따라서 새누리당의 지역구 국회의원 후보자를 추천하는 당원의 권한은 법으로 당원의 추천 권한을 보장하고 있는 독일과 비교했을 때 매우 제한적이다.

독일은 해당 지역구 조직체에서 공직 후보자를 최종적으로 결정하지만, 새누리당은 당의 최고의결집행기관인 최고위원회의에서 최종적으로 공직 후보자를 의결한다(당헌 제33조 제4호). 즉, 중앙당에 있는 최고의결기구가 공천의 최종 권한을 행사하는 방식이다. 이 기구가 공천을 거부한다면 해당 지역구에서 선호하는 후보라도 공천될 수 없

9) 이 단락에서 다루고 있는 새누리당 당헌은 새누리당 인터넷 홈페이지에 올라와 있는, 2012년 2월 13일에 최종 개정된 당헌이다.

는 구조다. 당원의 의사보다는 중앙당 최고의결기구의 의사가 후보 공천에 본질적인 영향을 미치는 구조다. 비록 공정하고 투명한 공직 후보자 추천을 위해 중앙당과 시·도당에 사회 각 분야 전문가 및 대표성을 띠는 인사로 구성된 국민공천배심원단이 전략지역 및 비례대표 후보자의 적격성 여부를 심의하지만(당헌 제96조), 국민공천배심원단은 부적격한 후보자가 있을 경우에라도 최고위원회에 재의 요구를 권고할 수 있을 뿐이지, 후보자의 자격을 박탈할 수는 없다(당헌 제97조). 더욱이 국민공천배심원단의 구성은 최고위원회의 권한이기 때문에 국민공천배심원단이 최고위원회를 견제할 수 있는 구조도 아니다(공직후보자 추천 규정 제13조).

새누리당의 각종 선거 후보자 공천과 관련된 업무를 수행하기 위해 중앙당과 시·도당에 각각 공직후보자추천위원회를 둔다(당헌 제48조). 당헌 제48조는 각 시·도당에도 공직후보자추천위원회를 두도록 규정하고 있다. 그래서 공직 후보자 결정에 시·도당이 일정한 역할을 하는 것처럼 보인다. 그러나 시·도당의 역할은 제한적이다. 새누리당의 공직후보자추천위원회 규정 제6조는 모든 공직 후보자 선출을 중앙당의 영향력 아래에 두고 있기 때문이다. 이 규정에 따르면 대통령 후보자를 제외하고 국회의원, 시·도지사 및 자치구·시·군의 장의 후보자 결정은 중앙당의 공천위원회가 한다. 또한 시·도의회 및 자치구·시·군의회의 의원 후보자 지명은 시·도당 공천위원회가 주관하지만, 최종 결정은 중앙당 최고위원회의 의결을 통해 결정되는 구조다. 각 지역구에 자신의 지역을 대표하는 공직자 후보를 선출할 권한은 없는 것이다. 이와 같이 중앙당에 권한이 집중되어 있는 새누리당의 공직자 후보 추천 구조는 해당 지역구에 공직 후보자를 선출할 권한을 보장하는 독일 제도와 뚜렷하게 차이가 난다.

중앙당과 시·도당에 마련된 공직후보자추천위원회(이하: 공천위원회)는 후보자를 추천하는 역할을 한다. 따라서 어떤 사람이 어떤 방식으로 위원으로 선발되는가는 어떤 공직 후보자들이 선출되는가에 매우 중요한 영향을 미친다. 새누리당 중앙당의 공천위원회의 위원들은 중앙당의 최고위원회의 의결을 거쳐 결정되고, 시·도당 공천위원회는 시·도당의 운영위원회의 의결을 거쳐 시·도당위원장의 추천으로 결정된다(당헌 제48조 제2항). 이와 같은 방식은 중앙당 공천위원의 선발은 중앙당의 최고위원회의 영향력 아래에 있고, 시·도당 공천위원은 시·도당의 운영위원회의 영향력 아래에 있다는 것을 의미한다. 이것은 공천위원이 당원이나 대의원에 의해 결정되는 것이 아니라, 당의 권력기구에 의해 일방적으로 선발되는, 민주주의적 정당성이 결여된 방식이다. 독일의 공직 후보자 공천 과정에서 나타나는 민주주의적인 절차적 정당성이 새누리당에서는 결여되어 있다는 것을 알 수 있다.

그런데 공천위원 선발 절차는 시·도당 운영위원회나 중앙당의 최고회의가 공천위원을 선발하는 것으로 끝나지 않는다. 중앙당이든, 시·도당의 공천위원이든 최종적으로는 대표최고위원의 임명이 있어야 하기 때문이다(당헌 제48조 제2항). 최종적으로는 대표최고위원이 공천위원을 임명해야 하기 때문에 공천위원회의 구성에서 대표최고위원의 권한이 결정적이라는 것을 알 수 있다. 제도적으로 대표최고위원이 공천위원을 결정할 수 있는 권한을 보장하고 있기 때문에 대표최고위원은 공직 후보자 선출에도 영향력을 미칠 수 있는 구조다. 자신에게 충성을 바칠 수 있는 공직 후보자가 선발되도록 공천위원의 구성에 영향력을 행사할 수 있는 구조이기 때문이다.

중앙당 공천위원회가 심사한 사항을 최고위원회가 의결해 확정하면서 공직 후보자는 최종적으로 결정된다. 또한 시·도당 공천위원회가 심사한 사항은 시·도당 운영위원회의 의결을 거쳐 중앙당의 최고위원회의 의결로 확정된다. 이와 같은 새누리당의 공직 후보자 결정 방식, 특히 지역구 국회의원 후보자를 결정하는 방식은 후보자를 중앙당에서 결정해 지역구로 내려보내는 하향식 공천 방식이다. 비례대표 국회의원 후보자도 중앙당에 비례대표공천위원회를 두어 결정하기 때문에 비례대표 후보자 결정도 중앙당의 영향력 아래에 있다(당헌 제48조 제6항). 새누리당의 당헌은 당원이나 일반 국민이 후보자 결정에 참여할 수 있는 경우도 언급하고 있지만 이들의 권한은 매우 제한적이다. 따라서 대표최고위원과 최고위원회에 공직 후보자 결정 권한이 집중되어 있는 새누리당의 공천 방식은 공직후 보자 결정 과정에 중앙당의 영향력을 제도적으로 배제하고 있는 독일의 공천 방식과 비교했을 때 민주주의적 정당성을 상당히 훼손하고 있다.

민주통합당(이하: 민주당)의 당헌은 당직이나 공직선거의 후보자 선출에서 당원의 선거권을 보장한다(당헌 제6조 제1항).[10] 당헌 제104조 제1항에 따르면 공직선거 후보자는 경선을 통해 추천되는 것을 원칙으로 하고 있기 때문에 당원은 이 경선에 참여해 공직선거 후보자 선출에 선거권을 행사할 권리가 있다. 지역구 국회의원 선거 후보자 및 지방자치단체의장 선거 후보자의 추천은 국민 경선을 원칙으로 하고 있다(당헌 제

---

10) 이 단락에서 인용한 민주당의 당헌은 민주통합당 인터넷 홈페이지에 올라와 있는, 2013년 2월 27일에 최종적으로 개정된 당헌이다.

104조 제2항). 민주당이 지역구 국회의원 선거 후보자 선출 과정에 경선 원칙을 적용하는 것은 민주적인 절차적 정당성을 확보하기 위한 목적이다. 경선의 결과가 올바로 반영되는 것이 민주적인 절차적 정당성을 확보하는 데 중요하다. 그러나 지역구 국회의원 선거 후보자 추천이 항상 국민 경선으로 결정되는 것은 아니다. 당규로 정하는 사유가 있는 경우에는 경선 없이 중앙당의 공천심사위원회에 의해 단수로 추천되어 최고위원회의 의결과 당무위원회의 인준으로 후보자 추천이 가능하다(당헌 제95조). 단수 추천은 당원이나 일반 국민이 아니라 중앙당의 영향력을 받는 추천 방식이기 때문에 단수 추천을 하기 위해 적용한, 당규로 정하는 사유가 공정하고 납득할 만한 것이어야 한다.

당무위원회는 민주당의 당무를 집행하는 최고의결기관이다. 그 구성원은 당대표, 최고위원, 국회부의장, 전국대의원회 의장, 중앙위원회 의장, 사무총장, 정책위원회 의장, 국회상임위원회 위원장, 전국노동위원장, 전략홍보부장, 중앙당의 각 위원회 위원장, 시·도당위원장, 당 소속 시·도지사, 약간의 당무위원이다(당헌 제21조). 당무위원회는 공직선거 후보자를 최종적으로 인준하는 권한을 갖고 있다. 새누리당에서는 최고위원회가 공직선거 후보자를 인준하지만, 민주당에서는 최고위원회보다 다양한 당 구성원을 포함하는 당무위원회에서 인준한다는 점에서 민주적 정당성이 더 있다고 볼 수 있다. 그러나 독일에서는 중앙당은 공직선거 후보자 선출에 전혀 관여하지 않는 것과 비교했을 때 민주당의 후보자 결정 방식도 민주주적인 절차적 정당성을 충분하게 구현하는 방식은 아니다.

큰 틀에서 보면 민주당의 공직선거 후보자 결정 방식은 새누리당과 큰 차이가 없는 하향식 방식이다. 두 당 모두 중앙당의 역할이 결정적이기 때문이다. 민주당에서는 공직선거 후보자를 결정하기 위해 중앙당과 시·도당에 공직후보자추천심사위원회를 둔다. 하지만 중앙당의 최고위원회의 의결을 반드시 거쳐야 심사위원이 결정될 수 있다. 중앙당의 공직후보자추천심사위원은 최고위원회의 의결을 거쳐 당대표가 임명하는 방식인데, 이런 방식은 새누리당과 본질적으로 다르지 않다. 시·도당공천심사위원도 시·도당상무위원회의 의결을 거쳐 시·도당위원장이 추천하고, 최종적으로 중앙당 최고위원회의 심의·의결을 거쳐서 결정된다.

지역구 국회의원 선거 후보자는 중앙당의 공천심사위원회가 두 명 이상을 선정해서 경선을 치르게 한다(당헌 제95조 제1항). 이때 후보자와 경선 방법은 최고위원회의 의결에 따른다(당헌 제95조 제3항). 경선 후 최고위원회의 의결 및 당무위원회의 인준으로 지역구 국회의원 선거 후보자의 추천이 확정된다. 다만 당규로 정하는 사유가 있는 경우에는 지역구 국회의원 선거 후보자 추천은 경선을 거치지 않고 최고위원회의 의결과 당무위원회의 인준으로 추천이 확정된다(당헌 제95조 제1항). 원칙적으로 경선을 거쳐서 지역구 국회의원 선거 후보자의 추천을 결정하려는 민주당의 결정 절차는 새누리당의 방식보다는 민주적인 절차적 정당성을 좀 더 확보하고 있다고 볼 수 있다. 그러나 경선에 참여하는 후보자들에 대한 결정 권한을 중앙당이 갖고 있다는 점에서 절차적 정당성은 제한적이다. 더욱이 사유가 있는 경우에는 경선을 하지 않고, 중앙당에서 후보를 결정할 수 있기 때문에 경선이 제도적으로 보장된 것도 아니다. 단수 추천이 필요하다고 판단하면 중앙당은 언제든지 사유를 만들어서 경선을 피할 수 있다.

민주당은 지역구 국회의원 선거 후보자의 추천은 경선 원칙을 적용한다고 명시적으로라도 선언하고 있지만, 비례대표 국회의원 선거 후보자의 추천은 새누리당과 같이 중앙당에서 결정한다(당헌 제96조). 중앙당에 비례대표후보자추천심사위원회를 설치해 후보자들을 심사해 순위를 정한다. 정해진 순위에 대해 당무위원회의 인준으로 추천이 확정된다.

또한 당대표는 최고위원회의 의결과 당무위원회 인준을 거쳐 전체 선거구의 30% 안에서 선거구와 지역구 및 비례대표 국회의원선거 후보자를 전략적으로 선정할 수 있다(당헌 제95조 제4항, 제96조 제2항). 이와 같은 방식은 경선을 통해 공직 후보자를 추천한다는 원칙을 훼손하는 장치다. 경선을 피하는 이런 예외 조항이 많을수록 후보자 추천 과정에서 민주적인 절차적 정당성은 줄어든다. 민주당에서 전략 공천과 사유로 인한 경선의 생략이 많을수록 후보자 추천에서 경선 원칙을 명시하고 있지 않은 새누리당의 공천 방식과 민주당의 공천 방식은 유사해 보일 것이다. 그리고 경선 원칙을 천명한다고 해도 민주당의 공천 방식은 새누리당과 같이 중앙당이 통제하는 방식이라는 점에서 하향식 공천 방식이다.

2) 국회상임위원회 제도

한국 국회의 위원회는 상임위원회와 특별위원회로 구분된다(국회법 제35조). 현재 19대 국회에는 16개의 상임위원회가 설치되어 있다. 국회법(제36조, 제51조)에 따르면 상임위원회는 해당 상임위원회에 속하는 의안과 청원 등의 심사 혹은 기타 법률에 정하는 직무를 행해야 한다. 각 상임위원회의 위원 정수는 국회규칙으로 정한다(국회법 제38조). 가장 작은 위원회인 정보위원회는 12인으로, 가장 큰 위원회인 문화체육관광방송통신위원회는 30인으로 구성되어 있다.

의원은 두 개 이상의 상임위원회에 구성원이 될 수 있다(국회법 제39조 제1항). 모든 의원은 적어도 하나의 상임위원회에 배정된다. 상임위원은 교섭단체 소속의원 수의 비율에 의해 각 교섭단체 대표의원의 요청으로 의장이 선임 및 개선한다(국회법 제48조 제1항). 법 조항을 보면 각 정당의 원내대표가 해당 교섭단체의 위원 선임에 대한 권한이 있음을 밝히고 있다. 상임위원의 임기는 2년이다(국회법 제40조 제1항). 보임이나 개선된 상임위원의 임기는 전임자의 잔임 기간으로 한다(국회법 제40조 제3항). 임기를 2년으로 제한하고 있기 때문에 2년의 임기를 다한 후에 다시 그 상임위에서 활동할 수 있을지는 보장이 없다. 만일 활동하던 위원회에 다른 동료 위원이 활동하기를 원한다면 더 이상 기회는 없게 된다. 상임위원의 교체는 2년에 한 번만 일어나는 것은 아니다. 의원이 다른 선거에 출마하기 위해 사직하거나, 소속 의원이 의원직을 상실하거나, 행정부의 고위직을 맡거나, 당 지도부에 의해 전략적으로 위원을 교체하는 등의 이유로 위원 교체는 수시로 일어날 수 있다(가상준, 2012: 6).

상임위원의 임기가 제헌국회 때부터 2년으로 제한된 것은 아니었다. 1948년 제정된 국회법에 따르면 상임위원의 임기는 4년이었다. 즉, 국회의원의 임기와 같았다. 그런데 의원들 사이에서 임기가 보장된 4년 동안 한 위원회가 중요한 정책 결정을 독점할 수 있다는 우려가 나왔다(서복경, 2010: 63). 아울러 이승만 정부도 국회의 전문성을 약화시키려는 의도가 있었기 때문에 1953년에 법을 개정해 상임위원을 매년 새롭게 선출하도록 했다(박찬표, 1997: 333). 상임위원의 임기가 2년으로 다시 늘어난 것은 5·16 군사정부 때다. 군사정부는 매년 새롭게 상임위원이 선출되는 것을 비효율적이라고 보았다(김은철, 2002: 37). 그래서 1963년 국회법이 개정되어 상임위원의 임기는 2년이 되었다.

상임위원의 임기를 변화시키는 이와 같은 법 개정은 상임위원회의 전문성을 약화시키고, 행정부의 영향력을 강화하려는 동기에서 추진되었다는 것을 알 수 있다. 민주화 이후에도 상임위원의 임기는 2년으로 여전히 제한되어 있다. 이런 현상은 상임위원회의 전문성보다는 모든 의원에게 공평성을 보장하려는 의도로 보인다(가상준, 2007: 238). 기획재정위원회, 국토해양위원회와 같은 인기위원회와 환경노동위원회, 여성가

족위원회, 법제사법위원회와 같은 비인기 위원회가 있기 때문에 의원들 사이에 형평성을 보장하는 것을 상임위원회의 전문성을 향상시키는 것보다 더 우선시하고 있다. 그 결과로 국회의원의 절반 정도가 국회의원 임기 내에 한 번 이상 위원회를 교체하고 있다(가상준, 2012: 13; 이현우, 2009: 159). 따라서 2년마다 상임위원을 새롭게 선출하도록 하는 국회법 조항은 상임위원의 전문성 향상에 부정적인 영향을 미치고 있다.

3) 한국의 하향식 공천 방식, 상임위원회 제도, 사회보장법 구조의 친화성

앞에서 새누리당과 민주당의 당헌에서 살펴본 바와 같이 두 당은 경선을 통해 공직 후보자를 뽑는 것을 원칙으로 삼고 있다. 하지만 2012년 치러진 19대 총선을 보면 새누리당은 전략 공천(19.1%), 단수 후보(8.5%), 공천위원회 결정(46.3%)으로 전체 후보자의 73.6%를 경선 없이 중앙당에서 일방적으로 후보자를 결정했다(박명호, 2012: 130; 윤종빈, 2012: 20). 민주당에서는 전략 공천(6.1%), 단수 후보(19.1), 공천위원회 결정(22%)으로 전체 후보의 47.1%만을 중앙당이 공천했고, 나머지 후보들은 여러 형태의 경선을 통해 결정되었다. 경선 비율로 보면 민주당의 공천이 새누리당보다는 공정성이 있었던 것처럼 보인다. 그러나 새누리당에서는 한 명의 정당 지도자에 의해 공천이 좌우되는 형국이었고, 민주당은 여러 계파에 의해 주도되는 형국이라서 새누리당보다는 중앙당의 일방적인 공천은 가능하지 않았다(박명호, 2012: 131). 그런데도 중앙당에 의해 전체 후보자의 47.1%가 일방적으로 결정된 비율도 낮은 비율은 아니다. 또한 53%의 후보자들이 경선을 통해 결정되었다 해도, 경선이 현장에서 공정하게 이뤄지지 못했다. 모바일 투표의 조직 동원, 선거인단 모집책의 투신 자살, 미성년자 선거인단 등록 등의 부정 경선 때문에 경선의 취지를 상실했다(윤종빈, 2012: 31). 더욱이 민주당의 경선 방식은 독일과 같은 상향식 방식이 아니다. 경선에 나갈 후보자를 중앙당에서 일방적으로 결정하기 때문에, 이미 공천 과정에 중앙당의 영향력이 미치고 있기 때문이다. 민주당의 경선 방식은 상향식 방식을 조금 가미했으나 주로 하향식 방식이 본질적이다.

무엇보다도 공천에 중요한 영향을 미치는 공천심사위원회의 구성이 새누리당이나 민주당 모두 당원이나 유권자의 참여 없이 중앙당에 의해서 일방적으로 결정된다는 것이 두 당의 공천 방식을 하향식 공천 방식으로 규정하는 결정적인 이유다(박명호, 2012: 131; 이동윤, 2012: 110). 이런 하향식 공천 방식에서는 공천 기준이 합리적이고 공정해야 공천 결과의 정당성을 인정받을 수 있다. 그러나 과거의 총선과 같이 19대 총선에서도 공천심사위원회의 공천 기준은 합리적이지도 명확하지도 않았고, 공천 과정이 투명하지 않아서 공천 결과에 승복하지 않는 공천 신청자의 반발을 샀다는 평가다(윤종빈, 2012: 29; 이동윤, 2012: 115). 새누리당과 민주당은 19대 총선 전에 공천 기준으로 지역주민의 신망, 당선 가능성, 총선의 승리에 기여할 정도, 정책 입안 능력, 대국민 소통, 도덕성, 정체성 등을 내세웠다. 그러나 실제 공천 과정에서는 이 기준들보다는 특정한 정당 지도자나 유력한 계파들에 속하는 사람인가가 더 중요한 공천 기준이 되었다(이동윤, 2012: 94).

지금까지의 국회의원 후보자 공천 결과를 보면 한국에서는 초선 의원 비율이 높다. 19대 총선에서도 현역 의원 탈락률은 새누리당 46.6%, 민주당 37.1%였다(윤종빈, 2012: 19). 현역 의원 탈락률이 25% 정도인 독일과 비교하면 높은 수치다(Kremer, 1992: 34). 하향식 공천 방식에서 초선 의원 비율이 높다는 것은 그만큼 공천에 대한 중앙당의 영향력이 크다는 의미다. 새누리당에서는 특정 정당 지도자의 영향력이 크다는 것을 의미한다. 지난 18대 총선에서는 친박계가, 19대 총선에서는 친이계가 대거 공천에서 탈락했는데(이동윤, 2012: 114; 길정아, 2011: 303), 특정 정당 지도자가 공천에 직·간접적인 영향을 미친다는 증거다. 민주당의 초선 의원의 비율은 새누리당보다는 낮다. 이런 현상은 민주당의 공천 과정이 새누리당보다 공정했다는 측면보다는, 민주당은 특정 정당 지도자에 의해 공천이 이뤄지기보다는 힘 있는 여러 계파에 의해 공천이 이뤄지기 때문이다(박명호, 2012: 131). 각 계파에게 일정한 몫이 주어지기 때문에 새누리당과 같이 주도권을 상실한 한쪽의 파벌이 대거 공천에서 탈락하는 경우는 발생하지 않는 것이다. 새누리당이나 민주당에서 하향식 공천 방식이 지속적으로 선호되는 이유는 특정 정당 지도자나 유력한 몇 개의 파벌이 당내 권력을 유지 및 확대하려는 의도가 강하기 때문이다(길정아, 2011: 305).

이와 같은 새누리당과 민주당의 하향식 공천 방식에서는, 재선을 원하는 국회의원들은 굳이 적극적으로 정책을 개발할 필요도 없고, 자신이 속한 상임위원회의 활동을 적극적으로 할 필요도 없다. 왜냐하면 정책 개발이나 상임위원회의 활동이 재선을 위한 공천에서 본질적인 것이 아니기 때문이다. 새누리당 같은 경우에는 정당 지도자에게 충성하는 것이, 민주당 같은 경우에는 주요한 계파에 속하느냐가 공천에서 본질적인 것이기 때문이다. 실제로 손병권(2004: 217)의 연구는 한국에서 상임위원회 활동이 공천과 관련이 없다는 연구 결과를 보여준다. 다선 의원일수록 상임위원회 활동에 소극적이라는 결과도 있다. 한국의 하향식 공천 방식에서는 재선을 원하는 국회의원의 정책 능력이나 상임위원회에서 얼마나 활발하게 입법 활동을 했느냐가 공천과는 본질적인 연관이 없는 것이다.

따라서 새누리당과 민주당의 하향식 공천 방식에서는 국회의원이 소속 상임위원회에서 사회보장법을 얼마나 구체적으로 통제하느냐는 그의 재공천을 위한 본질적인 사항이 아니다. 그의 재공천을 위한 본질적인 사항은 중앙당의 정당 지도자나 유력한 파벌과의 관계다. 새누리당과 민주당의 하향식 공천 방식은, 재선을 원하는 국회의원은 정당 지도자나 유력한 계파에 충성을 서약하면 대가로 공천을 받는 방식이다. 그의 재공천은 그의 지역구 당원이나 유권자와 거의 연관이 없다. 따라서 이런 하향식 공천 방식에서 공직 후보자는 소속 지역구 당원이나 유권자의 이해로부터 상향식 방식에서보다 자유롭다. 따라서 재공천을 원하는 국회의원은 정책 개발이나 정책 전문성 향상에 시간을 투자할 필요를 느끼지 않는다. 사회보장법에서 과도한 위임이 나타나는 이유도 여기에 있다. 사회보장법의 조항들을 본인이 직접 구체적으로 통제하는 것이 재공천에 본질적인 영향력을 미치지 않기 때문이다. 적용 대상자, 급여 수급 조건, 급여의 범위 및 수준을 다루는 법 조항들이 사회보장 제도를 구성하는 본질적인 사항일지라도 재선을 원하는 의원들에게는 이런 조항들을 직접 통제하는 것은 재공천에 직접적인 도움을 주는 것이 아니다. 따라서 사회보장법은 추상적인 형태로 제정하고, 구체적인 사항은 행정입법으로 규정하도록 위임하는 것이 하향식 공천 방식에서 재선을 원하는 국회의원이 선택할 수 있는 합리적인 방법이다.

다른 한편, 한국 국회법은 상임위원의 임기를 2년으로 제한하고 있다. 이 규정 때문에 국회의원 임기 동안 같은 상임위원회에서 활동하고 싶더라도 다른 의원들이 해당 상임위원회에서 활동하기를 원하는 경우에는 상임위원회를 바꿔야 한다. 반드시 이 규정 때문만은 아니지만 국회의원 임기 내 한국 국회의원의 상임위원회 교체율은 50%에 달한다. 결국 이런 임기 제한 규정에 의한 위원회 교체는 의원의 전문성 축적에 부정적인 영향을 미친다. 상임위원의 전문성이 축적되어야 하는 이유는 상임위원회의 직무인 입법 기능, 심의 기능, 행정부 견제 기능과 밀접한 연관이 있기 때문이다. 2년마다 상임위원을 다시 선출하는 규정은 상임위원의 전문성을 제한해 국회의 기능을 올바로 수행하지 못하게 한다. 국회의 핵심적인 기능은 국민의 권리와 의무에 관한 사항을 책임 있게 규율하는 것이다. 지금과 같이 상임위원의 임기를 제한하는 규정은 국회의원의 전문성을 향상시키지 못하거나 전문성이 있는 국회의원이 전문성을 발휘하지 못하게 한다. 그래서 국회가 국민의 권리와 의무에 관한 사항을 책임 있게 규율하지 못하게 하는 문제를 야기한다. 사회권을 구현하는 사회보장법에 위임이 많은 것도 이와 연관되어 있다. 상임위원의 전문성을 축적하고, 전문성 있는 상임위원이 지속적으로 원하는 상임위원회에서 활동하는 것을 보장하는 법 규정과 제도가 사회보장법에서의 위임 현상을 줄일 것이다.

그러나 사회보장법에서 나타나는 과도한 위임 현상이 상임위원의 전문성의 부족으로만 설명될 수 있는 것은 아니다. 기본적으로 상임위원회에는 전문성을 갖춘 위원들도 배정되기 때문이다. 이들은 얼마든지 사회보장법을 통제할 전문적인 능력을 갖추고 있다고 본다. 다만 이들이 시간을 들여서 사회보장법을 직접 통제해야 할 동기가 있느냐가 본질적인 것이다. 한 조사에 의하면 한국 국회의 상임위원회 활동은 재선과 관련이 없다고 주장한다(손병권, 2004: 217). 아울러 재선 이상의 의원일수록 상임위원회 활동에 소극적이라는 결과다. 따라서 전문성을 갖춘 의원이라도 상임위원회 활동이 재선에 본질적인 것이 아니기 때문에, 굳이 사회보장법을 직접 통제하려는 의지와 행위는 적을 수밖에 없다.

상임위원회 활동을 소홀히 하는 상임위원의 행태는 전문성보다는 한국의 하향식 공천 방식과 관련이 있다. 이 방식에서는 상임위원회 활동이 재공천의 조건이 아니고, 공천권자에 대한 충성의 인정이나 유력한 계파에 속하느냐다. 재선을 원하는 상임위원은 재선과 관련 없는 상임위원회 활동보다는 공천권자와의 관계 형성에 더 시간과 물질을 투자하는 것이다. 따라서 하향식 공천 방식은 상임위원이 상임위원회 활동을 소홀하게 만들고, 사회보장법에서 위임을 많이 하게 만드는 결정적인 요인이다.

제 4 절 결론

사회보장법에 나타나는 위임의 정도는 의회의원 후보 공천 방식과 의회 상임위원회 제도의 운영 방식과 관련이 있다. 독일과 같이 당원이나 일반 유권자가 의원 후보를 결정하는 과정에서 중요한 역할을 하는 상향식 공천 방식은 재선을 원하는 의원들에게 정치적 성과를 내도록 동기를 부여한다. 의회 상임위원회는 재선에 필요한 정치적 성과를 낼 수 있는 주요한 정치적 활동 장소다. 따라서 이곳에서 독일 의원들은 사회법을 구체적으로 통제해 정치적 성과를 내려 한다. 따라서 위임이 드문 독일 사회법은 이런 상향식 공천 방식과 친화성을 갖는다. 더욱이 지속적인 임기를 보장하는 독일의 상임위원회 제도는 의원들에게 전문성을 축적하고 발휘할 기회를 제공함으로써 사회법을 통제할 능력을 부여하는 데 기여한다.

반면에 우리나라에서는 독일과 다른 공천 방식과 상임위원회 제도를 사용하고 있다. 공천 방식으로 국회의원 후보자를 중앙당에서 주도적으로 결정하는 하향식 방식이 사용된다. 이런 하향식 방식에서 재선은 의원의 정책 전문성이 아니라 공천권을 행사하는 지도자나 파벌에 대한 충성에 달려 있다. 따라서 의원들은 상임위원회 활동을 통해 적극적으로 정책 전문성을 축적하고 향상시킬 동기가 없다. 그 결과로 위임이 많은 사회보장법이 만들어지고, 유지된다. 더욱이 우리나라와 같이 지속적인 임기가 보장되지 않는 상임위원회 운영 방식은 의원에게 전문성을 발휘할 충분한 시간도, 전문성을 축적할 기회도 주지 않는다. 이런 상임위원회 운영 방식이, 위임이 많은 사회보장법이 유지되는 원인 중에 하나다.

우리나라와 독일의 사례를 통해 알 수 있는 것은, 우리나라 사회보장법에 나타나는 과도한 위임 현상의 극복은 우리나라의 공천 방식과 상임위원회 운영 방식이 개혁되지 않고서는 어렵다는 점이다. 재선을 목표로 정치적 행위를 하는 의원들이 재선에 도움이 되지 않는, 사회보장법을 직접 통제하는 행위를 하지 않을 것이기 때문이다. 따라서 사회보장법에서 과도한 위임을 줄이려면 의원들에게 동기를 부여해 주어야 한다. 독일과 같은 상향식 공천 방식과 의원의 임기를 보장하는 상임위원회 운영 방식의 도입을 고려해 볼 필요가 있다.

사회보장법에 위임이 없어야 하는 것은 아니다. 다만 위임이 과도할 경우에 문제가 된다. 과도한 위임은 국민의 대표기관인 의회가 자신에게 주어진 책무를 행정부에 전가한다는 의미다. 대한민국 국회가 민주주의 원리를 충실히 구현하고 있지 않은 것이다. 우리나라의 사회 보장의 역사를 보면 사회보장 제도들을 도입해 적용 범위를 확장하는 과정에서는 위임입법의 하나인 시행령이 큰 역할을 했다. 시행령은 행정부가 주도적으로 사회보장 제도를 빠르게 확장할 수 있게 해준 합법적인 수단이었기 때문이다. 그러나 시행령의 이와 같은 장점은, 국민연금이나 건강보험 같은 주요한 사회보장 제도의 적용 범위에 모든 국민이 포함된 현재의 시점에서는 더 이상 큰 역할을 기대하기 어렵다. 각종 사회보장 제도의 사각지대 때문에 여전히 적용 범위의 지속적인 확대가 필요하기는 하지만, 현재 우리나라의 사회보장 제도가 직면하는 가장 본질적인 문제는 사회 보장의 수준을 어떻게 향상시키느냐의 문제일 것이다. 널리 알려진 바와 같이 우리나라의 사회복지 지출은 여전히 경제협력개발기구(OECD)에서 거의 최하위에 머물러 있다. 더욱이 사회보장 급여 수준은 안정된 삶을 보장하지 않는 낮은 수준이다. 사회보장 제도의 탈상품화 수준이 낮다. 이런 본질적인 문제는 복지 재원과 직결되어 있다. 복지 재원이 충분하지 않고는 사회 보장의 질을 높일 수 없기 때문이다.

아무리 효율적으로 비용을 관리한다고 해도 복지 예산이 절대적으로 부족한 상황에서는 효율적인 비용관리가 복지의 질을 향상시키는 데 한계가 있다. 반면에 복지정치는 복지 확장에 필요한 재원을 동원하는 데 크게 기여할 수 있다. 복지정치를 통해 사회 보장에 관한 문제들이 공론화되고 사회적 합의가 도출될 수 있다면 비용 문제는 상대화될 수 있기 때문이다. 지난 2010년 지방선거 때 초·중·고등학생의 학교 급식 문제는 좋은 예다. 복지정치를 통해 이 문제가 공론화되고 적용 확대에 대한 사회적 공감대가 형성되면서 비용 문제는 본질적인 문제에서 벗어날 수 있었다. 물론 급식 예산 규모와 국민연금이나 건강보험의 예산 규모를 같은 수준으로 볼 수 없다. 이 사회보험급여의 질적 향상에 필요한 예산은 급식 예산과 비교도 될 수 없다. 그러나 그렇기 때문에 더욱 복지정치를 통한 공론화와 사회적 합의가 절실한 것이다. 하지만 지금과 같이 행정부에 권한을 과도하게 위임한 상황에서는 공론화와 사회적 합의가 쉽지 않다. 왜냐하면 현재 우리나라의 사회보장법은 사회보장 제도의 핵심 사항이라고 볼 수 있는 적용 대상자의 범위, 급여 수급 조건, 급여 수준 및 범위, 재원 마련 방안 등에 대한 결정 권한을 대부분 행정부에 위임하고 있기 때문이다. 행정부는 위임받은 권한으로 주어진 예산 안에서 '조용히' 행정부 내에서 해당 사항에 대한 결정을 내리면 되기 때문이다. 이렇게 과도하게 행정부에 권한을 위임하는 제도적 환경에서는 복지정치가 활성화될 수 없다.

국회가 사회보장 제도의 핵심 사항, 즉 위에서 언급한 적용 대상자의 범위, 급여 수급 조건, 급여 수준 및 범위, 재원 마련 방안 등에 관한 사항들을 직접 규율할 때 복지정치가 활성화될 수 있다. 국회의원 혹은 정당은 각 사항에 대한 결정을 자신에게 유리하게 이끌면서 유권자를 확보하기 위한 경쟁을 하려고 하기 때문이다. 그런데 국회가 사회보장 제도의 중요 사항들을 스스로 결정하도록 사회보장법을 제정 혹은 개정한다 할지라도 현재와 같은 우리나라의 하향식 의원 후보 공천 제도 아래에서는 복지정치가 활성화되기 어렵다. 왜냐하면 재공천의 전제 조건이 정책에 대한 전문성이 아니고, 특정 인물이나 계파에 대한 충성이기 때문이다. 복지정치가 작동하더라도 형식화되거나, 제한된 정도에서 긍정적인 효과를 낼 것이다. 임기를 지속적으로 보장하지 않는 상임위원회 제도 역시 복지정치의 활성화에 기여하지 못한다. 국회의원들에 의한 복지정치는 해당 분야의 전문성 기반으로 활성화될 수 있는데 현재와 같이 상임위원회 제도가 전문성 향상에 도움을 주지 않는다면 복지정치는 제한적일 수밖에 없다.

상향식 공천 방식과 임기를 보장하는 상임위원회 제도의 도입은 사회보장법에 나타나는 과도한 위임 현상을 극복하는 하나의 방안이 될 수 있다. 상향식 공천 방식은 공천권이 당원이나 유권자에 있기 때문에 공천을 원하는 정치가들은 당원이나 유권자의 지지를 확보하는 수단으로 사회보장 제도의 핵심 사항들에 대한 직접적인 통제를 선호할 것이다. 그렇게 되면 사회보장법에서 위임은 줄고, 법률로 직접 규율하는 경우가 많아질 것이다. 이것은 다시 복지정치를 활성화시키고, 복지를 발전시키는 메커니즘을 만들어 낼 것이다. 임기를 지속적으로 보장하는 상임위원회 제도도 전문성을 축적시키기 때문에 위임 현상을 줄이는 데 기여할 것이다. 더욱이 전문성을 기반으로 한 복지정치의 활성화에 기여할 것이다. 상향식 공천 제도와 임기를 지속적으로 보장하는 상임위원회 제도가 복지정치를 활성화시킬 것이며, 복지 발전에 기여할 것이다.

또한 하향식 공천 방식보다는 상향식 공천 방식이 민주주의적인 정당성을 갖고 있기 때문에 상향식 공천 방식의 도입은 그 자체로 우리나라 민주주의의 발전을 의미한다. 아울러 지속적인 임기를 보장하는 상임위원회 운영 방식은 의원들이 지속적으로 한 상임위에서 활동하는 것을 보장하고, 이로 인해 그들의 전문성의 향상을 가져올 수 있는 장점이 있다. 의원의 전문성 향상은 국민의 권리를 보호하는 데 기여할 것이다. 위임이 적은 사회보장법은 우리나라 민주주의의 공고화를 의미하며, 사회복지 발전을 위한 공론화의 계기를 제공하는 장점이 있다. 따라서 공천 방식과 상임위원회 운영 방식의 개혁은 단순히 사회보장법에 나타나는 과도한 위임 행태를 수정하는 것에만 기여하는 것이 아니라, 우리나라의 민주주의와 사회복지의 발전과도 관련된 사항이다.

제 3 부

제도 변화와 자율적 · 적응적 행위

제 10 장 | 국가, 농협 및 조합원 간 관계에서 제도적 구조의 변화
제 11 장 | 제도의 유사성과 이질성의 원인에 관한 연구
제 12 장 | 제도의 변화와 지속 요인에 관한 연구
제 13 장 | 공공연구기관 거버넌스 구조의 제도적 변화

제 10 장 국가, 농협 및 조합원 간 관계에서 제도적 구조의 변화: 정치적 · 사회적 · 경제적 위기와 그 매개

배병룡

제 1 절 서론

1960년대 이후 한국의 농협은 농민과 국가를 매개하는 중간조직으로 역할하면서 적어도 억압적 정권 시기(1988년 2월 전두환 정권의 말기)까지는 국가조합주의적 구조 속에서 활동해 왔다. 즉, 국가가 농협을 조직하고 통제해 정치적 지지를 확보하고 국가의 농업정책의 집행에 동원했고, 대신 농협은 국가로부터 인정과 지지를 받고 자원을 획득하는 가운데 꾸준히 성장해 왔으나 의사(擬似) 농민 대표기구로 기능하고 국가를 대신해서 농민을 규제하는 역할까지 수행했다.

그러나 1987년 정부의 6・29 선언 이후 한국 사회 전반의 민주화에 발맞춰 농민조합원과 농협은 서서히 자신의 주장을 하게 되었고, 국가 역시 농민조합원과 협동조합의 자율성을 고려하게 되었으며, 드디어 노태우 정권 첫 해인 1988년 말 국가, 농협 및 조합원 간의 관계를 민주화시키는 농협법 개정 법률을 국회가 통과시켰다. 한편 1993년에 출범한 김영삼 정부가 그 이듬해인 1994년에 농협의 주요 내용과 제도를 좀 더 민주적인 방향으로 개혁했으며, 1998년 김대중 정부 역시 유사한 개혁을 단행했다.

농협은 일제 강점기부터 제1공화국, 5・16군사정권을 거쳐 제5공화국까지 국가 의존적 중간조직의 특성을 지녀 왔고, 그 이후에도 국가와 사회의 변동에 따라 변화하는 모습을 보여온 대표적인 환경 의존적 중간조직이다. 특히 한국의 주요 정치적·사회적·경제적 위기 시대에 농협의 모습이 크게 변화되어 왔으며, 때로는 농협이 위기를 해석하고 매개하는 역할을 담당한 적이 없지 않았으나 국가나 정당과 같은 행위자(agency)의 영향을 크게 받아 왔다. 그리하여 이 연구에서는 1988년의 농협법 개정과 그 후 계속 이어진 농협법 및 농협의 각종 제도 개혁이 어떠한 정치적·사회적·경제적 위기에 의해 이뤄졌고, 그 위기를 매개해 농협의 개혁에 영향을 미친 주요 행위자가 누구인지를 규명하고자 한다. 나아가 이 연구에서는 정치적·사회적·경제적 위기가 도래해 다양한 행위자들 간에 기존 제도에 대한 해석이 분분해질 때, 행위자에 따라 제도적 관성의 정도를 달리할 것이라고 가정하고 농협법과 제도 변화에서 나타나는 행위자들의 제도적 관성을 파악한다.

이와 같이 농협법과 각종 제도의 변화로 인해 나타난 국가와 농협 간의 제도적 구조는 어떠한 모습일까? 이 연구에서는 5·16 군사정권에서부터 제5공화국에 이르는 기간에 전개된 국가와 농협 간의 제도적 구조가 제6공화국의 시초인 노태우 정부로부터 김대중 정부(2001년까지) 기간에 전개된 구조와 어떻게 다른지를 규명하고자 한다. 여기에서는 우선 필자의 기존 연구에 근거해 5·16 군사정권에서부터 제5공화국에 이르는 기간에 전개된 국가와 농협 간의 제도적 구조를 국가조합주의로 규정한다. 그리고 1988년 말 농협법이 대폭 개정된 당시부터 2001년까지 지난 14년 동안 전개된 국가와 농협 간의 관계가 좀 더 민주적인 방향으로 변화해 왔을 것으로 가정한다. 즉, 농협의 환경인 국가와 사회가 좀 더 민주화되어 갔기 때문에 농협법과 제도 역시 좀 더 민주적인 방향으로 나아갔을 것이며, 나아가 국가조합주의가 완화되어 어느 정도 신조합주의 형태를 띠고 있을 수 있다는 점이다. 이와 같은 연구 목적은 국가와 농협 간의 제도적 구조의 상태 변화를 기술하는 것이다.

이들 두 가지 연구의 목적을 달성하기 위해 이 연구에서는 농협법과 각종 제도의 개혁에 관련된 사례들을 수집하고 서술했다. 사례의 수집과 서술을 위해서는 농협이 발간한 통계자료집을 비롯한 각종 문헌과 신문기사를 수집하고, 농협중앙회, 경남지역본부 및 단위조합, 농민조합원 등 농협 관계자 10여명을 면접해 자료를 수집했다.

제 2 절 이론적 배경과 분석틀

이 연구에서 다루는 농협을 대상으로 조합주의적 시각에서 다룬 대표적인 글은 배병룡(1995)과 버마이스터(Burmeister, 1999: 110-138)의 논문이다. 배병룡의 논문(1995)은 주로 1961년 신농협법이 제정된 이후 1987까지 농협의 농업정책의 집행을 국가조합주의적 시각에서 분석한 것이고, 버마이스터(L. L. Burmeister)의 논문은 이 기간의 농협과 국가관의 관계를 후원자-고객의 시각 또는 반관(半官, parastatal) 조직에 대한 국가의 통제 관점에서 조명했다. 또한 버마이스터는 1988년 말에 민주적인 방향으로 농협법이 개정된 이후 1997년까지 농협과 국가 간의 관계가 신조합주의로 나아가고 있다는 징후들을 제시하고 그 가능성을 탐색했다. 그러나 버마이스터의 연구는 개괄적인 역사적 분석에 그치고 있으므로 좀 더 세부적인 분석틀을 통해 지난 10여년 간 변화해 온 농협과 국가 간의 제도적 구조의 모습을 검토할 필요가 있다. 또한 이 두 저자의 글은 정치적・사회적・경제적 위기가 제도 변화를 초래하고, 그것을 매개하는 행위자의 역할을 부각시키지 않고 있으며, 제도적 관성 또한 행위자의 이해에 따라 달라진다는 점도 분석하지 않았다.

이 연구에서는 그 동안 국가, 농협 및 조합원 간의 제도적 구조가 국가조합주의적 전통을 보인 바 있고 그로부터 탈피해 향후 신조합주의로 이행할 가능성을 시사하기 때문에 여기서는 일단 조합주의의 기본 개념을 서술하기로 한다. 슈미터(Schmitter, 1979)에 의하면, "조합주의란 이익집단들이 단일적이고, 강제적 가입을 요구하고, 비경쟁적이고, 계층적으로 구조화되고, 기능에 따라 분화된 제한된 수의 범주에 따라 조직화되고, 국가에 의해 인가 혹은 허가를 받고(창설되고), 각 이익집단의 지도자 선출과 이익 표명에서 국가의 일정한 통제를 준수하는 대가로 각각의 이익 범주 내에서 의도적으로 독점된 대표권을 국가로부터 인정받는 이익매개체"다(참고: Streeck & Schmitter, 1985).

한편 렘브루흐(Lehmbruch, 1982: 1-29)는 조합주의 개념 속에 슈미터(P. C. Schmitter)의 이익매개 차원과 함께 공공정책의 차원(공공정책의 결정 및 집행)을 추가했다. 즉, 조합주의에서 국가와 이익집단은 정책 결정과 집행에 공동으로 참여한다는 것이다. 그러나 서구 선진민주주의 국가에서 발달한 신조합주의에서 국가와 집단이 대등한 관계 속에서 정책 결정과 집행에 참여하지만 권위주의 국가에서 발달한 국가조합주의에서는 국가가 정책 결정을 거의 독점하고 국가의 통제를 받는 집단은 정책 결정에서 소극적 역할에 머무르거나 배제되며 주로 집행에 관여하게 된다. 또한 신조합주의 속에서 국가는 집단에 대해 영향력을 행사할 때 주로 유인을 사용하지만 국가조합주의 속에서 국가는 유인 기제뿐 아니라 억압 기제를 상당히 사용한다(Collier & Collier, 1979: 957-985).

1 한국 농협의 국가조합주의적 전통

개발도상국의 많은 중간조직 중에는 우리나라 농어촌 부문의 협동조합과 같은 중간조직이 무수히 존재하는데(Esman & Uphoff, 1984), 이는 민간 부문의 경제적 취약 및 자주성의 미흡과 국가 부문의 권위주의적 속성과 발전 동원적 필요성에서 기인한다. 특히 1960년대와 70년대 아시아와 라틴아메리카 등 여러 개발도상 국가들이 국가조합주의적 정치사회 제도를 구축해(Wiarda, 1997) 협동조합 등 중간조직을 창설하고 동원해 정치적 · 경제적 목적에 이용했다. 그 대표적인 예가 1961년 이후 1988년까지의 한국의 농협이다.

여기서 잠시 그러한 국가조합주의적 구조가 형성된 계기를 살펴보자. 1957년에 제정된 농협법과 그 법률적 토대 위에서 약 5년간 운영되어 온 한국의 농협은 1961년 5 · 16 군사 쿠데타에 의해 중단되었다. 1957년의 농협법은 국가와 농협 및 농민 조합원의 관계를 민주적으로 규정했다. 그 대표적인 예가 조합장은 조합원에 의해, 그리고 중앙회 회장은 회원 조합에 의해 선출하도록 한 점이다. 그러나 이러한 민주적 농협법을 5 · 16 군사 쿠데타를 주도한 군사정권이 농협과 조합원에 대한 국가의 개입과 통제가 가능하도록 하고 경제사업과 신용사업을 통합하는 것을 골자로 하는 농협법을 1961년에 새로 제정한 것이다.

또한 국가가 1961년 이후 30여년 동안 통제 기제들(유인 및 제한 기제)을 이용하고 강화하는 가운데 그러한 권위주의적인 제도적 구조를 정착, 유지시켜 나아갔다. 결국 국가조합주의라는 새로운 제도적 구조는 기존의 제도와는 전혀 다른 단절된 균형

(punctuated equilibrium)(Krasner, 1984: 223-246)의 상태로 약 30여년 동안 지속되었다. 그 과정에서 국가, 농협 및 농민 조합원의 민주적 관계를 규정한 구(舊)농협법의 제도적 구조는 그것이 완전히 정착되기 전에 무너졌기 때문에 제도적 관성이 거의 미미했다.[1)]

이 국가조합주의 제도 하에서 농협은 국가를 후원자로 하고 자신을 그 후원자의 고객으로 하는 후원자-고객 관계를 유지해 왔다(Burmeister, 1999: 110-138). 이는 일종의 사회적 교환에 입각하는데, 농협이 국가에 지지를 보내고 국가 정책에 순응하는 대가로 국가로부터 인정을 받는 등 일정한 혜택을 누린다. 그러나 이러한 공생적 후원자-고객 관계에서 어디까지나 농협은 국가에 종속되어 국가의 필요에 따라 언제든지 존폐가 결정되는 운명에 놓인 반관(parastatal) 조직에 지나지 않았다. 그리하여 국가는 억압 및 유인 기제 등 다양한 기제를 활용하면서 농협을 창설하거나 창설을 유도하면서 자신의 정치적 지지와 정책 집행에 충분히 이용했다.

한편 국가에 의해 보육되고 그에 예속된 농협은 대체적으로 관변단체의 기능을 수행한 경우가 대부분이고, 조합원보다는 조직 자신이나 직원들의 생존을 위해 활동하는 경향이 많았으며, 국가의 농업정책의 집행에 동원된 경우가 많았다. 여기서 농업정책은 농민이나 농협 자체의 이익뿐 아니라 국민 전체의 이익을 포함한다. 그러나 국가가 농협을 조직하고 통제하며 동원하는 가운데 그 농협의 대표들을 국가에 흡수하고 주로 그들에게 유인을 제공했고, 그 대표와 조직의 일반 운영자는 자신들의 생존이나 이익을 추구하는 한편 조직의 일반 구성원이나 회원의 이익을 대표하는 것처럼 행동하는 경우가 많았다. 그런 경우 그 농협은 온전한 협동조합으로 보기가 힘들어진다. 그리하여 한국의 농협 비판론자들 중에는 농협을 농민의 수탈기관으로 명명한 바도 있다(참고: 장원석, 1989: 153-185).

---

1) 제3공화국 헌법과 정치 체제가 준경쟁적이어서 농협에 대한 일방적인 통제가 덜 이뤄졌고 과거 민주적인 구농협법에서 규정한 제도적 구조가 약간이나마 지속되었다. 그 지표로는 제3공화국 시대 농협이 중앙회 회장과 조합장들의 민주적인 선출을 정부에 건의하고 촉구했던 점이다. 그러나 제4공화국(유신체제)과 제5공화국의 억압적 정치 체제 시대에 농협은 그러한 건의를 단 한번도 하지 못했다.

2 제도적 구조의 변화, 정치적 · 사회적 · 경제적 위기와 그 매개

1) 정치적 · 사회적 · 경제적 위기와 그 매개

제도적 구조(institutional structure)란 집단과 그 집단 내 개인의 능력을 형성하는 동시에 제한하는 것으로서 집단의 조직적 특성과 행위자 간의 관계를 지도하는 규칙과 규범을 가리킨다(Ikenberry, 1988: 223). 역사적 제도주의자들은 역사적 전환점에 특별히 주목하는데 그 시기는 정치적 또는 경제적 위기가 사회적 관계나 정책 결정을 위한 제도들을 재구조화하는 시기다(Ikenberry, 1988: 233). 정치적 또는 경제적 위기의 예로서는 전쟁이나 불황이 있으며 이것들은 중대한 전환점(critical junctures)이나 우연적인 사건(episodic events)으로서 제도 형성을 촉진하는 예상치 못한 외생적 사건들이다(Ikenberry, 1988: 233).

역사적 제도주의는 기존 제도의 경로의존적 성격을 강조할 뿐 아니라 의도하지 않았던 제도적 결과와 제도의 비효율성을 강조한다(하연섭, 1999: 26). 이와 유사한 맥락에서 역사적 제도주의자인 크래스너(Krasner, 1984: 223-246)는 새로운 구조는 위기시에 나타나는 급격한 변화에 의해 발생한다고 주장하고 그 새로운 구조는 기존의 구조와는 판이하게 다르다고 한다. 또한 그 구조는 일단 형성되면 되돌리기가 힘들어지며 그로써 안정성을 획득해 나아간다고 한다. 이와 같이 역사적 제도주의는 제도적 구조의 변화를 설명하는 데 제도 변화의 우연성, 즉 제도의 결정적 · 근본적 변화는 심각한 경제 위기나 군사적 갈등이 발생할 경우에나 일어날 만큼 이례적인 현상이라고 규정한다(하연섭, 1999: 26; Ikenberry, 1988: 224). 즉, 제도의 결정적 · 근본적 변화는 전쟁과 같은 외적인 충격에 의한 위기 상황이 도래할 때 발생하며, 그 때문에 제도 변화는 지속적이거나 점증적이기보다는 일시적 · 우연적(episodic)이고 변화된 제도는 기존 제도와 단절성을 보인다.

한편 아이켄베리(Ikenberry, 1988: 234)에 의하면, 위기는 제도의 발전에 촉매작용을 하고, 다수의 매개 변수는 위기를 정의하는 데 다양한 방법을 제공한다. 위기 상황이 도래하게 되면 정치 엘리트들은 위기의 역할을 정의하고 조종하며, 나아가 사회 세력들의 제도상의 지위와 효능감에 영향을 미치거나 매개할 수 있다(Ikenberry, 1988: 224-225). 이와 같이 아이켄베리(G. J. Ikenberry)가 위기를 정의하고 매개하는 행위자와 변수들을 고려했지만 사실상 아이켄베리뿐 아니라 역사주의자들은 이에 대해 더 이상 깊은 논의를 하지 않았다.

그리하여 그에 대한 기본적 논의는 사회학적 제도주의를 참조하면서 이뤄져야 할 것이다. 사회학적 제도주의자 중 디마지오(DiMaggio, 1988: 3-21)는 제도화와 탈제도화에 다양한 행위자들의 이해와 갈등이 개입하고 있으며, 따라서 제도의 창조, 변화 및 해체의 과정은 하나의 정치 과정이라고 규정한 바 있다. 예를 들어, 제도 변화에서는 기존 제도로부터 이익을 획득하는 세력들과 변화된 제도를 통해 이익을 획득하려는 세력들 간에 경쟁과 갈등이 전개된다. 따라서 위기가 발생해 그것을 정의하고 해석하는 과정에서 정치 엘리트와 사회 세력은 자신들의 이념과 이익을 추구하려는 행동을 보인다. 이 연구에서는 "제도적 구조의 변화는 위기와 같은 환경의 급격한 변화가 도래할 때 그것을 자신의 이념과 이익에 따라 정의하고 매개하는 행위자가 기존의 제도적 구조를 근본적·결정적으로 변화시킬 때 발생한다"고 가정한다.

5·16 군사 쿠데타라는 정치적 위기가 권위주의적인 정치 분위기를 가져왔고 쿠데타의 주도 세력인 군사정권이 1957년 농협법의 민주주의적인 제도적 구조를 1961년 농협법의 권위주의적인 제도적 구조로 대체했다. 또한 1987년 시민의 6·10 항쟁이라는 정치적 위기로 인해 정권담당자들이 6·29 선언(민주화 선언)을 하지 않을 수 없었으며, 그 동안 민주화를 주창해 온 야당[2] 정치 세력과 운동 세력은 보수적인 여당과 정부에 대항하는 가운데 억압적인 농협법의 개정을 주장하고 그후 민주적인 방향으로 농협법의 개정을 주도했을 것이다. 한편 농협법 개정 당시 정부와 여당[3] 및 농협중앙회는 자신들의 기득권에 유리한 방향으로 특정 제도의 존치나 개혁에 작용했을 것이다.

한편 1993년에 출범한 문민정부(김영삼 정부)는 1989년부터 시작한 GATT의 수입개방 압력(우루과이라운드 협상), 특히 쌀 개방의 압력이라는 농업 위기에 봉착했다(농협중앙회, 1996: 218). 당시 농민과 각종 농업단체들은 물론 정부, 학계와 언론에서는 만일 쌀이 개방될 경우 한국 농업 기반이 붕괴되고 농민 소득이 크게 감소할 뿐 아

2) 당시 주요 야당은 평화민주당(김대중 총재), 통일민주당(김영삼 총재)과 신민주공화당(김종필 총재) 등이며, 이들 야 3당은 1987년 12월 대통령 선거에 총재를 후보로 내세우고 농협의 민주화를 외치며 농민들의 표를 유도했다.

3) 당시의 정부와 여당은 전두환 정부 및 민주정의당으로서 이 정당은 노태우 후보를 1987년 12월 대통령 선거에 후보로 내세우고 농민들의 표를 심각히 의식했으나 농협의 민주화에 대한 농민들의 요구를 야당만큼 수용하지는 않았다. 농협중앙회는 그와 같은 정부와 여당의 농협에 대한 인식을 잘 알고 그에 동조하는 편이었다.

니라 식량안보 문제까지 발생할 것이라고 우려했다.[4] 그리하여 문민정부는 농업 위기를 타개하기 위해 새로운 농업정책을 수립했을 것이고, 그 일환으로 국가, 농협 및 농민 간의 새로운 구조를 형성했을 것이다. 문민정부는 박정희 정부 이래 마지막 군사 정부였던 노태우 정부와 자신을 차별화하기 위해 국가와 농협 간의 제도적 구조의 변화를 좀 더 민주적인 방향으로 변화시키는 주요 매개자로 행동했을 것이다.

다른 한편 1997년 말에 도래한 경제적 위기(외환위기)로 인한 IMF 경제 체제는 국가경제를 비롯한 기업 및 농협에 큰 영향을 미친 정치적·경제적 위기 상황이었다고 볼 수 있다. 그리하여 1998년 2월에 출범한 김대중 정부 역시 국가와 농협 및 조합원 간의 관계를 좀 더 민주적이고 효율적인 방향으로 개혁하는 데 주도적인 매개 역할을 했을 것이다. 그러나 농협은 김영삼 및 김대중 정부의 개혁 과정에서 조합원에 대한 자신의 권력을 유지하려는 제도적 관성을 보유하려 했을 것이다.

2) 신조합주의로의 변화?

여기에서는 정치적·사회적·경제적 위기가 도래하고 그것을 매개하는 자들에 의해 기존의 국가조합주의가 변화될 경우 어떠한 제도적 구조로 변화될 것인가에 관심을 가진다. 앞서 제시한 행위자들의 매개 방향을 고려해 볼 때 새로운 제도적 구조는 다원주의나 신조합주의 형태일 것이다. 그런데 문민정부뿐 아니라 국민의 정부 시대가 아직 민주주의의 공고화 과정에 있고 그 과정에서 시민사회에 대한 국가 개입이 비일비재하기 때문에 농협 역시 국가로부터 완전히 자유롭지는 못할 것으로 예상된다.[5] 아울러 농협 역시 제도적 관성의 잔재를 버리지 못해 농민 조합원에 대한 통제 지향성을 어느 정도 보유하고 있을 것이다. 이러한 점들로 미뤄 여기에서는 새로운 제도적 구조가 다원주의보다는 신조합주의의 특성을 더 많이 보유하고 있을 것으로 예상해 본다. 그러나 여기서는 그 새로운 제도적 구조를 반드시 신조합주의라고 단정하기보다는 그에 가까운 형태일 것이라고 예상해 본다.[6] 신조합주의의 특성은 다음과 같으며, 새로

4) 이러한 상황 속에서 문민정부는 1993년 초부터 12월까지 '쌀 개방 불가'라는 농민들과 농협의 압력과 시위에 부딪히게 되었다. 1993년 12월 7일과 8일 제네바에서 열린 우루과이라운드 협상 당시 가트(GATT) 본부 앞에서 조합장 대표들은 삭발 시위까지 감행했다(농협중앙회, 1996: 209).

5) 김영삼 정부는 출범 후 시간이 어느 정도 흐른 뒤에 소위 '문민독재'라는 별명을 획득했고 김대중 정부 역시 그와 유사하다는 여론이 조성되었다.

6) 이 연구에서는 신조합주의를 단지 그 변화된 새 구조에 대한 발견과 평가의 도구로 사용할 뿐이다.

운 제도적 구조의 분석과 평가에 유용할 것이다.

사회조합주의(societal-corporatism)라고도 불리는 신조합주의(neo-corporatism)는 근대적·산업적·사회복지 정향의 국가에서 볼 수 있는 조합주의의 한 형태다(배병룡·김명숙, 1989). 특히 이러한 특성의 국가 중에서 서유럽 국가들이 신조합주의를 채택하고 있다. 신조합주의는 유럽의 선진 산업국가에서 1960년대에 발생해 1970년대에 활성화되었으며 현재까지 지속되고 있다. 신조합주의가 부활되기 시작한 이유는 복지국가의 출현 때문이다. 복지국가의 출현으로 복지 프로그램의 수혜자들(노동자, 농민, 일반적인 복지 수혜자)을 사회복지 프로그램의 기획, 의사 결정 및 집행에 끌어들이고 통합하기 위해 조합주의가 이용된 것이다(Wiada, 1997: 167). 그리하여 신조합주의는 여전히 서유럽 국가들의 이익대표 체계이자 정치적·경제적·사회적 제도로 위치하고 있다.

신조합주의에서는 사회복지, 임금, 연금뿐 아니라 산업정책 및 경제기획과 같은 이슈에 관련한 정책을 결정할 때 이익집단들을 통합하고 편입시킨다. 그 집단들은 주로 노동과 자본 및 농업에 관련되는 집단이지만 이슈에 따라서는 문화적·사회적·전문가적 집단도 신조합주의 속에 포함된다(Cawson, 1985). 따라서 새로운 이슈와 새로운 집단들이 신조합주의에 편입되어 신조합주의가 더욱 확대되어 왔다. 신조합주의 하에서 자본집단과 노동집단 등이 국가와 함께 산업정책에 관련된 주요 기획이나 협상에도 참여하며, 노동집단, 실업자집단, 어머니회, 고령자집단 및 기타 다른 집단들이 사회복지 행정에 참여해 자문 역할을 담당하고 있다. 이들 집단은 정책 수행에 대한 책임을 지는 국가기관의 일부라고 생각하고 공식적인 정치 체계 내에서 지속적으로 활동한다(Wiada, 1997).

신조합주의에서 이익집단들은 국가의 정책 결정에 참여할 뿐 아니라 집행에도 참여해 정책의 결정과 집행에서 상호 자문하고 협조한다. 각 참여자들은 사회협약(social impact)이라 불리는 3자동맹의 합의를 통해 정책 결정을 수행한다. 그 사회협약에서 노동 및 자본은 국가의 보호 하에 협상을 통해 교착 상태를 피해 나아간다(Wiarda, 1997: 22). 협조, 자문, 협상, 타협 등이 그러한 사회협약을 이끌어 낸다. 그러나 억압은 사용되지 않는다. 신조합주의라 불리는 이유는 바로 과거의 억압 방식이[7] 사용되지 않

7) 20세기 중 과거의 조합주의 방식이란 1920년대와 30년대 이탈리아의 파시즘과 독일의 나치즘에서 존재했던 조합주의를 칭한다. 이 모형은 권위주의적이었고 가끔은 억압적, 국가주의적이었다.

고 그와 같은 민주적 방식들이 사용되기 때문이다.

제 3 절 농협 관련 법률 및 제도의 개혁 사례

이 절에서는 1987년 6·29 선언 이후 농협법 개정의 움직임이 있기 시작하면서부터 1988년 말에 개정되기까지 농협법 개정의 사례와 그 후속 개혁 사례들을 서술한다. 그리고 문민정부(김영삼 정부)와 국민의 정부(김대중 정부) 기간에 이뤄진 농협법과 각종 제도들의 개혁 사례를 서술한다.

1 6·10 시민항쟁, 신농협법의 대폭적 개정 및 기타 개혁 사례

1) 신농협법의 대폭적 개혁 사례

1987년 6·10 시민항쟁은 분명 한국 사회의 정치적·사회적 위기 상황이었으며, 그에 대응해 권위주의적 정부였던 제5공화국 권력 엘리트들이 6·29 선언을 단행했다. 이러한 시민의 민주화 요구와 그에 대응한 권력 엘리트들의 민주화 조치들(대통령 직선제 등)은 한국 사회의 각 부문에 민주화를 가져오는 계기가 되었다.

1987년 정부의 6·29 선언 직후 한국가톨릭농민회(이하 가농)가 즉각적으로 조합장 임명제를 규정한 '조합장 임면에 관한 임시조치법'을 폐지하고 신농협법을 민주적인 방향으로 개정할 것을 정부에 요구했으나 가농의 요구는 정부로부터 아무런 반응을 얻지 못했다.[8] 한편 이러한 가농의 주장과 함께 1987년 12월에 치러질 대통령선거에서

---

8) 가농은 농촌의 운동 세력으로 결성된 대표적인 반정부단체로 천주교의 보호를 받고 있었으며 1970년대부터 농협의 민주화를 주창해 왔고 1983년에는 농협조합장 직선제 서명운동을 전개한 바 있다.

한편 1987년 7월에 결성된 농협중앙회 금융노조는 "그 동안 사용자 측이 수백 명의 낙하산식 외부인사를 농협에 영입하도록 방치함으로써 농협 직원들의 승진 기회를 상당 부분 빼앗겼다고 주장하고 이러한 낙하산식 인사를 가능케 하는 인사 규정을 철폐할 것을 주장했다. 이 노조의 주장은 1987년 8월경 농림수산 관계 공무원이 농협에 오려는 움직임이 있자 제기되었다. 노조위원장이 9월에 여당인 민정당 농림수산 전문위원, 농림수산부 차관과 농정국장 및 총무과장을 차례로 방문해 "농림수산 관계 공무원을 다시는 농협에 보내지 않겠다"는 확약을 받아내는 데 성공했다. 다른 한편 노조 측은 1961년 농협

여당 후보는 농협조합장의 선임제를 공약으로 내세웠으나 야당(평화민주당, 통일민주당, 신민주공화당) 후보들은 모두 직선제를 공약으로 내세웠다(농협중앙회, 1996: 141).

이와 같이 1987년 말에 가농과 대통령 후보들이 농협조합장의 선출 문제에 대해 활발히 거론하고 있었음에도 불구하고 농협 측에서는 침묵으로 일관하다가 1988년 2월 제6공화국 정부가 들어서고 한국 사회가 민주화 추세로 나아가자 1988년 5월에서야 농협법 개정을 위한 토론회를 주최했다. 같은 달 농협중앙회가 주최해 두 차례에 걸쳐 농협법 개정에 대한 토론이 진행되었는데, 토론회 당시 농협중앙회 회장의 직선에 대해서는 언급이 없었을 뿐만 아니라 조합장의 간선제를 그대로 유지하자는 쪽으로 결론이 났다.[9]

농협 측이 주최하고 사회의 관련 전문가들이 참여하는 농협법 개정 공청회가 열리자 정부(농림수산부)에서도 농협법 개정에 관한 공청회를 주최했다. 이 공청회는 농수산부가 농협법, 축협법 및 수협법의 개정을 위해 1988년 6월에 개최한 것이다. 이 공청회에서 토론자들은 조합장과 중앙회 회장을 간선제로 선출할 것인가 아니면 직선제로 선출할 것인가를 논의했지만, 중앙회와 조합의 사업 계획 및 수지예산의 정부 사전 승인제 폐지에 대해서는 논의하지 않았다. 한편 당시 여당인 민주정의당에서도 개정안을 마련했으나 중앙회 회장 직선과 조합장 간선 등 선거 제도를 중심으로 한 소폭의 개정에 머물러 사업계획 및 수지예산의 정부 사전 승인제를 유지하기로 했다. 결국 민주정의당 안이 국회에 개정안으로 제출되었던 것이다. 그러나 농협은 농협법개정추진분과위원회를 구성해 중앙회 회장의 직선, 사업계획 및 수지예산의 사전 승인제 폐지를 주장했고, 이를 야 3당(평화민주당, 통일민주당, 신민주공화당)으로 하여금 개정안에 반영하도록 적극 주장했으며, 야 3당은 같은 해 7월 중앙회 회장의 직선, 사업계획 및 수지예산의 사전 승인제 폐지를 골자로 하는 단일 법안을 마련해 국회에 제출했다.

같은 해 10월 국회 민주발전 법령개폐 특별위원회가 열린 가운데 의원입법으로 농협법 개정안을 상정하고 소위원회에 회부해 심의했다. 이때 조합장 및 중앙회 회장의 직선에는 합의했으나, 사업계획 및 수지예산의 사전 승인제의 유지론과 이의 폐지론이 심각히 대립되어 있었다. 또한 당시까지만 해도 농협 측에서는 중앙회장 및 상임감사

출범 이래 처음으로 정부에 대해 추곡수매가를 인상하도록 건의, 촉구한 바 있다(농협노조, 1991: 21). 즉, 1987년 9월 추곡수매가 결정에 즈음해 농민대표를 소집해 여론을 수렴하고 부총리에게 지역 단위 조합장들로 구성된 특별사절단을 파견해 추곡가 18.6% 인상을 촉구한 바 있다.

9) 한편 당시 수협과 축협 측에서는 일관되게 직선제를 주장했다.

를 직선하자는 안을 유지하고 있었고 소위원회에서도 조합장 직선에 대해 뚜렷한 결론을 내리지 못하고 있었다. 한편 승인제 유지론과 폐지론이 대립되던 시기에, 중앙회 금융노동조합이 5개 일간지에 성명서를 발표하고 궐기대회를 주최했으며, 각 정당을 방문해 중앙회 회장의 직선과 사업계획 및 수지예산의 사전 승인제 폐지를 촉구하는 시위를 했고, 농협민주화 촉구를 위한 전국농민조합원들과 조합장들이 여의도 광장과 국회 앞 광장에서 조합장 직선 등 농협 민주화, 농산물의 가격 보장 및 수입 개방 저지 등을 요구하는 궐기대회를 열었다(농협중앙회, 1996: 139). 그 후 12월에 개최된 소위원회에서 전원 합의로 타결이 이뤄졌는데 그 내용은 중앙회 회장과 조합장을 직접 선출하는(특수조합은 직선제와 간선제 중 선택 가능) 것, 그리고 사업계획 및 수지예산의 승인제는 폐지하되 정책사업 부문의 사업계획서(수지예산서는 제외)만 승인제를 유지하는 것이었다.[10)]

이와 같은 국가의 농협 감독 중 하나인 승인제 폐지와 함께 국가의 농협에 대한 다른 감독권이 폐지되었다. 즉, 개정 전 농협법에 의하면 주무부 장관은 조합과 중앙회에 대해 감독권을 갖고 그 중 일부를 시·도지사나 중앙회장에게 위임할 수 있도록 되어 있어 조합에 대해 시·도지사 등 지방행정기관의 감독권 행사가 가능했다. 그러나 주무부 장관의 감독권은 중앙회장에게만 위임할 수 있도록 농협법이 개정되어 회원조합이 국가의 통제로부터 어느 정도 벗어날 수 있게 되었다. 한편 농협법의 개정 이전에는 단위조합이 정관을 변경하고자 할 때는 총회의 의결을 거쳐 주무부 장관의 인가를 받도록 되어 있었으나 더 이상 주무부 장관의 인가를 받지 않도록 농협법이 개정되었다.

2) 기타 개혁 사례

1988년에 양곡관리법이 개정되었는데 주요 개정 내용은 정부관리 양곡의 수급계획 및 수매가격과 수매량을 결정할 때 국회의 동의를 얻도록 한 점이다. 이는 과거에 비해 국회의 위상이 증대되었다는 점을 나타내 준다. 특히 쌀은 농민의 주 소득원으로서 그 수매가격과 수매량은 농민의 이익에 엄청난 영향을 미칠 수 있으므로 이의 결정에 각

---

10) 농협법 개정 시에 수협법과 축협법 역시 개정되었다. 그런데 아이러니컬하게도 당초 간선제를 주장했던 농협의 중앙회장과 조합장은 직선제로 개정되었고, 직선제를 주장했던 수협과 축협의 중앙회장 및 조합장은 간선제로 개정되었다.

계의 의견을 최대한 반영시키기 의해 양곡관리법 시행령도 개정했다. 이에 따라 1988년부터 정부는 생산자, 소비자, 학계, 언론계, 연구기관 인사 등 20명으로 구성된 양곡유통위원회를 설치해 추·하곡 수매량 및 가격의 결정에서 각계의 의견을 수렴하기 시작했다. 생산자 대표로는 농협이 선정되어 참여하고 있으며, 1988년에는 농협중앙회 회장 1명과 조합장 2명이 참여했다.

한편 1988년 말 국회에서 통과된 개정 농협법에서는 조합장 입후보자의 자격 기준에 대해 "선거 공고일 현재 당해 조합의 조합원 신분을 3년 이상 계속 보유하고 있지 않거나, 정관이 정하는 좌수 이상의 납입 출자를 2년 이상 계속 보유하고 있지 아니한 자는 조합장이 될 수 없다"라고 규정했고, 납입 출자 좌수에 대해 정관부속서 임원선거규약(예: 농림수산부 고시 제89-16)에서 납입 출자 좌수를 200 출좌로 정했다(농협중앙회, 1996: 125). 그런데 1989년 3월 4일 야 3당(평화민주당, 통일민주당, 신민주공화당)은 의원입법으로 조합장 입후보 자격에 관한 농협법 개정안을 발의했다. 발의 내용은 조합원 신분 보유 기간을 3년에서 2년으로 그리고 출자 보유 제한은 완전 폐지하자는 것이었다. 농협 측에서는 이 안에 강력히 반발했으나, 3월 9일 국회에서 조합원 신분 보유 기간을 3년에서 2년으로 축소하고 '출자 200좌 이상의 납입 출자를 2년 이상 계속 보유한 자'에서 '조합의 조합원 평균 출자 좌수 이상을 2년 이상 계속 보유한 자'로 완화했다.

다음으로 1989년 12월 국회는 지방의회 의원 겸직 금지 대상에 농·수·축협 임직원은 물론 농지개량조합, 산림조합, 엽연초생산조합, 인삼조합 등 농림수산업 관련 단체의 임직원을 포함하는 것을 내용으로 하는 지방자치법을 통과시켰다. 이러한 내용의 법률 개정이 있기 이전 농협에서는 이미 1988년 말부터 각 정당에 농협 임원의 지방의회 의원 겸직을 허용해 달라고 요구한 바 있다. 그러나 당시 여당(민정당)과 야당(평민당, 민주당, 공화당)은 농·수·축협 등 농림수산단체 임원에 대해서는 지방의회 의원 겸직을 불허하는 방향으로 지방자치법을 개정한 것이다. 이에 대응해 1990년 1월부터 농협 등 농림수산 관련 7개 단체 중앙회 회장이 협의회를 구성해 정당, 국회 및 헌법재판소를 상대로 법 개정을 추진했다. 국회에 대한 청원서(7개 관련 단체 중앙회장 및 조합장 2013명) 제출 및 국회의원에 대한 2년여의 줄기찬 로비로, 조합의 비상근 이사 및 감사의 경우에는 지방의회 의원이나 지방자치단체장으로 입후보할 수 있고, 더 나아가 겸직도 할 수 있게 되었으나(1990년 12월 15일 국회 본회에서 통과) 조합장에 대해서는 여전히 겸직이 금지되었다(농협중앙회, 1996: 178-179).

이듬해인 1991년 초부터 농협을 비롯한 단체들은 조합장의 지방의회 의원 겸직 금지가 위헌이라고 규정하고 그 이유로, 농협 등은 자신들이 자주적인 협동조직이므로 헌법의 평등권 보장 차원에서 겸직이 가능할 수 있고, 겸직으로 인해 업무의 내용이 상충하지 않으며, 조합장은 비상근 명예직이고, 일본 등 외국의 입법례도 겸직을 허용하고 있다는 점을 들었다. 또한 헌법 재판 당시 농협 측에서는 겸직 금지를 중소기업협동조합 등 유사 단체에 비해 형평을 벗어난 규제라고 반박했다. 그러나 관련 부처인 내무부, 재무부, 법무부, 농림수산부에서는 조합장의 지방의원 겸직이 농협의 정치 관여 금지에 위배되며 농협의 공공성, 업무를 이용한 선거운동의 가능성, 명예직인 조합장은 사실상 유급·상근직인 점, 농협이 국회와 감사원의 감사 대상이라는 점을 주요 내용으로 하는 반박 자료를 헌법재판소에 제출했다.[11]

농협 등 7개 단체가 헌법 소원을 제출한 1990년 2월부터 1년여간 겸직 금지를 헌법위반이라고 주장하고 이에 대해 내무부와 농림수산부 등 관련 부처들이 합헌이라고 주장하는 가운데 1991년 3월 11일 헌법재판소에서는 지방자치법에서 규정한 조합장의 지방의회 의원 겸직 금지가 헌법에 위배된다는 판결을 내렸다. 그 판결 근거는 농협 등은 국가의 강력한 감독을 받지만 자주적인 단체이기 때문에 사법인성(私法人性)이 강하며 그 때문에 조합장은 공무원이 아니라는 점, 농협 등과 지방자치단체는 주민복리증진이라는 목적상의 합치로 상조 관계에 있을 수 있다는 점, 조합장은 명예직이며 법률상 비상근직이라는 점이다. 결국 비상근 이사 및 감사와 함께 조합장이 지방의회 의원을 겸직할 수 있게 되었다.

2 농업 위기(우루과이라운드 협상) 및 외환위기(IMF 경제 체제)와 농협 개혁 사례

1) 농업 위기와 문민정부의 농협 개혁

1993년은 우루과이라운드 협상 타결이 매우 임박한 한 해였다. 그리하여 농협 측은 농협중앙회의 주도로 농협은 문민정부의 출범 속에서 자신의 자율성을 증대시키는 가

11) 한편 당시 안전기획부는 일부 지역에서 조합장의 지방의회 진출 허용에 대한 여론을 조사하고 있었다(농협중앙회, 1996: 183).

운데 기존에 추진하던 우루과이라운드(농산물 수입 개방) 협상 반대운동과 우리농산물 애용운동[12]을 더욱 적극적으로 추진했다. 농협 측은 1993년 초부터 말까지 매우 강도 높은 쌀 수입 개방 저지 대책을 수립하고 이를 행동으로 옮겼다. 농협은 각종 대정부 건의에서 정부의 수입 개방 품목의 수를 줄여야 한다는 요구를 했고, 1993년 2월에 일본, 대만 농협과 공동으로 쌀 수입 개방 반대 결의대회를 개최하고 서울역에서 가두 캠페인을 벌였으며, 결의문을 미국 주요 인사들에게 전달했다(농협중앙회, 1996: 193). 한편 1993년 12월 7일과 8일 제네바에서 열린 우루과이라운드 협상 당시 관세 및 무역에 관한 일반협정(GATT) 본부 앞에서 조합장 대표들이 삭발 시위까지 했으며, 농협은 미국·프랑스·독일·캐나다를 상대로 쌀 개방 반대 로비를 했다(농협중앙회, 1996: 206, 209). 또한 8일에는 농협중앙회 회장이 우루과이라운드협상 대표단 단장인 농림수산부 장관을 만나 농산물 협상에서 우리나라의 쌀이 예외 취급받을 수 있는 조치를 취해 줄 것을 간곡히 부탁했다. 그러나 이러한 농협의 요구에도 불구하고 9일 새벽 김영삼 대통령이 쌀 개방 결정에 관한 담화문을 발표했다.

쌀 개방 결정을 내린 김영삼 정부는 농협을 비롯한 각종 농민단체로부터 커다란 비난의 목소리를 외면할 수 없었고 이를 무마하고 농산물 개방에 대비하는 새로운 농업구조를 구축하기 위해 1994년 2월 비제도권 단체까지 포함하는 민간 자문기구인 농어촌발전위원회(학계, 언론계, 농민대표 등 30명)를 발족시켰다(농협중앙회, 1996: 261). 이 위원회가 다룬 사업 중 농협, 수협 및 축협의 초기 개혁안을 살펴보면, 중앙회 회장의 자격을 조합원으로 제한, 농협·수협·축협의 신용사업과 경제사업 완전 분리, 각 협동조합은 경제사업만을 수행, 이들 협동조합의 신용사업 통폐합을 통한 협동조합은행의 설립, 중앙회 이사의 과반수를 조합장에서 선임, 품목별 전문조합 연합회의 설립 자유화 등이었다.

한편 이러한 개혁의 시작에 즈음해 1994년 3월 한호선 중앙회 회장이 농협 자금을 국회의원들에게 로비자금으로 사용하고 농협 거래에서 불법 커미션을 긁어모은 혐의로 검찰에 구속되고 나중에 실형을 살았다(Burmeister, 1999: 125). 그러나 이러한 이유로 농협 회장을 구속한 것에 대해 당시 언론에서는 정부가 그 동안 한 회장을 중심

12) 농협 측은 1993년에 충남 천안시 아우내 장터에서 축협 및 수협과 함께 우수 농축수산물 애용 범국민대회를 공동 개최하고 쌀을 비롯한 농축수산물의 수입개방 반대 방침을 끝까지 고수할 것을 정부에 촉구하는 건의문을 채택한 후 가두 캠페인을 벌였다(농협중앙회, 1996: 217).

으로 격렬히 전개된 농협의 쌀 수입 개방 절대 반대운동을 더 이상 확대시키지 않고 김영삼 대통령의 쌀 수입 개방 결정을 정당화하려는 조치로 해석했다(참고: Burmeister, 1999: 125-126). 그러나 다른 한편으로 김영삼 정부가 농협중앙회나 단위농협들이 스스로 개혁하지 못하거나 개혁하지 않는 부분에 대해 개혁 조치를 취한 것은 기존의 정부와는 다르게 사회의 민주화를 하나의 목표로 내걸고 그것의 달성을 추구하는 데서 비롯되었다고 보아야 할 것이다.

농협은 회장의 구속을 계기로 스스로 농협추진개혁 결의대회를 개최했는데, 이 대회에서 농협은 "새롭게 태어나겠다", "영농 지원 등 사업에 매진하겠다" 등을 다짐했으며, 1994년 3월 회장 선거에서 당시 중앙회 이사로 재임하던 원철희 후보를 선출했다.[13] 원 회장은 취임 선언에서 농협조직을 회원 농협 중심으로 개편하고 중앙회 이사를 농민대표 중심으로 운용하며, 중앙회의 신용사업과 경제사업을 명실상부한 독립사업부제로 운영하겠다고 주장했다(농협중앙회, 1996: 261-264). 그리고 그는 농민 권익을 위한 농정 활동을 강화하고, 지방화 시대에 적응하는 조직 운영의 체계를 확립하며, 우루과이라운드 농산물 타결 이후 농업경쟁력을 강화하겠다고 주장했다. 아울러 원 회장은 농산물 유통가공사업 혁신, 농업자금 지원 확대, 회원 농협 육성 및 지원 등을 추진하겠다고 다짐했다.

농협은 이러한 새로운 각오를 민주농협으로 탈바꿈하기 위한 제2기 농협의 출범으로 규정하고 곧 이어 구체적인 농협 개혁 사업계획을 수립했다. 중앙회는 사업계획수립협의체의 구성에서 운영위원으로 회원조합장 7명을 참여시켰고, 농민고충처리센터를 중앙회, 시도지회, 시군지부, 회원 농협에 설치하며, 이를 정부의 농민불편신고센터와 연계해 운영하며(농협중앙회, 1996: 271-272), 회원 농협과 중앙회 간의 파견근무를 실시하기로 했다(농협중앙회, 1996: 276).

그러나 농협은 앞서 언급된 농어촌발전위원회의 안에 대해 우려를 금치 못했다. 즉, 원 회장은 위원회의 첫 회의에서 "농협은 돈장사에만 치중하고 경제사업은 소홀히 한다. 농협은 직원을 위한 기관이다"와 같은 농어촌발전위원회의 위원들의 발언으로부터 농협에 대한 불신의 벽이 높았음을 실감했다고 반성하면서도, 위원회의 안 중 신용사업과 경제사업의 분리에 놀라움을 금치 못하고 만약 신용사업과 경제사업을 분리할 경

13) 한편 당시 출마한 삼량진 조합장인 정대근 씨가 11.7%를 득표했다.

우 경제사업이 위축을 가져올 것이라고 주장하고 그것을 극구 반대했다. 그리하여 농협은 농어촌발전위원회 위원들, 국회와 행정부의 관련 부처 및 인사들을 접촉하고 신용사업과 경제사업을 분리시켜 운영하는 독립사업부제를 실시할 것을 주장했으며, 이에 관련해 지방에서 세 차례의 공청회도 실시했다.

한편 농어촌발전위원회의 농협 개혁안과 농협의 안이 조정되어 1994년 7월 대통령에 대한 최종 보고가 이뤄졌으며 이를 토대로 1994년 12월에 농협을 포함한 수협, 축협, 임협법이 개정되었고, 1995년 6월에 그 시행령이 제정되었다. 그 주요 골자는 중앙회의 회장 자격을 조합장으로 제한하고, 중앙회 이사들 중에서 회원 조합장이 차지하는 비율을 종전의 1/2에서 2/3로 확대하며, 특정 조건에 따라 1가구 2인까지 조합원으로 가입할 수 있는 복수조합원제를 도입하고(농협중앙회, 1996: 278-279), 단위조합의 명칭을 지역조합으로, 그리고 특수조합의 명칭을 전문조합으로 변경하며, 동일 구역 내 동일 업종의 전문조합을 2개 이상 설립 가능하도록 했고(그러나 새 전문조합은 경제사업에만 전념해야 하고 신용사업은 할 수 없음), 전문조합연합회의 설립을 허용했다. 또한 농협중앙회의 신용사업과 경제사업을 엄격히 분리하고 각 사업에 따른 인사, 회계, 예산, 조직도 분리해 운영하도록 했다(농협중앙회, 1996: 265; 266-270).

이러한 1994년의 농협법 개정에 발맞춰 농협은 1995년 중앙회 조직을 개편하기에 이른다. 이 조직 개편은 효율화를 위한 구조조정과 민주화를 위한 분권으로 특징지어진다. 중앙회의 분권을 위해서는 중앙회를 중앙본부로, 그리고 그것을 경제사업총본부와 신용사업총본부로 구분하고, 종전에 중앙회장이 관장하던 사업계획과 수지예산을 포함한 기능과 권한을 부회장인 사업총본부장에 위양하고 중앙회의 신용 및 경제사업 이외의 지도사업 관련 업무만을 중앙회장이 담당하도록 했다. 또한 당시 농협은 중앙회 소속의 15개 시도지회를 통폐합해 11개로 축소하고(대전시지회와 충남도지회, 광주시지회와 전남도 지회, 대구시지회와 경북도지회를 각각 통합), 서울의 강북 및 강남, 대구, 광주, 대전에 지역신용사업본부를 설치했으며, 중앙본부의 기구를 26부실 1단에서 22부실로 축소했다. 또한 중앙본부의 18명의 이사 충원에서 비제도권 출신(우리밀 살리기 운동본부장)과 전문 농협조합장을 이사로 선출했으며, 시도지회의 부지회장제를 폐지하고 조합장으로 구성되는 시도농협운영위원회를 신설했고, 시군지부에 회원 조합장으로 구성되는 시군농협운영위원회를 구성했다(농협중앙회, 1996: 277-278).

2) 외환위기와 정부의 통합농협법 제정

1997년 11월에 외환 보유고가 고갈되어 한국의 경제는 국제통화기금(IMF)의 통제 아래 놓이게 되었으며, 김대중 정부(국민의 정부)는 1998년 2월 출범하자마자 정부와 기업 등에 대한 본격적인 구조조정에 들어갔다. 농협도 구조조정의 대상에서 벗어날 수 없었다. 정부는 농협의 구조조정을 좀 더 용이하게 하기 위해 1998년 12월에서 1999년 7월까지 농협을 대상으로 국세청 세무조사를 실시했다. 또한 1999년 초 정부는 농어촌 구조개선사업에 대한 감사원 감사를 실시했다. 이에 농협에 대한 여론의 분위기가 악화되었고 3월 18일에는 농민회총연맹이 농협 본부를 기습 점거했다. 이러한 조사 및 감사를 근거로 1999년 2월 청와대에서 열린 국무회의에서 김대중 대통령은 농협 비리에 대한 대책을 세우라는 지시를 했으며 그 후 원철희 중앙회장이 사퇴하고 곧바로 검찰의 수사가 이어졌다. 이러한 통제 방식은 문민정부 당시 농협 중앙회장을 부패 혐의로 구속한 것과 일맥상통한다. 이처럼 정부는 농협을 장악한 후 농림부를 통해 3월 8일 협동조합 개혁 방안을 발표했다(농민신문, 2000.03.22). 이 안은 현재 농협중앙회, 축협중앙회, 인삼협중앙회를 통합하는 것을 주요 골자로 하고 있었다. 그리고 이 안에서 정부는 구조조정 차원에서 1,200여개의 지역농협을 300개로 축소하라고 요구했으나 농협은 그에 반발하고 자율적으로 합병할 것을 주장했다. 1999년 3월 20일에는 농협조합장 출신인 정대근 씨가 중앙회장에 취임했고 그는 취임사에서 농민과 회원 농협 중심의 운영을 기치로 내걸었다. 그 주요 내용은 3조 원의 농민 우대 저리자금 공급, 벼농사용 농약 및 비료의 무상 공급(914개 회원 농협을 통해) 등이다.

농협은 자신과 축협 및 인삼협의 통합을 적극 찬성했다. 그 이유는 축협과 인삼협은 농협에 비하면 자금이나 사업 면에서 취약하기 때문에 흡수 통합이 이뤄질 것이라는 기대에서였다. 그리고 농협은 축협이 1981년 전두환 정부에 의해 강제로 농협에서 분리되어 창립되기 이전에는 자신에 소속되어 있었으므로 축협과의 통합은 당연한 것으로 여기고 있었다. 그러나 축협은 흡수 통합을 우려해 통합을 극구 반대했으며 급기야 신구범 중앙회장이 통합에 반대하는 의미로 국회에서 할복하기도 했으나 오히려 국회는 이를 입법권에 대한 도전으로 간주함으로써 오히려 통합농협법(명칭: 농업협동조합법)의 제정이 앞당겨지게 되었다(농민신문, 1999.12.29). 통합농협법은 1999년 8월 13일 국회 본회의에서 통과되고 9월 7일 공포되었다.

통합농협법의 주요 내용은 다음과 같다. 농협중앙회, 축협중앙회, 인삼협중앙회를 농업협동조합으로 통합하고, 농업경제, 축산경제, 신용사업 각각에 대표이사를 두어 책임 경영하도록 했으며 그 업무에 관해서는 중앙회를 대표하도록 했다. 그리고 중앙회장은 농정 활동, 교육·지원 사업과 회원 조합 감사를 하도록 하여 종전의 중앙회장의 역할을 축소했다. 중앙회장은 종전대로 중앙회의 회원 자격을 가진 자(지역조합 등 조합의 회장)가 총회에서 선출하도록 했으며, 대표이사는 정관에 따라 따로 정해진 추천 절차에 의해 총회의 동의를 얻어 회장이 임명하도록 했다. 대표이사는 소속 직원의 승진 및 전보권을 가지도록 하여 실질적인 중앙회 대표 역할을 할 수 있도록 했다.

한편 IMF 상황을 감안하고 1999년 초 검찰의 수사 결과를 바탕으로 농협에 대한 정부의 감독권이 더욱 강화되었다. 즉, 종전에 없었던 금융감독위원회의 감독권이 명문화되었고, 종전에 회원 조합과 중앙회의 사업에 적용하지 않았던 은행법 등의 규정을 새로이 적용받게 되었다. 결국 종전의 농림부, 재경부, 국정감사, 감사원 감사에다가 금융감독위원회의 감독이 부가되고 은행법을 적용하게 된 것이다.

통합농협법은 중앙회 중심의 구조에서 탈피하기 위해 회원 조합을 경제사업체의 중심으로 하는 한편 중앙회 사업을 회원 조합에 대폭 이관했다. 회원 조합을 경제사업의 주체로 설정하는 법적 조항으로는 '중앙회는 회원 조합이 실시하는 사업과 중복되는 사업을 실시해 회원 조합을 위축시켜서는 안 된다'는 조항과 '중앙회와 회원 조합이 공동출자하는 사업을 벌이되 배당에 있어서는 조합이 우선한다'는 조항이다. 그리고 회원 조합과 조합원의 경제사업을 활성화시키기 위해 조합에 조합원 기술교육과 경영 상담을 위해 품목별로 전문상담원을 배치하도록 했다.

한편 농림부 장관의 승인을 받은 화훼·과수·시설·양돈·낙농 등 품목별 조합은 중앙회에 의무적으로 가입해야 하고, 이들 조합은 또한 품목조합연합회를 설립할 수 있게 되었다. 그리고 이 연합회는 정책 건의, 생산 및 유통 조절, 홍보 및 정보 교환 등의 기능을 수행할 수 있다. 그러나 이 법에 의해 설립되는 품목별 조합은 신용사업을 할 수 없게 되었다.

조합장 선출 방법이 현행 직선제와 간선제 중 선택으로 되어 있으나 그에 덧붙여 이사회 호선제가 추가되어 조합장 선출 방식이 조합마다 다양해질 수 있게 되었다. 조합장을 상임 또는 비상임 명예직으로 구분했다. 그리고 현행 1가구 2인까지만 조합에 가입하도록 했으나 이를 폐지하고 누구나 가입과 탈퇴를 자유롭게 함으로써 문호를 폭넓게 했다. 또한 영농조합법인이나 농업회사법인도 지역농협의 조합원이 될 수 있도록 했다. 조합에 조합원 및 외부 전문가로 구성된 운영평가자문위원회를 운영하도록 하고 조합원의 총회 안건 제안권을 신설했다.

결국 통합농협법은 통합을 통한 저비용, 고효율 구조의 개선, 책임경영 체제 강화, 조합원의 조합 경영 참여 기회 확대에 강조를 두었지만 통합 시행에서도 정부가 주도하는 등 정부 개입이 지나쳤다. 법률이 국회에서 통과된 후, 통합농협설립기획단이 1999년 10월 8일에 발족되었는데 농·축협중앙회 임직원, 농·축·인삼협조합장, 교수 및 농민단체 전문가 등 17명으로 구성되었으며, 위원장은 농림부의 농림국장이 담당했다(농민신문, 1999.10.11). 결국 농림국장이 위원장을 담당하게 됨에 따라 정부가 농협 설립을 주도하게 된 것이다. 또한 이 기획단 산하에 설치된 협동조합설립사무국이 11월 16일 협동조합 개혁 기본 구상(시행규칙, 시행령, 정관에 영향을 미칠 사업, 인사, 급여, 조합원 수 등에 대한 규정)을 내놓았는데 이에 대해 농협 측에서는 자신과의 사전 협의나 설립위원회에서 논의조차 되지 않은 상태에서 농림부가 일방적으로 언론을 통해 기정 사실화하려는 움직임을 보였을 뿐 아니라 농림부가 의도하는 방향으로 통합을 이끌어 가겠다는 의도를 보인 것이라고 크게 반발했다(농민신문, 1999.11.26).

제 4 절 제도 변화에 대한 해석과 제도적 구조의 특성

이 절에서는 제3절에서 언급된 농협법과 각종 제도의 변화를 해석하고자 하며, 또한 변화된 제도적 구조의 양상을 특징을 살펴보고자 한다.

1 정치적 · 사회적 위기와 그 매개자의 기능

1987년 6·10 시민항쟁은 분명 당시의 정부와 여당 등 기득권자들에게는 커다란 위기로 작용했고, 이들이 그에 어떻게 대응하는가의 문제는 한국 사회의 미래에 중대한 영향을 미칠 만한 것이었다. 당시 제5공화국 정권이 대통령 직선제를 포함한 6·29 선언을 단행함으로써 시민사회의 요구를 수용하는 동시에 정권의 안정을 위한 전략적 대응을 했다.

당시의 여당인 민정당과 야 3당인 평민당, 민주당 및 공화당의 정치 세력들은 제5공화국의 권위주의적 헌법을 좀 더 민주적인 헌법으로 개정하기 위해 논의하던 끝에 1987년 10월에 제6공화국 헌법을 제정했다. 제6공화국 헌법은 대통령 직선제, 국회의 국정감사권 부활, 언론기본법 폐지 등 삼권의 균형을 회복하고 국민의 인권과 자유를 신장하는 내용을 담고 있었으며(김운태, 1989: 384-391), 이 헌법에 의해 처음으로 출범한(1988년 2월) 노태우 정부는 과도기형 의사민주주의 체제였다(김호진, 1991: 243).

앞서 언급했듯이 1987년에 시작된 민주화 추세가 지속되어 1989년에 말에 이르러 농협법이 개정되었는데, 그 구체적인 개정 조항들(중앙회장 및 조합장 직선, 사업계획 및 수지예산의 정부 사전 승인제 폐지)은 국가, 농협 및 농민조합원 간의 관계에서 상당히 민주적인 내용들이었다. 여기서 우리는 6 · 10 시민항쟁이라는 정치적 · 사회적 위기와 민주화 추세에 의해 국가, 농협 및 농민 조합원을 규정하는 제도적 구조가 크게 변화했음을 알 수 있다.

그러나 6 · 10 시민항쟁이라는 위기와 그에 따른 정치와 사회의 민주화라는 상황에 의해 자동적으로 제도적 구조가 변화된 것은 아니다. 정치적 · 사회적 위기를 자신의 이해 추구를 위한 기회로 바꾸는 자들이 그러한 제도적 구조를 탄생시키는 데 크게 작용했다. 한편 그 과정에서 제도적 관성을 유지하려는 자들은 법과 제도 개혁에 소극적으로 대처하거나 거부하기도 했다.

6 · 10 시민항쟁 직후 가농이 민주적 방향으로 농협법의 개정을 주장했고 1987년 12월 대통령 선거에 즈음해 야 3당 후보들은 농민들의 표를 의식해 모두 중앙회장과 조합장의 직선제를 공약으로 내세웠다. 또한 1988년 농협법 개정을 위한 토론회와 법안 제출에서 야 3당과 농협중앙회는 농협중앙회의 사업계획 및 수지예산의 정부 사전 승인제 폐지를 주장했다. 한편 농협중앙회 노조와 조합장들의 각 정당 방문과 궐기대회는 중앙회 회장 및 조합장의 직선, 사업계획 및 수지예산의 정부 사전 승인제 폐지에 크게 기여했다.

반면 1987년 6 · 10 시민항쟁 당시 농협중앙회를 비롯한 단위 농협들은 정부와 여당의 눈치를 살피는데 급급해 농협 개혁에 관해 어떠한 언급도 하지 않았고 여당의 대통령 후보는 직선제가 아닌 선임제를 공약으로 내걸었다. 1988년 농협법 개정 당시 토론

과정에서 여당은 사업계획 및 수지예산의 정부 사전 승인제를 유지하는 법안을 채택하고 농협중앙회와 함께 중앙회회장의 직선과 조합장 간선을 주장했다. 한편 정부 역시 사업계획 및 수지예산의 정부 사전 승인제를 유지하는 쪽으로 나아가다가 농협 측과 지속적인 협의 끝에 정부 사업에 대해서만 승인제를 유지하는 쪽으로 결론을 내렸다.

이상과 같이 국가와 여당은 농협중앙회와 단위조합에 대한 통제를 유지하려 했고 농협중앙회는 국가로부터 자율성을 획득하려고 했으나 단위조합에 대한 자신의 통제는 유지하려는 의도를 보였다. 당시 국가의 농협에 대한 통제 의도는 야당과 중앙회 노조의 강력한 저항에 밀려 실현되지 못했고, 농협중앙회의 단위조합과 농민들에 대한 통제 의도 역시 야당과 조합장들의 저항 때문에 실현되지 못했다. 물론 국가와 농협중앙회가 자신들의 통제 의도를 실현시키지 못하고 야당과 조합장들의 요구에 순응한 것은 그들이 당시 한국 사회의 전반적인 민주화 분위기를 크게 고려한 것이기 때문이기도 하다.

이러한 민주화 분위기 속에서 정부는 양곡유통위원회에 농업생산자 대표로 농협을 참여하도록 배려했는데 이는 그 동안 농협을 단순한 집행 도구로만 생각하던 것에서 탈피하고 결정할 때 파트너십을 고려한 것이라 하겠다. 한편 야 3당은 1988년 농협법 개정 시 조합원의 조합장 피선 자격을 완화하는 방향으로 법을 개정(신분 보유 기간의 단축과 출좌 좌수의 축소)했는데 이는 더 많은 조합원에게 조합장의 문호를 개방한 조치였다. 하지만 농협중앙회가 이를 강력 반발했는데 이는 여전히 일반 조합원에 대한 배려가 취약(과거의 통제 관성 유지)하다는 것을 의미한다.

1991년 지방자치가 실시될 무렵 헌법재판소의 결정(지방자치법에 규정된 농협조합장의 지방의회 의원 겸직 금지는 위헌임)을 농협이 이끌어 낸 것은 지속되는 한국의 민주화 추세라는 기회를 자신에게 유리한 방향으로 유도해 성공한 사례다. 당시 여야 정치인들은 정당 이익의 보호라는 차원에서 조합장의 지방의회 의원 겸직을 극구 반대한다. 그러나 사법부는 농협을 통한 농민 이익을 지방 차원에서 반영하도록 하는 결정을 내린 것이다.

이상과 같이 야당은 농협법의 대폭 개정에서 농협중앙회, 단위조합의 자율성을 확대하고, 나아가 조합원의 자율성을 확대하는 데 가장 큰 기여를 했고, 그 다음으로는 농협중앙회와 그 노조가 자신의 자율성을 국가로부터 획득하는 데 큰 기여를 했다. 여기서 당시의 야당은 앞서 언급한 평화민주당과 통일민주당 및 신민주공화당이며, 이들 정당 중 평화민주당과 통일민주당은 당시 김대중 씨와 김영삼 씨를 각각 총재로 하고 있었으며, 이들은 수십 년 동안 민주화 투쟁과 권력 쟁취에 힘써 왔고 그 추종 세력이나 정당의 다른 구성원들 역시 대체로 과거 민주화운동을 해 온 사람들이었다. 그리하여 이들 두 정당은 1987년 6·10 시민항쟁에 강력한 영향을 미쳤다. 그러나 신민주공화당과 그 총재 김종필 씨는 이들 두 정당과 총재들과는 다르게 보수적인 정치 이념을 가졌으나 당시 대통령 선거를 의식해 민주적인 방향으로의 농협법 개정을 공약으로 내걸었던 것이다.

2 경제적 위기와 그 매개자의 기능

1993년 2월에 출범한 문민정부(김영삼 정부)는 1990년대 초부터 전개해 온 농민들과 농협의 농산물 수입 개방 반대에 부딪히게 되었다. 당시 쌀을 비롯한 농산물 개방 문제는 전 국민이 느낄 정도의 농업 위기였으나 문민정부는 12월에 일단 쌀 개방을 발표했으며 그 후속 대책으로 농업 구조조정 정책을 수립하게 되었다. 그 과정에서 정부는 농협을 통제, 장악하고 농협을 민주적인 방향으로 개혁해 나아갔다. 한편 1997년 말경 외환 보유고 부족은 한국을 경제적 위기와 IMF 경제 체제로 몰아넣었던 중대한 사태였으며 당시 출범한 김대중 정부 역시 지속적인 민주화 추진과 경제 회생의 주도적 역할을 담당하게 되었다. 결론부터 말하면, 김영삼 및 김대중 정부 기간에 이뤄진 농협 개혁과 그것에 의해 새로 형성된 국가, 농협 및 조합원 간의 제도적 구조는 정부가 민주화라는 기회와 경제적 위기를 농협의 구조조정과 민주화로 유도하는 데 앞장섰었다고 볼 수 있다.

김영삼 정부는 농협을 비롯한 농업 부문 개혁을 추진할 때 먼저 농협중앙회장을 구속한 바 있고 김대중 정부 역시 농협 개혁 직전에 국세청의 농협에 대한 세무조사, 농협의 농어촌 구조조정 사업에 대한 감사원의 감사, 대통령의 농협 비리 대책 강구 지시 등 강력한 통제 기제를 동원해 농협의 구조조정과 농협 내 민주화를 단행했다. 그리하여 농협중앙회는 그 스스로 조합이나 조합원에게 유리한 경제사업 및 이들의 자율성을 증진하는 개혁을 단행하지 못하고 정부가 먼저 이러한 개혁을 하도록 방치하는 입장이었다.

김영삼 정부 시대에 이뤄진 정부 주도의 농협 개혁은 회원 조합의 중앙회에 대한 참여 증대(중앙회 이사 중 회원 조합장 비율 증가)와 복수 조합원제 도입을 통한 농민의 조합에 대한 참여 증대를 도모한 것, 전문조합의 설립 자유와 그 연합회의 설립을 허용한 것 등 농민의 조합에 대한, 그리고 조합의 중앙회에 대한 참여를 증가시킨 것이 주요 골자다. 이와 같은 개혁 내용들은 농협중앙회가 하위 농협에 대한 통제라는 기존의 제도적 관성을 유지하려 했기 때문에 사실상 농협중앙회가 피하고 싶은 것이었다.

농협중앙회는 정부의 신용사업 및 경제사업 분리에 놀라움을 금치 못하고 그 대안으로 경제사업과 신용사업의 독립사업부제라는 절충안을 내놓는 한편 시도지회의 통폐합을 실시하고, 중앙회의 사업계획에 대한 회원 조합의 참여를 촉진하고 중앙회 및 단위 조합에 고충처리센터를 설치하는 등 구조와 운영의 개선을 꾀하고자 했다. 하지만 이와 같은 농협중앙회의 구조조정과 민주화 조치는 당시 정부의 강력한 개혁 조치의 영향을 받아 이뤄졌다고 볼 수 있다.

다른 한편 김대중 정부 하에서 이뤄진 통합농협법 제정은 경제위기 극복이라는 정당성에 근거하고 법적 강제력을 동원한 강력한 조치였으며, 특히 축협의 반발을 무시하고 이뤄진 점에서 더욱 강제력이 컸던 합병이었다. 그리고 통합된 농협중앙회는 농업경제, 축산경제 및 신용사업 각각에 대표이사를 두고 대표이사에 인사권을 부여함으로써 실질적인 분권 체제를 구축했다. 그리고 통합농협법에서는 가구원 중 누구나 그리고 영농조합법인이나 농업회사법인도 조합원으로 가입하거나 탈퇴할 수 있도록 함으로써 농민과 농업단체에 대한 조합의 문호를 완전히 개방했다. 또한 통합농협법에서는 조합원의 총회 안건 제안권을 신설함으로써 김영삼 정부 시기의 개혁에 이어 더욱 더 조합원의 참여 권한을 증대시켰다. 그러나 김대중 정부는 경제위기와 국민의 정부 이념을 근거로 농협 개혁을 주도하는 가운데 농협중앙회 및 회원 조합에 대한 금융감독위원회의 감독을 신설하고 은행법의 적용 배제를 해제했다. 또한 통합농협설립기획단조차 정부(단장－농림국장)가 장악함으로써 지나친 정부 주도의 개혁이라는 점을 면치 못했다.

이상과 같은 김영삼 정부 시대의 농협 개혁과 김대중 정부 시대의 농협 개혁은 어떠한 성격을 지니는가? 앞서 서술한 개혁의 역사적 추이를 분석해 볼 때 김영삼 정부 시대의 농협 개혁의 내용은 노태우 정부 시대에 완전히 이뤄지지 못한 부분을 개혁한 내용들이며 김대중 정부 시대의 농협 개혁 역시 김영삼 정부 시대에 완전히 이뤄지지 못한 부분을 개혁한 내용들이다. 그런데, 노태우 정부 기간에 이뤄진 농협 개혁은 민주적인 방향으로 매우 급진전한 것이지만, 노태우 정부 시대로부터 김대중 정부로 이어지는 시기 동안 두 차례의 농협 개혁은 좀 더 민주적인 방향으로 점진적으로 이뤄진 것이다. 노태우 정부 시기에는 민주화의 추세 속에서 주로 야당이 주도해 농협 개혁을 이룩했으나, 김영삼 및 김대중 정부 시기에는 국민의 계속되는 민주화 열망 속에서 주로 정부가 농협에 대해 억압 조치를 취하는 가운데 개혁을 단행했고 그에 대한 국회에서의 이의 제기는 거의 없었다. 여기서 알 수 있는 점은 노태우 정부 시기의 야당 세력 중 통일민주당과 평화민주당, 그리고 이들 각 정당의 총재인 김영삼 씨와 김대중 씨가 대통령으로 당선되어 농협 개혁을 단행한 것으로서 이들이 노태우 정부 시기의 농협 개혁 세력과 거의 동일하다는 점이다. 또한 노태우 정부에서 농협의 모든 부분이 개혁되지 못한 것처럼, 문민정부(김영삼 정부)가 출범했다 하더라도 농협 개혁이 민주적인 방향으로 완전하게 이뤄지지 못하고 그 나머지 개혁은 김대중 정부에 넘어가서 이뤄졌다는 점이다. 이는 개혁이 급격하면서도 완전하게 이뤄지기는 힘들다는 것을 나타내준다.

이처럼 김영삼 정부 시기의 농협 개혁과 김대중 정부 시기의 농협 개혁 내용은 점진적이고 민주적인 것이었다는 점에서 매우 유사하다. 또한 그 절차에서도 주로 갑작스럽게 억압적인 분위기를 조성한 다음(즉, 농협중앙회 회장의 구속이나 농협에 대한 세무조사 등) 농협을 장악하고 개혁의 필요성에 대한 여론을 조성했던 것이다. 이러한 억압적인 방식에 의한 농협 개혁은 아직도 국가의 자율성이 막대하다는 것을 의미하며 대통령 등 핵심 정치인과 관료들이 민주적 절차보다는 그러한 국가의 자율성을 이용해 개혁을 쉽게 단행하고자 하는 데서 비롯되었다고 보아야 할 것이다. 다른 한편으로는 이러한 억압적 방식이 동원되는 이유는 그 동안 농민의 이익을 제대로 대표하지 못한 농협이 스스로를 개혁하지 않아 국가의 억압적 개입의 구실을 불러들였기 때문이기도 하다.

3 제도적 구조의 특성

농협과 조합원을 통제하기 위한 기존의 농협법이 1988년 말에 대폭 개정되어 농협과 조합원의 자율성이 증가되고 1994년과 1999년에 농협법의 세세한 부분까지 추가로 개정됨으로써 농협의 자율적 운영과 조합원의 자율성이 크게 증가되었다. 여기서는 현재 농협법의 내용과 각종 제도, 그리고 국가, 농협 및 조합원의 활동을 통해 국가, 농협 및 조합원 간의 제도적 구조가 어떠한가를 분석하고, 과연 그 제도적 구조가 국가조합주의로부터 어느 정도 탈피해 있는지 아니면 신조합주의의 특성을 구비하고 있는지를 몇 가지 측면에서 검토한다.

첫째, 조합주의 구조에서는 이익집단들이 기능에 따라 분화된 제한 수의 범주에 의거 조직화되는데, 농업협동조합은 일반 농업, 축산업 및 품목별(원예 등) 농업 등을 포괄하는 '농업'이라는 기능에 따라 조직화되어 있다. 그리고 이들 농업협동조합은 농협중앙회라는 단일 조직으로 통합되어 있다. 1999년 제정된 통합농협법은 인삼 및 축산협동조합을 농업협동조합에 포함시킴으로써 농촌의 협동조합들을 좀 더 포괄적인 하나의 조직으로 통합시키는 데 기여했다.

둘째, 조합주의 구조에서는 이익집단이 국가로부터 인정(허가 또는 인가)을 받으며 공공적 권위를 부여받는다. 특히 법률적 인정을 받기도 하는데 현재 우리나라의 농협은 농협법에 의해 법률적 권위를 부여받고 있고 국가의 인가에 의해 설립되어 있다. 과거 1960년대 초부터 국가가 농협을 창설하기도 했고 1997년 IMF 경제 체제 이후에는 구조조정 차원에서 영세 농협들의 통합을 유도했으며 축협 및 인삼협의 농협으로의 통합 등을 추진했다. 이러한 국가 주도의 통합은 아직도 국가가 민간 부문의 협동조합에 대해 강력한 영향력을 행사한다는 것을 의미한다.

셋째, 조합주의에서는 조합원이 강제적으로 가입되지만 과거나 현행 우리나라의 농협법에서는 조합원 가입의 강제적 규정을 두고 있지 않다. 물론 1988년 말 농협법이 개정되기 전까지는 농민이 조합원으로(1가구에서 가구주 1인) 가입하거나 탈퇴하는 데 자유로웠으나 조합원으로 가입하지 않고서는 영농자금을 공급받지 못하거나 비료 등 정책 구매 사업과 벼 및 고구마 등 정책 판매 사업 등에서 혜택을 누릴 수 없게 되어 있어서 사실상 조합 가입을 강요당했다. 그리고 현재에도 어느 누구라도(한 가구에서 여러 명도 가능) 자유롭게 조합에 가입하거나 탈퇴할 수 있고, 과거의 정책 구매와 정책 판매가 더 이상 존재하지 않아 조합에 얽매이지 않지만, 영농자금이나 농협 자체의 구매 및 판매, 신용사업에서 더 많은 편의를 획득하기 위해 조합에 가입한다. 한편 현행 농협법에는 1구역 1지역조합이 명문화되어 있고, 특정 지역에 잘 발달된 다른 농업단체가 부재하기 때문에 대부분의 농민은 선택의 여지가 없이 자기 구역의 조합에 가입한다.

넷째, 조합주의 구조에서는 정상조직으로부터 하위조직에 이르는 조직들이 계층적으로 구조화되어 있는데 현행 우리나라의 농협은 그러한 구조로 되어 있다. 1994년 12월의 농협법 개정에서는 품목조합들의 연합회인 품목조합연합회가 농협중앙회의 새로운 하위조직(회원조직)으로 편입되었다. 물론 중앙회, 품목조합연합회, 지역농협 및 품목농협은 각각 별개의 법인이지만 중앙회는 계층제의 정상에 위치하는 조직으로서 하위 조직들을 회원으로 하며 이들을 지도, 감독할 수 있는 위치에 있다. 품목조합연합회 역시 그 하위조직인 품목조합을 지도, 감독할 수 있다.

한편 지역조합 및 품목조합과 조합원 간의 관계에서 조합원은 조합 가입과 탈퇴의 자유, 평등한 의결권 및 선거권 보유, 총회 및 선거에서의 부당한 점에 관련해 농림부 장관에게 무효 확인 신청 등의 권한을 가지는 반면, 출자 및 성실한 조합사업의 이용 의무를 가지며 조합사업을 1년 이상 이용하지 아니하거나 출자 및 경비의 납입 등 기타 조합의 의무를 이행하지 아니할 때는 조합으로부터 제명을 당할 수 있다.

다섯째, 조합주의 구조 하에서 이익집단은 지도자 선출과 이익 표명에서 국가의 일정한 통제를 준수하는 대가로 관련 이익의 범주 내에서 이익대표의 독점권을 국가로부터 부여받는데, 한국 농협의 경우 과거 국가조합주의 시대에는 국가로부터 상당한 정도의 통제를 받는 동시에 농촌의 이익대표 독점권을 부여받고 국가의 정책사업을 집행함으로써 조직의 발전을 거듭했다. 국가조합주의 시대에는 국가에 의해 군 출신과 관료 출신이 중앙회 회장에 기용되었으며 조합장들은 국가에 의해 임면되었다. 한편 김영삼 정부 초 정부는 농협중앙회 회장을 공금 횡령으로 구속했으나 언론에서는 국가가 지도자의 통제를 통한 중앙회에 대한 적극 개입을 시도하는 것이라고 해석했다.

한편 지난 10여년 동안에도 농협은 국가로부터의 지지와 농협법 및 기타 법률에 의거 농촌과 농민의 이익 대표권을 독점하다시피 했고 김영삼 및 김대중 정부 주도의 농협 개혁에 순응했다. 지역농업협동조합과 지역축산업협동조합은 지역명을 붙이거나 지역의 특성을 나타내는 명칭을 사용해야 하며, 품목별 협동조합은 지역명과 품목 또는 업종명을 붙인 명칭을 사용해야 한다. 그리고 이 법에 의해 설립된 조합과 중앙회가 아니라면 위의 명칭이나 그와 유사한 명칭을 사용할 수 없다. 또한 같은 구역 안에서는 2개 이상의 지역농협을 설립할 수 없으며, 조합원은 2개 이상의 지역농협에 가입할 수 없다. 이러한 농협법 규정들은 농협의 이익대표 독점권을 국가가 법률로써 보장해 주는 것이다.

일곱째, 국가조합주의 하에서 농협은 자발성과 자원이 부족하고 강한 국가로부터 통제를 받고 동원되는 타율적 존재로 기능하지만, 신조합주의 하에서 농협은 자발성을 보유하고 독자적인 자원을 보유한다. 확실히 한국 농협은 국가조합주의 시대에는 자발성이 부족하고 여러 가지 자원을 국가에 의존하면서 생존해 왔다. 그러나 지난 10여년 간 농협은 (주)남해화학(비료회사) 경영 참여(지분 25% 소유), 우루과이라운드 협상 반대 및 우리농산물 애용운동(신토불이)에서 보여주었다시피 자신의 이익 표명을 분명하고도 적극적으로 수행해 왔으며, 신용사업을 통해 획득한 엄청난 자금을 확보하고 그 자금을 유통 및 가공 등 경제사업에 상당히 투자해 왔다.

과거부터 농협이 상당한 공공성을 보유한 조직이라는 명분 아래 국정감사, 감사원 감사, 재경원, 농림부 등 국회와 정부의 주요 부처로부터 감사를 받아 왔고 IMF 경제체제로 인해 금융감독위원회의 감독을 받고 있으나, 1994년 농협법 개정 시에 "국가와 공공단체는 조합과 중앙회의 자율성을 침해해서는 안 되며, 조합과 중앙회의 사업에 적극 협력해야 한다"라는 조항이 추가되었고, 현재에는 국가조합주의 시대에서와 같은 노골적인 통제(중앙회장이나 조합장에 대한 임명, 농협 자체사업에 대한 정부 승인제 등) 장치는 사라진 상태다.

끝으로, 국가조합주의 하에서 농협은 주로 국가의 엄격한 통제 아래 주로 농업정책의 집행에 관여하지만 신조합주의에서는 집행뿐 아니라 결정에도 공식적인 동반자(파트너)로 참여하고 있고 국가－조합－조합원 간의 관계가 후원자－고객 관계가 아니라 동반자 관계이며 조합원을 포함한 이들 3자가 상호 이익을 추구하는 구조다. 농림부가 농업정책의 주요 방향을 결정하고는 있지만, 중앙정부 수준에서 현재 농협은 양곡유통위원회, 규제개혁위원회, 농업발전특별위원회, 정보화추진위원회 등에 위원으로 참여하고 있고 태스크포스(예로서 구제역 방지 및 처리)에도 참여해 활동한다. 또한 농림부는 실·국장 수준뿐 아니라 다양한 수준에서 평소 또는 특정한 문제가 있을 때 농협에 자료나 정보를 요청을 하고 농협 직원으로부터 의견을 청취한다. 또한 최근에는 국가조합주의 시대와는 달리 농협의 대정부 건의가 정부에 더 많이 반영되고 있다. 국가조합주의 시대와 마찬가지로 최근 10여년 동안 정부의 농어촌, 농어민에 대한 투융자가 계속 증가함에 따라 농협이 그 사업의 동반자로 관여할 수밖에 없었으며, 이러한 추세는 지속될 것이다. 특히 사업 수행에서 정부는 농협이 핵심 집행자의 역할을 해주기를 진정 기대하고 의존하기 때문에 동반자 관계 또는 협조 관계를 돈독히 유지하고 있다. 이와 같이 중앙정부 수준에서, 정책 결정에서는 농협이 정부의 각종 위원회의 위원이나 정보 및 의견 제공자 역할을 하고 집행에서는 진정한 동반자 관계를 유지하는 양상은 광역이나 기초자치단체 수준에서도 유사하게 나타난다. 경남도청과 진주시청의 농정심의회와 농업발전특별위원회에 농협이 주요 위원으로 참여하고, 농협중앙회 경남지역본부가 김해의 도청 소속 농산물유통단지를 위탁 경영하고 있으며 농어촌진흥기금을 위탁 관리하고 있다. 또한 과거와 달리 오늘날 광역 및 기초자치단체들은 민주화 시대를 감안하고 조합 및 조합원이 지방선거에 미치는 영향을 고려해 조합과 조합원의 의견을 자치단체에 최대한 반영하려는 경향을 보인다.

앞서 원철희 중앙회장의 말이 인용되었듯이, 최근 몇 년 전까지만 해도 농협은 "농협을 위한, 직원을 위한 조합이다"라는 비난조의 여론에 시달려야 했다. 그리고 여전히 농협 전체 구소 속에서 중앙회는 회원 조합에 대한 감독과 감사를 행한다. 그러나 중앙회가 회원 조합의 사업을 위축시켜서는 안 된다는 법률 조항과 중앙회 이사의 회원 조합 비율을 크게 증가시키는 법률 조항이 추가되고, 중앙회 회장은 회원 조합장 중에서 회원 조합장들이 선출하도록 되어 있기 때문에, 이제 중앙회와 조합 간의 관계는 중앙회의 일방적인 통제 관계가 아니다. 지난 10여년 동안 과거의 중앙회의 일방적인 통제 관계가 동반자적 관계로 전환해 온 것이다. 이와 함께 조합과 조합원 간의 관계 역시 크게 변모해 왔는데 조합원이 조합장을 직접 선출할 수 있고 조합을 통해 이뤄지는 정책 구매 및 정책 판매 사업이 축소됨에 따라 조합의 조합원에 대한 통제력이 크게 약화되었다.

제 5 절 결론

지금까지 이 장에서는 국가와 농협 및 조합원 간의 제도적 구조의 변화와 그 특성을 살펴보았다. 1987년 6·10 시민항쟁이라는 정치적·사회적 위기가 제도적 구조의 변화의 핵심적 계기로 작용했으며, 그 위기를 야당이라는 제도 행위자가 주도적으로 매개해 제도적 구조의 민주화에 기여했다. 또한 농업 위기와 외환 위기라는 경제적 위기가 농협의 민주화와 이들 간의 제도적 구조의 민주화에 또 하나의 계기를 마련해 주었고 국가는 그 위기를 중도적으로 매개하는 핵심적 제도 행위자였다. 따라서 이 연구에서는 특정의 제도적 구조가 변화할 경우에는 한 사회의 전체 또는 부분에 심각한 영향을 미칠 만한 정치적·경제적·사회적 위기가 도래하고 그것을 매개하는 특정의 제도 변화 행위자가 기능한다는 점을 발견했다. 여기서 6·10 시민항쟁과 외환 위기가 한 사회의 전체에 영향을 미칠 만한 위기였다면 농업 위기는 한 사회의 부분에 심각한 영향을 미칠 만한 위기였다고 볼 수 있다.

한편 이 연구에서는 제도적 구조가 변화한 결과 현재 국가와 농협 및 조합원 간의 제도적 구조는 국가조합주의로부터 크게 벗어나 있으며 신조합주의 또는 민주적 조합주의 구조로 지향하고 있음을 발견했다. 과거와 마찬가지로 국가는 여전히 농협을 정책 집행의 핵심 파트너로 고려하고 있으나 정책 결정 측면에서는 농협을 핵심 파트너로서보다는 자료 제공자나 의견 참조자로 여기는 점에서 신조합주의 요소가 취약하다고 하겠다. 그것은 아직도 국가가 전통적으로 강력한 자신의 자율성을 유지하려 하고 있고, 그로써 농협과 같은 중간조직의 자율성을 완전히 인정하고 하지 않으려 하기 때문이며, 다른 한편으로는 농협(특히 중앙회)이 스스로 농민을 위한 농협으로 거듭나기 위한 개혁을 소홀히 함으로써 국가 개입을 초래했기 때문이다. 그러나 앞서 언급했듯이 국가의 농촌에 대한 투융자가 더욱 증가하고 그것을 집행할 조직으로서 농협의 역할이 더욱 커질 것이 전망되므로 정책 집행에서 국가와 농협은 더욱더 확고한 동반자적 위상을 유지할 것이다. 이와 함께 한국 사회가 지속적으로 민주화되어 감에 따라 국가와 농협 및 조합원 간의 제도적 구조가 더욱더 민주적으로 변화할 것으로 기대되며 그 결과 신조합주의 구조가 제대로 구축될 것으로 전망된다.

제 11 장

제도의 유사성과 이질성의 원인에 관한 연구: 적기 시정 조치 제도를 중심으로

김태은

제 1 절 서론

현대 사회는 국가 간 제도(또는 아이디어)의 이동·확산이 재화와 서비스의 국가 간 이동만큼이나 빈번하게 이뤄지고 있다. 즉, 국가 간 제도의 모방과 따라하기, 특히 중·후진국이 선진국의 제도를 따라하는 것은 어렵지 않게 발견된다.

다른 국가(특히, 선진국)의 제도를 따라하려는 현상은 국가 간 제도의 차이를 줄여서 제도의 수렴을 이끌거나 혹은 개별 제도간 유사성(homogeneity)을 확대시킨다. 그러나 제도의 유사성이 증대되고 있음에도 불구하고 또 다른 한편에서는 유사해 보이는 제도의 이질성(heterogeneity)이 쉽게 발견된다. 즉, 외적으로는 유사해 보이지만 제도의 구체적 내용과 운영의 실태를 살펴보면, 매우 이질적인 제도로서 변형되어 활용되고 있음을 발견할 수 있다. 다시 말해, 외국에서 도입된 제도는 도입 국가의 제도와 유사하기도 하지만, 또 한편에서는 도입의 모델이 되었던 제도와는 다른 매우 이질적인 특성이 나타나기도 한다.

이러한 맥락에서 외환위기 이후 도입된 적기 시정 조치 제도는 제도의 유사성과 이질성의 현상을 이해하는 데 유용하다. 덴마크에서 처음 만들어진 적기 시정 조치는 금융기관의 부실을 사전에 통제하기 위한 자동 격발 장치로서의 기능을 지니고 있다. 이 제도는 첫째, 미국에서 이 제도가 채택된 이후, 짧은 기간 동안 캐나다, 일본, EU 등 전 세계로 급속하게 확산되었으며 우리나라 역시 1998년 관련법의 개정을 통해 이 제도를 도입했다. 둘째, 우리나라가 미국의 제도를 도입했음에도 불구하고 도입 모델인 미국의 적기 시정 조치 제도와는 매우 상이하다는 점이다. 즉, 우리나라의 적기 시정 조치 제도는 미국의 제도를 도입해 미국의 제도와 유사하면서도 동시에 매우 이질적인 특성을 보여주고 있다.

이러한 배경에서 이 연구는 외국에서 도입된 제도가, 도입 모델인 제도와 유사성을 지니면서도 동시에 이질성을 지니게 되는 원인이 무엇인지, 그리고 이질성의 정도에 미치는 요인이 무엇인지를 미국에서 도입된 적기 시정 조치 제도를 통해 분석했다. 이를 통해 제도의 유사성과 이질성을 설명하는, 또한 이질성의 정도에 영향을 미치는 설명 도구를 개발하고자 하며, 이를 통해 궁극적으로 신제도주의 이론의 설명력 향상과 더불어 외국에서 도입된 제도의 형성과 변화의 방향을 예측하는 데 기여하고자 했다. 또한 정책적으로 왜 적기 시정 조치 제도가 그 기능을 수행하지 못하는지에 대한 일단의 해답을 제공하고자 했다.

제 2 절 이론적 배경

1 제도 형성(변화)의 압력 요인으로서 동형화

외국에도 도입된 제도의 설명하는 데 사회학적 제도주의에서 강조된 동형화(isomorphism) 개념은 매우 유용하며, 특히 유사성을 설명하는 핵심 개념으로 자리 잡아 왔다. 특히, 우리나라와 같이 서구 제도에 노출되어 온 경우 그 설명력이 더욱 높다 할 것이다.

사회학적 제도주의는 조직연구(Meyer & Rowen, 1977; DiMaggio & Powell, 1991)에서 발전되었으나, 이후 사회정치적 변화의 국제적 과정에 대한 분석을 포함한 제도 변화의 분석에까지 확대(Meyer, 2009)되어 왔다. 이 접근에서는 제도를 "사회적 행태에 대한 의미와 안정성을 제공하는 인지적, 규범적, 규제적 구조와 활동"이라는 정의(Scott, 1995: 33)에서 알 수 있듯이, 의미 해석의 틀로서 이해하고 있으며, 상황이론이나 자원의존이론에서 주어진 임무나 기술적 요소보다 조직 환경의 사회·문화적 측면의 중요성을 강조한다. 또한 조직 형태의 기능적·합리적 설명의 대체에 관심을 가지고 있었으며(Meyer & Rowan, 1977), 조직의 유사성과 안정성(stability)을 이해(DiMaggio & Powell, 1983)하고자 했다(Ashworth et al., 2009: 166-167).

이러한 맥락에서, 기념비적인 연구라 할 수 있는 디마지오와 파월(DiMaggio & Powell, 1983)은 제도화된 아이디어는 조직으로 하여금 유사한 구조와 형태에 적응하도록 압력을 미치며 이에 따라 조직의 유사성은 점진적으로 증가하게 된다고 주장하면서, 제도적 동형화의 중요성을 강조했다. 이들은 유사성(homogeneity)을 증대시키는 요인으로, 두 가지 형태의 동형화, 즉 경쟁적(competitive) 동형화와 제도적(institutional) 동형화를 소개[1]했다.

첫째, 경쟁적 동형화는 시장 경쟁, 적소 변화(niche change), 적합도 측정을 강조하는 체계 합리성(system rationality)을 가정한다. 이러한 관점은 자유롭게 개방적인 경쟁이 존재하는 영역과 관련되어 있으며, 베버(Max Weber)의 관료제화의 과정을, 혹은 혁신의 초기 과정을 부분적으로 설명한다(DiMaggio & Powell, 1983: 149-150). 부연하면, 경쟁적 동형화는 베버의 합리성의 '철장(iron cage)'으로 잘 드러나는데, 경쟁시장은 환경적 도전에 대해 가장 합리적이고 효율적인 해결책의 출현과 확산에 호의적이라는 것이다(Radaelli, 2000: 27). 이러한 주장은 효율성의 추구 결과로서 조직의 유사성을 주장하는 합리적 적응 이론가들이나, 환경적 경쟁 선택은 조직화된 객체를 구조적으로 유사하게 만든다고 주장하는 조직군 생태이론가들의 주장과 일치한다(Boxenbaum & Jonsson, 2008: 79-80). 다시 말해, 경쟁적 압력은 비효율적인 제도적 해결책을 사장시키기 때문에 조직 및 제도 간 수렴을 가져온다는 것이다.[2]

둘째, 제도적 동형화는 사회적 적합성·정당성을 강조하는 것으로, 조직은 다른 조

1) 물론, 이들이 강조하는 것은 제도적 동형화이며, 경쟁적 동형화는 현대 사회의 조직을 설명하는 데 적절하지 않다고 주장한다.

2) 예를 들어, 신고전경제학자들은 완전경쟁 시장 하에서 경쟁적 압력은 최적의(optimal) 생산 기능에 수렴하게 된다고 주장한다. 즉, 기업들이 비용을 최소화하는 최적의 제도적 구조에 수렴하게 된다는 것이다. 이러한 관점은 행위자들이 서로 다른 제도설계의 비용 구조를 분명하게 구분할 수 있고, 집단행동의 문제나 정치문화적 저항에도 불구하고 가장 효율적인 제도를 구축할 수 있는 능력이 있다고 가정한다(Beckert, 2010: 150).

직을 고려하는데, 단순히 자원과 소비자에 대해서만 경쟁하는 것이 아니라 정치 권력과 제도적 정당성(institutional legitimacy)을 위해 경쟁한다. 즉, 경제적인 적합성뿐만 아니라 사회적인 적합성을 위해 경쟁한다는 것이다(Aldrich, 1979: 225; DiMaggio & Powell, 1983: 150, 1991: 66). 따라서 조직구조의 형성은 효율성 관점에서 진행되는 것이 아니라 정책적 정당성을 확보하기 위한 것으로 이해하며, 이 과정에서 조직 간 유사성이 나타난다고 주장한다. 다시 말해, 정당성은 왜 조직이 동형화가 나타나는지를 설명한다(Scott, 1995: 4).

실제로 디마지오와 파월(DiMaggio & Powell, 1983)은 많은 조직의 동질화을 발견하고, 그러한 동질성의 원인을 베버와 달리 제도적 동형화[3]에서 찾고 있다. 이에 저자는 경험적으로 엄밀히 구별될 수 있는 것은 아니나(DiMaggio & Powell, 1983: 150), 제도적 동형화의 메커니즘으로 세 가지 동형화 압력(제도적 동형화 변화 메커니즘)을 제시한다(DiMaggio & Powell, 1983: 150-154).

첫째, 강압적(coercive) 동형화는 정치적 영향이나 정당성의 문제에서 비롯된다. 이 동형화는 어떤 조직이 의존하는 다른 조직으로부터, 혹은 조직적 기능과 관련한 문화적 기대에 의해 조직에 가해지는 공식적·비공식적 압력에 따른 결과다. 여기서 압력(pressures)은 (해당 조직들에는) 강제, 설득, 혹은 회유 같은 것으로 느껴진다(DiMaggio & Powell, 1983: 150).

둘째, 모방적(mimetic) 동형화(혹은 modeling)는 불확실성(uncertainty)에 대한 대응으로서 나타난다. (어떤 목적 달성을 위한) 조직의 기술이 제대로 이해되지 못했거나, 목표가 모호하거나, 혹은 환경이 불확실성을 유발할 때, 조직은 정당성이 높거나 성공적으로 보이는 다른 조직을 본받으려 한다는 것이다(DiMaggio & Powell, 1983: 151-152). 특히, 조직이 모호한 원인 또는 불분명한 해결책을 지닌 문제에 직면할 때, 적은 비용으로 문제를 해결하게 해 줄 수 있다는 점에서 모방의 경제적 이익은 크다는

---

3) 마이어와 로완은 동형화가 조직에 중대한 결과를 가져온다고 주장한다. 첫째, 효율성의 개념보다는 대외적으로 정당해 보이는 요소들과 통합하고, 둘째, 구조적인 요소들의 가치를 규정하기 위해 외적이거나 혹은 의식적인 평가 기준들을 적용하며, 그래서 셋째, 외적으로 확립된 제도에 대한 의존은 혼란을 감소시키고, 안정성을 유지시킨다는 것이다. 결과적으로 제도적 동형화는 조직의 생존과 성공을 촉진한다(Meyer & Rowan, 1977: 348-353). 그러나 이러한 경우, 조직은 효율성과 의식적인 규칙들(ceremonial rules) 간의 충돌을 해결해야 할 상황에 처하게 되는데, 마이어와 로완은 이를 해결하는 상호 연관된 방법으로서 분리(decoupling)와 확산의 논리를 강조한다. 또한 제도화된 조직은 정당성의 침해를 방지하기 위해 조사와 평가를 최소화하고 의식화한다고 주장한다(Meyer & Rowan, 1977: 356-359).

것이다(DiMaggio & Powell, 1983: 151).

셋째, 규범적(normative) 동형화는 본질적으로 (직업) 전문화(professionalization)에 기인한다. 여기서 전문화의 두 가지 측면, 즉 대학교육에 의해 공식교육과 인지적 기초의 정당화, 전문 네트워크의 성장은 동형화의 중요한 원천이다. 이러한 메커니즘들은 조직의 범위를 넘어 유사한 지위와 성향, 경향을 갖는 상호 교환 가능한 인력군을 형성한다. 규범적 동형화의 또 다른 메커니즘은 인력 충원이다. 동성적 재생산(homosexual reproduction)과 같이, 조직의 관리자와 핵심 인력이 동일한 대학을 나오고 일련의 공통된 특질을 통해 인력 충원이 이뤄진다면, 이들은 유사한 방식으로 문제를 이해하고, 규범적으로 정당화되는 정책, 절차와 과정을 수용할 것이며, 동일한 방식으로 의사 결정이 이뤄질 것이다(DiMaggio & Powell, 1983: 152-153). 부연하면, 전문가 집단 간에 공유된 교육 경험과 밀접한 교류 네트워크에 의해 나타나는 전문화는 특별한 정책 활동을 조직하고 통제하는 적절한 방식에 관해 정책 전문가 간 합의를 가능하게 한다(Lodge & Wegrich, 2005: 217). 이에 조직은 합리적인 판단보다는 전문가 집단에 의해 정당하다고 고려되는 시스템과 기술을 적용하고, 전문가주의(professionalism)의 표준을 따른다는 것이다(Ashworth et al., 2009: 167).

2 선행 연구와 한계

디마지오와 파월(DiMaggio & Powell, 1983)의 동형화 이론의 유용한 설명력만큼이나 이 이론을 통한 수많은 연구(Covaleski & Dirsmith., 1988; Frumkin & Galaskiewicz, 2004; Perrow, 1985; Powell, 1985; Lapsley & Pallot, 2000; Bovaird & Downe, 2006; Rowan, 1982: Meyer et al., 1987)가 수행되었다. 강제적 동형화에 초점을 둔 연구(Djelic 1998; Guillen, 2001), 규범적 동형화 연구(Westney, 1987; Offe, 1996), 모방적 동형화에 초점을 둔 연구들(Frumkin & Galaskiewicz 2004; Kalev et al., 2006; Meyer & Jepperson 2000; Meyer & Rowen, 1977; Powell & DiMaggio, 1991)이 여러 국가 혹은 EU와 같은 초국가 단위에서 다양한 제도를 사례로 해서 연구되었다.

공공 부문 연구와 관련한 기존의 연구들은 크게 아래와 같은 유형으로 구분된다.

첫째, 조직 혹은 제도의 형성과 변화를 디마지오와 파월(DiMaggio & Powell, 1983)

의 세 가지 메커니즘으로 다양한 분야, 인력 감축, 정보 공개, 민형화 사례(이창길, 2008), 김대중 정부의 행정개혁(최창수, 2008), 공공 부문 BSC(강영철 · 이철주, 2009), 지방자치단체 국제 교류(김미현, 2010), 아프리카 14개국 비정부조직(Claey & Tjackson, 2012), 유럽 옴부즈만(Song & Sala, 2008), 영국 지방정부 개혁 프로그램(Ashworth et al., 2009) 등에서 연구되어 왔다. 특히, 여영현(2012)은 한국과 일본의 지하철 공기업 이해관계자 인식 분석을 통해, 한국과 일본 간에 문화적 차이가 있음에도 불구하고 일본의 지방공기업법을 한국이 그대로 원용함에 따라 제도적 동형화가 발생했고, 이에 따라 인식의 일치가 나타났음을 주장한다.

둘째, 동형화 요인과 그 효과에 관한 논의를 진행한 연구들(정병걸, 2004; 김동배, 2010; Lodge & Wegrich, 2005; Pilcher, 2011) 등이다. 예를 들어, 필처(Pilcher, 2011)는 2004년 오스트리아 지방정부에 도입된 IFRS(International Financial Reporting Standards)가 NPM의 일환으로서 도입된 강제적 동형화의 산물이며 제도의 취지와 달리, 집행 과정에서 막대한 비용만 발생되고 편익은 거의 없는 결과를 가져왔다고 비판한다.

셋째, 동형화 압력의 서로 다른 영향을 제시한 연구다. 라댈리(Radaelli, 2000)는 EU의 정책 이전 사례(단일 통화, 조세정책, 미디어 소유정책)의 분석을 통해, EU는 불확실성 하에 놓여 있는 상황이 많기 때문에 모방적 동형화가 주로 나타났으며, 반면 강제할 수 있는 핵심적인 주체가 없기 때문에 강제적 동형화는 지배적이지 않다고 주장한다. 프럼킨과 갤라스키비츠(Frumkin & Galaskiewicz, 2004)는 공공조직과 민간, 비정부조직을 비교 분석하면서, 공공조직이 민간 혹은 비정부조직에 비해 제도적 압력에 좀 더 취약하다는 것(영향받기 쉽다는 점)을 보여준다.

넷째, 이 연구와 관련해 특히 유용한 관점을 제시하는 연구로, 동형화 이론의 한계와 변수 고찰의 필요성 제시, 또는 동형화되는 국가의 역사적 맥락을 강조한 연구들이다. 하태수(2002)는 외국에서 수입된 제도들이 본국에서와는 다른 방식으로 작동되고 있는 현상을 설명하는 이론적 접근법을 탐구했고, 사공영호(2005)는 기업 지배구조 분석을 수행해, 외국에서 도입된 제도는 우리 사회를 변화시키기보다는 기존의 제도 집합에 동형화된다는 것을 제시했다. 하연섭(2006)은 신자유주의가 추진된 역사적 맥락, 국가 개입의 역사적 특징, 세계화와 경제 위기의 성격에 대한 해석, 그리고 고유한 정책 및 제도적 특징이 우리나라에 적용된 신자유주의 정책의 특징에 영향을 미쳤다고 주장한다. 김윤권(2008)은 중국의 대부제 행정개혁의 동인과 제약 요인을 분석했다. 김명환(2009)은 분리(decoupling)과 위선(hypocrisy)의 개념을 통해, 조직이 제도 환경에 형식적으로 대응하는 이유를 공공기관 혁신평가 사례를 통해 분석해, 제도 환경에의 조직의 대응에 관한 사회학적 신제도주의의 제도 방식에 내재되어 있는 한계를 지적하고 재이론화의 필요성을 제기했다.

또한, 보베어드와 다운(Bovaird & Downe, 2006)은 매우 흥미로운 연구 결과를 제시한다. 영국의 역대 정부에서 지속된 지방정부에 대한 개혁(Local Government Modernization Agenda) 사례를 분석을 통해, 이 개혁이 제도적 동형화에 의해 진행되었으나 지방정부의 저항이 있었으며, 특징적인 것은 그러한 저항은 또 다른 동형화의 현상을 유발했다고 주장한다. 라마나스(Ramanath, 2009)는 인도의 주택 관련 NGO 분석을 통해, 3개의 NGO가 1980년대 비슷한 플랫폼을 가지고 출범했으나 이후 동일한 공공정책 환경에 서로 다른 대응을 했다고 주장하면서 동형화의 제약 요인으로 경로의존 요소와 자원 환경의 다양성을 제시했다.[4)]

기존의 연구들은 동형화의 압력으로서 제도의 형성, 특히 유사한 제도의 형성에 대해 유용한 관점을 제시한다. 그러나 이 개념은 제도의 이질성을 설명하는 데는 한계가 있다. 즉, 외국에서 도입된 제도가, 도입 모델인 제도와 유사성을 지니면서도 동시에 이질성을 지니게 되는 원인이 무엇인지, 게다가 이질성의 정도가 무엇에 의해 영향을 받는지를 설명하기에는 한계를 지니고 있다. 이 연구는 이에 대한 해답을 찾기 위한 모델을 제시하고자 한다.

3 새로운 접근의 제시

1) 제도의 동형화 압력과 내생적 제도의 압력

동형화는 국가 간 제도의 유사성을 설명하는 데 유용한 도구다. 그러나 현실에서 발견되는 국가 간 제도는 유사하기도 하고 또한 매우 이질적이기도 하다. 즉, 제도의 유

4) 이외에도 동형화의 영향변수를 실증한 연구가 있다. 예를 들어, 빌라드센(Villadsen, 2011)은 덴마크 지자체를 대상으로 한 사회연결망 분석을 통해, 지자체 수장의 네트워크 중심성과 정책 동형화 간에 긍정적으로 연계되어 있음을 제시한다.

사성(homogeneity)과 이질성(heterogeneity)이 동시에 발견되고 있다. 다시 말하면 전 세계가 급격히 세계화되어 오고 있음에도 불구하고 제도의 수렴과 분열이 동시에 나타나고 있으며, 이에 대한 설명 필요성은 역시 증대되고 있다.

실제, 베커트(J. Beckert)는 제도의 유사성과 이질성의 공존(coexistence)은 풀기 어려운 난제로 남아 있다고 주장하며, 제도이론가들은 이러한 공존을 설명하고 개념화할 수 있어야 한다고 주장한다(Beckert, 2010: 151). 이러한 맥락에서 베커트는 디마지오와 파월(DiMaggio & Powell, 1983)의 세 가지 메커니즘(power, attraction, mimesis)에 경쟁(competition)을 추가한 설명에서, 이들 변수가 제도의 유사성에 영향을 미칠 뿐만 아니라 제도의 이질성에도 영향을 미친다고 주장한다.[5] 유사하게, 김명환(2006)은 조직의 장에 있는 조직들이 제도를 채택하더라도 왜 서로 다른 방법으로 그 제도를 설계하고 운영했는가를 설명하는 데 실패했다면서, 복수의 제도 논리, 조직의 위치 및 조직의 신념 체계를 통해 조직간 제도설계의 상이성을 설명하는 통합 틀을 제시했다. 이는 제도의 유사성을 강조하는 기존의 접근을 넘어, 제도의 유사성과 이질성이 공존하는 현상을 설명해야 할 필요성이 강조되고 있음을 보여준다.

동형화는 기본적으로 제도의 유사성을 설명하는 데 유용한 도구이기에, 국가 간 제도의 이질성을 설명하는 데 한계를 지니고 있다. 이러한 의미에서 각국 제도의 독특성과 고유성의 강조하는 역사제도주의는 유용한 관점을 제공한다.

역사제도주의는 첫째, 역사적으로 구성된 일련의 제도적 제약과 기회는 정책 과정에 있는 정치적 행위자 및 이익집단의 행태에 영향을 미치며(Immergut, 1998; Lecours, 2005; Orren & Skowronek, 2004; Pierson, 1994; Steinmo et al., 1992), 둘째, 정책 형성에서 장기적인 제도적 유산의 영향뿐만 아니라 비대칭적 권력 관계를 강조한다(Hall & Taylor, 1996; Beland, 2007)는 특징을 지닌다(김태은, 2009: 46-47). 따라서 역사제도주의는 국가 간 제도의 독특성과 다양성을 강조해 왔다. 실제, 비교 정치경제학자들은 긍정적 환류(increasing returns)는 동형화의 압력에 맞서 제도적 이질성을 유지하게 한다고 주장한다. 즉, 기존의 자원 배분은 기존의 특정 구조를 강화하는 정치적 결정을 생산하는 경향을 갖게 되어 제도는 그 자체로 지속되는 힘을 갖게 된다. 결과적으

---

5) 베커트(Beckert, 2010)의 연구와 이 연구는 현실에서 광범위하게 관찰되는 제도의 유사성과 이질성이 공존하는 현상을 설명하고자 한다는 점에서 공통적이다. 그러나 이 연구는 제도의 유사성과 이질성을 '동형화 압력변수와' '내생적 제도변수'로 설명하고, 특히 그 이질성의 정도를 '내생적 제도 압력의 크기와 시간적 범위의 격차'로 설명하고 있다는 점에서 베커트의 연구 방법과는 상이하다.

로 제도를 변화시키고자 하는 강력한 이해집단이 출현함에도 불구하고 제도는 쉽게 변화하지 않는다는 것이다(Arthur, 1989; David, 1985; Pierson, 2000; Thelen, 1999; Peters et al., 2005: 1288).

이러한 점은 강력한 동형화의 압력이 존재한다 하더라도 진공 상태 속에서 어떠한 변형 없이 제도가 형성될 수 없음을 예측하게 한다. 즉, "각 국가에 고유한 역사와 제도적 맥락 하에서 아이디어의 구체적인 내용이 선택적으로 해석 · 적용되는 것이 일반적"(하연섭, 2006: 2)이라는 주장처럼, 외국에서 도입된 제도의 모습을 이해하기 위해서는 동형화의 압력뿐만 아니라 이 제도에 영향을 미치는 국가의 고유한 제도적 특성을 고려할 필요가 있다.

이러한 맥락에서, 이 연구는 '동형화의 압력에 따라 도입되는 제도에 영향을 미칠 수 있는 각 국가의 고유한 제도적 특성'을 '내생적 제도'[6]로 정의한다. 내생적[7] 제도는 각 국가의 고유한 제도적 특성을 지니고 있기에, 동형화의 압력에 따라 어떤 제도가 외국에서 도입될 경우, 원래 도입 모델인 제도와는 다른 이질성을 띠게 만들 것이다. 즉, 원래 모델의 제도를 변화시키는 혹은 수정시키는 힘으로 작용할 것이며, 이에 따라 궁극적으로, 원래 도입 모델 제도와, 동형화 압력에 따라 도입된 제도 간에 이질성을 유발하는 변수로 작용할 것이다.

제도 형성에서 이 두 가지 압력이 존재한다면, 형성된 제도는 동형화에 따른 유사성과 내생적 제도 압력에 따른 이질성을 모두 갖게 될 가능성이 크다. 이 연구에서는 이를 혼성 제도(hybrid institution)라 칭한다. 혼성 제도는 "동형화의 압력과 내생적 제도 압력에 따라 형성된 제도로 동형화의 모델인 제도와 유사성을 갖으면서 동시에 이질성을 지닌 제도"를 의미한다. 특히, 여기서 이질성의 정도는 두 가지 변수[8]에 의해 영향을 받을 수 있을 것이다([그림 11-1] 참고). 첫째는 '내생적 제도의 압력의 크기'에 영향을 받을 수 있다. 즉, (동형화의 압력이 일정하다고 가정할 때) 내생적 제도의 압력이 작다면, 제도적 이질성은 적을 것이나 만약 매우 크다면 제도의 이질성은 이에

---

6) 신제도주의적 관점에서 제도로 이해하고 있다는 점, 그리고 동형화에 따라 도입되는 제도에 영향을 미치고, 각 국가의 고유한 제도적 특성이라는 점을 고려했다.

7) 여기서 '내생적'이라는 것은 최근 역사제도주의자들이 제도 변화를 제도 자체의 내적 요인에서 찾는 내생적 제도 변화 논리에서 말하는 '내생적'이라는 개념과는 다른 의미다. 이는 김태은(2011)을 참조.

8) 여기서 내생적 제도 압력의 크기와 시간적 범위의 격차는 분석 사례의 제도에 따라 상대적으로 파악해야 하는 개념으로 절대적인 크기를 논하기는 어려울 것이다.

비례해서 커질 것이다.

둘째는 두 가지 압력이 미치는 '시간적 범위의 격차'가 크면 클수록 이질성 수준이 커질 것이다. 아마도, 동형화의 압력이 미치는 시간적 범위는 내생적 제도 압력에 비해 짧을 것이다. 동형화의 압력은 (도입이 요구되는) 제도 도입이 공식화될 경우 더 이상 압력으로 작용하지 않을 것이기에 제도 도입 초기에 집중적으로 영향을 미칠 것이다. 반면, 내생적 제도 압력은 동형화의 압력에 따라 도입되는 제도의 도입 시점 이전부터 존재하는 힘이기 때문에 이 제도의 형성 시기뿐만 아니라 이후 제도가 안정화되고 집행되는 동안 지속적으로 영향을 미칠 것이다. 따라서 이 두 압력이 미치는 시간적 범위의 격차가 크면 클수록 이질성의 수준도 높아질 것이다(그림 A, 그림 B 참고).

그림 11-1 제도의 이질성에 영향을 미치는 두 가지 변수

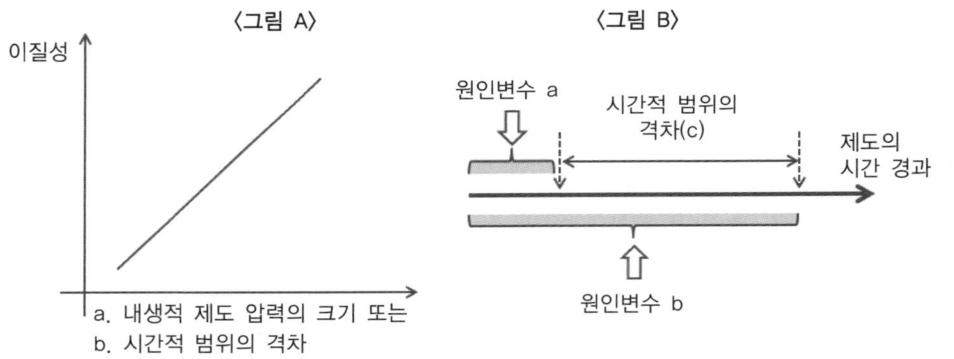

주: <그림 B> 제도에 영향을 미치는 두 변수의 시간적 범위 격차를 묘사하고 있음. 원인 변수 a의 경우는 원인변수 b보다 제도에 영향을 미치는 시간이 짧음. 따라서 두 변수 간 시간적 범위의 격차는 c에 해당됨.

2) 연구 분석틀

이 연구에서는 외국에서 도입된 제도가, 도입 모델인 제도와 유사성을 지니면서도 동시에 이질성을 지니게 되는 원인이 무엇인지, 그리고 이질성의 정도에 미치는 요인이 무엇인지를 분석했다. 이에 대한 해답을 찾기 위해 동형화 압력과 내생적 제도 압력이라는 두 가지 설명변수를 도입했다. 즉, 동형화 압력변수는 외국에서 도입된 제도와 유사성을 갖게 하지만, 내생적 제도 압력변수에 의해 외국에서 도입된 제도와는 매우 이질적인 제도를 형성한다는 것이다. 여기서 이질성의 정도는 '내생적 제도 압력의 크기'와 두 압력 변수 간 '시간적 범위의 격차'라는 하위 변수를 통해 설명하고자 했다. 즉, 두 변수의 크기와 정도가 클수록 외국에서 도입된 제도와 이질성이 클 것으로 가정했으며, 이를 증명하고자 했다.

이는 곧 혼성 제도의 형성 메커니즘을 분석하고 이 제도에서 이질성의 정도를 적기 시정 조치 제도 사례를 통해 검증하고자 한다 할 것이다. 구체적으로, 어떠한 동형화 압력이 존재했는지, 내생적 제도 요인이 무엇인지, 그리고 이질성 영향변수의 고찰을 통해 이질성의 정도를 예측하고, 마지막으로 도입 모델이었던 미국의 적기 시정 조치와 우리나라의 적기 시정 조치 제도가 어떤 점에서 유사성과 이질성이 있는지를 분석했다.

그림 11-2 연구 분석틀

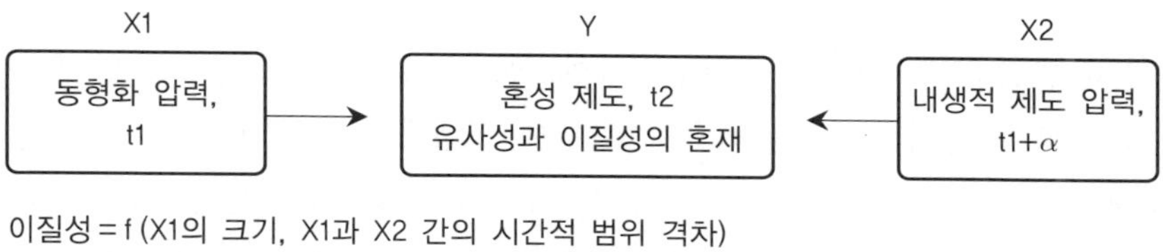

주: 동형화 압력을 t1, 내생적 제도 압력을 t1+α로 표기한 이유는, 내생적 제도 압력이 동형화 압력보다 시간적으로 더 오랫동안 제도 형성에 영향을 미침을 보여주기 위한 것임.

제 3 절 적기 시정 조치 제도, 그리고 제도 형성 원인

1 적기 시정 조치 제도

적기 시정 조치 제도(Prompt Corrective Action: PCA)는 자본적정성 지표 수준에 따라 부실화 소지가 있는 금융기관에 대해 부실화가 크게 진전되기 이전에 적절한 경영 개선 조치를 취하는 제도다(금융위원회, 2012).

이 제도는 1974년 덴마크가 '상업은행 및 저축은행법' 제정 시 최초로 제시되었으며, 미국은 1980년대 초 시작된 예금보험보험기금의 고갈 사태 이후 덴마크의 제도를 차용해 1991년 도입했다(금융감독위원회, 2001: 5). 이후 전 세계 각국으로 급속하게 확산되었으며, 우리나라의 경우는 1997년 12월 말 '금융산업의 구조 개선에 관한 법률'이 전면 개정되면서 이 제도의 근거가 명시되었고, 이후 1998년 동 법 개정을 통해 공식적으로 채택되었다. 즉, 동 법 제10조에서 적기 시정 조치 제도에 관한 사항이 규정되었으며(금융감독위원회, 1999: 11), 구체적인 것은 은행, 보험 등 해당 금융기관 감독 규정을 통해 규정되고 있다.

이 제도는 첫째, 시장 규율이 대폭 강화됨으로써 부실화 및 부실 확산 가능성 방지, 둘째, 금융기관이 부실화가 크게 진전되기 이전에 적절한 경영 개선 조치를 취하도록 함으로써 금융기관의 자산건전성을 강화하고, 부실금융기관 처리에 소요되는 정리 비용을 경감, 셋째, 금융기관의 재무건전성 등의 기준과 병행하는 제재 조치를 명문화해 자동적으로 발동되게 함으로써 정치 권력의 영향이나 감독관의 재량으로 인해 부실금융기관에 대한 조치가 지연되는 것(감독유예, Regulatory Forbearance) 방지, 넷째, 금융기관의 규모와 관계없이 자동적으로 조치가 시행됨으로써 대형은행과 소형은행의 공정 경쟁에 기여할 수 있다(Benston & Kaufman, 1988; 한국은행, 1996: 11-12; 박경서・김정미, 1997: 34-35; 한국개발연구원, 2004; 74; 전선애, 2006; 75; Nieto & Larry, 2006; 20-21 내용 정리).

적기 시정 조치 제도에 관한 기존에 연구[9]는 주로 제도의 소개, 잠재적 편익과 한계에 대한 고찰이 이뤄져 왔으며, 금융 부문의 특성상 주로 계량분석을 통해 이 제도가 효과가 있었는지를 검증하는 연구가 주를 이루고 있다.

그러나 일부 EU 차원의 연구물들은 제도적 변수의 고찰 필요성을 강조한다. 예를 들어, 니에토와 래리(Nieto & Larry, 2006)는 PCA에 기저하는 철학적으로 중요한 세 가지 측면, 즉 예금보험기금와 정부 손실의 최소화, 규제 관용을 배제할 수 있는 준비된 행동계획 마련, 경제적 자산가치가 마이너스가 되기 전 부실은행 폐쇄를 제시한다. 또한 PCA 성공을 위한 제도적 선결 조건으로, 감독기관의 독립성과 책임성, 감독기관

9) 예를 들어, 적기 시정 조치 제도 분석 및 개선 방안 제시(한국개발연구원, 2004; 심영, 2006; 전선애, 2006), 적기 시정 제도의 잠재적 편익 고찰(Mayes, 2004), 인도를 사례로 한 PCA 효율성 평가(Pratap, 2008), 미국 PCA에 대한 종합평가 및 개선 방안 제시(OIG, 2011) 등이다.

에 대한 적절한 권위 부여, 적절한 해결 절차 존재, 정확하고 시기적절한 금융정보의 확보를 제시한다. 따라서 저자들은 유럽에서 미국의 PCA를 효과적으로 활용하기 위해서는 PCA에 기저하는 철학적 측면을 이해하고 그에 부합해 제도적 개선이 이뤄져야 한다고 주장한다. 또한 메이어스 외(Mayes et al., 2008, 234-235)는 PCA에 기저하는 철학의 수용과 필수적인 제도적 조건이 마련되지 않는 국가에서는 의도한 바대로 작동되는 않는다고 주장한다. 이들은 EU에 도입된 미국형 PCA 제도는 미국의 은행 규제와 제도적 구조에서 작동되도록 설계되었으며, 은행의 재정 상황에 대한 측정도구로서 레버리지 비율(leverage ratio) 활용이 전제되어 있음을 이해해야 한다고 주장한다.

이러한 맥락에서, 이 제도는 동형화의 압력, 그리고 내생적 제도의 압력을 고찰할 수 있는 유용한 사례라 할 것이다.

2 제도 형성의 두 가지 압력

1) 동형화의 모델과 동형화의 압력

(1) 동형화 모델로서 미국의 적기 시정 조치

미국의 적기 시정 조치(PCA)는 1991년 연방예금보험공사법(Federal Deposit Insurance Corporation Improvement Act: FDICIA)에 의해 도입되었다. 미국의 PCA는 구조화된 사전적인 개입과 해결을 위한 벤스턴과 카우프먼(Benston & Kaufman, 1988)의 제안에 기초하며(Nieto & Larry, 2006: 3), 예금보험 손실의 최소화의 수단으로서 제기되었다(Mayes et al., 2008: 238).

미국의 연방예금보험법[10] Section 38은 금융기관을 다섯 가지 범주(well capitalized, adequately capitalized, undercapitalized, significantly undercapitalized, critically undercapitalized)로 구분(sec. 38. (b) (1))하고 있으며, 이러한 구분은 세 가지 서로 다른 자본 측정(total risk-based capital ratio, tier 1 risk-based capital ratio, leverage capital ratio)을 통해 이뤄지고 있다(sec. 38. (c). (3)). 또한 금융기관의 분류에 따라

10) 현재 이 조치는 연방예금보험법(Federal Deposit Insurance Act)에서 규정되어 있다. 이 연구 범위와 관련된 적기 시정 조치 제도의 내용이 담겨져 있는 'Sec. 38'의 주요 내용은 두 법을 비교해 본 결과 큰 변화가 없는 것으로 판단된다. 관련 법 소개 및 링크는 연방예금보험공사(http://www.fdic.gov) 참조.

의무적으로 해야 할 조치와 재량적 조치를 구분해 제시하고 있다. 즉, 자기 자본과 같은 어떠한 조건에 해당되면 자동적으로 특정 조치를 취하게 하고 있다.

표 11-1 미국의 적기 시정 조치 제도 개관(자본 범주, 강제 및 임의 조항, 등급 등)

Capital Level	강제 조항(Mandatory Provisions)	임의 조항(Discretionary Provisions)	위험가중자산 자기자본 비율 (Total Risk-Based Capital Ratio)1)	위험가중자산 기본자기자본 비율(Tier1 Risk-Based Capital Ratio)2)	단순자기자본 비율 (Leverage Capital Ratio)3)
1등급4) (Well Capitalized)	없음	없음	10% 이상, 그리고	6% 이상, 그리고	5% 이상
2등급 (Adequately Capitalized)	FDIC의 승인 없이 신규 중계예금(brokered deposits) 혹은 차환(rollovers) 금지		8% 이상, 그리고	4% 이상, 그리고	4% 이상
3등급 (Under-capitalized)	1. 배당 및 관리 수수료 금지 2. 자본 회복 계획 마련 3. 자산 증대 제한 4. 인수, 지점 신설, 신규 업무에 대해 승인 요구 5. 금융기관 상황 및 Section 38에 부합되는지 모니터 6. 중계예금(brokered deposits) 금지	1. 자기 자본 강화 명령 2. 계열사 간 거래 제한 3. 예금금리 제한 4. 자산 증대 제한 5. 과도한 위험이 따르는 활동 제한 6. 관리 시스템 개선 7. 대리은행을 통한 예금 금지 8. 은행지주회사에 의한 자본 재분배 승인, 자회사 매각 요구 9. 기타 개선행동 요구 등	8% 미만, 또는	4% 미만, 또는	4% 미만
4등급 (Significantly Under-capitalized)	1. 3등급과 동일 2. 자기자본 증대 요청 3. 계열사 간 거래 금지 4. 예금금리 제한 5. 임원 임금 제한 6. 관리운영 개선 7. 규제자가 한 가지 이상의 재량적 조치 시행	1. 만약 금융기관이 명령에 따라 집행계획을 제출하지 않거나 자본 확충을 하지 않을 경우 정부 및 자산관리제(conservatorship or receivership) 시행 등 2. 만약 어떤 행동이 적기시정조치 수행에 필수적이라면 5단계의 조치도 가능	6% 미만, 또는	3% 미만, 또는	3% 미만

5등급 (Critically Under-capitalized)	1. 4 등급과 동일 2. 90일 이내 청산인 (receiver/conservator) 지명 3. 4분기 동안 5등급 유지시 청산인(receiver) 지명 4. 후순위 채무 지급 금지 5. FDIC에 의해 문서화되어 승인된 활동 외에는 어떤 활동도 금지		다른 자본 비율과 관련 없이 유형 자기자본(tangible equity)이 2% 이하인 경우

주: 1) 총자기자본/위험가중자산
2) 기본자본(Tier 1 capital)/위험가중자산
3) 기본자본/실질총자산
4) 등급은 연구자가 임의로 부여
출처: Sec 38 of the Act, OIG(2011, 16-22).

(2) 동형화의 압력

FDICIA(1991)에 기초한 강제적인 양적 격발 장치(triggers)인 미국의 적기 시정 조치는 여러 국가(예: 한국, 아르헨티나, 칠레, 싱가포르, 브라질, 멕시코, 일본, EU)에서 채택되었다(Pratap, 2008: 30; Nieto & Larry, 2006: 3).

우리나라 역시 미국의 적기 시정 조치 제도가 도입되었다. 실제, 한국개발연구원은 우리나라와 당시 세계 여러 나라에서 실시되고 있는 적기 시정 조치가 미국의 제도를 벤치마크한 제도라고 밝히고 있으며(한국개발연구원, 2004: 75). 금융감독위원회(2006, 10) 역시 이 제도가 미국 제도를 벤치마킹해 1997년 도입되었다고 소개하고 있다.

적기 시정 조치 제도의 도입에는 규범적 동형화 압력과 강제적 동형화 압력이 작용했다.

구체적으로, 첫째, 규범적 동형화 압력으로, 미국 적기 시정 조치 제도의 도입 주장은 1990년대 중반부터 본격적으로 전문가 집단(김종태, 1993; 한국은행, 1996, 1997; 김대식, 1995: 206-210; 최원성 외, 1996; 강문수, 1997; 강병호, 1997: 256; 박경서·김정미, 1997: 34-36)에서 도입의 필요성이 제시되었다. 이들은 주로 한국개발연구원이나 한국은행과 같은 국책연구기관 소속 연구자들로 미국형 제도의 도입을 주장했다. 당시 이들은 규범적으로 도입 필요성을 강조하고 있으며, 일본의 미국형 적기 시정 조치제도 도입 예정(1996년) 발표에 더욱더 자극받은 것으로 보인다.

당시의 주장들은 금융안전성 확보, 부실금융 처리, 건전성 규제 확보 등 다양한 목적으로 미국의 적기 시정 조치 제도의 도입을 강조하고 있으며, 금융이라는 특수 영역의 전문가집단 간에 공유된 믿음이 존재하는 것으로 이해된다. 이들의 주장은 실제 정부에 의해 공식적으로 채택되어 나타나기도 했다. 예를 들어, 정부는 금융개혁위원회 설치로 금융기관 간 합병 문제가 현안으로 대두됨에 따라 금융권별로 조기(적기) 시정 제도의 시행을 위한 기준 설정 등 관련 제도의 보완 작업에 착수하고자 했다(연합뉴스, 1997.01.08). 또한, 외환위기(1997.12.03) 바로 직전인 1997년 11월, 정부는 부실 금융기관의 조속한 정리 추진을 위해 이 제도를 도입해 부실 금융기관을 조속히 정리하는 데 활용할 것임을 제시했다. 특히 정부는 정리 원칙으로 객관적인 기준과 적법 절차에 따라 강력히 추진을 제시하고 정리 절차로서 자산, 부채 실사 조사를 바탕으로 자산의 건전성, 자기자본 비율 등을 기준으로 금융기관을 3개 등급(A, B, C)으로 분류하고 각 등급에 적합한 조치를 시행('조기 시정 장치')할 것이며, 이 제도는 미국에서 1991년, 일본은 1996년 도입된 제도라고 소개하고 있다. 이에 따라 3개 등급으로 구분하고 각 등급별로 조치 내용을 제시하고 종금사는 1998년 3월 말, 은행은 1998년 6월 말, 여타 금융기관은 1998년 9월 말까지 조치를 시행한다고 명시했다(재정경제원, 1997a).

미국형 적기 시정 조치의 채택은 한국개발연구원, 한국은행 등 정책 결정에 커다란 영향을 미치는 국내 전문가집단이 큰 영향을 미쳤다. 외환위기 이전까지 이 제도에 대한 도입 필요성이 지속적으로 공유되고 주장되었으며, 이에 따라 실제, 외환위기 직전인 1997년 11월 정부는 금융기관의 건전성 제고와 부실금융기관의 정리 추진을 위해 조기 시정 조치 제도의 도입을 명시하기도 했다. 즉, 규범적 동형화 압력이 크게 영향을 미쳤음을 알 수 있다.

둘째, 강제적 동형화로서, 외환위기 당시 IMF 등의 영향은 이 제도의 도입과 빠른 안착에 크게 기여한 것으로 판단된다. 1997년 12월 3일 정부의 구제금융 요청에 따라 우리나라는 IMF, IBRD 등 국제기구의 영향에 놓이게 되었다. IMF는 우리나라에 자금 지원을 하면서 자신들의 요구 조건 이행을 요구했고, 이는 IMF 의향서로 나타났다. 실제, 1997년 12월 4일 IMF와 자금 지원 합의 내용을 보면, 적기 시정 조치 내용이 포함되어 있는 금산법의 개정을 1997년 말까지 반드시 통과시켜야 한다고 전제하고 있다(재정경제원, 1997b).

이후, 1998년 2월 17일 한국 정부와 IMF 간에 합의한 한국 경제 프로그램에 대한 의향서 내용을 보면, 당시 은행에 적용된 건전성 규제를 건전성 규제를 특수은행과 개발은행에 대해서도 단계적으로 확대하는 규정 제정(1998.11.15)을 요구하고 약속했다(재정경제부, 1998). 또한 1998년 10월 12~27일간 개최한 IMF 제8차 자금 인출을 위한 정책 협의 내용을 보면, 금감위는 모든 상업은행 문제의 조기 인지를 위해 자본 비율이 8% 미만으로 하락하는 등의 경우에는 적기 시정 조치를 포함한 적절한 감독 조치를 취하고, 금감위는 비은행 금융기관(종금·투신 등)에 대한 건전성 감독 기준을 국제 기준과 일치시키도록 노력할 것을 요구했다(재정경제부, 1998). 1999년 1월 20일부터 2월 2일까지 개최된 99년도 제1차 정례협의 내용을 보면, 종금사에 대한 적기 시정 조치 적용 및 국책은행에 대한 건건성 규제 기준 마련(2월 15일까지) 등을 요구했다(재정경제부, 1999). 이는 곧 미국의 적기 시정 조치 제도의 수용과 제도 안정화에 강제적 동형화 압력이 크게 기여했음을 보여준다.

결론적으로, 미국형 적기 시정 조치 제도는 규범적 동형화에 따라 제도의 도입이 제시되었고, 강제적 동형화에 따라 빠르게 안정적으로 자리를 잡았다 할 것이다.[11] 실제로 이에 따라 1998년 1월 금산법 개정(법률 제5496호, 1998.1.8)으로 적기 시정 조치와 유사한 법적 내용[12]이 나타났고, 1998년 금산법 개정(법률 제5549호, 1998.9.14)으로 인해 동 법 제10조에서 공식적으로 '적기 시정 조치' 제도가 명시되었다.

2) 내생적 제도의 압력

(1) 금융정책과 금융감독의 비분리성

우리나라는 정부 주도의 계획적인 경제성장 정책을 통해 급속히 발전해 왔다. 이러한 정책은 필연적으로 자원 동원과 배분 과정에서 광범위한 정부의 개입과 통제(하연섭, 1992: 1167)로 나타났으며, 자원 동원과 배분 과정에서 중요한 역할을 수행하는 금

---

11) 당시 동형화 압력에 대한 저항 기제는 크게 나타나지 않았다. 이는 첫째, 적기 시정 조치 제도가 전문분야로서 전문가들의 공유된 인식의 영향력이 컸고, 둘째, 외환위기 상황에서 IMF 등 국제기구의 압력이 막강했으며, 시간적으로도 매우 짧은 기간에 제도가 도입되었기 때문이다. 셋째, 당시, 이 제도 도입에 따른 피해집단을 발견하기 쉽지 않다. 즉, 미국형 적기 시정 조치 제도를 도입하겠다는 정부계획안(1997년, 11월) 역시, 사전적인 격발 장치로서가 아니라 부실 금융기관 정리 수단으로서 활용을 명시했기 때문이다. 넷째, (후술될) 내생적 제도 특성들에서 알 수 있듯이, 당시의 금융 주체들은 이 제도를 자신들에게 유리하게 변형시킬 수 있었기 때문에, 제도 도입 자체에 대해 특별히 저항할 필요가 없었던 것으로 이해된다.

12) 동법 제10조 1항, 동법 제11조 1항 참고.

융에 대한 정부 지배는 당연한 결과였다. 즉, 재무부 이재국으로 대표되는 관치경제, 관치금융은 우리나라 근대 정치, 경제, 행정을 이해하는 데 필수적인 개념으로 1960, 70년대에 한정된 것이 아니라 1980년대와 1990년대에도 그대로 계속되었다(노화준, 1998: 150).

이러한 관치금융의 오랜 역사는 필연적으로 금융정책과 감독정책의 엄격한 분리를 제약했다. 즉, 금융감독은 금융정책에 의해 영향을 받아 왔으며, 이는 금융감독이 금융정책의 거시적 틀 안에서 제한적으로 혹은 선택적으로 작동되어 왔다는 것을 의미한다. 금융감독의 비분리성(혹은 비독립성)은 우리나라의 대표적인 금융구조 현상으로 그 동안 다양한 연구(김대식, 1995; 김홍범, 2007; 이혜영, 2004, 2005; 김희경, 2009; 김선명, 2000; 하연섭, 1992; 노화준, 1998)에서 지속적으로 제기되어 왔다.

1997년 외환위기 이전까지 우리나라 금융감독 구조는 일반은행, 특수은행, 증권, 보험, 카드 등 전 금융 분야가 당시 재경원의 감독을 받았다(김대식, 1995: 190).[13] 물론, 일반은행과 일부 특수은행은 한국은행 금융통화위원회의 감독을 받았으나, 1950년 한국은행법 제정 이후 1997년 12월 6차 개정 전까지 금융통화위원회 의장이 재무부 장관이었다는 점에서 알 수 있듯이, 한국은행이 재경원에서 독립된 기관으로 이해하기는 어려웠다.

외환위기 이후 이명박 정부 취임 전까지 우리나라의 금융감독 체계는 1998년 4월에 시행된 '금융감독기구의 설치 등에 관한 법률'에 의거해 금융감독위원회와 그 집행기관인 금융감독원이 감독 업무를 담당하는 통합 금융감독 체계로 구성되어 있다. 그러나 재정경제부는 금융 관계 법령의 제·개정 업무를 관장해(한국은행, 1999: 304) 금융감독에 실질적인 영향을 유지했다. 또한 재정경제부와 금융감독위원회의 인사 운영, 관할권 측면에서 금융감독위원회가 독립적인 지위에서 금융 감독을 수행했다고 보기는 어렵다(이혜영, 2005: 9-14).

이러한 점은 금융감독위원회에 관료조직인 사무국이 설치된 점에서 극명하게 잘 드러난다. 즉, 금융감독위원회는 의결기관임에도 불구하고 관료조직인 사무국 설치를 법에 의해 보장(금융감독기구의 설치 등에 관한 법률, 제15조 2항[14])받았다. 초기에 동

---

13) 검사권은 개별 감독기관(예: 증권감독원, 보험감독원) 등이 수행했으나 재경부는 이들에 대한 지시감독권을 지니고 있어 실질적인, 포괄적인 감독 권한은 재경부에 있었다.

14) 동법 제15조 ② 대통령령이 정하는 바에 의하여 금융감독위원회의 예산·회계 및 의사관리 기능의 수행에 필요한 최소한의 공무원을 둘 수 있다.

사무국은 초기 예산, 회계, 및 의사관리 기능에 한정되었으나, 이후 200여 명이 넘는 사실상 금융감독위원회의 집행기관(공무원)으로 성장했다. 이는 금융감독기관에 정책기관인 재경부의 영향력을 잘 보여주는 대표 사례이기도 하다. 다시 말해, 금융감독위원회는 국무총리 소속으로 설치되어 있지만 재정경제부의 전체적인 금융정책틀 안에서 움질일 수밖에 없었으며, 독자적인 규제 권한 범위를 갖지 못했다(김희경, 2009: 16). 이러한 점에서 통합 금융감독 체제의 출범에도 불구하고 금융정책틀 안에서 금융감독이 이뤄져 왔다는 점에서 외환위기 이전과 실질적으로 다를 바 없다는 주장(김홍범, 2007: 80)까지 제기되어 왔다.

이명박 정부 들어, 2008년 4월에는 '금융감독기구의 설치 등에 관한 법률'이 '금융위원회의 설치 등에 관한 법률'로 개정되면서 재정경제부의 금융정책 기능과 금융감독위원회의 감독 기능을 통합한 금융위원회를 출범시켰다. 아예, 구조적으로 금융정책 기능과 감독 기능을 합쳐버린 것으로, 금융 감독의 비분리성을 극단적으로 잘 보여준다. 실제 동 법에 따라 금융감독위원회는 금융에 관한 정책 및 제도에 관한 사항, 2. 금융기관 감독 및 검사·제재에 관한 사항, 3. 금융기관의 설립, 합병, 전환, 영업의 양수·양도 및 경영 등의 인가·허가에 관한 사항, 4. 자본시장의 관리·감독 및 감시 등에 관한 사항 등 광범위한 사무 권한을 부여받았다(금융위원회의 설치 등에 관한 법률[법률 제8863호, 2008.2.29.] 제17조).

(2) 금융정책기관과 감독기관 간 계층적·폐쇄적 인적 네트워크 구조

금융정책 핵심 기관과 금융감독기관 간에는 계층적·폐쇄적 네트워크 구조를 지니고 있다. 계층적인 현상은 두 기관 간에 공직구조상 위계가 존재한다는 것이고, 폐쇄적이라는 것은 두 기관 간의 인적 폐쇄성이 크다는 것이다.

두 기관 간의 공직구조상 위계는 정부조직법을 통해 잘 드러난다. 첫째, 금융정책 담당기관은 그 동안 일반 장관과 달리 경제부총리 겸 장관 대우를 받았으며, 실제 이는 제3공화국에서 문민정부, 국민의 정부, 참여정부에 이르기까지 공식적인 부처의 위상이었다. 국민의 정부에서 재정경제부 장관으로 1~3대를 이어왔으나, 국민의 정부 후반부터 참여정부에서는 경제부총리 겸 재정경제부 장관으로 다시 격상되었다. 현재는 기획재정부 장관으로 되어 있으나 동 부처를 일반 부처와 동일한 계층선상에 있다고 판단하기 어렵다.

둘째, 두 기관의 장(장관 혹은 위원장) 임명 구조에서 나타난다. 실제, 이헌재 초대(1998.03~2000.01) 금융감독위원장은 이후 국민의 정부(3대, 2000.01~200.08)와 참여정부(4대, 2004.02~2005.03) 재정경제부 장관을 지냈으며, 제5대(2004.08~2007.08) 금융감독위원회 위원장을 역임한 윤증현 장관은 2년 후 이명박 정부 제2대(2009. 02~2011.06) 기획재정부 장관으로 임명되었다. 즉, 금융감독위원회 원장 재직 이후 재정부 장관에 임명되는 구조를 갖고 있다(기획재정부, 금융위원회 홈페이지 분석). 셋째, 현재 금융감독위원회[15] 및 금융위원회의 역대 위원장과 부위원장을 살펴보면, 금융감독위원장 6명, 금융위원회 위원장 2명, 금융감독부위원장 9명, 금융위원회 부위원장 3명 중 재정부 관료 출신이 아닌 경우는 단 2명(1대 금융위원회 위원장, 1대 금융감독위원회 부위원장)에 불과하다. 2012년 8월 현재, 금융 감독 기능을 수행하는 금융위원회 역시 위원장, 부위원장, 사무처장, 상임위원. 금융정보분석원장, 금융정책국장, 공적자금관리위원회 사무국장을 재경부 출신 공무원들이라는 점에서도 이를 잘 알 수 있다(금융위원회 홈페이지 분석).

(3) 금융산업 · 정치 · 관료의 강한 연계 구조

과거 개발기에 정부의 금융 지배는 정치 및 관료의 영향력을 강화시키는 계기가 되었을 뿐만 아니라 금융산업 측면에서도 이들과 밀착해야 하는 유인을 제공했다. 따라서 이들은 강한 연계 구조를 지니고 있었으며, 외환위기 이후에도 이러한 구조는 지속되고 있다.

> "금융기관 로비를 없애는 것은 금감원 직원들의 감사 취업을 막는다고 해결될 문제가 아니다. 지금도 간부가 되기 전에 로펌으로 가서 터 잡는 직원들이 적지 않다. 무엇보다 고위 공무원들이 로펌이나 회계법인으로 가서 로비스트 역할을 하는 것을 같이 막아야 한다. 그래야 형평성이 있고 국민들에게 설득력이 있지 않겠나. 경제부처 고위직 인사 중에도 재벌을 위해 로비하던 로펌 출신들이 많다. 로펌에서 수억 원씩 받다가 입각하는 사례는 국민들이 다 알고 있다. 심지어 자신이 산하기관으로 내려갈 때 다른 사람이 있을 때보다 연봉을 수억 원씩 올려 받는 사례도 있다. 한마디로 위 아래 가릴 것 없이 너도 먹고 나도 먹고식의 분위기가 지배하고 있다"(이동걸 전 금감위 부위원장 경향신문 인터뷰, 2011.05.08).

15) 금융감독원장은 금융위원회 설립 이전까지는 금융감독위원장이 겸임했으나 설립 이후부터는 금융위원회의 의결을 거쳐 금융위원회 위원장의 제청으로 대통령이 임명한다(금융위원회 설치 등에 관한 법률 [법률 제11407호] 제29조 2항). 현재 금융감독원장 역시 재정부 관료 출신이다.

그러나 금융 제도에 영향을 미칠 정치와 관료, 이익집단의 구조를 베일에 쌓여 있기 때문에 파악하는 것은 쉽지 않다. 그러나 인적 순환구조, 혹은 금융사건은 이를 알게 해주는 유용한 단서로서 역할을 수행한다.

첫째, 인적 구조의 차원에서 보면, 금융정책 및 감독기관과 피감독기관 간의 인적 교류가 매우 활발하게 이뤄져 왔으며, 외환위기 이후에도 보편적 현상으로 나타나고 있다. 예를 들어, 재경부 고위관료 출신의 2000~2005년간 재경부 고위관료의 퇴직자 현황을 보면, 금융계(52명), 법무법인(7명), 기업(4명), 행정기관(4명), 학계(3명), 기타(8명)으로 나타나(세계일보, 2006.06.25), 감독의 대상인 금융계 진출이 절대적으로 높다는 것을 알 수 있다. 또한 2006년 당시, 재경부 출신의 주요 인사 현황을 보면, 금융감독위원회 (부)위원장, 금융감독원 (부)원장, 한국산업은행장, 한국수출입은행장, 중소기업은행장, 신용보증기금 이사장, 전국은행연합회 회장, 생명보험협회 회장, 대한손해보험협회장, 상호저축은행중앙회장, 증권선물거래소 이사장, 증권예탁결제원, 코스콤, 한국선물협회 사장에 재직하고 있었다(한겨레, 2006.06.26). 현재에도 재경부 출신들은 국회, 청와대, 정부뿐만 아니라 금융감독 대상인 공공 및 민간 금융기관의 수장으로서 역할을 수행하고 있다(한국경제, 2011.11.17).[16]

금융감독 집행기관이라 할 수 있는 금융감독원 퇴직 후 감독 대상기관에 취업하는 것은 특이한 현상이 아니다.[17] 퇴직뿐만 아니라 현직에서도 감독 대상 금융기관과의 유착 관계는 사회문제가 될 정도로 심각했다. 특히, 금융감독기관 내 일부 직원이 감독 대상인 금융기관으로부터 거액의 금품을 수수하고 불법을 묵인 내지 비호해 주는 것이 일회성이 아닌 일상적·지속적으로 만연했다(대검찰청 저축은행 비리 합동수사단, 2012a: 6).

둘째, 주요 금융사건은 이들의 유착 관계를 잘 보여준다. 예를 들어, 2000년대 초반 3대 게이트(정현준, 진승현, 이용호) 사건은 저축은행과 정치 및 관료집단에 상호 관계를 구축하고 있음을 보여준다. 예를 들어, 정현준 게이트에서는 금감원의 상호신용금고 검사담당 국장이 연루된 것으로 밝혀졌으며, 정치인과 검찰 간부 연루 의혹이 추가로 제기되었다. 진승현 게이트에서는 국정원의 조직적 개입이 드러났고, 이에 국정원

16) 2012년 6월 현재, 역시 2006년과 크게 다르지 않다(이투데이, 2012.06.20). 또한 역대 기획재정부 장관 14인의 현직 근황을 보면, 전윤철, 윤증현, 이용만 장관을 제외하고 금융, 기업, 로펌 등의 회장 및 고문을 맡고 있다(이투데이, 2011.06.15 기사 표 정리).

17) 솔로몬, 한국저축은행에서 금융감독기관 고위관료의 재취업 상황은 조선일보(2012.05.09.) 참고.

제2차장과 경제과장이 구속되었다. 금감원 부원장보는 금품을 받았다는 혐의로 기소되었다. 이용호 게이트는 정치인과 금감원, 검찰 간부, 국정원이 연루되었다는 의혹이 제기되면서 '권력형 비리의 종합판'이라는 용어까지 나왔다(금융위원회 외, 2012: 293-296).

이명박 정부에서의 '저축은행 사태' 역시 다양한 정치가와 관료, 이익집단이 연계되어 있음을 보여준다. 대검찰청 저축은행 비리 합동수사단(2012b)의 자료에 따르면, 저축은행 비리와 관련해, 정·관계(政·官界) 인사, 금융감독기관 전·현직 직원(금융위원회, 금융감독원), 국세청 총 84명을 피의자로 구분하고 이 중 49명을 구속했음을 밝히고 있다.

표 11-2 저축은행 사태 관련, 유형별 피고인 분류

분류	내용
정·관계 인사	17명(9명), 청와대 공무원 3명 포함
금융위원회 및 금융감독원	16명(14명)
국세청	6명(5명)
대주주 및 경영진	대주주 8명, 경영진 25명, 직원 9명
대형 차주, 브로커 및 기타	대형 차주, 5명, 브로커 9명, 기타 5명

주: 괄호 안 숫자는 대검찰청 합동수사단(2012b) 발표 결과임. 괄호 밖 숫자는 대검 발표 결과와 신문기사 검색 결과(2012.06.21.~2012. 08.31)를 합쳐 계산한 숫자임.
출처: 대검찰청 저축은행 비리 합동수사단(2012b; 40-41), 신문기사 검색 결과.

정리하면, '금융정책과 금융감독의 비분리', '금융정책기관과 감독기관 간 계층적·폐쇄적 인적 네트워크 구조', '금융산업·정치·관료의 강한 연계 구조'와 같은 내생적 압력 변수는 지속적으로 동형화의 압력에 따라 도입되는 제도에 지속적인 영향을 미쳤을 것이다. 이러한 내생적 제도는 일시적이나 부분적이기보다는 지속적이고 금융 부문 전반에 영향을 미쳐온 강력한 압력이라는 점에서, 이러한 압력이 존재하는 상황에서 외국에서 도입되는 제도는 자유롭기 어려울 것이다. 거시적으로 보면, 이러한 변수들은 적기 시정 조치 제도가 금융 감독의 수단뿐만 아니라 좀 더 중요하게 금융정책 수단으로 활용되도록 하고, 공정하고 엄격한 규칙의 제정과 집행보다는 금융산업에 유리한 조건과 탄력적인 집행이 이뤄질 수 있는 제도를 설계하는 데 기여했을 것이다.

3 두 가지 변수와 이질성의 정도

적기 시정 조치 제도의 이질성 정도에 영향을 미치는 두 가지 변수에 대해 살펴보면, '내생적 제도 압력의 크기'와 두 변수(동형화 압력, 내생적 제도 압력) 간 '시간적 범위의 격차'가 모두 큰 것으로 이해된다.

구체적으로, 첫째, 내생적 제도 압력의 크기와 관련해, 그 압력은 매우 큰 것으로 이해된다. 즉, '금융정책과 금융감독의 비분리', '금융정책기관과 감독기관 간 계층적 · 폐쇄적 인적 네트워크 구조', '금융산업 · 정치 · 관료의 강한 연계 구조'가 정부 주도적인 경제 성장 하에서 한국 사회에 배태된 특성이라는 점에서, 또한 정치, 경제, 행정 전반에 관련된 제도적 특성이라는 점에서, 특히 경제 성장 및 조절의 핵심 도구로서 활용되어오고 있는 금융 제도와 관련되어 있다는 점에서 제시된 내생적 제도의 압력은 상대적으로 매우 크다 할 것이다.

둘째, 두 압력 변수 간 영향을 미치는 시간적 범위의 격차와 관련해, 그 압력은 동형화의 압력이 제도 형성 초기(1990년대 초~1997년 외환위기 직후)까지 영향을 미친 반면, 내생적 제도 압력은 우리나라 금융정책의 오랜 역사적 특성을 반영한 압력으로 미국형 적기 시정 조치 제도의 도입 시기 이전부터 현재까지 지속적으로 미치는 압력이었다. 따라서 동형화 압력은 짧은 시간 영향을 미친 반면, 내생적 제도 압력은 지속적이고 장기적으로 영향을 미쳐 두 변수 간 영향력의 격차는 매우 큰 것으로 판단된다.

결국, 적기 시정 조치 제도의 사례는 내생적 제도 압력의 크기가 매우 크고 두 변수 간 시간적 범위의 격차가 매우 크다는 점에서 도입된 제도와는 매우 큰 이질적인 제도의 형성을 예측하게 한다 할 것이다.

제 4 절 적기 시정 조치 제도 형성 원인에 따른 결과

우리나라의 적기 시정 조치 제도는 상호 독립적인[18] 동형화의 압력과 내생적 제도

18) 두 변수가 상호작용하기보다는 독립적으로 영향을 미친 것은 아래와 같은 이유로 인해, 상호작용의 조

압력에 의해 형성되어 왔다. 즉, 동형화의 압력에 따라 미국의 외향과 유사한 적기 시정 조치 제도가 도입되었으나, 내생적 제도 압력에 따라 미국의 제도와는 이질적인 제도가 형성되었다. 특히, 두 변수(동형화의 압력과 내생적 제도)의 압력이 미치는 시간적 범위의 격차가 큰 것으로 예측되었으며, 실제 이질성의 수준 역시 매우 크게 나타난다. 이하에서는 적기 시정 조치 제도의 유사성과 이질성에 대해 구체적으로 살펴보고자 한다.

1 동형화의 압력과 제도의 유사성

우리나라의 적기 시정 조치 제도는 미국의 제도가 규범적 및 강제적 동형화에 따라 도입됨에 따라 외형적으로는 미국의 제도를 따르고 있다. 구체적으로 규범적 동형화에 따라 제도의 소개와 도입의 논의가 진행되었고, 강제적 동형화에 따라 제도의 법제화가 매우 짧은 기간 내에 신속히 이뤄졌다. 이러한 동형화의 압력은 제도 형성 초기에 제도의 외향을 결정하는 데 크게 영향을 미쳤다. 실제 〈표 11-1〉과 비교해 아래 〈표 11-3〉에서 알 수 있듯이, 미국의 적기 시정 조치 제도와 우리나라의 적기 시정 조치 제도는 제도의 용어가 일치하고, 부실 금융기관을 사전에 설정된 기준을 통해 평가하고,

표 11-3 현행 적기 시정 조치 제도 개관(2011년 6월 말 현재)[19]

	발동 요건	단계별 조치 내용		
		경영개선 권고	경영개선 요구	경영개선 명령
은행	BIS 기준 자기자본 비율	8% 미만	6% 미만	2% 미만

건이 충족되지 않았기 때문으로 이해된다. 첫째, 강제적 동형화의 압력이 막대한 점, 즉, IMF 등은 구제금융을 조건으로 1999년 초까지도 법제화와 운용을 강제했다. 둘째, 제도의 법제화에 매우 짧은 기간이 소요된 점이다. 셋째, 위 두 가지 원인으로 인해, 동형화 압력변수와 내생적 제도 압력변수가 상호작용하기 위한 시간대가 짧았다. 즉, 이 두 변수가 상호작용하기 위해서는 서로 동시에 영향을 미치는 시간대가 길어야 하는데, 그러한 시간대가 매우 짧았다는 데 그 원인이 있는 것으로 판단된다.

19) 참고로 이 적기 시정 조치의 구체적 내용은 1999년과 2006년, 그리고 2011년 현재 크게 다르지 않다. 가장 큰 차이는 적기 시정 조치 대상 금융회사의 추가와 금융회사의 구분의 변화다. 예를 들어, 1999년 6월 말과 현재(2011년 11월) 기준을 비교해 보면 큰 차이가 없다(분석 자료: 한국은행, 1999; 금융위원회, 2011b).

금융지주 회사	필요자본 대비 자기자본 비율 (연결자기자본 비율)	100% 미만 (8% 미만)	75% 미만 (6% 미만)	25% 미만 (2% 미만)
금융투자 업자	영영용 순자본 비율	150% 미만	120% 미만	100% 미만
보험회사	지급 여력 비율	50% 이상 100% 미만	0%이상 50% 미만	0% 미만
상호저축 은행	BIS 기준 자기자본 비율	5% 미만	3% 미만	1% 미만
금융회사 공통	경영실태평가	종합평가등급 3등급 이상으로서 자산건전성 또는 자본적정성이 4등급 이하	종합평가등급 4등급 이하	–
공통		거액의 금융사고 또는 부실채권의 발생으로 위의 기준에 미달할 것이 명백하다고 판단되는 경우	거액의 금융사고 또는 부실채권의 발생으로 위의 기준에 미달할 것이 명백하다고 판단되는 경우 경영개선 권고를 받은 금융기관이 경영개선 계획을 성실히 이행하지 않는 경우	부실 금융기관 경영개선 요구를 받은 금융기관이 경영개선 계획을 성실히 이행하지 않는 경우 자산부채 비율이 100% 미만인 경우
조치 내용[1]		1. 인력 및 조직 운영의 개선 2. 경비 절감 3. 영업소 관리의 효율화 4. 고정자산투자, 신규업무 영역에의 진출 및 신규출자의 제한 5. 부실자산의 처분 6. 자본금의 증액 또는 감액 7. 이익배당의 제한 8. 특별대손충당금 등의 설정	1. 영업소의 폐쇄·통합 또는 신설 제한 2. 조직의 축소 3. 위험자산 보유 제한 및 자산의 처분 4. 예금금리 수준의 제한 5. 자회사 정리 6. 임원진 교체 요구 7. 영업의 일부 정지 8. 합병, 금융지주회사법에 의한 금융지주회사(이하 "금융지주회사"라 한다)의 자회사로의 편입, 제3자 인수, 영업의 전부 또는 일부 양도계획의 수립 9. 제34조 제2항에서 정하는 사항	1. 주식의 전부 또는 일부 소각 2. 임원의 직무 집행 정지 및 관리인의 선임 3. 합병 또는 금융지주회사의 자회사로의 편입 4. 영업의 전부 또는 일부의 양도 5. 제3자에 의한 해당 은행의 인수 6. 6월 이내의 영업의 정지 7. 계약의 전부 또는 일부의 이전 8. 제35조 제2항에서 정하는 사항

주: 1) 은행업 감독 규정상 조치 내용을 첨부했음. 경영개선 권고, 경영개선 요구, 경영개선 명령은 은행업감독규정 34, 35, 36조로 2001년 당시 규정과 가장 최근인 2010년 규정 간에 차이가 없음. 또한 동 조치 내용은 금융기관별로 차이가 없는 것으로 보임. 예를 들어, 상호저축은행 감독규정 46, 37, 48조는 동 규정을 담고 있는데 내용은 동일함.

출처: 한국은행(1999), 한국은행(2011), 은행업감독규정[2010.11.05 금융위원회 제2010−39호], 은행업감독규정[2001.12.19 금융위원회 제2001−105호], 상호저축은행업 감독규정[금융위원회고시 제2012−4호, 2012.1.17].

그러한 기준에 부합할 경우, 미리 설정된 조치를 부과한다는 점에서 외형적으로는 미국의 제도와 매우 유사하다.

2 내생적 제도 압력과 제도의 이질성[20]

우리나라 금융정책과 감독, 그리고 산업에 배태되어 있는 고유한 제도적 특성이라 할 수 있는 내생적 제도 압력으로 '금융정책과 금융감독의 비분리', '금융정책기관과 감독기관 간 계층적 · 폐쇄적 인적 네트워크 구조', '금융산업 · 정치 · 관료의 강한 연계구조'는 적기 시정 조치 제도에 영향을 미쳐 미국과는 이질적인 제도를 형성하게 했다.

즉, 국가의 거시적 우위가 '금융감독보다는 금융정책(금융정책과 금융감독의 비분리성)'에 있고, '금융정책기관과 감독기관 간에 계층적 · 폐쇄적인 인적 구조'를 지니고 있다면, 금융정책에 대한 금융감독기관의 견제는 불가능하고 동시에 독립적인 감독 기능을 수행하는 데 제약을 받을 수밖에 없다. 또한 '금융산업 · 정치 · 관료 간의 강한 연계구조'는 금융산업에의 포획 가능성을 확대하고 이에 따라 원칙에 기반한 금융감독의 집행과 추진을 어렵게 한다.

이러한 내생적 제도 변수에 따른 압력은 금융감독 제도인 적기 시정 조치 제도에 지속적인 영향을 미쳐, 적기 시정 조치 제도를 금융감독 수단보다는 금융정책 수단화했고, 피감독기관의 이해를 고려한 제도설계가 이뤄졌다. 구체적으로, 첫째, 이 제도의 목표를 감독 수준을 넘어 포괄적이게 했고, 둘째, 제도의 취지와 상반된 발동 주체를 형성했으며, 셋째, 부실 금융기관을 사전에 통제하는 것보다는 사후적인 해결에 초점을 맞추는 등급을 형성하고, 넷째, 금융기업에게 유리한 부실 판단 기준을 형성하게 했으며, 다섯째, 피감독기관인 금융기관에 유리한 부실 판단 기준과 조치 유예를 형성하게 했다.

1) 포괄적인 제도 목적

금융감독의 목적을 정책의 개입 가능성을 고려해, 구체적이기보다는 포괄적으로 정의하게 할 가능성이 높다. 실제, 적기 시정 조치 제도의 목적을 살펴보면 이러한 점이

---

20) 이하, 미국의 제도와 차이가 있다는 것이지 규범성을 논한 것이 아님을 밝힌다.

잘 드러난다. 우리나라의 적기 시정 조치 발동 목적은 금융기관의 부실화를 예방하고 건전한 경영을 유도하기 위한 것으로 적기 시정 조치가 명시된 1998년 금산법(법률 제5549호, 1998.9.14) 이후 변화되지 않고 있다. 즉, 우리나라에서 적기 시정 조치의 목적은 금융기관의 부실화를 예방하고, 건전한 경영을 유도하는 두 가지 목적(동법 제10조 1항)을 가지고 있다. 한편, 미국의 FDICA(Federal Deposit Insurance Corporation Improvement Act of 1991)는 적기 시정 조치의 목적을 예금보험기금에 미치는 장기적 손실을 최소화하면서 금융기관의 문제를 해결하는 데 목적을 두고 있다(Sec. 38. (a) (1)).[21]

즉, 양국 제도의 목적과 초점은 상이함을 알 수 있다. 미국은 예금보험기금의 손실의 최소화가 핵심적인 목적인 반면에, 우리나라는 금융기관의 부실화를 예방하고, 건전한 경영을 유도를 명시하고 있으며, 그 의미가 매우 포괄적임을 알 수 있다.

2) 제도의 취지와 부합되지 않는 발동 주체

제도의 취지와 상반된 제도의 발동 주체를 형성했다. 미국의 발동 주체가 예금보험공사인 반면에 우리나라는 금융감독위원회(금융위원회)다. 그러나 이 제도는 금융감독기관의 감독 유예를 방지하고자 제안된 제도로, 금융감독기관이 적기 시정 조치 제도의 발동 권한을 지니는 것은 제도의 취지와 부합되지 않는다.

구체적으로, 미국의 적기 시정 조치의 발동 주체는 연방은행기관(연방준비은행 등 감독기관을 의미)과 연방예금보험공사(FDIC)로 규정하고 있으며(Sec. 38. (a) (2)), 발동을 의무화하고 있다. 특히, 미국의 적기 시정 조치가 예금보험기금의 최소화를 핵심 목적으로 하고 있고, 또한 연방예금보험기금법에 기초하고 있다는 점에서 은행감독기관보다는 미국 연방예금보험공사가 중심적인 역할을 수행할 것임을 알 수 있다. 반면, 우리나라의 경우는 적기 시정 조치 발동 주체를 금융감독기구인 금융위원회(구 금융감독위원회)에 부여하고 있다(금산법, [법률 제10303호] 제10호 1항). 금융감독기구에만 발동 권한을 부여하고 있고, 미국의 적기 시정 조치 제도와 같이 보험공사에는 그 권한을 부여하고 있지 않다. 우리나라에서 적기 시정 조치와 관련한 예금보험공사의 역할은 발동 주체로서가 아니라 지원 주체로서 한정되어 있다.[22]

---

21) SEC. 38. (a) (1)

22) 예금보험공사의 지원적・보조적 역할은 동 법 제11조 2항, 3항에 기술되어 있다.

3) 등급 구분

부실금융기관을 사전에 통제하는 것 외에 사후적인 해결에 초점을 맞추는 등급을 형성하게 했으며, 실제 활용 역시 그러했다. 우리나라의 적기 시정 조치 제도는 금융기관의 범주를 크게 경영개선 권고, 경영개선 요구, 경영개선 명령 크게 세 가지 등급으로 구분되어 있다(금산법 제10조 1항). 즉, 미국의 적기 시정 조치 제도와 달리, 우리나라의 구분은 곧, 정상 상태(예를 든다면, 미국의 Well Capitalized, 혹은 Adequately Capitalized)에 해당되는 금융기관은 금융회사의 분류에 포함될 수 없다. 따라서 이미 부실을 사전에 예방하는 것보다는 부실 상황에서 처리에 초점이 맞춰진 것을 알 수 있다. 즉, 이는 금융감독 차원 외에 부실 금융에 대한 처리와 해결을 도모하고자 하는 금융정책과 관련되어 있음을 알 수 있다.

실제, 우리나라에서 적기 시정 조치 제도는 사전적인 격발 장치로서 작동하기보다는 부실 금융기관의 구조조정 차원에서 활용되어 왔다. 예를 들어, 은행의 경우, 외환위기 중 부실 은행 정리 및 정상화 차원에서 1997년 12월 말 서울은행을 시작으로 2000년 말까지 외환, 한빛, 조흥, 광주, 경남, 제주에 대해 동 조치가 발동되었으며(금융감독위원회·금융감독원, 2002), 저축은행 부실 정리 과정에서 2000년에 38개에 이르는 저축은행에 대해 이 조치가 시행되었다(금융감독위원회, 2006: 9). 이후, 적기 시정 조치는 2004년부터 본격화된 가계 신용위기(일명, 카드사태) 이후, 저축은행 부실이 심각하게 나타나자 저축은행 부실 정리 과정에서 집중적으로 이뤄졌다. 이에 2004년 1월 13일을 한중저축은행을 시작으로, 2005년까지 파라다이스, 대아, 고려, 중앙, 신한, 현대, 경북, 인베스트, 플러스에 대해 경영개선 권고 및 요구, 명령과 같은 조치가 집중적으로 시행되었다(금융위원회, 2011c: 22). 또한 2011년 4월 29일 저축은행 부실이 심각한 상황에서 (부산)부산, (부산)부산2, (서울)중앙부산, (대전)대전, (전북)전주, (전남)보해 및 (강원)도민상호저축은행 등 7개사를 부실 금융기관으로 결정 및 경영개선 명령을 부과했고(금융위원회, 2011a), 이후 동년 9월 18일 7개 상호저축은행(제일, 제일2, 프라임, 대영, 에이스, 파랑새, 토마토)에 대해 부실 금융기관 결정 및 경영개선 명령을 받았다(금융위원회, 2011b).[23] 이러한 점은 사전 격발 장치로서 적기 시정 조치 제도를 운영했다기보다는 부실이 심각한 상황에서 부실 은행을 정리하는 도

23) 실제 적기 시정 조치 대상 상호저축은행은 13개였으나, 이 중 6개 저축은행(솔로몬저축은행, 한국저축은행, 미래저축은행, 한주저축은행 등)은 유예 조치를 받았다(금융위원회, 2011b).

구로서 활용되어 왔음을 잘 보여준다.

4) 부실 판단 기준

기업에 유리한 부실 판단 기준을 형성했다. 즉, 우리나라는 금융회사별로 서로 다른 기준을 통해 부실화 정도를 파악하고 있다. 1998년 제도 도입 초기에는 은행 및 종금사는 BIS 자기자본 비율, 증권회사는 영업용 순자본 비율, 보험회사는 지급 여력 비율을 기준으로 활용했고(한국은행, 1999: 334), 2011년 현재는 은행과 상호저축은행은 BIS 비율을, 금융지주회사는 필요자본 대비 자기자본 비율(연결 자기자본 비율), 금융투자업자는 영영용 순자본 비율, 보험회사는 지급여력 비율 들 핵심 기준으로 사용하고 있다(한국은행, 2001: 294). 획일적인 기준만을 통해 금융회사의 부실 여부를 판단함에 따라, 즉 다양한 기준을 적용하지 않음에 따라 이를 회피 및 규제 차익거래(regulatory arbitrage)를 이용하는 행위를 할 가능성(한국개발연구원, 2004: 92-93)이 높아진다.

한편, 미국의 적기 시정 조치 제도는 부실화 정도를 위험가중 자기자본 비율, 위험가중 기본자기자본 비율, 단순자기자본 비율로 구분해 평가하고, 이 중 5등급(critically undercapitalized) 자본적정성 평가 기준인 유형 자기자본 비율 설정 시에는 FDIC에 동의받을 것을 명시하고 있다(Sec. 38. (c) (3)[24]). 각 등급에 따라 조치를 취하도록 명시하고 있으며, 특히 강제 조치와 임의 조치로 구분하고 있다. 또한, 가장 등급이 낮은 5등급의 경우는 연방예금보험공사가 부실 금융회사의 업무 활동을 제한하고, 연방예금보험공사의 승인없이 특정 업무 수행을 금지하고 있다(Sec. 38 (i)).

5) 규제 유예 제도

금융감독의 비분리성, 금융산업, 정치, 관료의 강한 연계 구조는 적기 시정 조치 유예를 형성했다. 이는 감독이 금융정책의 일환으로 이뤄져야 하고 또한 산업과 정치, 관료 간의 연계 구조에 따라 산업의 이해가 반영된 결과로서 이해된다. 적기 시정 조치의 유예는 우리나라 금산법 제10조 3항 및 각 금융기관 감독 규정에 명시되어 있다.

이 조치는 금융기관이 부실 등급 상황에 있다 하더라도 실제 유예를 받을 수 있음으로 인해 이 조치의 근본 자체를 훼손할 수 있는 조항이라 할 수 있다. 게다가 이 유

24) Sec. 38. (c) (3) (A) (i).

예 조치를 감독 당국에 부여하고 있다는 점은 금융감독 당국의 감독 용인(regulartory forearance)를 배제하기 위해 설계된 적기 시정 조치 제도의 본래 취지에 부합되지 않는다 할 것이다.

실제 이에 따라 적기 시정 조치 규제 유예는 지속적으로 발생했다. 유예는 실제 1회에 걸쳐 발생하기도 했으나, 다수의 경우 2회, 3회까지 유예 조치가 이뤄지기도 했다. 이러한 유예 조치에도 불구하고 일부 금융기관들의 부실은 오히려 확대되기도 했다. 예를 들어, 2012년 5, 6일 금융위원회는 제일, 제일2, 프라임, 대영, 에이스, 파랑새,

표 11-4 적기 시정 조치 유예 실례

유예 일시	대상 금융기관	유예의 주요 내용
2000.04.28 (금융감독원, 2000)	(부산)부일, (충북)서울금고	2000. 1. 28. '금융산업의 구조개선에 관한 법률' 제10조에 의거 경영개선 명령 등 적기 시정 조치 유예
2001.02.28 (금융감독원, 2001a)	현대투자신탁증권(주), 2차 유예	2001. 2. 28로 만료되는 현대투자신탁증권(주)에 대한 적기 시정 조치의 적용 유예 및 연계 차입금 축소 기한을 잠정적으로 9. 30까지 연장
2001.09.27 (금융감독원, 2001b)	현대투자신탁증권(주), 3차 유예	2001. 9. 30로 만료되는 현투증권(주)에 대한 적기 시정 조치의 적용 유예 및 현대투신운용(주)의 연계대출금 축소 기한을 2002. 3. 31까지 연장
2003.09.05. (금융감독원, 2003a)	제일투자증권(주)	영업용 순자본 비율이 기준 비율(150%)에 미달한 제일투자증권(주)에 대해 동사의 경영정상화 및 금융시장 안정을 위해 적기 시정 조치를 2004. 2. 29까지 유예
2003.11.18. (금융감독원, 2003b)	한국·대한·동양오리온투자증권(주), 2차 유예	2003. 12. 3(동양오리온투자증권의 경우 2003. 12. 11)일자로 적기 시정 조치 적용 유예 기간(1차)이 만료되는 해당 저축은행에 대해 금융 구조조정의 원활한 추진을 위해 동 유예 기간을 1년간 연장
2004. 08.27. (금융감독원 ,2004a)	제일투자증권(주), 2차 유예	2004. 9. 30까지 적기 시정 조치를 1개월간 추가로 유예
2004.11.26. (금융감독원 ,2004b)	동양오리온증권(주), 3차 유예	2004. 12. 12.부터 2005. 9. 30까지 적기 시정 조치 적용 유예 기간 연장
2004.11.26. (금융감독원 ,2004c)	한국·대한투자증권(주), 2차 유예	양사에 대한 적기 시정 조치의 유예 기간을 각각 1년(2004. 12. 4~2005. 12. 3)의 범위 내에서 매각 완료(사후 정산 완료) 시점까지 연장
2011.09.18. (금융위원회, 2011)	솔로몬, 한국, 미래, 한주저축은행 등 6개사	일정 기간 동안 자체 정상화를 추진하도록 유예

출처: 표에 표기된 금융감독원, 금융위원회 발표 자료(참고 문헌 참고).

토마토 등 7개 상호저축은행에 대한 부실 금융기관 결정 및 경영개선 명령(6개월 간 영업 정지 포함) 조치안을 의결했으며, 동시에 이 중 6개사의 경우 경영개선 명령을 유예했다(금융위원회, 2011b). 그러나 1년 후 금융위원회는 이들 6개 사 중 4개사(솔로몬, 한국저축, 미래저축, 한주저축은행)는 경영 정상화가 나타나지 않고 오히려 확대되자 동 은행들에 대해 6개월간 영업 정지를 포함한 경영개선 명령을 조치했다(금융위원회, 2011b).

제 5 절 결론

이 연구는 외국에서 도입된 제도가, 도입 모델인 제도와 유사성을 지니면서도 동시에 이질성을 지니게 되는 원인이 무엇인지, 그리고 이질성의 정도에 미치는 요인이 무엇인지를 분석했다. 그리고 이에 대한 해답을 신제도주의적 접근에서 제시된 개념인 동형화와 내생적 제도를 통해 찾고 있다. 동형화 압력 변수는 외국에서 도입된 제도와 유사성을 갖게 하지만, 내생적 제도 압력 변수에 의해 외국에서 도입된 제도와는 매우 이질적인 제도를 형성한다는 것이다. 여기서 이질성의 정도는 '내생적 제도 압력의 크기'와 두 압력 변수 간 '시간적 범위의 격차'라는 하위 변수를 통해 설명했다. 즉, 두 변수의 크기와 정도가 클수록 외국에서 도입된 제도와 이질성이 커질 것으로 가정했으며, 이를 증명하고자 했다.

미국에서 도입된 우리나라의 적기 시정 조치 제도에 대한 사례 분석 결과, 첫째, 우리나라의 적기 시정 조치 제도는 동형화의 압력과 내생적 제도 압력에 의해 현재의 제도가 형성되었다. 동형화 압력은 유형은 규범적 · 강제적 동형화로 나타났으며, 내생적 제도[25] 압력은 구체적으로 '금융정책과 금융감독의 비분리', '금융정책기관과 감독기관 간 계층적 · 폐쇄적 인적 네트워크 구조', '금융산업 · 정치 · 관료의 강한 연계 구조'가 적기 시정 제도의 형성에 영향을 미친 것으로 나타났다. 이러한 두 가지 압력으로 인해 우리나라의 적기 시정 조치 제도는 미국의 제도와 유사한 외형적 측면을 지닌 반면, 미국의 제도와는 매우 상이한 이질성을 갖는 제도를 형성하게 되었다. 둘째, 제도의 이질성에 영향을 미치는 '내생적 제도 압력의 크기'와 두 변수 간 '시간적 범위의 격차'는

25) 이는 우리나라의 고유한 관치금융이 제도로서 나타난 것으로 이해된다.

동 사례의 경우 매우 크게 나타나 제도의 이질성이 매우 클 것임을 예상할 수 있었다. 셋째, 우리나라의 적기 시정 조치 제도는 동일한 명칭을 사용하고, 부실 금융기관을 사전에 설정된 기준을 통해 평가하고 그러한 기준에 부합할 경우, 미리 설정된 조치를 부과한다는 점에서 외형적으로는 미국의 제도와 매우 유사했다. 그러나 구체적으로 이 제도의 목적, 발동 주체, 금융회사 등급 구분, 부실 판단 기준, 규제 유예 여부에서 미국 적기 시정 조치 제도와는 매우 이질적인 제도임을 보여주었다.

결국, 우리나라의 적기 시정 조치 제도는 미국의 제도와 유사하면서도 동시에 매우 이질적인 제도의 특성을 지니고 있었으며, 이질성의 정도가 크게 나타났다.

이러한 분석 결과는 첫째, 이론적으로 외국에서 도입된 제도가 왜 도입 모델이었던 제도와 유사성과 이질성을 동시에 갖는지, 그리고 이질성의 정도가 무엇에 의해 결정되는지에 대해 하나의 설명 도구로서 역할을 수행할 수 있음을 보여준다. 또한 제도의 유사성과 이질성을 동시에 설명하고 있다는 점에서 신제도주의적 접근의 설명력 향상에 기여하고 있다고 할 것이다. 그뿐만 아니라, 제도의 이질성 수준의 결정 요인을 제시하고 있다는 점에서 향후, 외국에서 도입되는 제도의 이질성 수준을 예측할 수 있는 기회를 제공한다. 둘째, 제도의 기능과 관련해, 이 연구는 적기 시정 조치 제도가 왜 제도의 설계 의도와 달리 기대했던 대로 기능하지 않는지에 일단의 해답을 제시한다. 이는 곧 바람직해 보이는, 혹은 어떤 기능을 수행할 것으로 예상되는 제도가 진공 상태에서 착근되어 기능을 수행할 수 없음을 보여준다. 어떤 외국 제도의 기능과 효과에 대해 예측하려면 그러한 제도에 영향을 미칠 수 있는 각 국가의 고유한 제도적 특성을 고려해야 함을 보여준다 할 것이다.

이 연구는 또 다른 연구의 방향을 제시한다. 즉, 동형화 압력과 내생적 제도 압력 간 상호작용의 여부에 따라 서로 다른 제도, 혹은 이질성과 유사성의 정도에의 차이를 가져올 수 있는 가능성에 대한 탐색이다. 현실에 존재하는 제도의 유사성과 이질성의 정도는 각각 상이하고, 양태도 서로 달라 이를 설명하기 위해서는 다양한 조건에 대한 연구가 이뤄져야 할 것이다. 이러한 의미에서 두 변수 간 상호작용의 여부는 중요하게 고찰될 필요가 있다.

이 연구는 사례연구로서 외적 타당성의 한계를 분명히 지니고 있다. 또한 이질성의 정도에 영향을 미치는 변수의 크기에 대해 객관적인 지표화의 노력이 필요하다. 이러한 점들은 곧 다양한 제도에 대한 추가 연구의 필요성이 존재하는 또 다른 이유다.

제 12 장 제도의 변화와 지속 요인에 관한 연구: 한국의 법조 인력 양성 제도를 중심으로

김태은

제 1 절 서론

2007년 10월 26일 교육부는 법학전문대학원 총 입학 정원을 2천 명으로 확정 발표했다. 이로 인해 참여정부 내내, 길게는 김영삼 정부에서부터 시작되어 한국 사회를 뒤흔든 법조 인력 양성 제도의 변화가 실질적으로 이뤄졌다.

법조 인력 양성 제도는 그 동안 지속적으로 논의되어 왔으나 관련 이해집단의 강력한 저항에 의해 실질적인 변화는 나타나지 않았다. 따라서 참여정부에서의 법학전문대학원 제도의 도입은 사법개혁의 일환으로서, 혹은 고등교육 체제의 변화라는 큰 틀에서 중요한 의미를 지니고 있다. 그러나 본 연구자의 관심은 사법개혁 혹은 교육개혁의 차원이 아니라, 이러한 제도의 변화를 무엇으로 설명할 수 있는가 하는 점에 있다. 즉, 사법시험 제도에서 법학전문대학원 제도로의 법조 인력 양성 제도의 변화는 과거의 제도와는 단절적인 급격한 제도적 변화인 것으로 보인다. 하지만 또 다른 측면에서 법학전문대학원 제도의 핵심적 내용으로서 새롭게 형성된 총 정원 규제 및 관련된 규제를 보면 제도적 지속성이 느껴지기도 한다. 다시 말해, 이 사례는 제도의 변화와 지속성을 동시에 보여주고 있다 할 것이다.

이러한 배경에서 이 연구는 제도 변화와 지속을 설명할 설명 도구를 제시하고자 한다. 이에, 이 연구는 제도의 지속과 변화 요인은 무엇인가라는 연구 질문과 함께 우리나라의 법조 인력 양성 제도를 사례로 해서 제도의 변화와 지속 요인이 무엇인지를 분석했다. 특히, 제도의 변화와 지속을 하나의 설명 도구로서 설명하고자 하는 의도에서 연구를 수행했다.

이 장에서는 신제도주의, 특히 역사제도주의를 이론적 토대로 해서 사례분석을 수행했으며, 학술논문, 정부문서, 신문, 인터넷 자료 등 문헌자료를 통해 분석했다. 분석 기간은 김영삼 정부에서 참여정부까지이며, 핵심적 분석 범위는 제도 변화가 실질적으로 나타난 참여정부로 했다.

제 2 절 이론적 배경

1 신제도주의와 역사제도주의

마치와 올슨(March & Olsen, 1984)과 홀(Hall, 1986) 등에 의해 촉진된 이론적 분석틀로서 신제도주의(new institutionalism)는 다양한 학문적 배경과 '제도'에 대한 정의의 어려움에도 불구하고 지속적으로 발전되어 왔다. 크게 역사적·합리적 선택, 사회학적 제도주의 등으로 구분되는 신제도주의를 구성하는 각각의 접근들은 정치사회적 결과에 대한 제도의 영향을 분석하는 데 공통의 관심을 갖고 있으면서도 상대적으로 독립적인 발전 과정을 가져왔다.[1]

2000년대에 들어서 신제도주의는 정부개혁을 중심으로 해서 제도의 영향력을 각각의 접근 방식을 통해 설명하고자 하는 연구들이 활발히 이뤄졌다.[2] 특히, 이러한 연구

1) 각 접근 간 입장의 차이는 어떻게 제도와 행태 간의 관계를 개념화할 것인가, 그리고 어떻게 제도의 변화와 기원의 과정을 설명할 것인가에 있다(Barzelay & Gallego, 2006: 532). 즉, 제도의 형성 원인, 제도와 행위자 간 관계, 제도의 변화 원인을 설명하는 데 서로 다른 견해를 지녀 왔으며, 이에 관해서는 다양한 연구(Bates et al., 1998; Hall & Taylor, 1996; Lichbach & Zuckerman, 1997; Peter, 2005; 하연섭, 2003)에서 체계적으로 제시되었다.

2) 정부개혁에 관한 신제도주의적 분석에 대한 최근 정리는 바즐리와 갤레고(Barzelay & Gallego, 2006: 533-538) 참고.

의 중심에는 역사제도주의가 그 중심에 있다 할 것인데, 이는 이 접근이 아래와 같은 핵심적 특징이자 가정을 설정하고 있어 복잡한 현실 상황에 대한 설명력이 높기 때문인 것으로 이해된다. 즉, 이 접근은 첫째, 역사적으로 구성된 일련의 제도적 제약과 기회는 정책 과정에 있는 정치적 행위자 및 이익집단의 행태에 영향을 미치며(Immergut, 1998; Lecours, 2005; Orren & Skowronek, 2004; Pierson, 1994; Steinmo et al., 1992; Weaver & Rockman, 1993), 둘째, 사회학적 및 합리 선택론적 제도주의와 달리 정책 형성에서 장기적인 제도적 유산의 영향뿐만 아니라 비대칭적 권력 관계를 강조한다(Hall & Taylor, 1996; Beland, 2007: 21)는 특징을 지닌다.

2 역사제도주의와 제도 변화

1) 급격한 그리고 점진적 변화

다른 접근과 마찬가지로 역사제도주의 역시 제도 이론의 핵심적 질문이 어떻게 제도 변화를 이해할 수 있는가와 관련되어 있음에도(Duit, 2007; Hall, 1993; Peters, 1999; Immergut, 1998; Pierson, 2000b) 불구하고 제도의 변화를 제대로 설명하지 못한다는 점이다. 즉, 역사제도주의 접근은 제도의 지속성을 설명하는 데 적절하기 때문에(Clement & Cook, 1999; Peters et al., 2005: 1288; Peters, 2005: 76-77) 현실 사회에서 보편적으로 발생하는 제도의 변화를 설명하는 데 한계를 노출시켜 왔다.[3]

아직까지 제도 변화를 설명하기 위한 제도이론은 크게 외생적 변수를 강조해 급격한 제도 변화를 설명한 접근과 내생적 변수를 강조해 점진적 변화를 강조한 연구로 구분된다.

첫째, 급격한 제도 변화를 설명하기 위해 기본적으로 역사제도주의는 단절된 균형(punctuated equilibria)을 통해 제도 변화를 설명하고자 했다(Krasner, 1984; Baumgartner & Jones, 1993; Collier & Collier, 2002).[4] 즉, 변화를 단절된 균형 아니면, 외

3) 이에 대해, 피터스 외(Peters et al., 2005: 1284)는 제도의 진화와 변화에 대한 설명력이 낮은 신제도주의 연구가 제도 변화가 크게 이뤄지고 있었던 1980년대에 발전되어 왔다는 점에서 매우 역설적임을 주장한다.

4) 이러한 설명은 첫째, 단절적 균형의 개념은 생물학의 신다윈 진화이론(neo-Darwinian evolutionary)을 차용한 것이며, 이는 곧 제도적 변화는 환경에 의존함을 함축한다. 둘째, 균형 내에서의 단절은 오랜 기

생적 충격에 의한 경로의 붕괴로 설명하고 있다. 즉, 이는 새로운 논리나 경로의 발전에 격발 장치(trigger-points)로서 시스템에 대한 외부적 요인(전쟁, 환경적 재앙 등)의 강조를 의미한다(Krasner, 1984). 또한 단절된 균형은 내·외부적 요인에 의해 발생하지만 핵심적 관점은 새로운 균형에 의해 과거의 균형이 대체될 때 진정한 변화가 나타난다는 것을 강조한다(Krasner, 1984, 1988; Baumgartner & Jones, 1993; Jones et al., 1998; Duit, 2007: 1098). 그러나 외적 쇼크의 부재 속에서 이러한 관점은 정치적 변화 과정을 설명하지 못하고 있다(Streek & Thelen, 2005; Carter, 2008: 347).

둘째, 다른 한편에서 제도 변화는 내생적으로 점진적임을 강조한다(Thelen, 1999, 2000, 2003; Streek & Thelen, 2005). 이와 관련해 최근 제도주의자들은 어떻게 제도가 변화하는가를 설명하기 위한 폭넓은 이론적 설명을 제시하고 있다(Beland, 2007: 21-22; Hacker, 2004; Orren & Skowronek, 2004; Streeck & Thelen, 2005; Thelen, 2003, 2004). 즉, 제도 변화는 점진적·적응의 진행 과정으로서 이해되어야 함을 강조한다. 텔렌(Thelen, 2004)은 제도 변화에서 단절된 균형의 중요성을 강조하면서도, 동시에, 제도 변화에서 외생적 요인보다는 내생적 요인의 중요성을 강조한다. 그러면서, 저자는 제도 변화에서 중요한 두 개의 메커니즘으로 층화(layering)와 전환(conversion)을 제시한다. 해커(Hacker, 2004) 역시, 텔렌(Thelen, 2004)의 연장선상에서, 기존의 제도적 배열의 역할과 의미를 점진적으로 전환시키는 중요한 제도 변화의 메커니즘으로서 표류(drift)를 주장한다. 피어슨(Pierson, 1996)은 제도적 설계는 어떤 알지 못하는 또는 역기능적 요소들이 포함될 수 있고 이에 따라 변화의 필요성이 제기될 수 있음을 주장한다. 또한 오렌과 스코로넥(Orren & Skowronek, 2004)은 제도는 다양한 복합체로 구성되어 있는데, 이들 간에 갈등적 관계, 혹은 모순이 존재함에 따라 제도 변화의 요인이 될 수 있음을 주장한다. 파제와 안셀(Pagett & Ansel, 1993), 클렌멘트와 쿡(Clements & Cook, 1999)은 제도화는 규칙을 창조하고 그러한 규칙은 이익을 창조해 제도를 유지한다고 주장한다. 또한, 스트리크와 텔렌(Streeck & Thelen, 2005, 18-31)은 '점진적 변형'에 주목하고 이의 유형으로 크게 전치(dispacement), 층화(layering), 표류(drift), 전환(conversion), 소모(exhaustion)를 제시했다.

간 정체에 따르는 제도 변화의 급격한 폭발이 있을 때 발생한다고 가정한다(Krasner, 1984: 242). 그러한 단절은 사실이 발생된 이후에 설명할 수 있는데 이는 동어반복적이다. 또한 충분한 힘이 작용할 때 제도 변화가 존재한다고 주장하는데, 변화를 발생시킬 충분한 정치·환경적 압력의 기준이 모호하다(Peters, 2005: 77-78).

이러한 점진적 제도의 변화는 '좁은 의미의 경로 의존[5]'과 그 맥을 같이한다. 레비(Levi, 1997, 28)의 정의에서 알 수 있는 좁은 의미의 경로 의존[6]은 수확체증(increasing returns)[7]에 의해 포착될 수 있으며, 특별한 방향을 갖는 선행 단계는 미래에 동일한 방향을 유도한다는 것을 의미한다. 이러한 수확체증은 자기강화(self-reinforcing) 및 긍정적 환류 과정(positive feedback process)으로 설명된다(Auther, 1994; Grief & Laitin, 2004: 635; North, 1990; Pierson, 2000a: 252; Pierson, 2000c: 74: Schneider, 2006: 457). 여기서, '수확체증'은 제도 내 긍정적 환류의 강력한 메커니즘을 창조하기 때문에, 왜 어떤 제도가 시간이 지날수록 자기강화의 경향과 의도적으로 제도의 변화를 어렵게 하는지를 설명한다(Duit, 2007: 1100-1101; Bennet & Elman, 2006: 254-249; Pierson, 2004). 이에 아서(Arthur, 1994: 112)는 경로 의존의 원천으로서 고정비용, 학습 효과, 조정비용, 적응적 기대(adaptative expectations)를 제시한 바 있다. 노스(North, 1990: 95) 역시, 기술에 한정한 아서의 주장을 수용해 복잡한 사회적 상호작용의 맥락에서, 새로운 제도는 높은 고정 및 초기비용, 학습 효과, 연계 효과, 적응적 기대를 포함한다고 주장한다. 한번 구축된 제도는 제도 자신의 안정성을 강화하는 강력한 유인을 발생한다(Pierson, 2000a: 255)는 것이다.

2) 행위자와 권력 관계, 제도 변화

행위자의 역할과 권력 관계는 제도 변화를 설명하는 데 중요한 변수로 다뤄져 왔다.

---

5) 역사제도주의의 제도 변화와 관련된 중요한 개념으로, 경로 의존은 어떤 분명한 의미가 부족한 변덕스러운(faddish) 개념이다(Pierson, 2000a: 251). 경로 의존의 개념을 명확하게 정의하기는 어렵지만, 넓은 의미와 좁은 의미로 사용되어 오고 있다(Pierson, 2000a). 마호니(Mahoney, 2000)는 이를 각각 'reactive sequence'와 'self-reinforcing sequences'로 표기하기도 한다. 한편, 케이(Kay, 2005: 554)는 경로의존성 이론은 분석틀 및 이론 혹은 모델이라기보다는 경험적 범주(empirical category), 일시적 과정의 어떤 유형에 이름을 붙여 사용하는 조직된 개념이라 비판한다.

6) 경로의존적 정책들은 세계화, 신자유주의 확산, EU의 형성에도 불구하고 변화에 저항하고 있음이 연구되어 왔다(Cox, 2004; Minnich, 2003; Schmidt, 2001; Torfing, 2001; 하연섭, 2006b). 한편, 우리나라에서도 경로 의존 연구(김선명, 2003; 방민석 · 김정해, 2003; 염재호 외, 2004; 장지호, 2003; 정명주, 2006)는 다양한 정책 영역을 대상으로 활발히 진행되었다.

7) 유사(혹은 동일) 개념으로 제도적 재생산 메커니즘(mechanism of institutional reproduction)에 대해, 피어슨(Pierson, 2004: 21)은 제도적 재생산 메커니즘은 전환비용(switching cost)을 증가시키거나 유지시키는 제도적 특징으로서 이해한다. 두이트(Duit, 2007, 1100-1101)는 제도적 재생산 메커니즘을 공식 또는 비공식 규칙, 행태적 패턴, 제도적 행위자를 위해 전반적 교환비용을 증가시키는 규칙과 행위자간의 상호작용으로 정의한다.

노스(North, 2005)는 제도 변화가 기존 이익을 저해하게 된다고 판단하게 되면 현존하는 제도에서 의사 결정을 할 수 있는 위치에 있는 사람들이 제도 변화를 방해한다는 것이다. 따라서 제도 변화의 폭과 방향은 현존 제도의 수혜자들과 도전자들 간 권력자원이 어떻게 배분되었는가에 따라 달라질 수 있음을 강조한다(하연섭, 2006a: 230-231). 가벤타(Gaventa, 1980)는 권력의 비대칭은 긍정적 환류 과정의 운영을 반영한다고 주장한다. 긍정적 환류는 시간이 지날수록 권력의 비대칭을 증가시키고, 권력관계를 비가시적으로 만든다(Pierson, 2000a: 259). 특별한 행위자에게 정치적 권위의 할당은 긍정적 환류의 핵심적 원천이며, 이는 경로 의존의 원천이다. 즉, 어떤 행위자가 다른 사람에게 규칙을 부과할 수 있는 위치를 소유하게 되면, 권력의 사용은 자기강화적이다(Pierson, 2000a: 259).

피터스 외(Peters et al., 2005: 1278)는 정치적 과정을 전환하고자 하는 소수집단의 모든 시도를 지배적인 정치연합이 성공적으로 방어했을 때 경로 의존이 유지됨을 강조한다. 이러한 차원에서, 이익집단의 인식과 정책 제안의 내용을 형성하는 차원에서 아이디어(ideas)의 중요성이 강조되기도 했다(Lieberman, 2002; 하연섭, 2006b). 후드(Hood, 2000)는 정치학에서 유의미성을 갖는 행정개혁에 대한 만족스러운 설명을 하기 위해 역사제도주의는 전략적 협상 관점과 결합해야 함을 주장한다. 특히, 전략적 협상 관점은 주어진 구조적 기회에서 실질적인 선택이 이뤄지는 것을 설명해 준다는 것이다. 또한 스트리크와 텔렌(Streeck & Thelen, 2005: 26-27)은 점진적 변형 중 전환(conversion)－기존의 제도가 새로운 행위자들의 이익에 부합하거나 새로운 목적을 수행하기 위해 적응된 것을 전환이라 한다.－을 논의하면서 제도설계자의 인지적 한계와 비의도된 결과(unintended consequences)로 인한 제도화된 규칙과 집행 간의 격차에 의해 정치적 경쟁이 가능할 수 있음을 주장했다.

3 새로운 접근의 필요성

앞서 제시한 바와 같이, 역사제도주의는 제도의 변화, 특히 점진적 제도 변화를 설명하는 데 이론적 진전이 이뤄졌다.[8] 그럼에도 불구하고, 첫째, 기존의 역사제도주의적

8) 한편, 김윤권(2005)는 역사제도주의에서는 제도 변화를 외생적 요인에 설명하기 때문에 제도의 변화를

제도 변화의 설명 논리는 변화의 정도에 대한 기준이 매우 모호하다. 즉, 무엇이 점진적이고 또는 급격한 변화라고 할 수 있는가? 이러한 문제 인식에서 피터스와 피에르(Peters & Pierre, 1999)는 제도 변화의 모델을 크게 과정의 특성(연속적, 분절적), 변화의 소재(내적, 외적)인가에 따라 크게 네 가지로 구분(organic, contingent, disruptive, enacting)하거나 제도 변화의 원천(가치, 계산)과 과정의 특성(연속, 점진)인가 여부에 따라 네 가지로 구분한다. 또한 스트리크와 텔렌(Streeck & Thelen, 2005)은 제도 변화에 대한 기존의 이분법적 구분을 비판하면서 제도 변화의 유형을 크게 변화의 과정과 변화의 결과 차원에서 크게 네 가지 유형으로 〈표 12-1〉과 같이 구분한다.

표 12-1 제도 변화의 유형

		변화의 결과(result of change)	
		연속성(continuity)	불연속성(discontinuity)
변화의 과정 (process of change)	점진적 (incremental)	적응을 통한 재생산 (reproduction by adaptation)	완만한 변형 (gradual transformation)
	급격한 (abrupt)	생존과 복귀 (survival and return)	해체와 대체 (breakdown and replacement)

출처: Streeck & Thelen(2005: 9).

그럼에도 이러한 구분은 변화의 결과를 구체화하는 데 미약하다. 따라서 이 연구에서는 변화의 결과에 초점을 두고 최종적인 결과를 제도의 '구조'와 '내용' 차원에서 구분해 설명하고자 한다. 부연하면, 제도는 구조와 내용 차원에서 〈표 12-2〉와 같이 크게 네 가지 유형으로 구분할 수 있다. 예를 들어, 구조는 급격하게 변화해 완전히 새로운 모습을 띨 수도 있지만 제도의 핵심적 기능은 유지하는, 즉 제도의 내용은 지속하는 모

표 12-2 제도 변화 결과의 유형

		구조	
		급격한 변화	지속
내용	급격한 변화	유형 A	유형 B
	지속	유형 C	유형 D

설명하는 데 한계를 지닐 수밖에 없다고 지적하면서, 통합적 설명모형을 제시한 바 있다.

습을 가질 수 있다.

둘째, 역사제도주의는 제도에 영향을 미치는 행위자의 역할 및 권력 관계를 강조해 왔다. 즉, 제도에 따른 행위자 간 권력 분포의 상이함이 새로운 제도를 형성하는 데(혹은 변화시키는 데) 영향을 미칠 수 있다는 것이다. 그러나 제도 변화에서 기존 제도에 영향받은 행위자의 역할에 대한 연구는 실상 매우 부족하다. 이에 이 연구는 제도에 의해 영향을 받은 행위자의 역할에 대한 경험적 분석을 시행하고자 한다.

셋째, 역사제도주의적 접근에 따른 주장들이 경험적 연구로 지지되고 있는가와 관련된 문제다. 즉, 최근에 제도 변화에 대한 유용한 설명 도구가 일련의 학자들(Hacker, 2004; Streeck & Thelen, 2005; Thelen, 2004)에 의해 제시되었으나, 이러한 설명 모델에 대한 경험적 증거는 아직 충분히 이뤄지지 않고 있다(Beland, 2007: 20). 따라서 법조 인력 양성 제도에 대한 밀도 있는 분석을 통해 경험적 관찰의 증거를 제시하고자 한다.

4 연구 분석틀

이 연구는 제도의 변화와 지속을 하나의 설명 도구를 통해 설명하기 위해 변화 압력 요인(비의도된 결과, 외부변수)과 제도 변화의 결정 요인으로 '형식적 전환'이라는 변수를 도입했다. 또한 제도를 구조적 측면과 내용적 측면으로 구분해 제도 변화 결과를 설명하고자 했다.

구체적으로 첫째, 변화 압력 요인으로 '비의도된 결과'와 '외부변수'를 도입했다. 우선, 어떤 제도(혹은 정책)는 비의도된 결과(unintended consequences)[9]를 유발할 수 있는데, 이러한 비의도된 결과가 축적되게 되면 사회적으로 해결해야 필요성이 제기되고, 이는 곧 제도 변화의 압력으로 작용한다. 이는 최근 역사제도주의에서 제기하고 있는 점진적 제도 변화 요인 중 하나로서 스트리크와 텔렌(Streeck & Thelen, 2005)이

9) 정책은 의도된(intended), 의도하지 않은(unintended), 기대된(expected), 기대되지 않은(unexpected) 결과를 가져올 수 있다(Vedung, 1998: 39). 비의도된(의도하지 않은) 결과 역시 크게 비의도된 (긍정적, 부정적) 결과로 구분될 수 있을 것이다. 그러나 변화의 압력은 어떤 정책의 비의도된 부정적 결과가 표출될 때 제기될 것이다. 따라서 이 연구에서 어떤 제도의 비의도된 결과는 비의도된 부정적 결과를 의미한다.

제시한 개념과 동일하다. 또 다른 변화 압력 요인은 외생변수로서, 제도를 둘러싼 외부 환경 변수의 변화를 의미한다. 이 외생변수는 역사제도주의에서 제도 변화 요인으로서 초기에 또한 중요하게 제시해 왔던 변화 요인이다. 그러나 이 연구에서는 기존의 연구와 달리 이러한 변화 압력 요인 그 자체가 (변화된) 제도의 구조와 내용을 결정하는 것으로 가정하지 않는다.

둘째, 이 연구에서는 변화 압력 요인이 존재하는 상황에서 구체적인 제도의 구조와 내용을 결정짓는 설명변수로서, '형식적 전환'이라는 개념을 도입하고자 한다. '형식적 전환'이란 기존의 제도에 따라 행위자 간 권력 관계의 불균형이 초래되고, 이러한 불균형한 권력 관계에 의해 지배적 위치에 있는 행위자가 자신들에게 유리하도록(기존의 제도적 편익을 지속할 수 있도록), 기존 제도의 핵심 기능은 유지하고 제도의 형식(구조, 모양새)만을 전환시키는 것을 의미한다. 이는 곧 불균형한 권력 관계와 제도 내 행위자의 역할을 강조하고 있는 역사제도주의의 핵심적 주장을 체계화한 변수라 할 것이다.[10]

셋째, 이 연구에서는 t+1 시점에서의 최종적인 결과를 제도의 구조와 내용 차원에서 설명하고자 한다. [그림 12-1]은 제도의 변화와 지속을 설명하기 위해 도입된 두 가지 개념과 각각의 관계를 묘사하고 있다.

그림 12-1 연구 분석틀

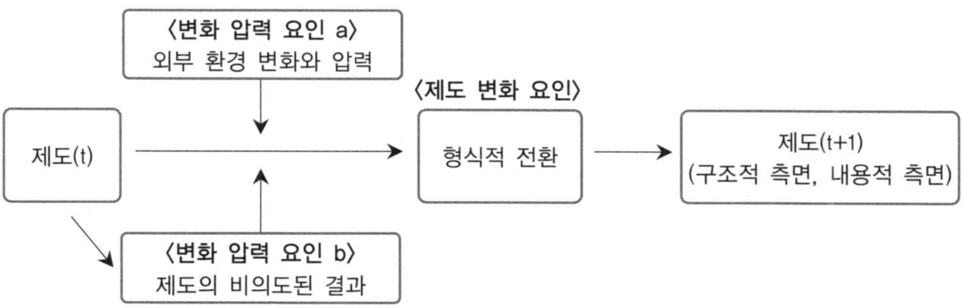

10) 이 연구에서는 기존의 법조 인력 양성 제도에서의 지배적 행위자인 '대법원'을 중심으로 행위자의 역할을 분석하고자 한다. 이는 '대법원'이 기존의 법조 인력 양성 제도의 수혜집단이라 할 수 있는 법조계의 최상층에 위치하고 있으며, 법조 인력 양성 제도 개혁 논의의 중심에서 제도의 지속 혹은 변화에 실질적 역할을 수행해 왔기 때문이다.

제 3 절 법조 인력 양성 제도의 변화 압력 요인

1 기존 법조 인력 양성 제도의 비의도된 결과

기존의 법조 인력 양성 제도는 지속적인 제도의 비의된 결과를 유발했다. 즉, 법조 인력 양성 제도의 핵심을 이루는 사법시험 제도는 첫째, 사법시험에 합격하지 못하는 대다수의 법학과 졸업자는 사회의 낙오자를 발생시키는 우수한 인적 자원의 낭비를, 둘째, 단순 암기식 사법시험 때문에 대학보다는 고시원을 선호하게 되었고 이에 따른 법학교육 및 대학교육의 황폐화를, 셋째, 전문적인 지식을 갖추고자 하는 사람은 사법시험에 합격할 수 없기 때문에 비전문적 변호사를 배출했고, 넷째, 판검사·변호사가 동일한 시험을 거치고, 또 동일한 연구기관(사법연수원)에서 2년간 동일한 교육을 받음으로써 특권층을 형성하고, 이는 곧 법조계의 구조적 비리 원인이 되었다. 다섯째, 전공과 관련 없이 시험에 붙으면 되기 때문에 법학 이외의 다른 대학교육에도 파행을 초래했다(이상수, 2006: 293-296).

특히, 대학 차원에서 사법시험은 대학에서의 법학교육과 단절되어 있으며, 대학의 법학교육은 한편으로 사법시험 수험교육으로 전락하고, 다른 한편으로는 법률가 양성과는 상관없는 교육으로 치부됨으로써, 이중의 의미에서 정체성을 확보하지 못했다(김창록, 2007: 55). 이에 따라 법학대학 교수를 중심으로 대학교육 정상화를 위해 기존의 법조 인력 양성 제도의 전면적 개선을 요구했다. 실제, 이에 따라 법조 인력 양성 제도의 변화를 교육개혁 차원에서 추진되기도 했다. 즉, 김대중 정부 기간인 1998년 '교육개혁'을 위한 대통령 자문기구로 '신교육공동체위원회'가 구성되어 법과대학의 폐지를 통해 대학입시 문제의 해결을 도모하고자 했다(김철수, 2004: 64-66).

한편, 사회적 차원에서는 판검사, 변호사가 특권층을 형성하게 함으로써 법조 비리[11]가 구조적인 비리로 자리를 잡았다는 점이다. 이는 기존에 소수의 사법시험 합격

11) 최병대(2008: 120-121)는 사법 비리 유형은 재판을 중심으로 하는 사법절차에 영향을 미칠 수 있는 절차적 권한 범위와 소송 당사자들의 상대적 정보 부족 등의 원인에 의해 복합적으로 파생되며, 크게 권

자에다, 그 소수의 합격자도 대부분 소수의 학교에 집중되었고, 이 소수의 합격자가 서로 견제해야 할 직업군임에도 동일한 연수기관에서 교육을 받음으로써 지속적인 문제를 유발했다. 예를 들어, 대형 법조 비리로 의정부 법조 비리(1997), 대전 법조 비리(1999), 윤상림 사건(2005), 부장판사 출신 변호사 사건(2006) 등(경향신문, 2006.07.03)의 법조 비리[12]가 지속적으로 표출되었다. 특히, 이러한 지속성과 더불어 또 다른 특징은 표출된 법조 비리가 대부분 서로 균형과 견제를 해야 할 판사, 검사, 변호사 등이 상호 연관되어 나타났다는 점이다.

결국, 이러한 점들은 지속적인 사법개혁의 압력으로 작용했으며, 사법개혁의 핵심적 화두로서 법조 인력 양성 제도의 변화 필요성이 대두되었다. 사법개혁의 일환으로서 법조 인력 양성 제도의 개혁 논의는 이미 김영삼 정부에서부터 본격적으로 제기되었다. 1995년 세계화추진위원회는 사법 제도와 관련해 '법률 서비스 및 법학교육의 세계화'가 추진 과제 중 하나로 선정되어 미국식 로스쿨 제도가 검토되기도 했다. 그러나 근본적인 제도 변화는 나타나지 않았고, 단지 사법시험 합격자 수의 확대와 사법연수원 교육에 대한 일부 변화가 추진되었다. 김대중 정부에서는 크게 사법개혁과 교육개혁 차원에서 법조 인력 양성 제도에 대한 논의가 진행되었다. 1999년 5월 7일 법조 비리사건을 계기로 해서 1999년 5월 설치된 대통령 산하의 사법개혁추진위원회와 1998년 6월 설치된 교육개혁을 위한 대통령 자문기구로서 교육부 산하의 '새교육공동체위원회'에서 논의되었으나 대법원 등 변화 반대 세력의 저항과 변화 찬성 세력의 변화 방식에 대한 입장에서 분열 등으로 인해 실효를 거두지 못했다(사법개혁추진위원회, 2005: 8-11; 김창록·이진국, 2005: 27-38).

기존의 법조 인력 양성 제도의 비의도된 결과와 그에 따른 변화 압력은 참여정부에서 대법관 제청과 관련된 '사법파동'으로 표출되었다. 즉, 최초의 대법관 제청자문위원회를 개최했음에도, 대법원장은 기존의 관례에 따라 사법시험 기수(사법시험 10, 11회

력형 사법 비리(전관예우, 각종 접대 및 뇌물 수수, 제 식구 봐주기, 사법 살인 등)와 정보 독점형 사법 비리(급행료, 변호사 소개비, 경매 비리 등)로 구분한다. 하태훈(2008: 154-156)은 법조 비리의 유형과 대안이 과거 10년 전에 제시한 것과 동일하다고 주장하고 있다. 즉, 법조 비리는 구조화되어 있음을 보여주고 있다.

12) 문흥수 변호사는 법조 비리 사건이 끊이지 않는 이유에 대해 "우리나라는 젊은 판사뿐 아니라 대법관까지도 판사 하다가 그만두면 변호사 하는 것을 당연하게 여긴다"라며 "판사가 나중에 변호사 하려는 생각을 하다보니 인맥을 쌓아야 한다는 생각에 여러 사람과 교제하다가 인간 관계가 흐트러져 이런 문제가 생기는 것"이라고 진단했다(세계일보, 2006.08.10).

출신 현직 법원장 3인)로 대법관을 제청했는데, 이에 반발해 대한변호사협회 회장과 법무부 장관이 자문위원회에서 퇴장하면서 사법파동이 촉발되었다. 이후 대법원 인사 문제는 대법원 내부 소장판사들이 대법관 후보 추천에 정면으로 반발하면서 확대되었다. 일부 부장판사의 사퇴와 더불어 일부 판사들은 '대법원 제청에 관한 소장법관들의 의견'[13]을 내부 통신망에 띄우고 의견을 수렴(약 159명 서명)해 대법원장을 압박했다.

자타가 인정하는 보수집단인 법원에서 현직 판사들의 이러한 집단적 의견 표출은 민주사회를 위한 변호사 모임, 참여연대[14] 등 기타 사회단체 및 공무원 집단으로까지 확대되어, 2003년 8월 14일 전국법원공무원노조준비위원회(전노조)도 대법관 제청 자문위 운영 과정에 절차상 하자가 있다는 점을 들어 전국 법원 공무원 8,000여명을 대상으로 의견 수렴에 나섰다(동아일보, 2008.08.15).

표 12-3 대법관 인선 파문 일지

일시	주요 내용
2003.03.30 한겨레신문	법관인사제도위원회(외부인사 7인, 내부인사 6인) 발족
2003.06.27 한겨레신문	대법관 제청 후보자의 적격 여부를 논의하는 자문기구로 대법관제청자문위원회 설치
2003.07.30 한겨레신문	대한변협 대법관 후보로 최병모 변호사와 박시환 서울지법 부장판사 추천
2003.08.12 동아일보	최초로 대법관제청자문위원회 개최 -강금실 법무부 장관, 박재승 대한변호사협회장 퇴장(이후 사퇴)
2003.08.13 한겨레신문	박시환 부장판사 사표, 소장판사 대법관 후보 추천에 반발 민주사회를 위한 변호사모임, 참여연대 등 반발
2003.08.15 동아일보	대법관 인선파문 법원 전체로 확대(일반직원까지 집단행동 일어남. 전국법원공무원노조준비위원회(전노조) 주도)
2003.08.18 동아일보	대법원, 사상 첫 전국 판사와의 대화 시행(부장판사 24명, 평판사 39명 등 총 70명 참석)

출처: 해당 신문기사 제시일.

13) 소장판사 성명서의 핵심 내용은 인사 제도 문제, 소수의 기본권 보호에 소극적이었다는 점, 대법원이 개혁의 주체가 되어야 한다는 점 등을 제시하고 있다(소장 판사들의 성명서 내용, 한겨레, 2003.08.13).

14) 민주사회를 위한 변호사모임은 "사법부가 변화하지 않겠다고 고집을 부린다면 타율에 의한 사법개혁으로 나타나게 될 수밖에 없을 것"이라고 주장했다. 참여연대도 이날 성명을 내고 "대법원장이 대법관 제청자문위원회에 추천한 후보자 3명 모두가 기존의 관행적인 서열승진 구조에 의해서 이뤄졌다"며 "사법부의 변화를 기대해 온 이들의 기대와 요구를 송두리째 외면한 것이자 법원이 여전히 시대의 흐름과 단절되어 있음을 방증하는 것"이라고 주장했다(한겨레, 2003.08.13).

이러한 내외적 압력에 의해, 대법원은 역사상 처음으로 전국 판사와의 대화를 시행하고 이후 대법원은 대법원의 기능 및 구성, 법조인의 선발과 양성, 국민의 사법 참여 방안 등을 포함한 사법제도 전반에 관한 개혁 프로그램을 추진할 것임을 제시했다(대법원, 2003: 1-3). 결국, 기존의 법조 인력 양성 제도는 비의도된 부정적 결과를 유발했으며, 이에 따라 기존의 제도에 대한 변화 압력이 참여정부에서 절정에 달했음을 잘 보여준다.

2 외부 환경 변화와 압력

법률 분야 역시 하나의 시장이기 때문에, 이에 대한 외부 압력은 지속적으로 제기되어 왔다. 우선, 김영삼 정부에서 법률 서비스 분야에 대한 시장 개방 압력은 1994년 우루과이라운드(Uruguay Round: UR) 협상에 의해 타결된 서비스 무역에 관한 일반 협정(General Agreements on Trade in Service: GATS)에 의해 규정된 법률 서비스 시장의 개방 문제에 의해 본격화되었다. 이에 따라 법률 서비스 시장의 국제 경쟁력 문제가 제기되었으며, 이러한 상황에 대비하기 위해 법학교육의 개선, 사법시험 제도의 개선, 사법연수원 제도의 개선 등 법조 인력 양성 제도 전반에 대한 개선의 필요성이 제기되었다(법원 행정처, 1995: 171-186). 또한 이후 1996년 OECD에 가입하는 과정에서 우리나라의 법무 서비스 분야가 OECD 양대 자유화 규약(경상무역외거래 자유화 규약, 자본이동 자유화 규약)에 저촉한다는 지적을 받음에 따라, 1997년 변호사법 개정을 통해 외국인도 사법시험에 응시해 국내 변호사 자격을 취득할 수 있도록 국적 요건을 삭제했다(산업연구원, 2005: 38).[15)]

법률시장에 대한 개방 압력 논의는 김대중 정부에서도 지속되었다. 즉, 도하개발어젠다(Doha Development Agenda: DDA) 협상에서 법률시장 개방 분야는 농업, 비농산품 시장 접근, 규범 등의 다양한 협상 의제들과 함께 전 분야 일괄 타결 방식으로 진행되는 다자간 서비스 협상의 일부로 논의되었다(정진호, 2007: 2). DDA 서비스 협상은 각 회원국 간에 시장 개방 양허 요청(Request)과 양허안(Offer)을 교환하는 방식으

15) 그러나 국내 변호사 자격이 없는 외국 변호사나 외국 법률회사 등에 의한 국내 진출에는 적용되지 않는다는 점에서 실질적인 시장 개방의 효과는 없다(산업연구원, 2005: 38).

로 진행되었으며(산업연구원, 2005: 38), 2001년 WTO DDA 서비스 협상에서 시작된 이래 2002년 6월까지 11개 회원국들로부터 양허요청안(request)을 제출받았고 이를 토대로 2003년 3월 단계적 시장 개방의 원칙 아래 1차 양허안(Initial offer)을 마련해 WTO에 제출했다(법무부, www.moj.go.kr; 성낙현, 2005: 1-2). 주요 내용은 제한적 면허 방식(Limited Licensing Approach)에 입각해 외국 법률가가 국내 자격을 취득하지 않고도 국내에서 자격취득국법과 국제법에 관한 자문 서비스를 제공할 수 있도록 가칭 '외국법자문사(Foreign Legal Consultant: FLC)' 제도 도입을 요지로 하고 있다. 이에 대해 미국, 호주, EU 등은 진전된 조치이기는 하지만 미흡하다는 평가를 내리면서 더 높은 수준으로 개방을 확대해 달라고 줄기차게 요구해 왔다(정진호, 2007: 3).

WTO 차원에서의 다자간 협상과는 별도로 최근 거대 경제권과의 자유무역협정(Free Trade Agreement: FTA)의 체결 필요성이 대두되면서, 이에 따른 법률시장 개방 압력은 한층 심화되었다. 1950년대부터 시작된 자유무역협정은 우리나라[16]의 경우 1998년 이후에 체결 필요성이 대두되면서 이에 따른 법률시장 개방 압력은 한층 심화되었다. 특히 한미 FTA 협상 개시를 맞이할 무렵에는 이미 국내외적으로 전방위적인 즉시 전면 개방 압력 아래 놓여 있었다. 미국은 DDA 협상 또는 주한미국상공회의소(AMCHAM) 건의 상신 등을 통해 이제는 우리도 교역 규모가 세계적 수준인 만큼 이를 반영해 법률시장도 즉시 전면 개방해야 한다고 주장해 왔다(정진호, 2007: 4). 실제, 미국과의 FTA[17] 타결에 따라 단계별[18]로 법률시장이 완전히 개방될 상황에 처했다.

---

16) 우리나라는 칠레, 싱가포르, 미국, ASEAN(Association of Southeast Asian Nations), EFTA(European Free Trade Association)와 FTA를 체결했고 현재, 캐나다, 인도, 일본 등과 체결 협상을 진행 중에 있다(외교통상부, www.fta.go.kr). 2008년 5월 현재, 전 세계에 자유무역협정은 135건에 달한다(무역협회, 2008).

17) 2007년 4월 2일 협상이 타결된 한미 간 FTA는 1989 미 국제무역위원회(USITC)의 보고서 「아태지역국가들과의 FTA 체결에 대한 검토 보고서」에서 미국에게 바람직한 FTA 대상 국가로 싱가포르, 한국, 대만을 꼽으면서 한-미 FTA 체결에 대한 논의가 시작되었으며, 1999년 주한 미국상공회의소가 클린턴 대통령에게 한미 FTA 체결을 촉구함에 따라 본격화되었다(한국무역협회 FTA 포털, http://fta.kita.net/).

18) 제1단계(협정 발효와 동시에 바로 시행)로 미국 변호사에게 미국 법령, 미국이 당사국인 국제조약 및 국제공법에 관한 외국법자문사(Foreign Legal Consultant: FLC) 자격을 부여, 미국 로펌의 국내 분사무소('외국법자문사무소') 개설 허용, 제2단계(협정 발효 후 2년 내 시행)로 미국 로펌의 국내 분사무소인 '외국법자문사무소'와 국내 로펌 간에 업무 제휴 허용, 국내법사무와 외국법자문사무가 혼재된 사건에 대한 공동 수임, 사무처리 및 수익 분배를 허용, 제3단계(협정 발효 후 5년 내 시행)로 미국 로펌과 국내 로펌 간 조인트벤처 합작사업체 허용하며 일정한 요건 아래 위 합작사업체의 국내 변호사 고용 허용(법무부, 2007a).

즉, 참여정부 이전부터 이미 다자간 협상에서 지역 및 국가 간 협상이 강조되면서 등장한 FTA에 따라 법률시장의 개방과 더불어 경쟁력 확보는 시급한 과제로 등장했다. 특히, 법률 서비스 시장을 개방한다는 것은 법률 서비스 시장에 대한 시장 접근 제한, 내국민 대우 제한 및 국내 규제를 완화 및 철폐시키는 것을 의미(한국무역협회, 2005: 5)했기 때문에 시급한 대응이 요구되었다. 이에 따라 국내 법률, 국내 법률회사, 그리고 법조 인력에 대한 국제 경쟁력 확보 여부에 대한 논의가 본격화되었으며, 법률의 선진화, 법률회사의 대형화 전문화,[19] 근본적으로 국제 경쟁력을 갖춘 법조 인력 양성 제도의 구축을 위한 논의가 본격적으로 진행되었다(한국법학교수회, 2004).

제 4 절 법조 인력 양성 제도의 변화에 따른 제도의 형식적 전환과 결과

1 형식적 전환을 위한 행위자(대법원)의 역할

1) 외부 압력 흡수를 위한 위원회 설치

(1) 사법개혁위원회의 설치

비의된 결과의 표출과 외부 개방 압력이 확대된 상황에서 개혁의 대상으로 등장한 대법원은 기존의 법조 인력 양성 제도가 부여한 권한을 최대한 이용해, 개혁 압력을 흡수[20]하기 위해 관련 위원회를 설치했다. 즉, 대법원은 청와대와 협의 하에 사법개혁위원회(2003.10.28~2004.12.31)를 대법원 산하에 설치했다. 직접적으로는 대법관 제청 파

19) 영미계 법률회사는 세계 법률시장을 석권하고 있었으며, 실제 독일의 경우 법률시장의 개방에 따라 토종 로펌이 1~2개를 제외하고 전멸하다시피 했다(법무부, 2007b).

20) 이보다 앞서 대법원은 참여정부가 집권하자마자 외부 인사를 포함한 법관인사제도개선위원회(2003.03.27)를 발족시켜 개혁의 압력을 흡수하고자 했다. 법관 인사와 관련된 대법원 내부의 제도 개선에 초점을 맞춘 위원회로서 근본적으로 외부에서 요구하는 사법개혁을 표방하고 있지는 않았다. 그러나 법관인사제도개선위원회는 대법관 제청 대상자 선정을 위한 의견 수렴 절차를 공식·제도화할 필요성을 제기하며, 대법관제청자문위원회의 설치를 건의했다. 즉, 대법관제청자문위원회의 설치해 대법관의 자격과 인선 기준 및 대법관 제청 후보자의 적격 여부에 관해 위원회의 자문을 받도록 했다(법관인사제도개선위원회, 2003: 6-7). 이러한 대법관제청자문위원회 설치에 따라, 2003년 8월 12일 최초로 대법관 제청자문위원회가 개최되었다.

동 이후 대법원장이 대통령에게 사법개혁을 공동으로 추진할 것을 제안하고, 대통령이 이를 수락함에 따라(대법원, 2003a) 구성되었으며, 대법원과 청와대 간 실무협의회를 통해 근간을 마련한 후 2003년 10월 28일 정식 출범했다. 즉, 타방에 의해 끌려가기보다는 자신들의 권한을 이용해 선제적으로 대응했다 할 것이다.

선제적 대응으로서 사법개혁위원회(이하, '사개위')의 설치를 통해, 대법원은 자신들의 의도에 맞도록 위원회 조직을 설계하고자 했다. 이는 크게 첫째, 사개위 설치를 위한 실무협의회를 통해 의제의 선점, 둘째, 사개위의 구성(법조계 집중, 기타는 분절적으로 구성)을 통해, 셋째, 사개위의 의사 결정 구조의 선점을 통해 이뤄졌다.

첫째, 대법원은 우선 청와대와 협의해 사법개혁 추진기구 설치를 위한 실무협의회를 구성해 사법개혁 추진기구를 자신들의 의도에 맞게 기반을 조성했다. 즉, 동 실무협의회는 2003년 8월 22일 대법관 제청 당시, 대법원장이 대통령에게 사법개혁을 공동으로 추진할 것을 제안했고 대통령이 이를 받아들임에 따라, 향후 사법개혁 추진기구의 설치에 관한 사항을 대법원과 청와대 측이 공동으로 논의하기 위한 '실무협의회'로서 양측 3인씩(대법원 측: 부장판사와 판사 2명, 청와대 측: 민정2비서관과 행정관 2명 참석)으로 구성된 실무단이다(대법원, 2003a). 동 실무협의회에서는 사법개혁 추진기구의 설치 방식 및 근거, 사법개혁 추진기구의 활동 시한, 위원회와 사무국의 구성 방법, 사법개혁 추진기구의 논의 주제에 대한 기초조사 등에 관해 논의를 수행했다(대법원, 2003b).

다시 말해, 대법원은 이미 사개위 설립 이전부터, 실무협의회를 통해 개혁의 방향, 의제를 선점했다. 실제 사개위의 심의 안건은 크게 '대법원장 부의 안건'과 위원들이 제안한 '추가 안건'으로 구성되었는데, 이 중 대법원장의 부의 안건으로 대법원의 기능과 구성, 법조 일원화와 법관 임용 방식의 개선, 법조인 양성 및 선발, 국민의 사법 참여, 사법 서비스 및 형사사법 제도와 같은 핵심 사항들이 포함된 것에도 알 수 있듯이 사법개혁의 대상이었던 대법원이 개혁 의제를 선점했다.

둘째, 사개위의 구성은 사법개혁의 대상인 사법부가 사법개혁의 주체로 전환시키는 역할을 수행했다. 즉, 사개위는 법조계뿐만 아니라 국회, 언론계, 시민단체, 경제계, 노동계, 여성계 등 사회 각계의 인사 21명[21](위원장 포함)으로 구성되어 국민들의 다양

21) 위원장(변호사), 부위원장(1, 법원), 법원(2), 법무부(2), 변호사회(2), 법학교수(2), 행정부(2), 시민단체(2), 언론계(2), 국회(1), 헌법재판소(1), 경제계(1), 노동계(1), 여성계(1)-자료: 사법개혁위원회(2004b, 5).

한 의견을 수렴할 수 있도록 했으며, 심의 안건에 대한 전문적인 연구를 뒷받침하기 위해 판사, 검사, 변호사, 교수, 시민단체 등의 전문가 26명을 전문위원으로 위촉해 운영했다(사법개혁위원회, 2004b: 1-2). 그러나 사개위의 위원 21명의 구성을 보면, 법학교수를 제외한 법조계(위원장, 부위원장, 법원, 검찰, 변호사, 국방부, 헌법재판소)가 10명이며, 특히 전문위원의 경우는 22명 중 대법원 5명, 법무부 5명, 대한변협 5명, 국방부 1명으로 16명에 이르고 있었다(나머지 구성은 교수 및 시민단체 9명과 교육부 2명).

즉, 이러한 구성은 대법원이 개혁의 대상에서 개혁의 주체로 전환되었음을 의미한다. 또한 사개위의 구성을 보면, 법조계(대법원[판사], 법무부[검사], 대한변협[변호사]을 의미)는 압축적인 반면, 법학교수 및 비법조계(시민단체, 언론계 등)는 분절적임을 알 수 있다. 또한, 기존 법조 인력 양성 제도 하에 동일한 편익을 누리는 법조계가 위원장과 부위원장을 선점하고, 또한 동 위원회의 약 50%를 차지했다. 반면, 법조계에 대응할 비법조계는 시민단체와 법학교수를 제외하고는 강력한 대응 세력으로 나타나지 않고 있다. 나머지 구성 요인은 경제계, 노동계, 여성계, 국회, 언론계, 교육인적자원부 등으로 분절되어 있고 또한 법조계와 강력한 대칭점을 형성한다 하기 어렵다.

셋째, 대법원은 사개위의 운영을 통제할 수 있는 권한을 확보했다. 즉, 대법원은 사개위의 운영과 관련해 '대법원 규칙' 제1851호(2003. 10. 24. 공포)를 통해, 운영을 선점했다. 법률이 아닌 사법개혁의 핵심적 대상으로 지목되었던 대법원의 규칙으로 제정되어 구성되었다는 점은 대법원이 사개위의 통제 권한을 확보하고 있었음 보여준다. 즉, 대법원 산하라는 조직적 위상이 잘 보여주듯이 사개위에서 이뤄진 사법개혁 논의의 주인은 처음부터 대법원이었으며, 대법원은 자신의 집 앞 마당에서 파티를 열기로 하고, 주제와 시간표를 확정한 뒤, 참가할 인사들의 초대장도 사실상 스스로 작성했던 것이다(이국운, 2007: 45). 또한 심의 안건에서, 위원회는 대법원장이 부의하는 안건과 위원장, 부위원장 및 위원이 발의해 출석위원 과반수의 찬성을 얻은 안건을 심의할 수 있게 한 점(규칙 제7조), 규칙 제8조(회의)와 관련된 규정[22]을 보면, 사개위에서의 대법

22) ① 위원회의 회의는 위원장이 필요하다고 인정하거나 재적위원 과반수의 요청이 있는 때에 위원장이 소집한다. ② 위원회의 회의는 재적위원 과반수의 출석으로 개회하고, 출석위원 과반수의 찬성으로 의결한다. ③ 심의한 안건에 관하여 다수 의견만을 건의안으로 채택하기 위하여서는 출석위원 2/3 이상의 찬성을 얻어야 한다. 출석위원 과반수의 찬성을 얻은 다수 의견이 출석위원 2/3 이상의 찬성에 이르지 못한 때에는 다수 의견과 차순위 소수 의견을 함께 건의안으로 채택한다. ④ 위원회의 회의는 공개하지 아니함을 원칙으로 한다.

원의 역할이 어떠한지를 잘 보여준다.

(2) 사법제도개혁추진위원회

2003년 8월 22일 대통령과 대법원장은 사법개혁의 공동 추진에 합의해, 사법부가 주축이 되어 사법개혁의 기본 방향을 설정하고 구체적인 추진은 대통령을 중심으로 행정부가 담당하는 사법개혁의 형태를 갖추게 되었다(사법제도개혁추진위원회, 2006a: 27). 이에 사개위의 활동이 종료될 시점인 2004년 11월 2일 대법원장은 대통령에게 사개위 논의 결과를 체계적으로 이행하기 위한 후속 추진기구를 대통령 산하에 설치해 줄 것을 건의했고, 이에 따라 대통령이 이를 수락하면서, 대통령 자문기구로서 사법제도개혁추진위원회(이하, "사개추", 2005.1.1-2006.12.31)가 조직되었다(사법개혁위원회, 2004b: 11). 즉, 사개추의 조직 역시 대법원이 주도했다 할 것이다.

사개추는 국무총리와 민간 한승헌 변호사(법무법인 광장 고문 변호사)를 공동 위원장으로 하고, 행정부에서 국무총리, 교육인적자원부 장관, 법무부 장관, 국방부 장관, 행정자치부 장관, 노동부 장관, 기획예산처 장관, 법제처장, 국무조정실장 및 대통령비서실 민정수석비서관을, 법원에서 법원행정처장을, 그리고 민간위원 9인을 위원으로 해서 구성되었다. 그러나 국무총리와 장관급 위원의 면모와 관련 없이 사개추의는 사법개혁위원회규칙에 의한 사개위에서 건의하는 사법개혁의 종합적·체계적인 추진에 관해 대통령의 자문에 응하기 위해 설치된 것(사법제도개혁추진위원회규정 제1조)으로, 나름의 독자적인 기구라기보다는 사개위에서 결정된 것을 추진하는, 즉 관련 법안을 만드는 역할에 충실했다.[23]

2) 선제적인 법조 인력 양성 제도 변화 방향 제시

법조 인력 양성은 사법 제도를 운용하는 주체를 형성하는 것으로 사법 제도의 기초가 되는 제도라 할 수 있다(사법개혁위원회, 2005: 163). 대법원은 2004년 9월 6일 제19차 회의에서 '법조인 양성 및 선발 제도 개선안'을 제출했다. 2004년 9월 20일 제20차 회의에서 대법원 제안에 찬성한 위원들의 의견을 종합해 작성된 '법학전문대학원 안'과 박주범 위원이 제안한 '국립법률대학원 안', 그리고 대한변협 측이 제안한 '현행 제도

---

23) 소장 엘리트 판사들과 민변의 변호사들로 구성된 사개추위의 주도 그룹은 철저하게 '숙제를 해낸다'는 관점에서 사개추위 활동을 진행했다(이국운, 2007: 57).

유지 · 개선안'을 놓고 토론을 거쳤으나, 2004년 10월 4일 제21차 회의에서 '법학전문대학원' 안이 단일한 개선안으로 채택되었다(사법개혁위원회, 2005: 163).

결국, 대법원에 의해 선제적[24]으로 제시된 법학전문대학원 안은 〈표 12-4〉에서 알 수 있듯이, 사개위 안, 그리고 사개추 안, 최종 법안과 거의 동일하다. 우선, 설립 인가, 설립 기준, 입학 정원, 입학자의 선발, 교육과정, 경제적 약자에 대한 배려, 제3자 평가, 변호사 시험, 실무 연수, 준비 기간 등 전 영역에 걸쳐 대법원 안은 사개위 안과 동일하다. 물론 일부 대법원 안과 다른 일부 소수안이 제시되었으나, 소수안이 존재한 영역에서도 대법원 안이 다수안이 되어 사개위의 법조인 양성 및 선발을 위한 사법개혁위원회 안으로 확정되어 공포되었다. 또한 사개위 안과 사개추 안도 동일하다. 유일한 차이는 법학전문대학원의 입학 정원과 관련된 것으로, 사개위 안은 초기 시행 단계에서는 현재의 사법시험 합격자 수를 기준으로 검토가 다수안으로, 법조 인력 수급 상황을 고려해 적정 수준으로 유지가 소수안이었으나, 사개추 안에서는 "국민에 대한 법률 서비스의 원활한 제공 및 법조인의 수급 상황 등 제반 사정을 고려해 법학전문대학원의 총입학정원을 정한다(사개추, 2006c, "법학전문대학원 설치 · 운영에 관한 법률안")라

표 12-4 대법원 안과 사법개혁추진위원회 안 간의 비교

	대법원 안[1]	사개위 안[2]	사개추 안[3]	법안[4]
설립 방식	○ 인가주의 최초 제시 - 설립 기준을 충족하고 인가를 받은 대학에 한해 설립 - 인가 주체: 교육부 장관 - 인가 심의: 교육부 장관 산하에 정부, 법조인, 법학교수, 공익대표 등으로 구성된 **'법학교육위원회'**를 설치해 인가 심사 시 위원회 심사를 거치도록 함. - 종합대학교가 법학전문대학원 설립 시 학부 폐지	동일, 단, 종합대학교가 법학전문대학원 설립 시 학부 폐지에서 종합대학교 삭제	동일	동일 (제5조, 제6조, 제8조, 제10조, 11, 12조)

24) 이는 다른 사법개혁 영역에서도 나타난 현상이다. 예를 들어, 공판중심주의적 법정심리 절차의 확립과 인신 구속 및 압수수색 검증 제도의 개선과 관련해서는 법원이 먼저 법률안을 제출했고, 경죄사건의 신속처리 절차와 양형 제도 개선과 관련해서는 오히려 검찰이 상당히 이른 시기에 먼저 법률안을 제시했다. 형사절차를 실제로 운영하는 주체라고 할 수 있는 법원과 검찰이 구체적인 법률안을 제시했기 때문에 조문 체계나 용어, 그리고 실무적인 측면에서의 검토가 충실하게 이뤄진 초안이 제출되었다(김선수, 2008: 61).

설립 기준	○ 교육부 장관이 설치 인가 기준을 책정 법원행정처장, 법무부 장관, 대한변호사협회장과 협의 ○ 엄격한 설치 인가 기준 및 심사 ■ 전임교수의 확보 – 전임교수 대 학생 비율: 1 대 15인 이하 (일본 기준과 동일) 또는 1 대 12인 이하 – 전임교수 최소 인원 수: 20인 이상 ■ 실무가 교원의 확보 – 전임교수 중 20% 이상은 전공 분야 경력 5년 이상의 실무 경험 보유자로 함(일본 기준과 동일) – 법관·검사·국가공무원을 법학전문대학원 교원으로 파견해 지원하는 방안도 생각할 수 있음 ■ 물적 기준 : 도서관, 모의법정, 세미나실 등	○ 동일(단, 한국법학교수회장 추가) ○ 동일(1: 15인 이하, 최소 20인 이상)(단, 2가지 소수 의견25) 제시)	○ 동일 ○ 동일	○ 동일 (제16, 17조)
입학 정원	○ 총입학정원 제한 – 총입학정원에 대한 기준 제시 필요, 초기 시행 단계에서는 현재의 사법시험 합격자 수를 기준으로 검토 ○ 입학 정원은 교육인적자원부 장관이 법원행정처장, 법무부 장관, 대한변호사협회의 회장과 협의	○ 동일(소수 의견으로, 법조인력 수급 상황을 고려해 적정 수준으로 유지 제시) ○ 입학 정원 협의 대상에 한국법학교수회장 추가	○ 국민에 대한 법률서비스의 원활한 제공 및 법조인의 수급 상황 등 제반 사항을 고려해 총입학 정원 정함 ○ 동일	○ 동일(제7조) ○ 입학 정원 협의 대상에 법원행정처장, 법무부 장관에 한정, 기타 대한변호사협회장, 한국법학교수회의 장은 의견 제출만 가능
입학자의 선발	○ 학사학위 소지 이상 ○ 학부에서의 성적, 어학 능력, 적성시험 성적, 개인의 특별한 경력 및 능력, 사회 활동 경력 등을 종합해 입학자를 선발함 ○ 응시 횟수 제한 필요 ○ 다양성 및 전문성 확보 조치	동일	동일	동일 (제22, 23, 24조)
교육 과정	○ 6학기(3년) 이상 ○ 학부 학점 인정 여부 각 대학원 자율 ○ 교과과정은 법학전문대학원 자율	동일	동일	동일 (제18조, 19조)
약자 배려	○ 교육비용에 대한 대책 수립, 국가 지원 방안 검토 ○ 학교의 재정 상태, 장학금 제도 등 인가심사 대상에 포함	동일	동일	동일 (제3조, 제26조)

25) 소수 의견: 전임교수 최소 인원수 25인 이상, 전임교수대 학생 비율 1 : 12 이하, 전임교수 중 30% 이상을 5년 이상의 국내외 실무경력자로 충원.

제3자 평가	○ 인증평가기관을 두어 법학전문대학원에 대한 사후평가 실시 ○ 대한변협 산하에 설치 ○ 설립 기준의 유지 여부, 입학시험의 공정성, 학사관리의 엄정성, 공평성의 확보를 위한 노력 등을 종합적으로 평가하고, 사후 평가의 결과를 토대로 시정명령, 정원 감축, 인가 취소 등의 제재 조치를 건의	동일	동일 (평가기관 명칭 제시, '평가위원회')	동일 (제27-37조) 단, 평가위원회 위원 수 조정,26) 제재 조치 건의 조항 삭제
변호사 시험	○ 사법시험을 변호사시험으로 전환, 법학전문대학원 수료자에게 응시자격 부여, 응시 횟수 제한 ○ 법학전문대학원 수료자의 80% 이상 합격 ○ 법학전문대학원 졸업자가 배출된 이후 5년간 사법시험 병행	○ 동일 ○ 어렵지 않게 합격할 수 있는 시험이 되도록 함. ○ 법학전문대학원 제도가 시행된 때로부터 5년	관련 없음(변호사법과 관련)	관련 없음(변호사법과 관련)
실무 연수	○ 변호사 시험 합격 후 직역별 분리 연수	동일	관련 없음(변호사법과 관련)	관련 없음(변호사법과 관련)
준비 기간	○ 2008년 예상	동일	관련 없음	관련 없음

출처: 1) 대법원(2004)
2) 사법개혁위원회(2004)
3) 사법제도개혁추진위원회(2006c)
4) 법학전문대학원 설치 · 운영에 관한 법률[일부 개정 2008.2.29 법률 제8852호].

고 규정해 입학 정원을 다소 모호하게 규정했다는 점이다.

3) 법조 인력 공급량을 조절하기 위한 핵심 규제 및 결정권 확보

법조 인력 양성 제도 및 법학전문대학원의 핵심은 법조 인력의 공급량과 관련되어 있다. 법조 인력 공급의 확대는 실상 사법개혁의 중심에 있다 할 것이다. 즉, 법조인력의 확대는 곧 기존의 규제 이익의 상실을 의미하기 때문에 사법고시를 통해 배출된 법조인들은 법조 인력 확대에 대해 강력한 저항을 지속해 왔다.

대법원 역시, 사개위를 구성하고 사개위에서 법조 인력 양성 규모에 영향을 미칠 수 있는 다양한 규제들을 설정해 법률 초안으로 제시했다. 즉, '사개위 안'과 '사개추 안'의

26) 변호사 1명 제외, 일반인 2명 추가(동법 제11조 3항).

모태이며, 이 안들과 거의 흡사한 '대법원 안'(대법원, 2004)에서 법조 인력 공급을 통제하기 위한 관련 규정을 살펴보면 아래와 같다.

첫째, 대법원은 '법조인 양성 및 선발 제도 개선안'을 제출하면서, 인가주의를 확고히 제시했고, 인가 주체, 인가 심의 기관으로 법학교육위원회의 설치를 제안했다. 즉, 인가주의는 가장 강력한 법조 인력 공급 통제 장치로서, 인가주의를 채택하게 되면, 입학 정원을 설정해 놓고 설립 기준을 충족하는 학교 중에서 입학 정원의 범위 안에서만 설립을 허용하게 된다. 반면, 인가주의에 반대되는 개념으로 준칙주의의 경우는 사전에 입학 정원을 설정하지 않고, 설립 기준을 마련하고 그 기준에 부합하는 학교에 대해서는 모두 설립을 허용하게 된다(한상희, 2005: 67; 김선수, 2008: 114). 둘째, 대법원은 설치 인가 기준에서 매우 구체적인 물적·인적 규제를 제시했다. 이는 곧 법학전문대학원 설치 인가를 신청하려는 대학을 대상으로 인적·물적 통제를 통해(이는 궁극적으로 해당 학교의 재정과 관련되어 있어, 자금이 부족한 학교는 신청 자체를 하지 못하게 하는 진입장벽 역할을 수행), 법조 인력 양성 규모를 통제하고자 했다. 셋째, 총입학정원에 대해 구체적으로 제시하지는 않았지만, 현재의 사법시험 합격자 수를 기준으로 제시했다는 점이다. 이는 곧 현재의 법조 인력 공급량을 변화시키지 않는 범위 내에서 제도 개선을 도모하고자 하는 의도가 담겨져 있다 할 것이다. 또한 입학 정원을 결정할 때는 교육인적자원부 장관이 기존 사법시험 제도에 따른 수혜집단(법원행정처장, 법무부 장관, 대한변호사협회의 회장)과 협의하게 함으로써, 궁극적으로 기존의 법조 인력 양성 제도 하에서의 수혜집단이 법조 인력 규모를 통제할 수 있는 장치를 제시했다. 넷째, 법학전문대학원 입학과 관련해 다양한 규제를 신설했다. 우선 학사학위 소지 이상으로 학력 제한을 제안했고, 학부에서의 성적, 어학 능력, 적성시험 성적, 개인의 특별한 경력 및 능력, 사회활동 경력 등을 종합해 입학자를 선발하며, 응시 횟수까지 제한함으로써 가능한 입학생에 대한 통제장치를 마련했다. 다섯째, 매우 중요한 법조 인력 공급량 통제장치로, 대법원은 법학전문대학원에 대한 사후평가기관의 설치를 제안했다. 즉, 사후평가기관으로서 대한변협 산하에 설치하고, 평가 내용(설립 기준의 유지 여부, 입학시험의 공정성, 학사관리의 엄정성, 공평성의 확보를 위한 노력 등을 종합적으로 평가)뿐만 아니라 평가 결과를 토대로 한 제재 조치(시정명령, 정원 감축, 인가 취소 등)를 구체적으로 제시했다. 결국, 사개위 안 및 사개추 안의 모태이며, 사실상 동일하다 할 수 있는 '대법원 안'은 법조 인력 공급량을 통제하기 위한 다양한 장치들이 마련되어 있었다.

2 제도 변화의 최종 결과

1) 구조적 차원

법조 인력 양성 제도의 변화는 구조적 차원에서 잘 드러난다. 즉, 기존의 사법시험 제도에서 법학전문대학원 제도로 전환되었는데, 이는 매우 급격한 제도 변화라 할 것이다. 특히, 우리나라가 대륙법계를 따라왔고, 법학전문대학원이라는 것이 미국에만 존재하는 매우 특이한 법조 인력 양성 제도라는 점에서 더욱 큰 변화라 할 것이다.

기존에 우리나라 법조 인력 양성 제도는 크게 법과대학을 중심으로 한 법학교육 제도와 법무부에서 주관하는 법조인 선발시험은 사법시험 제도, 사법시험을 통해 선발된 예비 법조인을 대상으로 대법원 산하의 사법연수원에서 실시하는 연수 제도의 3단계로 되어 있다(사법제도개혁추진위원회, 2006a: 112). 이를 활용해, 크게 법학교육 제도와 법조인 선발시험 제도, 그리고 선발시험을 통해 선발된 예비 법조인을 대상으로 하는 연수 제도의 3단계로 구분해 법조 인력 양성 제도를 비교해 보면 〈표 12-5〉와 같다.

〈표 12-5〉와 같이, 구조적 차원에서 법조 인력 양성 제도는 커다란 변화가 진행되었다 할 수 있다. 교육 체제, 관련 자격시험, 연수 제도 등에서 전반적인 변화가 이뤄졌다. 이는 앞서 제시한 급격한 제도 변화의 모습을 띠고 있다. 과거의 제도와 다른 완전히 새로운 제도의 모습을 띠고 있고, 그 정도가 매우 급격하다는 점에서 급격한 제도

표 12-5 법조 인력 양성 구조의 변화

	사법시험	법학전문대학원
법학교육	대학교 학부	대학교 학부 + 법학전문대학원
선발시험 (자격시험)	법무부 장관 주관 사법시험법(응시 횟수, 응시 자격 제한 없음)	변호사시험(법학전문대학원 졸업자에 한해 시험 응시 자격 부여)
연수 제도	대법원 산하 사법연수원(별정직 공무원, 사법연수생 임용, 2년 실무교육, 수료자에게 변호사 자격 부여) 판사, 검사, 변호사 인력 통합 교육과 배출	직역별 연수와 개별 배출

변화로 이해될 수 있다.

2) 내용적 차원

법조 인력 양성 제도의 핵심은 법조 인력의 공급량과 관련되어 있다. 즉, 그것이 사법시험에 따라 법조 인력을 양성하든, 법학전문대학원으로 배출하든 간에 그 핵심은 얼마만큼 공급할 것인가와 관련되어 있다. 이러한 차원에서 법조 인력 양성 공급량과 관련된 제도 변화는 아래와 같다.

우선 기존에 사법시험 제도에 따른 법조인 인력 배출은 총합격자 수를 통해 규제를 시행해 왔다. 즉, 최종 합격자 수만을 규제하고 다른 규제들, 예를 들어 학력 규제나 법조인력 양성기관인 대학, 혹은 다양한 학원 등에 대한 규제는 없었다 할 수 있다. 즉, 다른 영역에서의 진입규제는 완전히 없애고 다만 총량으로 법조 인력 공급량을 통제해 왔다. 즉, 사법시험에서 선발 예정 인원은 시험을 시행할 때마다 법무부 장관이 제14조의 규정에 의한 사법시험관리위원회[27]의 심의 의견과 대법원 및 변호사법 제78조의 규정에 의한 대한변호사협회의 의견을 들어 정한다(사법시험법 제4조). 그러나 실제 사법시험 합격자 수는 1995년 세계화추진위원회와 대법원이 합의에 따라 결정되어 아직까지 그 기조가 유지되고 있다. 즉, 사법시험 합격자를 1996년 5백 명 이후 매년 1백 명씩 선발 인원을 늘려 궁극적으로 2000년 이후에는 1천~2천 명 수준으로 확대하겠다는 방침을 제시함에 따라(조선일보, 1995.01.23; 1995.12.02) 현재 1,000명 수준에서 합격자가 배출되고 있다.

법조 인력 양성에서 총량 규제만 형성되어 있었던 반면, 기타 법조 인력 공급량과 관계된 여타 규제들, 예를 들어 교육기관, 응시자 제한 등은 거의 존재하지 않았다. 현행 사법시험법에서 제시하고 있는 유일한 규제는 응시 자격이나[28] 그 내용은 곧 사법

---

27) 법무부에 사법시험 관리위원회를 두며, 구성은 원회는 위원장과 부위원장 2인을 포함해 13인의 위원으로 구성하되, 위원장(법무부 장관)을 제외한 위원은 법무부 장관이 임명 또는 위촉하되, 법무부 차관, 판사 2인, 검사 1인, 변호사 2인, 법학교수 3인, 비영리민간단체에서 추천하는 자 1인 및 변호사나 법학교수가 아닌 자로서 사법시험에 관한 경험과 덕망이 있는 자 2인의 위원으로 구성한다(사법시험법, 제14조).

28) 관련 규정을 보면, 응시 자격은 1. 고등교육법 제2조 각호의 규정에 의한 학교, 평생교육법 제21조 또는 제22조의 규정에 의한 사내대학 또는 원격대학 형태의 평생교육시설에서 일정 학점 이상의 법학 과목을 이수한 자, 혹은 2. 학점 인정 등에 관한 법률의 규정에 의하여 일정학점 이상(35학점)의 법학 과목을 이수한 것으로 학점 인정을 받은 자로(사법시험법, 제5조, 사법시험법 시행령제 3조) 한정하고 있다.

시험과 관련된 규제가 없음을 역설적으로 보여준다. 다시 말해, 법조 인력의 공급량과 관련해 과거의 제도인 사법시험 제도는 법조 인력 배출의 총량을 규제하고, 나머지 여타 규제들을 존재하지 않았다.

한편, 법학전문대학원 제도는 설립 방식, 설립 기준에 대한 규제, 총입학정원 및 개별 입학 정원과 관련된 규제, 사후평가뿐만 아니라 잠재적인 공급 압력 요인으로 작용할 입학 지원자에 대한 진입 규제 등 다양한 규제를 설정하고 있다. 즉, 법조 인력의 총 공급량에 영향을 미칠 수 있는 교육 주체 및 대상에 대한 규제가 체계적으로 설정되었다.

첫째, 법학전문대학원을 법학교육위원회의 심의를 거쳐 교육과학기술부 장관이 인가하도록 함으로써 인가주의를 분명히 했다(법학전문대학원 설치·운영에 관한 법률 제5조, 6조). 이에 따라 입학 정원을 설정해 놓고 설립 기준을 충족하는 학교 중에서 입학 정원의 범위 안에서만 설립을 허용해 법조 인력 배출 총량을 통제할 수 있는 기반을 마련했다.

둘째, 총 입학 정원 역시, 교육과학기술부 장관이 국민에 대한 법률 서비스의 원활한 제공 및 법조인의 수급 상황 등 제반 사정을 고려해 법학전문대학원의 총 입학 정원을 정하도록 하고, 입학 정원을 정할 때 법원행정처장과 법무부 장관의 협의를 거치도록 했으며, 관련 행위자인 대한변호사협회장 및 한국법학교수회장은 의견만을 제출하도록 했다(동법 제7조). 이는 곧 총입학정원 책정에 실질적으로 법원과 법무부가 지배적인 결정권을 갖는다는 것을 의미한다.

셋째, 개별 법학전문대학원의 입학 정원 역시 각 법학전문대학원의 교원·시설 및 재정을 비롯한 교육 여건과 총입학정원 등을 종합적으로 고려해 교육과학기술부 장관이 대통령령으로 정하는 범위(150명, 동법 시행령 제6조) 안에서 결정하도록 하고 있다. 또한 개별 입학 정원을 정할 때 '법학교육위원회'의 심의를 받아야 함을 규정하고 있다(제10조). 여기서 법학교육위원회는 위원장을 포함해 13인의 위원으로 구성되며 교육과학기술부 장관이 임명한다. 구성을 보면, 법학교수 및 부교수 4인, 10년 이상 경력의 판사 1인, 검사 1인, 변호사 2인, 교육행정 공무원 1인, 기타 학식과 덕망이 있는 자 4인으로 구성된다. 법조 인력 양성의 공급 주체인 대학과 법조 인력 공급을 통제해야 할 법조계가 동등하게 4 : 4로 구성되어 있다는 점에서 점진적인 정책 결정이 이뤄질 수밖에 없는 구조임을 보여준다.

넷째, 법학전문대학원 설치와 관련한 인적·물적 기준[29]을 세밀하게 제시하고 있을 뿐만 아니라 법학전문대학원 운영에 필요한 재정 확보와 장학금 제도 등 학생에 대한 경제적 지원 방안까지 매우 구체적으로 설치 기준에 포함시키고 있다. 실제, 인적·물적 기준의 구축이 현실적으로 해당 대학의 재정 수준과 밀접하게 연관된다는 점에서 법학전문대학원을 설치하고자 하는 대학의 경쟁률 자체를 떨어뜨리는 효과를 갖게 되고 이는 곧 법조 인력 확대 압력을 낮추게 되는 효과를 갖는다.

다섯째, 법학전문대학원으로 진학하고자 하는 학생들의 유입을 통제하고 있다. 즉, 입학 자격에 학사학위 이상의 학력이 있는 자로 한정해 사실상 대학교 학사 이상의 학력을 요구하고 있으며(제22조), 학생 선발에서도 학위 과정의 성적, 법조인 자질 적성 시험, 외국어 능력을 활용해야 하며, 사회 활동 및 봉사 활동에 대한 경력 등을 입학전형 자료로 활용할 수 있다고 매우 구체적으로 제시하고 있다(제23조). 법학전문대학원에서 학생 선발 기준까지 구체적으로 제시하고 있다는 점을 쉽게 알 수 있다. 이는 궁극적으로 법조 인력 양성 규모의 확대 압력을 차단하는 효과를 갖는다 할 것이다.

여섯째, 법학전문대학원에 대한 사후평가 기제가 구축되었다. 즉, 법학전문대학원을 둔 대학은 법학전문대학원평가위원회('평가위원회') 평가를 받아야 한다(제27). 동 평가위원회는 '대한변호사협회' 소속으로 하고, 법학전문대학원의 교육·조직·운영 및 시설 등을 평가하며(제28조), 구체적으로 설치 기준의 준수 여부, 입학자 선발의 공정성, 교육과정의 적정성 및 졸업생의 사회 진출 현황 등을 종합적으로 평가를 수행하도록 하고 있다(제33조). 이를 위해 평가위원회에 평가의 기준을 설정권(제33조 2항), 사실조사권(제34조), 자료제출 요구권(제36조 3항) 등을 부여하고 있다. 특히, 법조인 공급 규모에 대해서 동일한 규제이익을 향유하는 대한변호사협회 회장으로 하여금 동 평가위원회의 위원장 및 위원(총 11인)을 임명하도록 하고 있다는 점에서 사후통제 기제가 체계적으로 마련되어 있음을 보여준다.

일곱째, 제재 조치를 체계적이고 구체적으로 명시하고 있다는 점이다. 즉, 교육기술부 장관으로 하여금 법학전문대학원이 설치된 대학 또는 당해 법학전문대학원이 위 규제 관련 사항[30]들을 위반했을 경우 시정명령(제38조), 감축 명령(제39조), 인가 취소

---

29) 우선 인적 기준과 관련해, 교원 1인당 학생 수 15인이 되도록 교원을 충원해야 하고, 겸임교원을 제외하고 교원 수는 20인이 이상이 되어야 하며, 교원 수의 20% 이상은 변호사 또는 외국 변호사의 자격이 있고 5년 이상 관련 분야의 실무에 종사한 경력이 있는 교원으로 하여야 함을 명시하고 있다(동 법, 제16조, 동 법 시행령 제9조). 물적 기준으로 강의실, 교원연구실, 법학전문도서관, 모의법정, 세미나실, 행정실, 정보통신시설과 같은 시설(동 법 제17조, 시행령 제10조).

표 12-6 법조인력 공급 규모와 관련된 진입규제

관련 조항	주요 내용
설립 방식 (제5조, 6조)	인가주의(동 법 제5조, 6조)
입학 정원 (제7조)	교육과학기술부 장관이 국민에 대한 법률 서비스의 원활한 제공 및 법조인의 수급 상황 등 제반 사정을 고려해 법학전문대학원의 총입학정원을 정함. 교육과학기술부 장관이 총입학정원을 정하는 때에는 법원행정처장, 법무부 장관과 협의 법학전문대학원의 개별 입학 정원은 각 법학전문대학원의 교원·시설 및 재정을 비롯한 교육 여건과 총입학정원 등을 종합적으로 고려해 교육과학기술부 장관이 대통령령으로 정하는 범위(150명, 동법 시행령 제6조) 안에서 결정
인적 규제 (제16조)	① 교원 1인당 학생 수 15인의 범위 안에서 대통령령으로 정하는 학생 수(12명, 시행령 제9조)로 나눈 수의 교원을 확보 ② 법학전문대학원이 확보해야 하는 교원 수의 5분의 1의 범위 안에서 대통령령으로 정하는 겸임교원 등을 대통령령으로 정하는 바에 따라 환산해 교원 수에 산입 가능 ③ 법학전문대학원이 확보해야 하는 교원(제2항의 겸임교원 등을 제외) 수가 20인 미만인 경우에는 20인으로 함. ④ 교원 수의 20% 이상은 실무경력자여야 함. 이 경우 교원의 5분의 1에 해당하는 수의 실무경력교원은 제2항에 따른 겸임교원 등으로 확보할 수 없음.
물적 규제 (제17조)	시설 구비(강의실, 교원연구실, 법학전문도서관, 모의법정 등, 동법 시행령 제10조) 운영에 필요한 재정 확보, 학생에 대한 경제적 지원 방안 마련
입학 자격 (제22조)	학사학위 이상의 학력이 있는 자
학생 선발 (제23조, 24조)	학위과정의 성적, 법조인 자질 적성시험, 외국어 능력을 활용해야 하며, 사회 활동 및 봉사 활동에 대한 경력 등을 입학전형 자료로 활용할 수 있음.
사후평가 (제27조, 33조)	법학전문대학원을 둔 대학은 법학전문대학원평가위원회 평가를 받아야 함. 설치 기준의 준수 여부, 입학자 선발의 공정성, 교육과정의 적정성 및 졸업생의 사회 진출 현황 등을 종합적으로 평가 평가 결과 통지 및 자료 제출 요구권
제제 조치 (제38-40조)	시정명령, 감축명령, 인가 취소, 폐쇄명령 등 단계적으로 제시

출처: 법학전문대학원 설치·운영에 관한 법률[일부 개정 2008.2.29 법률 제8852호]과 동법 시행령[일부 개정 2008.2.29 대통령령 제20740호].

30) 제5조 제2항 및 제4항(인가 관련 사항), 제7조 제3항(입학 정원 사항), 제8조(학사학위 폐지 사항), 제16조(교원 수준), 제17조(물적 기준), 제18조 제1항부터 제3항까지(학위과정 및 수업 연한), 제19조(학점), 제20조(교육과정), 제22조(입학 자격), 제23조(학생 선발), 제25조(편입학), 제27조(평가위원회에 의한 평가) 및 제32조(자체평가) 동 법 제38조에 관련 내용을 첨부해 제시.

(제40조), 폐쇄명령(제41조)의 제재 조치를 취할 수 있음을 단계적으로 제시하고 있다.

형식적 전환에 따른 최종적인 제도 변화를 정리하면, 법조 인력 양성 제도는 구조적으로는 사법시험 제도에서 법학전문대학원으로 큰 틀의 제도 변화를 나타냈지만, 내용적으로는 과거의 제도가 지속되고 있음을 보여준다.

구체적으로, 첫째, 법조 인력 양성 제도는 참여정부에서 기존의 사법시험 제도에서 법학전문대학원 제도로 큰 틀의 제도 변화를 경험했다. 사법시험 제도와 법학전문대학 제도는 구조적 차원에서 보면, 매우 급격하고 단절적인 제도 변화다. 특히, 법학전문대학원은 대륙법에 기초하고 있는 우리나라에서는 매우 이질적인 제도의 수용이라 할 것이다. 둘째, 내용적으로는 과거의 제도가 지속되었다. 즉, 법조 인력 양성 제도의 핵심은 곧 법조 인력 공급량이라 할 것인데, 법조 인력 배출의 공급량을 과거의 수준과 유사하게, 또한 법조 인력 배출의 통제권을 사법시험 제도의 제도적 편익 주체가 여전히 보유하고 있음이 드러났다. 즉, 내용적으로 법조 인력 양성 제도는 과거 제도의 핵심 기능을 지속하고 있으며, 이는 곧 제도의 점진적 변화이며 혹은 경로의존적이라 할 것이다.

제 5 절 결론

이 연구는 제도의 변화와 지속성을 설명하고자 하는 의도에서 제도 변화 압력 요인과 '형식적 전환'이라는 개념을 도입했다. 특히, 구조와 내용 차원에서 제도 변화를 결정짓는 변수로서, 제도에 의해 유발된 불균형한 권력 관계와 그에 따른 행위자의 역할을 강조한 '형식적 전환'이라는 설명변수를 도입해 한국에서의 법조 인력 양성 제도 변화를 분석했다.

과거 사법시험 제도를 핵심으로 하는 법조 인력 양성 제도는 비의도된 결과의 해결 필요성에 따른 압력과 법률시장 개방 압력과 같은 외부 환경 변화 요인에 따라 변화의 압력에 직면했다. 이에 따라 김영삼 정부에서부터 지속적으로 변화의 필요성이 제기되었으며, 참여정부 들어 비의도된 부정적 결과의 표출과 그에 따른 해결 필요성 및 개방 압력 요인이 정점에 달했다. 그러나 이러한 변화 압력 요인 그 자체는 최종적인 제도의 모습을 보여주거나 혹은 예측하지 못한다. 즉, 변화 압력 요인에 노출된 제도가 궁극적으로 어떻게 되는가를 설명하기 위해서는 새로운 설명 도구가 필요하며, 이에 이 연구에서는 '형식적 전환'이라는 개념을 도입해 설명하고자 했다. 즉, 기존의 제도에 따라 행위자 간 권력 관계의 불균형이 초래되고, 이에 따라 지배적인 위치에 있는 행위자가 자신들에게 유리하도록 기존 제도의 핵심 기능은 유지하고 제도의 형식만을 전환시키는 것을 의미한다.

분석 결과에서 보여주듯이, 기존 사법시험 제도에 따라 지배적 위치를 확보한 대법원은 외부 압력 흡수를 위한 위원회 설치, 선제적인 법조 인력 양성 제도 변화 방향 제시, 법조 인력 공급량을 조절하기 위한 핵심 규제 및 결정권 확보 등을 통해 과거 제도의 핵심적 기능인 법조 인력 총 공급 규모를 통제했다. 이에 따라, 법조 인력 양성 제도는 구조적으로는 사법시험 제도에서 법학전문대학원으로 큰 틀의 제도 변화를 나타냈지만, 내용적으로는 법조 인력 총공급량 통제라는 과거의 핵심적 기능이 지속되었다. 이에 따라 구조적으로는 급격하나 내용적으로는 과거의 제도가 지속함을 보여준다.

이 연구는 제도의 변화와 지속을 하나의 설명 도구로 설명하고 있다는 점에서 의미가 있으며, 왜 제도의 변화와 지속이 동시에 관찰될 수 있는가를 설명하고 있다. 특히, 제도 변화의 압력에 존재하는 상황에서 제도의 변화와 지속에 행위자의 역할을 실증적으로 제시하고 있다. 이러한 점은 제도 변화를 설명하는 기존의 역사제도주의적 접근의 한계를 보완하고 있다는 점에서 의의가 있다. 또한 왜 거버넌스가 강조되고 많은 법학교수, 시민단체, 심지어 대통령과 행정부의 노력에도 불구하고 현재의 제도적 모습을 갖추게 되었는가를 잘 보여준다. 이러한 의의에도 불구하고 이 연구는 무엇보다 분석 대상 집단의 접근성이 낮음에 따라 자료 확보에 한계가 있었으며, 이에 따라 연구자의 해석상 오류가 존재할 수 있음을 밝히고자 한다. 이러한 연구의 한계는 차후 심층 인터뷰 등 추가적인 연구의 필요성을 제시한다.

제 13 장

공공연구기관 거버넌스 구조의 제도적 변화: 과학기술 분야 정부출연연구기관을 중심으로

하민철 · 김영대

제 1 절 서론

과학기술 분야 정부출연연구기관(이하 정부출연연)은 "정부가 출연하고 과학기술 분야 연구를 주된 목적으로 하는 기관"을 말한다('과학기술분야정부출연연법' 제2조 정의). '정부가 출연한다'는 것은 곧 공적자금을 투입해 해당 연구기관의 연구개발 활동을 지원한다는 것을 말한다. 정부출연연은 이처럼 공적자금을 지원받고 있기 때문에 사회가 필요로 하는 과학기술 성과를 거둬야 하는 사회적 책무를 가지고 있다(참고: Arnold & Boekholt et al., 2003). 그러나 사회는 끊임없이 변화하기 때문에 사회적 필요 또한 변화하기 마련이다. 그러므로 사회적 필요의 변화에 맞춰 정부출연연이 충족해야 할 사회적 책무 또한 변화해야 한다는 논리가 성립된다.

그렇다면 공적자금을 지원받는 정부출연연이 충족해야 할 사회적 책무는 무엇인가? 대부분의 국가에서 공공연구기관의 연구개발에 공적자금을 지원하는 이유는 크게 두 가지 역할을 기대하기 때문이다. 하나는 '지식을 발전시키는 것(to advance knowledge)'이고, 다른 하나는 '경제 발전을 촉진하는 것(to promote economic development)'으로 이 역할들은 과학기술정책의 중요한 두 개의 축으로 작동했다(Senker & Balaz et al., 1999: 7). 공공연구기관의 연구개발을 통해 '지식을 발전시키는 것'은 상대적으로 장기적 · 간접적 · 포괄적 측면의 역할에 무게 중심을 둔 것으로 볼 수 있고, '경제 발전을 촉진하는 것'은 단기적 · 직접적 · 집중적 측면의 역할에 무게 중심을 둔 것이라고 평가할 수 있다. 이 두 가지 역할 혹은 사명은 서로 보완적인 관계로 자리매김할 수 있지만 종종 서로 갈등적인 관계로 바뀔 수도 있다. 두 역할이 서로 보완적일 수 있다는 것은 지식 발전이 장기적으로 경제 발전을 촉진하는 토대가 될 것이고, 경제 발전은 향후 좀 더 첨단의 지식 발전을 위해 필요한 자원을 공급해 줄 것이기 때문이다. 한편 두 역할이 서로 갈등적일 수 있다는 것은 자원 부족으로 인해 어느 기능에 더 우선순위(priority)를 두어야 하는가, 즉 자원 배분을 둘러싸고 갈등이 나타날 수 있기 때문이다. 따라서 각국의 과학기술정책이 어느 역할에 더 무게 중심을 두는가는 해당 국가의 제도적 유산과 그 당시의 상황 조건에 따라 달라질 것이다.[1)]

그렇다면 공공연구기관으로서 정부출연연의 사회적 책무를 충족시키기에 적합한 정부출연연의 역할 정립은 누구에 의해 어떻게 이뤄지는가? 일반적으로 공공연구기관의 역할 정립은 크게 두 가지 방식을 고려할 수 있다. 하나는 과학자 공동체의 자율성을 존중하고, 자체 노력에 의해 사회 변화에 맞춰 공공연구기관의 사회적 책무를 충족하게 하는 것이다. 다른 하나는 공공연구기관의 재정 지원에 대한 권한과 책임을 가진 정부가 사회 변화에 맞춰 타당성을 갖춘 정책을 통해 그 사회적 책무를 충족하게 하는 것이다. 두 가지 방식은 곧 공공연구기관이 충족해야 할 사회적 책무를 누가 인식하고, 규정하며, 선택하는 것인가라는 질문으로 요약할 수 있다. 과학자 공동체의 자율성을 보장하고, 그들의 선택에 맡겨야 하는가? 공적 권한과 책임을 가진 정부가 그 주체가 되어야 하는가? 두 가지 방식 속에는 장기적 관점과 단기적 관점 사이의 갈등, 부분과 전체 사이의 갈등, 과학기술 내적 논리와 정부정책의 사회적 타당성 사이의 갈등 등이 녹아들어 있다. 거의 모든 국가에서 공공연구 시스템의 사회적 책무 충족을 둘러싼 제도적 변화 과정 속에는 이 두 가지 변화 논리가 공존하면서, 마찰을 일으키기도 하고 조화를 이루기도 한다. 각 나라마다 역사적 경험 속에서 형성된 제도적 질서가 있고,

---

1) 예컨대 유럽의 경우, 독일이나 스웨덴 등은 전통적으로 지식 발전에 무게 중심을 두었다면, 아일랜드 등은 경제 발전 촉진에 무게 중심을 둔 것으로 평가된다(Senker & Balaz et al., 1999: 7). 한편 1980년대 이후로 유럽의 많은 나라에서는 신자유주의 흐름의 강화로 인해 지식 발전보다는 경제 발전 촉진에 무게 중심을 더 두는 것으로 나타나고 있다(OECD, 2003; Boden et al., 2006; Sanz-Menendez & Cruz-Castro, 2003; Whelan, 2000; Smith, 2000; Papon, 1998). 여하튼 어느 나라이든 지식 발전과 경제 발전 촉진의 양 극단의 연속선상에서 어느 한 부분에 위치하고 있는 것으로 볼 수 있다.

그 속에서 어느 논리가 강조되었는가의 차이가 있다.

우리나라 역시 1966년 최초의 정부출연연이었던 한국과학기술연구소(KIST)의 설립 이래 사회적 책무를 충족시키기 위한 정부출연연의 역할 정립 과정에서 많은 제도적 변화를 경험했다. 우리나라의 경우, 정부출연연의 역사가 40여 년으로 매우 짧고, 정부의 정책적 개입 정도가 상대적으로 다른 나라와 비교해서 강했다(조현대 외, 2007). 정부출연연의 역할을 변화시키기 위해 정부의 정책적 개입이 다소 빈번하게 이뤄졌다. 정부출연연이 우리나라 과학기술 역량의 발전 과정에서 독보적 위상을 유지한 1990년대 이전까지만 하더라도 정부출연연의 역할 변화를 요구하는 정부 측과 변화를 수용해야 하는 정부출연연 측 사이에 공감대가 형성되면서 변화가 이뤄졌다. 이 시기에는 정부출연연의 인위적 통폐합 등 구조조정이 이뤄지더라도 기본적으로 민간 부문의 부족한 과학기술 역량을 선도하는 역할, 즉 시장실패 치유라는 사회적 책무에 부응하기 위해 정부출연연의 규모가 확대되는 흐름이 있었다. 즉, 정부출연연의 규모가 양적으로 팽창하던 시기였기 때문에 제도적 변화가 나타나더라도 정부출연연 내부에서는 그 제도적 변화를 수용할 수 있었다. 그러나 1990년대 이후부터 기업과 대학 등 민간 부문의 과학기술 연구 역량의 강화는 상대적으로 정부출연연의 독보적 위상을 점점 약화시키는 결과를 초래했다. 정부의 연구개발 예산이 정부출연연에 집중적으로 투입되었던 것에서 기업과 대학에도 상당한 규모를 투입하는 분산 효과가 나타났다(조현대 외, 2007). 이 과정에서 정부를 중심으로 일각에서 정부출연연의 생산성과 효과성 저하를 문제삼기 시작했고, 그 문제들을 해결하기 위해 상당한 제도적 변화가 나타났다. 과거와 달리 이 제도적 변화들을 둘러싸고 정부출연연 내부에서는 그 변화 과정에 참여하지 못하고 소외되어 왔다는 목소리가 누적되어 왔다(김민수, 2008; 김왕동, 2008). 이명박 정부가 들어선 후 또다시 제도적 변화를 시도하는 움직임이 나타났고, 이에 대해 정부출연연 내부에서는 긍정적이지 않은 반응들이 나오고 있다.[2]

세계화의 진전으로 인한 국가 간 경쟁의 심화, 사회의 급속한 변화 등 대내외 과학

---

2) 전국공공연구노동조합 내 공공특위 등이 산업기술연구회 소관 정부출연연 종사자 1,513명을 대상으로 실시한 설문조사 결과, 정부출연연 기능 재정립을 위해 가장 적절한 방식으로 응답자의 72.2%(1,093명)가 '포괄적 논의를 통한 개선 방향 정립 후 단계적으로 추진해야 한다'고 응답했다. 그리고 정부출연연 구조개편 추진 과정에 대해 응답자 대부분은 연구 현장의 문제점을 고려하지 않는 일방적 추진(90.2%), 의견 수렴을 거부하는 비민주성(86.5%), 내용 검토 없이 진행되는 졸속성(90.8%), 진행 상황과 논의 내용을 공개하지 않는 폐쇄성(88.0%) 등을 지적해 정부출연연 종사자들은 민주적 과정에서 충분히 내용을 검토하고 진행 상황과 논의 내용을 투명하게 공개할 것을 주문했다(디지털타임스, 2008.08.04).

기술정책 환경은 정부로 하여금 과학자 공동체와 공감대를 형성하면서 느긋하게 점진적 변화를 수용하지 못하도록 압력을 가하고 있다. 특히 우리나라의 경우, 선진국과 후발국 사이에서 경쟁의 압박이 더욱 가중되고 있다는 우려의 목소리가 높은 것이 사실이다. 이러한 상황에서 점진적 변화를 통해 정부출연연의 기능과 사명에 변화를 가져와 그 사회적 책무를 충족시키는 것은 효율적이지 못하다는 논리가 힘을 얻기 쉽다. 특히 1980년대 이후 유럽을 비롯한 많은 국가에서 공통적으로 정부가 정책을 통해 전략적 변화를 추구하는 경우가 많아지는 것은 이러한 환경 변화의 영향이 비단 우리에게만 반영되는 것은 아님을 보여준다(예: Boden et al., 2006; OECD, 2003; Sanz-Menendez & Cruz-Castro, 2003; Whelan, 2000; Smith, 2000). 특히 우리나라의 정부출연연은 국가 간 경쟁이 심화되는 상황에서 국가경쟁력 강화를 위해 활용하기 용이한 수단으로 인식되고 있다는 점에서 정부의 정책적 개입이 더욱 쉽게 이뤄지고 있다.

이러한 맥락에서 이 연구는 우리나라 정부출연연의 사회적 책무를 충족하기 위한 역할 정립 과정에서 거버넌스 구조의 제도적 변화를 이해하는 것을 목적으로 한다. 거버넌스 구조의 제도적 변화를 좀 더 구체적으로 이해하기 위해 정부통제 구조와 자금지원 방식의 두 차원에 초점을 맞춰 개념적 분석틀을 구성했다. 이러한 개념적 분석틀에 근거해서 우리나라 정부출연연의 거버넌스 구조에서 나타난 제도적 변화가 연구 우선순위 설정 과정에서 과학자 공동체의 연구 자율성과 정부의 정책적 개입 사이의 긴장과 균형에 어떠한 변화의 흐름을 보였는가를 검토했다. 한편 이 연구는 공공연구기관으로서 정부출연연의 거버넌스 구조의 제도적 변화에 대한 인과 관계를 밝히는 설명(explanation)을 목적으로 하는 것이 아니라 그 제도적 변화가 가지는 의미를 이해하기 위한 기술(description)을 목적으로 하는 것임을 밝힌다.

제 2 절 공공연구기관의 거버넌스 구조에 대한 이론적 논의

1 공공연구기관으로서 정부출연연의 개념과 연구 대상으로서 중요성

일반적으로 공공연구는 공공의 이익을 목적으로 수행하는 비영리 목적의 연구를 의미한다(Laredo & Mustar, 2004). 그리고 공공연구기관은 비영리 목적의 공익적 연구를 수행하기 위해 정부의 공적자금을 지원받고, 정부의 통제를 받으면서 주로 기초과학, 공공기술 등 시장실패 영역의 연구개발 활동을 수행하는 연구기관이다(Senker & Balaz et al., 1999; 조현대 외, 2007: 47). 먼저 과학기술 연구개발은 대규모 자금을 필요로 하고 실패 가능성이 높기 때문에 전형적인 시장실패 영역으로서 정부가 공적자금을 지원하는 것은 자연스럽다. 그리고 공적자금을 지원하기 때문에 정부가 연구기관에 대한 통제 권한을 가지는 것 역시 자연스러운 귀결이다. 또한 연구개발 대상의 경우, 기초연구와 공공기술 등 민간기업 연구소가 연구하지 못하는 시장실패 영역을 대상으로 하고, 그 연구 결과를 사적인 전유가 아니라 공적인 사용을 목적으로 하는 것 역시 자연스럽다.

그러나 크로와 보즈먼(Crow & Bozeman, 1987), 졸리와 매니지마틴(Joly & Managematin, 1996) 등은 자금 원천의 다양화, 지배구조의 다양화, 연구 영역의 확장 등으로 인해 공공연구기관의 유형이 다양해지고 있다고 설명했다. 즉, 자금 원천 중 기업으로부터 조달하는 자금 비중의 증가, 정부통제가 약화되거나 사적 조직에 의해 운영되는 연구기관의 등장, 연구 영역의 산업기술 분야로의 확대 등으로 인해 공공연구기관들의 특성이 다양해지고 있다고 설명하고 있다.

현실적으로 엄격한 의미로 구분할 수 있는 공공연구기관은 그리 많지 않다. 따라서 자금 원천, 지배 구조, 연구 영역 중 어느 한 부분이라도 해당되는 경우 넓은 의미에서 공공연구 시스템에 포함된 연구기관으로 정의할 수 있다(조현대, 2007: 47). 따라서 넓은 의미의 공공연구 시스템의 연구기관의 범주에 국공립연구기관, 정부출연연을 비롯해 대학, 심지어 공적자금을 지원받아 연구를 수행하는 민간기업의 연구소 역시 일시적으로 공공 연구 시스템의 범주에 속한다고 볼 수 있다.

이러한 공공연구 시스템의 범주에서 한국의 정부출연연은 독특한 위치를 차지하고 있다.[3] 정부출연연은 자금 원천의 상당 부분이 정부이지만 점점 자금 원천을 민간기업 등으로 다양화하고 있고, 실질적으로 정부 통제 아래에 있으나 형식적으로는 완벽한

3) 소유 및 운영 주체와 관련해 공공연구기관의 존재 양태를 보면, 국가마다 다소의 차이는 있지만 크게 두 가지, 정부가 소유하고 정부가 운영하는(government-owned, government-operated: GO-GO) 경우와 정부가 소유하고 위탁(위임) 운영하는(government-owned, contractor-operated: GO-CO) 경우로 구분할 수 있다. 대체로 GO-GO 유형이 공공연구기관의 개념 정의에서 가장 협의에 해당하고, 한국의 정부출연연 등 외국의 GO-CO 유형은 광의의 공공연구기관에 해당한다고 할 수 있다(OECD, 2003).

그림 13-1 **공공연구기관의 개념적 범위**

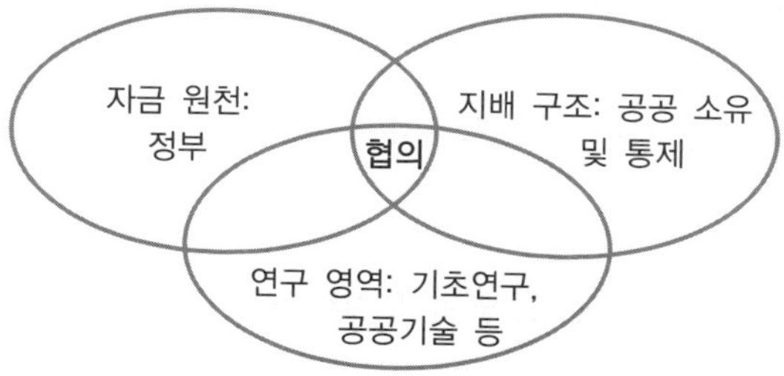

출처: 조현대 외(2007: 47)에서 보완.

통제를 받지 않는 법인격을 갖고 있고, 원천적으로 기초연구 및 공공기술 연구의 지향성을 가지면서도 경제 성장이라는 국가적 목표에 부응하기 위해 응용연구 및 산업기술의 수요에도 적극 대응해 왔다.

최근 한국의 정부 연구개발 예산은 급격한 증가 추세를 보이고 있다. 2008년 기준으로 정부 연구개발 예산 규모가 10조 원을 넘어섰다. 1998년 정부 연구개발 예산이 3조 원을 조금 상회하던 수준에서 10년 만에 10조 원을 넘어섬으로써 약 3배 넘게 증가했

그림 13-2 **정부 R&D 예산 투자 추이**

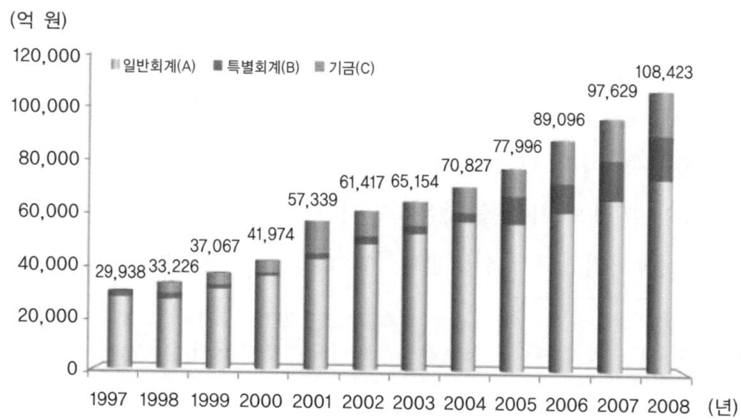

출처: 한국과학기술기획평가원(KISTEP)(2008). 「2008년도 정부연구개발예산 현황 분석」.

고, 예산의 증가 속도는 OECD 국가 중 최상위에 속하는 것으로 파악되고 있다. 더군다나 정부출연연은 전체 정부 연구개발 예산 중 거의 절반에 가까운 44.6%(2006년 기준)를 사용하고 있다(국가과학기술위원회, 2007).[4] 그만큼 정부출연연의 사회적 책무에 대한 논의가 필요하고, 연구 대상으로서 중요하다고 할 수 있다.

2 공공연구기관의 사회적 책무와 역할 정립

공공연구기관의 사회적 책무는 누가 규정하는가? 그리고 사회적 책무를 충족하기 위한 공공연구기관의 역할 정립은 누가 결정하는가? 공공연구기관은 정부로부터 공적 자금을 지원받고 있기 때문에 사회적 책무를 가지고 있다. 여기에서 중요한 것은 누가 사회적 책무를 규정하고, 그것을 달성하기 위해 어떻게 역할 정립 혹은 재정립을 할 것인가의 문제다. 이러한 관점에서 보덴 외(Boden et al., 2006)는 영국 공공연구기관의 지배 구조 변화 과정을 설명하면서 변화의 논리를 두 가지, 유기적인 내생적 변화(organic endogenous change)와 정책 주도의 외생적 변화(policy-driven exogenous change)로 구분해 설명했다. 이 변화 논리들은 공공연구기관의 역할 정립과 관련된 제도적 변화에 대한 두 가지 이론적 관점을 반영하고 있다.

먼저 유기적인 내생적 변화 논리는 과학사회학(the sociology of science), 즉 전통적인 머튼주의적(Mertonian) 관점에 기반한다. 전통적인 머튼주의적 관점에 따르면, 과학은 과학자 공동체(the republic of science) 자체의 독특한 규범에 따라 기능하고, 내적 동학(internal dynamics)에 따라 발전해 왔기 때문에 다른 사회적 활동과 차별적이라는 점을 강조한다.[5] 이런 점에서 폴라니(M. Polanyi)는 과학자 공동체가 자기규제(self-regulation)의 본질적 자유를 향유하면서 자기조정(self-coordination)을 통해 과학적 지식의 진보를 이뤄왔다고 설명한다(Polanyi, 1962; Barke, 2003).[6] 특히 공공 부

4) 정부출연연의 국가연구개발 예산의 사용 비중은 2001년 39.1%, 2002년 41.4%, 2003년 43.1%, 2004년 43.4%, 2005년 43.7%를 차지하는 등 지속적으로 확대되고 있다(국가과학기술위원회, 2007).

5) 머튼(R. K. Merton)이 말하는 과학자 공동체의 규범은 지식 생산 과정에서 공동체주의(communalism), 보편주의(universalism), 이해중립성(disinterestedness), 제도화된 회의주의(organized skepticism)에 기반하는 것을 말한다(Merton, 1973). 이들 규범의 첫 글자를 조합해 과학자 공동체의 에토스를 소위 'CUDOS'라고 부르기도 한다.

6) 폴라니(Polanyi, 1962)는 시장이 '가격 시스템'이라는 '보이지 않는 손'에 의해 상호 조절 과정을 거쳐 작

문의 과학자 공동체는 지적 호기심, 동료들의 인정, 공익의 증진 등의 가치와 규범에 의해 동기화가 이뤄진다고 설명한다(Uhlir, 2003). 이러한 과학자 공동체의 자율성 논리는 비과학자가 과학의 내부 문제에 개입하지 말아야 한다는 믿음을 광범위하게 자리 잡게 만들었다. 이 관점에 따른다면 정부 역할은 과학기술 발전을 위해 필요한 자금은 지원하되 지나친 간섭은 하지 않아야 하는 것으로 요약할 수 있다(Polanyi, 1962; Barke, 2003; Boden et al., 2006). 즉, 과학기술 연구가 이뤄지는 현장의 논리에 의해 필요한 변화가 이뤄져야 한다는 것이다. 이러한 논리에 따르면 사회적 책무에 대한 규정과 수단의 선택 등 제도적 변화는 과학자 공동체 현장으로부터 정부의 과학기술정책으로 전달되는 상향식(bottom-up)의 변화가 이뤄질 것이다. 그리고 변화의 속도는 점진적일 것이고, 따라서 변화를 둘러싼 마찰은 상대적으로 적을 것이다. 만일 이러한 변화 논리에 의해 사회가 요구하는 변화를 효과적으로 가져올 수 있다면 가장 바람직한 변화라고 할 수 있다. 그러나 이러한 유기적인 내생적 변화는 복잡성, 중복성, 비효율성의 문제가 대두될 가능성이 높다. 더군다나 앞서 언급했던 것처럼 이것은 과학기술을 둘러싼 환경이 덜 경쟁적이고 변화 속도가 빠르지 않은 안정적 시기에 가능한 논리다. 경쟁의 심화와 변화 속도가 급속한 대내외 환경을 고려했을 때 이러한 변화의 논리는 힘을 잃기 쉽다.

반면 정책 주도의 외생적 변화는 전통적인 머튼주의적 관점과는 달리 과학기술의 사회적 책무를 충족시키기 위해 사회와 정치적 영향력을 강조하는 규범적 관점을 반영하고 있다(Barke, 2003; Boden et al., 2006: 128-129). 이러한 논리는 과학과 사회의 상호작용에 대한 이론적 논거를 제공한 지식사회학(the sociology of knowledge)의 기여와 1980년대 신자유주의적 경제 논리의 확산 등 현실적 환경 변화에 근거하고 있다. 과학 혹은 과학자 공동체는 사회와 동떨어진 존재이거나 우월한 존재가 아니라 사회와 상호작용하면서 사회가 필요로 하는 것, 특히 경제 발전에 이바지해야 한다는 논리다. 이때 지식 생산이 과학자 공동체만의 전유물이 아니며, 과학자 공동체의 우월성을 인정하지 않게 되면 자연스럽게 과학자 공동체에 대한 정책적 개입의 정당성을 얻을 수 있다(Barke, 2003).[7] 즉, 정부의 정책적 개입을 강조하는 규범적 논리에 의하면 합법적

동되는 것처럼 과학자 공동체 역시 다른 연구자들의 '공개된 연구 결과(published results)'라는 '보이지 않는 손'에 의한 자율적 조정을 통해 작동된다는 비유를 들어 설명하고 있다. 즉, 과학자 공동체는 연구자의 '연구 아이디어'가 시장의 화폐처럼 다른 연구자들의 관심을 얼마나 많이 얻고 영향을 주는가에 따라서 움직인다는 것이다(Uhlir, 2003).

권위를 부여받은 정부가 사회의 필요와 요구를 수렴하고 그에 근거해 공공연구기관의 사회적 책무를 규정하며, 그 사회적 책무를 충족하도록 감독하고 통제하는 것이 정당성을 얻게 된다. 이러한 논리에 따르면 변화의 방식은 정부의 과학기술정책이 결정되고 그 결과가 과학자 공동체 현장에 전달되는 하향식(top-down)으로 이뤄질 것이다. 이러한 변화는 대체로 체계성, 일관성, 효율성 등의 미덕을 가지고 있다. 그러나 변화의 속도가 상대적으로 급진적이기 때문에 변화를 둘러싼 마찰이 높아질 가능성이 높고, 의도하지 않은 부정적인 결과를 야기할 가능성을 안고 있다.

두 가지의 변화 논리를 단순화시키면, 과학자 공동체의 자율성을 보장하면서 과학기술이 이뤄지는 현장의 논리에 따른 내부적 변화를 선택하는 것과 정부의 정책적 개입의 정당성 하에서 과학기술 현장에 대한 외부적 변화를 선택하는 것으로 요약할 수 있다. 먼저 과학자 공동체의 규범(CUDOS)과 장기적 안목에 따라 점진적 변화를 시도하는 경우, 과학기술과 지식 발전의 내적 동학에 따른 발전을 통해 궁극적으로 사회적 발전을 가져올 수 있을 것이다. 그러나 과연 과학자 공동체가 사회적 요구에 대한 사회적 책무를 인식하고 규정하는 과정에서 편향(偏向, bias)이 나타날 가능성은 없는가의 문제가 있다. 또한 과연 사회적 책무의 규정과 사회적 책무를 충족하는 과정에서 부정합(mismatch)의 가능성을 피할 수 있는가의 문제가 존재한다. 과학자 공동체 역시 이익 공동체이고, 따라서 '정치적 행위'가 이뤄지는 공동체라는 것을 고려한다면 이러한 문제들은 현실적인 것이다(Barke, 2003).[8] 이미 기득권을 점유한 과학자 공동체에 의해 특정 연구 영역이 배제되는 경우가 실제로 존재한다는 것은 과학자 공동체에 의한 사회적 책무의 규정과 충족 과정에 오류가 있을 수 있다는 것을 보여준다(OECD, 2003).

---

7) 버날(J. D. Bernal)과 같은 학자들은 과학의 효용(utility of science)이 정부에 의해 계획되고, 분배될 수 있다고 했다(Mothe, 2001에서 재인용). 심지어 버날은 "과학이 너무 강력하기 때문에 과학자들에게만 맡겨두어서는 안 된다"는 입장까지 취하고 있다(Barke, 2003: 305-306에서 재인용).

8) 바크(Barke, 2003)는 과학자 공동체가 ① 이익의 결합, ② 자원 경쟁, ③ 리더에 대한 의존, ④ 타협과 연합 형성 등의 행위를 하고 있다는 점에서 '정치적' 성격을 가지고 있다고 설명한다. 즉 바크(R. P. Barke)는 과학자 공동체 내부에서 자원 배분 등을 둘러싸고 정치적 행위가 이뤄진다는 것을 말하고 있다. 그리고 이러한 정치적 행위는 병리적인 것이 아니라 존재 자체에서 빚어지는 필연적인 성격이라고 설명한다. 한편 무니(C. Mooney)는 또 다른 관점에서 '과학의 정치화', 즉 '과학을 정치적으로 오용하는' 가능성을 주장했다. 즉, 무니는 정치가 과학을 정치적·이념적 이유 때문에 과학적 과정이나 결론을 부적절하게 손상시키거나 변경하는 행위, 혹은 과학연구 활동에 부적절하게 개입하는 행위가 빈번하게 나타나고 있다고 주장한다(Mooney, 2005).

한편 합법적 권위를 가진 정부가 사회적 요구 수렴과 정책적 판단에 따른 변화를 시도하는 경우, 과학기술의 논리와 사회적 논리 사이의 괴리를 완화시키고, 환경 변화에 따른 사회적 필요에 대해 즉각적 반응이 가능함으로써 효율성을 확보할 수 있다. 그러나 마찬가지로 정부가 사회적 필요에 대한 사회적 책무를 인식하고 규정하는 과정에서 편향이 나타날 가능성을 피할 수 있는가의 문제는 여전히 남아 있다. 그리고 사회적 책무의 규정과 사회적 책무의 충족 과정에서 파생적 외부 효과(derived externality)의 가능성을 피할 수 있는가의 문제가 있다. 즉, 정책 개입으로 과학기술의 내적 동학에 간섭함으로써 과학기술 발전에 잠재적·비의도적인 부작용 등이 발생할 가능성을 고려해야 한다. 원천적으로 정부 활동은 광범위한 정책 효과를 가진다. 그런데 광범위한 정책 효과를 사전에 속속들이 파악하고 예측하기 어렵기 때문에 항상 잠재적이고 의도하지 않은 부작용을 피할 수 없다. 특히 정부 정책 결정이 정치적 압력에 따라 조급하게 이뤄지는 경우 파생적 외부 효과의 발생 가능성은 더욱 높아진다(최병선, 1992: 182-183).

이처럼 공공연구기관의 사회적 책무의 규정과 그 충족 과정에서 과학자 공동체에 의한 유기적·내생적 변화 논리와 정부 정책 주도의 외생적 변화 논리는 각각 한계를 안고 있다. 이것을 도식화하면 [그림 13-3]과 같다.

그림 13-3 공공연구기관의 사회적 책무 규정과 충족 과정

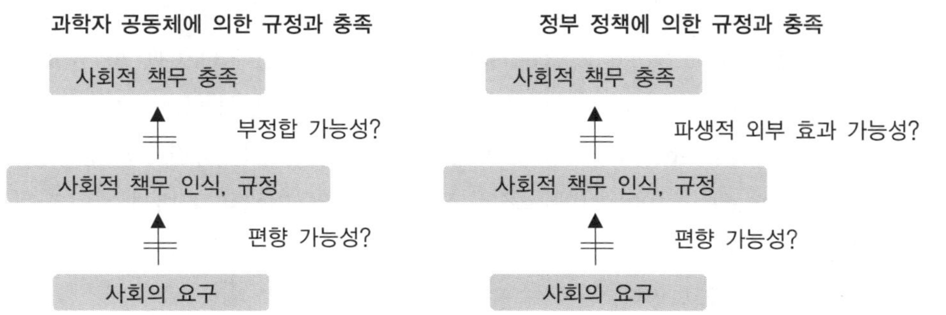

제 3 절 공공연구기관의 거버넌스 구조 분석을 위한 프레임 도출

1 공공연구기관의 거버넌스 구조의 유형

공공연구기관의 사회적 책무 충족과 관련해 중요한 것은 결국 어떠한 연구 영역에 자원 배분의 우선순위를 둘 것이며, 누가 그 결정을 할 것인가의 문제다. 간단하게 말하면, 공공연구기관의 연구 우선순위 설정에서 누가, 어떠한 방식으로 통제하는가를 보여주는 거버넌스 구조(governance structure)가 중요하다. 공공연구기관의 거버넌스 구조에서 정부가 공공연구기관을 어떻게 통제하는가, 공공연구기관에 자금을 어떤 방식으로 지원하는가 등의 요소들이 중요하게 다뤄졌다(Boden et al., 2006; Simpson, 2004; Sanz-Menendez & Cruz-Castro, 2003; OECD, 2003).

OECD는 주요 회원국들의 공공연구기관 운영에 대한 검토를 통해 정부와 공공연구기관의 관계에 초점을 맞춰 공공연구기관의 거버넌스 구조를 유형화했다. OECD는 정부통제 구조(ministerial structure), 자금 지원 방식(funding streams), 연구 우선순위 결정(priority setting), 공적자금을 지원받는 연구기관의 비중(research performers receiving public support), 평가 주체(evaluation) 등의 요소들을 활용해 거버넌스 구조를 크게 세 가지 유형, 즉 집권형(centralized archetype), 이중구조형(dual-system archetype), 분권형(decentralized archetype) 등으로 구분해 제시했다(OECD, 2003: 40-43).

한편 아놀드와 뵈크홀트(Arnold & Boekholt, 2003)는 정부부처들(ministries)과 공공연구기관들(research & innovation performers) 사이에 존재하는 중간층의 경영관리기구(intermediate research funder)에 초점을 맞춰 공공연구기관의 거버넌스 구조를 단일부처 소관형(mono-principal), 다수부처 소관형(multi-principal), 우산형(umbrella) 등으로 구분해 설명하고 있다.

먼저 단일부처 소관형은 오직 하나의 정부부처로부터 자금을 제공받아 이를 특정 연구 영역에 배분하는 방식으로 내부 정책조정의 필요성이 거의 없다는 특징을 가지고 있다. 둘째, 다수부처 소관형은 자금을 후원하는 정부부처 사이의 긴장과 잠재적 정책

표 13-1 공공연구기관의 거버넌스 구조의 유형들

구분	집권형 (centralized archetype)	이중구조형 (dual-system archetype)	분권형 (decentralized archetype)
정부통제 구조 (ministerial structure)	• 단일한 과학부처(교육, 기술부처와 통합된 형태)에 의한 집중 통제	• 연방 및 주·지역의 과학, 교육 부처들(연구회 포함)에 의한 간접 통제	• 다수의 정부부처에 의한 분산 통제
자금 지원 방식 (funding streams)	• 기관예산(institutional funding) 방식 중심 • 경쟁적 예산 프로그램이 거의 없음 • 독립적인 자금관리기구(연구회) 없음.	• 기관예산(institutional funding) 방식 중심 • 연구회 등의 경쟁적 프로그램에 의한 과제예산(project funding) 존재	• 과제예산(project funding) 방식 중심 • 독립적 자금관리기구들의 경쟁적 프로그램 존재 • 부차적으로 공공연구기관의 과업 지향적 자금 지원 존재
우선순위 설정 (priority setting)	• 중앙부처 중심의 top-down 방식(이해관계자들은 조언하는 수준에서만 관여)	• top-down 및 bottom-up 방식 혼재(R&D 예산 부문에 이해관계자들의 부분적 참여)	• 연구공동체로부터 bottom-up 방식으로 결정
연구기관 비중 (research performers)	• 거의 대부분 공공연구기관 중심으로 연구가 이뤄지고, 대학은 부차적임.	• 공공연구기관과 대학의 연구 비중이 비슷함.	• 거의 대부분 대학 중심으로 연구가 이뤄지고, 공공연구기관은 부차적임.
평가 (evaluation)	• 정부위원회에 의해 주기적으로 공공연구기관의 기획 및 성과 평가 중심	• 정부위원회의 공공연구기관 평가 및 경쟁 프로그램에 대한 과학자 공동체의 동료평가(peer review) 병행	• 경쟁 프로그램에 대한 과학자 공동체의 동료평가(peer review) 중심

출처: OECD(2003: 40-43)에서 발췌 및 요약.

그림 13-4 재원 배분 기구(intermediate research funder)의 세 가지 유형

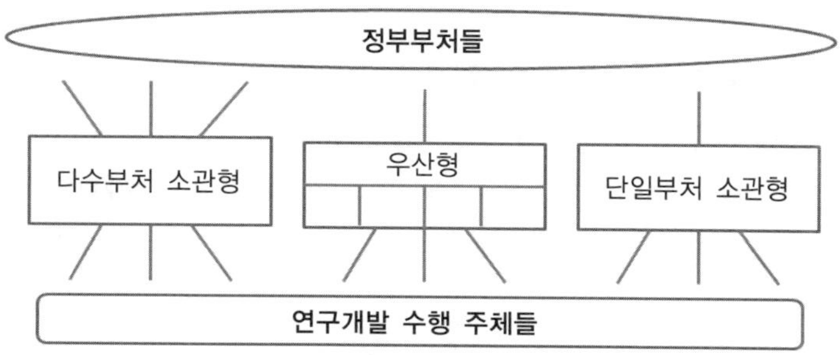

출처: Arnold & Boekholt(2003: 38)에서 인용.

갈등의 문제가 존재한다. 마지막으로 우산형은 그 자체로 복잡한 구조이기 때문에 역시 긴장과 갈등의 요소를 상당히 포함하고 있다. 이들 거버넌스 구조의 유형들이 어떤 시점에서는 부분적으로 잘 작동하지만 외부의 다양한 압력에 의해 주기적으로 수정 혹은 재구조화되어야 한다고 주장한다. 그리고 그 과정에서 연구 영역 간, 정부부처 간 발생하는 긴장과 갈등을 효과적으로 조정하는 문제가 매우 중요하고 어려운 과제라고 설명한다(Arnold & Boekholt, 2003).

한편 김용훈과 오영균(2008)은 아놀드와 뵈크홀트(Arnold & Boekholt, 2003)의 연구를 응용해 우리나라의 맥락에서 정부출연연의 지배 구조를 단일부처 소관형, 우산형, 다수부처 소관형, 단일부처 소관 우산형, 다수부처 소관 우산형 등 다섯 가지로 확대해 구분한 후, 각 유형별 장점과 단점을 제시했다. 김용훈과 오영균의 연구(2008)는 정부출연연 지배 구조에서 중간층 경영관리 기구인 연구회 시스템의 효과성에 대한 분석을 통해 의미 있는 결과를 보여주었다. 특히 정부출연연 지배 구조의 유형에 따라 재원 배분 방식이 달라지며, 이는 곧 출연기관의 자율성과 밀접하게 관련된다는 점을 잘 지적하고 있다.

이들 연구 결과를 종합하면, 공공연구기관의 거버넌스 구조에서 정부통제 구조(ministerial structure)와 자금 지원 방식(funding streams)이 핵심적 요소임을 이해할 수 있다. 정부통제 구조와 자금 지원 방식이 제도적으로 어떻게 설계되었는가에 따라서 연구 우선순위 설정 주체가 달라질 가능성이 높기 때문이다. 이것은 곧 공공연구기관의 연구 우선순위 설정에서 과학자 공동체의 자율성과 정부의 정책적 개입 사이의 긴장과 균형 관계의 양상을 가늠할 수 있는 요소들로 이해할 수 있다.

1) 정부통제 구조

공공연구기관의 효과적 운영을 위한 통제 구조는 정부의 정책 수준(policy level), 연구회 등 경영관리기구의 경영관리 수준(management level), 그리고 연구기관 자체의 집행 수준(operation level) 등으로 구분할 수 있다(OECD, 2003; 김계수·이민형, 2006). 이 연구가 초점을 맞추는 정부통제 구조는 정부의 정책 수준과 연구회 등의 경영관리 수준이다.

먼저 정부통제 구조는 중간층 경영관리기구(연구회)의 설치 여부에 따라서 두 가지, 단일구조 시스템(unitary system)과 이중구조 시스템(dual system)으로 나눌 수 있다. 단일구조 시스템은 정부가 중간층 경영관리기구(연구회)를 두지 않고 연구기관들을 직접 통제하는 시스템을 말한다. 이중구조 시스템은 정부가 중간층 경영관리기구(연구회)를 설치해 연구기관들을 간접 통제하는 시스템을 말한다.[9] 정부가 직접 통제하는 단일구조 시스템이 간접 통제하는 이중구조 시스템보다 정부의 정책적 개입이 용이할 수 있다. 전통적으로 연구회 시스템이 발달되어 있는 독일의 경우, 연구회가 정부로부터 상당한 자율성을 가지고 있는 것으로 평가되어 왔다. 그리고 일반적으로 연구회를 갖춘 이중구조 시스템 하의 연구기관들이 단일구조 시스템 하의 연구기관에 비해 상대적으로 많은 자율성을 가지는 것으로 평가되고 있다(OECD, 2003).

한편 단일구조 시스템이든 이중구조 시스템이든 이것들은 다시 두 가지, 다수부처 분산통제와 소수(통합)부처 집중통제로 세분될 수 있다. 다수부처 분산통제는 여러 부처가 개별적으로 관련 연구 영역의 연구개발 활동을 관할하면서 특정 연구기관들과 밀접한 관계를 형성하면서 분산적으로 통제하는 경우를 말한다. 소수(통합)부처 집중통제는 단일 혹은 소수부처가 국가연구개발 활동 전반에 대해 통합적 관점에서 집중적으로 통제하는 경우를 말한다. 다수부처 분산통제는 OECD가 제시한 유형 중에서 분권형(decentralized system)에 가까운 것이고, 소수부처 집중통제는 집권형(centralized system)에 가까운 것이다. 다수부처 분산통제의 경우, 개별 정부부처들이 특정 연구기관들의 후견부처(tutelary ministries)로서 역할을 하고, 연구기관은 그 보호 아래 안정성과 자율성을 누리는 것으로 나타나고 있다(Boden et al., 2006: 125; Sanz-Menendez & Cruz-Castro, 2003: 1293). 따라서 다수부처 분산통제 구조는 국가연구개발 활동에서 연구 우선순위 설정을 둘러싸고 조정(coordination)의 어려움을 야기하는 경우가 많다. 1980~1990년대에 걸쳐 많은 나라에서 공공연구기관을 통제하는 정부부처를 하나 혹은 둘로 일원화해 소수(통합)부처 집중통제 구조로 제도적 변화를 시도한 것은 이러한 조정의 어려움을 해결하기 위한 것이었다(Boden et al., 2006; OECD, 2003; Sanz-Menendez & Cruz-Castro, 2003; Senker & Balaz et al., 1999). 소수(통합)부처

9) 정부통제 구조를 설명하는 데 단일구조 시스템(unitary system)이라는 개념은 OECD(2003)의 거버넌스 구조 원형에 대한 설명을 바탕으로 이중구조형(duel-system archetype)의 대척점으로 가능하다고 판단해 새롭게 구성한 것이다. 그리고 OECD의 이중구조형은 연방제 국가에서 연방정부, 주정부, 지방정부 각각에 과학기술정책의 결정과 집행 권한들이 분산되어 있기 때문에 집권형과 분권형의 특징이 모두 나타난다는 것을 보여주기 위한 개념으로 사용되었다. 그러나 이러한 논의를 바탕으로 이 연구는 상위층 정부부처의 정책 수준 통제구조와 중간층 경영관리 수준의 통제구조가 공존하는 것을 나타내기 위한 개념으로 전환해 사용했다.

에 의한 집중통제 구조로 전환되는 경우, 정부 통제력이 강화될 가능성이 높아지고, 후견부처들이 사라짐으로써 연구기관들의 안정성과 자율성이 약화될 가능성이 높아진다고 말할 수 있다.

단일구조 시스템(직접통제)과 이중구조 시스템(간접통제), 그리고 다수부처 분산통제와 소수부처 집중통제를 결합하면 모두 네 가지 유형의 정부통제 구조를 도출할 수 있다. 논리적으로 정부통제 구조가 이중구조 시스템(간접통제)이면서 다수부처 분산통제인 경우, 연구 우선순위 설정에서 연구기관이 자율성을 가장 많이 향유할 것으로 추론할 수 있다. 즉, 연구 우선순위 설정에서 연구기관의 연구 현장의 논리에 의해 연구과제가 선정되고 정부가 이를 수용하는 상향식(bottom-up)으로 이뤄질 것이다. 반면 단일구조 시스템(직접통제)이면서 소수부처 집중통제인 경우, 연구 우선순위 설정에서 연구기관이 자율성을 가장 적게 향유할 것으로 추론할 수 있다. 즉, 연구 우선순위 설정에서 정부의 직접 통제와 강력한 조정에 의해 연구 과제가 선정되고 이를 연구기관에 지시하는 하향식(top-down)으로 이뤄질 것이다.

표 13-2 정부출연연의 정부통제 구조(ministerial structure)

정부통제 구조		정부통제의 양상	연구 우선순위 설정
단일구조 시스템 (직접통제)	다수부처 분산통제	• 다수의 개별 부처들이 개별 연구기관에 대한 후견부처로서 직접통제 및 지원(보호) • 개별 부처들의 연구개발 수요 확장 및 정부 전체의 조정 어려움.	• 개별 후견부처의 통제 및 안정적 지원을 바탕으로 연구기관의 연구과제 선택의 자율성 발휘가 어느 정도 가능함. → bottom-up 방식 〉 top-down 방식
	소수부처 집중통제	• 단일 혹은 소수(통합)부처가 모든 연구기관에 대한 직접통제 강화 • 소수부처에 의해 연구개발에 대한 정부의 직접 조정력 강화	• 소수(통합)부처의 강화된 직접 통제 속에서 연구기관의 연구과제 선택의 자율성 발휘가 어려움. → top-down 방식
이중구조 시스템 (간접통제)	다수부처 분산통제	• 연구회 등을 통해 다수의 개별 부처들이 후견부처로서 간접통제 및 지원(보호) • 개별 부처들의 연구개발 수요에 대해 연구회를 통한 조정 노력	• 유사 후견부처의 간접 통제 및 지원 속에서 연구기관의 연구과제 선택의 자율성 발휘가 쉬움. → bottom-up 방식
	소수부처 집중통제	• 단일 혹은 소수(통합)부처가 연구회 등을 통해 간접통제 강화 • 소수부처에 의해 연구회를 통한 정부의 간접 조정력 강화	• 소수 (통합)부처의 간접 통제 속에서 연구기관의 연구과제 선택의 자율성 발휘가 다소 어려움. → top-down 방식 〉 bottom-up 방식

2) 자금 지원 방식

많은 국가에서 공공연구기관에 대한 자금 지원 방식으로 선택하는 것은 크게 두 가지로 구분할 수 있다. 하나는 '기관예산(institutional funding)'으로 연구기관 자체를 대상으로 자금을 지원하는 방식이고, 다른 하나는 '과제예산(project funding)'으로 정부 연구개발사업의 특정 과제를 대상으로 자금을 지원하는 방식이다(OECD, 2003: 27-28). 기관예산은 대체로 장기적 관점에서 공공연구기관의 안정적 운영에 필요한 예산을 매년 정액교부금(block grant) 형태로 지원해 주는 것을 말한다. 일반적으로 기관예산은 공공연구기관들이 자율성을 가지고 연구개발 활동에 사용하는 것으로 평가되고 있다(OECD, 2003: 83). 반면 과제예산은 정부부처 혹은 연구회 등을 통해 특정 프로그램에 공공연구기관들이 경쟁을 통해 연구 과제를 수주해야만 확보할 수 있는 예산을 말한다. 따라서 기관예산은 안정적 성격의 예산으로, 과제예산은 경쟁적 성격을 가지는 예산으로 말할 수 있다(Sanz-Menendez & Cruz-Castro, 2003; 김계수 · 이민형, 2006).

각국의 거의 모든 공공연구기관은 정부로부터 안정적으로 기관예산을 지원받음과 동시에 경쟁적으로 과제예산을 확보하고 있다. 다만 해당 국가의 연구개발 체제의 제도 및 연구기관의 성격에 따라서 기관예산과 과제예산의 비중이 달라지는 것을 알 수 있다(바른과학기술사회 실현을 위한 국민연합, 2008: 20).[10] 많은 국가에서 과거에는 기관예산 비중이 압도적으로 높은 자금 지원 방식을 선택했지만, 1980~1990년대 이후에는 과제예산 비중을 점점 더 높여온 것으로 나타나고 있다(Boden et al., 2006; Sanz-Menendez & Cruz-Castro, 2003; OECD, 2003). 많은 국가가 자금 지원 방식에서 경쟁 논리를 도입해 과제예산 비중을 높여온 이유는 기존 기관예산 방식이 안고 있는 문제점들을 극복하기 위한 것이었다. 이러한 정책적 개입에는 신공공관리(NPM)의 경쟁 논리가 강력하게 작동했다(OECD, 2003; Sanz-Menendez & Cruz-Castro, 2003). 기관예산 방식은 자금 지원이 특정 연구 영역에 고착되어 경직성을 띠게 됨으로써 국가적 우선순위로 새롭게 떠오르는(emerging) 영역 혹은 다학제적(interdisciplinary)

---

10) 독일의 경우 막스플랑크연구회의 기관예산 비중이 82%인 반면, 프라운호퍼연구회의 기관예산 비중은 33%로 큰 차이가 있다. 일본의 경우 역시 이화학연구소(RIKEN)의 기관예산 비중이 95%인 반면, 산업기술총합연구소(AIST)의 기관예산 비중이 70%로 차이를 보이고 있다. 프랑스의 CNRS의 경우 기관예산 비중이 85%에 이른다. 이처럼 각 나라마다, 그리고 각 연구기관마다 기관예산과 경쟁예산의 비율에 차이가 있음을 확인할 수 있다(과실연, 2008: 20).

영역에 대해 효과적인 대응을 하기 어려웠다는 비판적 평가가 많았다. 과제예산 방식은 이러한 자금 지원의 경직성을 극복할 수 있는 장점을 가지고 있다. 그러나 동시에 과제예산 방식은 과학자 공동체의 연구 자율성을 침해하고 지적 호기심에 근거한 연구 동기를 약화시킴으로써 장기적으로 과학자 공동체의 건강성을 약화시키는 역효과를 가지고 있다고 비판되기도 했다(OECD, 2003).

이처럼 자금 지원 방식은 공공연구기관이 연구 우선순위를 설정하는 자율성 수준을 가늠할 수 있는 중요한 변수로 이해할 수 있다. 만일 공공연구기관이 연구개발 활동에 필요한 기관예산을 충분히 받는 경우, 원하는 연구 과제를 선택할 자율성이 그만큼 높다고 말할 수 있다. 일반적으로 기관예산은 일괄계약연구 체제(package deal contract research) 형식으로 정액교부금(출연금)을 지원받기 때문에 연구기관의 예산 운영의 자율성이 보장되고, 연구 과제 선택의 자율성이 높아지기 때문이다(Senker & Balaz et al., 1999: 10). 이 경우 연구 우선순위 설정은 상향식(bottom-up)으로 이뤄질 것이다. 반면 특정 프로그램에 경쟁적으로 응모해 채택된 연구과제에 한해 자금지원을 받는 경우, 기관 운영 및 연구과제 선택의 자율성이 그만큼 낮다고 말할 수 있다. 과제예산의 비중이 높으면, 연구기관 운영에 불안정성을 야기하고, 그에 따라 기관 운영의 자율성이 줄어들 것이기 때문이다. 사실 경쟁적으로 응모해 채택된 과제에 한해 연구자금을 지원받는다는 것은 이미 연구 과제에 대한 선택권이 연구기관에게 주어져 있지 않다는 것을 말한다. 즉, 이것은 연구 우선순위 설정이 이미 하향식(top-down)이라는 것을 의미한다.

표 13-3 정부출연연의 자금 지원 방식(funding streams)

자금 지원 방식	자금 지원의 양상	연구 우선순위 설정
안정예산 (기관예산 〉 과제예산)	• 장기적 차원에서 연구기관에 안정적인 자금 지원 → 기관예산의 비중이 높음. • 공공연구기관의 지원 자금 활용의 자율성 높음.	• 정부부처의 연구과제 선택의 지배력이 상대적으로 낮고, 공공연구기관의 연구과제 선택의 자율성이 상대적으로 높음. → bottom-up 방식
경쟁예산 (기관예산 〉 과제예산)	• 경쟁 원리 속에서 정부의 연구 프로그램에 채택된 과제에 자금 지원 → 과제예산의 비중이 높음. • 공공연구기관의 지원 자금 활용의 자율성 낮음.	• 정부부처의 연구과제 선택의 지배력이 상대적으로 높고, 공공연구기관의 연구과제 선택의 자율성이 상대적으로 낮음. → top-down 방식

2 정부출연연의 거버넌스 구조 분석을 위한 프레임

〈표 13-2〉의 정부통제 구조와 〈표 13-3〉의 자금 지원 방식 유형을 결합하면, [그림 13-5]와 같이 개념적으로 공공연구기관 거버넌스 구조를 여덟 가지 유형으로 구분할 수 있다. 각각의 유형들은 공공연구기관의 연구 우선순위 설정, 즉 연구 과제 선택의 자율성에서 과학자 공동체의 자율성과 정부의 정책 개입 정도에서 상이할 것으로 예상된다.

그림 13-5 정부출연연의 거버넌스 구조와 연구 우선순위 설정

<table>
<tr><th colspan="2" rowspan="3">구분</th><th colspan="4">정부통제 구조</th></tr>
<tr><th colspan="2">단일구조 시스템
(직접 통제)</th><th colspan="2">이중구조 시스템
(간접 통제)</th></tr>
<tr><th>다수부처
분산통제</th><th>소수부처
집중통제</th><th>다수부처
분산통제</th><th>소수부처
집중통제</th></tr>
<tr><td rowspan="2">자금
지원
방식</td><td>안정예산
(기관예산 > 과제예산)</td><td>Type Ⅰ
연구 자율 ++++
정책 개입 ++</td><td>Type Ⅱ
연구 자율 +++
정책 개입 +++</td><td>Type Ⅲ
연구 자율 +++++
정책 개입 +</td><td>Type Ⅳ
연구 자율 +++
정책 개입 +++</td></tr>
<tr><td>경쟁예산
(과제예산 > 기관예산)</td><td>Type Ⅴ
연구 자율 +++
정책 개입 +++</td><td>Type Ⅵ
연구 자율 +
정책 개입 +++++</td><td>Type Ⅶ
연구 자율 +++
정책 개입 +++</td><td>Type Ⅷ
연구 자율 ++
정책 개입 ++++</td></tr>
</table>

주1) 연구자율과 정책 개입 정도를 표현하는 각 기호들은 모두 5단계로 구분했음.
(+++++: 매우 높음, ++++: 높음, +++: 중간, ++: 낮음, +: 매우 낮음)
주2) 각 유형들의 연구자율과 정책 개입 정도는 비교의 관점에서 절대적인 값이 아니라 상대적인 값의 차이를 의미함.

[그림 13-5]에서 Type Ⅲ의 경우, 공공연구기관들에 대해 연구회를 통한 간접통제가 이뤄지는 이중구조 시스템 하에서 다수부처에 의한 분산통제가 이뤄지고 있고, 자금 지원 방식에서 안정적인 기관예산 비중이 높기 때문에 연구 우선순위 설정에서 공공연구기관들이 자율성을 향유할 가능성이 높다고 볼 수 있다. 즉, 상대적인 의미에서 다른 유형에 비해 공공연구기관의 연구 자율성이 가장 높고, 정부의 정책개입 정도가

가장 낮다고 할 수 있다. 반면 Type VI의 경우, 공공연구기관들에 대한 정부의 직접통제가 이뤄지는 단일구조 시스템 하에서 소수부처에 의한 집중통제가 이뤄지고 있고, 자금 지원 방식에서 경쟁적인 과제예산 비중이 높기 때문에 연구 우선순위 설정에서 공공연구기관들이 자율성을 향유할 가능성이 낮다고 할 수 있다. 즉, 상대적인 의미에서 다른 유형에 비해 공공연구기관의 연구 자율성이 가장 낮고, 정부의 정책 개입 정도가 가장 높다고 할 수 있다.

제 4 절 우리나라 정부출연연의 거버넌스 구조의 제도적 변화

1 공공연구기관 거버넌스 구조의 새로운 실험: KIST 설립(1966)

우리 나라의 공공연구 시스템은 과학기술 역량이 매우 취약한 조건 속에서 단기간에 경제 성장을 달성하기 위해 정부 주도로 만들어지고 발전해 왔다(조현대 외, 2007; 2008). 1960년대 들어 경제 성장을 위해 정부는 과학기술정책을 추진하기 위한 조직과 정책을 만들기 시작했다.[11] 이 시기 과학기술정책의 핵심은 어떻게 선진국의 앞선 과학기술을 흡수해 민간의 산업·기술 활동을 지원할 것인가에 모아졌다. 자연스럽게 이 기능을 전담할 연구기관이 필요했고, 당시 일천한 수준에 머물러 있던 국공립연구기관과는 전혀 새로운 형태의 종합연구기관 설립을 추진했다(한국과학기술연구원, 1998; 조현대 외, 2007).[12]

정부는 미국 정부 및 연구기관의 자금 원조와 기술 지원을 받아 1966년 2월 새로운

11) 1961년 7월 과학기술을 전담하는 행정기구로 경제기획원 내에 '기술관리국'을 설치했고, 1964년 2월 정책기구로서 '경제과학심의회'를 설치했다. 한편 1962년 '제1차 과학기술진흥 5개년계획'(1962~1966)을 수립했다(한국과학기술연구원, 1998: 92).

12) 물론 1960년대 이전에도 몇몇 국공립연구기관이 있었지만 많은 제약 조건 때문에 그 기능을 발휘하지 못했다. 당시 국공립연구기관들은 규모가 작고, 연구개발 능력이 취약해 주로 시험, 검정, 조사 업무를 주로 수행했다. 특히 국공립연구기관의 연구원들은 공무원 신분으로 공무원법의 적용을 받았기 때문에 우수 연구원 채용이 원천적으로 불가능했고, 각종 법령, 규정, 관행에 의해 관리되어 자율적인 연구 수행이 어려웠다. 따라서 정부는 기존 국공립연구기관들을 재구조화하기보다는 연구 역량과 자율성을 갖춘 새로운 종합적 연구기관의 설립을 추진했다(한국과학기술연구원, 1998; 조현대 외, 2007).

종합연구기관으로 한국과학기술연구소(KIST)를 설립했다. 설립 당시 KIST는 공공연구기관의 거버넌스 구조 차원에서 볼 때, 기존 국공립연구기관들과는 매우 큰 차별성을 가진 획기적인 것이었다. KIST의 설립 과정에 우리 정부뿐만 아니라 미국의 과학기술고문단(Hornig 조사단), 국제개발처(USAID), 바텔기념연구소(Battelle Memorial Institute) 등이 참여했고, 이들의 의견이 상당 부분 반영되었다.[13] 즉, KIST의 거버넌스 구조의 설계자로서 미국 정부 및 연구기관이 참여했다. 이들은 KIST의 거버넌스 구조를 설계할 때, 선진국의 유수한 연구기관들을 모델로 삼아 그 기관들의 장점을 살리면서 기존 국공립연구기관들이 안고 있는 문제점을 원천적으로 해소시킬 수 있도록 설계했다.[14] 결국 KIST는 정부의 영향력을 받지 않기 위해 비영리 재단법인 형태의 계약연구기관으로 출범했다.

KIST의 거버넌스 구조의 핵심은 연구자에게는 연구 자율성을 부여하고, 연구소에는 재정적 안정성을 보장하는 것이었다. 첫째, 연구자의 연구 자율성을 위해 전문지식과 풍부한 경험을 가진 유능한 인재가 자유로운 연구 분위기에서 새로운 것을 탐구하고 창조하도록 보장했다. 연구자의 연구 자율성은 미국의 과학기술고문단(Hornig 조사단)의 보고서, 바텔기념연구소의 보고서, 그리고 '한・미 공동지원 사업계획 협정서'에서 모두 강조된 사항이었다(KIST, 1998). 실제 유능한 연구 인력을 충원하기 위해서는 해외에서 활동 중인 한국인 과학기술자들을 유치해야 했고, 이들을 유치하기 위해서는 연구 자율성을 부여하지 않으면 안 되었다(염재호, 1994: 114-117). 이러한 맥락에서 흥미로운 것은 KIST에 대한 통제를 담당하는 정부부처가 모호했다는 것이다. KIST의 설립 과정에서 한국 정부를 대표해서 경제기획원이 실무를 담당했지만, KIST가 설립된 이후에는 KIST의 자율성이 철저하게 보장되었다.[15]

---

13) KIST의 설립은 1965~1966년 한국 박정희 대통령과 미국 존슨 대통령의 두 차례에 걸친 정상회담을 통해 이뤄졌다. 미국 존슨 대통령은 1965년 7월 자신의 과학기술 특별고문(Donald F. Hornig)을 중심으로 조사단을 파견해 한국 정부의 종합연구기관 설립을 지원하도록 했다. 미국의 국제개발처(USAID)가 미국의 바텔기념연구소에 연구 용역을 맡겼고, 그 조사보고서를 바탕으로 한국과 미국 정부는 '한국과학기술연구소의 설립 및 운영에 관한 한・미 공동지원사업계획협정서'에 조인했다(한국과학기술연구원, 1998: 94-98).

14) 벤치마킹의 대상은 미국의 바텔기념연구소를 중심으로 하여 캐나다의 NRC(National Research Council), 독일의 막스플랑크연구회, 일본의 이화학연구소, 호주의 CSIRO(Commonwealth Scientific and Industrial Research Organization) 등이 주요한 대상이었다(KIST, 1998: 100-101).

15) 이것이 가능했던 것은 당시 KIST의 초대 소장으로 부임한 최형섭 박사가 박정희 대통령의 절대적 신뢰와 지원을 바탕으로 정부의 영향력을 최소화하면서 연구소를 자율적으로 운영했기 때문이다. 당시

둘째, 연구소의 재정적 안정성을 위해 연구소가 정상 궤도로 운영되기까지 정부가 장기적인 투자, 즉 출연금을 지원하도록 했다. 정부의 재정적 지원에도 불구하고 연구 자율성을 확보할 수 있었던 것은 '한국과학기술연구소육성법' 개정(법률 제1917호)을 통해 연구 사업계획에 대해 정부부처 주무 장관의 승인을 받는 것이 아니라 보고만 하면 되었기 때문이다.[16] 연구사업계획을 보고만 하면 되었다는 것은 연구 과제 선정에서 자율성을 가졌다는 것을 의미하고, 재정 지원에 따른 통제를 받지 않았다는 것을 말한다. 그리고 KIST의 모든 연구개발 활동은 연구실 단위로 독립적으로 이뤄졌고, 일괄계약 연구(package deal contract research) 체제라는 방식으로 운영되었다. 일괄계약 연구 체제는 KIST가 매년 여러 분야의 연구계획서를 작성해 패키지로 제출하면 정부 예산에 반영되어 연구비를 한꺼번에 제공받는 방식이었다. 이것은 전형적인 기관예산의 자금 지원 방식으로 KIST 연구자의 연구 자율성을 보장하는 데 큰 도움이 되었다. 한편 KIST는 정부로부터 안정적으로 출연금을 지원받음과 동시에 기업의 산업기술 지원을 위한 수탁연구계약을 확대함으로써 재정적 안정성을 더욱 확대했다(염재호, 1994; 한국과학기술연구원, 1998).

전반적으로 정부는 KIST 설립을 주도하고 자금을 지원했으면서도 선진국 기술 흡수와 민간의 산업·기술 활동 지원이라는 사회적 책무의 충족을 요구했을 뿐 구체적으로 연구소의 운영에 개입하지 않음으로써 연구 자율성을 보장했다(천병두, 1981: 226-227). 이처럼 철저하게 과학자들의 연구 자율성을 보장한 상태에서 KIST는 성공적으로 운영되었다는 평가를 받았다(과학기술부, 2008: 211-212). 최초의 정부출연연으로서 KIST가 형성한 과학자 공동체의 자율성에 기반한 거버넌스 구조는 우리나라

최형섭 소장은 연구소의 자율성을 위해 예산의 자율성을 확보하는 것과 해외로부터 유치한 유능한 연구원들의 신분을 보장하는 것에 대해 박정희 대통령의 전폭적인 지원을 받았다(염재호, 1994: 114-115). 실제 박정희 대통령은 자신의 사재를 기부함으로써 KIST의 설립자로 등록했고, KIST 건설공사 당시 한 달에 한두 번 이상씩 직접 건설 현장에 방문해 공사를 독려했다는 점에서 얼마나 많은 관심을 가지고 있었는지 알 수 있다(염재호, 1994; 한국과학기술연구원, 1998: 98).

16) 처음 '한국과학기술연구소육성법'(법률 제1857호, 1966년 12월 27일) 제정 당시에는 정부부처가 연구 사업계획에 대한 승인권과 회계감사권을 가지는 것으로 규정되었다. 그러나 정부의 승인권은 연구 자율성을 침해할 수 있다는 우려를 불러일으켰고, KIST의 적극적인 노력에 의해 법이 시행도 되기 전 3개월 만에 1967년 3월 30일에 해당 법을 개정(법률 제1917호)해 정부부처의 연구 사업계획 승인권과 회계감사권을 폐지했다(법제처 국가법령정보센터(http://www.law.go.kr); 한국과학기술연구원, 1998: 101). 이 역시 당시 KIST의 초대 소장이었던 최형섭 박사가 박정희 대통령을 설득해 이뤄낸 결과였다(염재호, 1994).

공공연구기관의 거버넌스 구조의 새로운 제도적 실험으로 평가할 수 있다. KIST의 거버넌스 구조 속에는 정부 주도에 의해 설립되었다는 태생적 특성으로 인해 정부의 정책적 개입의 가능성이 상존했지만, 연구자의 연구 자율성을 보장해야 한다는 과학자 공동체의 규범이 매우 높은 수준에서 지켜지고 있었다.

2 실험의 성공과 거버넌스 구조의 원형 형성: 정부출연연 설립 확대(1970년대)

정부는 1960년대의 제1, 2차 경제개발계획의 성공을 바탕으로 1970년대 들어 중화학공업을 집중적으로 육성하는 정책을 채택했다. 중화학공업 육성정책을 성공적으로 이끌기 위해서는 국가전략산업으로 선정한 중화학공업 분야에 필요한 전문기술과 전문인력의 부족 문제를 해결해야만 했다. 이에 국가전략산업 분야별로 전문연구기관 및 인력양성기관을 설립할 수 있는 제도적 기반으로 '특정연구기관육성법'(법률 제2671호, 1973년 12월 31일)을 제정했다. 정부가 '특정연구기관육성법'을 제정해 전문연구기관(정부출연연) 설립을 확대하는 전략을 선택하게 된 근저에는 최초의 정부출연연이었던 KIST의 성공적 운영 경험이 바탕에 깔려 있었다. 정부는 KIST의 성공 경험 속에서 "정부가 재정 지원은 하되 연구 활동의 자율성을 보장한다"는 원칙에 대한 공감대가 형성되었고, 이러한 공감대는 '특정연구기관육성법'의 입법 취지에 녹아들어 있었다(과학기술부, 2008: 71). '특정연구기관육성법'의 제정에 따라 전략산업 분야와 연계된 각 정부 부처들이 주도해 정부출연연들을 설립하기 시작했다. 흥미로운 것은 정부부처가 강력한 통제를 행사하고 있던 일부 국공립연구소들이 독립적 성격을 갖는 비영리재단인 정부출연연 형태로 전환되기도 했다는 것이다.

1970년대 들어 개별 정부부처들의 주도로 많은 정부출연연들이 설립되었고, 정부부처들은 소관 정부출연연에 대해 직접적 연계를 통해 후견부처로서 통제하고 지원하는 구조를 형성하기 시작했다. 1980년 10월 기준으로 정부출연연은 모두 19개 기관에 달했고, 과학기술처(7개), 상공부(4개), 동력자원부(3개), 전매청(2개), 공업진흥청(1개), 체신부(1개), 국방부(1개) 등 다수 부처들과 개별적으로 연계 구조를 형성하고 있었다(조현대 외, 2007: 272). 따라서 이 시기 정부출연연에 대한 정부통제 구조는 단일구조 시스템(직접 통제) 하에서 다수부처 분산통제 구조가 자리를 잡았다는 것을 알 수 있다.

표 13-4 1970년대 정부출연연의 설립 추이

설립 연도	정부출연연구기관	주무부처	비고
1970	국방과학연구소	국방부	
1971	한국과학원	과학기술처	
1973	한국원자력연구소	과학기술처	원자력청 산하 3개 국공립연구소 통합/전환
	KIST 부설 해양개발연구소	과학기술처	
1975	한국표준연구소	공업진흥청	
1976	자원개발연구소	동력자원부	국공립연구소의 민간재단법인 전환
	한국화학연구소	상공부	
	한국선박연구소	상공부	KIST 부설 선박연구소 독립
	한국핵연료개발공단	과학기술처	
	한국전자기술연구소	상공부	KIST 부설 전자기술연구소 독립
	한국기계금속시험연구소	상공부	
	한국전기기기시험연구소	동력자원부	
1977	한국과학재단	과학기술처	
	한국통신기술연구소	체신부	
1978	고려인삼연구소	전매청	
	한국연초연구소	전매청	
1980	한국종합에너지연구소	동력자원부	1977년 동력자원부 한국열관리시험연구소와 1978년 KIST 부설 태양에너지연구소 통합

주: KIST(1966) 및 한국과학기술정보센터(1967년) 제외.
출처: 조현대 외(2007) 및 과학기술부(2008) 종합.

한편 자금 지원 방식은 KIST 자금 지원 방식을 모델로 삼았다. KIST와 마찬가지로 연구 사업계획서와 예산안을 정부 부처 주무장관의 '승인'을 받지 않고 '보고'하도록 했다('특정연구기관육성법' 제5조 사업계획서).[17] 정부부처들은 소관 연구기관이 보고한 사업계획과 예산안의 타당성을 평가하고 출연금 예산을 확정해 자기 부처의 예산안에 반영했다. 따라서 이 시기 자금 지원 방식은 한마디로 안정적으로 기관예산을 지원하는 방식이었다.

17) 또한 동법 시행령에 따르면 연구기관에 의해 사업계획을 변경하더라도 승인을 받지 않고 보고만 하도록 했다. 다만 "사업계획 또는 예산안이 타당하지 아니하다고 인정할 때에는 그 조정을 명할 수 있다"고 규정함으로써 주무부처 장관의 통제 가능성을 열어놓고 있었다('특정연구기관육성법시행령'(대통령령 제7178호, 1974년 6월 13일 제정) 제10조 사업계획의 변경). 그러나 전반적으로 사업계획과 예산안 작성에서 연구기관의 자율성을 보장했다고 평가할 수 있다(과학기술부, 2008).

전반적으로 1970년대 정부출연연의 거버넌스 구조는 Type I 유형에 해당한다고 볼 수 있다. 즉, 정부통제 구조의 경우 단일구조 시스템(직접 통제) 하에서 다수부처 분산 통제 구조였고, 자금 지원 방식은 안정적인 기관예산 방식이었다. 즉, KIST의 성공적 운영으로 그 거버넌스 구조가 모델 역할을 했던 것이다. 하지만 1970년대에 형성된 이러한 다수부처 분산통제 구조로 인해 연구개발 활동에 대한 정부부처 간 조정의 어려움과 정부출연연 사이의 연구 중복성에 따른 비효율성 문제가 부각되었다. 정부는 이러한 문제점을 해결하기 위해 1980년대 초 정부출연연 통폐합 등 거버넌스 구조의 제도적 변화를 단행했다.

3 거버넌스 구조의 원형 수정: 정부출연연 통폐합 구조조정(1980년대)

정부는 1980년 연구개발 활동의 정부부처 간 조정의 어려움을 해결하기 위해 인위적으로 정부출연연을 통폐합하고, 여러 부처로 분산되어 있던 통제구조를 과학기술처 단일 부처로 일원화하는 제도적 변화를 단행했다. 1970년대에 걸쳐서 많은 정부출연연들이 설립되고 국가 연구개발 역량이 정부출연연에 집중되는 상태에서 정부출연연의 효율적 활용이라는 문제가 부각되었다. 즉, 정부출연연의 연구개발 체제를 정부 정책적 수요에 더욱 부합하도록 재정비할 필요가 있다는 목소리가 높아졌다(한국과학기술연구원, 1998: 134). 과학기술처가 작성한 '정부출연연구기관 통합(안)'에 따르면 당시 정부출연연의 연구개발 체제의 문제점을 다음과 같이 지적하고 있다(한국과학기술연구원, 1998: 134에서 재인용).

① 전체 연구 인력 및 시설, 투자에 비해 단위 연구기관 수의 과다로 투자 효율 저하
② 단위 기관 관리직의 비대로 인한 능률 저하, 관리 경비의 과다, 연구직의 관료화 폐단
③ 불필요한 중복 연구와 연구 수탁 또는 예산 획득의 과당 경쟁 현상 초래
④ 주무부처의 다원화와 연구기관 간 협조 부족으로 인한 연구 인력 및 기술정보의 교류 부진, 시설의 공동 활용 곤란으로 말미암은 국가 전체 연구 효율 저하 및

연구 결과의 활용 부실

⑤ 전체 연구개발 사업에 대한 종합 조정 관리(과제 선정, 투자 배분, 연구 결과의 평가 및 활용 등) 미비로 인한 연구 투자 효율화 곤란

이러한 지적은 당시 정부출연연의 운영 및 성과에 대한 정부의 부정적 인식을 보여주는 것이다. 정부는 정부출연연이 안고 있는 이러한 문제점을 해결하기 위해 1980년 11월 '연구개발 체제 정비와 운영 개선 방안'에 의거해 16개 연구기관을 9개 연구기관으로 통합하고, 각 연구기관들을 종합연구기관, 국책연구기관, 산업기술연구기관 등 세 가지로 기능으로 조정했다. 그리고 주무부처를 과학기술처로 일원화함으로써 소수부처 집중통제 구조로 전환했다(한국과학기술연구원, 1998; 조현대 외, 2007: 273).

한편 자금 지원 방식의 경우 안정적인 기관예산의 기본 틀은 유지되었으나 구체적인 운영에서 상당한 변화가 나타났다. 정부는 '특정연구기관육성법' 개정(법률 제3404호, 1981년 3월 30일)을 통해 통합된 정부출연연의 연구 우선순위 설정에 대한 통제를 강화했다. 첫째, 정부출연연의 연구 사업계획에 대한 주무부처(과학기술처)의 '승인권'을 신설했다. 즉, 연구 사업계획에 대해 주무부처 장관에게 '보고'만 하던 것에서 주무부처(과학기술처) 장관의 '승인'을 받도록 했다(개정 법률 제5조 사업계획서 등의 승인). 둘째, 사업계획에 대한 '승인'뿐만 아니라 연구계획서와 연구보고서를 추가로 제출해 '심의' 및 '평가'를 받아야 하는 의무 역시 부과했다(개정 법률 제5조의2 연구계획서 및 연구보고서등의 제출). 셋째, 정부출연연은 연구사업의 효율적 수행을 위해 연구방법, 연구 내용, 연구비 지급 기준, 연구보고서 제출 등에 관해 협약을 체결하도록 했다(개정 법률 제8조의3 연구협약의 체결). 이러한 연구 사업계획 운영에 대한 제도 변화는 정부출연연에 대한 정책적 개입을 용이하게 하는 것으로 결국 정부통제의 강화를 의미하는 것이다. 1970년대에는 연구기관의 자율적 운영에 맡겨두었던 연구 방법, 연구 내용, 연구비 지급 기준 등에 대해 정부가 구체적으로 개입함으로써 연구기관의 자율성을 크게 축소시키는 결과를 가져왔다.

1980년의 거버넌스 구조의 제도적 변화를 요약하면, 정부통제 구조는 단일구조 시스템 하 다수부처 분산통제 구조에서 소수부처 집중통제 구조로 전환되었고, 자금 지원 방식은 안정적인 기관예산의 기본 틀이 유지되었지만 정부의 정책 개입이 강화되었다. 따라서 1980년대 정부출연연의 거버넌스 구조는 Type II 유형으로 전환되었다고

표 13-5 정부출연연 통폐합 및 기능 조정 결과(1981년)

<table>
<tr><th colspan="2">통폐합 이전</th><th colspan="3">통폐합 이후</th></tr>
<tr><th>정부출연연구기관</th><th>주무부처</th><th>정부출연연구기관</th><th>기능</th><th>주무부처</th></tr>
<tr><td>한국과학기술연구소(KIST)</td><td rowspan="3">과학기술처</td><td rowspan="3">한국과학기술원(KAIST)
*부설 해양개발연구소</td><td rowspan="3">종합연구</td><td rowspan="16">과학기술처</td></tr>
<tr><td>KIST 부설 해양개발연구소</td></tr>
<tr><td>한국과학원</td></tr>
<tr><td>한국원자력연구소</td><td rowspan="2">과학기술처</td><td rowspan="2">한국에너지연구소</td><td rowspan="5">국책연구</td></tr>
<tr><td>한국핵연료개발공단</td></tr>
<tr><td>자원개발연구소</td><td rowspan="2">동력자원부</td><td rowspan="2">한국동력자원연구소</td></tr>
<tr><td>한국종합에너지연구소</td></tr>
<tr><td>한국표준연구소</td><td>공업진흥청</td><td>한국표준연구소</td></tr>
<tr><td>한국기계금속시험연구소</td><td>상공부</td><td rowspan="2">한국기계연구소</td><td rowspan="8">산업기술연구</td></tr>
<tr><td>한국선박연구소</td><td>상공부</td></tr>
<tr><td>한국전자기술연구소</td><td>상공부</td><td>한국전자기술연구소</td></tr>
<tr><td>한국전기기기시험연구소</td><td>동력자원부</td><td rowspan="2">한국전기통신연구소</td></tr>
<tr><td>한국통신기술연구소</td><td>체신부</td></tr>
<tr><td>한국화학연구소</td><td>상공부</td><td>한국화학연구소</td></tr>
<tr><td>고려인삼연구소</td><td rowspan="2">전매청</td><td rowspan="2">고려인삼연초연구소</td></tr>
<tr><td>한국연초연구소</td></tr>
</table>

주: 국방과학연구소, 한국과학재단, 한국과학기술정보센터는 통합에서 제외.
출처: 한국과학기술연구원(1998: 136) 및 조현대 외(2007: 273)에서 종합.

볼 수 있다.

4 거버넌스 구조의 새로운 원형 형성: 급진적 제도 변화(1990년대)

정부출연연에 대한 1980년의 대규모 통폐합에도 불구하고, 1980년대 중반 이후 새로운 과학기술 분야의 등장에 따라 연구개발 수요가 지속적으로 확대되었다. 이러한 연구개발 수요의 확대는 정부출연연의 재분리 혹은 새로운 정부출연연 설립으로 이어짐으로써 다시 정부출연연이 양적으로 확대되었다. 정부출연연이 양적으로 확대되면서 정부통제 구조에도 점진적인 변화가 나타났다. 이것은 인위적 변화가 아니라 연구기관의 연구개발 활동의 내적 논리와 정부부처들이 과학기술 수요에 대응하는 과정에서 자연스럽게 나타난 점진적 변화였다. 즉, 정책적 개입으로 만들어진 소수부처 집중통제 구조에서 다시 다수부처 분산통제 구조로 점진적인 변화가 나타났다.[18] 한편 1990년대에 들어 대학과 민간기업연구소의 연구 역량이 강화되면서 정부출연연이 국가 연구개발 체제에서 차지했던 독점적 위상이 약화되기 시작했다. 더군다나 정부출연연의 연구 효율성에 대한 비판적 시각이 다시 부각되기 시작했다. 이처럼 정부출연연의 연구 영역 확대와 자금 지원 규모가 팽창하는 한편, 정부출연연의 연구 효율성에 대한 비판적 시각이 부각되면서 정부는 자금 지원 방식과 정부통제 구조에 대해 급격한 제도적 변화를 단행했다.

첫째, 1996년 정부는 일부 정부출연연을 제외하고 거의 모든 정부출연연의 자금 지원 방식으로 '연구과제 중심 운영 체제(Project Based System: PBS)'를 도입했다. PBS 제도의 도입 배경에는 정부출연연의 낮은 연구 성과와 운영의 비효율성에 대한 비판적 목소리가 높았기 때문이다. 정부는 연구개발 예산과 연구개발 활동의 흐름을 연계시켜 연구자들을 유인함으로써 예산 효율성과 연구개발사업의 성과를 향상시키고자 했다(김계수 · 이민형, 2005: 45-46). PBS 제도의 도입은 한마디로 정부출연연에 대한 자금 지원 방식이 안정적인 기관예산에서 경쟁적인 과제예산으로 전환된 것을 의미했다. 이는 곧 연구기관의 인건비, 관리비 등 경상적 비용을 연구과제 수주를 통해서 충당해야 하는 비율이 높아졌다는 것을 말한다.[19] 프로젝트 수주 경쟁에서 뒤처지는 정부출연연은 경상경비 축소 및 조직 축소 등을 겪을 수 있고, 따라서 연구원 신분에

18) 정부출연연 설립이 과학기술 분야별로 다양하게 전개되면서 다시 정부출연연들이 개별 정부부처 업무수요에 부응하는 체제가 자연스럽게 형성되었다. 1996년 말 기준으로 과학기술처 산하 21개 기관(8개 부설기관 포함), 통상산업부 4개, 정보통신부 2개, 건설교통부 1개, 농림수산부 1개, 재정경제원 1개, 해양부 1개 등으로 정부출연연의 정부통제 구조가 소수부처 집중통제에서 다수부처 분산통제로 점진적인 변화가 나타났다(과학기술부, 2008: 212).

19) 실제 PBS 제도의 도입은 정부출연연의 인건비 충당 비중에 상당한 변화를 가져왔다. PBS 제도 도입 직전인 1995년의 인건비 충당 비중은 정부출연금 51.7%, 정부수탁사업비 26.1%, 민간수탁사업비 10.3%, 기타 11.9%였다. 그러나 PBS 제도 도입 이후인 2000년에는 정부출연금 28.6%, 정부수탁사업비 43.1%, 민간수탁사업비 15.2%, 기타 13.1%로 변화되었다. 즉, 안정적 기관예산인 정부출연금의 비중은 크게 감소하고, 경쟁적 과제예산인 수탁사업비는 크게 증가하는 결과를 가져왔다(김계수 · 이민형, 2005: 60).

대한 불안감이 높아지게 되었다. PBS 제도 도입의 애초 목적과는 달리 연구 내용과 성과에 관심을 기울이기보다는 기관 운영을 위한 예산 확보를 위해 경쟁적으로 프로젝트 수주 활동에 많은 시간을 할애할 수밖에 없고, 그로 인해 안정적인 창의적 연구가 어렵다는 불만이 정부출연연 연구자들 사이에 누적되었다. 또한 프로젝트 수주 활동과 관련해 연구기관 간, 연구자 간 경쟁이 심화되어 과학자 공동체 내부의 협력과 지식 공유 활동이 약화되었다는 비판이 높아갔다(김계수·이민형, 2005: 79-81). 이러한 일련의 부정적 반응들은 자금 지원 방식에서 나타난 안정적 기관예산에서 경쟁적 과제예산으로의 제도적 변화가 연구 자율성을 약화시키고, 반대로 정부의 정책 개입 정도는 강화시켰다는 인식에 기반한 것이다.

둘째, 1999년 정부는 중간층 경영관리기구로서 '연구회' 시스템을 도입해 정부출연연에 대한 정부통제 구조에서 매우 큰 제도적 변화를 단행했다. 정부는 '정부출연연법'(법률 제5733호, 1999년 1월 29일) 제정을 통해 정부출연연 감독기관을 국무총리로 격상시켜 일원화하고, 국무총리 아래에 3개 연구회(기초기술연구회, 공공기술연구회, 산업기술연구회)를 새롭게 설치해 정부출연연의 경영관리에 대한 책임을 부여했다(조현대 외, 2007: 291).[20] 정부가 중간층 경영관리기구로서 연구회 시스템을 도입함으로써 정부통제 구조는 1966년 KIST 설립 이래 30여 년간 유지되었던 단일구조 시스템(unitary system)에서 이중구조 시스템(duel system)으로 전환되었다. 그리고 1980년대 중반 이후 점진적으로 형성되었던 다수부처들의 분산통제 구조를 국무총리에 의한 집중통제 구조로 재정립했다. 정부가 연구회 시스템을 도입하고 국무총리에 의한 집중통제 구조로 재정립한 것은 대규모로 확대된 정부출연연의 연구 영역에 대한 조정의 전문성을 강화하기 위한 것이었다. 즉, 감독기관을 국무총리 수준으로 격상하고 일원화함으로써 조정력을 강화하고, 연구회 시스템을 통해 조정의 전문성을 확보하기 위한 의도였다(김계수·이민형, 2003: 132).

이러한 거버넌스 구조의 급진적 제도 변화는 정부의 통제력을 강화하는 결과를 가져왔다. 특히 정부는 정부출연연의 연구 과제 및 우선순위, 소요 예산에 대한 가이드라인을 설정하는 권한을 명시적으로 부여했다('정부출연연법' 제13조 예산 및 사업계획

20) 이때 한국과학기술원(KAIST), 광주과학기술원, 한국원자력연구소, 한국원자력안전기술원, 원자력병원, 한국과학재단, 한국과학기술평가원 등 8개 연구기관은 과학기술부 산하에 존속시키고, 나머지 21개 연구기관을 3개 연구회에 배치했다(과학기술부, 2008: 213).

의 승인).[21] 이것은 정부출연연이 연구할 가치가 있는 연구 과제를 정부가 판단해 선정할 수 있는 권한을 명시적으로 부여했다는 것을 의미한다. 그만큼 정부출연연의 연구개발 활동에 대한 정부 통제력이 강화된 것이다. 결국 1996년과 1999년에 이뤄진 두 가지 제도적 변화를 종합하면, 자금 지원 방식은 경쟁적 과제예산으로, 정부통제 구조는 이중구조 시스템의 소수부처 집중통제 구조로 전환했음을 확인할 수 있다. 따라서 이 시기는 Type VIII 유형에 해당한다고 볼 수 있다. 그리고 이러한 제도적 변화는 1966년 KIST를 설립하면서 형성되어 30년간 유지되었던 거버넌스 구조의 원형(archetype)이 새로운 것으로 바뀌었음을 의미하는 것이기도 하다.

5 거버넌스 구조의 새로운 원형의 안정화: 미세 조정(2000년대)

1990년대에 형성된 거버넌스 구조의 새로운 원형(new archetype), 즉 연구회 시스템과 경쟁예산 시스템은 서서히 뿌리를 내리면서 정부출연연의 객관적인 성과지표의 향상 등 긍정적인 결과를 가져오는 동시에 여러 가지 문제점을 노정했다. 예를 들어 PBS 제도가 기대했던 효과보다는 파생적 부작용이 부각되면서 PBS 제도에 대한 연구자 공동체의 불신을 야기했다는 평가(김계수·이민형, 2005: 79), 정부출연연에 대한 출연금 비중 저하로 악순환 구조가 형성되었다는 평가(이철원, 2007) 등이 제기되었다. 또한 연구회 제도 역시 애초 자율적 책임경영의 정착을 위해 도입했지만 정부부처는 여전히 각종 규정에 의한 직접적 통제 방식에 집착함에 따라 자율적 책임경영 구조는 실현되지 못하고 있다는 평가가 나왔다(김계수·이민형, 2003: 133). 이에 정부는 2000년대에 1990년대에 이뤄진 거버넌스 구조의 새로운 원형의 기본 틀을 유지하고, 정교화하기 위해 두 차례에 걸쳐 미세 조정(fine tuning)을 시도했다.

먼저 2004년 정부는 '과학기술 분야 정부출연연법'(법률 제7219호, 2004년 9월 23일)을 새롭게 제정해 정부출연연에 대한 정부통제 구조를 이중구조 시스템으로 유지한 상태에서 감독기관을 국무총리에서 과학기술부총리로 변경했다. 즉, 과학기술부 장

---

21) 같은 법 시행령에 따르면 정부부처들은 ① 연구수행기관 및 연구과제명, ② 연구 목적 및 기대 효과, ③ 연구 기간, ④ 추정 소요예산, ⑤ 연구과제의 우선순위 등에 대한 의견서를 국무총리에게 제출할 수 있는 것으로 규정하고 있다('정부출연연법시행령' 제9조 중앙행정기관의 장의 의견서 제출).

관의 부총리 격상과 '과학기술혁신본부' 설립에 따라 연구회에 대한 통제권이 과학기술부로 이관되었다. 이것은 정부통제 구조와 자금 지원 방식의 기본 틀을 바꾼 것은 아니었다.

둘째, 2008년 정부는 '과학기술 분야 정부출연연법'(법률 제8852호, 2008년 2월 29일) 개정을 통해 정부통제 구조를 이중구조 시스템으로 유지한 상태에서 감독기관을 변경했다. 과학기술부 부총리 단독의 통제구조에서 교육과학기술부 및 지식경제부의 두 정부부처에 의한 통제구조로 분화시켰다. 그리고 기존 3개의 연구회 중 공공기술연구회를 폐지하고, 2개 연구회로 통합해 산하 정부출연연들을 재배치했다.

이처럼 2000년대 들어서 현재까지 이뤄진 거버넌스 구조, 즉 정부통제 구조와 자금 지원 방식에서 나타난 변화는 근본적 변화라기보다 부분적 미세 조정이라고 평가할 수 있다. 따라서 2000년대 거버넌스 구조는 이중구조 Type VIII 유형이 유지되고 있다고 볼 수 있다.

6 거버넌스 구조의 제도적 변화 종합

1966년 KIST 설립 이후 형성된 정부출연연의 거버넌스 구조의 제도적 변화로 인해 연구 자율성과 정책 개입의 정도에서 나타난 변화 양상을 종합하면 다음과 같다.

〈표 13-6〉에서 알 수 있듯이 전반적으로 정부출연연의 연구 우선순위 설정에서 과학자 공동체의 연구 자율성 정도는 저하되는 경향을 보이고 있고, 거꾸로 정부의 정책 개입 정도는 강화되는 경향을 보이고 있음을 알 수 있다. 이러한 경향성에 대한 판단 결과를 부분적으로 뒷받침하는 연구로는 노환진의 연구를 들 수 있다. 노환진(2008)은 자금 지원 방식으로서 PBS 제도의 시행에 따라서 정부출연연의 연구 투명성, 경쟁 분위기, 연봉 상승 등의 긍정적 현상들이 나타났다는 점을 지적함과 동시에 개인의 연구 역량, 기관의 고유 기능, 안정적 연구 분위기의 저하 등 부정적 현상들이 나타났다는 것을 지적하고 있다(과실연, 2008에서 재인용). 즉, 전반적으로 연구 자율성의 정도가 저하되고 있다는 것에 공감하고 있다. 한편 김민수(2008)와 김왕동(2008) 역시 전반적으로 정부의 강력한 정책 개입 속에서 연구자들의 연구 자율성이 저하되었다는 평가를 하고 있다. 동시에 이들은 연구 자율성 저하의 원인에 대해 연구기관의 연구자들, 즉

표 13-6 정부출연연의 거버넌스 구조의 제도적 변화의 양상

시기	거버넌스 구조의 제도 변화	거버넌스 구조 유형	연구 우선순위 설정 (연구 자율 vs 정책 개입)
1960년대	• 최초의 정부출연연 KIST(1966) 설립 • 거버넌스 구조의 새로운 제도적 실험: "지원은 하되 간섭하지 않는다."	새로운 실험	연구 자율: +++++ 정책 개입: +
1970년대	• 정부출연연의 설립 확대(19개 기관) • 거버넌스 구조의 원형 형성 – 단일구조 시스템 / 분산통제 – 안정예산(기관예산)	Type I	연구 자율: ++++ 정책 개입: ++
1980년대	• 정부출연연 통폐합(16개 → 9개) • 거버넌스 구조의 원형 수정 – 단일구조 시스템 / 집중통제 – 안정예산(기관예산 〉 과제예산)	Type II	연구 자율: +++ 정책 개입: +++
1990년대	• 급진적 제도 변화 • 새로운 거버넌스 구조의 원형 형성 – 이중구조 시스템 / 집중통제 – 경쟁예산(과제예산 〉 기관예산)	Type VIII	연구 자율: ++ 정책 개입: ++++
2000년대	• 거버넌스 구조의 미세 조정 • 거버넌스 구조의 안정화 – 이중구조 시스템 / 집중통제 – 경쟁예산(과제예산 〉 기관예산)	Type VIII	연구 자율: ++ 정책 개입: ++++

과학자 공동체 스스로가 유발한 측면이 존재한다는 것을 인정하고 있다.

제 5 절 결론

한국 정부출연연의 첫 출발은 국가 발전을 위해 과학기술이 주요한 수단이 될 것이라는 정책적 기대 속에서 정부의 주도 하에 이뤄졌다. 정부 스스로 1966년 KIST의 설립에 대해 우리나라 연구기관 역사상 탁월한 혁신제도로 평가하면서 연구기관의 자율성을 최대한 보장했다고 평가하고 있다(과학기술부, 2007: 211). 40여 년의 역사 속에서 한국 정부출연연은 정부에 의한 제도 설계와 재설계라는 반복적 경험을 하게 되었다. 즉, 한국 정부출연연의 거버넌스 구조 속에는 '정부에 의한 제도설계와 재설계'라는 제도적 유전인자가 녹아들어 있다. 특히 정부통제 구조 및 자금 지원 방식의 측면에서 볼 때, 연구기관의 연구 자율성은 저하되고, 정부의 정책적 개입의 정도는 강화되는 경향성을 보이고 있다.

물론 이러한 변화가 우리나라에서만 나타나는 고유한 현상은 결코 아니다. OECD (2003)의 분석 및 많은 연구에 따르면 1980~1990년대 이후 대부분의 국가에서 정부의 정책적 개입이 강화되고 있다는 공통적인 변화의 흐름을 확인할 수 있다(Boden et al., 2006; OECD, 2003; Sanz-Menendez & Cruz-Castro, 2003; Senker & Balaz et al., 1999). 이러한 변화 속에서 유독 우리나라만 시행착오를 겪고 있다고 평가할 수는 없을 것이다. 각국은 나름의 고유한 문제들을 안고 있을 것이다. 여기에서 중요한 것은 그러한 변화들이 과연 더 나은 상태로의 진보를 의미하는 것인지, 아니면 더 나쁜 상태로의 퇴보를 의미하는 것인지의 여부다. 그리고 더 중요한 것은 그러한 변화들을 비판적으로 검토하고 평가함으로써 현재 우리가 안고 있는 문제를 정확하게 인식하고 해결하는 것이다.

현재 우리나라 정부출연연의 거버넌스 구조의 제도적 변화를 진보의 결과로 평가할 수 있는지, 퇴보로 평가할 수 있는지는 쉽게 판단하기 어렵다. 다만 상대적으로 정부의 정책적 개입을 강화하는 방향으로 제도적 장치들이 좀 더 정교해졌으며, 동시에 과학자 공동체의 불만 역시 누적되어 오고 있다고 평가할 수 있다. 과학자 공동체가 "자기 전망과 자기 설계의 가능성을 심각히 차단당하는 여건 속에서 오랜 기간 제도적 규제 아래 기능적 역할만을 수행"해 왔다는 어느 과학자의 자기 평가는 정부에 의한 정책 주도적인 외생적 변화가 가져오는 문제점을 설득력 있게 보여준 있다. 진정한 변화는 구성원들의 공감대 속에서 시작되어야 한다. 과학자 공동체의 내적 논리가 종종 사회적 논리와 괴리되는 문제를 안고 있지만 과학자 공동체를 지탱하는 인정감(recognition)과 과학자 공동체가 추구하는 규범들(CUDOS)이 가지고 있는 힘을 약화시켜서도 안 된다(참고: Merton, 1973). 만일 과학자 공동체의 내부적 동의와 자발적 동기부여 등 내적 동학을 무시하고 정책 주도의 외생적 변화로만 강제하는 경우 애초 정책에서 상정한 목표를 달성하는 것은 더욱 어려워질 수 있다. 즉, 정부 정책의 의도하지 않은 파생적 외부 효과로 인해 심각한 문제점들이 나타날 수 있다. 예컨대 유행에 휩쓸리는 연구 과제의 대량 생산, 연구자의 전문적 연구 역량과 무관한 연구 분야에 대한 선점 경쟁으로 인한 전문성과 연구 역량의 훼손, 신뢰 관계의 약화와 협력 연구의 저하, 국가 전반에 대한 장기적 연구개발 전략의 빈곤 등을 얻고자 정책을 결정하고 집행하는 것은 아닐 것이다(참고: 김민수, 2008).

이명박 정부가 출범하면서 공공 부문의 효율성을 극대화하기 위한 정책적 방안들이 강구되었고, 같은 맥락에서 정부출연연 역시 구조조정과 기능 재조정, 수요 부처 이관, 민영화 방안 등에 대한 검토가 정부 부처 및 연구회를 중심으로 진행되었다. 현재까지 논의되고 있는 정책적 대안들은 그 범위와 방법상의 차이에도 불구하고 기존 정부출연연의 거버넌스 구조에 근본적 변화를 초래할 수 있는 수준의 것들이다. 달리 말해 정부출연연의 거버넌스 구조에 대한 또 한 번의 제도 재설계가 정책 주도의 외생적 변화 논리 속에서 논의되고 있다. 이러한 국면에서 정부는 정책적 대안을 탐색하는 과정에서 과학자 공동체에 의한 내생적 변화 논리의 중요성을 충분히 인식해야 한다는 점이다. 동시에 두 논리 사이에는 필연적으로 갈등과 모순의 요소가 내포되어 있음을 인식하면서 이를 적극적으로 관리하려는 태도가 요구된다. 이는 다름 아니라 과학자 공동체의 의견 및 현장적 지식(local knowledge)을 폭넓게 수용하고 밀도 있는 협의를 지속하려는 노력으로 나타나야 할 것이다.

이 연구에서는 정부출연연 거버넌스의 구조에서 핵심적 요소로 정부통제 구조와 자금 지원 방식을 결합해 프레임을 도출함으로써 정부출연연 거버넌스 구조를 좀 더 체계적으로 파악하려는 시도를 했다. 그러나 정부통제 구조 및 자금 지원 방식을 결합해 구성한 각각의 유형이 가지는 연구 자율성과 정책적 개입의 정도를 상대적 값의 차이에서 비교했을 뿐 실질적 값의 차이를 측정할 수 있는 지표를 제시하지 못했다. 이를 위해서는 연구 자율성과 정책적 개입의 정도에 대한 좀 더 정교한 조작적 정의가 필요하며, 이를 측정하기 위한 지표 개발과 관련 데이터의 축적이 선행되어야 할 것이다. 이는 후속 연구 과제로 남겨두고자 한다. 또한 거버넌스 구조의 유형이 정부출연연의 연구 성과에 어떠한 영향을 미치는가 등에 대한 연구 역시 매우 중요한 연구 주제다. 이것 역시 위와 동일한 이유로 향후 연구를 기대하기로 한다.

참고 문헌

국내 문헌

가상준(2007). 정치적 선호도와 당선 횟수로 본 17대 국회 상임위원회 특징. 사회과학연구, 15(2): 236-278.

——(2012). 18대 국회 상임위원회 전반기와 후반기 비교 연구. 한국정당학회보, 11(1): 5-30.

강명세(1999). 경제위기와 사회협약. 성남: 세종연구소.

강문수(1997). OECD 가입과 금융 부문의 정책대응 방향. KDI 정책포럼, 123호. 한국개발연구원.

강병호(1997). 부실채권과 부실금융기관의 정리 방안. 금융학회지, 2(2): 225-261.

강영철·이철주(2009). 제도 확산의 영향 요인으로서 동형화와 탈정치성에 대한 이해: 정부부처의 BSC 사례를 중심으로. 한국행정논집, 21(3): 1103-1134.

강원택(2004). 정당의 공직후보 선출과 당내 민주화. 심지연(편). 현대 정당정치의 이해, 225-250. 서울: 백산서당.

謙吾, 秋月(2001). 行政/地方自治. 東京大學出版會(번역본: 행정과 지방자치: 이익, 제도, 이데올로기 시각에서. 하정복·길종백 옮김. (주)논형).

경향신문(2005.07.06). 서울 22개 구청 종부세 폐지 요구.

——(2006.07.13). '대형 법조비리' 왜 끊이지 않나.

——(2006.12.15). '종부세 부당' 강남·분당 주민 반발 여전.

——(2008.11.07). 종부세 위헌 여부 결정 앞두고 강만수 "헌재와 접촉."

——(2009.07.04). 김병준 "헌법만큼 바꾸기 힘든 부동산 제도 만들 것."

———(2011.05.08). 모피아에 붙어 실리나 챙기자… 금감원 조직에 패배주의 팽배.
고영선(2009). 2009~2013년 국가재정운용계획 총괄·총량 분야. 기획재정부 국가재정운용계획 공개 토론회 자료집, 1-48.
과학기술부(2008). 과학기술 40년사. 서울: 과학기술부.
국가과학기술위원회(2007). 국가연구개발사업 조사·분석보고서.
국무조정실(1999). 국정개혁 보고자료 종합.
국세청(2009a). 국세통계연보.
———(2009b). 종부세 현황: 세무서별.
권경득(2006). 지방공무원의 인사개혁 평가와 개선 방안에 관한 연구. 한국행정연구원.
권선필(2006). 근거이론을 통해 재구성해 본 지방정부 하급 공무원의 혁신 수용 현상에 관한 해석과 함의. 한국사회와 행정연구, 16(4): 45-67.
권해상(2008). 참여정부 국정운영백서: 정부혁신. 국정홍보처.
권향원(2014). 상징주의-해석주의 행정학 연구전략: 신제도주의의 '정당성 관리' 개념을 중심으로. 한국행정학보, 48(3): 121-145.
권향원·최도림(2011). 근거이론적 방법의 이론화 논리에 대한 이해: 한국행정학의 비맥락성과 방법론적 편향성 문제를 중심으로. 한국행정학보, 45(1): 275-302.
———(2013a). 대통령의 언어적 상징 전략에 대한 연구: 역대 김영삼, 김대중, 노무현, 이명박 대통령의 공식 연설문 분석을 중심으로. 정부학연구, 19(3): 285-320.
———(2013b). 역대 정권의 정책위기시 대통령의 수사적 대응전략에 대한 비교연구: 역대 김영삼, 김대중, 노무현, 이명박 정권을 중심으로. 한국정책학회보, 22(4): 225-251.
금융감독원(2000). (부산)부일 등 3개 금고에 대한 경영개선명령 유예 및 경영개선 요구.
———(2001a). 현대투신증권(주)에 대한 적기시정 조치 적용 유예 기한 연장 등.
———(2001b). 현투증권에 대한 적기시정조치 적용 유예 기한 연장 등.
———(2003a). 제일투자증권(주)에 대한 적기시정 조치 유예.
———(2003b). 한국·대한·동양오리온투자증권(주)에 대한 적기시정 조치 적용유예 기간 연장.
———(2004a). 제일투자증권(주)에 대한 적기시정 조치 유예.
———(2004b). 동양오리온투자증권(주)에 대한 적기시정 조치 적용 유예 기간 연장 주요 내용.
———(2004c). 한국·대한투자증권(주)에 대한 적기시정 조치 적용 유예 기간 연장.
금융감독위원회(1998). 금융감독정책의 선진화 추진 상황: 건전성 감독 강화를 중심으로.
———(1999). 적기시정 조치의 개선.
———(2001). 적기시정 조치제도 보완을 위한 감독규정 개정.
———(2006). 상호저축은행 적기시정 조치 개선 방안.
금융감독위원회·금융감독원(2002). 제2단계 은행 구조조정 추진에 따른 은행경영 현황과 적기시정 조치 해제 등.
금융산업의 구조개선에 관한 법률[법률 제5496호, 1998.1.8], [법률 제5549호, 1998.9.14], [법률 제10303호, 2010.5.17]
금융위원회(2011a). 부산계열 5개 상호저축은행, (전남)보해상호저축은행 및 (강원)도민상호저축은행 등 7개 저축은행에 대한 부실금융기관 결정 및 경영개선명령(영업정지) 부과.
——(2011b). 7개 상호저축은행에 대한 영업정치 조치 부과 등: 상호저축은행 구조조정 일단락.
——(2011c). 저축은행 비리 의혹 진상 규명을 위한 국정조사특별위원회 현황 보고.
——(2012). 적기시정 조치 유예 상호저축은행 등에 대한 점검 결과에 따른 조치 부과.
금융위원회(2012). 금융용어사전.
금융위원회·금융감독원·예금보험공사·한국자산관리공사·한국금융연구원(2012). 상호저축은행 백서.
금융위원회의 설치 등에 관한 법률[법률 제8863호, 2008.2.29]
기획재정부(2009). 2009년 종합부동산세 납부 안내.
——(2010). 비인기 종목 세제지원 방안 및 종부세 세수 전망.
기획재정부 보도자료(2008). 종합부동산세 개편 방안.
길인성(1994). 신제도학파 경제사의 성과와 한계. 사회비평, 11: 65-91.
길정아(2009). 한국정당의 분권화 및 포괄성에 관한 비교연구. 한국정치연구, 18(1): 83-117.
——(2011). 국회의원 후보자 선정 과정의 동학: 제18대 총선에서 한나라당과 민주통합당의 공천을 중심으로. 한국정치연구, 20(1): 291-316.
김경수(2009). 감세의 지방재정 영향 분석: 지역별 재정 감소 및 지방소비세 세입 증가 효과를 중심으로. 예산현안분석, 30. 국회예산정책처.
김계수·이민형(2003). 국가과학기술 종합조정시스템과 연구회 운영시스템 발전 방안. 과학기술정책연구원 연구보고서(정책연구 2003-16).
——(2005). 정부출연연구기관의 연구과제 중심 운영 체제(PBS) 개선방안 연구. 과학기술정책연구원 연구보고서(정책연구 2005-15).
——(2006). 정부출연연구기관의 연구과제 중심 운영제도(PBS) 대체모델 연구. 과학기술정책연구원 연구보고서(정책연구 2006-11).
김귀영(2007). 팀제 도입에 따른 조직 루틴의 변화에 관한 연구. 한국행정학보, 41(1): 49-69.
김대식(1995). 금융감독에 관한 종합적 고찰. 금융연구, 9(1): 179-214.
김동배(2010). 제도적 동형화와 상징적 동조: 연봉제의 사례. 노동정책연구, 10(1): 35-67.
김동희(2007). 행정법II. 서울: 박영사.
김명환(2006). 조직간 제도설계의 다양성에 관한 다차원적 접근 방법: 조직사회학적 제도론 관점에서. 한국행정논집, 18(1): 179-203.

———(2008). 제도환경과 조직의 위선: 공공기관 혁신평가를 대상으로. 한국행정학회 하계학술발표논문집

———(2009). 제도환경에 대한 조직 대응 방식으로서의 분리와 위선: 공공기관 혁신평가를 대상으로. 한국행정학보, 43(4): 155-178.

———(2015). 조직화된 위선의 개념화: WTO의 합의제에 의한 협상을 토대로. 한국행정학보, 49(1): 89-115.

김명환 · 김상묵(2007). 공공기관 혁신평가의 실효성 확보 방안. 한국행정연구원 보고서.

김명환 · 신현중 · 박희봉 · 김동현(2008). 참여정부 혁신사례분석: 시사점과 향후 방향. 정책분석평가학회보, 18(3): 95-122.

김미연(2010). 지방자치단체의 국제교류 확산과 동형화. 한국거버넌스학회보, 17(3): 61-83.

김민수(2008). 현장에서 바라본 이공계 출연(연) 정책의 문제점과 개선 방향. 과학기술정책, 18(4): 63-75.

김선명(2000). 한국 금융제도의 경로의존에 관한 연구: 역사적 제도주의 접근법을 중심으로. 한국정책학회보, 9(3): 187-215.

김선수(2008). 사법개혁 리포트. 서울: 박영사.

김성수(2010). 독일 정당 및 의회의 전문성 확보 메카니즘: 입법부 중심의 행정의 관점에서. 한독사회과학논총, 20(3): 3-36.

———(2011). 독일 분권형 내각제의 효율성 메카니즘. 국제지역연구, 14(4): 155-183.

김순양(2009). 사회정책 과정 분석에서의 제도(Institution) 개념: 한계 및 통합적 개념 틀의 모색. 사회복지정책, 36(3): 1-29.

김영욱 · 박송희 · 오현정(2002). 행정기관 이미지 회복 전략의 수사학적 분석: 경기도 교육청 입시 재배정 파문을 중심으로. 홍보학연구, 6(2): 5-42.

김영평(1984). 정책연구의 성격과 범위. 한국행정학보, 18(1): 91-102.

———(1991). 불확실성과 정책의 정당성. 서울: 고려대학교출판부.

김영호(2008). 공공조직 인센티브 설계에서 토너먼트 이론의 유용성에 대한 탐색적 연구. 한국조직학회보, 5(2): 165-196.

김왕동(2008). 출연(연) 정책의 패러다임 전환: 창의적 연구문화 조성. 과학기술정책, 18(4): 94-104.

김용호 · 송경수(2007). 공공기관 경영혁신의 내용과 방향에 관한 탐색적 연구: 공공기관 혁신사례 분류를 통한. 인적자원관리연구, 14(3): 29-49.

김용훈 · 오영균(2008). 정부출연연구기관의 지배구조에 관한 연구. 한국행정연구, 17(3): 279-297.

김욱(2006). 독일연방의회 선거제도가 한국의 선거제도 개혁에 주는 시사점. 세계지역연구논총, 24(3): 53-70.

김운태 (1989). 한국정치론(제2전정판). 서울: 박영사.
김윤권 (2005). 제도 변화의 통합적 접근: 역사적 신제도주의를 중심으로. 한국정책학회보, 14(1): 299-327.
——(2008a). 중국 大部制 행정개혁의 동인과 제약. 한국행정학보, 42(4): 291-316.
——(2008b). 중국 중앙정부 행위의 제도적 제약: 역사적 제도주의 시각을 중심으로. 한국행정학보, 42(1): 407-434.
김은철 (2002). 국회의 위원회 제도에 관한 연구. 조선대학교 석사학위 논문.
김의영 (2012). 포스트 신자유주의 시대의 한국 정치: 거버넌스의 정치에 대한 소고. 한국과 국제정치(KWP), 28(1): 185-212.
김정헌 (2013). 행정기관의 이미지 평가와 관리 전략: 대구시청의 스키마 분석을 중심으로. 지방정부연구, 17(2): 233-257.
김종태 (1993). 미국 금융당국의 조기시정 조치에 관한 고찰. 신용관리.
김창록 (2007). 한국과 일본에서의 '로스쿨' 논의. 법학연구, 48(1): 53-91.
김창록 · 이진국 (2005). 사법개혁 논의 과정에서 법률가 직역 간의 갈등구조: 로스쿨 제도 도입 문제를 중심으로. 한국형사정책연구원.
김철수 (2004). Law School 안에 대한 검토. 헌법학연구, 10(4): 55-79.
김태영 (2008). 정책네트워크 개념을 활용한 종합부동산세 입법 과정 분석. 한국정책학회보, 17(1): 27-55.
김태은 (2009). 제도의 변화와 지속 요인에 관한 연구: 한국의 법조인 인력양성제도를 중심으로. 한국행정학보, 43(2): 45-72.
——(2011). 두 가지 환류, 그리고 내생적 제도 변화: 종합부동산세를 중심으로. 한국행정학보, 45(2): 27-56.
——(2012). 제도의 유사성과 이질성의 원인에 관한 연구: 적기시정조치 제도를 중심으로. 한국행정학보, 46(4): 233-263.
김한창 · 황성원 (2008). 성과관리제도의 수용성 제고 요인에 관한 연구: 노무현 정부의 중앙부처를 중심으로. 정부학연구, 14(2): 5-48.
김호진 (1991). 한국정치체제론. 서울: 박영사.
김호진 외 (2000). 사회합의제도와 참여민주주의. 서울: 나남출판.
김홍범 (2007). 금융규제감독의 경과와 개선 과제. 금융연구, 21: 55-123.
김효겸 (2013). 대통령 의전의 세계(The Presidential Protocol). 서울: RHK.
김희경 (2009). 정부규제기구 변화의 정치: 금융위원회의 사례분석. 한국행정학회 하계학술대회 논문집.
나태준 (2006). 정책 인식 프레이밍 접근 방식에 따른 갈등의 분석: 교육행정정보시스템 도입 사례를 중심으로. 한국정책과학학회보, 10(4): 297-326.

남지원 (2008). 조직구성원의 정책대응에 관한 근거이론적 분석: K초교 교원들의 교원평가 시범학교 대응에 근거한 정책집행 심의. 한국조직학회보, 5(2): 89-142.
노사정위원회 (1998a). 위원회 활동자료.
——(1998b). 1998 노사정위원회 활동 현황.
——(2000). 1999 노사정위원회 활동 현황.
노화준 (1998). 한국 행정문화의 진화에 대한 복잡성 과학적 해석: 관치경제·금융을 중심으로. 한국행정학보, 32(4): 137-156.
농민신문 (1998-2001).
농협법.
농협연감 (1991-2000).
농협중앙회 (1996). 농협35년사.
농협중앙회노동조합 (1991). 농협노보.
대검찰청 저축은행 비리 합동수사단 (2012a). 저축은행 비리사건 2차 수사 결과.
——(2012b). 저축은행 비리 사건 3차 수사 결과.
대법원 (2003a). 사법개혁추진기구 설치를 위한 실무협의회 구성.
——(2003b). 대법원, 청와대 공동 실무협의회 활동 상황.
——(2004). 법조인 양성 및 선발 제도 개선안. 사법개혁위원회 제19차 회의 자료.
대법원 보도자료 (2003). 대법관 제청과 관련한 대법원의 입장.
도회근 (2012). 독일 선거제도에서 무엇을 배울 것인가. 공법연구, 40(3): 117-140.
동아일보 (2005.12.03). 강남구, '종부세 자진 납부' 거부 조장 논란.
——(2006.12.07). 강남주민, 종부세 취소 집단소송.
——(2006.12.12). 강남 "종부세 내려라"…정부 "어림없는 소리."
——(2007.09.13). 노대통령 "혁신도시도 대못질."
——(2008.10.16). 강남 아파트 소유자 919명 "종부세 취소" 무더기 소송.
——(2012.07.26). 검찰 '저축은행 뇌물 수수' 이상득 구속 기소.
라영재·김형성 (2008). 국무총리 제도 변화의 신제도주의적 분석. 한국행정학회 동계학술발표논문집.
매일경제 (2004.11.13). 지자체 "헌재에 심판청구."
——(2005.08.31). "기득권 저항 정면 돌파로 지지 기반 확대."
——(2007.12.03). 빅3 모두 "종부세 손보겠다" 공약.
무역협회 (2008). 2008년 9월 전세계 지역무역협정(RTA) 현황.
문정욱 (2003). 정부기관의 성과급제도 운영의 차이: 기관의 산출 및 문화 요인을 중심으로. 고려대학교대학원 행정학과 석사학위 논문.
민주노총 (1999a). 1998 사업보고 자료모음.

———(1999b). 민주노총 98년 사업평가 및 99년 사업방침.
바른 과학기술사회 실현을 위한 국민연합(2008). 정부출연(연) 어떻게 변해야 하나(과실연 제23차 포럼 발표자료).
박경서·김정미(1997). 금융환경 변화와 금융제도의 안전성. 한국개발연구원.
박명호(2012). 2012년 총선에 대한 집합자료 분석. 정치정보연구, 15(1): 127-154.
박윤흔(1998). 행정법 강의. 서울: 박영사.
박찬표(1997). 한·미·일 3국 의회의 전문성 축적구조에 대한 비교연구. 한국정치학회보, 30(4): 321-342.
———(2004). 국회위원회제도의 이론적 탐색과 개선 방안. 헌법학연구, 10(3): 75-107.
방민석·김정해(2003). 대기업 규제정책에 대한 신제도주의적 분석: 정책 변화의 경로의존성을 중심으로. 한국행정학보, 37(4): 233-259.
배병룡(1992). 중간조직의 제도화에 관한 연구. 고려대학교 박사학위 논문.
———(1994). 집합행동과 중간조직의 제도 변화: 1983년 한국가톨릭농민회의 농협조합장 직선제 실시를 위한 100만인 서명운동을 중심으로. 한국행정학보, 29(4): 1429-1446.
———(1995). 농업정책의 집행에 있어서 제3부문의 역할: 한국 농협의 농업정책의 집행에 대한 중범위 국가조합주의적 접근. 한국행정학보, 29(3): 747-770.
———(1999). 조직환경론에서의 신제도주의. 정용덕 외. 신제도주의연구, 118-137. 서울: 대영문화사.
———(2002). 국가, 농협 및 농민조합원 간 관계에서 제도적 구조의 변화: 정치적·사회적·경제적 위기와 그 매개. 정부학연구, 8(2): 179-215.
———(2008). 제도론들의 통합모형; 국가의 제도 도입과 정착 과정을 중심으로. 이상진 외. 행정 현상의 이론적 조명(이상진 교수 정년기념논문집), 37-55. 부산: 금정.
———(2015). 조직 정당성, 정당화, 그리고 제도화. 한국자치행정학보, 29(1): 243-272.
배병룡·김명숙(1990). 신조합주의(Neo-Corporatism) 정책네트워크에 관한 고찰. 사회과학논집(경상대), 6: 23-35.
백완기(2001). 행정학. 서울: 박영사.
———(2008). 한국의 행정문화와 외래이론에 의존한 정부혁신의 정합성. 정부학연구, 14(1): 5-36.
법관인사제도개선위원회(2003). 법관인사제도개선위원회 건의문.
법무부(2007a). 한미FTA 협상 결과 및 향후 대응 방안.
———(2007b). 법률시장 개방 협상 결과와 후속 대책 등에 대한 질의 응답.
———(http://www.moj.go.kr).
법원행정처(1994). 법조인력 양성에 관한 각국의 제도 비교. 사법정책 연구자료 95-1.
법학전문대학원 설치·운영에 관한 법률 시행령[일부 개정 2008.2.29 대통령령 제20740호]

법학전문대학원 설치·운영에 관한 법률[일부 개정 2008.2.29 법률 제8852호]
사공영호(2005). 제도의 구조와 구조 변화: 기업 지배구조 제도를 중심으로. 한국행정연구, 14(3): 239-272.
사법개혁위원회(2004). 사법개혁을 위한 건의문.
——(2005). 국민과 함께하는 사법개혁: 사법개혁위원회 백서. 사법개혁위원회 자료집 Ⅶ.
사법개혁위원회 규칙(대법원규칙 제1851호, 2003.10.24. 공포).
사법시험법 [일부 개정 2006.3.24 법률 제7893호]
사법시험법 시행령 [일부 개정 2007.3.27 대통령령 제19958호]
사법제도개혁추진위원회(2006a). 사법 선진화를 위한 개혁. 사법제도개혁추진위원회 백서(상).
——(2006b). 법학전문대학원 설치·운영에 관한 법률 안.
사법제도개혁추진위원회규정 [제정 2004.12.15 대통령령 18599호]
산업연구원(2005). 법무시장 개방이 법무 비용 및 법무 수요에 미치는 영향 검토.
산업자원부(1998). 양자간 자유무역협정(FTA) 가능성 검토.
삼성경제연구소(1998). IMF 1년과 한국 경제의 변모. 서울: 삼성경제연구소.
서복경(2010). 국회 위원회제도의 기원에 관한 연구: 제헌국회 및 제2대 국회를 중심으로. 의정논총, 5(1): 51-80.
선한승(2000a). 노사정위원회의 정착 조건과 발전 방향: 노사정 3자관계의 제도화를 중심으로. Post-IMF Governance: 한국정치학회 하계학술대회 발표논문집.
——(2000b). 한국 노사정위원회의 구조와 과정. 김호진 외. 사회합의제도와 참여민주주의. 서울: 나남출판.
성낙현(2005). 국제화에 따른 한국에서의 로스쿨 도입 논의. 영남법학, 11(2): 9-29.
세계일보(2006.06.25). '모피아'가 몰락한다고… 천만에.
——(2006.08.10). 문흥수 변호사 '법조 비리'에 또 '쓴소리' "판사가 변호사 할 생각에 인맥 넓히려다 비리 발생."
소영진·안성민(2011). 형식주의의 재해석: 딜레마 측면에서. 한국행정학보, 45(3): 73-96.
손병권(2004). 의원의 의정활동: 의원의 상임위원회 활동 참여에 대한 평가와 전망. 한국정당학회보, 3(2): 199-224.
시사저널(2012.08.01). '모피아' 몰아붙이는 금감원의 젊은 반란.
심영(2006). 금융기관 적기시정조치 제도에 대한 소고. 법학논문집, 30(2): 111-126.
심재권·정석환(2007). 근무평정의 공정성 수용 인식이 하위직 공무원의 혁신적 업무행동에 미치는 영향. 한국행정학보, 41(2): 141-166.
심준섭·김지수(2010). 갈등 당사자의 프레임과 프레이밍 변화과정 분석: 청주시 화장장 유치 사례. 행정논총, 48(4): 229-261.

안용식 · 강동식 · 원구환(2007). 지방행정론(제2판). 서울: 대영문화사.
양승일(2013). 선별주의와 보편주의를 둘러싼 지방복지정책의 갈등 분석: 서울특별시 무상급식정책을 중심으로. 지방행정연구, 27(1): 125-153.
양영철(2008). 지방자치 거버넌스: 참여정부에서의 자치경찰제 도입 실패에 관한 연구: 정책참여자 간 갈등을 중심으로. 한국정책학회 하계학술발표 논문집.
여영현(2012). 한국과 일본의 지방공기업 이해관계자에 대한 특성 연구: 양국의 지하철 공조직을 중심으로. 한국행정학보, 46(1): 181-205.
연합뉴스(1997.01.08). 금융기관 조기시정 조치 세부기준 마련키로.
염재호(1994). 과학기술의 전도사: 최형섭론. 이종범 편. 전환시대의 행정가, 103-134. 서울: 나남출판.
——(2002). 한국 시민단체의 성장과 뉴 거버넌스의 가능성. 아세아연구, 109: 113-147.
염재호 · 홍성만 · 왕재선(2004). 정부관료제의 역사적 형성과 제도 변화: 중앙행정기관 조직시스템 변화에 대한 역사적 제도주의 접근을 중심으로. 정부학연구, 10(1): 5-49.
오마이뉴스(2008.09.30). 종부세 완화, 기초지자체 뿔나게 하다!
오성호(2003). 지방공무원의 성과급제 실시에 따른 문제점과 개선 방안. 한국행정연구, 12(4): 219-247.
오재록 · 박치성(2013). 정부조직 개편에 따른 부처 간 네트워크 및 권력 관계 변화: 경제부처를 중심으로. 한국행정학보, 47(3): 101-127.
외교통상부 자유무역협정(http://www.fta.go.kr).
유영옥(1991). 정책영향분석에 있어서의 상징성: 복지정책을 사례로 한 이론적 논의. 한국행정학보, 25(1): 123-138.
윤견수(1997). 정당성의 논리와 중간조직의 딜레마. 한국행정학보, 31(2): 93-109.
——(2008). 질적 연구의 다양성과 공공조직 연구의 확장. 한국조직학회보, 5(3): 163-198.
윤종빈(2012). 19대 총선 후보의 공천 과정과 결과, 그리고 쟁점: 새누리당과 민주통합당을 중심으로. 한국정당학회보, 11(2): 5-37.
은행법 [법률 제4468호, 1991.12.31]
은행업감독규정 [2010.11.05 금융위원회 제2010-39호].
——[2001.12.19 금융위원회 제2001-105호].
상호저축은행업 감독규정[금융위원회고시 제2012-4호, 2012.1.17]
이귀혜(2007). 한국 대통령들의 위기 수사학에 관한 연구: 노태우, 김영삼, 김대중, 노무현, 대통령의 변호 전략 분석. 한국언론학보, 51(6): 62-91.
이동윤(2012). 한국정당의 후보공천과 대표성: 제19대 국회의원선거를 중심으로. 정치정보연구, 15(1): 93-126.
이명석(2002). 거버넌스의 개념화: '사회적 조정'으로서의 거버넌스. 한국행정학보, 36(4):

321-338.
이민창 (2005). 정책갈등 현상의 제도론적 해석: NIMBY 사례를 중심으로. 한국정책학회보, 14(1): 71-98.
이상수 (2006). 사법시험제도의 문제점과 그 대안으로서의 로스쿨제도. 민주적 사법개혁 실현을 위한 국민연대(편). 사법개혁의 길, 293-306. 서울: 필맥.
이성로 (2001). 국회의원 의정활동 성적의 결정 요인. 중앙행정논집, 15(1): 191-208.
이신용 (2010). 민주주의, 법치국가, 복지국가의 친화성: 사회보장법에 의회유보 원칙의 적용과 사회보장제도 발달과의 관계: 한국과 독일 비교. 한국사회정책, 17(3): 153-189.
——(2013). 의회의원 후보 공천 방식, 의회 상임위원회 제도, 그리고 사회보장법 구조: 한국과 독일 비교. 한국사회정책, 20(3): 9 - 46.
이영철 (2003). 신공공관리론의 이론적 비판: 원자화된 개인, 강력한 시장, 축소지향형 정부. 정부학연구, 9(1): 51-80.
이영환·신영임 (2009). 2008년 이후 세제개편의 세수 효과. 경제현안 분석, 41. 국회예산정책처.
이은경 (2011). 성인지예산 제도에서 전략 프레이밍(framing)의 긴장: 통합주의 대 의제설정. 한국정책학회 동계학술발표 논문집.
이재정 (2004). 자유주의와 공동체주의의 역사적 실천성: 하버마스와 푸코를 중심으로. 대한정치학회보, 11(3):169-192.
이종범 (1986). 국민과 정부관료제. 서울: 고려대학교출판부.
——(2008). 형식주의의 재음미: 딜레마와 상징적 형식주의. 정부학연구, 14(3): 5-34.
이종은 (2012). 상징과 정치. 서울: 인간사랑.
이창길 (2008). 세계화 과정에서 정책의 동형화(Isomorphism) 메커니즘 분석: 인력 감축, 정보공개, 및 민영화 사례를 중심으로. 행정논총, 46(4): 1-26.
——(2010). 정권 초기의 가치 지향과 정책우선순위: 참여정부와 이명박 정부의 언어네트워크 비교분석. 한국행정학보, 44(3): 165-189.
이창원·최창현 (2008). 새조직론(개정판). 서울: 대영문화사.
이철원 (2007). 과학기술계 정부출연연구기관의 새로운 도약을 위한 당면과제. 2007년 기술경영경제학회 제31회 학술발표회 특별 Session.
이투데이 (2011.06.15). 막강 파워 '모피아' 산하기관·금융계 접수.
——(2012.06.20). 은행·협회 등 금융권 곳곳, 다시 '모피아' 전성시대.
이현우 (2009). 국회상임위원회의 운영: 전문성과 대표성의 재평가. 의정연구, 15(1): 145-176.
이혜영 (2004). 금융규제개혁 과정에서 규제관용에 관한 연구: LG카드 사례를 중심으로. 한국행정학보, 38(5): 125-146.

——(2005). 금융규제정책 변동에 있어서 제도적 제약에 관한 연구: 규제기관의 제도적 구조와 관행을 중심으로. 한국정책학보, 14(1): 1-27.
이희태(2005). 성과상여금제도에 대한 지방공무원의 반응과 정책과제. 한국행정논집, 17(1): 165-186.
임도빈(2007). 관료제, 민주주의, 그리고 시장주의: 정부개혁의 반성과 과제. 한국행정학보, 41(3): 41-65.
임의영(2003). 공공성의 개념, 위기, 활성화 조건. 정부학연구, 9(1): 23-50.
장명학(2008). 독일 연방의회 구성의 정치적 특성: 연방의회 선거제도를 중심으로. 현대사회와 정치평론, 3: 53-75.
——(2009). 언어폭력과 비폭력 ; 권력 개념과 권력의 정당성: 베버, 아렌트, 하버마스 그리고 헤르만 헬러의 논의를 중심으로. 비폭력연구, 2: 125-142.
장영배 외(2006). 권역별 과학기술정책 동향조사 분석사업(1차 연도): 주요국 국공립연구기관의 조직구조와 운영시스템 분석. 과학기술정책연구원 연구보고서(정책연구 2006-28).
장원석(1989). 현행 농협의 문제점과 개선 방향. 한국농어촌사회연구소 편. 한국농업농민문제연구 II, 153-185. 서울: 연구사.
장지원(2007). 행정에 관한 공무원 인식조사. 한국행정연구원.
장지호(2003). 김대중 정부의 대기업 구조조정정책 연구. 한국정책학회보, 12(2): 89-110.
재정경제원(1997a). 금융시장 안정 및 금융산업 구조조정을 위한 종합대책.
——(1997b). IMF 자금 지원 합의 내용.
재정경제부(1998a). IMF 4/4분기 의향서 내용.
——(1998b). 1998년도 경제백서.
——(1999). 1999년도 제1차 IMF협의 동의서 내용.
전국시장·군수·구청장협의회(2004. 10. 19) 집값 안정과 국가균형 발전을 위한 기초자치단체장의 결의문(종합부동산세의 지방세 도입을 위한 결의문). 제18차 공동회장단회의.
전선애(2006). 적기시정조치제도의 의의와 개선 방안. 규제연구, 15(1): 73-104.
전용주(2005). 후보 공천 과정의 민주화와 그 정치적 결과에 관한 연구: 제17대 국회의원선거를 중심으로. 한국정치학회보, 39(2): 217-236.
——(2010). 한국 정당 후보 공천제도 개혁의 쟁점과 대안. 현대정치연구, 3(1): 37-69.
정극원(2009). 헌법재판에서의 포괄적 위임입법 금지 원칙의 적용. 헌법학연구, 15(3): 461-486.
정명주(2006). 우리나라 정보화평가 제도 변화 과정에 대한 역사적 고찰. 행정논총, 41(1): 187-217.
정병걸(2004). 동형화를 통한 정책 이전과 공기업 민영화: 한국전력공사 민영화 사례를 중심으로. 행정논총, 42(4): 107-132.

정병기 (2003). 독일과 이탈리아의 의원후보 선출 과정 비교연구. 의정연구, 9(1): 110-132.
정용덕 외 (1999a). 신제도주의 연구. 서울: 대영문화사.
——(1999b). 합리적 선택과 신제도주의. 서울: 대영문화사.
——(2002). 거버넌스 제도의 합리적 선택. 서울: 대영문화사.
정진호 (2007). 한미FTA 타결로 본 우리 법률시장의 개방, 대한 변호사협회 신문 기고문
조경호 (1999). 기업경영식 인사관리의 인사행정에의 제도화 정당성에 관한 분석: 공공조직과 기업조직 관리자의 인사행정 유연성 인식의 비교를 중심으로. 한국행정학회 1999년 하계학술대회 발표논문집.
조선일보 (1995. 04. 23). "사시합격 단계 증원: 전관예우 개선 등."
——(1995. 12. 02). "사시 어떻게 달라지나."
——(2012. 05. 09). [저축은행 사태] 금융과 무관한 검 · 경 前 간부(구자희 前 부장검사 · 김정식 前 경찰대학장), 미래저축은 사외이사 재직.
조세일보 (2008.11.10). 시 · 군 · 구청장協 "종부세 완화 지방대책 필요."
조현대 외 (2007). 국내외 공공연구시스템의 변천과 우리의 발전과제. 과학기술정책연구원 연구보고서(정책연구 2007-19).
——(2008). 해외 주요국 공공연구시스템의 진화적 특징과 시사점. 과학기술정책, 18(4): 63-78.
종합부동산세법 [법률 제7328호, 2005.1.5, 제정].
—— [법률 제7836호, 2005.12.31, 일부 개정].
—— [법률 제9273호, 2008.12.26, 일부 개정].
지방교부세법 시행규칙 [행정자치부령 제305호, 2005.12.1, 일부 개정].
지방교부세법 시행령 [대통령령 제19146호, 2005.11.30, 일부 개정], [대통령령 제20444호, 2007.12.13, 일부 개정], [대통령령 제21976호, 2010.1.1, 일부 개정], [대통령령 제22178호, 2010.5.31, 일부 개정].
지방교부세법 [법률 제7333호, 2005.1.5, 일부 개정], [법률 제7844호, 2005.12.31, 일부 개정]
지방세법 [법률 제9924호, 2010.1.1, 일부 개정].
지방자치단체 기금관리기본법 시행령 [대통령령 제22024호, 2010.2.8, 일부 개정].
지방자치단체 기금관리기본법 [법률 제9927호, 2010.1.1, 일부 개정].
천병두 (1981). 초대 소장. 과학기술과 더불어: 최형섭 박사 환력기념 회상록. 서울: 환력기념집발간회.
최병대 (2008). 구조적 부패취약 분야의 투명성 제고 방안: 지방행정, 공기업, 법조, 정치, 기업 분야 등. 국민권익위원회. 국가경쟁력 제고를 위한 「반부패 · 청렴 정책 방향」 심포지엄 자료집, 97-136.
최병선 (1992). 정부규제론: 규제와 규제 완화의 정치경제. 서울: 법문사.

최성두 (1996). 통제 불가능성과 정책의 설계. 고려대학교 대학원 박사학위 논문.
최세경・현선혜 (2011). 제도적 동형화와 조직 정당성: 자원의존이론과 제도론의 결합. 대한경영학회지, 24(2): 1029-1050.
최영기・김준・노중기・유범상 (1999). 한국의 노사관계와 노동정치(1): 87년 이후 사회적 합의를 중심으로. 서울: 한국노동연구원.
최원성・하근철・이상훈 (1996), 은행의 건전경영을 위한 조기시정조치제도. 조사통계월보.
최창수 (2008). 행정개혁, 절반의 성공: 신제도주의 동형화 관점에서의 사례분석. 한국사회와 행정연구, 19(3): 1-23.
최창호 (2009). 지방자치학(제6판). 서울: 삼영사.
최흥석・주재복・홍성만・주경일 (2004). 공유재와 갈등관리. 서울: 박영사.
하민철 (2007). 정책문제 해결 기구의 설계와 제도화: 김대중 정부 시기 노사정위원회를 중심으로. 정부학연구, 13(4): 63-111.
——(2008). 조직의 정당성 인식, 프레임 구성, 그리고 성장: 환운동연합의 성장 과정을 중심으로. 한국조직학회보, 5(2): 217-265.
하민철・김영대 (2009). 공공연구기관 거버넌스 구조의 제도적 변화: 과학기술 분야 정부출연연구기관을 중심으로. 정부학연구, 15(2): 7-43.
하민철・윤견수 (2010). 메타프레임으로서 녹색성장(Green Growth) 정책: 딜레마 대응 방안으로서 메타프레임 구성. 한국정책학회보, 19(1): 101-126
하상근 (2005). 정책집행의 불응 요인에 관한 연구: 공공기관에서의 성과급제도를 중심으로. 한국정책학회보, 14(4): 1-28.
하연섭 (1992). 산업화 전략의 변화와 재정・금융정책의 정치경제. 한국행정학보, 26(4): 1165-1181.
——(1999). 역사적 제도주의. 정용덕 외. 신제도주의, 9-36. 서울: 대영문화사.
——(2002). 신제도주의의 최근 경향: 이론적 자기 혁신과 수렴. 한국행정학보, 36(4): 339-359.
——(2003). 제도분석: 이론과 쟁점. 서울: 다산출판사.
——(2006a). 신제도주의의 이론적 진화와 정책연구. 행정논총, 44(2): 217-246.
——(2006b). 정책아이디어와 제도 변화: 우리나라에서 신자유주의적 해석과 적용을 중심으로. 행정논총, 44(4): 1-27.
하태수 (2002). 제도의 이전, 토착화 그리고 신제도주의. 행정논총, 40(1): 45-69.
——(2008). 노무현 정부의 종합부동산세 정책 뒤집기 방지 전략: 정치적 거래비용 이론의 관점에서. 한국공공관리학보, 22(4): 229-265.
하태훈 (2008). 구조적 부패취약 분야의 투명성 제고 전략: 법조 분야. 국민권익위원회. 국가경쟁력 제고를 위한 반부패・청렴 정책 방향 심포지엄 자료집, 154-164.

한겨레 (2006.05.19). 노대통령 "지금 태연하지만…종부세 한번 내보십시오."
——(2006.06.26). 한국경제 쥐락펴락 '모피아'의 마법.
——(2007.12.03). 이명박·정동영 "1주택 장기보유자 인하."
한국개발연구원 (2004). 금융기관 적기시정조치의 실효성 제고 방안 연구.
한국경제 (2011.11.17). 모피아 중심 경제 권력 장악 큰 목소리.
한국과학기술기획평가원(KISTEP) (2008). 2008년도 정부연구개발예산 현황 분석.
한국과학기술연구원(KIST) (1998). KIST 30년사. 서울: 한국과학기술연구원.
한국노총 (1999). 1998년도 사업보고.
한국무역협회 (2005). 한-미 FTA의 법무서비스 시장개방 논의 및 시사점.
한국무역협회 FTA 포털(http://fta.kita.net).
한국법학교수회 (2004). 한국법학교육과 법조실무의 국제경쟁력: 도전과 대응. 제4회 한국법률가대회 논문집.
한국은행 (1996). 은행의 건전경영을 위한 조기시정조치제도. 한국은행 조사통계월보 6월호.
——(1997). 주요 조기시정조치제도의 주요 내용과 정책적 시사점. CAMEL평가제도와 비교를 중심으로. 업무참고자료 97-1.
——(1999). 우리나라 금융제도.
——(2011). 우리나라 금융제도.
한국일보 (2008. 10. 28) 정부 "종부세는 위헌" 헌재에 의견 제출.
한상익 (2013). 정치적 자원과 국무총리의 권한 및 역할의 변동. 의정연구, 38: 143-176.
한상희 (2005). 한국의 로스쿨 설립과 성공적인 운영 방안. 영남법학, 11(1): 55-79.
한승주 (2010a). 성과급제도에 대한 공무원의 대응: 근거이론의 적용. 한국행정학보, 44(4): 29-58.
——(2010b). 성과급제도에 대한 공무원의 정서적 대응. 고려대학교 대학원 박사학위 논문.
——(2010c). 행정개혁에 대한 공무원의 정서적 대응. 행정논총, 48(3): 25-57.
——(2010d). 행정개혁에 대한 공무원의 정서적 대응: Q방법론의 적용. 행정논총, 48(3): 25-57.
한종희 (2005). 한국의 신공공관리적 정부개혁과 국가 역할의 전환: 국가공동화인가 아니면 국가 기능의 재확립인가. 정부학연구, 11(1): 131-170.
행정안전부 (2010). 2010년도 지방교부세 산정 해설.
행정안전부 보도자료 (2009a). 경제회복을 위한 부동산교부세 자금 추가 배정.
——(2009b). 2010년부터 지방소비세·지방소득세 도입.
허범 (2012). 도덕, 과학, 그리고 정책의 통합. 한국정책학회 동계학술발표논문집, 419-430.
허철행 (2002). 신관리주의 지방정부혁신의 평가와 전망. 한국정책학회보, 11(3):167-191
헌법재판소 (1994). 토지초과이득세법 제10조 등 위헌소원, 토지초과이득세법 제8조 등 위헌

소원(병합)(1994.7.29. 92헌바49,52(병합) 헌법재판소 전원재판부).
——(2008). 구 종합부동산세법 제5조 등 위헌소원 등(2008.11.13. 2006헌바112, 2007헌바71 · 88 · 94, 2008헌바3 · 62, 2008헌가12(병합) 전원재판부).
——(1997). 의료보험법 제31조 제2항 위헌 확인. 헌법재판소 판례집, 9(2): 817-834.
현선해(2001). 조직 정당성에 대한 제도적 관점과 전략적 관점. 경영학 연구, 30(4): 1063-1092.
홍준형(1999). 위임입법의 한계. 고시계, 12: 26-46.
황성원(2007). 성과관리제도의 수용성 제고 방안에 관한 연구. 한국행정연구원.
황창연(2003). 행정조직문화와 성과관리의 관계. 한국정책학회보, 12(2): 283-320.

국외 문헌

Albert, S. & Whetten, D. A.(1985). Organizational Identity. *Research in Organizational Behavior*, 7: 263-295.

Aldrich, H. E.(1979). *Organization and Environments*. Englewood Cliffs, NJ: Prentice-Hall.

Aldrich, H. E. & Fiol, C. M.(1994). Fools Rush In: The Institutional Context of Industry Creation. *Academy of Management Review*, 19(4): 645-670.

Aldrich, H. E. & Herker, D.(1977). Boundary Spanning Roles and Organization Structure. *Academy of Management Review*, 2(2): 217-230.

Alexander, G.(2001). Institutions, Path Dependence and Democratic Consolidation. *Journal of Theoretical Politics*, 13(3): 249-270.

Archibald, M. E.(2004). Between Isomorphism and Market Partitioning: How Organizational Competencies and Resources Foster Cultural and Sociopolitical Legitimacy and Promote Organizational Survival. *Research in the Sociology of Organizations*, 22: 171-211.

Arnold, E.(2003). "8-Country Study on Governance of Research and Innovation: Implications for Iceland," Technopolis.

Arnold, E. & Boekholt, P.(2003). *Research and Innovation Governance in Eight Countries: A Meta-Analysis of Work Funded by EZ(Netherlands) and RCN(Norways)*. Amsterdam: Technopolis.

Arthur, M. M.(2003). Share Price Reactions to Work-Family Initiatives: An Institutional Perspective. *Academy of Management Journal*, 46(4): 497-505.

Arthur, W. B.(1989). Competing Technologies, Increasing Returns, and Lock-In by Historical Events. *Economic Journal*, 99(394): 116-131.

——(1994). *Increasing Returns and Path Dependence in the Economy.* Ann Arbor: University of Michigan Press.

Ashforth, B. E. & Gibbs, B. W. (1990). The Double-Edge of Organizational Legitimation. *Organization Science,* 1(2): 177-194.

Ashworth, R., Boyne, G., & Delbridge, R. (2009). Escape from the Iron Cage? Organizational Change and Isomorphic Pressures in the Public Sector. *Journal of Public Administration Research and Theory,* 19(1): 165-187.

Asiskovitch, S. (2009). Digging Their Own Graves: Unexpected Consequences of Institutional Design and Welfare State Changes. *Social Policy & Administration,* 43(3): 226-244.

Atvesson, M. (1990). Organizations: From Substance to Image? *Organization Studies,* 11(3): 373-394.

Aurini, J. (2006). Crafting Legitimation Projects: An Institutional Analysis of Private Education Businesses. *Sociological Forum,* 21(1): 83-111.

Bansal, P. & Clelland, I. (2004). Talking Trash: Legitimacy, Impression Management, and Unsystematic Risk in the Context of the Natural Environment. *Academy of Management Journal,* 47(1): 93-103.

Barke, R. P. (2003). Politics and Interests in the Republic of Science. *Minerva,* 41(4): 305-325.

Barley, S. R. (1986). Technology as an Occasion for Structuring: Evidence from Observations of CT Scanners and the Social Order of Radiology Departments. *Administrative Science Quarterly,* 31(1): 78-108.

Barley, S. R. & Tolbert, P. S. (1997). Institutionalization and Structuration: Studying the Links Between Action and Institution. *Organization Studies,* 18(1): 93-117.

Baron, J. N. (2002). Employing Identities in Organizational Ecology. Paper Presented at Conference Commemorating the 25th Anniversary of the Population Ecology of Organizations(Hannan & Freeman, 1977) at Graduate Business School, Stanford University, December, 2002: 1-51.

Barzelay, M. & Gallego, R. (2006). From "New Institutionalism" to "Institutional Processualism": Advancing Knowledge about Public Management Policy Change. *Governance: An International Journal of Policy, Administration, and Institutions,* 19(4): 531-557.

Bates, R., Greif, A., Levi, M., Rosenthal, J. L., & Weingast, B. (1998). *Analytic Narratives.* Princeton, NJ: Princeton University Press.

Baum, J. A. C. & Oliver, C. (1991). Institutional Linkages and Organizational Mortality. *Administrative Science Quarterly*, 36(2): 187-218.

——(1992). Institutional Embeddedness and the Dynamics of Organizational Populations. *American Sociological Review*, 57(4): 540-559.

Baum, J. A. C. & Powell, W. W. (1995). Cultivating an Institutional Ecology of Organizations: Comment on Hannan, Carroll, Dundon, and Torres. *American Sociological Review*, 60(4): 529-538.

Baumgartner, F. R. & Jones, B. D. (1993). *Agendas and Instability in American Politics*. Chicago: University of Chicago Press.

——(2002). *Policy Dynamics*. Chicago: University of Chicago Press.

Beck, N. & Walgenbach, P. (2005). Technical Efficiency or Adaptation to Institutionalized Expectations? The Adoption of ISO 9000 Standards in the German Mechanical Engineering Industry. *Organization Studies*, 26(6): 841-866.

Beckert, J. (1999). Agency, Entrepreneurs, and Institutional Change: The Role of Strategic Choice and Institutionalized Practices in Organizations. *Organization Studies*, 20(5): 777-799.

——(2010). Institutional Isomorphism Revisited: Convergence and Divergence in Institutional Change. *Sociological Theory*, 28(2): 150-166.

Behn, R. D. (2003). Why Measure Performance? Different Purposes Require Different Measures. *Public Administration Review*, 63(5): 586-606.

Beland, D. (2007). Ideas and Institutional Change in Social Security: Conversion, Layering, and Policy Drift. *Social Science Quarterly*, 88(1): 20-38.

Bennett, A. & Elman, C. (2006). Complex Causal Relations and Case Study Methods: The Example of Path Dependence. *Political Analysis*, 14(3): 250-267.

Benoit, L. (1995). *Accounts, Excuses, and Apologies: A Theory of Image Restoration*. Albany: State University of New York Press.

Benson, J. K. (1975). The Interorganizational Network as a Plitical Economy. *Administrative Science Quarterly*, 20(2): 22-249.

Benston, G. J. & Kaufman, G. G. (1988). *Risk and Solvency Regulation of Depositor Institutions: Past Policies and Current Options*. Salomon Brothers Center, Graduate School of Business. New York.: New York University Press.

Berger, P. L. & Luckmann, T. (1966). *The Social Construction of Reality: A Treatise on the Sociology of Knowledge*. New York: Anchor.

——(1967). *The Social Construction of Reality: A Treatise in Sociology of Knowledge*.

New York, Garden City: Double-Day.

Berman, S. (1998). Path Dependency and Political Action—Reexamining Responses to the Depression. *Comparative Politics*, 30(4): 379-400.

Bertelli, A. & Feldmann, S. E. (2007). Strategic Appointments. *Journal of Public Administration Research and Theory*, 17(1): 19-38.

Beverland, M. & Luxton, S. (2005). Managing Integrated Marketing Communication (IMC) through Decoupling: How Luxury Wine Firms Retain Brand Leadership While Appearing to Be Wedded to the Past. *Journal of Advertising*, 34(4): 103-116.

Bevir, M. (2006). Democratic Governance: Systems and Radical Perspectives. *Public Administration Review*, 66(3): 426-436.

Billings, B. A., Buagu, G. N. M., & Moore, J. W. (2004). The Effects of Funding Source and Management Ownership on the Productivity of R&D. *R&D Management*, 34(3): 281-294.

Boas, T. C. (2010). Conceptualizing Continuity and Change: The Composite-Standard Model Of Path Dependence. *Journal of Theoretical Politics*, 19(1): 33-54.

Borum, F. & Westenholz, A. (1995). The Incorporation of Multiple Institutional Models: Organizational Field Multiplicity and the Role of Actors. In W. R. Scott & S. Christensen (eds.). *The Institutional Construction of Organizations: International and Longitudinal Studies*, 113-131. Thousand Oaks, CA: Sage Publications.

Bovaird, T. & Downe, J. (2006) N Generations of Reform in UK Local Government: Compliance and Resistance to Institutional Pressures, *International Public Management Journal*, 9(4): 429-455.

Boxenbaum, E. & Jonsson, S. (2008). Isomorphism, Diffusion and Decoupling. In R. Greenwood, C. Oliver, R. Suddaby, & K. Sahlin-Andersson(eds.). *The Sage Handbook of Organizational Institutionalism*, 78-98. Los Angeles: Sage Publication.

Braun, V. & Clarke, V. (2006). Using Thematic Analysis in Psychology. *Qualitative Research in Psychology*, 3(2): 77-101.

Brown, A. D. (1998). Narrative, Politics and Legitimacy in an IT Implementation. *Journal of Management Studies*, 35(1): 35-58.

Brunsson, N. (1989). *The Organization of Hypocrisy*. Chichester: John Wiley & Sons.

——(1990). Deciding for Responsibility and Legitimation-Alternative Interpretations of Organizational Decision-Making. *Accounting Organizations and Society*, 15(1): 47-59.

——(1993). Ideas and Actions-Justification and Hypocrisy as Alternatives to Control. *Accounting, Organizations and Society*, 18(6): 489-506.

――(1994). Politicization and "Company-Ization" on Institutional Affiliation and Confusion in the Organizational World, *Management Accounting Research*, 5(3): 323-335.
――(2002). *The Organization of Hypocrisy*. Oslo: Abstract Liber.
Burmeister, L. L. (1999). From Parastatal Control to Corporatist Intermediation: The Korean Agricultural Cooperative in Transition. In Dennis L. McNamara(ed.). *Corporatism and Korean Capitalism*, 110. London: Routledge.
Burns, T. & Stalker, G. M. (1961). *The Management of Innovation*. London: Tavistock.
BVerfG (1994). Beschl. v.20.10.1993-2BvC 2/91, NJW 14: 922-926.
Campbell, J. L. (2004). *Globalization and Institutional Change*. Princeton, NJ: Princeton University Press.
Carney, M & Gedajlovic, E. (2002). The Co-Evolution of Institutional Environments and Organizational Strategies: The Rise of Family Groups in the ASEAN Region. *Organizational Studies*, 23(1): 1-29.
Carter, C. A. (2008). Identifying Causality in Public Institutional Change: The Adaptation of the National Assembly for Wales to the European Union. *Public Administration*, 86(2): 345-361.
Casper, S. & Catherine M. (2003). "Institutional Frameworks and Innovation in the German and UK Pharmaceutical Industry," *Research Policy*, 32(10): 1865-1879.
Cattani, G., Ferriani, S., Negro, G., & Perretti, F. (2008). The Structure of Consensus: Network Ties, Legitimation, and Exit Rates of U.S. Feature Film Producer Organizations. *Administrative Science Quarterly*, 53(1): 145-182.
Cawson, A. (1985). Varieties of Corporatism: The Importance of the Meso-Level of Interest Mediation. In Alan Cawson(ed.). *Organizational Interests and the State: Studies in Meso-Corporatism*, 1-21. London: Sage Publications.
Chisholm, D. (1987). Ill-Structured Problems, Informal Mechanism, and the Design of Public Organizations." In Jan-Erik Lane(ed.). *Bureaucracy and Public Choice*. Sage Publications.
――(1995). Problem Solving and Institutional Design. *Journal of Public Administration Research and Theory*, 5(4): 451-492.
Christensen, S. & Molin, J. (1995). Origin and Transformation of Organizations. In R. W. Scott & S. Christensen(eds.). *The Institutional Construction of Organizations: International and Longitudinal Studies*. Thousand Oaks: Sage.
Christensen, S. & Westenholz, A. (1997). The Social/Behavioral Construction of Employees as Strategic Actors on Company Boards of Directors. *American Behavioral Scientist*,

40(4): 490-501.
Claeye, F. & Tjackson, T. (2012). The Iron Cage Re-Revisited: Institutional Isomorphism in Nonprofit Organisations in South Africa. *Journal of International Development*, 24(5): 602-622.
Clark, P. & Mueller, F. (1996). Organizations and Nations: From Universalism to Institutionalism? *British Journal of Management*, 7(2): 125-139.
Clegg, J., Stander, P., & Jones, G. (1996). Striking the Balance: A Grounded Theory Analysis of Staff Perspectives. *British Journal of Clinical Psychology*, 35(2): 249-264.
Clemens, E. S. & Cook, J. M. (1999). Politics and Institutionalism: Explaining Durability and Change. *Annual Review of Sociology*, 25: 441-466.
Collier, R. B. & Collier, D. (1979). Inducements Versus Constraints: Disaggregating "Corporatism". *American Political Science Review*, 73(4): 967-986.
——(1991). *Shaping the Political Arena*. Princeton, NJ: Princeton University Press.
——(2002). *Shaping the Political Arena: Critical Junctures, the Labour Movement and Regime Dynamics in Latin America*(2nd ed.). Princeton, NJ: Princeton University Press.
Colomy, P. (1998). Neofunctionalism and Neoinstitutionalism: Human Agency and Interest in Institutional Change. *Sociological Forum*, 13(2): 265-300.
Cook, K. S. & Whitmeyer, J. M. (1992). Two Approaches to Social Structure: Exchange Theory and Network Analysis. *Annual Review of Sociology*, 18: 109-127.
Corbin, J. & Strauss, A. (2008). *Basics of Qualitative Research: Techniques and Procesures for Developing Grounded Theory*(3rd ed.). LA: Sage.
Covaleski, M. A. & Dirsmith. M. W. (1988) An Institutional Perspective on the Rise, Social Transformation, and Fall of a University Budget Category. *Administrative Science Quarterly*, 33(4): 562-587.
Covaleski, M. A., Dirsmith, M. W., & Rittenberg, L. (2003). Jurisdictional Disputes over Professional Work: The Institutionalization of the Global Knowledge Expert. *Accounting, Organizations and Society*, 28(4): 323-355.
Cox, G. W. & McCubbins, M. D. (2007). *Legislative Leviathan: Party Government in the House*. Cambrige: Cambridge University Press.
Cox, R. (2004). The Path-Dependency of an Idea: Why Scandinavian Welfare States Remain Distinct. *Social Policy and Administration*, 38(2): 204-219.
Crawford, S. E. S. & Ostrom, E. (1995). A Grammar of Institutions. *American Political Science Review*, 89(3): 582-600.

Crook, C. & Kumar, R. (1998). Electronic Data Interchange: A Multi-Industry Investigation Using Grounded Theory. *Information & Management*, 34(2): 75-89.

Crouch, C. & Farrell, H. (2004) Breaking the Path of Institutional Development? Alternatives to the New Determinism. *Rationality and Society*, 16(1): 5-43.

Crow, M. & Bozeman, B. (1987). R&D Laboratory Classification and Public Policy: The Effects of Environmental Context on Laboratory Behavior. *Research Policy*, 16(5): 229-258.

Cyert, R. M. & March, J. G. (1963). *The Behavioral Theory of the Firm*. Englewood Cliffs, NJ: Prentice-Hall.

D'Aunno, T., Succi, M., & Alexander, J. A. (2000). The Role of Institutional and Market Forces in Divergent Organizational Change. *Administrative Science Quarterly*, 45(4): 679-703.

D'Aunno, T., Sutton, R. I., & Price R. H. (1991). Isomorphism and External Support in Conflicting Institutional Environments: A Study of Drag Abuse Treatment Units. *Academy of Management Journal*, 34(3): 636-661.

Dacin, M. T. (1997). Isomorphism in Context: The Power and Prescription of Institutional Norms. *Academy of Management Journal*, 40(1): 46-81.

Daft, R. L. & Weick, K. E. (1984). Toward a Model of Organizations as Interpretation Systems. *Academy of Management Review*, 9(2): 284-295.

David, P. A. (1985) Clio and the Economics of QWERTY, *American Economic Review*, 75(2): 332-337.

De La Mothe, J. (2001). Knowledge, Politics and Governance. In J. De La Mothe(ed.). *Science, Technology and Governance*, 3-13. London: Continuum.

Deci, E. (1971). Effects of Externally Mediated Rewards on Intrinsic Motivation. *Journal of Personality and Social Psychology*, 18(1): 105-115.

Deci, E & Ryan, R. (2000). Self-Determination Theory and the Facilitation of Intrinsic Motivation, Social Development, and Well-Being. *American Psychologist*, 55(1): 68-78.

Deeg, R. (2005). Change from within: German and Italian Finance in the 1990s. In W. Streeck & K. Thelen(eds.). *Beyond Continuity: Institutional Change in Advanced Political Economies*, 169-202. New York: Oxford University Press.

Deephouse, D. L. (1999). To Be Different, or To Be the Same? It's a Question (and Theory) of Strategic Balance. *Strategic Management Journal*, 20(2): 147-166.

Deephouse, D. L. & Suchman, M. (2008). Legitimacy in Organizational Institutionalism. In R. Greenwood, C. Oliver, R. Suddaby, & K. Sahlin-Andersson(eds.). *The Sage*

Handbook of Organizational Institutionalism. Los Angeles: Sage.

DiMaggio, P. J. (1983). State Expansion and Organizational Fields. In R. H. Hall & R. E. Quinn (eds). *Organizational theory and Public Policy*: 147-161. Beverly Hills, CA: Sage.

——(1986). Structural Analysis of Organizational Fields: A Blockmodel Approach. In Staw, B. M & L. L. Cummings(eds.). *Research in Organizational Behavior*, 335-370, Greenwich, Connecticut: JAL Press.

——(1988). Interest and Agency in Institutional Theory. In L. G. Zuker(ed.). *Institutional Patterns and Organizations*, 3-21. Cambridge, Massachusetts: Ballinger Publishing Company.

——(1991a). Introduction. In W. W. Powell & P. J. DiMaggio(eds.). *The New Institutionalism in Organizational Analysis*, 1-38. Chicago: The University of Chicago Press.

——(1991b). The Iron Cage Revisited: Institutional Isomorphism and Collective Rationality in Organizational Fields. In W. W. Powell & P. J. DiMaggio(eds.). *The New Institutionalism in Organizational Analysis*, 63-82. Chicago, IL: University of Chicago Press.

——(1991c). *The New Institutionalism in Organizational Analysis*. Chicago, IL: University of Chicago Press.

——(1991d). Constructing an Organizational Field as a Professional Project: U.S. Art Museums, 1920-1940. In W. W. Powell & P. J. DiMaggio(eds.). *The New Institutionalism in Organizational Analysis*, 267-292. Chicago: The University of Chicago Press.

——(1998). The New Institutionalisms: Avenues of Collaboration. *Journal of Institutional and Theoretical Economics*, 154(4): 696-705.

DiMaggio, P. J. & Powell, W. W. (1983). The Iron Cage Revisited: Institutional Isomorphism and Collective Rationality in Organizational Fields. *American Sociological Review*, 48(2): 147-160.

Djelic, M. L. (1998). *Exporting the American Model. The Postwar Transformation of European Business*. Oxford, UK: Oxford University Press.

Djelic, M. L. & Quack, S. (2003). *Globalization and Institutions: Redefining the Rules of the Economic Game*. Cheltenham, UK: Edward Elgar.

Dobbin, F. (1994). *Forging Industrial Policy: The United States, Britain and France in the Railway Age*. New York: Cambridge University Press.

Dovi, S. (2001). Making the World Safe for Hypocrisy. *Polity*, 34(1): 3-30.

Dowling, J. & Pfeffer, J. (1975). Organizational Legitimacy: Social Values and Organizational Behavior. *Pacific Sociological Review*, 18(1): 122-136.

Drori, I. & Honig, B. (2013). A Process Model of Internal and External Legitimacy. *Organization Studies*, 34(3): 345-376.

Duit, A. (2007). Path Dependency and Institutional Change: The Case of Industrial Emission Control in Sweden. *Public Administration*, 85(4): 1097-1118.

Dunn, W. N. (1981). *Public Policy Analysis: An Introduction*. Englewood Cliffs, N.J.: Prentice-Hall, Inc.

Durkheim, E. (1997 (originally in 1893)). *The Division of Labor in Society*: Free Press.

Dutton, J. & Dukerich, J. (1991). Keeping an Eye on the Mirror: Image and Identity in Organizational Adaptation. *Academy of Management Journal*, 34(3): 517-554.

Easton, D. (1975). A Re-Assment of the Concept of Political Support. *British Journal of Political Science*, 5(04): 435-457.

Edelman, L. B. (1992). Legal Ambiguity and Symbolic Structures: Organizational Mediation of Civil Rights Law. *American Journal of Sociology*, 97(6): 1531-1576.

Edelman, M. (1971). *Politics as Symbolic Action: Mass Arousal and Quiescence*. Chicago: Markham Publishing Company.

Edinger, F. (1992). *Wahl und Besetzung Parlamentarischer Gremien: Präsidium, Ältestenrat, Ausschüsse*. Berin: Duncker & Humblot.

Elder, C. D. & Cobb, R. W. (1983). *The Political Uses of Symbols*. New York & London: Longman.

Ellis, D. (1993). Modeling the Information-Seeking Patterns of Academic Researchers: A Grounded Theory Approach. *Library Quarterly*, 63(4): 469-486.

Elsabeth, K. D. (1994). Managing Organizational Legitimacy in the California Cattle Industry: The Construction and Effectiveness of Verbal Accounts. *Administrative Science Quarterly*, 39(1): 57-88.

Elsabeth, K. D. & Sutton, R. I. (1992). Acquiring Organizational Legitimacy Through Ilegitimate Sections. *Academy of Management Journal*, 35(4): 699-738.

Emerson, R. M. (1962). Power-Dependence Relations. *American Journal of Sociology*, 27(1): 31-41.

Emrich, C. G., Brower, H. H., Feldman, J. M., & Garland, H. (2001). Images In Words: Presidential Rhetoric, Charisma, and Greatness. *Administrative Science Quarterly*, 46(3): 527-557.

Esman, M. J. & Uphoff, N. T. (1984). *Local Organizations: Intermediaries in Rural Development*. Ithaca: Cornell University Press.

Evans, P., Rueschmeyer, D., & Skocpol, T. (1985). *Bringing the State Back In*. Cambridge: Cambridge University Press.

Farrell, H. & Héritier, A. (2003). Formal and Informal Institutions Under Codecision: Continuous Constitution-Building in Europe. *Governance: An International Journal of Policy, Administration, and Institutions*, 16(4): 577-600.

Fenno, R. F. (1973). *Congressmen in Committees*. Boston: Little Brown.

Fernandes, R. & Simon, H. A. (1999). A Study of How Individuals Solve Complex and Ill-Structured Problems. *Policy Sciences*, 32(3): 225-245.

Finkelstein, S. (1992). Power in Top Management Teams: Dimensions, Measurement, and Validation. *Academy of Management Journal*, 35(3): 505-538.

Fischer, F. (2003). *Reframing Public Policy: Discursive Politics and Deliberative Practices*: Oxford University Press.

Fiss, P. C. & Zajac, E. J. (2006). The Symbolic Management of Strategic Change: Sensegiving via Framing and Decoupling. *Academy of Management Journal*, 49(6): 1173-1193.

Fligstein, N. (1996). Markets as Politics: A Political-Cultural Approach to Market Institutions. *American Sociological Review*, 61(4): 656-673.

——(1997). Social Skill and Institutional theory. *American Behavioral Scientist*, 40(4): 397-405.

Forssell, A. & Jansson, D. (1996). The Logic of Organizational Transformation: On the Conversion of Non-Business Organizations. In B. Czarniawska & G. Sevón(eds.). *Translating Organizational Change*, 93-115. New York: Walter de Gruyter.

Friedland, R. & Alford, R. R. (1991). Brining Society Back In: Symbols, Practices, and Institutional Contradictions. In W. W. Powell & P. J. DiMaggio(eds.). *The New Institutionalism in Organizational Analysis*, 232-263. Chicago: The University of Chicago Press.

Frost, H. (1970). Rechtsgestalt und Funktion der Parlamentsausschüsse. *Archiv des öffentlichen Rechts*, 95: 38-85.

Frumkin, P. & Galaskiewicz, J. (2004). Institutional Isomorphism and Public Sector Organizations. *Journal of Public Administration Research and Theory*, 14(3): 283-307.

Galaskiewicz, J. & Burt, R. S. (1991). Interorganizational Contagion in Corporate Philantropy. *Administrative Science Quarterly*, 36(1): 88-105.

Galaskiewicz, J. & Wasserman, S. (1989). Mimetic Processes within an Interorganizational Field: An Empirical Test. *Administrative Science Quarterly*, 34(3): 454-479.

Gallagher, M. (1988a). Indroduction. In M. Gallagher & M. Marsh(eds.). *Candidate Selection in Comparative Perspective: The Secret Garden of Politics*, 1-19. London: Sage.

——(1988b). Conclusion. In M. Gallagher & M. Marsh(eds.). *Candidate Selection in Comparative Perspective: The Secret Garden of Politics*, 236-281. London: Sage.

Garud, R., Jain, S. & Kumaraswamy, A. (2002). Institutional Entrepreneurship in the Sponsorship of Common Technological Standards: The Case of Sun Microsystems and Java. *Academy of Management Journal*, 45(1): 196-213.

Gaventa, J. (1980). *Power and Powerlessness: Quiescence and Rebellion in an Appalachian Valley*. Urbana: University of Illinois Press.

George, E., Chattopadhyay, P., & Sitkin, S. B. (2006). Cognitive Underpinnings of Institutional Persistence and Change: A Framing Perspective. *Academy of Management Review*, 31(2): 347-365.

Gephart, R. P. (1993). The Textual Approach: Risk and Blame in Disaster Sensemaking. *Academy of Management Journal*, 36(6): 1465-1514.

Gioia, D. A. & Thomas, J. B. (1996). Identity, Image and Issue Interpretation: Sense-Making during Strategic Change in Academia. *Administrative Science Quarterly*, 41(3): 370-403.

Glaser, B. (1978). *Theoretical Sensitivity*. CA: The Sociology Press.

——(2004). Remodeling Rounded Theory. *Qualitative Social Research*, 5(2).

Goffman, E. (1973). *The Presentation of Self in Everyday Life*. Woodstock, NY: Overlook Press.

——(1983). The Interaction Order. *American Sociological Review*, 48(1): 1-17.

Golant, B. D. & Sillince, J. A. (2007). The Constitution of Organizational Legitimacy: A Narrative Perspective. *Organization Studies*, 28(8): 1149-1167.

Goodin, R. E. (1996). Institutions and Their Design. In Robert E. Goodin(eds.). *The Theory of Institutional Design*. New York: Cambridge University Press.

——(2000). Institutional Gaming. *Governance: An International Journal of Policy, Administration, and Institutions*, 13(4): 523-533.

Goodrick, E. & Salancik, G. R. (1996). Organizational Discretion in Responding to Institutional Practices: Hospitals and Cesarean Births. *Administrative Science Quarterly*, 41(1): 1-28.

Goodstein, J. D. (1994). Institutional Pressures and Strategic Responsiveness: Employer Involvement in Work-Family Issues. *Academy of Management Journal*, 37(2): 350-382.

Goulding, C. (2002). *Grounded Theory: A Practical Guide for Management, Business and Market Researchers*. London: Sage.

Granovetter, M. S. (1985). Economic Action and Social Structure: The Problem of Embeddedness. *American Journal of Sociology*, 91(3): 481-510.

Grant, R. W. (1997). *Hypocrisy and Integrity: Machiavelli, Rousseau, and the Ethics of Politics*. Chicago: University of Chicago Press.

Greenwood, R. & Hinings, C. R. (1996). Understanding Radical Organizational Change: Bringing Together the Old and the New Institutionalism. *Academy of Management Review*, 21(4): 1022-1054.

Greenwood, R., Oliver, C., Suddaby, R., & Sahlin-Andersson, K.(eds.) (2008). *The Sage Handbook of Organizational Institutionalism*. Los Angeles: Sage.

Greenwood, R., Suddaby, R. & Hinings, C. R. (2002). Theorizing Change: The Role of Professional Associations in the Transformation of Institutionalized Fields. *Academy of Management Journal*, 45(1): 58-79.

Greve, H. R. (1996). Patterns of Competition: The Diffusion of a Market Position in Radio Broadcasting. *Administrative Science Quarterly*, 41(1): 29-60.

——(1998). Managerial Cognition and the Mimetic Adoption of Market Positions: What You See Is What You Do. *Strategic Management Journal*, 19(10): 967-988.

Grief, A. & Laitin, D. D. (2004). A Theory of Endogenous Institutional Change. *The American Political Science Review*, 98(4): 633-652.

Guillen, M. F. (2001). *The Limits of Convergence. Globalization and Organizational Change in Argentina, South Korea, and Spain*. Princeton, NJ: Princeton University Press.

Gupta, P. P., Dirsmith, M. W., & Fogarty, T. J. (1994). Coordination and Control in a Government Agency: Contingency and Institutional Theory Perspectives on GAO Audits. *Administrative Science Quarterly*, 39(2): 264-284.

Hacker, J. S. (2004). Privatizing Risk without Privatizing the Welfare State: The Hidden Politics of Social Policy Retrenchment in the United States. *American Political Science Review*, 98(2): 243-260.

Hall, P. A. (1986). *Governing the Economy: The Politics of State Intervention in Britain and France*. Oxford and New York: Oxford University Press.

——(1993). Policy Paradigms, Social Learning, and the State: The Case of Economic

Policy Making in Britain. *Comparative Politics*, 25(3): 275-296.

——(2010). Historical Institutionalism in Rationalist and Sociological Perspective. In J. Mahoney & K. Thelen(eds.). *Explaining Institutional Change. Ambiguity, Agency, and Power*. Cambridge University Press.

Hall, P. A. & Taylor, R. C. R. (1996). Political Science and the Three New Institutionalism. *Political Studies*, 44(5): 936-957.

Hannan, M. T. & Carroll, G. R. (1992). *Dynamis of Organizational Populations: Density, Legitimation, and Competition*. New York: Oxford University Press.

Hannan, M. T. & Freeman, J. (1977). The Population Ecology of Organizations. *American Journal of Sociology*, 82(5): 929-964.

——(1989). *Organizational Ecology*. Cambridge, MA: Harvard University Press.

Hardin. R. (1982). *Collective Action*. Baltimore: Johns Hopkins University Press.

Hardy, C. & Maguire, S. (2008). Institutional Entrepreneurship. In R. Greenwood, C. Oliver, K. Sahlin, & R. Suddaby(eds.). *The Sage Handbook of Organizational Institutionalism*, 198-217, Los Angeles: Sage.

Haunschild, P. R. (1993). Interorganizational Imitation: The Impact of Interlocks on Corporate Acquisition Activity. *Administrative Science Quarterly*, 38(4): 564-592.

Haveman, H. A. (1993). Follow the Leader: Mimetic Isomorphism and Entry into New Markets. *Administrative Science Quarterly*, 38(4): 593-627,

Hay, C. (2011). Interpreting Interpretivism: The New Hermeneutics of Public Administration. *Public Administration*, 89(1): 167-182.

Hazan, R. Y. & Rahat, G. (2006). The Influence of Candidate Selection Methods on Legislatures and Legislators: Theoretical Propositions, Methodological Suggestions and Empirical Evidence. *The Journal of Legislative Studies*, 12(3-4): 366-385.

Heimer, C. A. (1999). Competing Institutions: Law, Medicine, and Family in Neonatal Intensive Care. *Law and Society Review*, 33(1): 17-66.

Herman, E. S. & Chomsky, N. (2002). *Manufacturing Consent: The Political Economy of the Mass Media*. New York: Pantheon Books.

Hillebrand, B., Nijholt, J., & Nijssen, E. (2011). Exploring CRM Effectiveness: an Institutional Theory Perspective. *Journal of the Academy of Marketing Science*, 39(4): 592-608.

Hirsch, P. M. (1972). Processing Fads and Fashions: An Organization-Set Analysis of Cultural Industry Systems. *American Journal of Sociology*, 77(4): 639-659.

Hirsch, P. M. & Lounsbury, M. (1997). Ending the Family Quarrel. *American Behavioral*

Scientist, 40(4): 406-418.

Hogg, M. A. & Terry, D. J. (2000). Social Identity and Self-Categorization Processes in Organizational Contexts. *Academy of Management Review*, 25(1): 121-140.

Hood, C. (1995). The 'New Public Management' in the 1980s: Variations on a Theme. *Accounting, Organizations and Society*, 20(2/3): 93-109.

——(2000). Paradoxes of Public-Sector Managerialism, Old Public Management, and Public Service Bargains. *International Public Management Journal*, 3(1): 1-22.

Hsieh, H. F. & Shannon, S. E. (2005). Three Approaches to Qualitative Content Analysis. *Qualitative Health Research*, 15(9).

Hult, K. (2003). Environmental Perspectives on Public Institutions. In B. G. Peters & J. Pierre(eds.). *Handbook of Public Administration*, 149-159. London: Sage Publications.

Hung, S. & Wittington, R. (1997). Strategies and Institutions: A Pluralistic Account of Strategies in Taiwanese Computer Industry. *Organization Studies*, 18(4): 551-575.

Huzzard, T. & Östergren, K. (2002). When Norms Collide: Learning under Organizational Hypocrisy. *British Journal of Management*, 13(S2): 47-59.

Ikenberry, G. J. (1988). Conclusion: An Institutional Approach to American Foreign Economic Policy. *International Organization*, 42(1): 219-243.

Immergut, E. M. (1998). The Theoretical Core of the New Institutionalism. *Politics and Society*, 26(1): 5-34.

Immergut, E. M. & Anderson, K. M. (2008). Historical Institutionalism and West European Politics. *West European Politics*, 31(1-2): 345-369.

Ingram, P. (1998). Changing the Rules: Interests, Organizations, and Institutional Change in the U.S. Hospitality Industry. In M. C. Brinton & V. Nee (eds.), *The New Institutionalism in Sociology*, 258-276. Stanford, California: Stanford University Press.

Ingram, P. & Clay, K. (2000). The Choice-Within-Constraints New Institutionalism and Implications for Sociology. *Annual Review of Sociology*, 26: 525-546.

Ingram, P. & Rao, H. (2004). Store Wars: The Enactment and Repeal of Anti-Chain Legislation in the United States. *American Journal of Sociology*, 110(2): 446-487.

Ingram, P. & Simons, T. (1995). Institutional and Resource Dependence Determinants of Responsiveness to Work-Family Issues. *Academy of Management Journal*, 38(5): 1466-1482.

Isabella, L. (1990). Evolving Interpretation as Change Unfolds: How Mnagers Construe Key Organizational Events. *Academy of Management Journal*, 33(1): 7-41.

Ismayr, W. (2000). *Der Deutsche Bundestag im Politischen System der Bundesrepublik*

Deutschland. Opladen: Leske+Budrich.

Jepperson, R. L. (1991). Institutions, Institutional Effects, and Institutionalization. In W. W. Powell & P. J. DiMaggio(eds.). *The New Institutionalism in Organizational Analysis,* 143-163. Chicago: The University of Chicago Press.

Jesch, D. (1968). *Gesetz und Verwaltung.* Tübingen: Mohr.

Johansson, P. Z. (2007). Legitimacy Lost and Back to Normality: Scandals in the Public Sector: The Swedish Case. *Electronic Journal of Business Ethics and Organization Studies,* 12(2): 24-31.

Johnson, C. (2004). Introduction: Legitimacy Processes in Organizations. In C. Johnson (ed.), *Research in the Sociology of Organizations,* 22: 1-24. Amsterdam: Elsevier JAI.

Johnson, C., Dowd, T. J., & Ridgeway, C. L. (2006). Legitimacy as a Social Process. *Annual Review of Sociology,* 32: 53-78.

Joly, P. B. & Mangematin, V. (1996). Profile of Public Laboratories, Industrial Partnerships and Organization of R&D: The Dynamics of Industrial Relationships in a Large Research Organization. *Research Policy,* 25(6): 901-922.

Jones, B. D., Baumgartner, F. R., & True, J. L. (1998). Policy Punctuations: US Budget Authority, 1947-1995. *The Journal of Politics,* 60(1): 1-33.

Jones, B. D., Sulkin, T., & Larsen, H. A. (2003). Policy Punctuations in American Political Institutions. *American Political Science Review,* 97(1): 151-170.

Jonsson, S. (2003). Trickle-Up and Trickle-Down: Institutionalized Norms and the Spread of New Ideas. Academy of Management Best Paper Proceedings 2003.

Kalev, A., Dobbin, F., & Kelly, E. (2006). Best Practices or Best Guesses? Diversity Management and the Remediation of Inequality. *American Sociological Review,* 71(4): 589-917.

Karnøe, P. (1995). Institutional Interpretations and Explanations of Differences in American and Danish Approaches to Innovation. In W. R. Scott & S. Christensen(eds.). *The Institutional Construction of Organizations: International and Longitudinal Studies,* 243-276. Thousand Oaks, CA: Sage Publications.

——(1997). Only in Social Action! *American Behavioral Scientist,* 40(4): 444-453.

Kay, A. (2005). A Critique of the Use of Path Dependency in Policy Studies. *Public Administration,* 83(3): 553-571.

Kettl, D. F. (2000). The Transformation of Governance: Globalization, Devolution, and the Role of Government. *Public Administration Review,* 60(6): 488-497.

Klein, K. J., Tosi, H., & Cannella, Jr. A. A. (1999). Multilevel Theory Building: Benefits,

Barriers, and New Developments. *Academy of Management Review*, 24(2): 243-248.
Kohn, A. (1993). *Punished by Rewards*. Boston: Houghton Mifflin.
Kondra, A. Z. & Hinings, C. R. (1998). Organizational Diversity and Change in Institutional Theory. *Organization Studies*, 19(5): 743-767.
Koremenos, B., Lipson, C., & Snidal, D. (2003). *The Rational Design of International Istitutions*. New York: Cambridge University Press.
Korpi, W. (2001). Contentious Institutions: An Augmented Rational-Action Analysis of the Origins and Path Dependency of Welfare State Institutions in Western Countries. *Rationality and Society*, 13(2): 235-283.
Kostova, T. & Roth, K. (2002). Adoption of an Organizational Practice by Subsidiaries of Multinational Corporations: Institutional and Relational Effects. *Academy of Management Journal*, 45(1): 215-233.
Kraatz, M. S. & Zajac, E. J. (1996). Exploring the Limits of the New Institutionalism: The Causes and Consequences of Illegitimate Organizational Change. *American Sociological Review*, 61(5): 812-836.
Krasner, S. D. (1984). Approaches to the State: Alternative Conceptions and Historical Dynamics. *Comparative Politics*, 16(2): 223-246.
——(1988). Sovereignty: an Institutional Perspective. *Comparative Political Studies*, 21(1): 66-94.
Kremer, K. (1992). *Kandidatur zum Bundestag: Der Weg ins Parlament*. Heidelberg: Decker & Müller.
Kwon, H. W. (2012). Daechuri as Symbolic Battleground: Failure to Integrate Divergent Frames for Conflict Interpretation. *The Korean Journal of Policy Studies*, 27(3): 27-45.
Landau, D., Drori, I., & Tejesen, S. (2014). Multiple Legitimacy Narratives and Planned Organizational Change. *Human Relations*, 67(11): 1321-1345.
Lapsley, I. & Pallot, J. (2000). Accounting, Management and Organizational Change: A Comparative Study of Local Government. *Management Accounting Research*, 11(2): 213-229.
Laredo, P. & Mustar, P. (2004). Public Sector Research: A Growing Role in Innovation Systems. *Minerva*, 42(1): 11-27.
Lawrence, T. B. (1999). Institutional Strategy. *Journal of Management*, 25(2): 161-188.
——(2008). Power, Institutions and Organizations. In R. Greenwood, C. Oliver, K. Sahlin, & R. Suddaby(eds.). *The Sage Handbook of Organizational Institutionalism*, 170-197. Los Angeles: Sage.

Lawrence, T. B. & Dover, G. (2015). Place and Institutional Work: Creating Housing for the Hard-to-House. *Administrative Science Quarterly*, 60(3): 371-410.

Lawrence, T. B. & Suddaby, R. (2006). Institutions and Institutional Work. In S. R. Clegg, C. Hardy, T. B. Lawrence, & W. R. Nords (eds.). *Handbook of Organization Studies*, (2nd ed.), 215-254. London: Sage.

Lawrence, T. B., Suddaby, R., & Leca, B. (2009). Introduction: Theorizing and Studying Institutional Work. In T. B. Lawrence, R. Suddaby, & B. Leca(eds.). *Institutional Work: Actors and Agency in Institutional Studies of Organizations*, 1-27. Cambridge, UK: Cambridge University Press.

——(2011). Institutional Work: Refocusing Institutional Studies of Organization. *Journal of Management Inquiry*, 20(1): 52-58.

Lazarus, R. (1991). Emotion and Adaption. In J. M. Jenkins, K. Oatley, & N. Stein (eds.). *Human Emotions*. NY: Oxford University Press.

Lazear, E. (1996). *Personnel Economics for Managers*. Mass: MIT.

Lecours, A. (ed.) (2005). *New Institutionalism: Theory and Analysis*. Toronto: University of Toronto Press.

Lee, A. S. (1991). Integrating Positivist and Interpretive Approaches to Organizational Research. *Organization Science*, 2(4): 342-365.

Lehmbruch, G. (1982). Introduction: Neo-Corporatism in Comparative Perspective. In G. Lehmbruch & Philippe C. Schmitter(eds.). *Patterns of Corporatist Policy Making*, 1-28. London: Sage Publications.

——(1984). Concertation and the Structure of Corporatist Network. In J. H. Goldthorpe(ed.). *Order and Conflict in Contemporary Capitalism*. Oxford: Clarendon Press.

Lenski, S. C. (2011). *Parteiengesetz und Rechte der Kandidatenaufstellung*. Baden-Baden: Nomos.

Lervik, J. E., Amdam, R. P., Lunnan, R., & Traavik, L. M. (2000). *Organizational Recipes and Management Practice in Multinational Corporations*. Paper Presented at the EGOS Conference, Helsinki 2-4, July 2000.

Levi, M. (1997). A Model, a Method, and a Map: Rational Choice in Comparative and Historical Analysis. In M. I. Lichbach & A. S. Zuckerman (eds.). *Comparative Politics: Rationality, Culture, and Structure*, 19-41. Cambridge: Cambridge University Press.

——(2009). A Model, a Method and a Map: Rational Choice in Comparative and Historical Analysis. In M. Lichbach & A. S. Zuckerman(eds.). *Comparative Politics:*

Rationality, Culture, and Structure(2nd ed.), 19-41. New York: Cambridge University Press.

Levitt, B. & Nass, C. (1989). The Lid on the Garbage Can: Institutional Constraints on Decision Making in the Technical Core of College-Text Publishers. *Administrative Science Quarterly*, 34(2): 190-207.

Lichbach, M. I. & Zuckerman, A. S. (1997). *Comparative Politics: Rationality, Culture, and Structure*. Cambridge, UK: Cambridge University Press.

Lieberman, R. C. (2002). Ideas, Institutions, and Political Order: Explaining Political Change. *American Political Science Review*, 96(4): 697-712.

Lindblom, C. E. (1959). The Science of "Muddling Through." *Public Administration Review*, 19(2): 79-88.

Lipson, M. (2006). *Dilemmas of Global Governance: Organized Hypocrisy and International Organization*. Paper Prepared for Presentation at the Annual Meeting of the Canadian Political Science Association, Toronto, Ontarion, June 1-3, 2006.

Locke, E. (1982). Employe Motivation: a Discussion. *Journal of Contemporary Business*, 11(2): 71-81.

Locke, K. (2007). *Grounded Theory in Management Research* (3rd ed.). LA: Sage.

Lodge, M. & Wegrich, K. (2005). Control over Government: Institutional Isomorphism and Governance Dynamics in German Public Administration. *Policy Studies Journal*, 33(2): 213-233.

Lofland, J. (1985). *Protest: Studies of Collective Behavior and Social Movements*. NJ: Transaction Books.

Lounsbury, M. (2001). Institutional Sources of Practice Variation: Staffing College and University Recycling Programs. *Administrative Science Quarterly*, 46(1): 29-56.

——(2002). Institutional Transformation and Status Mobility: The Professionalization of the Field of Finance. *Academy of Management Journal*, 45(1): 255-266.

——(2007). A Tale of Two Cities: Competing Logics and Practice Variation in the Professionalizing of Mutual Funds. *Academy of Management Journal*, 50(2): 289-307.

Mager, U. (1995). Die Kontrolle der Innerparteilichen Kandidatenaufstellung im Wahlprüfungsverfahren. *Die Öffentliche Verwaltung*, 1: 9-15.

Maguire, S., Hardy, C., & Lawrence, T. (2004). Institutional Entrepreneurship in Emerging Fields: HIV/AIDS Treatment Advocacy in Canada. *Academy of Management Journal*, 47(5): 657-679.

Mahoney, J. (2000). Path Dependence in Historical Sociology. *Theory and Society*, 29(4):

507-548.

Mahoney, J. & Thelen, K. (2010a). *Explaining Institutional Change. Ambiguity, Agency, and Power.* Cambridge University Press.

——(2010b). A Theory of Gradual Institutional Change. In J. Mahoney & K. Thelen(eds.). *Explaining Institutional Change. Ambiguity, Agency, and Power*, 1-37. Cambridge University Press.

Maman, D. (2006). Diffusion and Translation: Business Groups in the New Israeli Corporate Law. *Sociological Perspectives*, 49(1): 115-135.

March, J. G. (1966). The Power of Power. In D. Easton(ed.). *Varieties of Political Theory*, 116-149. New York: Prentice-Hall.

March, J. G. & Olsen, J. P. (1976). *Ambiguity and Choice in Organizations.* Bergen: Universitetsforlaget.

——(1984). The New Institutionalism: Organizational Factors in Political Life. *American Political Science Review*, 78(3): 738-749.

——(1989). *Rediscovering Institutions: The Organizational Basis of Politics.* New York: Free Press.

Mayes, D. G. (2004). *Getting the Best out of Basel II for the European Banking System.* The New Basel Capital Accord and the Future of the European Financial System, *CEPS Task Force Report* No. 51, 64-70, CEPS, Brussels.

Mayes, D. G., Nieto, M., & Wall, L. (2008). Multiple Safety Net Regulators and Agency Problems in the EU: Is Prompt Corrective Action Partly the Solution?. *Journal of Financial Stability*, 4(3): 232-257.

Mayhew, D. R. (1974). *Congress: The Electoral Connection.* New Haven: Yale University Press.

McCarty, N. (2000). Proposal Rights, Veto Rights, and Political Bargaining. *American Journal of Political Science*, 44(3): 506-522.

McKay, R. B. (2001). Organizational Responses to an Environmental Bill of Rights. *Organizational Studies*, 22(4): 625-658.

Merton, R.K.(ed.)(1973). *The Sociology of Science: Theoretical and Empirical Investigations.* Chicago and London: The University of Chicago Press (석현호 외 역 (1998). 「과학사회학 I, II」. 서울: 민음사).

Meyer, J. W. (2009). *World Society. Oxford.* UK: Oxford University Press.

Meyer, J. W., Boli, J., Thomas, G., & Ramirez, F. (1997). World Society and the Nation State. *American Journal of Sociology*, 103(1): 144-181.

Meyer, J. W. & Jepperson, R.(2000). The 'Actors' of Modern Society: The Cultural Construction of Social Agency. *Sociological Theory*, 18(1): 100-120.

Meyer, J. W. & Rowan, B.(1977). Institutionalized Organizations: Formal Structure as Myth and Ceremony. *American Journal of Sociology*, 83(2): 340-363.

——(1978). The Structure of Educational Organizations. In J. W. Meyer, W. R. Scott, B. Rowan, & T. E. Deal(eds.). *Environments and Organizations*, 78-109. San Francisco, CA: Jossey-Bass.

——(1991). Institutionalized Organizations: Formal Structure as Myth and Ceremony. In W. W. Powell & P. J. DiMaggio(eds.). *The New Institutionalism in Organizational Analysis*, 41-62. Chicago: The University of Chicago Press.

Meyer, J. W. & Scott, W. R.(1983). *Organizational Environments: Ritual and Rationality*. Beverly Hills, CA: Sage.

Meyer, J. W., Scott, W. R., & Deal, T. E.(1983). Institutional and Technical Sources of Organizational Structure: Explaining the Structure of Educational Organizations. In J. W. Meyer & W. R. Scott(eds.). *Organizational Environments: Ritual and Rationality*, 45-67. Beverly Hills, CA: Sage.

Meyer. J. W., Scott, W, R. & Strang, D.(1987). Centralization, Fragmentation, and School District Complexity. *Administrative Science Quarterly*, 32(2): 186-202.

Mezias, S. J.(1990). An Institutional Model of Organizational Practice: Financial Reporting at the Fortune 200. *Administrative Science Quarterly*, 35(3): 431-457.

Milkovich, G. & Wigdor, A.(1991). *Pay for Performance: Evaluating Performance Appraisal and Merit Pay*. Washington, D.C.: National Academy Press.

Miller, J.(2008). The Ongoing Legitimacy Project: Corporate Philanthropy as Protective Strategy. *European Management Review*, 5(3): 151-164.

Minich, D. J.(2003). Corporatism and Income Inequality in the Global Economy: A Panel Study of 17 OECD Countries. *European Journal of Political Research*, 42(1): 23-53.

Mitchell, R. B. & Keilbach, P. M.(2001). Situation Structure and Institutional Design: Reciprocity, Coercion, and Exchange. *International Organization*, 55(4): 891-917.

Moe, T. M.(1989). The Politics of Bureaucratic Structure. In John E. Chubb & Paul E. Peterson(eds.). *Can the Government Govern?* Washington, D.C.: Brookings.

——(2005). Power and Political Institutions. *Perspectives on Politics*, 3(2): 215-233.

Mohr, J. W.(2005). Implicit Terrains: Meaning, Measurement, and Spatial Metaphors in Organizational Theory. In Constructing Industries and Markets. In J. F. Porac & M. Ventresca(eds.). *Consructing Industries and Markets*, 1-38. New York: Elsevier.

Mohr, L. B. (1982). *Explaining Organizational Behavior*. San Francisco: Jossey-Bass.
Mooney, C. (2005). *The Republican War on Science*. Basic Books (심재관 역(2006). 「과학 전쟁: 정치는 과학을 어떻게 유린하는가」. 서울: 한얼미디어).
Moorhead, G. & Griffin, R. W. (2004). *Organizational Behavior*. Boston: Houghton Mifflin Company.
Nieto, M. J. & Larry, D. W. (2006). Preconditions for a Successful Implementation of Supervisors' Prompt Corrective Action: Is There a Case for a Banking Standard in the EU? *LSE Financial Markets Group Special Paper Series*. No. 165.
North, D. C. (1990). *Institutions, Institutional Change and Economic Performance*. Cambridge: Cambridge University Press.
——(1994). Economic Performance Through Time. *The American Economic Review*, 84(3): 359-368.
——(1998). Economic Performance through Time. In M. C. Brinton & V. Nee(eds.). *The New Institutionalism in Sociology*, 247-257. Stanford, California: Stanford University Press.
——(2005). *Understanding the Process of Economic Change*. Princeton: Princeton University Press.
Nutt, P. C. (1998). Framing Strategic Decisions. *Organization Science*, 9(2): 195-216.
Ocasio, W. (1997). Towards an Attention-Based View of the Firm. *Strategic Management Journal*, 18(S1): 187-206.
OECD (2003). *Governance of Public Research: Toward Better Practices*. OECD.
Offe, C. (1996). Designing Institutions in East European Transitions. In R. E. Goodin(ed.). *The Theory of Institutional Design*, 199-226. Cambridge, UK: Cambridge University Press.
Offices of Inspector General(OIG) (2011). *Evaluation of Prompt Regulatory Action Implementation*.
Oliver, C. (1988). The Collective Strategy Framework: An Application to Competing Predictions of Isomorphism. *Administrative Science Quarterly*, 33(4): 543-561.
——(1990). Determinants of Interorganizational Relationships: Integration and Future Directions. *Academy of Management Review*, 15(2): 214-265.
——(1991). Strategic Response to Institutional Processes. *Academy of Management Review*, 16(1): 145-179.
——(1997). Sustainable Competitive Advantage: Combining Institutional and Resource-Based Views. *Strategic Management Journal*, 18(9): 697-713.

Olson, M. (1965). *The Logic of Collective Action*. Harvard University Press.
Orren, K. & Skowronek, R. (2004). *The Search for American Political Development*. Cambridge: Cambridge University Press.
Overeem, P. (2008). Beyond Heterodoxy: Dwight Waldo and the Politics-Administration Dichotomy. *Public Administration Review*, 68(1): 36-45.
Palier, B. (2005). Ambiguous Agreement, Cumulative Change: French Social Policy in the 1990s, In W. Streeck & K. Thelen(eds.). *Beyond Continuity: Institutional Change in Advanced Political Economies*, 1-39. Oxford: Oxford University Press.
Palmer, D., Jennings, D., & Zhou, X. (1993). Late Adoption of the Multidivisional Form by Large U.S. Corporations: Institutional, Political and Economic Accounts. *Administrative Science Quarterly*, 38(1): 100-131.
Papon, P. (1998). Research Institutions in France: Between the Republic of Science and the Nation-State in Crisis. *Research Policy*, 27(8): 771-780.
Perez, L. F. R. & Robson, K. (1999). Ritual Legitimation, De-Coupling and the Budgetary Process: Managing Organizational Hypocrisies in a Multinational Company. *Management Accounting Research*, 10(4): 383-407.
Perrow, C. (1985). Review Essay: Overboard with Myth and Symbols, *American Journal of Sociology*, 91(1): 151-155.
——(1986). *Complex Organizations: A Critical Essay*. Glenview, Ill: Scott Foresman.
Perry, J. & Wise, L. (1990). The Motivational Bases of Public Service. *Public Administration Review*, 50(3): 367-373.
Perry, J., Engbers, T., & Jun, S. (2009). Back to the Future? Performance-Related Pay, Empirical Research, and the Perils of Persistence. *Public Administration Review*, 69(1): 39-51.
Peters, B. G. (1999). *Institutional Theory in Political Science: The New Institutionalism*. London: Pinter.
——(2005). *Institutional Theory in Political Science: The New Institutionalism* (2nd ed.). London: Pinter.
Peters, B. G. & Pierre, J. (1998). Institutions and Time: Problems of Conceptualization and Explanation. *Journal of Public Administration Research and Theory*, 8(4): 565-583.
Peters, B. G., Pierre, J. & King, D. S. (2005). The Politics of Path Dependency: Political Conflict in Historical Institutionalism. *The Journal Of Politics*, 67(4): 1275-1300.
Pfeffer, J. (1981). Management as Symbolic Action: the Creation and Maintenance of Organizational Paradigms. In L. L. Cummings & B. M. Staw(eds.). *Research in*

Organizational Behavior (Vol. 3). Greenwich, CT: JAI Press.
——(2001). *The Human Equation*. Boston: Harvard Business Review. (윤세준 역(2001). 「휴먼 이퀘이션: 신자유주의적 경영관리 방식에 대한 반론과 대안」. 서울: 지샘).
Pfeffer, J. & Moore, W. L. (1980). Power in University Budgeting: A Replication and Extension. *Administrative Science Quarterly*, 25(4): 637-653.
Pfeffer, J. & Salancik, G. R. (1974). Organizational Decision Making as a Political Process: The Case of a University Budget. *Administrative Science Quarterly*, 19(2): 135-151.
——(1978). *The External Control of Organizations: A Resource Dependence Perspective*. New York: Harper & Row.
Philippe, T. W. & Koehler, J. W. (2005). A Factor Analytical Study of Perceived Organizational Hypocrisy. *Sam Advanced Management Journal*. March: 1-20.
Pierson, P. (1994). *Dismantling the Welfare State?: Reagan, Thatcher, and the Politics of Retrenchment*. New York: Cambridge University Press.
——(1996). The Path to European Integration: A Historical Institutionalist Perspective. *Comparative Political Studies*, 29(2): 123-163.
——(2000a). Increasing Returns, Path Dependence, and the Study of Politics. *American Political Science Review*, 94(2): 251-267.
——(2000b). The Limits of Design: Explaining Institutional Origins and Change. *Governance*, 13(4): 475-499.
——(2000c). Not Just What, But When: Timing and Sequence in Political Processes. *Studies in American Political Development*, 14(1): 72-92.
——(2004). *Politics in Time: History, Institutions, and Social Analysis*. Princeton, NJ: Princeton University Press.
——(2011). Implementing IFRS in Local Government: Institutional Isomorphism as NPM Goes Mad? *Local Government Studies*, 37(4): 367-389.
Pippa, N. (1996). Legislative Recruitment. In L. LeDuc, R. G. Niemi, & P. Norris(eds.). *Comparing Democracies: Elections and Voting in Global Perspective*, 184-215. California: Sage.
Polanyi, M. (1962). The Republic of Science: Its Political and Economic Theory. *Minerva*, 1(1): 54-73.(Reprinted in 2000 *Minerva*, 38(1): 1-32).
Porter, L. & Lawler, E. (1968). *Managerial Attitudes and Performance*. IL: Irwin.
Powell, W. W. (1985). The Institutionalization of Rational Organizations. *Contemporary Sociology*, 14(5): 564-566.
——(1991). Expanding the Scope of Institutional Analysis. In W. W. Powell & P. J.

DiMaggio(eds.). *The New Institutionalism in Organizational Analysis*, 183-203. Chicago: The University of Chicago Press.

Powell, W. W. & DiMaggio, P. J. (1991a). Introduction. In W. W. Powell & P. J. DiMaggio (eds.). *The New Institutionalism in Organizational Analysis*, 1-38. Chicago, IL: University of Chicago Press.

——(1991b). *The New Institutionalism in Organizational Analysis*. Chicago: The University of Chicago Press.

Powell, W. W. & Friedkin, R. (1986). Politics and Programs: Organizational Factors in Public Television Decision-Making. In P. J. DiMaggio (ed.). *Nonprofit Enterprise in the Arts*, 245-269. New York: Oxford University Press.

Pratap, S. R. (2008). Performance Evaluation of Indian Commercial Banks in the Prompt Corrective Action Framework. *An Assurance Region Approach. Journal of Financial Risk Management*, 5(1): 29-40.

Radaelli, C. (2000). Policy Transfer in the European Union: Institutional Isomorphism as a Source of Legitimacy. Governance: *An International Journal of Policy and Administration*, 13(1): 25-43.

Rahat, G. & Hazan, R. (2001). Candidate Selection Methods. *Party Politics*, 7(3): 297-322.

——(2006). The Influence of Candidate Selection Methods on Legislature and Legislators: Theoretical Propositions, Methodological Suggestions and Empirical Evidence. *The Journal of Legislative Studies*, 12(3-4): 366-385.

Ramanath, R. (2009). Limits to Institutional Isomorphism: Examining Internal Processes in NGO-Government Interactions. *Nonprofit and Voluntary Sector Quarterly*, 38(1): 51-76.

Ranney, A. (1981). Candidate Selection. In D. Butler, H. R. Penniman, & A. Ranney (eds.). *Democracy at the Polls*, 75-106. London: American Enterprise Institute.

Rebecca, B., Cox, D., & Nedeva, M. (2006). The Appliance of Science? New Public Management and Strategic Change. *Technology Analysis & Strategic Management*, 18(2): 125-141.

Reed, M. (1991). Organizations and Rationality: The Odd Couple? *Journal of Management Studies*, 28(5): 559-567.

Rhee, M., Kim, Y. C., & Han, J. (2006). Confidence in Imitation: Niche-Width Strategy in the UK Automobile Industry. *Management Science*, 52(4): 501-513.

Roberts, G. (1988). The German Federal Republic: Two-Lane Route to Bonn. In M. Gallagher & M. Marsh(eds.). *Candidate Selection in Comparative Perspective: The*

Secret Garden of Politics, 94-118. London: Sage.

Roggers, E. M.(1995). *Diffusion of Innovation*(4th ed.). New York: Free Press.

Rowan, B. (1982). Organizational Structure and the Institutional Environment: The Case of Public Schools. *Administrative Science Quarterly*, 27(2): 259-279.

Ruef, M. (2000). The Emergence of Organizational Forms: A Community Ecology Approach. *American Journal of Sociology*, 106(3): 658-714.

Ruef, M. & Scott, W. R. (1998a). A Multidimensional Model of Organizational Legitimacy: Hospital Survival in Changing Institutional Environments. *Administrative Science Quarterly*, 43(4): 877-904.

——(1998b). A Multinational Model of Organizational Legitimacy: Hospital Survival in Changing Institutional Environments. *Administrative Science Quarterly*, 43(4): 877-904.

Rupp, H. H. (1959). Verwaltung und Vertagsakt. *Deutsches Verwaltungsblatt*, 74(3): 81-87.

Ruscio, K. P. (1983). A New Regime in the Republic of Science. *Policy Studies Review*, 2(4): 790-794.

Sahlin, K. & Wedlin, L. (2008). Circulating Ideas: Imitation, Translation and Editing. In R. Greenwood, C. Oliver, K. Sahlin, & R. Suddaby(eds.). *The Sage Handbook of Organizational Institutionalism*, 218-242. Los Angeles: Sage.

Sahlin-Andersson, K. (1996). Imitating by Editing Success: The Construction of Organizational Fields. In B. Czarniawska & G. Sevón (eds.). *Translating Organizational Change*, 69-92. New York: Walter de Gruyter.

Sahlin-Andersson, K. & Engwall, L. (2003). *Expansion of Management Knowledge: Carriers, Flows and Sources*. Stanford: Stanford University Press.

Sanz-Menendez, L. & Cruz-Castro, L. (2003). Coping with Environmental Pressures: Public Rsearch Oganizations Rsponses to Finding Cases. *Research Policy*, 32(8): 1293-1308.

Schein, E. H. (1981). SMR Forum: Does Japanese Management Style Have a Message for American Managers? *Sloan Management Review*, 23(1): 55-68.

Schickler, E. (2001) *Disjointed Pluralism: Institutional Innovation and the Development of the U.S. Congress*. Princeton, NJ: Princeton University Press.

Schmidt, V. A. (2001). The Politics of Economic Adjustment in France and Britain: When Does Discourse Matter? *Journal of European Public Policy*, 8(2): 247-264.

Schmitter, P. C. (1979). Still the Century of Corporatism? In P. C. Schmitter & G. Lehmbruch(eds.). *Trends toward Corporatist Intermediation?*, 7-52. Beverly Hills:

Sage Publications.
Schneiberg, M. & Clemens, E. S. (2006). The Typical Tools for the Job: Research Strategies in Institutional Analysis. *Sociological Theory*, 24(3): 195-227.
Schneider, A. L. (2006). Patterns of Change in the Use of Imprisonment in the American States: An Integration of Path Dependence, Punctuated Equilibrium and Policy Design Approaches. *Political Research Quarterly*, 59(3): 457-470.
Scott, W. R. (1983). The Organization of Environments: Network, Cultural, and Historical Elements. In J. W. Meyer & W. R. Scott (eds.). *Organization Environments*, 155-175. Beverly Hills, CA: Sage Publications.
——(1987a). The Adolescence of Institutional Theory. *Administrative Science Quarterly*, 32(4): 493-511.
——(1987b). *Organizations: Rational, Natural, and Open Systems*. Englewood Cliffs, NJ: Prentice-Hall.
——(1991). Unpacking Institutional Arguments. In W. W. Powell & P. DiMaggio (eds.). *The New Institutionalism in Organizational Analysis*, 164-182. Chicago: The University of Chicago Press.
——(1994a). Institutions and Organizations: Toward a Theoretical Synthesis. In W. R. Scott & J. W. Meyer(eds.). *Institutional Environments and Organizations: Structural Complexity and Individualism*, 55-80. Thousand Oaks, CA: Sage Publications.
——(1994b). Institutional Analysis: Variance and Process Theory Approaches. In W. R. Scott & J. W. Meyer(eds.). *Institutional Environments and Organizations: Structural Complexity and Individualism*, 81-99. Thousand Oaks, CA: Sage Publications.
——(1995). *Institutions and Organizations*. Thousand Oaks, CA: Sage Publications.
——(1998). *Organizations: Rational, Natural, and Open Systems*(3rd ed.). Upper Saddle River, New Jersey: Prentice-Hall.
——(2001). *Institutions and Organizations*(2nd ed.). Thousand Oaks, CA: Sage Publications.
——(2008). *Institutions and Organizations: Ideas and Interests*(4th ed.). Thousand Oaks: Sage Publications.
Scott, W. R. & Meyer, J. W. (1983). *Organizational Environments: Ritual and Rationality*. Beverly Hills, CA: Sage Publications.
——(1991). The Organization of Societal Sectors: Propositions and Early Evidence. In W. W. Powell & P. J. DiMaggio (eds.). *The New Institutionalism in Organizational Analysis*, 108-140. Chicago: The University of Chicago Press.

——(1994). *Institutional Environments and Organizations: Structural Complexity and Individualism.* London, New Delhi: Sage.

Seidman, W. H. (1983). Goal Ambiguity and Organizational Decoupling: The Failure of 'Rational Systems' Program Implementation. *Educational Evaluation and Policy Analysis*, 5(4): 399-413.

Selznick, P. (1957). *Leadership in Administration.* New York: Harper and Row.

——(1966). *TVA and Grass Roots: A Study in the Sociology of Formal Organization.* New York: Harper Torchbooks.

——(1984). *Leadership in Administration: A Sociological Interpretation.* Berkeley, CA: University of California Press.

——(1996). Institutionalism Old and New. *Administrative Science Quarterly*, 41(2): 270-277.

Senker, J., Balaz, K., & Thorsteinsdottir, H. et al. (1999). *European Comparison of Public Research Systems. Final Report of the TSER Project Changing Structure, Organization and Nature of European PSR Systems(Project Number SOE1-CT96-1036).* Brighton: SPRU.

Sevón, G. (1996). Organizational Imitation in Identity Transformation. In B. Czarniawska & G. Sevón (eds.). *Translating Organizational Change*, 49-67. New York: Walter de Gruyter.

Shepsle, K. (1989). Studying Institutions: Some Lessons from the Rational Choice Approach. *Journal of Theoretical Politics*, 1(2): 131-149.

Sicotte, C., Champagne, F., Contandriopoulos, A., Beland, F., Denis, J., Bilodeau, H., Bremond, M., Lemieux-Charles, L., Barnsley, J., Leggat, S., & Baker, R. (1998). A Conceptual Framework for the Analysis of Health Care Organizations' Performance. *Health Services Management Research*, 11(1): 24-41.

Sillince, J. A. A. & Brown, A. D. (2009). Multiple Organizational Identities and Legitimacy: The Rhetoric of Police Websites. *Human Relations*, 62(12): 1829-1856.

Simon, H. A. (1973). Applying Information Technology To Organization Design. *Public Administration Review*, 33(3): 268-278.

——(1988). The Science of Design: Creating the Artificial. *Design Issues*, 4(1 & 2): 67-82.

Simons, T. (2002). Behavioral Integrity: The Perceived Alignment between Managers' Words and Deeds as a Research Focus. *Organization Science*, 13(1): 18-35.

Simpson, B. (2004). After the Reforms: How Have Public Science Research Organizations

Changed? *R&D Management*, 34(3): 253-266.

Singh, J. V., Tucker, D. J., & House. R. J. (1986). Organizational Legitimacy and the Liability of Newness. *Administrative Science Quarterly*, 31(2): 171-193.

Smith, J. (2000). From R&D to Strategic Knowledge Management: Transitions and Challenges for National Laboratories. *R&D Management*, 30(4): 305-311.

Song, W. & Sala, V. D. (2008). Eurosceptics and Europhiles in Accord: the Creation of the European Ombudsman as an Institutional Isomorphism. *Policy & Politics*, 36(4): 481-495.

Spiggle, S. (1994). Analysis & Interpretation of Qualitative Data in Consumer Research. *Journal of Consumer Research*, 21(3): 491-503.

Steffy, B. D. & Grimes, A. J. (1986). A Critical Theory of Organization Science. *Academy of Management Review*, 11(2): 322-336.

Steinmo, S., Thelen, K., & Longstreth, F. (eds.)(1992). *Structuring Politics: Historical Institutionalism in Comparative Perspective*. Cambridge: Cambridge University Press.

Stevens, J. M., Steensma, H. K., Harrison, D. A., & Cochran, P. L. (2005). Symbolic or Substantive Document? The Influence of Ethics Codes on Financial Executives' Decisions. *Strategic Management Journal*, 26(2): 181-195.

Strang, D. & Soule, S. A. (1998). Diffusion in Organizations and Social Movements: From Hybrid Corn to Poison Pills. *Annual Review of Sociology*, 24: 265-290.

Strauss, A. & Corbin, J. (1990). *Basics of Qualitative Research: Techniques and Procedures for Developing Grounded Theory* (1st ed.). LA: Sage Publications.

——(1998). *Basics of Qualitative Research: Techniques and Procesures for Developing Grounded Theory*(2nd ed.). LA: Sage Publications.

Streeck, W. & Thelen, K. (2005a). *Beyond Continuity: Institutional Change in Advanced Political Economies*. New York: Oxford University Press.

——(2005b), Introduction: Institutional Change in Advanced Political Economies. In W. Streeck & K. Thelen(eds.). *Beyond Continuity: Institutional Change in Advanced Political Economies*, 1-39. New York: Oxford University Press.

Streeck, W. & Schmitter, P. C. (eds.)(1985). *Private Interest and Government: Beyond Market and State*. London: Sage Publications.

Stryker, R. (1994). Rules, Resources and Legitimacy Processes: Some Implications for Social Conflict, Order, and Change. *American Journal of Sociology*, 99(4): 847-910.

Suchman, M. C. (1995). Managing Legitimacy: Strategic and Institutional Approaches. *Academy of Management Review*, 20(3): 571-610.

Suddaby, R. (2006). From the Editors: What Grounded Theory is Not. *Academy of Management Journal*, 49(4): 633-642.

——(2010). Challenges for Institutional Theory. *Journal of Management Inquiry*, 19(1): 14-20,

Sudadby, R. & Greenwood, R (2005). Rhetorical Strategies of Legitimacy. *Administrative Science Quarterly*, 50(1): 35-67.

Syrbe, H. G. (1993). *Die Sicherung der Vertraulichkeit der Arbeit von Bundestagsausschüssen*. Mannheim: Universität Mannheim.

Thelen, K. (1999). Historical Institutionalism in Comparative Politics. *Annual Review of Political Science*, 2(1): 369-404.

——(2000). Timing and Temporality in the Analysis of Institutional Evolution and Change. *Studies in American Political Development*, 14(1): 101-108.

——(2003). How Institutions Evolve: Insights from Comparative Historical Analysis. In J. Mahoney & D. Rueschemeyer (eds.). *Comparative Historical Analysis in the Social Sciences*, 208-240. New York: Cambridge University Press.

——(2004). *How Institutions Evolve: The Political Economy of Skills in Germany, Britain, the United States, and Japan*. Cambridge: Cambridge University Press.

Thelen, K. & Steinmo, S. (1992). Historical Institutionalism in Comparative Politics. In S. Steinmo, K. Thelen., & F. Longstreth(eds.). *Structuring Politics: Historical Institutionalism in Comparative Analysis*. Cambridge: Cambridge University Press.

Thomas, J. B., Clark, S. M. & Gioia, D. A. (1993). Strategic Sensemaking and Organizational Performance: Linkages among Scanning, Interpretation, Action and Outcomes. *Academy of Management Journal*, 36(2): 239-270.

Thompson, J. D. (1967). *Organizations in Action*. McGraw-Hill, Inc.

Thornton, P. H. & Ocasio, W. (2008). Institutional Logics. In R. Greenwood, C. Oliver, S. K. Andersen, & R. Suddaby(eds.). *Handbook of Organizational Institutionalism*. LA: Sage Publications.

Tolbert, P. S. & Zucker, L. G. (1983). Institutional Sources of Change in the Formal Structure of Organizations: The Diffusion of Civil Service Reform. *Administrative Science Quarterly*, 28(1): 22-39.

——(1996). The Institutionalization of Institutional Theory. In S. R. Clegg, C. Hardy, T. Lawrence, & W. R. Nord(eds.). *Handbook of Organization Studies*, 175-190. London: Sage Publications.

Torfing, J. (2001). Path Dependent Danish Welfare Reforms: The Contribution of the New

Institutionalisms to Understanding Evolutionary Change. *Scandinavian Political Studies*, 24(4): 277-309.

Tsoukas, H. (2000). False Dilemmas in Organization Theory: Realism or Social Constructivism. *Organization*, 7(3): 531-535.

Turner, B. (1981). Some Practical Aspects of Qualitative Data Analysis: One Way of Organizing the Cognitive Process Associated with the Generation of Grounded Theory. *Quality and Quantity*, 15(3): 225-247.

U. S. Federal Deposit Insurance Corporation Improvement Act of 1991.

Uhlir, P. F. (2003). Re-Intermediation in the Republic of Science: Moving from Intellectual Property to Intellectual Commons. *Information Services & Use*, 23(2/3): 63-66.

Vaara, E. (2003). Post-Acquisition Integration as Sensemaking: Glimpses of Ambiguity, Confusion, Hypocrisy, and Politicization. *Journal of Management Studies*, 40(4): 860-894.

Vaara, E., Tienari, J., & Laurila, J. (2006). Pulp and Paper Fiction: On the Discussive Legitimation of Global Industrial Restructuring. *Organization Studies*, 27(6): 789-810.

Vedung, E. (1998). Policy Instruments: Typologies and Theories. In M. L. Bemelmans-Videc, R. C. Rist, & E. O. Vedung(eds.). *Carrots, Sticks, Sermons: Policy Instruments & Their Evaluation*, 21-58. Transaction Publishers, New Brunswick, New Jersey.

Verbruggen, S., Christiaens, J., & Milis, K. (2011). Can Resource Dependence and Coercive Isomorphism Explain Nonprofit Organizations Compliance with Reporting Standards? *Nonprofit and Voluntary Sector Quarterly*, 40(1): 5-32.

Villadsen, A. R. (2011). Structural Embeddedness of Political Top Executives as Explanation of Policy Isomorphism. *Journal of Public Administration Research and Theory*, 21(4): 573-599.

Von Armin, H. H. (2004). Wahl ohne Auswahl. *Zeitschrift für Rechtspolitik*, 37(4): 115-119.

Vroom, V. (1964). *Work and Motivation*. NY: Wiley.

Weaver, C. (2006). *The IO Hypocrisy Trap: Explaining the Rhetoric and Reality of the World Bank*. Paper Prepared for the Annual Meeting of the International Studies Associations, 22 March 2006.

Weaver, R. K. & Rockman, B. (eds.)(1993). *Do Institutions Matter? Government Capabilities in the U.S. and Abroad*. Washington, DC: Brookings Institution.

Weber, M. (1978). *Economy and Society*. Berkeley: University of California Press.

Weibel, A., Rost, K., & Osterloh, M. (2009). Pay for Performance in the Public Sector: Benefits and (Hidden) Costs. *Journal of Public Administration Research and Theory*, 20(2): 387-412.

Weick, K. E. (1969). *The Social Psychology of Organizing*. Reading, MA: Addison-Wesley.

——(1979). *The Social Psychology of Organizing* (2nd ed.), Reading, MA: Addison-Wesley(배병룡·김동환 역(1990). 『조직화이론』. 서울: 도서출판 율곡).

Weingast, B. R. (1996). Political Institutions: Rational Choice Perspectives. In R. Goodin & H.-D. Klingemann(eds.). *A New Handbook of Political Science*, 167-190. Oxford: Oxford University Press.

Werner, M. (2010). *Gesetzesrecht und Satzungsrecht bei der Kandidatenaufstellung politischer Parteien*. Osnabrück: Universitätverlag.

Westney, E. D. (1987). *Imitation and Innovation. The Transfer of Western Organizational Patterns to Meiji Japan*. Cambridge, MA: Harvard University Press.

Westphal, J. D. & Zajac, E. J. (1997). Defections from the Inner Circle: Social Exchange, Reciprocity and the Diffusion of Board Independence in U.S. Corporations. *Administrative Science Quarterly*, 42(1): 161-183.

——(1998). The Symbolic Management of Stockholders: Corporate Governance Reforms and Shareholder Reactions. *Administrative Science Quarterly*, 43(1): 127-153.

——(2001). Decoupling Policy from Practice: The Case of Stock Repurchase Programs. *Administrative Science Quarterly*, 46(2): 202-228.

Whelan, R. C. (2000). Management of Scientific Institutions NPL 1995-98: The Transition from Agency to Government-Owned Contractor Operated(GOCO). *R&D Management*, 30(4): 313-322.

Whitley, R. (2000). The Institutional Structuring of Innovation Strategies: Business Systems, Firm Types and Patterns of Technical Change in Different Market Economies. *Organization Studies*, 21(5): 855-886.

Wholey, J. (1999). Performance-Based Management: Responding to the Challenged. *Public Productivity and Management Review*, 22(3): 288-307.

Wiarda, H. J. (1997). *Corporatism and Comparative Politics: The Other Great "Ism"*, New York: M. E. Sharpe.

Wiewel, W. & Hunter, A. (1985). The Interorganizational Network As a Resource: A Comparative Case Study on Organizational Genesis. *Administrative Science Quarterly*, 30(4): 482-496.

Williamson, O. E. (1975). *Markets and Hierarchies: Analysis and Antitrust Implications*.

Chicago: Free Press.

Wilson, J. Q. (1974). The Politics of Regulation. In J. W. McKie(ed.). *Social Responsibility and the Business Predicament*, 135-168. The Brookings Institution.

Yang, Z. & Su, C. (2014). Institutional Theory in Business Marketing: A Conceptual Framework and Future Directions. *Industrial Marketing Management*, 43(5): 721-725.

Yang, Z., Su, C., & Fam, K. (2012). Dealing with Institutional Distances in International Marketing Channels: Governance Strategies That Engender Legitimacy and Efficiency. *Journal of Marketing*, 76(3): 41-55.

Zelditch, M. (2001). Processes of Legitimation: Recent Developments and New Directions. *Social Psychology Quarterly*, 64(1): 4-17.

Zilber, T. B. (2002). Institutionalization as an Interplay Between Actions, Meanings, and Actors: The Case of a Rape Crisis Center in Israel. *Academy of Management Journal*, 45(1): 234-253.

Zimmerman, M. A. & Zeitz, G. J. (2002). Beyond Survival: Achieving New Venture Growth by Building Legitimacy. *Academy of Management Review*, 27(3): 414-431.

Zucker, L. G. (1983). Organizations as Instituions. In S. B. Bacharch(ed.). *Research in the Sociology of Organizations*, 1-42. Greenwich, CT: JAI Press.

——(1987). Institutional Theories of Organization. *Annual Review of Sociology*, 13: 443-464.

——(1991). The Role of Institutionalization in Cultural Persistence. In W. W. Powell & P. J. DiMaggio (eds.). *The New Institutionalism in Organizational* Analysis, 83-106. Chicago: The University of Chicago Press.

찾아보기

[인명]

가벤타(J. Gaventa) 398
갈라스키비츠(J. Galaskiewicz) 123, 366
갤러거(M. Gallagher) 299
골란트(B. Golant) 74
그랜트(R. W. Grant) 215
그레브(H. R. Greve) 100
그린우드(R. Greenwood) 22, 54, 73, 78, 79, 83, 87, 193
글레이서(B. Glaser) 224, 226
기든스(A. Giddens) 147
깁스(B. W. Gibbs) 70, 71, 72, 73, 75
노스(D. C. North) 19, 157, 164, 397
니에토(M. J. Nieto) 372, 375
다운(J. Downe) 367
데시(E. Deci) 221, 251
도비(S. Dovi) 215
돌링(J. Dowling) 53, 66, 70, 77
두이트(A. Duit) 164, 395, 397
드로리(I. Drori) 64, 68
디그(R. Deeg) 164
디마지오(P. J. DiMaggio) 18, 22, 23, 41, 67, 90, 92, 134, 135, 136, 145, 159, 193, 202, 208, 337, 363, 365
디프하우스(D. L. Deephouse) 54, 66, 69
라댈리(C. Radaelli) 366
라마나스(R. Ramanath) 367
라하트(G. Rahat) 297, 299
래니(A. Ranney) 298
래리(D. W. Larry) 372, 375
랜다우(D. Landau) 74
러빅(J. E. Lervik) 197
러프(H. H. Rupp) 304
레비(M. Levi) 397
렘브루흐(G. Lehmbruch) 333
로렌스(T. B. Lawrence) 67, 158
로완(B. Rowan) 20, 23, 53, 56, 57, 90, 132, 135, 192, 195, 197, 207, 213, 364
로크(K. Locke) 224
론스버리(M. L. Lounsbury) 127, 148, 154
롤스(J. Rawls) 3
롭슨(K. Robson) 198
루에프(M. Ruef) 59, 61, 66, 88, 138
루크만(T. Luckmann) 75, 119, 158
립슨(M. Lipson) 214

마이어(J. M. Meyer) 20, 22, 53, 56, 57, 67, 76, 79, 90, 94, 132, 135, 192, 195, 197, 207, 213, 364
마치(J. G. March) 121, 197, 259, 394
마호니(J. Mahoney) 161, 397
매니지마틴(V. Managematin) 426
머튼(R. K. Merton) 428
메이어스(D. G. Mayes) 373
모우(T. M. Moe) 163, 258
무니(C. Mooney) 430
바라(E. Vaara) 73, 74
바크(R. P. Barke) 430
반살(P. Bansal) 66, 69
배런(J. N. Baron) 139
버거(P. L. Berger) 75, 119, 158
버날(J. D. Bernal) 430
버마이스터(L. L. Burmeister) 333, 345
버텔리(A, Bertelli) 129
베노이트(L. Benoit) 128
베버(M. Weber) 53, 55, 115, 363
베커트(J. Beckert) 147, 368
벤스턴(G. J. Benston) 373
보베어드(T. Bovaird) 367
보즈먼(B. Bozeman) 426
뵈크홀트(P. Boekholt) 432
브라운(A. D. Brown) 74
브런손(N. Brunsson) 192, 196, 199, 214
빌라드센(A. R. Villadsen) 127, 367
샐란식(G. R. Salancik) 20, 54, 56, 69, 97
서드데이비(R. Suddaby) 67, 73, 90
서치맨(M. C. Suchman) 20, 21, 54, 57, 61, 69, 71, 75, 81, 84, 111
셀즈닉(P. Selznick) 27, 133, 139, 145, 149
셰인(E. H. Schein) 143
슈미터(P. C. Schmitter) 333
스코로넥(R. Skowronek) 396
스코트(W. R. Scott) 20, 54, 56, 61, 67, 76, 79, 106, 135, 147, 158, 198, 203
스트라우스(A. Strauss) 226
스트라이커(R. Stryker) 60
스트리크(W. Streeck) 160, 396, 398, 400
시코트(C. Sicotte) 240
실린스(J. A. Sillince) 74
아놀드(E. Arnold) 432
아서(M. M. Arthur) 69, 397
아서(W. B. Arthur) 164
아이켄베리(G. J. Ikenberry) 41, 336
아치볼드(M. E. Archibald) 65
애스포스(B. E. Asforth) 70, 73, 75
앤더슨(K. M. Anderson) 159
앨드리히(H. E. Aldrich) 54, 60, 70
앨버트(S. Albert) 133
에델만(M. E. Edelman) 113, 124, 198
예치(D. Jesch) 304
오렌(K. Orren) 396
올리버(C. Oliver) 18, 54, 67, 96, 122, 213, 394
올슨(J. P. Olsen) 197, 259
올슨(M. Olson) 165
올포드(R. R. Alford) 141, 146
와익(K. E. Weick) 25, 104, 113, 119, 197
웨스트팔(J. D. Westphal) 93, 100
웨이벨(A. Weibel) 221
위버(R. K. Weaver) 215
윌슨(J. Q. Wilson) 166

이머거트(E. M. Immergut)　18, 159
이스턴(D. Easton)　116
잉그램(P. Ingram)　159
자이츠(G. J. Zeitz)　57, 61, 71
재잭(E. J. Zajac)　93, 100, 113, 121
젤디치(M. Zelditch)　65
존슨(C. Johnson)　21, 55, 59, 66, 76
졸리(P. B. Joly)　426
주커(L. G. Zucker)　22, 54, 75, 76, 79, 89, 103, 106, 135, 136, 147
지머맨(M. A. Zimmerman)　57, 61, 71
지오이아(R. A. Gioia)　126
카우프먼(G. G. Kaufman)　373
케이(A. Kay)　163, 397
코발레스키(M. A. Covaleski)　73
코빈(J. Corbin)　226
콘(A. Kohn)　221
쿡(J. M. Cook)　164, 396
크라츠(M. S. Kraatz)　100
크래스너(S. D. Krasner)　18, 336
크로(M. Crow)　426
클라인(K. J. Klein)　146
클레멘스(E. S. Clemens)　164, 396
클리랜드(I. Clelland)　66, 69
텔렌(K. Thelen)　160, 396, 398, 400
토마스(R. P. Thomas)　19
토머스(J. B. Thomas)　126
톨버트(P. S. Tolbert)　22, 54, 75, 76, 79, 103, 135
파슨스(T. Parsons)　53, 56, 133
파월(W. W. Powell)　22, 23, 92, 134, 135, 136, 193, 202, 208, 363, 365
페레즈(L. F. Perez)　198
페리(J. Perry)　221
페퍼(J. Pfeffer)　53, 56, 66, 70, 77, 220
펠드만(S. E. Feldmann)　129
폴라니(M. Polanyi)　428
프럼킨(P. Frumkin)　123, 366
프리들랜드(R. Friedland)　141, 146
피어슨(P. Pierson)　162, 164, 396
피에르(J. Pierre)　399
피올(C. M. Fiol)　54, 60, 70
피터스(B. G. Peters)　395, 398, 399
하딘(R. Hardin)　165
하잔(R. Y. Hazan)　297, 299
해커(J. S. Hacker)　396
허쉬(P. M. Hirsch)　135, 148, 154
호니그(B. Honig)　64, 68
홀(P. A. Hall)　394
홀리(J. Wholey)　240
후드(C. Hood)　138, 398
휘튼(D. A. Whetten)　133

[사항]

ㄱ

강압적 동형화　364
강제적 동형화　376
거버넌스(governance)　108, 253, 295, 425
거버넌스 구조　432, 439, 443, 445, 450,

451
거부 지점 36, 261, 275, 280, 290
거부권 279
경로의존성 4, 18, 157, 163
경로의존성이론 397
경쟁 368
경쟁적 동형화 363
경제학적 신제도주의 19
공공기관 혁신평가 192, 204
공공연구기관 432
공공연구기관 거버넌스 47, 432
공식구조 196
공천제도 38
과정이론 127
과제예산 437
관료 비난하기 210
관치금융 44, 378, 391
교육개혁 402
구제도론 137
구제도주의 27, 139
국가성 4
국가조합주의 41, 331, 334, 356, 358
국민의 정부 348
국회상임위원회 제도 316, 320
국회의원 후보 공천 방식 316
권력론적 시각 115
귀결성의 논리 259
규범적 동형화 365, 375
규제유예 제도 389
근거이론 34, 224, 249
급격한 변화 395
긍정적 환류 29, 163, 167, 168, 172, 181, 368, 397
기관예산 437
기능론적 시각 116
기대이론 220
기술 환경 195
기회주의적 인정 245

ㄴ

내부 접근법 143
내생적 제도 369, 377, 383, 386, 391
내생적 제도 변화 160
내용관리 70
내적 동학 428, 431, 453
노사정위원회 35, 255, 256, 271, 290
농협 40, 334, 340
농협법 332, 334, 340, 351, 355

ㄷ

다원주의 338
다형성 138
다형화 27, 213
단일구조 시스템 434, 449
단절된 균형 157, 395
담화(narrative) 73
담화 전략 21, 75
대리인이론 220
대체 161
도덕적 해이 215, 217
도하개발어젠다(DDA) 405
독일의 상임위원회 제도 311
독일의 상향식 공천 방식 308
동성적 재생산 365

동형화 22, 43, 88, 94, 96, 99, 119, 158, 198, 202, 213, 362, 365, 367, 373, 384

ㄹ

로스쿨 제도 403

ㅁ

매체(media) 68
모방적 동형화 364
모순 164
모순 끌어안기 35, 240
모순적 제도화 과정 291
묵인 213
묵종 24, 97
문민정부 344

ㅂ

반항 213
범사회적 정당화 68
법적 위상 관련 규칙 268
법조 인력 양성 제도 45, 46, 393, 402, 407
법학전문대학원 45, 393, 420
변량 접근법 147
변화 395
변화 주도자 161
보상의 역설 250
복지정치 327
부동산교부세 168
부실 판단 기준 389
부정적 환류 30, 164, 167, 173, 176, 179, 180
분권형 433
분리 32, 192, 196, 213, 364, 367
불확실성 366
비공식구조 196

ㅅ

사법개혁 403, 407, 413
사법개혁위원회 407
사법시험 420
사법제도개혁추진위원회 410
사법파동 403
사회권 304
사회법 313, 326
사회보장법 38, 40, 296, 303, 305, 308, 316, 322, 326
사회적 합의 시스템 264, 267
사회조합주의 339
사회학적 신제도주의 18
사회학적 제도주의 362
사회협약 339
상임위원회 제도 38, 322
상징관리 25, 70, 121
상징적 동조 122
상징적 합리화 245
상징적 형식주의 242
상징정치 124, 128
상징주의 24
상징 활동 113, 127
상향식 공천 방식 39, 305
상황이론 363

성과급 제도 33, 34, 218, 229
소모 396
소외적 반발 245
순응 122, 196, 214, 243
신공공관리(NPM) 67, 437
신교육공동체위원회 402
신농협법 333, 340
신제도주의 5, 17, 27, 54, 67, 117, 141, 157, 192, 394
신제도주의 연구 17
신조합주의 43, 332, 334, 338, 356, 358
실질적 동형화 23, 91

ㅇ

IMF 경제 체제 33, 271, 344, 376
양곡관리법 342
역사적 신제도주의 18
역사적 제도주의 41, 159
역사제도주의 368, 395
5·16 군사 쿠데타 41, 334, 337
완충 98
외부 접근법 141
외환위기 378
우루과이라운드(UR) 협상 344, 405
우연성 157
위선 367
위선적 대응 31
유사성 367
6·29 민주화 선언 18, 41, 331, 337, 340, 350
6·10 시민항쟁 18, 340, 350, 359
의례적인 신화 210
의미짓기 119, 124
의사 결정 관련 규칙 269
의제 관련 규칙 269
의회 상임위원회 301, 305, 308
의회의원 후보 공천 방식 298, 305, 308
이론화 54
2·6 사회협약 276, 281, 283, 291
이중구조 시스템 434, 449
이중적인 기준 200
이중적인 언어 200
이질성 368, 383
이행 보장 관련 규칙 270
인가주의 414
인상관리 25, 121
인지적 정당성 58, 60, 64, 70, 77, 83

ㅈ

자기강화 163
자원의존이론 69, 363
잠재적 집단 165
저항 24, 98
적기 시정 조치 제도 43, 361, 371, 383
적절성의 논리 259
전략적 틀짓기 122
전원합의제 275, 279, 280, 290
전치 396
전환 161, 396, 398
점진적 변화 395
정당성 25, 53, 80, 108, 135, 203, 265, 301, 317, 319, 354, 364
정당성 관리 109, 111, 113
정당성 방어 71

정당성 보수 72
정당성 유지 71
정당성의 개념과 기능 55
정당성의 기능 58
정당성의 유형 60
정당성 확대 71
정당성 획득 71
정당화 20, 54, 80
정당화 과정 75
정당화 주제 66
정당화 활동과 전략 65
정당화 활동 유형과 전략 69
정부출연연구기관 422
정부통제 구조 434
정부혁신 로드맵 191, 208
정책공동체 295
정책 네트워크 253
정책문제 해결기구 254, 256, 264, 290
정치권력 364
정치모형 200
제3종 오류 119
제도 394
제도 간 유사성 361
제도결정론 117
제도 논리 120, 194
제도 변화 397, 415
제도설계 137, 156, 214, 258
제도의 유사성 384
제도의 이질성 361, 386
제도이론 395
제도적 구조 336
제도적 규칙 267
제도적 동형화 88, 91, 99, 363
제도적 변화 451
제도적 신화 197
제도적 어휘 121
제도적 정당성 364
제도적 정통성 275
제도적 지속성 282
제도절대주의 117
제도 형성 336, 362, 369, 373, 383
제도화 20, 31, 193, 262, 337, 363
제도화 과정 54, 75
제도 환경 31, 193, 211
조작 24, 98, 213
조직 간 동형화 132
조직 문화 143
조직의 위선 26, 32, 115, 192, 196, 199, 215
조직의 장 23, 27, 31, 89, 91, 132, 193
조직 정당성 20
조직제도주의 87
조합주의 333, 356
종합부동산세 29, 156, 168, 174, 180
주체 66
중앙집권화 298
지방교부세 168
집권형 433
집단행동 29, 166, 174, 176
집단행동 딜레마 158

ㅊ

차별 시정 조치 198
체제이론 116
층화 161, 396

ㅋ

Q방법론 126

ㅌ

타협 24, 97, 213
토너먼트이론 220, 250
통합농협법 348, 354
특정연구기관육성법 443

ㅍ

파레토 최적 균형 158
패러다임(paradigm) 35, 130, 226
포괄성 298
표류 161, 396
PBS 제도 448, 450

ㅎ

하향식 공천 방식 39, 307, 424
한국과학기술연구소(KIST) 48, 441
한국의 하향식 공천 방식 316
합리적 선택 신제도주의 157
합리화된 신화 210
해석의 내용 125
해석의 요인 127
해석적 활동 113
해석주의 24, 108
행동모형 199
행위자 중심 정당성 관리 117
행위적 상징 122
행태주의 17, 112
혁신 76, 191
혁신평가 31, 191, 204
혁신전담팀 33, 206
형식적 동형화 23, 91, 92, 100
형식적 정당성 77
형식적 전환 400, 407, 420
혼성 제도 44, 369
확산 68, 76, 79, 92, 104, 222
환경결정론 28
회피 24, 97, 213
휴리스틱스 226

저자 소개(가나다 순)

권향원

미국 사우스캘리포니아대학교(USC)에서 행정학 박사학위(공공기관 이사회의 사회연결망과 조직구조와 행태와의 상관성 실증분석, 2012)를 취득하고, 현재 성균관대학교 행정학과에서 초빙 강의교수로 있다. 주요 논문으로는 "대통령의 언어적 상징전략에 대한 연구"(2013), "역대 정권의 정책위기 시 대통령의 수사적 대응전략에 대한 연구"(2013)가 있다.

김명환

미국 버지니아 공과대학(Virginia Polytechnic Institute & State University)에서 행정학 박사학위(Institutional Analyses of Differences: The Design of Masters Programs in Public Affairs, 2004)를 취득하고, 현재 강남대학교 행정학과 조교수로 재직하고 있다. 최근 주요 논문은 "조직 변화 내부과정의 구조화: 조직정체성, 납득 및 선택"(2013), "맥락, 문제 정의, 사회적 형성 및 정책 변화: 부동산 세제 변화를 대상으로"(2012)가 있다.

김영대

고려대학교에서 행정학 박사학위(과학기술 연구주체 간 협동연구 네트워크의 특성: 학연 협동연구 네트워크를 중심으로, 2010)를 취득하고, 현재 고려대학교 연구교수로 재직하고 있다. 최근 주요 논문으로 "비영리민간단체의 지방정부의 정책에 대한 영향력 결정 요인: 정책만족도와 정부신뢰도의 조절 효과를 중심으로"(2015)가 있다.

김용운

미국 오하이오주립대학교에서 행정학 박사학위(Contract Design in the U.S. Federal Government, 2010)를 취득하고, 현재 지방공기업평가원 선임전문위원으로 재직 중이다. 최근 주요 논문으로는 "지방자치단체 외부위탁 성과에 대한 영향 요인"(2014), "HR Practices and Knowledge Sharing Behavior: Focusing on the Moderating Effect of Trust in Supervisor"(2014)가 있다.

김태은

고려대학교에서 행정학 박사학위(정부규제의 영향 요인에 관한 실증 연구: 금융규제 사례 분석 및 다국가 실증분석을 중심으로, 2007)를 취득하고, 현재 국립한국교통대학교 행정학과 부교수로 재직 중이다. 최근 주요 연구로는 "재화의 특성과 제도의 재생산: 민관협력(사회간접자본에 대한 민간투자)을 중심으로"(2010), "행정이론과 정부 역할"(2014)이 있다.

배병룡

고려대학교에서 행정학 박사학위(중간조직의 제도화에 관한 연구: 한국의 농업협동조합을 중심으로, 1992)를 취득하고, 미국 미시간대학교 객원 교수 역임(2000)했으며, 현재 경상대학교 행정학과 교수로 있다. 최근 주요 "병원조직 내 개인 간 갈등의 경로 분석"(2012), "조직시민행동의 원인과 결과: 참여와 성과를 중심으로"(2014)가 있다.

이신용

독일 브레멘(Bremen)대학교에서 사회정책학 박사학위(관료적 권위주의에서 위임민주주의로의 정치 체제의 변화와 한국의 사회복지정책, 2006)를 취득하고, 현재 경상대학교 사회복지학과 교수로 재직 중이다. 주요 논문으로는 "민주주의, 법치국가, 복지국가의 친화성: 사회보장법에 의회 유보 원칙의 적용과 사회보장제도의 발달과의 관계: 한국과 독일 비교"(2010) 가 있다.

정용덕

1981년 여름에 미국 사우스캘리포니아대학교(USC)에서 행정학 박사학위를 취득하고, 영국 런던 정치경제대(LSE) 연구교수, 독일 베를린 자유대(FU) 객원교수, 성균관대 교수, 서울대 행정대학원 교수, 한국행정학회 회장, 한국사회과학협의회 회장, 한국행정연구원 원장을 지냈다. 현재 서울대학교 명예교수 겸 금강대학교 행정학 석좌교수로 있다. 최근에 *The Korean State, Public Administration, and Development* (SNU Press, 2014)를 펴냈다.

하민철

고려대학교에서 행정학 박사학위(정책문제 해결기구의 설계와 제도화 과정, 2006)를 취득하고, 현재 청주대학교 행정학과 교수로 재직하고 있다. 주요 논문으로 "행정개혁의 집행과정 연구"(2014), "메타프레임으로서 녹색성장(green Growth) 정책: 딜레마 대응 방안으로서 녹색성장 정책"(2010)이 있다.

한승주

고려대학교에서 행정학 박사학위(성과급제도에 대한 공무원의 정서적 대응, 2010)를 취득하고, 현재 명지대학교 행정학과 조교수로 있다. 관심 분야는 인사행정, 공공관리, 전자정부 등이며 최근 논문으로는 "행정개혁에 대한 공무원의 정서적 대응: Q방법론의 적용"(2010), "정보기술과 조직개편의 상호작용에 관한 연구"(2008)가 있다.

제도와 행위

펴낸날 제1판 제1쇄 2016년 1월 15일
엮은이 배병룡 외
지은이 정용덕 · 권향원 · 김명환 · 김영대 · 김용운
김태은 · 이신용 · 하민철 · 한승주
펴낸이 임춘환
펴낸곳 도서출판 대영문화사
주소 서울특별시 용산구 청파로 61길 5(청파동 1가) 제일빌딩 2층
등록 1975년 12월 26일 제3-16호
전화 (02)716-3883, (02)714-3062
팩스 (02)703-3839
홈페이지 http://www.dymbook.co.kr

ISBN 978-89-7644-541-4
값 27,000원